国家哲学社会科学成果文库
NATIONAL ACHIEVEMENTS LIBRARY
OF PHILOSOPHY AND SOCIAL SCIENCES

# 中国宗教美术
# 考古编年史体系研究

汪小洋　著

科学出版社

# 内 容 简 介

本书以 1949—2019 年已经公开发表的与宗教美术相关的考古报告为基础，厘清了中国宗教美术发展的脉络沿革。

本书在理论上，建立了理论体系、考古报告体系和考古评论体系结合的研究框架；在方法上，以考古报告为基础指标，划定各类研究对象的边界，同时建立了关注度体系，设计了多种指标群，使各类数据样本获得理论转化的路径；在材料上，制作了"中国宗教美术考古报告年表"和"中国宗教美术考古评论年表"，对宗教美术的考古信息进行了全面梳理，方便读者检索、查询。

本书力求完整地呈现所搜集材料的核心信息，为艺术学、社会学、考古学等领域的研究者提供材料和理论上的参考。

**图书在版编目(CIP)数据**

中国宗教美术考古编年史体系研究 / 汪小洋著. —北京:科学出版社,
2024.5
(国家哲学社会科学成果文库)
ISBN 978-7-03-074917-8

Ⅰ. ①中… Ⅱ. ①汪… Ⅲ. ①宗教艺术–美术考古–编年史–研
究–中国 Ⅳ. ①K879.04

中国国家版本馆 CIP 数据核字(2023)第 032454 号

责任编辑:杜长清 李秉乾/责任校对:王晓茜
责任印制:徐晓晨/封面设计:黄华斌

科 学 出 版 社 出版
北京东黄城根北街 16 号
邮政编码:100717
http://www.sciencep.com

北京中科印刷有限公司印刷
科学出版社发行 各地新华书店经销
*

2024 年 5 月第 一 版 开本:720×1000 1/16
2024 年 5 月第一次印刷 印张:31 1/4 插页:2
字数:510 000
**定价: 238.00 元**
(如有印装质量问题,我社负责调换)

# 《国家哲学社会科学成果文库》
# 出版说明

为充分发挥哲学社会科学优秀成果和优秀人才的示范引领作用，促进我国哲学社会科学繁荣发展，自 2010 年始设立《国家哲学社会科学成果文库》。入选成果经同行专家严格评审，反映新时代中国特色社会主义理论和实践创新，代表当前相关学科领域前沿水平。按照"统一标识、统一风格、统一版式、统一标准"的总体要求组织出版。

全国哲学社会科学工作办公室

2023 年 3 月

# 导　言

中国传统文化中，宗教美术领域有着深厚积淀，相关材料积简充栋。以往，这方面的研究以文献材料为主，在引入考古发掘活动后，相关考古材料随之大幅度增加，目前也已是汗牛充栋。文献材料与考古材料叠加后，宗教美术学科不仅有了更好的发展条件，而且学科研究范围也有了更大的拓展。其中，考古材料大多为近百年来所发掘，属于新材料体系。文献材料多来自传世文献，传世文献与发掘成果是完全不同的两个材料体系，运用新材料体系的研究显然会给已有研究形态带来巨大变化。由此，我们提出宗教美术考古的学科设想，并且以一种穷尽态度来梳理材料，在编年史的层面上展开学科的基础建构，以期为文学、史学、哲学等传统学科和人类学、社会学等学科寻找材料线索，也可以为图像证史、图文关系等学术热点提供学术张力。

## 一、研究现状

国际学术界中，宗教艺术始终是显学，许多著名学者的重要理论都是来自这一领域。宗教美术是宗教艺术的大宗门类，占据宗教艺术的半壁江山，在加入考古成果的内容后，宗教美术的地位显然更加重要。国内学术界，宗教美术也是一个传统学科，依靠丰富的文献材料和近年迅速增多的考古成果，已累积了丰厚的成果。不过，不足之处也是非常明显的，即体量巨大的考古材料并没有转化为相应的理论成果，特别是缺少体系性理论成果，亟待在理论发展和升华方面进行新的尝试。从学科建构的基本内容和要求出发，宗教美术考古一些重点关注的方向如下。

第一，研究领域的范围。学科设想要明确研究领域的边界，中国传统文化中的儒释道结构可以为其提供一个比较清晰的边界轮廓。不过，儒释道在宗教属性的界定上会遇到一些困难，一方面，受现代西方理论影响，中国宗教的信仰属性存在争议，甚至出现了否定的观点；另一方面，中国宗教的世俗色彩突出，宗教现象难免要被打上世俗烙印，宗教与世俗的属性辨析确实存在比较大的困难。不过，中国宗教发展的主体结构是儒释道，这是学术界已经形成的共识。因此，中国宗教美术考古的研究对象首先确定为儒教美术考古、佛教美术考古和道教美术考古，学科设想也在这三个领域里构建。其中，儒教美术考古目前以墓室壁画考古为主。

第二，学科发展的必要性。在梳理考古材料时遇到一个尴尬的现象：目前有很多考古报告没有对应的考古评论。以墓室壁画、佛教美术和道教美术这三个领域为例，70 年①的考古报告中，50%以上没有对应的考古评论，如果加上低关注度考古报告，考古评论不足的比例可以达到 80%以上。大量考古报告发表后没有对应的考古评论产生，这显然是一个应当引起关注的现象。如此多的考古成果不被重视而缺少后续研究，这一现象首先是令人惋惜的，同时也为学科建设提出了必要性的要求。一门学科的确定需要定义、体系、学科关系等方面的理论共识，中国宗教美术考古是不是可以先做一些方向上的尝试，如在学科层面上优先重视考古报告，使考古材料转化为理论的要求更加明确。

第三，考古报告的重要性。从学科关系上看，对考古报告的强调可以明确研究对象。宗教美术考古涉及宗教体验的描述、图像表达的描述和考古活动的描述，这些描述都是围绕考古报告展开的，因此考古报告可以提供最为明确的研究对象。在传统文化的研究领域中，宗教美术发展史方面的材料主要存在于文献材料和考古材料之中。文献材料依靠传世的经史子集而存在和发展，研究对象已非常明确。考古报告依靠考古学科的发掘活动而获得，当代考古学科来自西方，在中国的发展时间也不长，但 70 年来考古成果数量逐年增多，特别是改革开放以来。考古报告数量的迅速增加，为学科发展提供了更好的条件。还有一个应当特别关注的现象，即中国的文献材料有着沿革有序的脉络体系，这一体系可为考古报告和相关考古材料所参照，使得研究对象更加明确。

---

① 70 年为 1949—2019 年，数据来源于本书附录一和附录二。

概言之，在宗教美术考古学科设想的讨论中，考古报告是研究基础，这一基础明确了研究对象，明确了考古材料的巨大体量和价值，同时也明确了考古材料具有转化为理论的学科要求。就材料体系而言，因为发掘体系与传世体系是两个不同的传播体系，所以考古报告将会带来一个全新的研究结构，这是学科设想成立的逻辑起点。

## 二、编年史的讨论

编年史的学科贡献是可以在材料方面提供一个宏大的叙事结构，这个结构具有穷尽性走向，相关信息能够得到最大可能的保留，从而带来理论转化方面的要求和可能。因此，编年史的路径可以优先参与学科归属和特征方面的讨论。

近年来，编年史被学术界普遍关注，特别是其体例问题得到热烈的讨论，不过这样的讨论主要集中于史学和文学等学科。宗教美术考古领域的材料体量巨大，需要编年史这样的体例来梳理，但相关研究者并没有加入到编年史中。随着中国考古活动的条件越来越好，对应的考古成果越来越多，编年史当然也应受到更多关注。质言之，宗教美术考古作为有着 70 年发展历史的学科领域，没有编年史这样完整而具体的梳理，许多问题的讨论如同盲人摸象。

从理论要求维度看，编年史的体例在结构上应当能够覆盖所有考古成果和相关材料，这样的覆盖可以为建立学科发展的逻辑关系提供条件，并以此描述学科发展的历史脉络。如果只是简单的事件记录和展示，那就成了一个大事记的体例，最终只有事件记录的详略而无历史脉络的呈现。没有对历史脉络的把握，再多的材料也是只见树木不见森林，这也是一些学者常常低估编年史的原因。因此，我们应当把历史脉络的呈现作为编年史撰写的一个明确逻辑起点。

从考古报告维度看，考古报告的编年史与其他领域编年史比较有两个明显特征：其一，考古报告本身就是第一手资料，可以直接呈现考古现场的初始信息，其获取路径并不复杂，这对于强调实证材料的宗教美术研究而言是一个非常可贵的资料源；其二，考古报告的材料在数量和范围上是有限的，经过努力可以达到基本穷尽的要求，这也为学科的发展带来了材料上的先天优势。这两个特征的存在，为考古报告的理论转化提供了得天独厚的条件。

当然，这样的条件也应当体现在编年史的体例设计中，这也是学科设想的一个理由。

## 三、操作体系的设想

提出一个学科的设想，除理论体系的讨论之外，操作体系也是一个基础性的环节。从整体结构看，操作体系仍然围绕考古报告展开，不过学科之间的关系讨论不再是重点，确定关系之后的体系建构将成为主要讨论对象。在这样的认识下，发展阶段体系、关注度体系和特殊信息体系成为重点讨论对象。此外，本书的结构设想也是操作体系的一个重要部分。

第一，发展阶段体系。

中国宗教美术考古具有跨学科性质，主要涉及宗教学、美术学和考古学三门学科，且它们都有自己的学科特征，关注点上各有侧重。宗教学关注遗存中的宗教信仰影响，美术学关注遗存中的艺术表现形式，考古学关注遗存中的物质存在状态。这些学科特征之间的关系由互相独立到互相包容，乃至互相融合，显然要经历一个过程。从学科关系演变的过程看，这个过程可以划分为依附期、停滞期、初建期和繁荣期四个阶段。

（1）依附期时间为1949—1965年，该阶段学科完全依附于考古学而发展，考古报告与对应的研究成为主要的学科成果，宗教学和美术学的研究成果则寥寥可数。该阶段考古学起点很高，不仅发掘规模大，而且考古报告的自我要求也很高，为宗教美术考古的学科发展打下了非常坚实的基础。

（2）停滞期时间为1966—1976年，该阶段的考古成果不多，只有一些大型遗存的发掘活动提供了比较好的成果，学科整体处于停滞状态。

（3）初建期时间为1977—1999年，该阶段考古成果数量大为增多，宗教学和美术学的理论体系也开始进入学科构建之中，西方学术界的一些相关理论被大量介绍进来，并产生了广泛影响。不过，该阶段的关系结构中，一些关联并不完整，宗教学、美术学、考古学三门学科之间的跨学科关系还不稳定。整体看，学科发展是一个初建的状态，尚没有学科自觉性。

（4）繁荣期时间为2000年至今（本书的材料截至2019年），该阶段宗教学、美术学、考古学三门学科之间的关系已经紧密结合，跨学科的成果数量大幅度增多，而且有了学科发展的主动性，同时西方学术界的前沿理论继续被介绍并迅速产生影响。整体看，该时期跨学科意识提升，学科关系稳定，体系性的成果也开始出现，学科发展进入繁荣期，学科自觉性研究形成。

第二，关注度体系。

编年史的体例可以对材料进行全覆盖，并且有一个清晰而完整的呈现方式，但是材料收集之后的理论转化常常受到质疑，主要是主动性的理论关注不足。这个问题的出现，有认识上的原因，也有体例上的问题。认识上的原因见仁见智，不容易统一，但体例上的问题是可以通过一些针对性设计而获得解决的。从这样的认识出发，我们提出了关注度体系。

关注度体系指向考古报告所产生的影响，这个影响以考古报告数量和考古评论数量为优先评价指标。考古报告的发表数量反映发掘活动的状态，是产生影响的基础。考古报告发表后，对应的评论也开始发表，评论数量大，影响就大，反之影响就小。在关注度体系的指向下，考古报告产生的理论贡献有了一个可以操作的量化体系，也可以由此说明理论转化的不足和需要调整的方向。在这样的认识下，我们提出"中国宗教美术考古报告年表（1949—2019 年）"和"中国宗教美术考古评论年表（1949—2019 年）"两个体系的设想，由此建构一个中国宗教美术考古的关注度体系。

具体看，一方面，"中国宗教美术考古报告年表（1949—2019 年）"可以呈现所有考古报告的初始信息，为关注度提供遗存发掘现场方面的考古信息，这些信息是封闭性的结构，是一种自然属性的关注度体系；另一方面，"中国宗教美术考古评论年表（1949—2019 年）"可以呈现所有考古报告带来的评论，为关注度提供考古报告发表后产生的影响与一些相关后续信息，这些信息是开放性的结构，是一个具有人为属性的关注度体系。

中国宗教美术考古关注度体系为理论转化而服务，出发点是利用编年史追求穷尽材料而可能产生的意义，为理论转化提供具有针对性的材料。这些材料中，有一些可以直接转化为理论，有一些则为理论转化提供相关信息，这些信息因为编年史的记录而为后续研究提供深入的条件和空间，特别是一些容易被忽视或被遗漏的信息因为编年史体例而保留，当外部条件改善或学科进步后很可能成为重要的理论创新点。质言之，中国宗教美术考古关注度体系提供的这些信息，能够做到保留就是做出贡献。

第三，特殊信息体系。

　　编年史的叙事结构提供了穷尽材料的可能，因此一些特殊信息也得到了完整收集，由此为理论转化提供线索和空间。这是一个新的设想，我们在平面图（剖面图）信息、遗存状态信息、评论者地域信息和研究生学位论文信息等四个方面展开初步探索。

　　平面图（剖面图）信息是关于遗存形制的信息，在涉及宗教、美术、考古等跨学科要求方面，这个信息就不可或缺。在图像位置的主次关系、图像面积的整体比例和遗存的建筑特征等方面信息的寻找中，平面图（剖面图）都可以提供初始性的遗存信息。

　　遗存状态信息是考古学非常关注的信息，这个信息加入宗教美术考古体系后将对图像的价值判断产生影响。完整的图像可以得出一些直接的、客观的判断，不完整的图像则需要一些推论性的工作，其中包含主观性方面的引导，以及一些说明或专门讨论。

　　评论者地域信息是一个新视角，孤立地看这类信息意义并不大，但整体收集起来后就可能带来一些理论转化上的信息。例如，考古报告发表后是只有本地学者关注还是其他地区学者也关注？评论者群的分布表现出了什么规律？这些信息可以说明遗存规模、地域特色、时代特征等方面的影响。

　　研究生学位论文信息有一些特别的价值，但常常被忽视。首先，研究生学位论文的数量已经颇具规模，就数量而言已不容忽视，如果忽视了这些论文，那将是一种巨大的浪费；其次，学位论文的写作目的和结构要求使得这些论文具有比较好的完整性,这样的完整性可以提供许多基础性的理论描述，特别是许多中小型遗存的信息不容易寻找，但研究生学位论文中往往对此都有很完整的描述；最后，研究生学位论文在写作上都有明确的创新要求，研究生阶段也是一个创新氛围特别浓郁的时期，创新的努力受到鼓励，创新的线索也俯拾皆是，因此研究生学位论文应当受到重视。

## 四、总体结构

　　中国宗教美术考古的学科设想来自体量巨大的考古材料，理论转化是一个应运而生的要求，学科设想就是要明确这一要求，同时进行这方面的体系建构。建构之前，考古报告停留于材料呈现层面，考古评论停留于理论准备层面；建构之后，理论转化的要求将全面覆盖这两个层面，并提供对应的转化路径。在这样的认识下，我们特别选择了编年史的路径，希望能够尽可能多地保留信息，并且是有效保留，在推动学科设想的同时，为今后的学科建设预留空间。从以上认识出发，总体结构安排如下。

本书由中国宗教美术考古编年史的学科设想、"中国宗教美术考古报告年表（1949—2019 年）"、"中国宗教美术考古评论年表（1949—2019 年）"三部分组成。

学科设想是本书的理论部分，从九个方面来建构理论体系。具体包括：宗教美术考古的跨学科特征、编年史的体例特征与建构设想、宗教美术考古发展的阶段划分、考古报告关注度体系的指标建构、考古评论关注度体系的类型梳理、考古评论的学者群与地区分布、海洋考古与宗教美术、美术考古成果与文化遗存保护、文献史料与宗教美术考古。

"中国宗教美术考古报告年表（1949—2019 年）"是本书的材料部分，为理论转化提供优化路径，是中国宗教美术考古领域的第一份完整年表。"中国宗教美术考古报告年表（1949—2019 年）"涉及遗存原始材料，有四个指标分布，即遗存名称、遗存地点、遗存年代、材料来源。"中国宗教美术考古评论年表（1949—2019 年）"涉及关注度，有四个指标分布，即考古内容、宗教内容、美术内容、其他内容。

# 目　录

导　言

# CONTENTS

## Chapter 7     Maritime Archeology and Religious Art

## Chapter 8     Archaeological Reports and Protection of Cultural Relics

## Chapter 9     Historical Matericals and Religious Art Archaeology

# 第一章
## 宗教美术考古的跨学科特征

　　宗教美术考古是一个跨学科的研究领域，主要涉及宗教学、美术学和考古学三门学科。如果将这一研究领域作为一门学科来考量，学科归属最终如何确定？这是一个基础性的理论问题，目前并不容易获得一个清晰的界定，至少是不容易获得一个公认的界定。从学科发展积淀看，当代学术界对宗教美术和美术考古均予以特别关注，但在学科归属上也遇到一些争议，或认为归属于宗教学，或认为归属于美术学，或认为归属于考古学，莫衷一是。

　　宗教美术考古的学科定义不容易描述，但基本要求是可以明确的，即在这一领域的研究活动中，既要有宗教体验的描述和图像表达的描述，还要有考古材料的描述。从这三个要求看，考古材料是最基本的组成部分。研究活动中的所有描述都源于考古材料，所有研究指向都围绕考古材料而展开；同时，考古材料是宗教体验和图像表达的载体，如果这个载体不存在，那最后一个要求也无从谈起。因此，宗教美术考古作为一门跨学科的研究领域，考古材料是学科基础，可以获得优先的学科归属和特征讨论。

　　我们提出宗教美术考古这个具有学科方向的设想，基于两方面的考量：一方面，中国有着特别丰富的考古材料，这些考古材料因为得到沿革有序的传统文献支持，还可以使相关学者获得更加开阔的研究视野、期待更多的理论收获；另一方面，中国传统文化中的宗教内容非常丰富，但当代宗教理论更多的是接受西方学术成果，许多宗教现象因此得不到应有的关注，如果本土宗教材料得到重视，考古材料将以其巨大的体量来获得关注，甚至是国际学术界的关注，这对于中国传统文化的世界影响也将是一个明确的促进。

因此，我们提出中国宗教美术考古的学科设想，从最全面的考古材料整理来构建学科的材料框架，围绕考古材料的研究成果构建学科的理论基础。这样的学科努力，重点是对考古材料予以全面梳理，由此开始构建学科的基础结构。

## 第一节　宗教美术考古的成果梳理

中国宗教美术考古的研究成果，主要集中在宗教美术和美术考古两个领域。它们均诞生于西方学术界，目前主要的理论也是以西方为主。不过，因为中国传统文化中有着丰富的宗教美术现象，以及较多的当代美术考古成果，所以这一领域的研究也得到普遍关注，展示出巨大的学术空间和学术张力，特别是美术考古取得了非常好的相关成果。

### 一、宗教美术方面的研究成果

中国宗教美术的理论研究中，主要表现为三个不平衡现象：其一，理论研究与发展史研究不平衡。理论方面的研究成果主要来自于对西方理论的引进和解读，中国学者更多的是在发展史方面做出了自己的努力。其二，通史研究与专门史研究不平衡。在宗教美术史研究中，通史性成果非常少，断代史和地域、门类方面的专题性研究成果则较多。其三，宗教美术的类型不平衡。相关成果主要集中于佛教美术领域，道教美术、民间宗教美术的研究成果都十分有限，对儒教美术的概念至今也没有一个稳定的认识。具体梳理如下。

#### 1. 通史性的成果

中国学术界的研究成果中，通史性的成果目前只有《中国宗教美术史》[①]一书，这是中国宗教美术史领域的开山之作，有着突出的历史地位。不过，该书存在的不足也是明显的：首先，宗教门类的内容不平衡，佛教美术占

---

① 金维诺、罗世平：《中国宗教美术史》，江西美术出版社，1995。

有一半以上的篇幅，道教美术内容不多，儒教美术没有独立的章节；其次，该书出版时间很早，已逾 20 年，这 20 多年也是中国考古成果数量迅速增多的 20 多年，同时是理论进步很大的 20 多年，因此该书需要做一些针对性的补充。

2. 专题性的成果

专题性的宗教美术成果特别丰富，与通史性宗教美术成果的不足形成鲜明对照。

其一，佛教美术史。通史性成果不多，代表性成果有阮荣春、张同标的《中国佛教美术发展史》[1]。另外，赖永海、王月清的《中国佛教艺术史》[2]，内容主要为佛教美术。专题性成果很多，主要有以下几类：首先，断代史成果有何志国的《早期佛像研究》[3]等；其次，地域性的成果有赵声良等的《敦煌石窟美术史·十六国北朝》[4]，韩翔、朱英荣的《龟兹石窟》[5]，《中国新疆壁画艺术》编辑委员会的《中国新疆壁画艺术》[6]，杨辉麟的《西藏的雕塑》[7]等；再次，综合性的成果有汪小洋的《中国佛教美术本土化研究》[8]等；最后，图录性的成果有金申的《中国历代纪年佛像图典》[9]，袁子耀、张赞熙的《清刻佛教艺术图像》[10]等。此外，戴蕃豫的《中国佛教美术史》[11]，初稿于 1949 年前撰写，定稿于 20 世纪 60 年代，内容侧重佛教传播与文化影响，1995 年出版。该书来自作者授课手稿，时代特征突出，条理清晰，但由于是手稿复印本，因此影响到了该成果的传播。

① 阮荣春、张同标：《中国佛教美术发展史》，东南大学出版社，2011。
② 赖永海、王月清：《中国佛教艺术史》，南京大学出版社，2017。
③ 何志国：《早期佛像研究》，华东师范大学出版社，2013。
④ 赵声良等：《敦煌石窟美术史·十六国北朝》，高等教育出版社，2014。
⑤ 韩翔、朱英荣：《龟兹石窟》，新疆大学出版社，1990。
⑥ 《中国新疆壁画艺术》编辑委员会：《中国新疆壁画艺术》，新疆美术摄影出版社，2009。
⑦ 杨辉麟：《西藏的雕塑》，青海人民出版社，2008。
⑧ 汪小洋：《中国佛教美术本土化研究》，上海大学出版社，2010。
⑨ 金申：《中国历代纪年佛像图典》，文物出版社，1994。
⑩ 袁子耀供稿、张赞熙编：《清刻佛教艺术图像》（影印本），浙江古籍出版社，2006。
⑪ 戴蕃豫：《中国佛教美术史》，书目文献出版社，1995。

　　其二，道教美术史。通史性成果很少，代表性的有李淞的《中国道教美术史》（第 1 卷）①、王宜峨的《道教美术史话》②等。专题成果很多，如石刻类的胡文和的《中国道教石刻艺术史》（上下册）③、造像类的汪小洋等的《中国道教造像研究》④、题材类的许宜兰的《道经图像研究》⑤等。

　　其三，墓室壁画美术史。通史性成果不多，有侧重图像的贺西林、李清泉《永生之维——中国墓室壁画史》⑥，侧重考古报告的有汪小洋的《中国墓室绘画研究》⑦，侧重理论梳理的有汪小洋的《中国墓室壁画史论》⑧等。专题性成果很多，断代史的有信立祥的《汉代画像石综合研究》⑨、杨爱国的《幽明两界：纪年汉代画像石研究》⑩、郑岩的《魏晋南北朝壁画墓研究》⑪、李星明的《唐代墓室壁画研究》⑫等，地域类的有李清泉的《宣化辽墓：墓葬艺术与辽代社会》⑬、吴广孝的《集安高句丽壁画》⑭等，题材类的有邹清泉的《北魏孝子画像研究》⑮，形制类的有罗二虎的《汉代画像石棺》⑯，鉴赏类的有张道一的《画像石鉴赏》⑰等。另外，美籍华人学者巫鸿的《黄泉下的美术：宏观中国古代墓葬》⑱等多部著作，对中国宗教美术研究影响亦很大。

　　其四，民间宗教美术史、少数民族宗教美术史和原始宗教美术史。这几

① 李淞：《中国道教美术史》（第 1 卷），湖南美术出版社，2012。
② 王宜峨：《道教美术史话》，北京燕山出版社，1994。
③ 胡文和：《中国道教石刻艺术史》（上下册），高等教育出版社，2004。
④ 汪小洋、李彧、张婷婷：《中国道教造像研究》，上海大学出版社，2010。
⑤ 许宜兰：《道经图像研究》，巴蜀书社，2009。
⑥ 贺西林、李清泉：《永生之维——中国墓室壁画史》，高等教育出版社，2009。
⑦ 汪小洋：《中国墓室绘画研究》，上海大学出版社，2010。
⑧ 汪小洋：《中国墓室壁画史论》，科学出版社，2018。
⑨ 信立祥：《汉代画像石综合研究》，文物出版社，2000。
⑩ 杨爱国：《幽明两界：纪年汉代画像石研究》，陕西人民美术出版社，2006。
⑪ 郑岩：《魏晋南北朝壁画墓研究》，文物出版社，2002。
⑫ 李星明：《唐代墓室壁画研究》，陕西人民美术出版社，2005。
⑬ 李清泉：《宣化辽墓：墓葬艺术与辽代社会》，文物出版社，2008。
⑭ 吴广孝：《集安高句丽壁画》，山东画报出版社，2006。
⑮ 邹清泉：《北魏孝子画像研究：〈孝经〉与北魏孝子画像图像身份的转换》，文化艺术出版社，2007。
⑯ 罗二虎：《汉代画像石棺》，巴蜀书社，2002。
⑰ 张道一：《画像石鉴赏》，文化艺术出版社，2019。
⑱ 〔美〕巫鸿：《黄泉下的美术：宏观中国古代墓葬》，施杰译，生活·读书·新知三联书店，2010。

个研究领域都是通史性成果少，专题性成果多，如王树村的《中国民间纸马艺术史话》①、高淳县文化局的《明清道教神像画》②等。叶舒宪的《玉石神话信仰与华夏精神》③，涉及面很广，其中使用了大量的考古材料。这方面的作者多来自本地，地域性或行业性特征突出，当然这也影响到成果的被关注度。

## 二、美术考古方面的研究成果

美术考古作为一个新兴研究领域，学科积累并不多。但是，在人类文明发展史上，宗教信仰曾经发挥出很大影响，形成了规模巨大的各代遗存，这些遗存的考古成果受到了中外学术界的关注。美术考古研究特别关注材料的收集与研究，使得这方面的研究成果对中国宗教美术考古的学科构建有着至关重要的意义。

### 1. 已有研究成果的梳理

近年来，随着"图像证史"和"图文关系"等方面的理论发展，学术界对宗教美术考古在研究方向上投入了极大的热情。不过，已有成果多数还是以美术考古面貌来体现，专门的宗教美术考古成果并不多，这也表现出对美术考古的依附性特征。

1）美术考古的研究成果

目前，通史类的研究成果不足，研究成果大部分属于断代史、专题性的研究。美术考古方面有杨泓的《美术考古半世纪——中国美术考古发现史》④，书法考古方面有黄金明的《汉魏晋南北朝诔碑文研究》⑤，以及音乐图像考古方面王子初的《中国音乐考古学》⑥等。此外，宗教门类研究方面有温玉成的《中国佛教与考古》⑦、汪小洋等的《中国道教造

---

① 王树村：《中国民间纸马艺术史话》，百花文艺出版社，2008。
② 高淳县文化局：《明清道教神像画》，南京出版社，2006。
③ 叶舒宪：《玉石神话信仰与华夏精神》，复旦大学出版社，2019。
④ 杨泓：《美术考古半世纪——中国美术考古发现史》，文物出版社，1997。
⑤ 黄金明：《汉魏晋南北朝诔碑文研究》，人民文学出版社，2005。
⑥ 王子初：《中国音乐考古学》，福建教育出版社，2003。
⑦ 温玉成：《中国佛教与考古》，宗教文化出版社，2009。

像研究》①等。专门的论文集有不少，如周天游的《唐墓壁画研究文集》②、颜娟英的《美术与考古》（上下册）③、上海博物馆的《壁上观——细读山西古代壁画》④等。

当代西方学术界，法国学者索安在《西方道教研究编年史》⑤中运用了许多考古材料，但比例不是很大，主要还是文献方面的材料，不过该书影响很大，有非常好的角度与观点。西方学术界有不少论文性成果，比较突出的是《法国汉学》（1—15 辑）⑥中的许多论文。

2）相关的考古成果

美术考古最多的积累应当是来自相关的考古成果，这些成果多以考古材料形式来呈现，但其中常常包含许多宗教美术考古的材料，如果予以梳理将是非常好的研究材料。

首先，文字表述考古成果。这方面材料数量很多，也最为全面。其一，全国性成果。例如，《文物考古工作三十年（1949—1979）》⑦、《文物考古工作十年（1979—1989）》⑧，以及《新中国考古五十年》⑨等；此外，陆建芳的《中国玉器通史》⑩有完整的材料收集和相关论述。其二，地区性成果。例如，《江苏考古五十年》⑪、《北京寺庙宫观考古发掘报告》⑫等。其三，专题性成果。例如，《重庆库区考古报告集·1998 卷》⑬等。其四，网络发布材料。近几年这方面材料很多，不过准确性、首发性等还有待斟酌。

其次，图册方面的考古成果。这方面的成果主要有两类：第一类是图文

---

① 汪小洋、李彧、张婷婷：《中国道教造像研究》，上海大学出版社，2010。
② 周天游：《唐墓壁画研究文集》，三秦出版社，2001。
③ 颜娟英：《美术与考古》（上下册），中国大百科全书出版社，2005。
④ 上海博物馆：《壁上观——细读山西古代壁画》，北京大学出版社，2017。
⑤ 〔法〕索安：《西方道教研究编年史》，吕鹏志等译，中华书局，2002。
⑥ 《法国汉学》丛书编辑委员会：《法国汉学》（1—15 辑），中华书局，1996。
⑦ 文物编辑委员会：《文物考古工作三十年（1949—1979）》，文物出版社，1979。
⑧ 文物编辑委员会：《文物考古工作十年（1979—1989）》，文物出版社，1991。
⑨ 文物出版社：《新中国考古五十年》，文物出版社，1999。
⑩ 陆建芳主编，张尉著：《中国玉器通史》，海天出版社，2014。
⑪ 邹厚本：《江苏考古五十年》，南京出版社，2000。
⑫ 北京市文物研究所：《北京寺庙宫观考古发掘报告》，科学出版社，2010。
⑬ 重庆市文物局、重庆市移民局：《重庆库区考古报告集·1998 卷》，科学出版社，2003。

并重的成果，如《洛阳汉墓壁画》①《郑州宋金壁画墓》②等。第二类是图像为主的成果，如《中国画像石全集》③《中国敦煌壁画全集》④等。

## 2. 对现有积累的初步评价

中国宗教美术考古的现有积累中，专门性材料不多，但相关性材料很多，这是学科面临的问题，也是学科发展的潜力所在。综合看，我们可以有如下评价。

其一，研究成果已有了比较好的积累。宗教美术考古已经有了许多成果，特点突出，特别是改革开放以来，就材料而言已成泱泱大国。这些积累中，整体性的系列成果不一定多，也不一定成熟，但是专题性的成果已经非常丰富且成熟，完全可以支撑起一门学科的构建。

其二，研究成果不平衡的现象比较突出。首先，材料汇编非常多，理论描述则明显偏少。这方面最突出的问题是材料描述缺少理论支撑，特别是主动转化为宗教理论的成果不多。其次，国际学术界的影响力不够。近年来，有许多考古活动引起海外轰动，但之后的理论讨论较少，理论成果很少进入国际视野。这个现象也说明一个突出的问题：中国考古材料的成果已经明确表明中国传统宗教的形态既稳定又丰富，但西方学者仍然更加关注传统的地中海沿岸考古和一些小而不稳的地域性宗教考古，中国这方面的材料显然被忽视了。最后，商业行为开始影响宗教美术考古。这方面突出的现象是广告式宣传过多，这显然会影响到学科价值的偏移，同时会过多吸引学术界的注意力。这一现象也让造假现象泛滥成灾，频繁的商业活动更有推波助澜之嫌，常常出现真假难辨的尴尬局面。在学科建设讨论中，老一辈学者的贡献应当特别关注，许多成果已经成为经典之作（图 1-1）。

---

① 黄明兰、郭引强：《洛阳汉墓壁画》，文物出版社，1996。
② 郑州市文物考古研究所：《郑州宋金壁画墓》，科学出版社，2005。
③ 中国画像石全集编辑委员会：《中国画像石全集》，山东美术出版社、河南美术出版社，2000。
④ 中国敦煌壁画全集编辑委员会：《中国敦煌壁画全集》，天津人民美术出版社、辽宁美术出版社，2006。

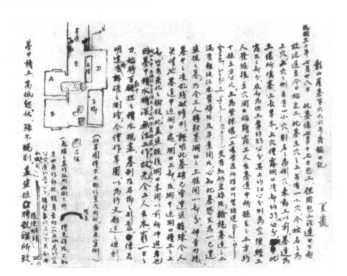

图 1-1　夏鼐工作日记手迹　1941 年 7 月发掘彭山汉代崖墓 M666

资料来源：南京博物院：《四川彭山汉代崖墓》，文物出版社，1991，前言

## 第二节　美术考古与宗教美术理论关系的探讨

美术考古与宗教美术其实有着非常明确的逻辑关系。它们不仅在研究对象上有相同之处，而且在研究对象的获取方法上也有相同之处，同时在接受宗教信仰的影响上也有相同之处。就学科性质而言，美术考古与宗教美术之间的关系是一个基础性的命题。

第一，学科发展不平衡的认识。

中国宗教美术考古领域目前存在的问题是非常清晰的，即研究面对的材料与研究需要的理论之间存在不平衡。一方面，这一领域有着规模巨大的遗存材料，这是先天优势；另一方面，这一领域理论积累不足，这是先天不足。如何构建中国宗教美术考古的学科结构？材料和理论之间的不平衡问题应当解决。

如何解决不平衡问题，我们有两个方面的考量：其一，就中国宗教美术发展而言，历史的积淀深厚，相关的文献多，脉络绵延至今，这是一个非常突出的现象，完全可以为当代宗教美术的理论研究提供有力支持，足以改变中国宗教美术考古理论不足的现象。其二，就中国美术考古对象而言，规模巨大的考古材料如果得到一定的理论梳理，也可以转化为理论发展的支撑点。从当代学术发展的趋势看，编年史的研究体例不失为考古材料转化的优选路径。

在具体操作上，我们应当首先讨论宗教美术与美术考古之间的关系。一方面，在学科结构层面上，对一门学科性质的准确认识，必然要涉及与其他学科之间的关系，通过学科之间的关系梳理，可以加深对学科特征的认识，同时可以完善学科自身的理论建设；另一方面，宗教美术与美术考古是两个受到当代学术界关注的领域，成果颇为丰富，理论讨论也比较深入，更重要的是它们之间的学科关系非常紧密，因此宗教美术考古的基本结构可以优先考量这两门学科的学科关系，并由此展开对应的体例讨论。

第二，学科逻辑关系的认识。

从形式逻辑的角度看，美术考古与宗教美术在概念上存在的关系是交叉关系，在它们的研究对象中，都有很大一部分与宗教信仰有关，同时，它们的研究对象基本上是通过考古手段获得的，因此这两门学科在研究方法上也具有许多相同的地方。质言之，明确研究对象，是建立逻辑关系的主要路径。

美术考古的研究对象主要有两部分：第一部分是与宗教相关的作品。这部分作品因宗教信仰原因而成为考古对象，如墓葬艺术作品、石窟艺术作品等。第二部分是世俗性作品。这部分作品因社会、自然等原因而成为考古对象，如古建筑遗址、被掩埋的艺术作品等。这两部分作品中，从目前的研究条件看，宗教信仰原因的考古对象占有极大的比重。这一现象的存在，与中国传统文化的沿革有关。自三代开始，人们就将与自然、先人有关的祭祀活动和与自己有关的埋葬活动作为社会生活的重要内容，后来各类宗教思想发展不仅没有动摇这个基础，反而在生命的价值、生命的不灭和生命的转化等方面不断积累，包括材料上的丰富和理论上的细化。在这样的文化背景下，宗教信仰全面影响到人们的艺术活动，因此留下了内容丰富的美术作品。

宗教美术的研究对象也有两部分：第一部分是考古作品，这部分作品是通过考古手段而获得的美术作品；第二部分是传世作品，这部分作品是通过代代相传手段而保存、流传的美术作品。与美术考古一样，宗教美术的考古部分占有极大的比重，大多数分布于墓葬、石窟等遗存中。

美术考古研究对象的宗教部分与宗教美术研究对象的考古部分存在相关

性，并且都是通过考古手段获得的，这就使得这两门学科有了更加紧密的关系，我们由此提出这样的关系命题：在通过考古手段而获得作品的研究领域，美术考古和宗教美术是关于宗教信仰创作的美术活动。这个关系命题中，"美术考古"和"宗教美术"是主项，"关于宗教信仰创作的美术活动"是谓项，其中主项之间的关系是对称性的。美术考古和宗教美术所具有的对称性关系，虽然是有条件的，不能覆盖两门学科所有的内容，但是考虑到这部分重叠的内容占有很大的比重，而且这部分作品中优秀作品的比重很大，所以这样的对称性关系使得两门学科的共同性有了更加直接和特别的意义。在建立美术考古与宗教美术的关系命题后，我们就可以从许多共同性方面来深入思考它们的学科性质。

第三，作品埋葬角度的认识。

在目前美术考古与宗教美术的研究成果中，研究对象的确定常常从作品的发现活动来入手，即考古学的角度。考古学的活动多为今人所为，但是古人的活动也应当被涉及。因此，我们认为作品的埋葬是一个非常好的角度。当然，作品埋葬和作品发现都属于作品存在的范畴，作品发现也已经反映了作品的部分埋葬情况，但是埋葬角度是一种前置性的观察，可以更有针对性地收集和反映作品产生的相关信息，由此揭示作品的最初特征，更好地接近作品原貌。埋葬者与发现者之间存在信息保存和信息转化的关系，这是一个不能被忽视的重要关系。只有作品埋葬和作品发现实现了全覆盖，学科才可以获得完整的边界。

就作品的流传而言，作品的埋葬是一个主动行为，在这个行为中，埋葬者的主观愿望可以得到最大可能的实现；而作品的发现，则可能是一个被动行为，其中有一些环节是发现者不可预期、不可掌握的，在大多数情况下甚至与埋葬者的愿望没有关系。如果作品的发现不考虑这些因素，埋葬者的创作行为就会有信息损失，甚至有歪曲的可能。也因此，发现者在研究过程中不得不提出一些信息重新收集和整理的要求，这样的工作常常只能事倍功半。

在当代语境下，有一个非常现实的问题。例如，汉墓壁画，墓主人将反映社会地位、日常生活和对另一个世界想象的绘画作品置于自己的墓室之中，他的目的是通过这些活动来表现自己的重生信仰。对他而言，这是重生信仰的一个实践行为，是对重生信仰的宗教体验。他绝对没有考虑到这样的现象：后人的发掘活动，发现了他的行为或研究了他的思想。也就是说，墓主人在墓葬活动中的绘画行为的目的只是后人理解中的一部分内容，这部分内容之外，还有许多内容产生，这些内容是发现者增加的，而且常常受到更大的关注。墓主人想要表达的内容和后人理解的内容之间出现了一个新的叙事结构，这个结构完成后，在新信息得到认可的同时，也可能会因为结构的转化而损失了一些原有的信息，如主题的误解、细节的疏忽，以及新信息对原有信息的覆盖等，这是一个不可忽视的现象。

作品埋葬角度的提出，会涉及作品为什么存在的问题。宗教美术作品是在一定信仰指导下完成的，作品的埋葬者相信另一个世界的存在，自己的此岸生命结束后，可以在另一个世界获得生命继续，所以他要在此岸为彼岸尽可能多地做一些安排，因此他的行为就可以成为美术考古和宗教美术的研究对象，这就是具有宗教色彩的美术作品。这样的美术作品可以分为两种类型：一种是专门创作而直接参与的宗教行为作品，如壁画墓中的图像、石窟中的造像；另一种是之前创作而间接参与的宗教行为作品，如墓葬发掘成果中的帛画、雕塑等作品。这两种作品就创作过程而言，有着不同的创作性质，第一种是宗教行为性质的创作，完全是在宗教信仰的指导下进行的，为宗教体验服务是它的唯一目的；第二种是世俗行为性质的创作，在创作过程中并不一定接受宗教信仰的指导，是一种世俗性的创作活动。这两种作品能够同构，是因为墓葬建设者的埋葬活动提供了同构条件。这两种作品在考古学的活动中，都以遗存的形式出现，就作品的发现而言，它们是以相同形式的遗存出现，它们的主题也都是为墓主人或供养人的宗教信仰服务。但是，宗教行为的创作行为和世俗行为的创作行为之间存在不能忽视的区别，世俗行为成为宗教行为必须有一个结构演变的过程：首先，这个作品已经产生世俗价值和审美认可；其次，这个作品参与宗教活动而使世俗价值转化为宗教价值。当代学者当然也应当认识这样的演变过程，不能忽视其中的价值转变认可。

概言之，从逻辑关系维度看，美术考古与宗教美术有着部分重合性的关系，这种关系的意义是肯定这两门学科所具有的共同性，从共同性的角度出发认识它们的存在价值；而从埋葬角度出发，埋葬者与发现者的关系应当予以辨析并重视，这个关系也提醒我们应注意学科之间存在的差异性。当然，这个差异性是部分的，而且是在共同性的前提下展开的。因为共同性的存在，有些作品的世俗价值可以转化为宗教价值。遗存中的拟人化作品，世俗价值与宗教价值结合的现象特别普遍，如汉画像石中仙人图像（图 1-2）。①

图 1-2  沂南北寨村出土羽人（仙人）  山东沂南  东汉

资料来源：张道一：《画像石鉴赏》，重庆大学出版社，2009，第 400 页

## 第三节  考古报告层面形成的体系意义

将中国宗教美术考古作为一门学科来建构，有许多的理论探讨工作需要进行，而这一过程中遇到的困难是非常明确的，特别是在起步阶段遇到的困难是巨大的，虽然宗教美术与美术考古已经提供了许多理论成果，但在学科体系层面上几乎没有对应的理论体系来参照。在这样的语境下，一些理论要点很可能会产生争议，或需要一个达成共识的过程。因此，考古报告有了特别重要的意义，考古报告为这门学科确定了研究对象，同时提供了最直接的研究材料。研究对象和研究材料是明确的，不存在争议，也因此在学科建构层面上就可以明确宗教美术考古存在的意义。

---

① 参见汪小洋、姚义斌：《美术考古与宗教美术》，上海大学出版社，2008，第 18—21 页。

在学科建构层面上，我们可以从规模巨大的信息源、专业保证的信息源、可以拓展的信息源、中国面貌的理论信息源等四个方面来讨论考古报告的学科意义。

第一，考古报告的对象提供了规模巨大的信息源。中国考古报告的规模之大，源于中国的地域广大。人类历史上的伟大文明都依靠大河水系的存在而诞生和发展，中国有长江和黄河两条大河水系，此外还有辽河、淮河、珠江等独立而庞大的水系，这样的大河水系提供了文明发展的条件，同时也提供了地域广大特征，考古报告也由此拥有了巨大规模。除规模大外，中国考古报告还有着时间连续的特征。中华文明诞生后，脉络始终没有中断，这也是考古报告成为巨大信息源的一个独特条件，考古报告可以在传世文献中寻找到大量的互证材料。此外，随着当代中国经济文化的迅速发展，考古报告的数量也在迅速增多，考古成果将会越来越多。

第二，考古报告的写作提供了专业保证的信息源。考古报告并不是简单的新闻报道，正规考古报告有写作体例上的要求。例如，发掘报告就有这样的要求："发掘报告的内容，一般分为三部分：（1）序论，包括遗址或墓葬的位置和所处的地理环境、古今地理沿革、发掘的历史和前人的工作、发掘经过、发掘地位和参加发掘的人员、发掘方法等。（2）正文，包括文化层堆积、遗迹和遗物的描述。（3）结论，包括文化遗存时代和性质、年代和分期、发掘收获和尚待解决的问题。"[1]这些写作结构是要求，也是规定，提供了明确的专业保证，这样的信息源是可靠的，也是主流性材料的提供方式。

第三，考古报告的评论是可以拓展的信息源。所有的考古报告都会带来对应的学术关注及对应的理论研究，有些关注度高的考古报告可能带来几十篇，甚至上百篇评论，大大拓展了信息源；而且，这些评论往往带来了综合性的内容，学科背景不同的学者参与其中，探讨的方向有别，依据的理论和方法也不完全一样，由此而大大拓展了理论视野。另外，考古报告的发掘路径使得许多考古报告本身就成为填补学术空白的成果，许多未知的问题被解决，许多未知的问题又因此被提出，由此形成巨大的理论空间。有学者因此编著了《改写美术史：20世纪影响中国美术史的重大发现》，他们认为："从

---

[1] 张之恒：《中国考古学通论》，南京大学出版社，1991，第11页。

20 世纪 20 年代起，由于西方现代考古理论与方法的引入，我们有幸看到了越来越多的地下考古发现。尤其是 20 世纪 70 年代以来，中国进入了一个考古大发现的时代……许多的发现和研究填补了中国美术史上的空白，同时也正逐步变化我们对中国美术史的传统认识。"①近几年考古界的一些热点遗址，如良渚文化遗址、龙山文化遗址和三星堆文化遗址等，都可以看到考古报告带来的信息拓展。

　　第四，考古报告是中国面貌的理论信息源。强调中国面貌的理论体系建设，是近年来学术界的一个努力方向，不过中国宗教美术考古研究领域有一个先天不足的地方，即相关理论大多数来自西方理论界，包括体系、概念和描述的方式，改变这一现象并不容易，也不可能一蹴而就。但是，考古报告可以在这方面提供有针对性的帮助。考古报告有自己的积累特征，所有文字都为第一线的考古工作者所撰写。另外，考古报告的理论提高也是考古工作者一直在努力的方向。"今天，考古学研究的整体研究水平，早已从分类阶段进入到解释阶段；对考古学遗物的研究，其重心也已从物质文化领域的说明逐渐向探讨精神形态领域转移。"②中国考古学的发展趋势，可以使考古报告成为中国面貌的理论信息源。比如，考古报告中的平面图(剖面图)就是一个重要的信息源(图 1-3)。

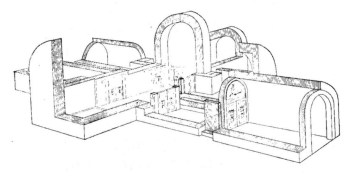

图 1-3　密县打虎亭汉墓一号墓透视示意图　河南郑州　宋代

资料来源：河南省文物研究所：《密县打虎亭汉墓》，文物出版社，1993，第 21 页

---

① 朱国荣、胡知凡：《改写美术史：20 世纪影响中国美术史的重大发现》，文汇出版社，2003，前言。

② 信立祥：《汉代画像石综合研究》，第 2 页。

## 第四节　编年史的理论意义

考古成果的学术价值与发掘时间直接相关，因此编年史具有一些特别的理论意义。从文本看，所有考古成果都有两个时间指标，一个是遗存的修建时间，另一个是遗存的发掘时间，发掘是遗存价值产生的一个新起点。因此，考古材料与其他材料有一个很大的区别，即发掘时间有着特别的意义。发掘时间说明了遗存被发现的时间和将要被关注的内容，学术价值由此得到了一个新的起点，甚至可能成为一个研究方向，也因此成为一个关键性的评价指标。因为发掘时间的重要性，考古报告的编年史就可以成为考古材料理论转化过程中的一个必要环节，同时为考古材料的体系化结构提供了一个优选路径。

第一，编年史可以体现理论化要求。

材料体系是学科建立的基础，但考古材料因为发掘的过程而可能出现偶发性和碎片化现象，编年史的体例特征具有递进性和整体性，从而体现出理论化要求。

首先，编年史可以凸显第一手文献的价值。编年史是一项连续性的研究活动，以时间为序来汇编所有相关研究成果，这些汇编并没有改变材料原貌，突出了考古报告的第一手文献属性，并由此强调了这一文献的重要性；同时，编年史描述了考古报告可能具有的活态性质，说明考古发掘手段介入后，以及考古评论跟进后，这些材料可能带来历时性和共时性两方面的价值。

其次，编年史可以提供考古材料的整体面貌。随着当代考古活动的普遍开展和社会重视，考古报告和相关方面的材料越来越多，整体性认识的要求应运而生，但是整体性并不是这些考古材料本身需要完成的任务，编年史才可以完成这样的任务。编年史关注发展史的语境和描述，从史学的层面来梳理材料，划分发展阶段，认识各个阶段的主要成果和特征。没有整体性就难言全面，也难言材料的终极价值，编年史可以完成整体面貌的学术要求。

再次，编年史可以为其他学者提供理论探讨空间。编年史有两个方面常常受到一些学者的诟病：其一，编年史事无巨细地收集材料，有简单罗列之嫌；其二，编年史记有余而论不足，对许多理论的描述过于简单。因为论不足，有学者甚至提出了编年史的体例修正。这显然是一种误解，记有余和论不足恰恰是编年史的特征所在，编年史写作要求是完整和客观呈现，某一时期所有相关信息没有疏漏，编年史的基本任务就已经成功。除基本任务之外，当然也有更高的要求，这就是为理论研究提供可以深入梳理的信息，因此编年史可以为其他学者提供理论探讨空间，这也是编年史完成理论贡献的一个路径。

最后，编年史的工具书属性可以提供考古材料的跨学科价值。宗教美术考古突出的学科特点是跨学科，编年史的工具书属性为跨学科研究提供路径。考古报告不仅是考古材料，而且是宗教史材料、美术史材料，相关学科可以通过编年史来打通和强调横向关系，发掘多学科的理论价值，同时服从于相关理论体系带来的转化要求和方向指导。

第二，编年史可以提供高要求的理论路径。

在一门学科结构内，材料体系的描述可以呈现这一学科的覆盖面，理论体系的描述则是这一学科可能达到的高度，编年史就是追求覆盖面和理论高度的一条路径。选择这样的路径，有着多层面的考量。

首先，史学层面。考古成果的理论价值实现必须强调体系性，对一些重大的考古现象如此，对一些一般性的考古现象也应当如此，这些考古现象最好都能够上升到史学的层面。编年史的编撰可以形成一个全覆盖的描述结构，以史学要求来指导理论体系的建构。某一次考古活动可能是偶发的，甚至是随机的，但在编年史梳理后就可以发现其中的连续性、规律性；同时，编年史的整体性结构可以避免考古成果的碎片化和过度解读。

其次，图像证史层面。史学对材料的运用有着稳定性要求，对于这样的要求，文献材料比较容易达到，但图像材料因为艺术表现的个性化和非主流性比例比较大而不容易达到。许多图像材料，可能稳定，也可能不稳定，图像证史在材料运用上就应当有一个平衡考虑。应当做到：一方面强调考古材料的辨析环节，通过辨析而提供可靠性材料，从杜绝低品质材料方面来保证稳定；另一方面限制考古材料的过度解读和碎片化解读，从保证材料原貌方面来保证稳定。图像证史的出发点是扩展研究空间，但同时对理论上的最优路径提出要求，编年史可以在这样的要求下将图像材料带入史学领域。

最后，世界影响层面。编年史的完整性可以为中国的理论自信打下坚实的基础，一方面，独特的材料体系可以直接进入西方宗教美术、美术考古，以及人类学等学科前沿，避免简单的材料输出和低层次循环；另一方面，编年史的数据化描述方式和体系，可以在交流方面减少材料解读上的压力。此外，宗教美术考古的当代理论多来自西方，中国学者的理论努力难免会出现同质化现象，编年史面对的是中国传统文化留下的遗存材料，可以避免此问题。

第三，编年史可以建立学术价值递进的研究体系。

从学科层面看，考古材料和相关研究不能仅仅是简单罗列，而应当具有学术价值递进的文本逻辑。编年史涉及考古材料、审美判断和宗教专门史三个层面，这三个层面并不是平行的关系，而是一种递进的关系。在这三个层面组合的递进结构中，考古材料将转化为理论。从研究体系的整体建构看，在宗教美术考古编年史的结构中，这三个层面的内容有着各自的侧重点。

首先，考古材料层面的内容。这是编年史中最为基础的部分，编年史的第一要务就是全面搜集考古报告并系统整理。"全面"是一种态度，也是一种操作上的路径设计。具体包括三个方面：其一，总体面貌。主要指标有发掘时间、总体数量、主要类型及基本特征等。其二，分布面貌。主要指标有时间分布、地域分布及宗教类型分布等。其三，重大发现。主要指一些特别考古现象，如发掘规模、保存状态和独特类型等。

其次，审美判断层面的描述。这是考古材料的理论性提升阶段，针对性明显增强。具体可以从三个形态的判断来开展：第一，形制形态判断。主要指遗存是以什么方式来反映宗教体验，其中又有三个层面内容：其一，载体形制层面，如石窟（图1-4）、寺庙、宫观、摩崖、墓葬等；其二，方位形制层面，如寺庙宫观的正壁和侧壁，壁画墓的墓道、墓门、甬道、墓室等；其三，构图层面，如主祀神和从祀神、独祀神和群祀神、神灵体系和供养人体系等。第二，题材形态判断。主要指遗存是以什么内容来反映宗教体验，其中主要有三个类型：其一，信仰类型，如儒释道和其他信仰题材；其二，主题类型，如宴饮图、出行图、升仙图等；其三，特殊题材类型，如地域性题材、阶段性题材和民族性题材等。第三，遗存形态判断。主要指遗存是以什么存在状态来反映宗教体验，一般指遗存现状，这一点将直接影响对遗存宗教体验的把握，可以从完整状态、不完整状态和不详状态等三个方向进行描述。

　　最后，宗教理论层面的描述。这是考古成果理论转化和理论升华的终结阶段，具体有以下几个方面：其一，交叉学科的考量。除宗教学、美术学和考古学的交叉之外，还需要考虑人类学、社会学、民族学等学科理论的介入，以及国内外的宗教美术比较等。其二，专门史的考量。将考古材料与一些专门学科联系，提升编年史的针对性；同时，考虑编年史的工具性，以工具书的方式形成专门史色彩。其三，理论增长点的考量。通过考古材料的全面梳理，在整体性思考的基础上直接提出一些宗教体验方面的思考，这个考量需要特别关注历史上发生的宗教现象，以现象来发现问题和提出问题，最终解决问题。例如，描述三教合一图像的普遍存在，梳理这些现象后可以说明儒教的存在和主导性的特征，以及中国宗教普遍世俗性与巨大包容性的对应关系等。在三教合一遗存中，佛教造像往往居中，这个现象可以看出佛教本土化的努力，当然也说明本土宗教的包容。

图 1-4　大足妙高山第二窟释迦佛、老君、孔子像　重庆大足　南宋
资料来源：李巳生：《中国石窟雕塑全集》（第 7 卷），重庆出版社，1999，第 99 页

## 第五节　操作设想的关注度体系

中国宗教美术考古有着材料积累上的巨大体量和理论转化上的巨大空间，这一领域也是当代艺术学理论成果的多产之地，在这个领域中构建中国体系应当具有特别意义。这样的语境，给中国宗教美术考古编年史提供了创新条件，同时提出了创新要求。能不能在常规的写作路径之外有一些更好的创新？由此，我们提出关注度体系的设想。

编年史最突出的体例特征是完整记录信息，但完整常常很可能导向平庸，平庸就可能会形成一本没有吸引力的流水账，这样的流水账自然无创新可言。那么，这些完整信息如何吸引相关学者？我们提出关注度体系。这个体系是一个大数据的结构，将所有考古材料和相关信息穷尽性收录，然后以一些特定的量化指标寻找这些信息的分布特征，从而建立关注度体系。关注度的高低不会厚此薄彼，但学者的关注方向将产生学术张力和空间，由此可使编年史走出平庸。

我们特别关注中国宗教美术考古报告年表、考古评论年表和研究信息分表，为此制定了体系化的信息表格，其操作路径就是信息的表格化和针对性的理论讨论。这些表格都是首次设立，表格化的材料可以直接转化为数据信息，包括信息数量、信息分布和信息标志等方面的内容。这些信息的表格化实际上是一个二次整理的过程，有着大数据描述的属性，在材料整体上有一个优化的提示或把握的路径，将编年史的体例特征突出为体例优势。

具体设想关注度体系结构，我们有以下理论方面的探讨。

第一，考古材料需要两个关注度体系。

宗教美术考古的学科围绕考古材料展开，这一点使得考古材料与文献材料有了不同的获取体系：考古材料依赖于发掘体系，发掘活动根据当代的遗存发现而展开；文献材料依赖于传世体系，传世活动依靠沿革有序的脉络而展开。这样的不同获取体系必然影响到认识体系，特别是在第一手材料的认识上存在差异：考古材料体系面对的是封闭性的遗存，考古报告的第一手材料价值具有唯一性，这样的特征使遗存材料研究显得特别重要。文献材料面对的是开放性的原典，第一手材料在各代传世体系中可能存在不同的价值认可，这样的特征使研究史材料变得非常重要。

考古材料与文献材料有着不同的获取体系与认识体系，因此在编年史的撰写上也就应当有着不同的操作体系。我们将考古评论列为考古文献的一种类型，指考古报告发表后获得的评论材料。如此，考古报告为学术界提供遗存方面的原始材料，考古评论为学术界提供考古报告发表之后展开的后续材料，这两类材料有着不同关注方向，学术界的关注也就形成了两个关注度体系，即考古报告关注度体系和考古评论关注度体系。

第二，两个关注度体系的关系梳理。

关于考古报告关注度体系。考古报告发表后，遗存信息就已描述完毕，并且信息结构基本定型，对大多数学者来说，之后就是以边界明确的遗存材料来进行反复的发掘。当然，原始信息是不会随着参与者的多少和研究的深入而改变的。在这样的状态下，考古报告撰写时要求遗存信息最大可能的完整，不能遗漏，这样就可以获得更多的关注，当然也是更准确的关注。同时，材料发掘过程中，学者因为知识结构不一和研究方向不同而对考古报告产生不同的关注点，这样的状态也会反映出原始信息中哪些信息获得了更多关注，哪些信息缺少关注而被冷落。因此，考古评论关注度体系是编年史的一个主干内容。

关于考古评论关注度体系。考古报告发表后，后续研究随之展开，遗存成果的影响开始体现在考古评论的数量上。这是一个客观的指标，围绕考古报告产生的评论数量大，影响就大，反之影响就小。在考古评论的数量中，又有宗教学、美术学和考古学等不同学科领域的指向，这些学科语境也对考古评论的分布产生影响。影响就是关注，关注度高就是影响大，就是重点所在。因此，考古评论关注度体系也构成了编年史的主干内容。

考古报告关注度体系与考古评论关注度体系是共同结构的关系，这样的结构形成后可以保证遗存信息的尽可能完整，提供完整的考古材料，也可以有针对性地描述影响信息，提供理论转化的指向和空间。

两个关注度体系有着共同的结构方向，但差异也是明显的。考古报告关注度体系与考古评论关注度体系在材料类型上有所不同，带来了自然属性和人为属性的差异。考古报告关注度体系的材料来自遗存信息，这些遗存都是已存在的现象，关注度不会因后人的认识和要求而改变原有信息，这样的关注度体系呈现出来的是自然属性信息。考古评论关注度体系的材料来自影响信息，这类信息产生于考古报告发表之后，并且始终处于增殖状态，这样的关注度体系呈现出来的是人为属性信息。两个属性的体系，有着不同的信息结构要求。自然属性的信息可以做到穷尽，因此考古报告关注度体系是一个可以封闭的体系，对这方面的信息应当尽可能一次性完整，并且在完整性上有一个全覆盖的结构；人为属性的信息则只能做到以穷尽的态度去努力，因此考古评论关注度体系是一个开放性的体系，这方面的信息在提出完整性要求的同时，也要留有足够的拓展空间。

第三，两个关注度体系的操作设想。

编年史的体例特征是对一个特定时间内的相关信息予以全面覆盖，这样的特征要求在撰写时有材料覆盖和理论发掘两个方面的考虑。从操作层面看，材料覆盖要求尽可能地做到穷尽，这个要求可以成为考古报告关注度体系的建构指导；理论发掘则希望留下足够空间，这个要求可以成为考古评论关注度体系的建构指导思想。基于这样的认识，我们有以下操作设想。

其一，考古报告关注度体系。

考古报告关注度体系的研究对象是所有已公开发表的考古报告及相关材料，其中又分为考古报告年表与考古报告材料两部分。考古报告年表理论上可以覆盖所有遗存，但有些遗存没有直接的考古报告，则从对应材料中按照考古报告的格式来收集。考古报告材料是对考古报告本体信息的梳理，即考古报告的具体内容，这些信息都是第一手资料，显得特别珍贵，因此要求尽可能完整。目前，考古报告年表和考古报告材料缺少通史性的成果，断代史和专题性的成果比较多，因此写作的难度比较大，许多努力带有尝试性质。

考古报告关注度体系具有自然属性，因此可以努力做到穷尽。另外，因为是材料覆盖，所以可以提供研究对象上的整体面貌，许多数据因为整体性而呈现出一些规律性的内容，这些内容为理论发掘提供了线索和空间。因此，考古报告关注度体系在全面呈现材料的同时，也从线索和空间上表现出明确的理论价值。

其二，考古评论关注度体系。

考古评论关注度体系面对的是与考古报告一一对应的相关评论材料，这是一个更加庞大的材料体系。考古报告的遗存信息结构基本固定，更多的理论讨论只能来自考古评论，因此考古评论关注度体系在宏大规模之外还有拓展空间的意义。对于考古评论的拓展意义，我们曾经从美术考古角度提出二次考古的概念："美术考古是一个特殊的考古门类，不直接参与考古活动，所有研究都首先围绕考古报告展开，并由此建立二次发掘体系。首先，确认考古报告为第一手资料，明确考古材料边界，降低现场考察的必要性。其次，穷尽所有相关考古信息，考古报告外还有新闻、论文、著作和年鉴类等相关考古材料，建立完整性年表，以信息的穷尽结构达到现场考察、甚至超越现场考察的要求。再次，借助新的科技手段和理论方法，持续发掘考古报告的信息，并为新的发掘活动提出针对性的新要求，促进考古报告撰写水平的提高。"①对二次考古的描述，也可以说明考古评论关注度体系所具有的操作意义。

考古评论关注度体系规模宏大，从内容看，有考古评论材料、考古评论年表和研究信息分表三个部分。其一，考古评论材料，这是围绕考古报告展开的具体评论，以针对性的指标予以概括梳理。其二，考古评论年表，这是考古评论的一些自然数据汇总，在数据层面对考古评论提供一个整体性的判断指向。其三，研究信息分表，这是针对每个考古评论材料而设立的，内容更加具体。

从具体操作看，考古评论材料是独立体系，以对考古评论的相关材料汇编而完成。考古评论年表与研究信息分表属性相同，都是数据层面的考虑，但两个表格体系各自独立。考古评论年表放在附录里，研究信息分表则附于具体考古评论之后。在考古评论中，一些特别现象应当给予关注，如星象图（图 1-5）。

---

① 汪小洋：《美术考古与丝绸之路的文化遗产保护》，《福建论坛（人文社会科学版）》2020 年第 6 期，第 48—57 页。

图 1-5　嘉峪关毛庄子魏晋墓伏羲女娲日月星河图　甘肃嘉峪关　魏晋

资料来源：孔令忠、侯晋刚：《记新发现的嘉峪关毛庄子魏晋墓木板画》，《文物》2006 年第 11 期，第 1、75—85 页

# 第二章
# 编年史的体例特征与建构设想

编年史作为一种撰史体例，始终受到学术界的关注。以传统理论体系看，编年史在信息梳理方面可以做到全覆盖，但在信息的理论转化方面存在不足，因此有许多信息的价值被舍弃或被忽视。不过，在新理论体系等因素加入后，一些以往不重要的信息将获得被重新认识的路径，价值判断也可能得到改变。这样的语境下，编年史对信息全覆盖的特征也将成为体例优势，以完整的信息保留而为理论转化提供张力和空间。中国宗教美术考古 70 年来，考古发掘成就巨大，编年史的信息保留体系也将得到越来越多的关注。如何做到信息的完整保留？新结构的要求应运而生。编年史的初始对象是考古报告，围绕考古报告产生了考古评论，考古报告和考古评论两个领域的主要事件可以通过考古年表来记录。当然，这些信息产生的影响是信息完整性不可或缺的内容。因此，新结构将由考古报告体系、考古评论体系和考古年表体系三个体系组成，同时关注度体系将成为一个特别考虑的研究维度。

## 第一节　编年史体例特征的认识

编年史的体例与其他史书类型有着完全不同的特征，编年史的编撰工作追求最大可能地全面记录材料和展示材料，但是并不追求理论上的全面把握和深入探讨。编年史在材料上的长处与理论上的不足都比较突出，也因此有褒贬不一的评价。中国最早的编年史是《春秋》，被后人奉为典范。不过，也正因为是编年史体例，所以后人对此也并不全是推崇。刘知幾在《史通》中就说："论其细也，则纤芥无遗；语其粗也，则丘山是弃。"①具体看，编年史的体例特征可以从以下两个方面来认识。

第一，编年史体例的结构认识。

编年史的重要性不言而喻，目前学术界的争议主要是编年的结构能不能撰写出高水平的史书，或者说能不能与其他体例撰写的史书达到同一个水平。不过，编年史在材料方面的贡献是受到一致肯定的，在传统史书撰写的领域中，编年史就有所谓的"长编"之说。

唐代刘知幾对编年体史书的长与短有过专门分析："夫《春秋》者，系日月而为次，列时岁以相续，中国外夷，同年共世，莫不备载其事，形于目前。理尽一言，语无重出。此其所以为长也。至于贤士贞女，高才俊德，事当冲要者，必盱衡而备言；迹在沉冥者，不枉道而详说。如绛县之老，杞梁之妻，或以酬晋卿而获记，或以对齐君而见录。其有贤如柳惠，仁若颜回，终不得彰其名氏，显其言行。故论其细也，则纤芥无遗；语其粗也，则丘山是弃。此其所以为短也。"②

今人陈寅恪在《元白诗笺证稿》中也指出了编年史的主要特征："苟今世之编著文学史者，能尽取当时诸文人之作品，考定时间先后，空间离合，而总汇于一书，如史家长编之所为，则其间必有启发，而得以知当时诸文士之各竭其才智，竞造胜境，为不可及也。"③

鲁迅对编年史也有过评价，并且肯定了编年史在提供信息方面的体例优势："分类有益于揣摩文章，编年有利于明白时势，倘要知人论世，是非看编年的文集不可的，现在新作的古人年谱的流行，即证明着已经有许多人省悟了此中的消息。"④

编年史在体例评价上存在不同的认识，但编年史在体例结构上的优势还是明确的。首先，编年史有着明确的全覆盖特征。编年史可以对研究对象的材料予以全面覆盖，这是其他撰史体例所没有的。通行的撰史体例对重大历史事件不会遗漏，但对一般性的历史事件则可能不予关注，甚至是直接舍弃，

---

① （唐）刘知幾撰：《史通通释》，（清）浦起龙释，上海古籍出版社，2015，第25页。
② （唐）刘知幾撰：《史通通释》，第25页。
③ 陈寅恪：《元白诗笺证稿》，上海古籍出版社，1978，第9页。
④ 鲁迅：《且介亭杂文·序言》，《鲁迅全集》（第六卷），人民文学出版社，2005，第3页。

这样的舍弃就可能因为撰写者的主观原因或当时一些客观条件的限制而造成一些重要信息的丢失。编年史则不会有这样的问题，在编年史的写作中，重要事件有记录，一般性事件也有记录，所有信息都会在编年史体例的结构中得到最大可能的保留。因为有这样的保留，这些进入编年史的信息就存在被发掘的可能，在语境改变或研究条件提高的时候又可能会由一般信息而转化为重要信息，这样的转化可能始终存在，这也成了编年史在信息方面的一个优势所在。其次，编年史有着明确的以时间为序的叙事结构。编年史完全以时间为序而展开描述，虽然在有些事件的描述中可能会存在过于简单和生硬的现象，但也因时间为序而可以在时间层面上带来清晰的逻辑关系，这样的逻辑关系使得历史事件呈现出一目了然的面貌，既降低了阅读历史的难度，也在有限的空间里加入了最大化的历史信息，还为以后的深入研究提供了张力。最后，编年史带来了明确的客观性价值。尽管编年史在理论方面的描述不多，但是其所记录的历史现象大都是客观记录，并没有像其他体例的史书那样对文字加工提出要求，因此这样的史书结构带来了一些直观的真实性；同时，这样的真实性对于一些复杂的历史事件有着非常好的原貌保护，多客观而少主观的原貌为以后的深入研究打下基础。

概言之，编年史之长在材料，之短在史论，这是编年史体例的基本结构，这样的结构不会改变，否则就不是编年史了。

第二，编年史体例的理论转化要求。

编年史在呈现材料上体现出强调客观描述的倾向，但编年史在理论上还是有一定要求的，即编年史的体例应当能够成为理论转化的重要路径和条件。换言之，编年史提供了材料转化为理论的可能，这种可能在体例设计中要得到充分关注，确定了编年史的体例，也就是确定了所录材料的理论转化方向，或提供了这方面的建议。呈现历史，也要说明历史，这是所有史书的基本要求，也是编年史的基本要求，科学而合理的体例设计是达到这一要求的基本环节。

理论转化要求下，编年史的体例结构应当有三个重点需要关注：首先，编年史应当具有一定的理论转化功能。编年史是材料收集，但经过科学和合理的选择、删减等过程的梳理，这些材料已经有了一定的主观色彩，可以体现史书撰写的基本要求，因此编年史的撰写可以成为考古材料理论转化的一个环节。其次，编年史应当具有一定的工具书属性。编年史的第一关注点是收集和呈现具体的现象，这些现象是按照时间的顺序予以排列，在规定好的结构中，从现象收集和呈现开始为后续的研究提供最基本的材料和依据，因此编年史具有工具书的属性。最后，编年史应当具有完整叙事的结构。编年史以穷尽材料的态度梳理考古活动领域的现象，包括重大现象和一般现象，因此编年史可以使所有考古现象进入学者视野中，这是一个完整的信息呈现，在完整性的要求下避免了因为疏漏而失去重要信息现象的发生。如石窟群研究中（图 2-1），编年史就应当对其各方各面的现象进行完整而细致的记录。

图 2-1　浦江飞仙阁第 9 号龛　四川成都　唐代

资料来源：卢丁、雷玉华、〔日〕肥田路美：《中国四川唐代摩崖造像：蒲江、邛崃地区调查研究报告》，重庆出版社，2006，第 103 页

## 第二节　编年史三体系结构的设想

从体系特征看，编年史在材料充分而理论不足的大结构下，可以做一些有针对性的体例调整，并通过这些调整而获得一个新的平衡。最理想的设计要求是：体例结构本身就体现了理论转化的要求并提供了相应的条件。在这一要求的指导下，考古报告体系、考古评论体系和考古年表体系可能形成的覆盖范围成为设计的方向。

编年史是围绕考古报告而展开的，所有的平衡努力也围绕考古报告而展开。由此，新的平衡主要考虑两个方向：一是考古报告代表的材料方向；二是考古评论代表的理论方向。在材料方向上，不仅当下考古材料越来越多，而且这个增长趋势在很长时间内不会改变，这就需要一个规模更大的容纳结构。在理论方向上，围绕考古报告的相关理论成果越来越多，并且在许多新理论形成的同时带来了新的研究方法，甚至是新的领域，这也对结构容量提出了新的要求。顺应这样的趋势和要求，编年史的体例应当有一个大容量的体例结构，我们由此提出三体系结构与关注度体系的设想。

第一，三体系结构的总体设想。

三体系结构的逻辑起点仍然是对材料与理论之间平衡的追求，具体操作就是在考古材料的完整覆盖和理论材料的持续发掘之间有一个明确兼顾。针对考古报告材料和相关理论材料，我们设计了编年史的三体系结构。

其一，考古报告体系，即考古材料覆盖指标体系。这一指标体系指向考古报告领域，考古报告和考古报告引起的相关记录材料是材料覆盖的对象。在材料覆盖的过程中，要求所有收集和展示的材料都是客观的，来自第一手的考古报告，特别是在考古报告梳理和遗存年表两个方面做到完整覆盖。

其二，考古评论体系，即考古理论发掘指标体系。这一指标体系的宗旨是通过描述已有研究成果而为理论发掘提供必要的和尽可能多的信息，从而为理论空间的展开打下基础。从信息性质看，这些信息是围绕考古报告而形成的材料，这是一种从考古报告影响出发的研究。这个研究起始于所有相关材料收集，随之展开对应研究，在指标设定上强调针对性，并且有一个符合逻辑的信息收集和呈现路径。

其三，考古年表体系，即考古活动的事件记录体系。考古是一个庞大的领域，事件记录本身不是材料来源，从材料属性看是一个附加性质的体系，但通过相关信息的记录，可以呈现材料面貌，提供深入线索，其中又包括取舍、详略等主观因素影响，因此也可以成为一个独立的体系。目前，年表的编撰缺少重视，许多重要的历史现象没有年表撰写，完整的年表明显不足，不更新的年表更是比比皆是。

其四，关注度体系的特别考量。考古报告与考古评论出现后就会产生学术影响，关注度由此形成。关注度体系本身并不提供材料，但可以通过对学术影响的梳理而明确材料的价值边界。从操作层面看，材料覆盖和理论发掘的起点都是对已有成果的关注，之后的全面展开和最终评价也都是在关注度层面上的细化、完善和判断，理论转化也得益于关注度的认识。因此，以关注度体系来认识三体系结构呈现的材料，可以成为一个撰写维度。

第二，三体系结构的指标设计。

在编年史的撰写中，完整性是体例优势，如何做到完整？指标的设计是重点。在具体指标指导下，相关材料获得边界，才可以落实完整。三体系结构中，考古报告体系面对的是考古发掘材料，虽然汗牛充栋，收集整理的难度很大，但指标指向的是已有的发掘成果，因此整理难度可以预见；考古评论面对的是不断增加的评论材料，指标具有很大的弹性，设计难度明显增加；考古年表体系的指标是在其他两个指标设计的基础上完成的，可以在针对性上做一些具体安排。在关注度维度的指导下，考古报告的边界是确定的，考古评论的边界则存在调整的可能，设计难度提高，指标体系本身也带来明显的学术张力。从操作层面看，考古报告体系和考古评论体系的指标设计应当有一些特别的考虑。

关于考古报告指标体系。这一指标体系的指向都是最基本的材料内容，也基本上是第一手考古材料，在完整收集的过程中，希望能够在保留编年史传统体例要求的前提下，增加一些延伸指标，使这一体系能够获得更大的叙事空间，尽可能地保留更多的信息，从而提供更多的相关信息，为理论转化做好必要准备。对于材料，当下学术界存在一些问题，一方面，许多学者对新理论和新方法关注很多，对材料本体则缺少关注；另一方面，一些学者对新材料很关注，但对材料的总体面貌缺乏深入思考。这些问题的存在，使得新材料和整体材料之间出现不平衡，求新而舍旧，这显然要影响到材料的整体性。材料覆盖指标体系的设立，就是提醒学者在关注理论之外也要关注材料，在关注新材料之时也要关注整体材料，注意整体把握的自觉性，两者兼顾。

关于考古评论指标体系。在各类材料数据越来越多，并且更加容易获得的背景下，应当设计一些新的指标，这些指标本身不具有理论探讨要求，但可以为理论探讨提供条件，并提供具有启发性的发掘指向。我们之所以在理论发掘指标中特别提出了关注度的指标设想，出发点就是从考古报告的影响上寻找理论发掘的方向和可能扩展的空间，这既是对理论探讨的要求，也是对材料发掘的要求。同时，关注度也是一个客观性能够得到特别强调和保证的指标，这方面的指标可以通过考古报告发表后产生的各种现象来说明问题，对应的理论发掘也是由现象而引起。换言之，找到现象就是获得发现，有了发现就有可能产生理论。如何找到现象并加以说明，这将是理论发掘指标体系的基本任务。

第三，编年史三体系结构的目标要求。

对三体系结构总体目标的设想是：在材料全面收集和呈现的过程中，用新的体例结构展示信息，由此发掘信息，最终发掘理论空间。三体系结构的目的是尽可能全面地呈现材料，在这样的要求下，我们重点关注考古报告体系与考古评论体系，前者关注考古报告的本体材料，即考古报告材料；后者关注考古报告发表后带来的相关研究材料，即考古评论材料。关注点的指向不同，指标的设定便有不同的要求，操作上也有不同的重点。

从材料内容看，考古报告和考古评论是材料的两大内容，前者侧重材料覆盖完整，后者侧重理论发掘空间。在不同侧重点的指导下，材料覆盖和理论发掘各有侧重，前者是建立一种直接梳理材料的指标体系，因此所有指标都是面对客观数据就可以设立；后者是建立一种间接梳理的指标体系，所有指标都是为某个理论发现的可能而设立，因此所有的指标都是在相关的材料梳理后才可以设立。也因此，我们有了材料覆盖指标体系和理论发掘指标体系的设想。

考古年表体系不具有材料属性上的独立性，所以有一些特别的考虑。从操作层面看，材料覆盖指标体系和理论发掘指标体系是基础性指标体系，考古年表体系中，考古报告年表归属于材料覆盖指标体系，是考古报告的记录材料，但这一指标体系的内容完全以表格形式体现，文字描述上也完全是在表格中将具体现象直接呈现，这样的表现形式表现出了一定的独立性，因此可以作为一个单立体系。同样，考古评论年表归属于理论发掘指标体系，这一指标体系的内容也以表格形式表现，从形式上看有独立性，因此也可以作为一个单立体系。

这样的考量下，编年史体例结构有三个操作体系，即考古报告体系、考古评论体系和考古年表体系(图 2-2)，其中，考古年表体系包括考古报告年表和考古评论年表。

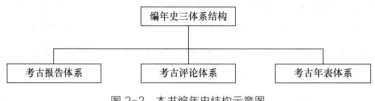

图 2-2　本书编年史结构示意图

　　材料覆盖指标体系应当能够涉及所有的考古现象，客观性和完整性是这一指标体系设定的准则。在理论发掘的指标体系中，指标应当能够从大量的研究文献中寻找到它们之间的联系，以及这些联系可能产生的理论探讨方向，针对性和逻辑性是这一指标体系设定的准则。在考古年表体系中，指标设计服从考古报告体系和考古评论体系的需要。从关注度维度看，这些体系各有侧重：考古报告体系，关注度指向的是材料梳理方向，侧重现有材料的全面呈现，是考古报告本体信息的全面梳理；考古评论体系，关注度指向的是理论发掘方向，侧重可能产生的空间寻找，包括各类信息分布和理论倾向的斟酌；考古年表体系，关注度指向的是侧重材料的直接呈现，包括各类基本指标和要点提示。

## 第三节　编年史关注度维度的思考

　　三体系结构之外，关注度维度方面的思考是编年史体例结构中的重点内容，以往这方面没有系统梳理，理论关注也不足，其中所包含的信息可能因此大量流失，实为可惜。在理论发掘体系中，关注度指向的是考古报告发表后产生的影响，这样的影响是多方面的，将这样的影响予以收集和分析，是材料梳理完整化的一个方面，同时可以给编年史带来理论转化方面的提升。达到这样的目标，要求关注度的指标具有优选结构，在覆盖相关信息的同时有理论转化方面的明确要求，从而在收集信息时有意识地发掘信息价值，由此而提供理论转化路径和方向。我们重点讨论理论发掘指标体系，说明关注度维度的思考意义，并且为操作层面的关注度体系建构做一些基础性的理论准备。

在理论发掘指标体系的各项指标的设计中，各自有着不同的侧重点，学术价值的取向也不同，关注度的梳理中也有着不同方向的努力。这些努力中，涉及基本信息的内容以往学者关注得多，相关的成果也非常多，因此目前需要做的是重新整合，学术价值取向上强调信息结构的完整性。

根据这样的要求，我们特别设计了理论发掘的三个分布表：其一，针对考古报告影响的时间层面关注度，即研究文献时间分布表；其二，针对考古报告影响的内容层面关注度，即研究内容分布表；其三，针对考古报告影响的作者层面关注度，即研究者地域分布表。

第一，研究文献时间分布表。

一篇考古报告发表后，学术界的关注度在时间维度上一般呈正态分布，但由于遗存规模、保存状态和内容特征等因素的影响，关注度的时间周期会有许多变化。考古报告发表后，有一些很快引起关注，有一些很长时间才引起关注，有一些则极少引起关注，甚至没有关注。引起关注的考古报告中，有一些始终是学术界关注的热点，有一些则随着时间流逝而慢慢淡出人们的视线。关注度维度形成的梳理体系并不做理论方面的讨论，但通过指标设定而表现出理论方面的考虑，由此发现问题、提出问题、引起相关学者注意而展开深入讨论，发掘出对应的理论空间。

遗存有封闭性遗存和开放性遗存两大类，因此时间指标上我们根据材料可以考虑两个指标体系。封闭性遗存的考古报告，其内容往往是首次发现，这样的发现常常成为学术界关注的起点，因此时间分布上比较集中，其情况主要出现在墓室壁画的研究领域。开放性遗存的考古报告不一定是对遗存的首次发现，在考古报告发表之前其可能就已得到学术界的关注，这样的情况在佛教和道教的遗存发掘和研究中比较普遍，因此在佛教和道教研究文献的时间分布表上要设立一些特别的指标来覆盖。

第二，研究内容分布表。

研究内容来自考古报告本身所包含的信息，关注度维度上这些信息的类型应当是清晰的，由此可以从考古、宗教美术和宗教美术考古三方面给予讨论。

考古报告发表时，考古界学者有着自己的理论关注点，而对于宗教美术学领域的学者来说，在整理考古报告时也有着自己的理论关注点，各自的关注点有可能一致，也有可能不一致。从宗教美术维度看，通过具有针对性的指标设定来寻找关注点分布，可以反映出考古报告在宗教美术研究领域所产生的影响。

宗教美术是一个庞大的领域，因为专业积累、专业需要和研究兴趣，以及研究方向、研究条件和外界要求等方面存在的不同语境，宗教美术学者对考古报告的关注是多元化的。这样多元化的要求带来了考古报告关注度体系的两个指向：一方面，考古报告的内容并不是无限的，所有考古报告都有着信息方面的边界，而且具体的考古报告总是有着类型上的倾向，边界可能更加受到限制；另一方面，考古报告也有着规范的写作格式，这是一种约束，要求考古报告能够做到对基本类型的覆盖。因此，考古报告的研究内容分布可以通过类型化指标来操作。通过全面的材料梳理，我们设定了考古内容、宗教内容、美术内容和其他四个类型化指标。

在宗教美术考古的学科领域，考古、宗教和美术是考古报告的主要指标，也是宗教美术考古学科体系的主要内容。在时间维度上，这三个指标的设定可以反映出考古报告的阶段性关注特征；在空间维度上，这三个指标的设定也可以反映出考古报告的地域性关注特征。中国历史悠久，地域辽阔，没有宏大的结构就无法覆盖这方面内容，研究内容分布呈现的类型化信息可以为研究者提供理论发掘的线索，这也是理论转化的一个路径。

第三，研究者地域分布表。

考古报告因为遗存的存在方式而有着非常强的地域性特征，对考古报告的关注也体现出地域性的相关特征，因此研究者的地域分布也可以成为一个重要的理论发掘方向。

一般而言，考古报告的影响力与考古遗存的重要性成正比，如规模大的遗存、保存完整的遗存和一些内容特别的遗存，具有比较大的影响力。不过，在各方关注中，哪些学者更加关注遗存呢？是本地学者还是其他地方学者，是经济发达地区的学者还是偏远地区的学者，是与遗存地有联系的学者还是没有联系的学者，等等。造成这些现象的原因是什么？研究者地域分布表可以提供这方面的直观信息，或者提醒相关的学者，提出一些探讨线索。

从研究者地域分布表呈现的现象看，可以将考古遗存分为全国性遗存和地方性遗存两大类，考古报告得到各地学者关注的为全国性遗存，考古报告只是得到一些与遗存地区有直接联系学者关注的为地方性遗存。相对而言，全国性遗存的研究成果非常丰富，地方性遗存的研究成果比较缺乏，但已有的成果特别是一些优秀成果也可以提供地方性遗存获得关注的原因，以及一些特别的信息，或被疏漏的信息。同时，关注学者特别多或特别少也可以说明遗存研究存在的空间。

　　研究者地域分布的信息在考古报告年表和考古评论年表中已经表现，因此这项内容作为一个设想而讨论，是一个预设的理论空间，如重庆大足石刻（图 2-3），其研究者中有本地的，也有其他地方的，关注点就会有所不同，大型遗存都会有这样的现象。

图 2-3　北山佛湾第二五四龛顶部天乐　重庆大足　唐代
资料来源：李巳生：《中国石窟雕塑全集》（第 7 卷），第 9 页

## 第四节　考古报告体系的建构设想

　　考古报告为编年史提供最基本的材料，通过对这方面材料的梳理形成考古报告体系。编年史首先面对的材料是考古报告，这是编年史的主体部分，这部分材料主要包括考古报告材料和考古报告年表，其中，考古报告收集是

编年史的基础。但是，考古报告不仅数量庞大，而且发表的形式也不统一，这给收集工作带来了很大困难，也正是如此才让材料梳理指标体系具有更加明确的学科价值。

从理论要求层面看，材料梳理指标体系应当有三个方面的要求：其一，指标体系要达到全面覆盖，指标设定要做到科学和合理；其二，指标梳理出来的数据不仅应当言之有物，同时应当可以说明问题；其三，注意理论转化，指标体系与理论结构有一个明确的相关性联系，能够表现出一定的理论张力。

目前，宗教美术考古方面的考古报告数量非常多，考古报告的重要性也受到学术界的普遍重视，但具体的数量规模始终没有一个全面的统计，因此也就没有全覆盖的指标体系。其中，缺少年表的现象普遍存在，许多耳熟能详的宗教美术现象都没有自己完整的年表。制作完整的统计年表，是一个迫切的研究任务。

具体看，建立考古报告的材料梳理指标体系，应当有以下内容。

## 1. 考古报告的收集对象

考古报告来自考古遗存，不过目前许多考古遗存没有规范的考古报告，或一个遗存出现几份考古报告，这就给考古报告的收集带来了困难。根据概念排他的原则，考古报告的收集对象可以由一些特定指标来确定范围。

1）正式发表的考古报告

一，以考古报告形式发表的考古材料。这些材料是考古报告的主要收集对象，有全国性期刊，也有地方性期刊。相对而言，全国性期刊比较权威，地方性期刊材料更加丰富，常常也有独特之处。二，专业性内容的考古信息。有些考古材料并没有以考古报告的形式发表，但提供了专业信息，表达也较规范，这些材料不仅具有考古报告的价值，而且有些小型遗存、地方性遗存和特殊性遗存的考古信息也以这种方式得到保存。

2）首次发表的考古报告

考古报告收集中，常常会出现一种遗存有多篇考古报告发表的现象，这种现象与发掘条件相关，当然也与遗存的存在形态有关。一般情况下，遗存的存在形态有封闭性和开放性两种类型。封闭性的遗存常常只有一个正式发表的考古报告，如墓室壁画遗存，考古活动一般一次性就结束，考古报告也就发表一次，也有一些再次发掘的考古报告，不过占比很少。开放性的遗存则可能有几篇考古报告发表，这是因为遗存是开放性的状态，考古活动就有了多次性、连续性的可能和要求，如一些石窟和宫观的遗存，考古报告也就出现了多份。作为编年史的材料，考古报告的材料只收录首次考古报告，这样可以体现出遗存产生影响的起点时间，也可以强调第一手材料的珍贵价值。对于首次之后的考古报告，可以放在研究文献中来梳理，保留相关信息，这样也可以从另一个方面体现出首次考古报告的影响和贡献。

3）专题性的出版物

有一些考古遗存没有考古报告，但是在一些专题性出版物中有考古报告的内容出现。同时，有一些考古遗存有考古报告，但专题性出版物更受欢迎。在这些出版物中，遗存的主要内容都会得到详细描述，不过由于不是以考古报告的形式出现，因此内容的侧重点可能有所偏移。从现有材料看，许多大型考古遗存、重要的考古现象都在专题出版物中予以记述，这是我们应当特别注意的现象。

4）特殊的考古报告材料

有一些考古遗存的内容没有考古报告，表达上也缺少考古报告的专业性要求，但在相关研究中受到重视，编年史不予以对应记录显然不合理。因此，编年史中有一些考古遗存的内容来自非考古报告形式的出版物，编入的出发点是保证编年史的完整性，也是出于寻找线索和提供线索的想法。这方面的材料主要来自研究生学位论文、一些地方性期刊、一些特别的专业性期刊，这些材料拾遗补阙，也显示出一定的珍贵性。当然，这些材料收入时应当特别谨慎，以材料可靠为前提，同时要有相关的说明。这些情况在人类学、社会学、民族学和民俗学的研究成果中常常出现。

需要说明的是，为了统计和行文方便，本书中的考古报告均以"篇"为单位。

## 2. 指标问题与解决设想

指标设立时，有些问题涉及多个外部要素的影响，只能以最大公约数的方法来获得解决方案。这样的问题主要有以下三个方面。

1）历史变化带来的地域名称问题

有些是古今不统一的问题，有些则是地域名称在古代就存在变化。对于这些情况，在指标设立时以当代地域名称为标准。如果需要，可以做一些专门的说明。

2）遗存名称变化带来的遗存命名问题

考古报告发表时的遗存名称可能与目前学术界流行的名称存在不一致，这种情况下以考古报告发表时的名称为准，这也是对考古发掘成果的一种认可。

3）大型遗存的考古报告统计问题

一些大型的考古遗存，相关的遗存点很多，甚至可以达到数十个，若无特别的情况，还应以一个遗存来统计，这样带来的信息损失在文献研究中可予以补偿。

### 3. 具体指标的设定

指标设定是根据统计学的方法来操作，同时有一个数据库的预设方向或结构，这样的指标对目前的考古报告成果有一个全面覆盖，使考古报告的内容能够在数据统计中体现出考古材料所具有的理论意义，以及理论转化的方向。具体指标和要求如下。

考察时间：该指标可以提供遗存发现方面的信息，统计的时间指标以首次为准。统计时间有"具体时间"和"不详"两项内容，该指标主要针对地面遗存。

发掘时间：该指标可以提供遗存在考古活动展开方面的信息，与"考察时间"可以对读，其主要针对地下遗存。该指标以考古报告为准，通常都有准确的时间。

遗存年代：该指标为呈现遗存历史背景方面的信息而设立，指遗存出现的时间，如果这样的信息不明确则标明"不详"，如果有几个时间而无定论则标明"待考"。

遗存地点：该指标提供遗存在地理位置方面的信息，以考古报告的表述为准，如"临夏回族自治州永靖县"。

遗存名称：该指标一般以考古报告的说法直接标明，如"炳灵寺石窟"，如果有几个说法，则以首次考古报告的为准。

遗存形式：该指标由于受遗存规模和地域文化的影响，因此有些大型遗存和地方性遗存会有几种形制并存的现象，这会影响到遗存形式的命名，这种情况下以考古报告为准。

遗存现状：该指标提供遗存保存状况方面的信息，有完整、不完整和不详等类型，以考古报告为准。考古报告的成文时代、历史阶段、遗存规模、发掘者的方式和风格等都可能会带来不同的表达，因此这一指标虽然可以更加精细地描写遗存现状，但指标内容上不宜太细，能够做到提供线索即可。该指标可为遗存价值提供初步判断的标准和线索，但一些特别的遗存和现象则不受该指标的影响，这一点应当特别注意。

遗存位置：该指标主要指遗存点在整个遗存环境中的位置，以考古报告提供的材料和描述为准，如"县城西南 40 千米的积石山的大寺沟西侧崖壁上"。此外，遗存位置对遗存形制方面的研究也可以提供对应帮助。

遗存数量：该指标为大型遗存而设立，而且多指地面之上的佛道石窟。墓室壁画遗存一般只有一个，但佛道石窟则可能有多个，以考古报告为准。

文献来源：该指标为考古发掘活动的贡献而设立，以首次考古报告发表的期刊为准，如"《炳灵寺石窟编号及其内容》，《文物参考资料》1953 年第 1 期"。遇到一些特殊情况，也可以列上 2—3 个文献来源。因为有些遗存没有考古报告而收录了对应的考古材料，这样的收录要专门说明。

遗存内容：该指标提供遗存的主体内容信息，可以根据考古报告做具体描述，一般是直接辑要原文或类型化描述。

遗存特点：该指标提供遗存特征方面的信息，可以根据考古报告提供的材料描述，如果考古报告不清楚或没有这方面内容可以标明"无"。

遗存平面图（剖面图）：该指标的目的在于说明遗存的形制特征，可以根据考古报告提供的材料来说明，如果没有就标明"无"。平面图和剖面图（图 2-4、图 2-5）是非常重要的遗存信息，目前许多考古报告没有这方面的描述，显然是一个遗憾。

图 2-4　考古工作人员测绘墓葬平面图和剖面图　湖南郴州　当代

资料来源：湖南省文物考古研究所：《桂阳刘家岭宋代壁画墓》，文物出版社，2013，第 107 页

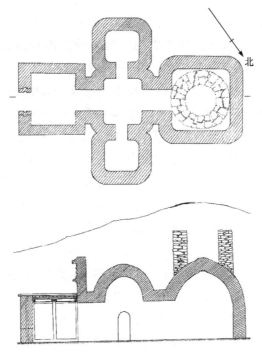

图 2-5　哈拉海场北沟辽墓(M1)平面图和剖面图　内蒙古赤峰　辽代

资料来源：王青煜：《内蒙古巴林左旗哈拉海场辽代壁画墓清理简报》，《文物》2014 年第 4 期，第 2、39—44 页

## 第五节　考古评论体系的建构设想

　　考古报告发表后产生的影响是编年史的重要内容，这方面的材料梳理形成考古评论体系，建构的目的是开展理论发掘。理论发掘针对的是研究文献方面的材料，研究文献是指围绕考古报告而形成的考古评论，这是编年史的一个重要内容。有些年鉴类的文体也有这方面的内容，对编年史而言，收入的范围应当更宽泛一些，同时应更侧重类型覆盖方面需要的相关信息。凡信息丰富的考古报告都能够带来大量的研究文献，信息不足的考古报告则研究文献比较少。在理论发掘的指标设计中，不论研究文献多少，编年史都将予以关注。当然，从量化层面看，考古报告在学术界产生的影响应当是清楚的，最直接的判断是由考古报告而产生的考古评论数量，数量多少可以直观地说

明考古报告的影响力。

数量现象实际上也应当被特别关注，考古报告关注度越大，影响越大，评论数量也就越多。考古报告的关注度涉及时间、地域，以及评论者的学术取向和研究条件等，这些内容都会影响理论价值判断。从理论发掘层面看，关注度不论大小都具有讨论的意义。关注度大的考古报告，可以带来许多成熟的研究成果，起点高，涉及面也广；关注度小的考古报告，已有研究成果不足，可以带来新的研究空间，如学术界的忽视原因、价值的重新认识、新材料的出现等。理论发掘体系的内容都是在考古报告发表后产生的，是学者从自己的研究方向和积淀上对遗存材料提出的认识，因此这是一个人为属性的关注度体系。

考古评论体系的建立，从指标设计层面看应当达到三方面的要求：其一，通过针对性表格的设计，能够收集到理论类型分布上的有效数据；其二，通过研究文献所覆盖的内容统计，说明考古报告可能带来的理论讨论内容和领域，这是一个发掘理论空间的指向；其三，通过表格带来的信息呈现和简要描述，能够直接说明考古报告理论关注度的基本面貌。

具体看，考古评论体系的建立有以下内容。

## 1. 考古研究文献的收集对象

考古研究文献以正式期刊发表的论文为主，专业网站为主要收集范围，收集时使用的主要指标是"主题"和"关键词"，这样既可以最大范围地收集材料，同时可以排除许多与考古报告相关性不高的论文。专著一般不在编年史的收集范围之内，一方面，考虑到篇幅的容量问题，专著的内容往往是全面展开的，附加内容可能比较多；另一方面，考虑到专著的滞后性，许多观点的首次提出都在论文中，而且从论文发表到专著正式出版往往都有一个很长的周期，专著的综合性内容会占有较大比例。同时，理论发掘对研究生学位论文要特别的关注，一些最初的系统讨论是在研究生学位论文中展开的，有着明确的理论发掘意义。

研究生学位论文是研究文献的一个大类，这类论文主要包括硕士学位论文和博士学位论文两类。硕士学位论文理论高度可能存在不足，但在一些材料线索和专题性讨论上可以提供很好的研究材料和一些具有启发性的观点。

博士学位论文在体系性研究上具有很好的研究价值，一些重要的观点和材料线索也常常在博士学位论文中出现。好的博士学位论文当然让人惊喜，许多博士学位论文后来都正式出版，并且成为作者的代表作。

需要说明的是，本书的考古评论材料只收录了文章和学位论文，故统计和行文中均以"篇"为单位。

## 2. 指标问题与解决设想

在文献收集时，大型遗存带来了大量的研究文献，小型遗存则遇到困难，有些遗存只有一两篇研究文献，甚至许多小型遗存没有对应的研究文献，研究文献的不平衡性显得特别突出。编年史的重要特征是完整性，所以对研究文献的收集还需要以一个相同指标来进行，不做特别的倾向，但是在关注度上要有对应的描述，也由此而为理论发掘提供多种选择。

对于研究文献不足的考古报告，目前的一种有效解决方法是在研究生学位论文中寻找相关材料。一些地方性遗存、小型遗存在期刊中缺少研究文献，但是在研究生学位论文中可以找到一些涉及材料。研究生学位论文中，专题性的研究多，对中小型遗存和地方性遗存常常有专门涉及，这些涉及可能比较简单，但可以提供线索，弥补不足。

## 3. 基本内容体系

考古评论体系可以分为两个二级体系：一是基本内容体系；二是考古评论年表体系。基本内容体系又可以再设定三级指标，主要有研究文献数量和研究文献梳理两个指标，后者还可以再梳理出四级指标。

1) 研究文献数量

该指标是对现有文献材料的客观统计，以公开发行期刊的发表论文为主，另外也收入相关性高的研究生学位论文。在统计表格中，研究文献含研究生学位论文，可做专门标识。

2) 研究文献梳理

该指标的设立有以下几方面的考虑。

时间考证：这是对遗存存在时间的考证，如果遗存有明确的时间提示，如出土的明器、铭文或相关铭文，这样的考证就非常简单。如果没有关于时间的文字材料提供，时间考证就成为一项重要的研究任务。时间考证最有力的参照体系是文字，但不是所有遗存都有这样的文字，有一些需要依靠间接材料，因此许多遗存的考证并没有取得一致的认识。

题材梳理：遗存表现的内容是对现实生活的反映，这样的现实与当代现实生活有距离，与当时的现实生活也可能存在一定的距离；同时，宗教美术要传播信仰，这些内容在题材上有着一些特殊的表达方式，因此，许多考古报告都需要题材方面的梳理。

形制梳理：遗存的形制是一个关于图像语境的研究内容，图像在遗存中的位置关系、尺寸大小，乃至整个遗存的建筑方式、墓葬材料、一个图像以什么样的方式来表现等，都成为研究者所关注的内容，特别是图像证史的要求提出后，形制考证受到越来越多的重视，甚至是不可或缺的，图像体系研究也因此摆脱了简单的技法研究而有了一个体系性的综合性研究方向。

宗教特征梳理：所有宗教美术活动都是在一定的宗教信仰指导下进行的，这些宗教信仰的指导内容各有不同，同时相同宗教信仰对具体遗存的指导方式也存在不同，这些都是宗教特征研究的内容。另外，遗存材料与传世材料相比较，表现出不同的传播方式，而且遗存材料有着可靠性方面的保证，因此可以提供一些特别而可靠的材料支持。

艺术特征梳理：宗教美术是艺术行为，这些艺术行为在遗存中的认识需要通过考古手段而获得，因此艺术特征的研究又有了考古方面的考虑。质言之，宗教美术考古的艺术特征梳理是一个体系性的研究，至少应当包括宗教美术影响、世俗美术影响和考古发掘影响这三个方面。具体研究可以根据考古报告提供的材料而有所侧重，尤其是有一些大型遗存、重要遗存在艺术特征方面有着一些特别的研究要求。

特殊价值梳理：考古报告因为涉及宗教、美术、考古三个方面，常常会提供一些特殊的研究价值，如时间、地域和规模带来的研究价值，再如保存状态、发掘难度和遗存稀有等方面带来的研究价值。

其他内容梳理：有一些综合性的内容，或指向不明但又很重要的内容，以上指标不能涵盖，因此单设"其他"指标。

## 第六节　考古年表体系的建构设想

考古年表体系包括考古报告年表和考古评论年表两个二级年表体系，编年史以考古报告为基础材料，因此我们重点探讨考古报告年表的建构。

第一，考古报告年表体系。

考古报告年表面对的是纯客观信息，相对简单，而且年表有一个体例优越性，即可以在有限的篇幅内呈现尽可能多的信息。当然，这也对年表设计提出了一些结构设计上的特别要求。从编年史的体例特征看，年表的指标还是以完整性为首要目标，所有单个指标或组合指标的设定都要能够体现完整性。因为有着完整性的要求，所以组合指标是基本结构。

其一，总表与分表的考虑。

中国宗教美术考古报告是一个大体量的材料体系，一方面，编年史的时间跨越 70 年，这一时期内考古报告数量巨大，特别是改革开放以来考古活动得到各方面的重视，考古报告数量也随之增多，各方面的关注度也在迅速提升，这给年表在层级与项目内容等方面的设计带来了困难；另一方面，中国历史悠久，地域辽阔，文化多元，宗教美术内容的多样化、丰富性也给年表设计带来了困难。面对这样的材料体系，简单的年表结构显然已经不能做到完整。因此，我们采用总表与分表结合的方式，总表是对所有考古报告基本信息的统计，分表则是针对考古报告的一些特别内容而做的信息统计，以弥补总表的疏漏或不足。

考古报告总表是对所有考古报告的统计，这样的统计覆盖考古遗存的一些基本信息，主要有遗存名称、遗存地点、遗存年代、文献综述、考古报告来源和备注等指标。通过总表，编年史所面对的考古报告在总体面貌上有了一个完整性的描述，这也使得总表具有了一定的工具书性质，可以提供以考古报告发表时间为序的查找线索。总表面对的材料数量巨大，目前这方面的成果明显不足。

分表相对于总表而言，一方面，可弥补全面指标设计时的不足，如总表并不专门提供宗教类型、地区分布、年代分布和数量统计等方面的信息，这些信息由分表来承担；另一方面，也有突出某些内容的需要，如某个阶段、某个地域和某个宗教类型的内容，通过分表来表现，针对性强，也可以有更加细致的梳理。

其二，宗教类型的考虑。

分表设计中，宗教类型是一个关注点，不同的宗教类型带来了不同的宗教美术内容，而且也可能因为宗教类型的不同而有不同的美术形式。例如，儒教美术带来了墓葬载体中的墓室壁画表现形式，而佛教和道教则带来了石窟、宫观和寺庙等载体中的雕塑、壁画表现形式。在佛教美术和道教美术中，佛教多寺庙、石窟表现形式，道教则多宫观表现形式，不过道教也曾经向佛教学习过石窟的表现形式。这些内容均在分表中有所体现。

其三，地域内容的考虑。

分表设计中，地域内容也是一个关注点。首先，地域内容是由遗存地点确定的，一般是没有考证方面的问题，但被移动的遗存就有一个如何确定原地点的考证要求，如果是不明原因的移动，则有一个深入考证的要求，如汉画像石遗存非常多，但因为画像石的可移动性，许多画像石的遗存原址无法明确，这给遗存地点考证带来了很大困难。其次，地域内容是认识遗存语境的一个重要条件，地域内容可以带来宗教美术自身的语境内容，如石窟群、墓葬群等；也可以带来人文地理方面的影响，如民俗、民风，以及宗教传播特征的一些内容；还可以带来自然条件方面的影响，如石质种类等条件对石窟造像的影响。

地域内容中，当代行政区划带来的影响也是一个重要内容。遗存地点都是有具体地名的，但历史上的各代地名和当代地名未必一致，这个需要在分表中有所辨析和选择。同时，在类型化的梳理中，大区名称也有一个古代与当代可能不一致的问题。操作上，编年史的行文中可以用古代名称来描述，但表格中一般都使用当代大区名称，如东部地区、中部地区、西部地区和西南地区。当代地名与传统地域文化有着必然的联系，同时也有减少阅读困难的设想。

其四，分表的组合结构考虑。

总表是一个组合结构的设计，分表内容相对简单，但有时也需要一个组合结构设计。对于遗存而言，所有考古报告都要涉及考古、宗教和美术的相互关系，材料的描述、观点的论述都要考虑到这些关系，因此在指标设计时需要组合结构。对于文献梳理而言，各种选择和判断都有着综合性方面的考虑，因此对应的表格也需要一个组合结构的设计。

一些专题性的年表，也需要组合结构才能完成对内容的描述，如历年来遗存数量的统计，就必须在组合结构下才能完成。

第二，考古评论年表。

考古评论是围绕考古报告产生的考古材料，考古报告产生的影响是持续性的，所以考古评论年表的体量是一个动态性的状态，这给相关信息的认识带来困难。不过，考古评论年表与考古报告年表在主要指标上还是一致的。基于这样认识，我们重点讨论考古评论年表的三个特征。

其一，考古评论年表的指标与考古报告年表有明确的对应关系。考古评论年表的自然情况指标与考古报告年表一致，都是由名称和内容类型两部分组成，前者是考古报告的名称，后者与考古报告相同，是考古内容、宗教内容、美术内容和其他内容四个主要内容。这样的对应关系，可以说明考古报告对理论转化的重要性，考古报告为理论转化提供了研究对象。

其二，考古评论年表在数量层面上体量更大。考古报告形成后，虽然有一个遗存有多份考古报告的可能，但这样的情况只是极少数，因此考古报告的数量边界是确定的。考古评论不同，学术界对考古报告的关注是持续性的，集中性的考古评论多数发生在考古发掘之后的短时间内，但当新方法、新理论或新遗存被发掘后，可能引发新的研究热情，考古评论的数量将又一次增多，数量边界将重新确定。

其三，关注度维度带来巨大空间。考古评论年表也有总表与分表的设置，在关注度维度的指导下，年表的信息梳理具有巨大空间。在总表中，关注度分布信息可以直接提供各项内容的关注度，并且在时间、地区等指标的指导下获得考古报告产生的影响和相关的周期信息。在分表中，对学者群与地区分布等信息的梳理可以带来一些地域性、阶段性等方面的针对性问题，直接打开理论深化空间，如供养人的信息，一般都会有地域性和阶段性方面的关注度(图2-6)。

图 2-6　龙门莲花洞外南壁供养人　河南洛阳　唐代

资料来源：向以鲜：《中国石刻艺术编年史 理想卷 隋唐五代》，东方出版中心，2015，第 507 页

# 第三章
# 宗教美术考古发展的阶段划分

宗教美术考古有着跨学科的属性，所涉及的学科主要有宗教学、美术学和考古学，这些都是传统学科，不过作为跨学科的宗教美术考古则是一门新兴学科，发展的时间并不长。从学科发展过程看，宗教学、美术学和考古学三门学科之间有一个密切而稳定的关系结构，这是本学科形成的基本条件，因此三门学科之间的关系结构如何发展是学科发展阶段划分的主要依据。基于这样的认识，根据三门学科的关系结构发展，中国宗教美术考古的发展阶段可以分为依附期、停滞期、初建期和繁荣期四个阶段。

## 第一节　四个阶段的划分

在宗教美术考古的关系结构中，三门学科的学科意义有着各自的重点。宗教学关注考古遗存中的宗教信仰影响，美术学关注考古遗存中的艺术表现形式，考古学关注考古遗存中的物质存在状态，关注点不同必然带来不同的价值判断体系。当三门学科并存于一个结构之中时，将形成一个共同的价值判断体系，从而建构出一个新的关系结构。这个关系结构有一个建构过程，在这个过程中，三门学科有着不同的加入方式，并且各有侧重，宗教学和美术学侧重的是材料研究，具有一定的滞后性特征；考古学侧重的是材料收集，具有即时性特征。不过，所有建构活动的起点都是围绕考古报告展开的，关于考古报告的认识是这个关系结构的逻辑起点。因此，三门学科与考古报告的关系是一个动态的状态，这个状态如何发展也顺理成章地成为阶段划分的明确指标。

第一，以考古报告关系划定的四个阶段。

考古报告与三门学科之间的关系，时间上有早也有晚，类型上有材料层面也有学科层面，根据这些关系特征，我们将中国宗教美术考古的发展分为依附期、停滞期、初建期和繁荣期四个阶段。

(1)依附期(第一阶段)。考古学是三门学科中与考古报告关系最为直接的学科，也是最先与考古报告发生联系的学科。在考古学与考古报告最初发生联系时，考古学与考古报告之间是一种学科内部的关系，而宗教学与美术学并没有在学科层面与考古报告发生联系，这个现象说明该阶段的宗教美术考古并没有独立的条件，必须依附于考古学而发展。因此，该阶段可以被划定为依附期，时间为1949—1965年。

(2)停滞期(第二阶段)。依附期之后的十年学术活动基本停止，因此划定为停滞期，时间为1966—1976年。因为停滞期宗教美术考古的学科建设没有进行，所以依附期的阶段性特征没有改变，该阶段也可以划归依附期。

(3)初建期(第三阶段)。考古报告是相关学科发展的第一手材料，所以考古学之外的美术学和宗教学都与考古报告发生联系，在依附期和停滞期，这些联系更多的是在材料层面，而不是在学科层面。改革开放之后，随着环境的宽松和西方理论的引入，学术界对考古报告提供的材料有了新的认识，学科层面的关系结构已经开始建构。不过，该阶段三门学科之间的关系结构并不完整，相关的联系也不稳定。因此，该阶段可以划定为初建期，时间为1977—1999年。

(4)繁荣期(第四阶段)。当三门学科围绕考古报告展开的研究形成一种稳定的关系后，学科层面的关系结构开始形成，特别是三门学科之间的联系有了同构性的升华，许多跨学科的成果开始出现，三门学科的价值判断体系有了越来越多的共同追求。因此，宗教美术考古进入繁荣发展阶段，时间为2000年至今。

第二，以考古报告数量说明的四个阶段。

考古报告是宗教美术考古学科发展的基础，没有考古报告也就没有这门学科存在的基础；同理，没有一定数量的考古报告的支持，这门学科也无法发展和繁荣。因此，考古报告的数量是学科认识的一个重要指标。

我们对70年来的考古遗存做了数据统计，从中可以看出考古活动的成果与学科发展有着明确的相关性。数量上，依附期和停滞期的遗存数量不多，许多问题在考古学范畴内就可以解决，跨学科建构的要求自然也不迫切；之后的初建期和繁荣期，遗存数量大增，其中繁荣期以 10 年为周期划分后仍然有非常多的遗存数量。遗存数量增多的同时也产生了许多新的问题，跨学科建构的要求油然而生，遗存数量的增多直接促进了学科的发展。地域分布上，考古报告数量也说明各地都有着一定规模的遗存分布，同时宗教类型上也有着比较好的分布，各个类型都有一个比较高的基本数量，这些现象的出现，都是对学科发展的直接促进。比如敦煌石窟的研究，跨学科研究已经硕果累累（图 3-1）。

图 3-1 西千佛洞第 18 窟 主室坡顶南坡 说法图 甘肃敦煌 中唐
资料来源：赵晓星：《莫高窟之外的敦煌石窟》，甘肃人民美术出版社，2017，第 32 页

## 第二节 依附期的发展与特征

中国宗教美术考古第一阶段为依附期，该阶段学科的独立属性尚未形成，

学科依附于考古学的发展而发展。考古学由西方学术界引入，发展的时间并不长，但因该阶段考古成果相对较多，这一代学者刻苦努力，考古学得到了非常好的发展，形成了初期发展特征。

第一，与考古学的关系结构。

依附期的发展主要在考古学领域，考古报告对遗存有比较完整的描述，保留了珍贵的材料。该阶段考古报告中基本没有专门的理论认识，但材料描述都比较详细，为之后的理论研究留下了线索，这方面突出的是佛教和墓室壁画两个领域的考古报告。

佛教方面的考古报告虽然没有理论方面的明确指导，但考古学的严格学科要求使许多考古报告对材料的整理达到了规范和完整，甚至与现在的考古报告也并无多少差距。例如，1951年发表的《天水麦积石窟介绍》，对第21窟有详细记录，保留了当时的遗存状态：

> 21窟的位置在19窟之下，与22窟为姊妹窟，前部已毁损，仅存后半部。其顶作尖方形，分四部，各为等腰三角形，后部之一全存，左右两部，仅余其半，后部三角形内所绘，色彩尚丽，人物众多，似为佛画极乐世界，旁边绘有精舍于院之中部，开有正门，为凸出棚状，由院之左角看去，可见棚下之旁室（室中尚有人住），院墙为青色。又顶之两边所存残余半三角形中，画的色彩更鲜丽，也是佛经故事，其下三面壁上，皆有小窟，各有像一躯，壁上亦有绘画，惟已剥落模糊。[1]

墓室壁画的考古报告在材料整理上可以与佛教美术考古报告媲美，许多考古报告对壁画墓的存在状态也有着非常详细的记载。例如，1954年发表的《郑州二里岗宋墓发掘记》，对壁画内容就有着很详细的记载：

> 墓内壁画和镶嵌的砖制浮雕  墓室内部壁上有模糊的人物壁画和砖嵌浮雕。浮雕有两种：一种是用砖雕制成器物砌在壁上，如灯柱、柜、桌、椅、门、窗；另一种是先将器物浮雕在砖上，再把它镶嵌在

---

① 冯国瑞：《天水麦积石窟介绍》，《文物参考资料》1951年第10期，第167、169—186页。

壁上，如井、尺、剪刀、勺、壶、盒等。现分别简述于下：1. 壁画：位在南壁的东端，是一彩绘人像。全身朱红色，发为黑色。身高四十公分，宽二十公分，线条不甚清楚。2. 井：镶嵌在墓壁门内的西边，为一砖制辘轳系水桶的浮雕。辘轳无把，周身缠井绳七周，绳下端系一木桶，绳长〇·二六公尺，桶的形状上大下小，桶外还有桶箍三道。3. 灯柱：是砖砌成的，在东壁的最南端。柱高〇·六六公尺，宽〇·〇三公尺。柱下有座，上部分设四杈，杈端各置一灯，灯口有朱色点，象征着火的地方。4. 柜：是砖砌的，在灯柱的北边。高〇·四〇公尺，宽〇·六〇公尺，在柜的上部中间浮雕有锁一把，涂为黑色。5. 桌：为一砖砌桌子侧面，在柜的北边。桌高〇·四〇公尺，宽一·一六公尺，桌下放有剪、尺和熨斗。6. 剪：为砖质浮雕。7. 尺：砖雕在剪子的北面，上刻十寸，全长〇·三三公尺。8. 长颈壶：在两壁的最南端。颈长，腹大，有圈足，唇口厚大。9. 壁画：在颈壶上边的〇·六〇公尺处，只显出墨绘人头，下部已剥蚀难辨。10. 桌与椅：镶嵌在西壁的北半部，桌上放有两只杯，一个壶，一个小盒子。盒为灰色。桌的南北两侧各置椅子一把，桌下放有一勺。11. 后门：为一砖砌假门，在北壁的中部。两扇门微开，每扇宽〇·三四公尺，高〇·六七公尺。门外为框，上有两门簪，簪涂朱红色。12. 窗：后门的两旁各有一个六棂假窗，也是砖砌的。①

第二，与美术学的关系结构。

该阶段的考古报告与美术学是一种不稳定的关系。一方面，对美术学的内容关注不多，从描述的内容看也缺少主动性，一般都是非常简单的描述；另一方面，大型壁画墓和佛教石窟的考古报告中有时会出现一些内容优质的宗教美术描述，表现出非常突出的不平衡性。

墓室壁画的美术内容描述一般都是非常简单的文字，如 1955 年发表的《甘肃陇西县的宋墓》中，只有简单一句话："彩绘的颜色主要是红、白、黑、淡绿、淡青。"②但大型壁画墓方面的考古报告不同，关于美术学常常有比较多的描述，这可能与壁画墓本身的表现内容和存在状态有关。例如，1960

① 裴明相：《郑州二里岗宋墓发掘记》，《文物参考资料》1954 年第 6 期，第 44—48 页。
② 陈贤儒：《甘肃陇西县的宋墓》，《文物参考资料》1955 年第 9 期，第 86—92 页。

年发表的《河南密县打虎亭发现大型汉代壁画墓和画象石墓》中，有比较详细的美术学方面的描述：

> 从墓葬的形制和壁画风格来说，都具有汉代的作风，如墓顶上的莲花图案和菱形图案与沂南画象石墓后室藻井图案（沂南古画象石墓报告9页插图17）非常相同。云气纹也常见于汉代铜镜和彩绘陶壶上。龙、虎、熊、怪兽等也是汉代壁画上常用的题材，人物的衣冠和辽阳出土汉壁画墓也很相似，因此可以肯定这两座墓都是东汉时期的。①

从美术学角度看，石窟考古报告中也有比较专业的美术技法描述，这可能与佛教在信仰传播时对美术的重视有关，佛教东渐之初就有"像教"之称。例如，1956年发表的《酒泉文殊山的石窟寺院遗迹》，对美术技法的内容就有很好的关注：

> 从这批经塔的造像，还可以更清楚地了解文殊山石窟在艺术上的成就。经塔本身便是一种艺术，它在建筑史上提供了经幢和佛塔的原始样式；这种样式的实例，是他处不可多见的。在雕刻艺术上它更使我们看到了西北所罕见的线雕、浮雕和高肉雕等各种不同表现形式的石雕；文殊山现在虽然还遗存许多北朝石窟，可是当代的原作，无论是壁画和塑像，都遗存极少，现在有这批经塔造像，正弥补了这个缺憾，从雕刻的表现手法上，可以明确地看出文殊山的艺术风格，是和莫高窟同一系统的。②

第三，与宗教学的关系结构。

依附期阶段，考古报告与宗教学的关系是比较疏远的，一方面是因为宗教学涉及意识形态，学者比较谨慎；另一方面是因为学术界在这方面的理论发展滞后，积淀比较薄弱。该阶段对墓室壁画的讨论几乎没有关注到宗教信仰的影响。不过，佛教美术在考古报告中常常有所涉及，其中还有

---

① 河南省文化局文物工作队：《河南密县打虎亭发现大型汉代壁画墓和画象石墓》，《文物》1960年第4期，第27—28页。按："画象"现作"画像"，文献中多处涉及，保留了原样。

② 史岩：《酒泉文殊山的石窟寺院遗迹》，《文物参考资料》1956年第7期，第53—59页。

一些比较细致的论述，也达到了一定的水准。例如，1953 年发表的《西千佛洞的初步勘查》，有这样的理论描述：

> 在比较完整的张编第九窟洞子中，我们还在南壁发现了千佛洞并不多见的魏代的以睒子《本生经》及劳度叉斗圣故事为内容的壁画。睒子本生故事是印度佛教艺术早期在中印度和西北印度所盛行的一个主题。根据这个故事壁画的发现，不但可以从此断定敦煌艺术的生长的比较确切的年代，而且能进一步的（地）从中印度的妈都拉（马图拉）艺术、西北印度健（犍）陀罗艺术互相比较中了解中国民族艺术的特点。这是一个与研究敦煌艺术有关的重要资料。①

第四，依附期的阶段特征。

该阶段是中国宗教美术考古的起步阶段，学科的理论不足，所有积累的材料都是非常珍贵的第一手材料和学科积淀。从学科发展看，该阶段宗教美术考古并无自己的学科要求，但是在依附考古学的过程中获得了一些自我发展，其中最大的贡献就是保留了许多宝贵的材料，使学科发展没有出现空白。通过对该阶段考古报告的梳理，依附期的阶段特征可以有以下归纳。

首先，考古报告对考古遗存有比较完整的描述，保留了珍贵的第一手材料，为之后的发展打下了基础，这样的贡献主要来自考古学。

其次，考古报告在三门学科的关系结构中，与考古学最为密切，并且是一种完全依附的关系。其他两门学科中，考古报告与美术学、宗教学的关系主要体现在墓室壁画和佛教美术上。

最后，考古报告在该阶段中侧重材料积累，缺少对理论方面的关注，这样的内容常常是一语带过，理论描述显得特别单薄，表现出这方面意识的缺乏，但是佛教美术考古是例外，考古报告中常常有比较好的理论描述。这些理论材料在依附期出现，显得特别珍贵，也说明了佛教理论对学科发展的特别贡献。比如，河西走廊的石窟群研究，成果就很丰富（图 3-2）。

---

① 敦煌文物研究所：《西千佛洞的初步勘查》，《文物参考资料》1953 年第 Z1 期，第 122—128 页。

图 3-2 文殊山万佛洞右壁弥勒上生经变 甘肃张掖 西夏

资料来源：甘肃省文物考古研究所：《中国敦煌壁画全集 11 敦煌麦积山 炳灵寺》，天津人民美术出版社，2006，第 178 页

## 第三节 停滞期的发展与特征

停滞期阶段，考古活动基本停止，但一些抢救性的考古活动还存在，这些考古活动提供了为数不多的考古报告。

第一，考古报告发表普遍滞后。

遗存发掘后，考古报告的发表时间一般不会很晚，停滞期的考古报告则普遍很晚，有的甚至要延迟到下一个阶段才发表。这样的节奏，可以说明该阶段的特殊性，也可以说明这些考古报告的珍贵性。从内容看，许多考古报告的材料都非常好。

例如，1973 年发表的《浙江瑞安北宋慧光塔出土文物》中记述，北宋慧光塔的遗存发掘时间是 1966 年，从遗存发掘到考古报告发表相隔有 7 年时间。北宋慧光塔有着很好的遗存内容，其中舍利函就是非常好的遗存材料。该考古报告这样描述：

此函方形、盝盖，底宽 24.5、高 41.2 厘米，金描堆漆菊花形纹，嵌小珍珠，四面中部工笔金绘人物画四幅，从构图及其技法来看，仿佛是一幅简化了的《朝元仙仗图》，这种题材自唐以来多画在道观壁上……舍利函上的故事画……已突破了壁画粉本的窠臼，向白描人物画迈出一大步了。[①]

有一些考古报告在下一个阶段才发表，如常叙政和李少南于 1983 年发表的《山东省博兴县出土一批北朝造像》，这批文物的发掘时间是 1976 年：

> 这批造像在造像艺术上是很有成就的。以直平刀法和漫圆刀法相结合，有的雕刻精美细腻，有的则凝练概括。衣纹的处理都能达到随体态动势运转，线条自然流畅……
>
> 这批造像的出土，为研究我国北朝佛教的流行情况和佛教艺术提供了实物资料。其中有确切纪年铭文的造像所表现的服饰、面相、体态等特点及雕造技法，对研究佛教造像的分期断代有重要的参考价值……
>
> 瞳子造像碑座已佚失，据出土时目睹者告知，座上有天统二年（566年）铭文。因此该造像碑应是北齐的作品。[②]

第二，重要遗存考古报告有理论描述。

该阶段考古报告数量不多，理论性的描述更是缺乏，但在一些重要遗存的考古报告中，理论描述还是有所涉及的，而且达到了很高的水准。例如，内蒙古和林格尔东汉壁画墓(图 3-3)的考古报告，在美术成就的认识上就有很全面的描述，目前许多研究论文仍然在沿用这份考古报告中的观点：

> 和林格尔汉墓壁画，构图严谨，层次分明，布局活泼多变。在绘画技法上，造型生动，色彩厚重协调，用笔遒劲洗练，它跟汉石刻画像虽然质感和效果殊异，但具有同样"深沉雄大"（鲁迅语）的汉代艺术的典型风格。有的构图用笔草草，但求神似，则为我国汉代以后写意画的滥觞。它的内容之丰富，迄今为止，是汉代遗存绘画所仅见。毫无疑问，

---

① 浙江省博物馆：《浙江瑞安北宋慧光塔出土文物》，《文物》1973 年第 1 期，第 48—58、72—73 页。

② 常叙政、李少南：《山东省博兴县出土一批北朝造像》，《文物》1983 年第 7 期，第 38—44、102—103 页。

它将为古代绘画史增添新的篇章。

　　和林格尔汉墓壁画因为是装饰统治者的墓室之作，它的题材和布局，自然受着统治者的支配而成为统治阶级的意识形态；但又因为它是出自工匠之手，其造型和表现手法也很自然地渗透了工匠的思想感情。于是，在同一画幅中常常出现主题同艺术构思、表现手法的矛盾……

　　壁画中的粮仓颇引人注目。差不多在墓主的每一任职内，总要绘粮仓，表示衣食俱足，兵强马壮。农耕图的描绘，则可能与当时东汉王朝在并、凉地区所采取的备粮措施有关。永建四年（公元 129 年）秋，东汉朝廷曾接受虞诩的献策，恢复安定、北地、上郡，并责令诸郡储存周年的粮食，以备紧急需要。这可能就是粮仓大量反映在壁画中的原因。①

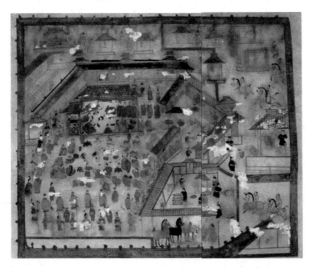

图 3-3　内蒙古和林格尔东汉壁画墓宁城幕府图　内蒙古呼和浩特　东汉
资料来源：陈永志、〔日〕黑田彰、傅宁：《和林格尔汉墓壁画孝子传图摹写图辑录》，
文物出版社，2015，第 118—119 页

　　第三，体现了依附期的良好基础。

　　该阶段的考古报告受时代影响，新成果难以出现，但对原有基础的坚持

---

① 内蒙古文物工作队、内蒙古博物馆：《和林格尔发现一座重要的东汉壁画墓》，《文物》1974年第 1 期，第 8—23、79—84 页。

还是做到了，这样的坚持保持了考古报告的价值，其中遗存信息的完整和准确弥足珍贵，更表现出了之前依附期时学者做出的贡献。可以这样认为：从学科发展维度看，停滞期的发展是借助于依附期的惯性来推动的。例如，内蒙古和林格尔东汉壁画墓是汉代最大的壁画墓遗存，全墓除年久脱落及被盗窟破坏外，共有彩画50多组，所绘人物、车马、鸟兽、城垣、建筑等，场面宏伟，内容丰富，造型生动，技巧娴熟。这是一个大型壁画墓遗存，如果没有很好的专业训练，是没有把握写好考古报告的。该墓的考古报告写得很好，目前仍然是学者频繁使用的第一手资料。例如，这份考古报告对遗存的背景交代和时间考证就很周全：

和林格尔汉墓壁画，内容丰富，反映了汉代统治阶级的真实生活，对于研究汉代政治，军事，经济文化，以及车马出行制度，城市和官署建筑等，提供了极为重要的形象资料。

本墓是继长沙马王堆一号汉墓、满城汉墓之后又一次重要发现。从壁画所绘人物、车马、城垣、楼舍、衣冠、服饰，以及当时劳动人民从事农、牧、渔、蚕桑业等生产劳动情况，使我们对于汉代社会生活的面貌，有了更形象具体的认识。

壁画中的宁城幕府图，证明了在东汉建武二十五年（公元49年）辽西乌桓大人郝旦率众归附汉王朝，光武帝刘秀于上谷宁城设置乌桓校尉营府的事实。这是我们断定本墓年代的重要根据。从壁画"行属国都尉时所治土军城府舍"及"西河长史所治离石城府舍"等图的榜题，可以看出墓主人在任职西河长史与行属国都尉时，与西河迁离石，上郡迁土军等几次迁徙有关；他任职护乌桓校尉，也应距这个时间不会太远。这是推断本墓上限年代的有力佐证。史载阎柔杀了公孙瓒所置的乌桓校尉邢举之后归附曹操，曹操以阎柔为乌桓校尉，持节治广宁，如旧。其时间约在建安初，即公元200年左右，就是说此时乌桓校尉幕府已从宁城迁到了广宁。另外，繁阳本是汉县，属魏郡，东汉末年魏王曹丕在此接受汉献帝的禅让，从此改繁阳县为繁昌县，这些又给本墓下限年代作了制约。由此可以推知本墓的年代当在公元145年到200年这五十多年之间，在东汉的后期。①

再比如，唐河针织厂汉画像石墓遗存的考古报告对该墓的壁画特征也有很好的归纳：

> 我们这次发掘了唐河针织厂汉画象石墓，对于研究分期问题又增加了一份较重要的材料……画像雕刻技法为剔地浅浮雕，空间不施纹地，画象轮廓线和细部刻较粗深的阴线。这种技法在南阳画象石中属于早期特点，和杨官寺汉墓相似，但杨官寺汉墓的画象留有粗糙和不规则的纹地。画面构图和人物、动物形象都较原始。
>
> 画象题材多历史故事和斗兽之类，舞乐百戏少见。而东汉中期画象石中舞乐百戏和反映"升仙"思想的题材大量出现。②

如果从类型看，墓室壁画的考古报告对这一时期的学科发展有着比较突出的贡献，这也许与壁画墓遗存的封闭性状态有关，一旦封闭性被打开，相关的研究工作就将持续进行，而且可以集中最好的条件来开展发掘工作，所以考古报告的写作达到了较高的水准。

## 第四节　初建期的发展与特征

初建期有两种特别突出的现象：一是考古成果大幅度增加；二是相关的西方理论再次被介绍到中国。这两种现象对中国宗教美术考古的影响是明显的，一方面，考古成果的增加带来了更加丰富的研究对象，要求学科有一个对应的快速发展，这是以材料促进学科发展的现象；另一方面，西方理论带来了新的学术视野，也带来了新的方法，这对新兴学科而言是一个明确的推动，是以理论促进学科发展的现象。在这样的时代语境下，中国宗教美术考古的关系结构也有了新的发展，考古报告与各学科的关系有了更加开阔的空间。

---

① 内蒙古文物工作队、内蒙古博物馆：《和林格尔发现一座重要的东汉壁画墓》，《文物》1974年第1期，第8—23、79—84页。

② 周到、李京华：《唐河针织厂汉画像石墓的发掘》，《文物》1973年第6期，第26—40页。

第一，与考古学的结构关系。

该阶段，考古报告仍然侧重提供材料，不过一些新内容开始出现。

其一，材料描述更加全面且详细。

随着考古活动规模的扩大，提供材料的范围也在扩大，许多之前受条件影响只是简单交代的内容都有了详细的记录，这为相关研究带来了更大的张力和空间。例如，1998 年发表的《敦煌莫高窟北区洞窟清理发掘简报》，对瘗窟做了非常详细的描述，甚至还专门对瘗窟做了一些界定讨论，表现出了更加开阔的研究视野。这样的现象，之前是没有的：

> 瘗窟即用来埋葬僧人、俗弟子等佛教徒的洞窟。性质类似墓葬，但又有区别。瘗窟的发现与清理发掘，是莫高窟北区考古工作的一大收获。在已发现并经清理发掘的 23 个瘗窟中，洞窟形制、葬式、出土遗物等都不尽相同。它们往往成片或成组开凿于北区崖面上。瘗窟形制多样，它们有的类似禅窟，有的原来就是禅窟，有的原为僧房窟，有的类似崖墓，还有的瘗窟低矮狭小，此次发现的瘗窟一般用土坯或石块封堵窟门。在 23 个瘗窟中共发现了属于几十个个体的人骨，其性别、年龄、人种不尽相同，更值得探讨的是部分头骨有人工锯痕。葬式有单人仰身直肢葬、多人合葬、二次葬、坐化葬、火葬、棺葬等。随葬品多寡不一，特别是有几个瘗窟出土有可供断代的遗物诸如衣物疏、木雕彩绘俑、钱币等，因而显得特别重要。①

其二，材料描述中增加了理论色彩。

考古报告在材料呈现上强调客观性，这个体例要求相对而言对理论描述是有影响的，可能会形成一种缺少理论关注的状态，这一不足在初建期有了改变。初建期的考古报告仍然强调客观性，但理论色彩明显增多，许多材料的描述中，解释性文字增多，作者的观点也往往有明确的表达。上文所举《敦煌莫高窟北区洞窟清理发掘简报》对瘗窟的界定文字就是一段理论阐述，表达非常明确。这方面，墓室壁画的考古报告更加突出，理论描述的比例也比

---

① 彭金章、沙武田：《敦煌莫高窟北区洞窟清理发掘简报》，《文物》1998 年第 10 期，第 1—2、4—21、97—98 页。

较大。例如，1984 年发表的《成都昭觉寺汉画像砖墓》，文字涉及西王母的形制问题、仪仗图像的形制问题，以及汉代的礼仪等级和经济生活等问题，几乎涉及所有背景材料，理论性的阐述比例很大：

> 这 23 个画像砖并非随意安置在墓内，其排列位置当有一定的意义。如后壁"西王母"和"羽人"三块砖位置高于墓内左右两壁的其它（他）画像砖，过去在新繁及成都羊子山发现的汉画像砖墓也如此排列。
>
> 墓室左右两壁画像砖中出行仪仗的画面最多；出行仪仗最能表现出官阶和身份，故汉墓壁画及画像石刻中此类题材较多。此墓左壁全是仪仗行列，主车之外，导骑、随从、槃车、斧车和鼓吹等竟有九起；最前面的一槃车及持幢骑吏，持槃前导者，已进入右壁的亭阙，这一场面可与成都羊子山一号墓，河北望都汉墓壁画及冬寿墓出行图相比，墓主人生前当系"二千石"以上官吏。
>
> 右壁"宾主见礼"之后，三个画面都是歌舞宴饮，表现的是地主阶级奢侈享乐生活。
>
> 最后两个画面则是表现墓主人生前所拥有的田园、水池、盐井等大量生产资料。[1]

其三，遗存群的材料增加。

该阶段，考古活动越来越频繁，考古条件也越来越优越，在这样的背景下，不仅一般遗存的考古成果增多，而且遗存群的考古成果也迅速增多。遗存群的考古面对的是多个遗存的组合，每个遗存各有自己的特点，同时从整体看又具有共同点，因此需要进行综合性考量。综合性考量是个体遗存不需要考虑的内容，也因此带来了更多的描述要求和更大的理论空间。有的遗存群，不仅数量很多，而且跨宗教、跨时代，这些都给考古报告在描述材料时提出了扩大理论空间的要求。例如，1998 年发表的《庄浪云崖寺石窟内容总录》，时间由北魏至清代，形式上有雕塑、壁画和造像碑等，规模上有八大寺群，体量极其庞大，这样的考古报告必然带来了理论上的相关要求：

---

[1] 刘志远：《成都昭觉寺汉画像砖墓》，《考古》1984 年第 1 期，第 63—68 页。

云崖寺石窟位于甘肃省庄浪县城东 28 公里处关山中，初建于北魏，经西魏、北周、唐、宋、元、明至清诸代，形成了今天的八大寺群：云崖寺、红崖寺、朱林寺、大寺、西寺、乔阳寺、金瓦寺和佛沟寺，另有木匠崖、三教洞、殿湾、店峡等多处石窟群……云崖寺石窟共有编号窟龛 19 座、石造像 18 尊、泥塑 55 尊，壁画 14 平方米，其中北魏 1 座，西魏—北周 3 座，北周洞窟 1 座，元—明窟 14 座，明碑两通。①

第二，与美术学的关系结构。

该阶段考古报告与美术学的关系有了新的发展，美术表现与宗教发展的联系继续得到关注，同时对形制方面的关注大大增加。对形制的关注，使得相关的描述对宗教规制、建筑类型和地域特色等内容都有涉及，材料的描述更加细致，也更加全面了。例如，1996 年发表的《巴中西龛石窟调查记》，对类型描述的文字比例非常大，对美术技法的描述反而比较简单：

综观西龛石窟，在窟龛形制、题材及雕刻技法上有以下特点：

1. 造像题材主要是表现释迦佛、三世佛、七佛、千佛、观音菩萨以及净土宗造像，其中有西方净土造像 2 窟龛，弥勒净土造像 4 窟龛，另有 3 龛毗卢遮那佛及胁侍的铺像。这些常见的造像题材大体与唐代两京地区的石窟造像同步。

2. 西龛石窟的形制见存的有方形平顶式屋形龛、敞口龛、外方内圆拱形龛等几种。第 21 号为外方内圆拱龛，中有夹道，外龛楣作仿木构重檐式，雕刻精细，是巴中地区大型窟龛的代表形制。这样的重檐式或单檐式窟龛总计达 28 个之多，属巴中唐代龛楣的流行作法……第 53 号龛龛柱作高浮雕之亭台、楼阁，是唐代仿木构建筑式样的重要遗存，它同四川通江县鲁班石石窟中西方净土变题材的建筑浮雕，同属四川石窟寺中目前发现的唐代楼阙的重要形象资料。

3. 西龛石窟由于开凿在质地细密松软的沙(砂)岩上，因此造像雕刻细腻，线条转折柔和，层次丰富。在龛楣龛柱等图案雕饰上，多见镂雕

---

① 程晓钟：《庄浪云崖寺石窟内容总录》，《敦煌研究》1998 年第 1 期，第 30—41 页。

或半镂雕的手法，使图案隐起石面，交错穿插，形成一种玲珑剔透的艺术效果。①

第三，与宗教学的结构关系。

该阶段，宗教学领域的外部压力已经基本消失，但是学者自己的理论积累明显不足，许多宗教内容的描述还是沿袭之前的范式，重大的理论突破还没有出现，但是新的气象已经出现。

其一，佛教美术仍然是学者关注的领域，对三教合一现象的重视可以看作学术界的一个持续性关注点。之前佛教和道教方面的融合现象就已经受到关注，但该阶段学者的关注显得更加自觉，视野也更加开阔。例如，1988年发表的《峨眉山仅存的两通道教碑》，专门论述了峨眉山道教造像发展中的兴盛与失势的现象：

> 建殿竖碑的目的是为复兴峨眉山道教，可惜徒劳无功。到了清代，僧人住进纯阳殿，塑供佛像，道教在峨眉山的最后一个据点也丢失了。这两通道碑，不仅写了峨眉山的道教，还写了二峨山猪肝洞，城北飞来殿道教史。可见，明代以前，峨眉道教的势力不亚于佛教，几乎布遍峨眉各地。②

其二，考古报告对宗教发展关注的主动性增加，这一点使考古材料有了新的表现方式和价值指向。该阶段明显的进步是许多考古报告有了关于宗教发展方面的讨论文字，与以往简单的描述比较，毫无疑问是一个巨大的进步，表现出考古报告在宗教学领域的一个主动姿态，说明考古报告不仅可以提供材料，也可以做一些理论方面的探索。例如，1989年发表的《安岳石窟造像》，对遗存中佛教与儒教的"逆则成仙""仙佛合宗""佛儒合宗"等现象做了讨论，文字虽然不多，但理论探讨的主动性非常明确：

> （大般若洞）窟顶岩上刻有正与倒双"人"字作"人丫"形，似变化儒家之"仁"字，并暗示佛教密法与道教"逆则成仙"之义，真所谓"仙

---

① 巴中市文物管理所：《巴中西龛石窟调查记》，《文物》1996年第3期，第48—57、99页。
② 骆坤琪：《峨眉山仅存的两通道教碑》，《四川文物》1988年第2期，第10—12页。

佛合宗"，或与地方古风习有关。华严洞之乾隆三十一年（1766 年）《装金碑记》云："上有毗卢古佛、文殊、普贤，左右释迦、夫子(孔丘？)。"则是"佛儒合宗"，有待详考。距本县 35 公里胜利乡三仙洞、大足县子母殿等处皆有三教造像。宋、明的"三教合一"思想当有象征于此区。①

该阶段，一个新的现象应当特别关注，即许多考古报告在整理材料时已经不是单一的讨论，而常常出现综合性论述，这当然也是主动性的一种表现。例如，1986 年发表的《四川道教摩崖石刻造像》，对"仙佛合宗"有了关于佛道发展、地域文化甚至文字等方面的全面论述：

> 大足县上述六处道教造像基本上是道教"全真教"创立"三教平等会"(1169 年)以前的神系信仰。南宋王重阳(1112—1170 年)自称于陕西户县甘水镇遇吕洞宾传道。为道教一新派系(北宗)。而陈抟(？—989 年)所传"南宗"则为蜀中嫡系。大足南宋道教造像，保持了唐宋四川地区特色，殊为珍贵。堪与江油县窦圌山道教星辰车转轮藏木雕宋代道藏神系媲美。大足、安岳等地的佛道共信，"仙佛合宗"当是四川宗教一贯特色。②

第四，初建期的阶段特征。

与之前的依附期相比，初建期在学科独立性方面的发展非常明显，宗教美术考古在材料之外还可以提供一些独特的理论描述，说明一个新的关系结构正在形成。

从结构关系的表层结构看，一方面，考古报告不仅数量增加了，而且篇幅也大大增加，这给三门学科的关系结构带来了更大的容量；另一方面，考古报告描述的类型增加，这不仅使考古报告的覆盖更加全面，而且带来了许多相关性的研究，以材料找问题，促进了理论发展。

从学科关系的深层结构看，初建期在寻找学科独立方面的努力非常明显。

其一，综合性的考古报告数量增多。该阶段一般遗存的考古报告数量在

---

① 王家祐：《安岳石窟造像》，《敦煌研究》1989 年第 1 期，第 45—53、128—130 页。

② 王家祐、丁祖春：《四川道教摩崖石刻造像》，《四川文物》1986 年第 S1 期，第 55—60、88 页。

增加，同时遗存群的考古报告数量也在增加，这些考古报告的写作都需要开阔的理论视野及更充分的知识准备，这是学科理论水准提高的一种表现。例如，1995 年发表的《张掖马蹄寺石窟群内容总录》，整理了 70 多个洞窟遗存的材料，这是一个体量巨大的研究对象：

> 马蹄寺石窟群位于张掖市南 62 公里的恒松山上，包括马蹄南、北二寺，上、中、下观音洞，金塔寺，千佛洞七个部分。尚存洞窟七十多个。①

其二，多学科讨论的意识开始体现。考古报告与宗教学、美术学、考古学的跨学科讨论增加了，许多讨论常常是在跨学科结构中进行的。例如，1998 年发表的《敦煌莫高窟北区洞窟清理发掘简报》，明确提出了政治、经济、宗教、文化和交通史等跨学科要求的讨论方向（图 3-4）：

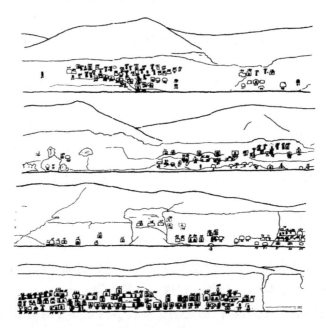

图 3-4　敦煌莫高窟北区洞窟立面分布示意图（自上而下，四段图示依次相接）
资料来源：彭金章、沙武田：《敦煌莫高窟北区洞窟清理发掘简报》，《文物》1998 年第 10 期，
第 1—2、4—21、97—98 页

---

① 姚桂兰、格桑美卓：《张掖马蹄寺石窟群内容总录》，《敦煌学辑刊》1995 年第 2 期，第 75—81 页。

　　莫高窟北区洞窟的清理发掘及其重要发现，填补了敦煌莫高窟乃至全国佛教石窟考古学领域的某些空白。这些发现对于世人全面了解莫高窟的营建史，进而探索敦煌、河西以及中国古代的政治、经济、宗教、文化、交通史，促进敦煌学的深入研究和更大发展有着重要意义。[①]

　　其三，理论讨论的主动性普遍增强。该阶段许多考古报告都在理论讨论上表现出主动性，这方面的内容有了明显增加，一些考古报告还主动提出了一些辨析性的理论问题，这当然是学科独立的一种表现。例如，1987 年发表的《乐山麻浩崖墓研究》，从遗存现象讨论"违制建阙"，以材料为主，但理论主动性明确，甚至还显示出了一定的前沿性：

　　　　这 9 座墓的阙均刻于墓门沿两侧，其中 8 座为双阙，1 座为单阙。各阙均为单檐，无斗拱，除麻Ⅲ M80 的有顶外，均无顶。一般认为："在汉代，官阶至二千石以上者，墓前方可立阙。"但乐山崖墓有阙者至少有50 多座，与汉代乐山社会政治状况明显不合……多阙的原因，一种可能是东汉晚期，中央集权削弱，远离京都的乐山地方豪右纷纷"僭越"，违制建阙；一种可能是崖墓之阙不是政治地位的象征，而是模拟死者生前住宅中的院门楼观，象征生前占有的房产。[②]

## 第五节　繁荣期的发展与特征

　　繁荣期考古报告数量增多，内容增加，在学科的关系结构上自然也趋于复杂，以往单纯与某个学科领域展开研究的考古报告或相关论文仍然存在，但数量开始减少，综合性研究成果在数量上大大增加，跨学科的努力成为繁荣期最突出的指标。跨学科的大结构下，考古报告与各学科的关系也开始多样化了，许多问题都成为共同的讨论方向。在这样的语境中讨论学科关系，侧重点的把握开始变化，当然也会有一些习惯使然的考量。

　　① 彭金章、沙武田：《敦煌莫高窟北区洞窟清理发掘简报》，《文物》1998 年第 10 期，第 1—2、4—21、97—98 页。
　　② 唐长寿：《乐山麻浩崖墓研究》，《四川文物》1987 年第 2 期，第 28—34 页。

第一，与考古学的关系结构。

跨学科的大趋势下，考古报告得到了越来越多的关注，这得益于考古成果的日益增多，也得益于新理论和新方法的进入。与之前关注考古报告本体价值不同，该阶段更加关注的是考古报告为考古学带来的文化增值。这个关注下有两个方面的走向：一是对考古材料进行跨学科的讨论；二是对考古材料进行考证方面的讨论。

其一，跨学科的讨论。

该阶段，进行跨学科讨论的考古报告数量很多，这些报告以往多借助于文献材料，但目前更多的是针对考古材料来讨论。这样的讨论中，最常用的研究方法是比较，在比较研究中，考古学的专业关注仍然保留，但涉及的面更加广阔。这样的语境下，考古报告可以与多个考古成果发生关联而获得一个更好的价值判断。例如，2013 年发表的《重庆潼南县千佛寺摩崖造像清理简报》，其结论就涉及道教和佛教，佛教中又有"由显入密"的内容，以及地区和时代因素影响，完全是跨学科视野下的讨论：

> 千佛崖摩崖造像题材丰富……除常见的组合题材，还有释、道兼具的风格。20 号龛内有道教的一天尊二胁侍二女真，后壁的天龙八部却是典型的佛教题材。川渝地区晚唐至宋崇拜对象多元化、造像风格去经典化的地域特征在四川巴中、安岳等地都有发现。19、20、29、30、36 号龛中的菩提双树、人形天龙八部及菩提瑞像属于密教因素，该类题材在初唐时两京地区佛教造像中有由显入密的过程，晚唐川渝地区造像出现的双树、八部造型也可视为受两京地区造像的辐射和影响，同时，千佛寺摩崖造像的此类题材也有自身特征。北宋造像中地藏造像有三龛，表明当地民众对地藏信仰的重视，这与五代动乱后百姓对死后世界的惶恐与祈佑有关。①

其二，考证方面的讨论。

繁荣期的考古报告对一些遗存做了考证方面的讨论，这样的讨论来自考古成果的日益丰富，同时丰富的考古成果也提出了更多的考证要求。因为商

---

① 重庆市文化遗产研究院：《重庆潼南县千佛寺摩崖造像清理简报》，《考古》2013 年第 12 期，第 36—57 页。

业因素的影响，考古成果中也出现了一些鱼龙混杂的现象，辨伪方面的要求由此而被提出，这些内容也属于考证范畴。

考证工作强调知识积累，如果要对之前观点提出否定的考证那便更需要高素质的学术训练。这样的工作一般都由考古领域的专业学者进行，发表的也是专业性强的期刊和专业性的专题出版物。例如，2004 年出版的《蒲江龙拖湾摩崖石刻造像调查简报》，就通过题记等材料否定了之前的时间界定：

> 龙拖湾摩崖石刻造像因崖壁上有西凉年号题记而著名，甚至有学者因兹题记而误以为龙拖湾造像开凿于南北朝时期。这次调查至少弄清了两个问题，一是所谓西凉题记与现存造像根本没有直接关系；二是可以肯定这里的龛像全部凿造于唐代，且时间早晚基本没有区别，多属中唐及其以后阶段。①

也有一些专业性不是很强的期刊发表一些考证文章，言之有理，可以作为一种补充。当然，在考古学的关系结构中，这样的讨论要非常谨慎。例如，2019 年发表的《崇文塔瘗藏明代佛道教金铜造像探讨》，对之前的观点就提出了自己的更正：

> 此像旧定为天王造像，但塑造为三眼形象，且右手虎口处持兵器为圆形护手，这种圆形护手明代一般为铁鞭，持铁鞭。三眼人物在佛道教造像中少见，主要为道教灵官、二郎显圣真君杨戬、火神、雷神等，二郎真君多塑造为持三尖两刃刀而非鞭铜类兵器。此件三眼人物像经我们考证，应为戎装的持鞭雷声普化天尊，即道教雷神、雷公形象。雷神为古代中国神话中主管打雷的神。雷神形象在传统和道教中形象多有演变……雷神形象长期带有动物形态，体形或龙，或人，或兽，头部或作人头、猴头、猪头、鬼头等多种形象。道教中级别最高的雷神为"九天应元雷声普化天尊"……明清时期雷神的造型其中一种是塑造为三眼戎装天尊形象，与戎装真武大帝像披甲的形象近似，但有三眼、持铁鞭，并骑乘独角兽，崇文塔顶发现

---

① 《蒲江龙拖湾摩崖石刻造像调查简报》，见成都市文物考古研究所：《成都考古发现（2002）》，科学出版社，2004，第 421—431 页。

的三眼坐像，与同时期图像和雕塑中的道教雷声普化天尊完全相同。①

第二，与美术学的关系结构。

繁荣期的美术学与考古报告有了更加密切的联系，最突出的就是考古报告在美术学研究领域得到前所未有的关注，许多非常好的美术学成果都来自对考古成果的深入而广泛的研究，许多新的领域被开拓，许多学者也由此而名满天下。具体看，与美术学的关系结构有以下突出的变化。

其一，美术学内容的篇幅增加。

繁荣期之前，考古报告中也有美术内容的描述，但常常一笔带过，深入讨论更是明显不足。在繁荣期，这一情况发生变化，对美术学内容的描述增加，不仅有了固定的内容安排，而且常常有很长的篇幅，表现出考古学与美术学紧密结合的一种状态。例如，2016 年发表的《甘肃泾川佛教遗址 2013 年发掘简报》，对遗存中的美术技法做了一段非常详细的描述：

> 佛双手施无畏与愿印。弟子面佛而立，内着僧祇支，外着双领下垂袈裟。右侧龛内雕一坐佛二弟子。佛肉髻略高，面相方圆，细眉鼓眼，高鼻小嘴，大耳下垂，颈细长，着圆领通肩袈裟，坐于方台上。双手拱于腹前。袈裟略厚重，衣纹于胸前呈 U 形，下摆较长，两瓣式垂于台座前。二弟子面佛而立，面相长圆，细眉长眼，高鼻小嘴，颈细长，着双领下垂袈裟。左侧龛内雕一坐佛二弟子。佛肉髻略高，面相方圆，细颈，大耳下垂，内着僧祇支，外着双领下垂袈裟，坐于方台上。②

其二，美术学的关注点得到重视。

美术学关注风格演变、关注图像谱系，这些内容以往在考古报告中都附属于考古学范畴，得到的关注有限。繁荣期，考古报告常常在美术学范畴中讨论，关注点的转移，讨论当然也就更加深入。例如，2003 年发表的《麦积山第 93 窟考察》，风格学被关注，佛教美术的相关概念成为理论描述的出发点。

---

① 杜文：《崇文塔瘗藏明代佛道教金铜造像探讨》，《收藏》2019 年第 3 期，第 42—49 页。
② 甘肃省文物考古研究所、甘肃省泾川县博物馆：《甘肃泾川佛教遗址 2013 年发掘简报》，《文物》2016 年第 4 期，第 1—2、54—78、97 页。

麦积山第 93 窟开凿于景明前后,该时期是麦积山石窟造像风格变化的时期,既保留了早期造像特点,还出现了新的样式:

> 这组洞窟的菩萨也表现为两种风格,各窟主尊两侧的菩萨袒上身斜披络腋,仍是 74、78 等早期洞窟的形式。而交脚思惟及其胁侍菩萨披帛于肩头起翘、飘带于腹部交叉的形式是新出现的特点,具有中原风格。①

再如,2017 年发表的《甘肃镇原北魏田园子石窟发掘纪实》,其中对遗存的描述表现出美术学的色彩,显然是由于美术现象关注而出现的针对性讨论:

> 特别是隋代立菩萨像,是面丰肩圆、含(颔)首挺胸的圆润饱满型,璎珞花饰、披帛等都极粗硕饱满,深垂直膝,是这批单体造像中造型最为优美的。②

其三,新的研究结构开始出现。

考古报告首先是考古活动的成果,在美术学得到关注后,考古报告对美术学研究有了更多兼顾,这是一个结构性的变化。这个变化中,考古报告不仅是材料的提供,而且还尝试着成为共同研究的一个组成部分。新的结构出现,新的研究空间也随之出现。例如,2012 年发表的《山东滕州市山头村汉代画像石墓》,以图证史就成为一个明确的研究要求:

> M2 四块画像石中,侧板采取的是分层及中层又分格的处理方法,而雕刻技法既有阴线刻并施麻点,还有浅浮雕,这在鲁南地区少见,而前后挡板的柏树及穿璧(壁)用阴斜线和局部施麻点的雕刻技法,具有明显的早期画像石向中期画像石过渡的特点,因此,M2 墓葬年代定在西汉晚期元帝至王莽时期(公元前 48 年至公元 20 年)为宜。③

---

① 蒲小珊:《麦积山第 93 窟考察》,《敦煌学辑刊》2003 年第 2 期,第 96—105 页。
② 郑国穆:《甘肃镇原北魏田园子石窟发掘纪实》,《大众考古》2017 年第 9 期,第 25—33 页。
③ 燕燕燕、狄小卜、陈庆峰:《山东滕州市山头村汉代画像石墓》,《考古》2012 年第 4 期,第 92—96 页。

第三，与宗教学的关系结构。

考古报告给宗教学研究提供材料的可能在该阶段受到了更多的重视，直接原因是理论需要的出现。因为新理论、新方法的进入，特别是与西方学术界的交流，考古报告的材料有了更多的理论需要，一些重要的宗教发展史现象也会在考古报告中有所涉及。此外，墓室壁画所具有的彼岸图像方面的属性开始得到认可和关注。

其一，宗教发展史的现象研究。

对于宗教发展史的一些重要现象，学术界一般是依赖于文献材料来讨论，考古报告这方面的贡献不大，这个现象在繁荣期有了改变，许多考古报告都会涉及宗教发展上的重要现象。例如，2017 年发表的《甘肃镇原北魏田园子石窟发掘纪实》，对佛教本土化有了涉及，不仅讨论了"秀骨清像、褒衣博带"的佛教美术本土化现象，而且讨论了佛教题材在组合上的本土化：

> （田园子石窟第 4 窟）造像整体风格显露出"秀骨清像、褒衣博带"汉化样式，佛像及菩萨的样式呈现出潇洒飘逸的风格……
> 　　释迦、多宝佛并坐的题材，只在 2 号窟的东壁门道的南侧小方龛内出现，其他窟龛不见……这种在石窟中较多出现的"释迦佛+释迦与多宝佛+交脚弥勒"组合的题材是佛教中法华思想信仰的集中体现。①

再如，在佛教美术本土化的过程中，历史沿革和地域文化影响是两个重要内容，该阶段考古报告给予关注。例如，2008 年发表的《河北北魏太和十一年铭石造像》，就有很好的论述：

> 造像正面佛像造型古朴，面相、体态、佛装表现出汉化风格。在雕刻技法上运用了汉代平直式刀法，手法简洁精练又不失细腻，承袭了汉代画像石刻传统。
> 　　造像背面雕刻屋形龛，仿木结构，具有汉式风格特征的殿堂建筑，传递了汉文化渐趋增强的信息。龛内释迦、多宝二佛并坐是南北朝时期

---

① 郑国穆：《甘肃镇原北魏田园子石窟发掘纪实》，《大众考古》2017 年第 9 期，第 25—33 页。

流行的造像题材，在北魏中晚期风靡山西、河北等地，有其深刻的政治、社会原因……

该造像雕造风格、题材、雕刻技艺诸方面整体体现了云冈石窟第二期早中期造像艺术风格，同时也显现出其平城之外非窟单体造像的河北地域特征，造像观念较为保守，流行因素吸收缓慢。该造像对研究河北佛造像艺术的发展历程，具有很高的价值，是研究北魏时期河北造像的重要资料。①

其二，墓室壁画有了彼岸图像方面的讨论。

墓室壁画的研究以往侧重美术史，对彼岸图像的宗教属性并不关注，常常是一笔带过或根本不涉及，而且墓室壁画宗教属性的界定也没有形成共识，这使得许多重要的信息在研究中被忽视或遗漏，繁荣期的墓室壁画考古报告改变了这一现象。在考古报告中，彼岸图像的讨论文字增加，而且提供的材料开始详细，相关信息不会再有疏漏，这样的变化体现出对宗教属性认识的提高。例如，2016 年发表的《郑州华南城唐范阳卢氏夫人墓发掘简报》，对宗教属性的讨论比较简单：

> 墓志石盖所刻四灵寓意吉祥，体现墓主人贵族身份。墓志四周裙边所刻十二生肖实属罕见，拟人化的动物形象头顶祥云，手持笏板，寓意子孙后代世世为官，福禄不绝。②

但是这个壁画墓中的彼岸图像材料的描述却非常详细，为进一步地展开留下了空间：

> 墓志盖：方形，盝顶，边缘厚 3.8 厘米。盖顶面正中阴刻楷书"唐范阳卢氏夫人墓志"，顶面四周阴刻交错菱形格纹。四刹饰四灵图案，从盝顶顶面下方逆时针方向依次刻画玄武、青龙、朱雀、白虎。青龙周边饰卷云纹，似在云海中腾跃；白虎周边饰树叶花瓣等纹饰，似在丛林间

---

① 张晓峰：《河北北魏太和十一年铭石造像》，《北方文物》2008 年第 2 期，第 27、47、113 页。
② 郑州市文物考古研究院：《郑州华南城唐范阳卢氏夫人墓发掘简报》，《中原文物》2016 年第 6 期，第 2、14—20、129 页。

奔腾；玄武为龟蛇结合体，四周饰波浪纹，似在碧波中神游；朱雀凤头展翅，四周饰花瓣纹等……墓室四角为圆形彩绘立柱，四墙壁施彩绘砖雕。北墙正中为一朱绘大门，饰有锁具、凸钉等，两侧砖雕为壶、剪刀、熨斗、尺、针等图案，两侧墙壁砖雕窗棂、桌、椅、案等家具。①

第四，阶段特征。

繁荣期的学科发展是全面的，学科关系结构上，宗教、美术、考古三门学科有了更多的横向联系，这一点无疑大大增强了理论自觉性，最终也使考古报告在材料价值层面上得到了升华。该阶段考古报告的材料价值不仅在材料呈现层面上有了穷尽性的努力，而且在理论转化层面上有了更多的论述，当然也获得了许多认可。中国是考古资源大国，考古材料的价值提升有着特别意义，依托丰富的考古材料和日益强调的理论转化，中国宗教美术考古可以描绘出中国特色的学科面貌，并且建立面向世界的学术高地。在学科迅速发展的语境中，繁荣期的阶段特征是鲜明的，主要表现在材料丰富和理论主动两个方面，后者更为重要。

具体看，在以下几方面比较突出。

其一，理论描述篇幅增加。

繁荣期的理论描述在篇幅上远远超过之前，以往的理论描述一般篇幅偏短，大型遗存才可能长一些，繁荣期的篇幅则普遍增加。理论描述的篇幅增加，其容量也就增加，相关讨论也就显得从容。跨学科视角的展开就得益于容量增加，也反映出了繁荣期的一个趋势。例如，《邛崃磐陀寺和花置寺摩崖造像调查简报》，虽为简报，但在理论描述上的文字并不少：

> 花置寺有宋代追记的"大唐贞元十四年"（798）的造像题记……造像规模虽然不大，但始凿时间明确，对四川西部摩崖造像的分期研究有重要意义。花置寺有三尊毗沙门天王造像，反映了中晚唐时期毗沙门造像在这里很受重视。唐朝后期与吐蕃和南诏时有战争发生，传说唐兵在西北与大石等国之兵作战时，高僧不空曾招毗沙门天助战，从此皇帝就

---

① 郑州市文物考古研究院：《郑州华南城唐范阳卢氏夫人墓发掘简报》，《中原文物》2016 年第 6 期，第 2、14—20、129 页。

令各地于城门上置毗沙门天像。成都在与南诏之战争中，毗沙门天也曾显灵于城门之上，因此，四川各地均有毗沙门造像。邛崃当时是吐蕃和南诏入川常常要攻击的关口之一，所以这里的比沙门天集中出现，与当时邛崃的特殊位置有关。①

对于一些并不完整的遗存，考古报告也给予了很长的理论描述。例如，《甘肃泾川佛教遗址2013年发掘简报》对残块拼接后的标本材料做了非常详尽的理论描述：

标本2013JCGH3：8、13、14、18，砂石质。无头、足，下身风化，为残块拼接而成。菩萨内着僧祇支，且束带下垂。下着裙，裙边外翻，裙中央垂带。肩部见下垂的长发及宝缯飘带。戴项圈、臂钏、手镯。项圈圆形，上刻三圈装饰纹样，中间一圈为细密的麦穗状，上下两圈饰连珠纹，项圈中央饰莲花，下挂垂铃。双重璎珞挂于身前，一重自肩部下垂后于腹前交叉于一兽头上；一重自肩部下垂，下部风化不清，从残迹看底部为U形。披帛绕肩臂下垂，左端下垂于腹前，翻转上折搭于右肘后垂于体侧。双手残，右手上举，杨柳垂于肩头。左手提握净瓶，瓶中插莲枝，莲叶缠绕手臂。身躯微扭，左腿微屈，右腿直立，整个身体略呈S形。残高106、宽46、厚22厘米。②

遗存文字方面讨论的增加，也是一个突出现象。考古遗存中的文字一向受到重视，并且繁荣期因为篇幅增加，所以遗存文字更加受到重视，即使是一般考古报告，也留有很大篇幅来记载遗存文字，有些榜题、题记已经漫漶不清，但也要争取完整记录，这是一种态度，也是一种进步。例如，《麦积山石窟内容总录西崖东中下三区部分》对漫漶不清的墨书题记都做了记录：

① 《邛崃磐陀寺和花置寺摩崖造像调查简报》，见成都市文物考古研究所：《成都考古发现（2003）》，科学出版社，2005，第489—505页。
② 甘肃省文物考古研究所、甘肃省泾川县博物馆：《甘肃泾川佛教遗址2013年发掘简报》，《文物》2016年第4期，第1—2、54—78、97页。

窟龛号：第〇九〇

位置：西崖大佛东下

建造时代：后秦　北魏、宋重修

窟龛型（形）制：穹窿（隆）顶方形窟，高 4.40 米，宽 4.7 米。

造像：正壁塑结跏趺坐佛一尊，左右塑大弟子迦叶、阿难。左壁塑结跏趺坐佛一尊。右壁塑结跏趺坐佛一尊。

壁画：佛背光画贤劫千佛，供养人数身，及忍冬、火焰纹图案。

题记：正壁左侧墨书："□水渭州都□道□中散大夫□(安)法相□□□略□□□首高□□□世□□□□菩萨。"东北角墨书："凤翔金匠时平到此四度丁亥武政记志雄武军厅吏琅□□。"佛座南侧墨书："□□□□□□□佛□□四月。"①

其二，总结性的文字增加。

繁荣期的考古报告中，总结性的文字明显增加，这是依附期和初建期学科积累的体现，也是理论自觉性提高的体现。总结性的文字多为综合性的描述，需要跨学科的知识结构支持，也需要全面性的表达结构，这些都是对学科发展的促进。例如，2017 年发表的《山东邹城峄山北龙河宋金墓发掘简报》，在遗存特征上有很长的总结性文字说明：

M1 发现的文通祠堂题记，刻于东汉顺帝汉安元年(142 年)，是汉代祠堂的重要构件。东汉中晚期，山东汉画像石墓、祠进入繁荣时期，地面祠堂、墓阙建立较多，著名的嘉祥武梁祠、长清孝堂山郭氏祠为典型例证。据统计，国内汉画像石题记已发现百余石，题记内容百字以上十余石，且集中在山东。其中重要的题记刻石有兰陵元嘉元年题记、东阿芗他君祠堂题记、嘉祥许卒史安国祠堂题记等，已引起学术界的关注和研究。经释读，邹城文通祠堂题记有 600 余字，是目前国内汉代画像石题记中文字最多的一石。邹城题记与上述题记从年代、表现形式、内容均有所不同。首先，邹城文通祠堂题记的文字数量突破了东汉早中期题

---

① 项一峰：《麦积山石窟内容总录西崖东中下三区部分》，《敦煌学辑刊》2001 年第 1 期，第 26—51 页。

记、榜题的限制，表现形式创新，石面有竖刻界格，颇似书简或碑刻。其次，题记内容丰富，突破以往仅记祠主生卒、费用、葬俗等简洁记载的形式，详述文通家族世系及罕见的女眷家族记事。从文体、文风及表现内容上看，可谓汉代似碑非碑之记，实为汉代诔颂铭文的佳作。第三，题记中记载了制作祠堂的"石工高平□□"，其作品多且精美，流传区域广，在汉画题记中多留下名号题记，是东汉时期山东地区一支技艺精湛、传承有序、具有较高美誉度的家族石工集团。文通祠堂刻石是高平石工的精美之作，它的发现为深入研究山东地区汉画像石的地域特点及文化特性提供了宝贵资料。①

其三，学科发展中各有侧重。

在学科的关系结构中，各学科全面发展，但平衡中又有各自的侧重。各类考古报告梳理后可以发现，佛教和道教遗存的考古报告多宗教学方面的论述，墓室壁画遗存的考古报告多美术学方面的论述。这样各有侧重的现象在繁荣期中出现，是学科趋于成熟的一种表现。

例如，佛教美术的考古报告，2016 年发表的《山东临朐石门坊摩崖造像群调查简报》，对遗存的造像题材进行了全面梳理，但侧重点都落在信仰的传播上：

> 石门坊摩崖造像群年代较为集中……从无年代刻铭的造像风格看，与有纪年的造像风格是一致的，应均为唐天宝时期所造……由造像题材可以看出，唐天宝年间弥陀与观世音在民众中的信仰还是十分流行的。由题记可以看出造像者的身份除个别较高外，大部分为普通民众……在祈福保平安的造像中，千戊仏僧造像和晁为师七代先师造弥陀像的题记颇为特别，首先该类龛的存在，说明在石门坊造像中，除普通施主造像外，还有僧人造像、僧人为师傅造像。晁为师七代先师造像铭文中的"肥存家口"或透露出师傅皈依佛门前已有子女。唐代的僧人出家后是脱离尘世的，而造该像的僧人虽身在寺中，仍念及师傅尘世中的"家口"，并

---

① 邹城市文物局：《山东邹城峄山北龙河宋金墓发掘简报》，《文物》2017 年第 1 期，第 1、35—49 页。

造像为他们祈福保平安，身在寺中也难绝尘缘。还有一点需要特别提及的是发愿造像者多为女性……题记还为我们提供了一个信息，即造像者不仅有本地的，还有来自济南、广饶等地的施主，可见当时石门坊的佛教活动影响面之广。有的造像与题记并非同时雕刻而成……原因可能是佛像雕好后，施主开始供养，在供养时，将自己的心愿镌刻在像龛旁侧；或者是造像与题记因经济原因分次完成。从像龛上方的方孔或雕出的"人"字形檐厦看，当初这些造像均有龛棚，以利于供养与造像保护。①

再如，墓室壁画的考古报告，2014 年发表的《山东莱州发现两座宋代壁画墓》，壁画墓遗存中的描述大都出于美术学的视角：

　　墓室西壁画面为彩绘砖雕桌椅图，绘有一桌二椅，方桌上置有茶盏器具，桌左右两侧各绘一椅，桌面下部有二横撑，左侧高椅之上搭披朱色织锦，椅子后绘一侍女，低眉朱唇，面颊淡红，低髻，发系一红色带巾挽于脑后，身着红色窄袖褙子，内着白色团领衫，束抹胸，下身着白裙，双手抄于袖中；右侧椅子上搭朱色织锦，椅子后绘人物，由于脱落，头部不清，从服饰可辨为一青衣男子形象。

　　墓室北壁画面中间绘一朱色门，黑色门框，左右门扇上饰黑色门钉。在门的东西两侧分别绘一青龙、白虎形象，白虎蹲伏地上。②

其四，以图证史获得普遍关注。

以图证史是近年来学术界的一个前沿走向，学者希望在传统的文献之外从图像中得到更多的历史材料，这些图像中又以出土图像为多，因此以图证史使得考古报告获得了新的学术张力。

以往的考古报告中，图像与文献对读也是一种常见范式。例如，1985 年发表的《凌源富家屯元墓》，图像解读中就引用了《辞海》《元史》等文献：

----

① 临朐县文化广电新闻出版局：《山东临朐石门坊摩崖造像群调查简报》，《文物》2016 年第 7 期，第 2、48—62 页。

② 闫勇、张英军、侯建业：《山东莱州发现两座宋代壁画墓》，《中国文物报》2014 年 7 月 14 日，第 8 版。

服饰内容也很丰富，并有前所未见者。壁画中男服多为圆领，而一马伕所穿之袍为方领，墓主人与马伕在胸前俱有一块方巾，形同于明清官服的"补子"，而其他人则不见，这些现象应当重视。壁画中墓主人披云肩，《辞海》解释云肩为"旧时妇女披在肩上的装饰物"，看来云肩并非只是妇女的饰物。沈从文先生在《中国古代服饰研究引言》中说："元代男女贵族衣上多著四合如意云肩，每年集中殿廷上万人举行'只孙宴'制作精丽只孙服上的云肩式样。"验证壁画，其说是很对的。壁画中，妇女袍服均左衽，并在长衫外罩半袖通领对襟短衣，饰披肩，这种情况，在其他元墓壁画中也多见，可知这种装束为元代妇女通行的服装。壁画中男子有穿黑色高筒靴者，此靴当为《元史·舆服制》所载之"乌靴"。妇女则穿云头鞋。①

近年，以图证史的研究方式与之前有所不同，对文献的梳理转向对考古遗存的梳理，其中又更加强调图像谱系的研究路径，对图像脉络的梳理成为一种常见的研究范式。例如，2016 年发表的《甘肃泾川佛教遗址 2013 年发掘简报》，对泾川佛教遗址出土的造像形式，图像谱系的上限到北魏时期，下限到北宋，时间跨度非常长：

　　(泾川佛教遗址出土)造像形式多样，年代跨度较长，最早为北魏时期，历西魏、北周、隋、唐，直到北宋，较为完整地反映了古代泾州乃至整个陇东地区佛教造像发展的序列。不仅如此，此批造像中的北周、隋代造像还吸收了大量笈多佛教艺术的特点，同时益州地区南朝造像也对其产生了深刻的影响。②

历时性的讨论之外，共时性的讨论也是图像谱系研究的一个重要方向。比如，2019 年发表的《崇文塔瘗藏明代佛道教金铜造像探讨》，对明代三教合一的造像谱系做了细致梳理：

---

① 辽宁省博物馆、凌源县文化馆：《凌源富家屯元墓》，《文物》1985 年第 6 期，第 55—64、74、97 页。

② 甘肃省文物考古研究所、甘肃省泾川县博物馆：《甘肃泾川佛教遗址 2013 年发掘简报》，《文物》2016 年第 4 期，第 1—2、54—78、97 页。

泾阳崇文塔顶瘗藏的 8 尊铜造像，同出于塔顶，在佛塔顶部供奉这些神像，很可能是具有天宫性质，以释迦牟尼涅槃像为主要供奉对象，以大肚弥勒和菩萨作为辅助供奉。而一同供奉 5 尊道教神像，显示了明代儒释道三教合一、和谐共存的局面。

5 尊道教神像很可能是以真武大帝雷神为主要的道教供奉对象，辅助以几位护法神将，3 尊护法神将塑像均有马鞍形的底座，很可能原为两组，其中两件头戴上翘的硬角幞头，服饰相同者为一组，而头戴小冠的神将现存仅为独立一件。以这类神将一般都采取对称形式安置看，不妨大胆猜想，很可能缺失了另一件头戴小冠的护法神将铜像……这批佛道教鎏金造像有可能来自不同的造塔信众捐造，共同瘗藏于崇文塔顶……虽然体量比寺宫中供奉的大型佛道教神像小，但铸造精良，且时代风格与明晚期造像风格吻合，其下限年代为明万历三十三年（1605年），可以作为同类造像断代的纪年资料。它们显示了明代三教融合，在佛塔顶部瘗藏佛像同时供奉道教真武大帝、雷神和部属神将，这也是明代从永乐皇帝开始，道教流行、皇家大力推行真武崇拜下的产物。这些佛道教鎏金铜像是明末佛、道二教珍贵的艺术珍品，反映的造型特征、纹饰细节都有助于同时期文物的断代鉴定。①

其五，墓室壁画的信仰研究得到重视。

在宗教美术考古的依附期和初建期，墓室壁画是宗教关系讨论中最模糊的一个类型，宗教学的属性讨论往往缺失，这一点繁荣期得到很大改善，不仅宗教属性得到认可，而且在宗教学方向上的研究有了许多主动性的研究成果。

从宗教学的层面看，墓室壁画是墓主人彼岸生活的描述，这一艺术形式无疑是在一个特定宗教信仰的指导下形成的。是什么宗教信仰？过去学术界忽视这种现象，目前也没有统一的认识，但宗教属性的存在已经形成共识，并且已经有了许多很好的成果，这是对学科发展的一个特殊贡献。

传统考古报告中，对墓室壁画中的彼岸图像不做宗教属性的解读，或解读不明确。例如，2002 年发表的《定西元墓清理简报》，讨论中没有涉及宗教信仰问题：

① 杜文：《崇文塔瘗藏明代佛道教金铜造像探讨》，《收藏》2019 年第 3 期，第 42—49 页。

定西内发现元代砖雕墓较多，但有明确纪年元墓的发现，尚属首次，故而此次发现有比较重要的意义……这批墓葬共出土孝子故事人物砖57块，其中"二十四孝"就有11种，从已经公布的资料看，"梁公望云""成子留母"在甘肃尚属首次发现。

这批砖雕墓葬反映的是墓主人生前或想象中的庭院生活情景，其建筑风格有简有繁，式样较多，植物花卉种类繁多，因而为研究这一时期定西地区的传统建筑和农业生产、林草花卉业等提供了珍贵资料。①

但繁荣期情况很快改变，宗教信仰的内容开始被关注，在传统视角之外，也关注到彼岸的宗教属性。例如，2003年发表的《甘肃环县宋代彩绘砖雕墓》，首先从传统范式出发描述壁画墓的遗存内容：

出土的画砖与宁夏泾源宋墓所出长方形画砖风格及雕刻方法相同，画砖中主人所穿广袖、交领长袍与侍从所穿圆领窄袖袍服与四川蒲江县五星镇宋墓所出陶俑服饰相同，由此推断，墓葬时代为宋代。②

但该考古报告很快就涉及了宗教信仰的内容，明确提到"事（视）死如生"的信仰指导，因此有了壁画墓中的图像"应为墓主生前生活的写真与反映"的观点，这是一个非常大的进步：

因古人"事（视）死如生"，所以画砖所反映的内容，应为墓主生前生活的写真与反映。主仆图画砖内容多为主人端坐，侍从恭候一旁，表现出主人的威严和地位；庖厨图、磨面图、舂米图所表现的劳作场面，牵马图、牵驼图及家畜图，都反映了墓主人生前生活兴旺盈实，家丁满院、家畜满圈；牛是当时耕地的主要畜力，以牛来说明主人生前良田万顷也是合乎情理的；另外，雕刻考究的门窗也是富家大户的表现。由此可见，墓主的身份并非一般平民百姓，而是具有一定身份或地位的地方财主或乡绅。③

---

① 张克仁：《定西元墓清理简报》，《陇右文博》2002年第2期，第24—31页。
② 张亚萍：《甘肃环县宋代彩绘砖雕墓》，《文博》2003年第3期，第9—16页。
③ 张亚萍：《甘肃环县宋代彩绘砖雕墓》，《文博》2003年第3期，第9—16页。

繁荣期阶段，多数考古报告已经关注墓室壁画的宗教信仰内容，并且有了越来越好的图像解读。例如，2014 年发表的《四川乐山市柿子湾崖墓 A 区 M6 调查简报》，有针对性地指出了丧葬礼俗及信仰的影响：

> A 区 M6 的画像分布非常系统，特别是墓门门楣上方的大量图像几乎呈对称分布，显然在营造前经过了非常经(精)心的设计，这在一定程度上反映了当时的丧葬礼俗及信仰情况。
>
> 墓门雕刻的下部雕刻单阙，门楣下部的橡头间雕刻了大量瑞兽的形象，而在门楣的上部则雕刻了"仙人启门"、"接吻图"、铺首状的硕大斗拱，这些画像可能构成了一个系统的信仰体系，阙代表"天门"，而瑞兽则起着镇墓、引导升天的作用，上层的画像可能代表的是仙境的场景。故 A 区 M6 的墓门上方也表现了四川地区东汉三国时期普遍流行的西王母信仰。①

再如，2016 年发表的《四川乐山市柿子湾崖墓 B 区 M1 调查简报》，明确提到墓室壁画的"精神信仰"：

> 该墓为目前四川地区发现的形制最大的崖墓之一，虽未发现随葬品，但在墓门及享堂等处发现了大量画像，这些画像题材丰富，分布系统，显然经过了精心的设计和规划，反映了当时的丧葬礼俗以及人们的精神信仰。②

在石棺等一些特殊墓葬类型的研究中，宗教属性的关注更加充分。例如，2017 年发表的《重庆市永川区石坝屋基、伏岩寺崖墓群发掘简报》，明确指出宗教信仰的存在："表达了墓主企盼死后继续享受现实生活中的乐舞百戏以及富足、愉悦的生活方式的强烈愿望。"该考古报告还有这样的详细描述：

---

① 四川省文物考古研究院、乐山大佛风景名胜区管理委员会：《四川乐山市柿子湾崖墓 A 区 M6 调查简报》，《四川文物》2014 年第 4 期，第 3—11 页。

② 四川省文物考古研究院、乐山大佛风景名胜区管理委员会：《四川乐山市柿子湾崖墓 B 区 M1 调查简报》，《四川文物》2016 年第 5 期，第 15—31 页。

石坝屋基崖墓群 M4 石棺以及伏岩寺崖墓群 M6 崖棺百戏（杂耍）题材的画像，与永川区文物管理所征集的石棺相似，璧山画像石棺也有类似题材，表达了墓主企盼死后继续享受现实生活中的乐舞百戏以及富足、愉悦的生活方式的强烈愿望；同时，在崖棺上发现类似画像在重庆地区尚属首次。[①]

墓室壁画在宗教学方面有着突出的进步，但这些研究成果也有遗憾之处，即大多数的讨论都集中在唐代之前，特别是汉代，这样的研究成果分布显然不合理，重复性和碎片化的内容开始增加。相对而言，佛教重复性现象也比较普遍，但碎片化现象比较少（图 3-5）。

图 3-5　重庆潼南县千佛寺摩崖造像第 33 号龛　重庆　唐宋

资料来源：重庆市文化遗产研究院：《重庆潼南县千佛寺摩崖造像清理简报》，《考古》2013 年第 12 期，第 36—57 页

---

① 重庆市文化遗产研究院、永川区文物管理所：《重庆市永川区石坝屋基、伏岩寺崖墓群发掘简报》，《四川文物》2017 年第 1 期，第 24—36 页。

# 第四章
# 考古报告关注度体系的指标建构

考古报告是宗教美术考古编年史的基础材料，属于材料覆盖方面的指标体系。中国宗教美术考古报告的体量巨大，不仅构成了编年史的基本框架，也构成了学科发展的基本内容，同时在学科层面具有中国特色。在中国辽阔的疆域上，各个地区都有丰富的考古材料被发掘，地域上没有空白，时间上也可以寻找连续性。不过，文献材料与考古材料的积累路径不同，文献材料主要是依靠传世的路径，考古材料主要是依靠发掘的路径，因此考古材料的历史贡献更多的是依靠今人的辛勤努力，特别是近 70 年来的考古发掘成果。从这样的认识出发，我们以考古报告的数量分布来构建考古报告关注度体系，全面梳理 70 年的考古发掘成果，尽可能地保留原有信息，描述显现的和潜在的线索，为后续研究留下开阔空间。

## 第一节　关注度体系的主干指标设定

中国宗教美术发展的面貌是丰富多彩的，对应的考古材料也是丰富多彩的，需要建立一个关注度体系来认识，这是一个庞大的工程。这个工程中，体系难以顾及每一个考古报告，但整体覆盖的要求是必须做到，也唯有做到才能使数量分布有意义。为此，我们提出主干指标的建构思路，以相关性高的类型来设计主干指标，从而在考古报告的层面上有一个整体覆盖的数量分布认识，并以此勾勒从考古材料出发的关注度体系。

从考古报告反映的遗存内容看，关注度与时空分布、宗教类型的相关性最为直接。从遗存的存在状态看，时间分布与空间分布是两个基础性指标，所有考古报告都与这两个指标体系相关，这两个指标可以直接描述考古遗存的存在状态。从遗存的存在意义看，所有宗教美术活动都得到了宗教信仰的指导，考古报告必须辨析遗存中的宗教属性，也因此说明了遗存的宗教研究基本走向。由此，时间分布、空间分布和宗教类型分布可以成为考古报告数量分布的主干指标，这也是考古报告关注度体系的结构基础。

第一，时间分布指标。

时间指标有两个内容：一是年代指标；二是阶段性指标。对于年代指标，以年为单位梳理，是全覆盖的客观记录，可归于年表体系。对于阶段性指标，因为已将70年分为四个阶段，所以具有主观因素的影响，这一指标的内容对阶段性特征有所体现，也因此在考古报告数量分布上有特别意义，体现了主观性的时间划分。四个阶段性指标的描述即同前文叙述：第一阶段（依附期）、第二阶段（停滞期）、第三阶段（初建期）和第四阶段（繁荣期）。其中，繁荣期的材料特别丰富，所以在具体统计和讨论时将其分为 2000—2009 年、2010—2019 年两个阶段。

第二，空间分布指标。

空间指标涉及当代行政区划与历史行政区划不一致的问题，其中也涉及地域文化的传承体系。因为考古报告体现的考古成果多为当代学者所完成，所以空间分布指标首先以当代行政区划为准；同时，为了体现历史上的行政区划影响，专门设立区域性划分指标，以兼顾地域文化的历史沿革内容。区域性指标体系以地域文化的习惯表述而划分，主要是东部地区、中部地区、西部地区和西南地区四个区域。

需要说明的是，中国文化区域的划分，是一个需要多维度考量的理论领域，其中有历时性的阶段性考量，也有共时性的文化特征考量。从美术考古遗存的学科属性看，遗存的集中地是一个优选指标，集中地有相对多的遗存体量，有相对完整的遗存类型，有颇具影响力的典型遗存，因此而表现出一定的代表性，也因此而形成对周边地区的辐射，从而形成了一个有某种共同性的遗存分布区域。从这样的维度看，我们划分出东部地区、中部地区、西部地区和西南地区四个大的区域。

第三，宗教类型分布指标。

中国传统宗教的结构是以儒释道为主体，儒释道也影响最大，从考古报告的成果看，佛教美术考古和道教美术考古的考古活动主要集中在石窟和宫观寺庙的遗存上，儒教美术考古活动主要集中在墓室壁画遗存上。传统文化中的宫殿和祭祀场所等建筑也是儒教考古的内容，不过这方面的体系性考古成果不多，关注度涉及的领域比较分散，这里不做专门讨论。

关于佛教美术考古的指标意义。佛教东渐后，有北传、南传和海上等多条传播路线，多条传播路线和之后的本土化发展给佛教研究带来了丰富多彩的内容，学术界习惯以北传佛教、南传佛教和藏传佛教来概括佛教东渐后的发展面貌。在考古报告数量分布的梳理中，北传佛教和南传佛教共同考量，以地区划分，藏传佛教单独设立，因此佛教美术考古指标下又有东部地区、中部地区、西部地区、西南地区和藏传佛教五个二级指标的考量。

关于墓室壁画的指标意义。将墓室壁画考古与佛教美术考古和道教美术考古并列，我们有几个特别考虑：其一，墓室壁画属于儒教范畴。对于墓室壁画的宗教属性，以往学术界常常忽视，近年开始关注，儒学强调宗法和孝道，这也是墓室壁画的信仰基础，因此我们尝试将墓室壁画归于儒教。其二，墓室壁画的遗存数量非常多。从考古报告看，墓室壁画数量远超道教美术，也比佛教美术多，这是一种非常突出的考古现象。其三，墓室壁画保留了本土宗教美术的纯正性。汉以后佛教影响越来越大，道教也明显受到影响，但佛教对墓室壁画的影响有限，佛教图像在墓室壁画中没有出现体系性的结构，墓室壁画仍然以本土信仰为主，保留着本土宗教美术的纯正性，这是一种非常重要的宗教文化现象。质言之，墓室壁画与佛道美术并列，是一个突出的指标设置，可以从遗存数量维度说明本土宗教的贡献，同时可以强调考古报告的材料价值。

由此，宗教美术类型分布指标有三个内容，即墓室壁画、佛教美术和道教美术三个下延指标。有一些遗存，可能有多种类型，如孔望山摩崖石刻就有世俗人物、重生信仰和佛教图像（图4-1）。

图4-1　孔望山摩崖造像 X4—X42
涅槃图像　江苏连云港　东汉
资料来源：李洪甫、武可荣：《海州石刻——将军崖岩画与孔望山摩崖造像》，文物出版社，1990，附录页二

## 第二节　数量分布的整体关注度分析

主干指标明确后，考古报告数量的关注度体系就有了一个合理的建构框架。数量分布的关注度有整体和区域两方面内容，我们以数量分布总表和数量分布分表来做具体分析。这是两个层面的分析工作，总表分析的是关注度整体层面的数量分布信息，分表分析的是关注度区域层面的数量分布信息。两者结合后，考古报告数量分布上的关注度信息才有了收集和呈现的完整结构。数量分布总表具有宏观意义，这里首先展开分析。

第一，数量分布总表的设定。

在整体层面上，通过主干指标梳理 70 年来所有公开发表的考古报告，得到考古报告的数量分布总表。这个总表收集并呈现了中国宗教美术考古 70 年来各个阶段的所有考古报告信息，其中包括各类宗教美术遗存的数量分布和区域遗存的数量分布，这些数量分布统计反映了 70 年间考古活动的巨大成就，提供了关注度展开的大方向，为编年史提供了基础材料。

总表时间为 1949—2019 年的 70 年，对象为墓室壁画考古报告、佛教美术考古报告和道教美术考古报告，这些考古报告都是公开发表的材料。我们做考古报告数量分布总表可以从数量分布层面上描述考古报告的总体面貌，提供相关数据，由此而展开时间维度分析、空间维度分析、类型维度分析和数量分布总表的关注度讨论（表 4-1）。

表 4-1　考古报告数量分布总表　　　　　　单位：篇

| 项目 | 墓室壁画考古 | | | | 佛教美术考古 | | | | | 道教美术考古 | | | | 合计 |
|---|---|---|---|---|---|---|---|---|---|---|---|---|---|---|
| | 东部地区 | 中部地区 | 西部地区 | 西南地区 | 东部地区 | 中部地区 | 西部地区 | 西南地区 | 藏传佛教 | 东部地区 | 中部地区 | 西部地区 | 西南地区 | |
| 1949—1965 年 | 29 | 43 | 8 | 23 | 20 | 15 | 15 | 4 | 1 | 3 | 10 | 0 | 0 | 171 |
| 1966—1976 年 | 6 | 12 | 6 | 3 | 3 | 1 | 1 | 0 | 0 | 1 | 0 | 0 | 0 | 33 |
| 1977—1999 年 | 95 | 199 | 78 | 63 | 94 | 58 | 19 | 67 | 9 | 33 | 48 | 11 | 35 | 809 |

续表

| 项目 | 墓室壁画考古 | | | | 佛教美术考古 | | | | | 道教美术考古 | | | | 合计 |
|---|---|---|---|---|---|---|---|---|---|---|---|---|---|---|
| | 东部地区 | 中部地区 | 西部地区 | 西南地区 | 东部地区 | 中部地区 | 西部地区 | 西南地区 | 藏传佛教 | 东部地区 | 中部地区 | 西部地区 | 西南地区 | |
| 2000—2009 年 | 45 | 88 | 48 | 54 | 34 | 33 | 14 | 45 | 18 | 16 | 29 | 5 | 11 | 440 |
| 2010—2019 年 | 44 | 135 | 48 | 43 | 28 | 30 | 27 | 25 | 37 | 11 | 20 | 4 | 15 | 467 |
| 合计 | 219 | 477 | 188 | 186 | 179 | 137 | 76 | 141 | 65 | 64 | 107 | 20 | 61 | 1920 |

第二，数量分布的时间维度分析。

在时间维度上，考古报告的关注度有不同的指向。数量分布总表的主要贡献是对阶段性划分的支持，总表提供的关注度信息不仅说明数量分布与阶段发展是一种正相关的关系，而且宗教类型、地域分布等信息也呈现出了阶段性特征。从统计学意义看，阶段性的数量分布可以直接说明考古报告在时间维度上的存在状态，也由此而说明阶段性的进步。在数量分布信息的关注度指导下，宗教美术考古发展可以有一个初步描述。

其一，数量分布总表说明宗教美术考古学科的发展趋势，从发展史角度看，阶段性划分的依据首先是考古报告表现出来的学科内容分布和贡献，但是考古报告的数量分布也可以说明学科的发展状态，为阶段性划分提供直接和合理的依据。

其二，依附期数量分布说明考古学的支持特别重要。依附期在遗存认识方面最为薄弱，学科边界也非常模糊，但考古学提供了良好支持。该阶段考古学虽然发展时间不长，但大家云集，成果丰硕，高起点的中国考古学使宗教美术考古有了坚实的基础，其中包括考古报告的内容要点、表达格式、重点地域等，这些最基本的学科基础都在该阶段完成构建。

其三，初建期数量分布说明学科起势特别迅速。初建期的考古报告数量已逾八百，与繁荣期基本持平，这一现象说明初建期的学科起势很快，数量增加最直接的贡献是遗存中的宗教美术内容有了更多机会被学者所认识和熟悉，学科的边界开始清晰，使学科获得了独立发展的条件。

其四，繁荣期数量分布说明理论转化的重要性。学科发展对考古遗存的依赖性非常突出，但遗存发掘的数量是有限制的，繁荣期的考古报告数量与初建期差不多，这一现象说明依赖性仍然存在，但是限制性也明确存在，并不会因为学科迅速发展而有大量的遗存对应出现。这样的语境下，学科发展必然对理论转化提出要求，学科在遗存数量有限增加的条件下要持续发展，理论转化成为首选。

第三，数量分布的空间维度分析。

中国地域辽阔，各个地区都有遗存，遗存类型多样，并且数量较多。在具体分布上则表现出与文化沿革和宗教传播有着很高的相关性。

其一，遗存分布与文化沿革相关。从遗存数量看，四个地区都有丰富的遗存存在，这四个地区也都有着深厚的历史积淀，特别是历史上曾有许多政治中心和文化中心在这些地区存在过，即使是地方性的中心，也曾经影响很大，文化积淀深厚，并且整体发展的沿革脉络清晰可寻。有了这样的脉络，就有了遗存分布上的逻辑关系。从遗存分布就可以看到文化沿革的脉络，这是数量分布表现出的关注度意义。

其二，遗存分布与宗教传播相关。中国传统文化发展中，宗教传播与文化沿革影响的走向基本一致，但也有一些是不一致的，其中一个原因是宗教传播有本土宗教传播与外来宗教传播两种类型。本土宗教传播与文化沿革基本一致，如墓室壁画遗存在中部地区数量最大，这里是中原文化腹地，从分布的角度来看，宗教传播与文化沿革基本一致。就佛教美术遗存而言，有两种现象出现，一是在中部地区有大量遗存出现，这与佛教本土化有关，也表现出本土宗教对外来佛教的接受；二是西部地区与西南地区也有大量遗存出现，这里是佛教东渐的初始之地，传播时间早，兴盛时间长，反映出佛教传播路线带来的巨大影响。

其三，大型遗存的影响。大型遗存容量大，可以反映宗教发展中的一些重大事件，但是发掘成果往往只用一个考古报告来反映。大体量的考古报告与小体量的考古报告在关注度上相差较大，但在遗存数量统计上是不做区分的。例如，丝绸之路上有许多大型石窟遗存，一个遗存由几个，甚至几十个、上百个遗存组合而成，考古报告则只有一个。再如，一些大型墓室壁画遗存在族群墓中存在，但考古报告也只有一个。对大型遗存的考古成果，数量统计时应当加上其他参数来标识。考古报告的形式也是需要关注的，图书形式的考古报告与论文形式的考古报告还是有所区别的。

第四，数量分布的类型维度分析。

数量分布与宗教类型有关，本土宗教、外来宗教和本土化的宗教都有着不同的特征，也就有了不同的分布走向。类型维度分析还以主干指标为对象，一方面，主干指标代表了主要宗教类型，相关概念界定清晰，发展状态也稳定，信息不易失真；另一方面，主干指标数量大，遗存分布广，具有全国性意义，相关信息的覆盖面广，可以说明整体问题。具体看，可以从以下几方面展开分析。

其一，墓室壁画遗存数量分布。墓室壁画属于本土宗教指导的宗教美术活动，数量分布上表现出了传统文化对宗教的影响。首先，遗存数量最多。在目前的所有宗教美术遗存中，墓室壁画的考古报告数量最多，这样的数量足以说明中国本土宗教的发展状态和贡献。其次，各地区都有大体量遗存。墓室壁画遗存不仅总数大，而且各地区都有上百的遗存，这一点对地方性的宗教美术发展研究也极有帮助。再次，学术张力大。墓室壁画在宗教美术考古各类型中具有突出的代表性。就遗存形态看，墓室壁画是地下遗存的代表，与地上遗存的佛教、道教宫观寺庙形成对比，在遗存形态上代表了一个类型；就宗教美术特征看，墓室壁画在本土宗教美术的纯粹性上超过道教，道教造像有受佛教影响的痕迹，墓室壁画遗存中则没有佛教美术体系性的影响，这样的纯粹性无疑为传统文脉的认识提供了一个特别的样本；就考古发掘成果看，墓室壁画大都是最新发掘成果的代表，在考古发掘呈现上代表了一个类型。具体看，墓室壁画遗存大都是首次发掘，发掘成果都是最新成果，佛教和道教美术考古就不一定了，其中有许多是多次发掘或补充发掘，而且宫观寺庙的第一手材料并不依赖于考古发掘，墓室壁画研究的第一手材料则基本依赖考古发掘。

其二，佛教美术遗存数量分析。佛教是外来宗教，但佛教美术遗存有着巨大的体量，表现出特别的意义。首先，遗存数量表现出宗教美术的重镇地位。佛教美术的遗存分布于全国各地，发掘之外的遗存数量逾千，甚至更多。在佛教发展研究中发现，佛教遗存并不都有考古报告，因为传播路径与墓室壁画不一样，大多数佛教遗存是没有考古报告的。其次，遗存数量表现出本土化的程度较高。佛教美术遗存在体量上不输于本土的墓室壁画，同时又明显多于本土的道教美术，一个外来宗教可以获得与本土宗教的并行发展，这一现象说明中国传统文化对外来文化的包容。在世界宗教发展史上，这样的本土化发展较罕见。再次，大型石窟遗存影响西部地区和中部地区分布。西部地区是佛教东渐最早的地方，中部地区是佛教本土化最充分的地方，中国主要的大型石窟群和皇家石窟群都存在于这两个地区，因此在认识考古报告的数量时，也应当考虑佛教美术遗存的规模，从体量维度上认识遗存的贡献。复再次，传播路线影响西南地区和东部地区分布。西南地区与东部地区的考古报告数量较多，这与佛教的南传路线和海上传播路线有密切关联，随着孔望山摩崖石刻等大型遗存的发现和研究深入，学术界关注度必然呈增加的趋势。最后，藏传佛教遗存需要关注。藏传佛教遗存有着丰富的内容：一方面，藏传佛教遗存的地域性特征非常明显，同时又呈现出全国分布的状态；另一方面，藏传佛教遗存的时间多为明清时期，发掘成果主要集中在初建期和繁荣期，非常集中。因藏传佛教的传播具有特殊性，故将其单独列为一个指标。

其三，道教美术遗存数量分析。在全国性的宗教美术类型中，道教美术遗存数量最少，数量分布明确指出了这个现象的存在，这是一个与本土大教地位不相符的特别现象，其实这个现象也有着一定的合理性。首先，数据材料的关注度分析。道教考古报告数量不多，尚待发掘的遗存数量从目前趋势看也不会增加很多。从发展阶段看，依附期和停滞期数量就很少，这个现象说明道教美术考古的起步比较晚。初建期和繁荣期数量大幅度增加，说明道教美术考古有了快速发展的趋势。其中，大型遗存有考古报告发表，一些小型遗存也有考古报告发表。这个现象的出现，从数量上使道教美术考古的面貌有了很大改观，同时在对象上也有了新的认识。例如，许多遗存过去被忽视，道教学者多关注于传世材料和口传材料，现在也以考古发掘的路径来研究，数量的增加说明了选择材料的路径有所改变，也说明了一个可能的突破方向。其次，数据语境的关注度分析。道教发展之初与许多宗教一样是反对偶像崇拜的，后来因为信仰传播的需要而对图像有了重视，并且曾经因此而专门学习佛教造像的传播方式，在图像传播上起步比较晚，这是道教美术遗存数量不多的原因之一。不过，最重要的原因还在于道教的世俗化走向上。

与佛教比较，道教的世俗化内容特别突出，许多仪式场所都具有生活化色彩，世俗性功能与宗教性功能重叠的现象屡见不鲜，因此对应的遗存数量必然大量减少。与墓室壁画比较，墓室壁画的世俗化色彩也十分强烈，道教没有这样的地下存在形态，因此也就没有墓室壁画那样的遗存数量。

第五，数量分布总表的关注度讨论。

数量分布总表是对宗教美术考古报告整体关注度梳理，既有具体数据，也有分布上的梳理，这样的梳理为了理论转化而开展，希望能够从中找出一些对应关系，从而获得理论线索和认识。

其一，宏观层面的认识。

从总表收集的数据看，中国宗教美术考古编年史具有非常明确的学科意义。

首先，编年史的梳理对象颇具规模。一方面，考古报告数量大，在数量上已逾两千，其中墓室壁画和佛教美术尤为突出，这些都是第一手的考古材料；另一方面，考古报告覆盖面大，几乎所有宗教类型的遗存都有考古报告发表，而且几乎所有地区都有分布，覆盖面非常完整。

其次，编年史的呈现内容非常丰富。在依附于考古学发展的阶段，考古报告打下了很好的基础，所收集的信息比较完整。其中，考古学的信息有遗存规模、保存状态、形制、平面图等内容；美术学的信息有技法分析、图像沿革认识等内容。依附期之后，编年史的内容更加丰富，初建期在宗教学方面的内容有增加，繁荣期更是增加了许多新理论、新方法，使编年史在规模巨大之外，在内容上呈现出丰富多彩的面貌。

最后，编年史的学术空间已经展现。以图证史等从图像出发的理论探讨是近年来学术界的热点，但是图像材料的完整性远不如文献材料，许多从图像出发的理论不可避免地出现了碎片化和过度解读现象，宗教美术考古材料可以避免这些问题，不仅材料本身相对完整，而且宗教美术有比较完整的沿革体系，文脉可寻；此外，考古材料与传世材料相比具有真实性上的优势，真伪辨别没有传统文献那么烦琐。因此，编年史展示的宗教美术考古内容可以打开新的学术空间。

其二，宗教类型上的对应关系认识。

数量分布的梳理中，主干指标为墓室壁画、佛教美术和道教美术，通过梳理可以从考古报告的分布上发现一些有针对性的对应关系。

　　首先，墓室壁画的考古成果认识不足。墓室壁画在考古报告数量上居于第一位，阶段性和区域性的分布都很平均，表现出稳定发展的面貌，但是学术界对这一现象关注不够。在宗教史的研究中，墓室壁画的彼岸图像很少作为主体材料使用，宗教信仰方面也未得到充分的关注。在宗教美术的研究中，墓室壁画很长时间内被作为美术学现象看待，宗教美术的关注常常是缺失的。其实在中国宗教发展的研究中，墓室壁画的宗教属性和大量遗存完全可以获得更多的关注，特别是中国宗教研究还面临着属性方面的争议。因为彼岸信仰的不明确，所以学术界，特别是西方学术界对中国传统文化中的宗教存在与否常常提出疑问。也因此，所有中国宗教发展史都要提到儒释道的三教合一结构，但儒教存在与否也存在争议。墓室壁画是描写彼岸的艺术类型，也是贯穿宗法和孝道的艺术类型，因此墓室壁画的考古成果可以为儒教研究提供支持，也可以为儒释道的三教合一结构提供支持。

　　其次，石窟考古的巨大贡献（图4-2）。中国宗教美术考古的成果中，佛教美术考古报告在数量上可以与墓室壁画双峰并峙，而且这些成果基本是关

图4-2　龙门石窟奉仙寺大卢舍那像龛　河南洛阳　唐

资料来源：刘景龙、常青、王振国：《龙门石窟雕刻粹编——佛》，文物出版社，1995，第16页彩色图版14

于佛教石窟的考古报告。中国本土宗教发展中，原先没有石窟类型，是佛教东传后带来的，并且迅速走上了本土化的进程，使得这一形制为中土广大信徒所接受，并且还影响到其他本土宗教，如道教在宫观之外也修建了许多石窟，太原的龙山石窟就颇具规模。石窟考古的丰硕成果，从遗存数量维度说明了佛教传播的主要方式与产生的影响，也因此说明了石窟考古的巨大贡献。另外，石窟考古对中国宗教考古事业的发展也有极大的推动作用，石窟的遗存在地面，形制多为开放性，这与埋葬于地下的墓室壁画有很大区别，而且石窟考古在学科发展起始阶段就受到宗教学的关注，理论积淀极为深厚，当然这也说明了石窟考古的巨大贡献。

　　最后，道教美术考古的特殊贡献。道教美术考古的数量是儒释道三教中最少的，与大教面貌完全不相符合。中国传统文化中的宗教结构是三教合一，道教的影响不会因为统计学意义的数据而失去，不过从数量分布上可以讨论原因，认识道教的特殊贡献。从道教发展看，有两个方面的讨论：一方面，遗存数量可以反映道教信仰的传播方式。考古报告成果少不一定就表明遗存数量少，但可以肯定的是用考古报告去认识的遗存数量不多，这一现象说明道教与佛教等宗教信仰之间存在不同的传播方式，如世俗化的宗教品质和生活化的仪式场所等，道教的这一特征形成了一个特殊贡献。另一方面，遗存数量可以反映道教考古在明清时期的贡献。墓室壁画和佛教美术的考古成果在明清前已有很多，遗存数量特别大，但在明清时期骤然减少，而道教考古成果则明清比例很大，而且有不少是通过三教合一的遗存形式而存在，这个现象一定程度上增加了道教美术考古的数量，也说明了道教美术做出的特殊贡献。

## 第三节　数量分布的区域关注度分析

　　数量分布的区域关注度通过分表来反映，其分布信息可以反映各区域内各类宗教美术的遗存分布内容，并由此反映出各类宗教的发展状态。为获得这样的信息和认识意义，我们设定了三个分布指标：一是考古报告的地区数量分布，二是考古报告的阶段数量分布，三是对应的讨论分布。根据1949—2019年公开发表和出版的考古报告材料，我们以这三个分布指标设定了一个与总表体系对应的分表体系，这个体系以数据说明考古报告的区域分布，同时为我们深入分析提供线索空间。

## 一、墓室壁画遗存的区域分布分析

目前所有宗教美术考古报告中，墓室壁画的数量是最多的，地区分布上也体现出一个合理的走向。从整体分布看，中部地区最多，这一区域是中原文化的腹地，本土宗教美术的大宗墓室壁画也对应数量最大。当然，考古报告与这一地区的经济发展、学术水平高低也相关。其中，我们更关注学术水平，如有的地区遗存多，考古报告也多；有的地区遗存多，但考古报告并不多，其中就有学术关注的原因。所以，考古报告的数量比较可以反映出某个地区的遗存数量，也可以反映出这个地区的学术水平。

### 1. 东部地区

东部地区的遗存比较多，墓室壁画考古报告的数量也比较多，具体如表 4-2 所示。

表 4-2　东部地区墓室壁画考古报告数量分布　　　　单位：篇

| 项目 | 1949—1965 年 | 1966—1976 年 | 1977—1999 年 | 2000—2009 年 | 2010—2019 年 | 合计 |
|---|---|---|---|---|---|---|
| 山东 | 4 | 1 | 23 | 13 | 21 | 62 |
| 江苏 | 5 | 3 | 20 | 9 | 7 | 44 |
| 河北 | 4 | 0 | 15 | 8 | 5 | 32 |
| 辽宁 | 8 | 1 | 13 | 4 | 4 | 30 |
| 福建 | 0 | 0 | 10 | 1 | 4 | 15 |
| 吉林 | 3 | 1 | 4 | 5 | 0 | 13 |
| 北京 | 3 | 0 | 5 | 4 | 0 | 12 |
| 浙江 | 0 | 0 | 3 | 1 | 2 | 6 |
| 广东 | 2 | 0 | 1 | 0 | 1 | 4 |
| 黑龙江 | 0 | 0 | 1 | 0 | 0 | 1 |
| 合计 | 29 | 6 | 95 | 45 | 44 | 219 |

山东、江苏、河北、辽宁是考古报告数量最多的四个省份。山东和江苏在汉代就是汉画遗存的主要分布地，画像石、画像砖和彩绘壁画都有很好发展，发展时间早，类型丰富，是这一地区考古报告数量多的原因之一。河北和辽宁曾是少数民族政权的政治和文化中心，曾经积极参与了文化融合的进程，考古报告数量多也与这一历史积淀相关，辽代壁画墓是许多学者关注的一个领域。

福建也是东部地区考古报告数量比较多的省份。福建的壁画墓遗存在两宋时期比较突出，是南方墓室壁画的代表。吉林有高句丽壁画墓墓群出现，带来了一批考古成果，材料珍贵，特色鲜明。这两个地区的地域特色突出，当然也有着明显的时代特征，也因此而被学者关注。

广东和浙江是东部地区考古报告数量比较少的省份，但在墓室壁画史上地位突出。广东的广州象岗山南越王墓为西汉遗存，是目前中国最早的两个壁画墓遗存之一。浙江南朝时期壁画墓中出土余杭飞天与敦煌飞天几乎同时，为东部地区的早期佛教传播研究提供了珍贵材料。

## 2. 中部地区

中部地区的墓室壁画考古报告数量情况如表 4-3 所示。

表 4-3　中部地区墓室壁画考古报告数量分布　　单位：篇

| 项目 | 1949—1965 年 | 1966—1976 年 | 1977—1999 年 | 2000—2009 年 | 2010—2019 年 | 合计 |
|---|---|---|---|---|---|---|
| 河南 | 15 | 3 | 107 | 27 | 62 | 214 |
| 山西 | 17 | 0 | 44 | 27 | 47 | 135 |
| 陕西 | 9 | 6 | 33 | 27 | 16 | 91 |
| 湖北 | 1 | 0 | 9 | 6 | 6 | 22 |
| 安徽 | 1 | 1 | 2 | 1 | 1 | 6 |
| 江西 | 0 | 0 | 4 | 0 | 1 | 5 |
| 湖南 | 0 | 2 | 0 | 0 | 2 | 4 |
| 合计 | 43 | 12 | 199 | 88 | 135 | 477 |

河南、山西和陕西是中部地区考古报告数量最多的省份。河南和陕西都

是墓室壁画大省，不仅遗存数量多，而且大型墓和代表墓也多，与中原文化腹地的地位非常相符。山西也是中原文化积淀深厚之地，历史上一些少数民族政权也在这里形成政治和文化中心，墓室壁画发展反映出高度的多元文化交融。

　　湖北和安徽是中部地区考古报告数量相对较少的省份。湖北的楚文化对墓室壁画的早期发展有着较大的贡献，之后墓室壁画遗存的不足也说明楚文化走向全国之后辉煌不再的状态。安徽墓室壁画在汉代与山东、江苏共同发展，之后也是处于数量不足的状态。

　　江西和湖南是中部地区考古报告数量最少的省份。江西墓室壁画遗存不多，反映地方文化特征带来的影响外，也与气候和经济发展水平相关。湖南墓室壁画的发展与湖北基本相同，楚文化走向全国而本地不足，这是一个有探讨价值的线索。

### 3. 西部地区

西部地区的墓室壁画考古报告数量情况如表 4-4 所示。

表 4-4　西部地区墓室壁画考古报告数量分布　　　　单位：篇

| 项目 | 1949—1965 年 | 1966—1976 年 | 1977—1999 年 | 2000—2009 年 | 2010—2019 年 | 合计 |
|---|---|---|---|---|---|---|
| 甘肃 | 4 | 2 | 32 | 32 | 33 | 103 |
| 内蒙古 | 3 | 2 | 28 | 9 | 8 | 50 |
| 新疆 | 1 | 2 | 5 | 4 | 5 | 17 |
| 宁夏 | 0 | 0 | 12 | 2 | 1 | 15 |
| 青海 | 0 | 0 | 1 | 1 | 1 | 3 |
| 合计 | 8 | 6 | 78 | 48 | 48 | 188 |

　　甘肃和内蒙古是西部地区考古报告数量最多的省份[①]。西部地区地域辽阔，遗存丰富，同时外来的破坏也相对少一些，所以考古成果对应较多。甘

---

① 注：本章中提及的省份包括自治区、直辖市，为行文方便统一称为"省份"，不作明显区分。

肃是河西走廊之地，丝绸之路重镇，墓室壁画不仅遗存多，而且也因为多元文化交流而丰富多彩(图 4-3)。内蒙古的墓室壁画遗存在除了数量比较多之外，边疆特色也成为学术界的关注点。

新疆和宁夏是西部地区考古报告数量比较少的省份。这两个省份墓室壁画的地域文化特色鲜明，数量在两位数以上，这个现象反映出中原地区墓葬文化的辐射力。

青海是西部地区考古报告数量最少的省份。虽然青海墓室壁画遗存不多，但棺板画的发掘成果还是表现出很高的艺术成就，时代特色和地域特色都很突出。

图 4-3　甘肃酒泉丁家闸西王母图局部　甘肃酒泉　十六国

资料来源：徐光冀：《中国出土壁画全集》9，第 134 页

## 4. 西南地区

西南地区的墓室壁画考古报告数量情况如表 4-5 所示。

表 4-5　西南地区墓室壁画考古报告数量分布　　　　　　单位：篇

| 项目 | 1949—1965 年 | 1966—1976 年 | 1977—1999 年 | 2000—2009 年 | 2010—2019 年 | 合计 |
| --- | --- | --- | --- | --- | --- | --- |
| 四川 | 13 | 1 | 54 | 49 | 24 | 141 |
| 重庆 | 2 | 1 | 5 | 4 | 12 | 24 |

| 项目 | 1949—1965 年 | 1966—1976 年 | 1977—1999 年 | 2000—2009 年 | 2010—2019 年 | 合计 |
|------|------|------|------|------|------|------|
| 贵州 | 3 | 1 | 3 | 1 | 6 | 14 |
| 云南 | 5 | 0 | 0 | 0 | 1 | 6 |
| 广西 | 0 | 0 | 1 | 0 | 0 | 1 |
| 合计 | 23 | 3 | 63 | 54 | 43 | 186 |

　　四川和重庆是西部地区考古报告数量最多的省份。这里是巴蜀文化的中心地区，墓室壁画的重镇，遗存数量多，遗存类型也丰富，有些类型还是全国最有影响的，如崖墓、石棺和门阙。

　　云南和贵州是西部地区考古报告数量比较少的省份。两个省份的墓室壁画有浓郁的地方特色，但还是在巴蜀文化圈内，遗存数量也与巴蜀文化的辐射力相关。

　　广西是西部地区考古报告数量最少的省份，其数量不多的现象，与地方丧葬文化相关。

## 二、佛教美术遗存的区域分布分析

　　佛教美术遗存是中国宗教美术考古领域的重要内容，考古报告体现的遗存数量居于第二位。佛教美术遗存数量不及墓室壁画，但是从考古报告内容看，石窟方面的考古报告很早就有了宗教美术方面的论述，并且达到很高水准。因此，佛教美术的考古报告对宗教美术研究有很大贡献，在理论研究上对墓室壁画、道教美术等都有帮助。

　　从遗存存在状态看，佛教美术遗存的考古报告在分布上有三个影响应当被关注。首先，佛教传播路线的影响。中国佛教早期有北传佛教和南传佛教两条主要传播路线，后来又增加了藏传佛教的传播路线，各个传播路线的走向可以反映遗存的分布状态。其次，本土化进程的影响。本土化促进了佛教传播，北传佛教路线贯穿中原腹地，本土的传统宗教文化影响大；南传佛教多传播于相对边远的南方和西南地区，本土的地域文化影响大。最后，遗存形制的影响。佛教遗存主要是石窟，这是一个开放式的形制，保存状态和仪式方式的空间或场所等都影响到考古报告的分布。

## 1. 东部地区

东部地区的佛教美术考古报告数量情况如表 4-6 所示。

表 4-6　东部地区佛教美术考古报告数量分布　　　　　单位：篇

| 项目 | 1949—1965 年 | 1966—1976 年 | 1977—1999 年 | 2000—2009 年 | 2010—2019 年 | 合计 |
|---|---|---|---|---|---|---|
| 山东 | 5 | 0 | 33 | 14 | 4 | 56 |
| 河北 | 3 | 0 | 23 | 8 | 7 | 41 |
| 浙江 | 3 | 1 | 12 | 8 | 10 | 34 |
| 辽宁 | 2 | 0 | 6 | 2 | 2 | 12 |
| 江苏 | 1 | 0 | 7 | 0 | 3 | 11 |
| 北京 | 2 | 1 | 2 | 0 | 1 | 6 |
| 上海 | 0 | 0 | 4 | 1 | 0 | 5 |
| 福建 | 3 | 0 | 2 | 0 | 0 | 5 |
| 广东 | 1 | 0 | 2 | 0 | 1 | 4 |
| 天津 | 0 | 1 | 2 | 0 | 0 | 3 |
| 吉林 | 0 | 0 | 1 | 1 | 0 | 2 |
| 合计 | 20 | 3 | 94 | 34 | 28 | 179 |

东部地区数量最多的是山东、河北和浙江，考古报告数量都在 30 篇以上。山东的佛教美术考古报告有五十余处，这与山东是考古大省有关，也与佛教在山东的发展有关。山东佛教受到中原方向传播过来的北传佛教路线影响，同时受到东南沿海方向过来的南传佛教路线影响。此外，山东是孔孟之乡，佛教在这里遗存多也说明佛教本土化进程顺利。河北佛教美术考古报告数量多，也与地理位置有关，这里既受北传佛教路线的影响，也受南传佛教路线的影响。浙江考古报告多，与地域文化有关，这里是北传佛教与南传佛教交汇的区域，同时这里佛教遗存少皇家气息，多民间气息，因此遗存规模不大，建设难度小，等级要求也不多，数量也对应增加。

　　江苏、上海、福建和广东为南方省份,这是佛教信仰流行地区,考古报告数量不多可能与寺庙形制有关。南方少石窟而多寺庙,这是一个重要原因。石窟最初是开放的仪式场所,但后来信徒修行重寺庙而轻石窟,石窟也就成为封闭或半封闭的仪式场所。寺庙的仪式场所是完全开放的,后人不间断的建设使得原有信息不断被覆盖,增加了考古难度。另外,开放的仪式带来许多附会的故事,很多寺庙名满天下,规模也很大,但考古信息几乎缺失,或被混淆,相反传说类的信息却非常丰富。

　　辽宁、北京、天津和吉林为北方省份,也是佛教的流行地区,考古报告不多也与寺庙多而石窟少有关。同时,这一地区明清寺庙多,许多考古工作被地域文化的民俗考察所取代,遗存信息数量不少,但需要专业梳理。

### 2. 中部地区

　　中部地区的佛教美术考古报告数量情况如表 4-7 所示。

表 4-7　中部地区佛教美术考古报告数量分布　　　　单位:篇

| 项目 | 1949—1965 年 | 1966—1976 年 | 1977—1999 年 | 2000—2009 年 | 2010—2019 年 | 合计 |
| --- | --- | --- | --- | --- | --- | --- |
| 陕西 | 4 | 1 | 18 | 11 | 14 | 48 |
| 山西 | 7 | 0 | 13 | 9 | 11 | 40 |
| 河南 | 4 | 0 | 23 | 7 | 2 | 36 |
| 湖南 | 0 | 0 | 1 | 2 | 1 | 4 |
| 湖北 | 0 | 0 | 1 | 1 | 1 | 3 |
| 安徽 | 0 | 0 | 1 | 2 | 0 | 3 |
| 江西 | 0 | 0 | 1 | 1 | 1 | 3 |
| 合计 | 15 | 1 | 58 | 33 | 30 | 137 |

　　中部地区数量最多的是陕西、山西和河南,考古报告数量都在 30 篇以上。这三个省份地处中原文化腹地,传统文化积淀深厚,也是能够体现佛教本土化的重点地区,特别是南北朝至隋唐时期的石窟发展对佛教本土化有过巨大贡献。与其他区域比较,这一地区大型石窟群多,而且不少是皇家石窟,等

级高，规模大。因此，中部地区是佛教美术遗存数量突出的省份，考古报告分布数量大是一个合理的现象，说明了中国本土文化对外来宗教的包容和接纳，以及外来佛教在本土化上做出的努力。

湖南、湖北、安徽和江西数量不多，考古报告数量都是个位数。这些省份也是传统文化积淀深厚的省份，但不是政治中心所在地，因此民间遗存多，规模远逊于中原地区。此外，寺庙遗存多也是考古报告不多的一个原因，而且这些遗存明清时期居多，这一现象使得研究者在佛教现象的把握上有一些重传说而轻考古了。

### 3. 西部地区

西部地区的佛教美术考古报告数量情况如表 4-8 所示。

表 4-8　西部地区佛教美术考古报告数量分布　　　单位：篇

| 项目 | 1949—1965 年 | 1966—1976 年 | 1977—1999 年 | 2000—2009 年 | 2010—2019 年 | 合计 |
|---|---|---|---|---|---|---|
| 甘肃 | 10 | 1 | 11 | 13 | 16 | 51 |
| 新疆 | 2 | 0 | 4 | 1 | 4 | 11 |
| 宁夏 | 1 | 0 | 1 | 0 | 4 | 6 |
| 青海 | 1 | 0 | 1 | 0 | 3 | 5 |
| 内蒙古 | 1 | 0 | 2 | 0 | 0 | 3 |
| 合计 | 15 | 1 | 19 | 14 | 27 | 76 |

西部地区数量最多的是甘肃和新疆，考古报告数量都在两位数以上。甘肃和新疆石窟群数量多，石窟群的考古成果常常是以一个考古报告来统计，因此实际遗存数量远超考古报告的数量。这里是佛教东渐的最初之地，因此石窟遗存多，体现了早期佛教传播的特征，同时为考古报告带来了丰富的研究对象，敦煌石窟、克孜尔石窟等闻名遐迩的石窟群都在这一地区。

宁夏、青海和内蒙古突出的特点是受丝绸之路的影响，同时地域文化也影响人们对考古报告的认识。一些珍贵的内容弥补了数量不足，体现了特别的学术价值。

## 4. 西南地区

西南地区的佛教美术考古报告数量情况如表 4-9 所示。

表 4-9　西南地区佛教美术考古报告数量分布　　　　　　单位：篇

| 项目 | 1949—1965 年 | 1966—1976 年 | 1977—1999 年 | 2000—2009 年 | 2010—2019 年 | 合计 |
|---|---|---|---|---|---|---|
| 四川 | 4 | 0 | 55 | 41 | 19 | 119 |
| 重庆 | 0 | 0 | 9 | 2 | 4 | 15 |
| 广西 | 0 | 0 | 2 | 1 | 1 | 4 |
| 云南 | 0 | 0 | 1 | 1 | 0 | 2 |
| 贵州 | 0 | 0 | 0 | 0 | 1 | 1 |
| 合计 | 4 | 0 | 67 | 45 | 25 | 141 |

西南地区数量最多的是四川和重庆，考古报告数量都在两位数以上，四川还在三位数以上。这一地区古为巴蜀之地，受北传佛教路线的影响，也受南传佛教路线的影响，有大型石窟，同时中小型石窟也很多，佛教美术遗存数量极为丰富。不过因为闭塞的地域环境，这里寺庙遗存特色鲜明，保存状态也比较好，受到考古学者的重视，无疑增加了考古报告的数量。

云南、贵州和广西考古报告数量不多，都是个位数。这三个省都是南传佛教路线上的重要地区，遗存不多有两个比较突出的原因：其一，与地理环境有关。石质松软不宜修建石窟，湿热的环境不易保护遗存等都是原因，这些原因可能也影响到佛教传播的方式，因此遗存不多，特别是石窟遗存数量很少。其二，与宗教活动方式有关。南传佛教的仪式场所开放式多，寺庙成为主要建筑载体。

## 5. 藏传佛教

藏传佛教美术有独特传播方式，因此单立一类。藏传佛教美术考古报告数量情况如表 4-10 所示。

表 4-10　藏传佛教美术考古报告数量分布　　　　　单位：篇

| 项目 | 1949—1965 年 | 1966—1976 年 | 1977—1999 年 | 2000—2009 年 | 2010—2019 年 | 合计 |
|------|------|------|------|------|------|------|
| 西藏 | 0 | 0 | 6 | 12 | 21 | 39 |
| 青海 | 1 | 0 | 0 | 2 | 8 | 11 |
| 四川 | 0 | 0 | 0 | 2 | 3 | 5 |
| 甘肃 | 0 | 0 | 1 | 0 | 0 | 1 |
| 内蒙古 | 0 | 0 | 1 | 1 | 1 | 3 |
| 浙江 | 0 | 0 | 0 | 1 | 1 | 2 |
| 辽宁 | 0 | 0 | 1 | 0 | 0 | 1 |
| 新疆 | 0 | 0 | 0 | 0 | 1 | 1 |
| 宁夏 | 0 | 0 | 0 | 0 | 1 | 1 |
| 陕西 | 0 | 0 | 0 | 0 | 1 | 1 |
| 合计 | 1 | 0 | 9 | 18 | 37 | 65 |

藏传佛教考古报告最多的是西藏和青海，两者之和接近 50 篇。藏传佛教注重仪式，喇嘛庙数量庞大，同时许多遗存地处偏远之地，人为破坏较少，使其得到了很好的保护。四川数量比较多，有区域影响。

甘肃、内蒙古、浙江、辽宁、新疆、宁夏和陕西等有藏传佛教的遗存，这与元明清时期的宗教政策有关，元代开始藏传佛教成为全国性的大教，仪式场所遍布全国。不过，因为战乱等原因，许多遗存已经原貌难寻。

### 三、道教美术遗存的区域分布分析

在儒释道三家美术遗存中，道教美术遗存的数量是最少的，这与道教世俗化程度高度相关。道教的许多仪式性活动都充满世俗气息，有些是对世俗仪式活动的直接模仿，甚至有一些借用世俗仪式场所来进行道教仪式活动。世俗化的仪式场所对宗教信仰传播有帮助，可以拉近与信众的距离，但也容易失去宗教特色，当然也因此影响到遗存的存在状态，保护措施常常被忽视。在道教遗存中，反复修建是一个非常普遍的现象。另外，道教传播中有许多民间信仰的内容，民间信仰的仪式场所本身就有不稳定的特征，与其他宗教信仰比较，民间信仰受到破坏的可能性更大。在这些因素的影响下，道教遗存数量不多是可以理解的。因此，梳理这些现象后也可以明确这样的观点：遗存数量并不能说明道教信仰的传播规模，还应当参考其他指标。道教过于世俗化的特征也反映在考古材料上，许多考古材料都有传说成分在其中，这给后期的辨析工作带来了许多解读上的困难。

从现有的考古报告看，中部道教遗存数量最大，这里是传统文化的中心，这是一个正态分布。东部和西南地区道教遗存数量也很大，这两个地区是道教的最早流行地区，也是一个合理的分布。西部地区数量很少，可能与遗存的保存状态有关，也可能与考古工作者的关注重心有关。

从目前的道教美术考古报告成果看，考古报告主要发表于第三、第四阶段。东部地区总数有64篇，主要在第三、第四阶段发表，有60篇；中部地区总数有107篇，主要在第三、第四阶段发表，有97篇；西部地区总数有20篇，全部发表于第三、第四阶段；西南地区总数有61篇，全部发表于第三、第四阶段。

## 1. 东部地区

东部地区的道教美术考古报告数量情况如表4-11所示。

表 4-11　东部地区道教美术考古报告数量分布　　　　单位：篇

| 项目 | 1949—1965 年 | 1966—1976 年 | 1977—1999 年 | 2000—2009 年 | 2010—2019 年 | 合计 |
|---|---|---|---|---|---|---|
| 浙江 | 0 | 0 | 3 | 4 | 3 | 10 |
| 江苏 | 0 | 0 | 5 | 0 | 4 | 9 |
| 河北 | 0 | 1 | 4 | 3 | 1 | 9 |
| 北京 | 2 | 0 | 3 | 2 | 2 | 9 |
| 广东 | 0 | 0 | 4 | 3 | 0 | 7 |
| 福建 | 1 | 0 | 3 | 2 | 0 | 6 |
| 上海 | 0 | 0 | 3 | 1 | 0 | 4 |
| 山东 | 0 | 0 | 3 | 0 | 1 | 4 |
| 辽宁 | 0 | 0 | 4 | 0 | 0 | 4 |
| 天津 | 0 | 0 | 1 | 0 | 0 | 1 |
| 海南 | 0 | 0 | 0 | 1 | 0 | 1 |
| 合计 | 3 | 1 | 33 | 16 | 11 | 64 |

由表 4-11 可知，浙江、江苏、河北、北京的考古报告数量最多，这一现象与考古活动开展得好有关，这些省份都是学术活跃之地；当然，考古报告数量多也与遗存特点相关，东部地区有许多大型道教遗存，其中有许多目前仍然承担着仪式功能。

此外，广东、福建、上海、山东和辽宁的考古报告数量比较多，这些省份的道教遗存常常有儒释道三教合一的现象，对应的考古材料也可以与其他宗教考古材料对读，这个现象增加了道教美术遗存数量，当然也加大了解读的难度。

天津、海南的考古报告数量比较少，其原因可能是两个方面，一方面，这两个地区的道教遗存规模都不大，考古活动的成果不容易体现；另一方面，道教遗存与地域宗教有关，内容的多元化使得各方关注度不集中，遗存本体也不容易保存。

## 2. 中部地区

中部地区的道教美术考古报告数量情况如表 4-12 所示。

表 4-12　中部地区道教美术考古报告数量分布　　单位：篇

| 项目 | 1949—1965 年 | 1966—1976 年 | 1977—1999 年 | 2000—2009 年 | 2010—2019 年 | 合计 |
|---|---|---|---|---|---|---|
| 陕西 | 3 | 0 | 13 | 9 | 7 | 32 |
| 山西 | 4 | 0 | 13 | 8 | 4 | 29 |
| 河南 | 0 | 0 | 10 | 4 | 2 | 16 |
| 江西 | 0 | 0 | 9 | 3 | 3 | 15 |
| 湖北 | 2 | 0 | 1 | 3 | 1 | 7 |
| 湖南 | 1 | 0 | 1 | 2 | 2 | 6 |
| 安徽 | 0 | 0 | 1 | 0 | 1 | 2 |
| 合计 | 10 | 0 | 48 | 29 | 20 | 107 |

由表 4-12 可知，陕西、山西的考古报告数量最多，这两省都是文化大省，道教遗存多是正态分布，不过学术界对这些遗存的关注度有所不同，学术界非常关注陕西造像碑的遗存，遗存时间也多为道教发展早期，对山西则多关

注宫观遗存，道教遗存时间也多为成熟发展时期。

河南、江西、湖北、湖南数量比较多，这些地区的道教宫观数量很多，有一些目前还具有活态性质，所以考古报告不能完整反映出道教传播的规模。

安徽考古报告数量最少，与中部其他省份一样，许多道教场所还保持着活态状态，考古工作常常被民风、民俗等活动的研究所取代，一些考古材料也来自传说的辨析。当然，传说的辨析工作，常常会影响到考古材料的评价。

### 3. 西部地区

西部地区的道教美术考古报告数量情况如表 4-13 所示。

表 4-13　西部地区道教美术考古报告数量分布　　　单位：篇

| 项目 | 1949—1965 年 | 1966—1976 年 | 1977—1999 年 | 2000—2009 年 | 2010—2019 年 | 合计 |
| --- | --- | --- | --- | --- | --- | --- |
| 甘肃 | 0 | 0 | 5 | 4 | 2 | 11 |
| 内蒙古 | 0 | 0 | 4 | 0 | 0 | 4 |
| 新疆 | 0 | 0 | 0 | 1 | 2 | 3 |
| 宁夏 | 0 | 0 | 1 | 0 | 0 | 1 |
| 青海 | 0 | 0 | 1 | 0 | 0 | 1 |
| 合计 | 0 | 0 | 11 | 5 | 4 | 20 |

由表 4-13 可知，甘肃的考古报告数量最多，该现象一方面是因为河西走廊是学术界关注之地，考古工作都做得很细；另一方面是因为这里是许多道教传说的神山仙山之地，道教信徒非常重视这里的相关遗存。

内蒙古、新疆、宁夏、青海都是考古报告数量为个位数的省份，考古报告显得非常珍贵。

### 4. 西南地区（表 4-14）

西南地区的道教美术考古报告数量情况如表 4-14 所示。

表 4-14 西南地区道教美术考古报告数量分布　　　　单位：篇

| 项目 | 1949—1965 年 | 1966—1976 年 | 1977—1999 年 | 2000—2009 年 | 2010—2019 年 | 合计 |
|------|------|------|------|------|------|------|
| 四川 | 0 | 0 | 26 | 8 | 11 | 45 |
| 重庆 | 0 | 0 | 3 | 1 | 4 | 8 |
| 贵州 | 0 | 0 | 3 | 1 | 0 | 4 |
| 云南 | 0 | 0 | 3 | 1 | 0 | 4 |
| 合计 | 0 | 0 | 35 | 11 | 15 | 61 |

由表 4-14 可知，四川、重庆考古报告数量最多，这里是早期道教的发源地，之后也是道教盛行之地，而且这里的遗存所具有的地域特色非常鲜明，考古报告较受学术界的关注。

贵州、云南考古报告数量不多，地域特色鲜明，也与少数民族宗教信仰传播的环境相关，显得非常珍贵。

# 第五章
# 考古评论关注度体系的类型梳理

考古报告是宗教美术考古的核心内容，不仅提供了学科的第一手研究材料，也明确了学科的研究对象。考古报告的第一手材料性质，使得宗教美术考古非常关注考古活动中获得和展示的考古材料，学科张力也常常从考古材料中获得。由此，围绕考古报告出现的研究成果成为学科发展中的一个独特领域，考古报告的价值和影响在这个领域中得到呈现。鉴于此，将对考古报告的研究成果定义为考古评论，这一定义可以体现学科特征，同时强调了考古报告的重要性。质言之，对应于考古报告关注度体系，设立一个考古评论关注度体系，从体系形成看有对应的因果关系，同时从体系价值看又有着并列关系。

在中国宗教美术考古数十年的发展中，考古评论的关注度指向哪里？为此我们设立了考古、宗教、美术和其他四个内容指标，以这些指标来建立关注点，对 70 年研究成果做一个完整梳理，明确学术界对考古报告中的关注倾向，在此基础上建立考古评论的关注度体系，获得关注度走向上的总体认识。

## 第一节　墓室壁画的考古评论

中国宗教美术考古的学科结构中,墓室壁画的考古评论有一个独特之处，即所有评论都是在考古报告发表之后产生的，考古报告的发表时间便为考古评论产生的起点。中国宗教美术考古报告主要有墓室壁画、佛教美术考古和道教美术考古等三个类型，对应的考古评论也因此而有了不同的类型，从遗存的存在状态看可以分为封闭性和开放性两大类。墓室壁画的存在状态是封闭性，绝大多数遗存在发掘前都是封闭性的存在状态，因此考古评论基本没有回溯性的考虑。佛教美术和道教美术的遗存状态有所不同，很多遗存是开放性的存在状态，因此考古评论有时需要做回溯性的考虑。概言之，考古评论中，墓室壁画的关注度基本上在考古报告发表后形成，考古评论基本上没有回溯性的考虑；佛教美术和道教美术的关注度可能在考古报告发表前就已经形成，考古评论常常有回溯性的考虑。

## 一、考古评论的内容分布分析

我们根据 70 年的考古评论数据，以考古、宗教、美术和其他为指标梳理所有考古评论，全面梳理后得到墓室壁画考古评论的内容分布总表。这份总表覆盖这一时期的所有考古评论，可以说明这一时期的学术关注点。在一篇论文中可能涉及几个内容，随之可能产生多个学术关注点，因此墓室壁画的内容分布可能存在重叠的现象。这是一种合理的现象，在分布总表中也给予统计，其数据被纳入梳理对象。具体分布如表 5-1 所示。

表 5-1　墓室壁画考古评论的内容分布总表

| 分布内容 | 年份 | 东部地区 | 中部地区 | 西部地区 | 西南地区 | 合计 |
|---|---|---|---|---|---|---|
| 考古内容 | 1949—1965 年 | 56 | 36 | 2 | 1 | 95 |
| | 1966—1976 年 | 20 | 10 | 11 | 3 | 44 |
| | 1977—1999 年 | 89 | 96 | 22 | 34 | 241 |
| | 2000—2009 年 | 14 | 46 | 12 | 28 | 100 |
| | 2010—2019 年 | 22 | 37 | 3 | 13 | 75 |
| | 合计 | 201 | 225 | 50 | 79 | 555 |
| 宗教内容 | 1949—1965 年 | 25 | 3 | 1 | 0 | 29 |
| | 1966—1976 年 | 7 | 0 | 1 | 0 | 8 |
| | 1977—1999 年 | 12 | 68 | 21 | 14 | 115 |
| | 2000—2009 年 | 10 | 12 | 5 | 24 | 51 |
| | 2010—2019 年 | 19 | 10 | 0 | 7 | 36 |
| | 合计 | 73 | 93 | 28 | 45 | 239 |
| 美术内容 | 1949—1965 年 | 79 | 42 | 4 | 4 | 129 |
| | 1966—1976 年 | 13 | 31 | 74 | 3 | 121 |
| | 1977—1999 年 | 163 | 133 | 170 | 74 | 540 |
| | 2000—2009 年 | 36 | 91 | 37 | 78 | 242 |
| | 2010—2019 年 | 84 | 68 | 5 | 14 | 171 |
| | 合计 | 375 | 365 | 290 | 173 | 1203 |

续表

| 分布内容 | 年份 | 东部地区 | 中部地区 | 西部地区 | 西南地区 | 合计 |
|---|---|---|---|---|---|---|
| 其他内容 | 1949—1965 年 | 35 | 17 | 1 | 2 | 55 |
| | 1966—1976 年 | 18 | 10 | 11 | 1 | 40 |
| | 1977—1999 年 | 22 | 83 | 31 | 32 | 168 |
| | 2000—2009 年 | 3 | 33 | 4 | 37 | 77 |
| | 2010—2019 年 | 83 | 23 | 0 | 7 | 113 |
| 合计 | | 161 | 166 | 47 | 79 | 453 |

从表 5-1 统计的数据看，一些重要的关注度信息已经呈现，提供了后续研究的基础。由此，做如下初步分析。

1. 数量维度分析

数量维度呈现的关注度排序是美术内容、考古内容、其他内容和宗教内容，从这个数据排序看，美术内容有着最高的关注度。由此做如下梳理：其一，美术内容指标的关注数量逾千，从数量看是关注度最高的类型，说明美术内容在墓室壁画考古中具有重要的地位。其二，考古内容指标的关注数量居于第二位，不过数据还不及美术内容的一半，这是一个比较特别的现象，这个现象说明相关学者对考古报告提供的基础材料已经有比较好的把握，或对遗存的初始描写非常肯定而且特别关注，后续关注度减少，当然也体现了考古学科在遗存发掘时有着比较具体的专业要求，提供的初始材料信度高。其三，其他内容指标的关注数量居于第三位，并且有一个递增的走向，这是一个需要关注的现象，说明宗教、美术、考古之外的内容有越来越被关注的趋势。其四，宗教内容指标的关注数量居于第四位，这也是一个可以合理解释的现象，一方面，这个现象可以说明宗教内容的研究存在需要更多关注的要求；另一方面，也可以说明中国宗教世俗性特征在发挥着影响，就墓室壁画的图像而言，有一些宗教内容因为世俗性而进入其他内容之中，宗教特征被混淆了，关注度也对应减少。

2. 时间维度分析

时间维度体现的关注度依次是第三阶段、第四阶段、第一阶段和第二阶段，由此做如下梳理：其一，美术内容和考古内容的指标上，第三阶段数量最多，说明这一阶段对学科发展有着特别的贡献。同时应当注意到，第四阶段的后十年文章数量减少，说明学者对美术内容和考古内容的关注热情降低，这个现象可能暗示着学者已经有了更加开阔的视野。其二，宗教内容也是第三阶段的关注度超过第四阶段，说明之前的积淀和宽松的学术环境正在发挥影响，宗教内容获得了很好的关注度基础。其三，其他内容的第四阶段关注度超过第三阶段，这一现象说明学者的视野越来越开阔，许多新的内容已经获得关注，假以时日会有更多收获。

### 3. 地域维度分析

地域维度呈现的关注度变化依次是中部地区、东部地区、西南地区、西部地区，这是整体的走势，各类型关注度还有一些具体的变化。总体看，东部地区与中部地区不仅遗存丰富，而且研究力量雄厚，即使在考古评论整体成果不足的第一阶段，也有比较多的研究成果出现。西部地区与西南地区遗存丰富，但因历史、经济等方面的原因，研究活动受到影响，第一阶段各类内容都是个位数的成果。不过，第三阶段和第四阶段发展很快，逾百的成果开始出现。此外，因为墓室壁画的形制等特殊因素，西部地区和西南地区的研究成果始终受到重视，表现出独特的研究价值。

## 二、考古评论数量的关注度走向分析

考古报告给宗教美术考古研究提供了研究对象和材料，由此产生了许多考古评论成果。从学科基础层面看，考古评论围绕考古报告展开，考古评论的数量成为判断考古报告价值的一个重要指标。同时，在认识学科发展成绩时，研究成果的不足也需要关注，考古评论的数量为我们提供了一个全面认识的维度。从知网等专业网站收集的研究成果看，有一个与丰富考古报告不对称的现象出现，这就是 70 年来考古评论数量普遍不多，甚至出现了大量的考古报告没有任何评论成果的现象。这个现象的出现比较意外，显然也在提醒学术界予以关注，这也是考古评论关注度体系的价值所在。

根据墓室壁画的考古评论数量，我们设计了墓室壁画考古评论的关注度等级表（表 5-2），以关注度等级来说明和提醒一些考古评论不足的问题。关注度等级分为三个级别：0—1 篇，为低关注度；2—10 篇，为中关注度；11篇及以上为高关注度。

表 5-2　墓室壁画考古评论的关注度等级表

| 地区 | 考古报告总数/篇 | 低关注度/篇 | 占比/% | 中关注度/篇 | 占比/% | 高关注度/篇 | 占比/% |
|---|---|---|---|---|---|---|---|
| 东部地区 | 219 | 155 | 70.8 | 42 | 19.2 | 18 | 8.2 |
| 中部地区 | 477 | 372 | 78.0 | 94 | 19.7 | 11 | 2.3 |
| 西部地区 | 188 | 131 | 69.7 | 48 | 25.5 | 9 | 4.8 |
| 西南地区 | 186 | 147 | 79.0 | 36 | 19.4 | 4 | 2.6 |

通过表 5-2，我们有如下初步认识。

其一，考古评论的关注度与遗存规模和内容成正比。一般而言，高等级壁画墓的内容丰富，保存上也有相对好的条件，考古评论的数量就比较多，关注度也高。例如，围绕武梁祠的考古评论有 197 篇之多，关注度特别高（图 5-1）。低等级壁画墓的规模小，即使保存比较好，考古评论也不多，这

图 5-1　武梁祠西壁画像　山东嘉祥　东汉

资料来源：朱锡禄：《武氏祠汉画像石》，山东美术出版社，1986，第 13 页。

些壁画墓遗存的考古评论大多数处于低关注度区域，如《山东东阿县邓庙汉画像石墓》，该墓的图像有一定特色，但针对性的考古评论几乎没有。

其二，考古评论的关注度与地区的外部条件影响有明显的相关性。总体看，墓室壁画的考古评论数量普遍不多，四个地区中低关注度的考古评论数量占比都在一半以上。高关注度的考古评论数量中，东部地区情况相对好一些，占比最高，为 8.2%，而该地区的遗存数量和规模等遗存条件并没有比其他三个地区特别突出的地方，关注度偏高的原因显然来自东部地区的外部条件。

其三，中、低关注度比例大说明考古评论的空间非常大。中、低关注度比例大，特别是缺少关注度的比例非常大，使得丰富的考古活动遇到了尴尬的局面，但是问题总有两面性，可以具体分析。一方面，四个地区中，中关注度考古评论数量占比在 20%左右，其中西部地区接近 26%，这样的比例说明墓室壁画的考古报告已经准备好了获得更高关注的基础；另一方面，低关注度考古评论数量大，这是巨大的不足，也是巨大的空间，对这些考古报告只要研究细致些，投入热情多一些，关注度是可以提高的，这是一个可以看得见收获的处女地。此外，高等级墓的关注度也有提高的可能，如《北齐高润墓壁画简介》，以及《考古》1979 年第 3 期同时发布的《河北磁县北齐高润墓》，该文为考古报告写作范式，但壁画介绍不及《北齐高润墓壁画简介》详细，这是一个体现北朝墓室壁画最高水准的遗存，目前只有 22 篇考古评论。再如《河北磁县湾漳北朝墓》，这可能是一个帝陵级的壁画墓，但目前只有 16 篇考古评论。对于这些闻名遐迩的壁画墓，显然都应当具有更高的关注度，关注度不足会影响到遗存价值的判断。质言之，考古评论的关注度分布说明，目前中、低关注度比例大，应当引起学者关注(图 5-1)。

## 第二节　佛教美术的考古评论

佛教美术考古是中国宗教美术考古学科中的大宗类型，遗存的考古报告数量居于第二位，不过考古评论的数量居于第一位，而且从目前的研究成果看，佛教美术考古的考古评论的数量超过其他类型。从关注度的维度出发，梳理已有成果，分析考古评论的内容分布，可以获得非常好的学术启迪。

## 一、考古评论的内容分布分析

根据 70 年的考古评论数据,我们制作了佛教美术考古评论的内容分布总表(表 5-3),这份总表覆盖这一时期的所有考古评论。

表 5-3 佛教美术考古评论的内容分布总表

| 分布内容 | 年份 | 东部地区 | 中部地区 | 西部地区 | 西南地区 | 藏传佛教 | 合计 |
|---|---|---|---|---|---|---|---|
| 考古内容 | 1949—1965 年 | 46 | 68 | 203 | 0 | 0 | 317 |
| | 1966—1976 年 | 1 | 12 | 0 | 0 | 0 | 13 |
| | 1977—1999 年 | 94 | 120 | 61 | 32 | 4 | 311 |
| | 2000—2009 年 | 23 | 114 | 454 | 11 | 6 | 608 |
| | 2010—2019 年 | 7 | 229 | 12 | 1 | 6 | 255 |
| | 合计 | 171 | 543 | 730 | 44 | 16 | 1504 |
| 宗教内容 | 1949—1965 年 | 24 | 14 | 106 | 0 | 0 | 144 |
| | 1966—1976 年 | 0 | 1 | 0 | 0 | 0 | 1 |
| | 1977—1999 年 | 63 | 62 | 13 | 114 | 2 | 254 |
| | 2000—2009 年 | 9 | 14 | 22 | 13 | 1 | 59 |
| | 2010—2019 年 | 3 | 282 | 5 | 2 | 4 | 296 |
| | 合计 | 99 | 373 | 146 | 129 | 7 | 754 |
| 美术内容 | 1949—1965 年 | 60 | 34 | 213 | 0 | 1 | 308 |
| | 1966—1976 年 | 1 | 1 | 0 | 0 | 0 | 2 |
| | 1977—1999 年 | 137 | 107 | 38 | 76 | 19 | 377 |
| | 2000—2009 年 | 27 | 45 | 250 | 12 | 22 | 356 |
| | 2010—2019 年 | 6 | 35 | 8 | 0 | 79 | 128 |
| | 合计 | 231 | 222 | 509 | 88 | 121 | 1171 |
| 其他内容 | 1949—1965 年 | 27 | 38 | 315 | 0 | 0 | 380 |
| | 1966—1976 年 | 0 | 11 | 0 | 0 | 1 | 12 |
| | 1977—1999 年 | 58 | 76 | 89 | 56 | 17 | 296 |
| | 2000—2009 年 | 10 | 233 | 599 | 11 | 16 | 869 |
| | 2010—2019 年 | 6 | 26 | 7 | 4 | 21 | 64 |
| | 合计 | 101 | 384 | 1010 | 71 | 55 | 1621 |

通过表 5-3，我们有以下分析。

## 1. 数量维度分析

在数量维度指标下，关注度的高低排序依次是其他内容、考古内容、美术内容、宗教内容。佛教美术考古评论的数量巨大，这个现象可以非常直观地说明佛教美术考古受到的重视。具体分析有以下几点认识：其一，其他指标居于第一位，这是一个比较特别的现象。佛教是外来宗教，在本土化过程中加入了许多综合性的内容，既有与本土原有宗教的互相融合，又有在世俗社会寻找支持的努力，因此其他指标显得非常突出。当然，其他类考古评论数量巨大主要反映的还是当代学者对本土化现象的极大关注。其二，考古指标居于第二位，这一现象也与佛教早期传播相关。早期佛教传播中，石窟、造像碑等载体的比例很大，当代学者对这些载体的认识又常常通过考古方式来获得，因此考古内容受到关注。石窟是外来的宗教传播载体，在佛教东渐过程中，不仅保持了这一特殊载体，同时对其他宗教美术产生了影响，这是一个非常重要的本土化现象。其三，美术指标居于第三位，佛教在传播中非常强调美术形式的重要性，因此而有"像教"之称，美术指标受到关注顺理成章。在中国宗教美术的所有类型中，佛教美术有着最丰富的研究成果，影响也很大。其四，宗教指标虽然居于第四位，但 700 多篇的数量已经可以说明学术界的关注，这个现象也可以体现出佛教美术考古对整个宗教美术考古的贡献。

## 2. 时间维度分析

在时间维度指标下，佛教美术考古几个阶段的关注度排序并不一致，这一现象从发展史层面说明了佛教美术考古的丰富性，同时给学术界的相关研究带来了指向上的启发。其一，考古指标下，关注度的高低排序是第四阶段、第一阶段、第三阶段和第二阶段。第一阶段居于第二位，只少于繁荣发展的第四阶段，这一现象显示出第一阶段打下的坚实基础，也说明考古成果对于学科发展的重要性。同时，第四阶段的第一个十年考古评论有 600 多篇，这是一个非常突出的现象，非常直观地说明了该阶段考古成果的丰硕，应当有外部因素的影响，如抢救性发掘、经济迅速发展等带来的成果，这是一个值得深入研究的课题。其二，宗教和美术指标下，关注度高低排序是第四阶段、第三阶段、第一阶段和第二阶段，这是一个具有共性的排序，说明宗教内容和美术内容对学科贡献的稳定性。其三，其他指标下，关注度高低排序是第四阶段、第一阶段、第三阶段和第二阶段，因为其他内容的考古评论数量在四个指标内容中居于第一位，所以其他内容在第四阶段和第一阶段的突出表现为学科发展打下了基础。我们注意到，考古指标与其他指标的排序一致，这一现象也可以提供重要启示：如果说第一阶段的发展中，考古内容的贡献侧重材料，那么其他内容的贡献则侧重理论和方法方面的支持，该阶段的理论和方法都是需要其他学科支持的，这也说明我们将宗教美术考古发展的第一阶段定义为"依附期"是合理和科学的。

3. 地域维度分析

在地域维度指标下，佛教美术的关注度依次是西部地区、中部地区、东部地区、西南地区、藏传佛教，这个排序与各地区的遗存数量密切相关，也可以表现出佛教传播带来的影响。其一，西部地区与中部地区考古评论数量最多，与这两个地区遗存数量巨大直接相关，同时又与佛教传播路径有明显相关性，这里曾经是陆路佛教传播的主要地区，也是早期佛教的兴盛之地。佛教东渐之所以获得大发展，就在于进行本土化。本土化除了佛教的自身能力外，还有本土文化的包容和支持，西部地区和中部地区数量大，说明了本土文化的态度。其二，东部地区与西南地区目前居于第三位和第四位，随着"海上丝绸之路"和南传佛教研究的深入开展，考古成果必然增加，这两个地区具有极大的拓展空间。其三，藏传佛教居于第五位，研究成果主要分布于第三阶段、第四阶段和第五阶段，说明了该阶段学术大环境的支持和推动。此外，藏传佛教的许多遗存在青藏高原和云贵高原，考察条件的限制也是考古活动早期开展不够的原因。

## 二、考古评论数量的关注度走向分析

一篇考古报告可以带来什么样的关注度？佛教美术考古的考古评论数量最多，相关研究具有说服力，我们根据已有数据制作佛教美术考古评论比例分布表(表5-4)。关注度等级仍然分为三个级别：0—1 篇，为低关注度；2—10

篇，为中关注度；11 篇及以上为高关注度。

表 5-4　佛教美术考古评论的关注度等级表

| 地区 | 考古报告总数/篇 | 低关注度/篇 | 占比/% | 中关注度/篇 | 占比/% | 高关注度/篇 | 占比/% |
|------|------|------|------|------|------|------|------|
| 东部地区 | 179 | 129 | 72.1 | 39 | 21.8 | 11 | 6.1 |
| 中部地区 | 137 | 88 | 64.2 | 35 | 25.5 | 14 | 10.2 |
| 西部地区 | 76 | 40 | 52.6 | 17 | 22.4 | 19 | 25.0 |
| 西南地区 | 141 | 122 | 86.5 | 15 | 10.6 | 4 | 2.8 |
| 藏传佛教 | 65 | 22 | 33.8 | 40 | 61.5 | 3 | 4.6 |

通过表 5-4，我们有如下初步认识。

其一，低关注度的比例很高。东部地区、中部地区和西南地区的低关注度比例都在 60% 以上，说明这些地区考古活动开展得很好，但考古评论没有跟上，两者发展是不同步的状态。西部地区低关注度比例基本是一半，相对而言这已经是比较好的数据了，说明考古报告的成果受到了一定的关注。藏传佛教美术考古的低关注度比例为 33.8%，在低关注度比例普遍很高的语境下，这是一个比较好的数据，说明学术界对藏传佛教的考古成果比较重视。

其二，中关注度的比例比较合理。中关注度的比例中除西南地区其余都达到 20% 以上，这个现象提供了佛教美术考古受到普遍关注的信息，也是一个颇具弹性的研究状态。藏传佛教美术考古的中关注度为 61.5%，说明这方面的考古成果基本上都得到了学术界的关注，这是一个需要引起关注的现象。西南地区中关注度只有 10.6%，显然仍处于较低程度的关注度状态，说明这一地区的大多数考古报告都没有得到认真关注和对应研究。

其三，高关注度的比例基本合理。东部地区、中部地区和西部地区居于高关注度的前三位，这一现象反映了这三个地区在佛教美术考古领域的学术实力，也反映了这一地区重大考古成果比较多的现象，如西部地区高关注度比例最高，达到 25%。当然，这一现象显然与敦煌等大型石窟群遗存的存在有着直接联系，大型石窟遗存的考古报告一般都可以获得高关注度。敦煌莫高窟（图 5-2），关于飞天的论文就体量巨大。

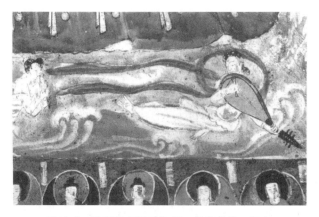

图 5-2  莫高窟 332 窟飞天  甘肃敦煌  初唐

资料来源：郑汝中、台建群：《中国飞天艺术》，安徽美术出版社，2000，第 146 页

## 第三节  道教美术的考古评论

中国传统宗教的结构是儒释道三者并立，但在宗教美术考古的材料中，道教数量远远不及儒教和佛教，这一现象与道教的传播方式相关，道教有着非常独特的世俗化色彩，影响到道教遗存的存在状态。

### 一、考古评论的内容分布分析

梳理 70 年的考古评论数据，我们制作了道教美术考古评论分布总表（表 5-5），该表覆盖这一时期的所有考古评论，可以体现出道教美术考古评论的整体面貌。

表 5-5  道教美术考古评论的内容分布表

| 分布内容 | 年份 | 东部地区 | 中部地区 | 西部地区 | 西南地区 | 合计 |
|---|---|---|---|---|---|---|
| 考古内容 | 1949—1965 年 | 16 | 83 | 0 | 0 | 99 |
| | 1966—1976 年 | 5 | 28 | 0 | 0 | 33 |
| | 1977—1999 年 | 126 | 231 | 14 | 109 | 480 |
| | 2000—2009 年 | 41 | 44 | 14 | 23 | 122 |
| | 2010—2019 年 | 9 | 7 | 1 | 31 | 48 |
| | 总计 | 197 | 393 | 29 | 163 | 782 |

续表

| 分布内容 | 年份 | 东部地区 | 中部地区 | 西部地区 | 西南地区 | 合计 |
|---|---|---|---|---|---|---|
| 宗教内容 | 1949—1965 年 | 4 | 33 | 0 | 0 | 37 |
| | 1966—1976 年 | 2 | 3 | 0 | 0 | 5 |
| | 1977—1999 年 | 65 | 104 | 17 | 74 | 260 |
| | 2000—2009 年 | 4 | 17 | 2 | 9 | 32 |
| | 2010—2019 年 | 2 | 3 | 2 | 11 | 18 |
| | 总计 | 77 | 160 | 21 | 94 | 352 |
| 美术内容 | 1949—1965 年 | 4 | 168 | 0 | 0 | 172 |
| | 1966—1976 年 | 0 | 24 | 0 | 0 | 24 |
| | 1977—1999 年 | 51 | 67 | 2 | 85 | 205 |
| | 2000—2009 年 | 20 | 24 | 11 | 13 | 68 |
| | 2010—2019 年 | 0 | 0 | 0 | 14 | 14 |
| | 总计 | 75 | 283 | 13 | 112 | 483 |
| 其他内容 | 1949—1965 年 | 11 | 84 | 0 | 0 | 95 |
| | 1966—1976 年 | 1 | 21 | 0 | 0 | 22 |
| | 1977—1999 年 | 193 | 147 | 6 | 101 | 447 |
| | 2000—2009 年 | 35 | 29 | 1 | 11 | 76 |
| | 2010—2019 年 | 2 | 8 | 5 | 4 | 19 |
| | 合计 | 242 | 289 | 12 | 116 | 659 |

通过表 5-5，我们有以下分析。

## 1. 数量维度分析

在数量维度指标下，关注度的高低排序是考古内容、其他内容、美术内容和宗教内容。在数量维度下，宗教内容排得比较后，这一排序显得比较突出。道教是世俗色彩最突出的宗教信仰，在相关的研究成果中世俗内容都占有很大比例，这是一个可以合理解释的现象。具体分析，我们有以下认识：其一，考古指标和其他指标分别居于第一位和第二位，这个现象与道教的传播方式相关。在道教传播中，石窟等宗教特有建筑形制的选择比较少，大多是选择宫观等宗教和世俗可以共用，或与之相似的建筑形制；同时，这些宫观建筑是开放的状态，频繁的修建带来了考古内容和其他内容的增加。其二，美术指标居于第三位，这个现象也与道教的世俗特征相关，在世俗特征指导下，道教美术自身的特征已经模糊，给学者提供的研究空间相对缩小，或难度增加。其三，宗教指标排在第四位，这一排序显然是与道教世俗化的特征相关。一方面，在道教的教义中，世俗化内容极大，此岸与彼岸的界限常常处于模糊状态，因此许多道教现象的讨论都要做一些专题性的非宗教内容讨论，至少要涉及非宗教内容，这样的专题讨论和非宗教评价增加了非宗教内容的关注度；另一方面，在模糊边界语境下，许多此岸的世俗内容也可以来到彼岸成为宗教内容，这些内容也可以增加非宗教内容的关注度。此外，因为世俗化的原因，一些介绍性内容在宗教与世俗的评论中不做区分，最终可能也归纳到了非宗教内容之中。

## 2. 时间维度分析

时间维度指标下，道教美术考古的关注度高低排序整体是第三阶段、第四阶段、第一阶段和第二阶段。第三阶段居于第一位，这一排序与其他类型排序有所不同。具体分析有如下认识：其一，第三阶段的考古评论不仅居于第一位，而且与其他指标的数据拉开了很大距离，这一现象与大环境有关。第三阶段起于改革开放之始，许多道教遗存都得到重视，或重修，或扩建，或发掘，与考古相关的活动明显增多，考古评论也对应增多，特别是一些规模比较大的遗存，如《龙山石窟考察报告》带来了35篇考古评论，《关于齐云山道教情况的调查》带来了34篇考古评论。其二，第四阶段居于第二位，说明在第三阶段基础上，道教美术考古在保持上升趋势方面还要做出努力。当然，这一时期的外部条件也应当注意，比如学术界主流学者的关注和支持、民间宗教受到重视等。其三，第一阶段居于第三位，其中美术内容有170余篇，这是一个非常大的数量，显示出道教美术在第一阶段已经受到很好的关注，这样的现象也说明道教研究从美术内容方面得到的帮助。宗教传播都需要借助于美术形式的帮助，道教美术在第一阶段有了这么多的考古评论数量，这个现象还是值得深入探讨的。

### 3. 地域维度分析

在地域维度指标下，关注度高低整体上依次是中部地区、东部地区、西南地区和西部地区，这个排序可以说明道教的发展与传统文化的发展存在紧密的联系。具体有如下分析：其一，中部地区考古评论数量最大，在 1000 篇以上，就道教传播而言，中部地区与其他地区不应当有这样大的差距。这个差距之所以会出现，是因为中部地区对道教美术考古的关注，以及世俗化影响的存在。中部地区是传统文化的中心地区，中央政权的影响和主流社会的关注都对道教发展有着重要的影响，道教美术考古从地域分布上给这一影响提供了重要依据。其二，东部地区和西南地区分布数量基本一致，也符合道教发展的走向，最早的道教传播就是从这两个地区开始的，之后一些重大道教现象也发生在这两个地区。其三，西部地区的数据最低，这个现象也符合历史上的道教发展走向，同时也与现在的社会投入和认可相关。

## 二、考古评论数量的关注度走向分析

道教美术考古评论的数量虽没有佛教多，但其特征还是很明显的，以高、中、低三个关注度来梳理，一些重要信息便可浮现出来，从而为道教美术考古的深入研究提供张力(表 5-6)。

表 5-6　道教美术考古评论的关注度等级表

| 地区 | 考古报告总数/篇 | 低关注度/篇 | 占比/% | 中关注度/篇 | 占比/% | 高关注度/篇 | 占比/% |
|---|---|---|---|---|---|---|---|
| 东部地区 | 64 | 17 | 26.6 | 27 | 42.2 | 20 | 31.2 |
| 中部地区 | 107 | 45 | 34.1 | 33 | 30.8 | 29 | 27.1 |
| 西部地区 | 20 | 7 | 35 | 12 | 60 | 1 | 5 |
| 西南地区 | 61 | 22 | 60 | 25 | 26.7 | 14 | 13.3 |

通过表 5-6，我们有如下初步认识。

其一，低关注度的比例明显降低。除西南地区，西部地区、中部地区和东部地区都不到40%，这是一个非常值得讨论的现象。有两个方面原因可以直接归纳：一方面，低关注度比例降低，说明大多数道教美术考古成果受到了学者的关注，考古报告发表后大多数都产生了影响；另一方面，道教遗存中的中小型遗存比较多，这个现象也会对关注度带来影响，相对于佛教遗存，道教遗存中的大型遗存数量明显较少，学者的注意力也因此可以多集中于中小型遗存的研究上。

其二，中关注度的比例富有弹性。四个地区的中关注度的比例并不一致，其中东部地区和西部地区的中关注度超过40%，表现出学者的关注，特别是西部地区在遗存数量偏低的情况下能够获得60%的中关注度，说明考古成果受到充分重视。西南地区的中关注度是四个地区中最低的，为26.7%，而这一地区又是道教发展史上的重要地区，当代道教研究的重镇也在四川，中关注度偏低现象说明了问题的存在，当然也带来了研究张力。

其三，高关注度的指标比较合理。高关注度一般是指向大型遗存，道教与佛教比较，大型遗存不多，规模也不大，这些都影响了高关注度的分布。此外，道教遗存往往与其他宗教遗存或世俗文化遗存混合存在，明显影响了高关注度的比例，特别是一些大型道教遗存更是如此，如河南济源的济渎庙，这个遗存的重心更多的是在国家宗教的内容上，道教内容的研究是一种依附性的讨论。此外，三教合一的遗存也给道教美术考古评论带来了很大影响，道教美术中的三教合一比例明显比佛教美术考古高，说明学者在讨论遗存时可能把一部分注意力放在佛教美术考古上去了，如太原龙山石窟(图 5-3)是道教最大石窟群，但关注度仍然不足。

图 5-3 龙山石窟第 1 窟东壁天尊群像 山西太原 元代

资料来源：张明远：《太原龙山道教石窟艺术研究》，山西科学技术出版社，2002，图版第三页

# 第六章
## 考古评论的学者群与地区分布

中国地域辽阔，宗教美术遗存数量巨大，丰富的考古报告在反映这个令人骄傲的现象时，也提供了一些关于学者群在地区分布方面的信息。这些消息反映了学者群与地域文化的关联性，可以说明地域辽阔带来的影响。不过，这方面的信息缺少系统性研究，许多线索都流失了，实为可惜。

考古报告发表后，考古评论随之产生，这些评论不仅可以说明有多少学者关心这些遗存，而且也可以说明这些学者在地区上是如何分布的。学者群的地区分布信息，可以非常直观地说明考古遗存从所在地得到的关注，以及以所在地之外得到的关注。学者群分布还有其他划分指标，但遗存是不可移动的文化遗产，这种不可移动性带来了地域优先视角，地区分布指标可以最直接地提供这方面的信息，并且可以使这些信息获得一个理论转化的空间。

质言之，考古遗存的不可移动性决定了遗存所在地学者群在宗教美术考古研究活动中具有的特殊影响力，学者群的地区分布信息可以直观地反映这些影响力，通过这些信息可以认识遗存所在地学者对关注度做出的贡献和不足，当然也说明了其他地区对关注度做出的贡献和不足。

我们仍然以墓室壁画考古评论、佛教美术考古评论、道教美术考古评论作为研究对象，地区指标在东部、中部、西部、西南部之外，增加了海外学者群和其他学者群两个指标。海外学者群主要指中国之外的学者，包括海外华裔学者。其他学者群主要指目前信息不全或不确定，暂时不能归属的学者。需要说明的是，我们对作者的地区归属以作者发表论文时提供的地区信息为准，之后作者因为工作调动等带来的变化不在统计范围之内，无法确定者归入"其他"。此外，作者群的数量统计以发表论文的数量为指标，并且暂时以第一作者纳入统计对象，一篇论文统计一个作者。

## 第一节 墓室壁画考古评论的学者群与地区分布

在 70 年内正式发表的墓室壁画考古报告对应的考古评论文章有 1848 篇，其中研究生学位论文有 255 篇，东部地区学者有 826 篇，中部地区学者有 427 篇，西部地区学者有 256 篇，西南地区学者有 97 篇，海外学者有 35 篇，其他学者有 210 篇（表 6-1）。

表 6-1 墓室壁画考古评论的学者群与地区分布表　　　　单位：篇

| 地区 | 年份 | 考古报告数量 | 考古评论数量（硕博论文数） | 东部地区学者数量 | 中部地区学者数量 | 西部地区学者数量 | 西南地区学者数量 | 海外学者数量 | 其他学者数量 |
|---|---|---|---|---|---|---|---|---|---|
| 东部地区 | 1949—1965 年 | 29 | 153(12) | 131 | 20 | 1 | 5 | 4 | 4 |
| | 1966—1976 年 | 6 | 24 | 20 | 1 | 0 | 1 | 1 | 1 |
| | 1977—1999 年 | 95 | 238(34) | 214 | 27 | 2 | 4 | 11 | 14 |
| | 2000—2009 年 | 45 | 54(4) | 50 | 4 | 3 | 0 | 1 | 0 |
| | 2010—2019 年 | 44 | 186(13) | 119 | 27 | 3 | 2 | 9 | 39 |
| 中部地区 | 1949—1965 年 | 43 | 95(14) | 31 | 19 | 20 | 0 | 1 | 24 |
| | 1966—1976 年 | 12 | 34(1) | 4 | 6 | 14 | 1 | 1 | 8 |
| | 1977—1999 年 | 199 | 263(39) | 70 | 135 | 20 | 3 | 1 | 34 |
| | 2000—2009 年 | 88 | 213(20) | 53 | 89 | 34 | 2 | 2 | 32 |
| | 2010—2019 年 | 135 | 183(27) | 41 | 73 | 37 | 4 | 0 | 28 |
| 西部地区 | 1949—1965 年 | 8 | 8(2) | 3 | 0 | 4 | 0 | 1 | 0 |
| | 1966—1976 年 | 6 | 63(16) | 19 | 3 | 26 | 0 | 0 | 2 |
| | 1977—1999 年 | 78 | 140(32) | 34 | 10 | 68 | 1 | 0 | 9 |
| | 2000—2009 年 | 48 | 33(7) | 10 | 0 | 17 | 4 | 0 | 0 |
| | 2010—2019 年 | 48 | 5(3) | 1 | 0 | 4 | 0 | 0 | 0 |
| 西南地区 | 1949—1965 年 | 23 | 5(2) | 2 | 1 | 0 | 0 | 0 | 2 |
| | 1966—1976 年 | 3 | 4(3) | 3 | 0 | 0 | 1 | 0 | 0 |
| | 1977—1999 年 | 63 | 63(9) | 9 | 6 | 0 | 29 | 1 | 8 |
| | 2000—2009 年 | 54 | 63(11) | 10 | 4 | 2 | 26 | 2 | 4 |
| | 2010—2019 年 | 43 | 21(6) | 2 | 2 | 1 | 14 | 0 | 1 |
| 总计 | | 1070 | 1848(255) | 826 | 427 | 256 | 97 | 35 | 210 |

在已收集的考古报告中，墓室壁画是数量最多的一个类型。通过表6-1，我们可以梳理出一些需要关注的信息。

其一，本地学者提供了最大关注度。从统计数据看，所有地区的学者都为本地区的考古遗存提供了最多的考古评论，这是一个正态分布，说明对考古遗存的专业认识或价值判断首先需要本地学者的努力，这些努力也常常确定了今后研究的基本走向，特别是一些中小型遗存，因为零关注度的比例很大，所以一些本地学者的研究也成为珍贵的研究成果，甚至是唯一的研究成果。此外，考古遗存的研究常常涉及当代田野调查，有一些活态的文化传承对遗存研究有着特别的贡献，而这些田野调查是本地学者最为熟悉的领域，因此本地学者做出的努力对考古遗存的研究有着特别的意义。当然，本地学者并不局限于遗存所在的具体地点，而是指大区域概念，所谓东部地区、中部地区、西部地区和西南地区是大区域的概念。大区域的划分考虑到当代行政区划的内容，也考虑到历史文化沿革的内容，大区域的概念可以体现出一定的文脉走向和当代影响。从传统文化影响的层面看，中国地大物博，历史悠久，大区域概念可以体现出地域辽阔的地理特点，也可以体现出文脉沿革的历史特点。

其二，东部地区学者关注度突出。本地学者之外，关注考古遗存的学者数量最多的是来自东部地区的学者，这也是一个正态分布。其实从遗存数量和特色的分布看，中部、西部和西南地区都有着非常丰富和特色鲜明的墓室壁画遗存，为当代学者提供了巨大的研究空间，应当有着很强的吸引力，但这些地区的学者对本地区之外考古遗存并不是很关心，处于一个低关注度状态，他们的学术努力常常局限于本地区范围之内。不过，东部地区不是这样，东部地区学者可以在东部地区之外提供400多篇考古评论，这个数据甚至超过了其他地区的本地区学者所提供的考古评论数量。东部地区学者在关心本地区遗存之外，对其他地区的遗存同样给予了关注，通过自己的努力提供很好的关注度，说明这些学者的学术敏感性较高，同时说明东部地区有着非常好的学术环境。东部地区经济发达，高校和相关研究机构数量庞大，研究条件显然优于其他地区。

其三，中部、西部、西南地区的研究生学位论文在关注度上有着特别贡献。从统计数据看，这三个地区的研究生学位论文在考古评论中所占比例较高，这一现象直接说明研究生群体做出的贡献，也间接说明在研究条件比较弱的地区，研究生教育可以为宗教美术考古做出一些特别的贡献。就研究文体而言，研究生学位论文一般体量比较大，而且对一些基本内容有着格式化上的要求，使得信息收集和文本描述上呈现出一定的完整性，保证了这些论文的基本质量与价值。同时，本地研究生对地域文化有着近距离的全面深入条件，所以这些论文在资料收集上不仅有着很好的条件，而且也可以在全面性、独特性等方面做出一些特别的贡献。这样的情况，中西部地区比较突出（图6-1）。

图6-1　车马出行图 河南荥阳王村乡苌村汉墓　东汉

资料来源：徐光冀：《中国出土壁画全集》，第133页

## 第二节　佛教美术考古评论的学者群与地区分布

在70年内正式发表的佛教美术考古报告对应的考古评论文章有3176篇，其中研究生学位论文有 542 篇，东部地区学者有 1129 篇，中部地区学者有883 篇，西部地区学者有1243篇，西南地区学者有379篇，海外学者有105篇，其他学者有934篇，具体情况如表6-2所示。

表 6-2　佛教美术考古评论的学者群与地区分布表　　　　单位：篇

| 地区 | 年份 | 考古报告数量 | 考古评论数量（硕博论文数） | 东部地区学者数量 | 中部地区学者数量 | 西部地区学者数量 | 西南地区学者数量 | 海外学者数量 | 其他学者数量 |
|---|---|---|---|---|---|---|---|---|---|
| 东部地区 | 1949—1965 年 | 20 | 109(15) | 104 | 1 | 2 | 1 | 1 | 7 |
| | 1966—1976 年 | 3 | 5 | 8 | 0 | 0 | 0 | 0 | 1 |
| | 1977—1999 年 | 94 | 248(33) | 224 | 9 | 8 | 7 | 12 | 13 |
| | 2000—2009 年 | 34 | 35(2) | 32 | 0 | 1 | 0 | 1 | 4 |
| | 2010—2019 年 | 28 | 12(2) | 14 | 0 | 0 | 0 | 0 | 1 |
| 中部地区 | 1949—1965 年 | 15 | 134(9) | 22 | 100 | 0 | 1 | 0 | 26 |
| | 1966—1976 年 | 1 | 18(1) | 7 | 9 | 0 | 0 | 0 | 1 |
| | 1977—1999 年 | 58 | 291(28) | 60 | 149 | 8 | 6 | 7 | 57 |
| | 2000—2009 年 | 33 | 398(29) | 75 | 243 | 15 | 13 | 11 | 46 |
| | 2010—2019 年 | 30 | 592(59) | 211 | 299 | 19 | 20 | 18 | 10 |
| 西部地区 | 1949—1965 年 | 15 | 828(106) | 90 | 9 | 345 | 16 | 18 | 302 |
| | 1966—1976 年 | 1 | 0 | 0 | 0 | 0 | 0 | 0 | 0 |
| | 1977—1999 年 | 19 | 204(15) | 21 | 2 | 95 | 6 | 2 | 67 |
| | 2000—2009 年 | 14 | 132(167) | 229 | 32 | 686 | 32 | 26 | 379 |
| | 2010—2019 年 | 27 | 30(5) | 3 | 1 | 19 | 0 | 1 | 2 |
| 西南地区 | 1949—1965 年 | 4 | 7 | 0 | 0 | 0 | 7 | 0 | 0 |
| | 1966—1976 年 | 0 | 0 | 0 | 0 | 0 | 0 | 0 | 0 |
| | 1977—1999 年 | 67 | 132(1) | 11 | 10 | 5 | 102 | 4 | 0 |
| | 2000—2009 年 | 45 | 74(5) | 3 | 1 | 2 | 68 | 0 | 0 |
| | 2010—2019 年 | 25 | 133(38) | 13 | 13 | 13 | 94 | 0 | 0 |
| 藏传佛教美术考古相关地区 | 1949—1965 年 | 1 | 1 | 0 | 0 | 1 | 0 | 0 | 0 |
| | 1966—1976 年 | 0 | 0 | 0 | 0 | 0 | 0 | 0 | 0 |
| | 1977—1999 年 | 9 | 47(2) | 0 | 3 | 8 | 0 | 1 | 4 |
| | 2000—2009 年 | 18 | 63(5) | 2 | 2 | 7 | 2 | 1 | 2 |
| | 2010—2019 年 | 37 | 83(20) | 0 | 0 | 9 | 4 | 2 | 12 |
| 总计 | | 598 | 3176(542) | 1129 | 883 | 1243 | 379 | 105 | 934 |

　　佛教是外来宗教，在融入本土文化后产生了越来越大的影响，这一点可以在考古评论的学者群分布上得到体现。通过表 6-2 我们可以梳理出许多需要关注的信息。

　　其一，佛教美术考古评论数量大。从基本数据看，佛教美术遗存的数量没有墓室壁画遗存数量多，但是考古评论却多出了 2 倍左右，研究生学位论文也高出 1 倍多，这是一个非常突出的现象，也是一个不可忽视的信息，这个信息说明宗教美术界对佛教美术考古的关注热情超过了墓室壁画考古，参与者也是佛教美术考古评论远远多于墓室壁画考古评论。参与者多，考古评论数量多，这样的研究状态当然也带来了研究水平提高的可能。

其二，早期佛教美术考古有着特别的贡献。考古评论的数量多了，理论水准自然也有了相应的提高，特别是在宗教美术考古发展的早期阶段，佛教美术考古已经达到了很高的水准，这个现象可以说明学术界的重视，当然也说明佛教美术在学科发展的早期阶段具有了提供支持的能力，这是一个非常重要的现象。从学者群的地区分布看，大中型石窟遗存所在地都提供了非常好的研究成果，不论在数量上还是在理论高度上，都高于其他地区。此外，在宗教美术考古早期，佛教美术考古方面不仅成果多，而且名家多，这些名家带来了高理论水准的成果，许多重要的理论观点就产生于这一时期。早期佛教美术考古达到的高度，促进了佛教美术考古研究的发展，也促进了中国宗教美术考古整体研究的发展。

其三，西部地区佛教美术考古需要重视。佛教美术考古评论的成果中，1/3 来自西部地区，特别是其中的第一阶段，西部学者就提供了 345 篇考古评论，远远高于其他地区。这样的成果，显然是与考古遗存的发掘成果密切相关，西部地区在敦煌石窟、麦积山石窟这样的大型石窟之外，还有很多中小型石窟，这些得天独厚的条件促进了西部佛教美术考古发展，同时推动了整体宗教美术考古学科的发展。例如，第一阶段中，东部地区学者有 104 篇关注东部本地的评论文章，也有 90 篇关于西部地区的评论文章，关注本地区的热情与关注西部地区的热情基本接近，凸显了西部地区佛教美术遗存的影响力，吸引了其他地区学者来关注西部地区的宗教美术考古成果。此外，西部地区佛教美术考古评论数量多也直观地说明了这样一个现象：在佛教美术遗存数量多的前提下，遗存的存在状态也比较好，为学者研究提供了富有弹性的研究空间。

其四，海外学者的研究成果需要关注。海外学者的考古评论中，对佛教美术的考古评论是数量最大的一种类型，有 100 多篇，横向比较看，墓室壁画的考古评论是 30 多篇，道教美术的考古评论是 10 多篇，这两类的考古评论在数量上都远远低于佛教美术的考古评论数量。这个现象说明,海外学者对佛教美术考古的热情高,也说明佛教美术遗存在海外有着更大的影响,吸引了海外学者的兴趣。当然,海外学者与国内学者的一致性也是一个重要现象,说明这方面的共识比较多,学术成果的交流也比较充分,如飞天图像就得到海内外学者的一致关注(图6-2)。

图 6-2 飞天图 江苏丹阳吴家村墓 南朝

资料来源:韦正:《试谈南朝墓葬中的佛教因素》,《东南文化》2010 年第 3 期,第 91—100 页

(作者拍摄于佛利尔美术馆)

## 第三节 道教美术考古评论的学者群与地区分布

在 70 年内正式发表的道教美术考古报告对应的考古评论文章有1689篇,其中研究生学位论文有 334 篇,东部地区学者有 746 篇,中部地区学者有 612 篇,西部地区学者有 69 篇,西南地区学者有 364 篇,海外学者有 15 篇,其他学者有 439 篇,具体情况如表 6-3 所示。

表 6-3 道教美术考古评论的学者群与地区分布表　　单位:篇

| 地区 | 年份 | 考古报告数量 | 考古评论数量(硕博论文数) | 东部地区学者数量 | 中部地区学者数量 | 西部地区学者数量 | 西南地区学者数量 | 海外学者数量 | 其他学者数量 |
|---|---|---|---|---|---|---|---|---|---|
| 东部地区 | 1949—1965 年 | 3 | 35(2) | 29 | 0 | 1 | 1 | 1 | 8 |
| | 1966—1976 年 | 1 | 6(0) | 4 | 1 | 0 | 0 | 0 | 1 |
| | 1977—1999 年 | 33 | 439(48) | 305 | 10 | 2 | 7 | 1 | 108 |
| | 2000—2009 年 | 16 | 96(11) | 65 | 6 | 0 | 0 | 1 | 19 |
| | 2010—2019 年 | 11 | 18(2) | 18 | 3 | 0 | 0 | 0 | 1 |

续表

| 地区 | 年份 | 考古报告数量 | 考古评论数量（硕博论文数） | 东部地区学者数量 | 中部地区学者数量 | 西部地区学者数量 | 西南地区学者数量 | 海外学者数量 | 其他学者数量 |
|---|---|---|---|---|---|---|---|---|---|
| 中部地区 | 1949—1965 年 | 10 | 344(82) | 139 | 132 | 5 | 18 | 4 | 45 |
| | 1966—1976 年 | 0 | 0 | 0 | 0 | 0 | 0 | 0 | 0 |
| | 1977—1999 年 | 48 | 60(103) | 104 | 328 | 16 | 23 | 3 | 126 |
| | 2000—2009 年 | 29 | 135(20) | 25 | 77 | 3 | 5 | 0 | 22 |
| | 2010—2019 年 | 20 | 60(6) | 4 | 46 | 0 | 0 | 0 | 20 |
| 西部地区 | 1949—1965 年 | 0 | 0 | 0 | 0 | 0 | 0 | 0 | 0 |
| | 1966—1976 年 | 0 | 0 | 0 | 0 | 0 | 0 | 0 | 0 |
| | 1977—1999 年 | 11 | 38(4) | 8 | 1 | 17 | 0 | 0 | 14 |
| | 2000—2009 年 | 5 | 21(6) | 1 | 1 | 16 | 0 | 0 | 2 |
| | 2010—2019 年 | 4 | 8(1) | 0 | 2 | 4 | 0 | 0 | 2 |
| 西南地区 | 1949—1965 年 | 0 | 0 | 0 | 0 | 0 | 0 | 0 | 0 |
| | 1966—1976 年 | 0 | 0 | 0 | 0 | 0 | 0 | 0 | 0 |
| | 1977—1999 年 | 35 | 333(38) | 35 | 5 | 5 | 239 | 3 | 55 |
| | 2000—2009 年 | 11 | 43(5) | 5 | 0 | 0 | 25 | 1 | 12 |
| | 2010—2019 年 | 15 | 53(6) | 4 | 0 | 0 | 46 | 1 | 4 |
| 总计 | | 243 | 1689(334) | 746 | 612 | 69 | 364 | 15 | 439 |

　　道教是中国本土大教，道教美术考古有着非常重要的地位。通过表 6-3 可以梳理出一些需要关注的信息。

　　其一，道教美术考古评论数量很大。道教美术考古报告是 200 多篇，考古评论数量逾 2000 篇，平均看就是一个遗存便可获得 10 篇考古评论。从横向比较看，在墓室壁画、佛教美术和道教美术三大类型中，道教美术考古报告最少，但是考古评论的比例是最高的，这是一个重要的信息。一方面，因为遗存数量比较少，学术界的注意力容易集中，关注度提高属于正常现象；另一方面，道教是世俗色彩浓郁的宗教，神灵体系庞大，传播内容庞杂，遗存在认识上有了多维度的考量，如民俗、民间传说等，这样的研究范式必然会增加考古评论的数量。因此，在梳理道教美术考古评论时，宗教内容与世俗内容的辨析成为一项重要工作。

　　其二，研究生学位论文数量比较大。道教美术考古评论中的研究生学位论文数量低于佛教美术考古评论，但高于墓室壁画考古评论。研究生学位论文的论述不一定成熟，有些观点还需要推敲，但在资料梳理上和特殊性资料收集上完全可以提供很好的参照，因此这类论文的成果应当受到重视。

其三，西部地区的道教美术考古评论数量最少。道教美术考古评论中，西部地区学者提供的论文数量只有69篇，远低于东部地区、中部地区和西南地区。这个现象说明西部地区的道教美术考古报告数量不多，这一地区的学者群有进一步提高的空间。从横向比较看，西部地区是佛教美术考古重镇，也是墓室壁画考古报告数量很大的地区，道教美术考古通过交流可以在学术上得到借鉴，即使遗存数量不大，也可以做出好的理论成果。从当代道教发展看，西部地区有许多活态的道教宫观场所，遗存数量少而活态数量多，这方面的学术探讨有着显而易见的学术价值，而且西部地区的整体研究发展也需要道教遗存提供更多的学术成果，如四川玄妙观内容很特别(图6-3)，但研究成果不足。

图6-3　安岳玄妙观第11号龛"老君龛"　四川安岳　唐

资料来源：胡文和：《中国道教石刻艺术史》(下册)，高等教育出版社，2004，第67页

## 第四节　学者群与地区分布的总体认识

中国宗教美术考古是一个新兴学科，就研究对象而言，考古遗存数量巨大，为学科发展提供了良好条件。如何认识这些条件的具体内容，以及考量可能的发展空间？从考古评论出发的学者群地区分布提供了一个思考的窗口，这是一个关注度分析的路径。从这一窗口出发，我们做以下总体梳理。

　　其一，类型层面的认识。中国宗教美术考古领域中，墓室壁画考古、佛教美术考古和道教美术考古是三个主要类型，与中国宗教发展史的三教合一结构有着明确的对应关系。通过数据分析，这三个类型的学者群地区分布各有特征，也做出了不同的贡献。首先，墓室壁画考古的遗存数量最大，因此考古评论有着巨大空间。墓室壁画的宗教信仰与中国传统文化的宗法制度直接相关，宗法制度是儒教的核心内容，促进和维护了中国传统宗教文化的发展。但是，学术界在儒教属性上存在争议。这个争议，可以在墓室壁画的考古成果中获得非常好的理论展开空间。目前，与宗法制度相关性最高的是墓室壁画，墓室壁画的遗存数量也是最多的，但这类宗教美术的考古评论数量并不多，是三个宗教美术考古类型中关注度最低的一类，大多数遗存的考古评论处于低关注度，甚至是零关注度状态，这是一个非常遗憾的现象。其次，佛教美术考古评论数量最多，有着很好的理论发展基础。佛教美术考古的遗存数量虽不及墓室壁画，但考古评论数量远远超过它，数量之外还表现出起步早、名家多、重要理论成果多，甚至敦煌石窟这类大型石窟考古还能独立成为显学。佛教是外来宗教，佛教美术考古能够做出巨大贡献显然要涉及佛教发展的本土化进程，佛教的本土化进程认识需要涉及中国本土宗教的接纳态度，所以中国本土宗教文化所具有的包容性也应当成为佛教美术考古评论所要关注的问题。以往学术界关注佛教本土化的努力，而对本土宗教的包容性缺少关注，这是一个需要改变的指向。如墓室壁画中，汉代就出现了佛教元素的图像，这个时间远远早于道教中出现佛教元素的时间，这就是本土宗教提供包容的标志和存在的价值，需要展开全面而深入的探讨。如此，佛教美术考古评论已经有了非常丰富的成果，也提出了继续开拓的要求。最后，道教美术考古遗存数量最少，要求学者对遗存之外的内容有着更多的关注。道教美术的世俗气息最重，道教仪式场所与世俗仪式场所常常有所重叠，这一现象影响道教遗存的体量规模。不过，遗存体量不足并没有影响学者参与的热情，学者常常在遗存本体之外也对世俗方面的内容表现出很大关注，这一点符合道教美术的总体特征，也形成了道教美术考古评论的一个研究特征。横向比较看，道教美术考古评论与墓室壁画考古评论在世俗化认识上有许多相似的地方，道教的长生与墓室壁画的重生就常有混淆的地方。世俗气息的影响非常突出，使得道教美术考古评论有着非常宽泛的内容，不仅在宗教信仰内容上显示出宽泛的指向，同时在世俗化内容上也有着非常宽泛的覆盖。

其二，地域层面的认识。我们将考古评论的学者群在地区分布上划分为东部地区、中部地区、西部地区和西南地区四个大区域，从数据呈现的信息看，这四个大区域的宗教美术考古内容有着很大的不同。首先，遗存数量上，中部地区的墓室壁画、佛教美术和道教美术的数量都是最高的，为宗教美术考古评论学者群的形成提供了非常好的基础。宗教美术考古是传统文化的内容，中部地区是中国传统文化的中心地区，遗存数量高于其他地区的现象符合中国传统文化的发展走向，当然这也凸显了中部地区的重要性。其次，考古评论数量上，墓室壁画和道教美术在学者群分布方面比较接近，中部地区和东部地区居于第一位和第二位，并且数量接近。但是，在佛教美术的学者群分布上，西部地区和西南地区的学者群数量最大，数量远远超过其他两个地区。这一现象说明两个问题：一方面，这两个地区是中国传统文化的腹地所在，本土宗教信仰的历史积淀影响了当代考古评论的学者群分布；另一方面，佛教在中国的传播路线发挥影响，西部地区与西南地区是佛教早期传播中的北传佛教和南传佛教的主要地区，学者关注体现出佛教传播的走向。不过，随着"海上丝绸之路"等项目的发掘成果日益丰富，东部地区的佛教考古评论的数量也可以预见将会显著增多。最后，跨区域的学者群分布上，东部地区的学者明显超过其他地区，这是一个值得关注的现象。东部地区学者在关注本地区遗存之外，也对其他地区遗存表现出了热情，产生了许多跨区域的研究成果，这是一个非常重要的跨区域信息。跨区域学者与成果的出现，不仅带来了更高的学术关注度，同时带来了更加多元的研究内容，如在比较维度上的深入、客观评价上的展开、前沿理论和方法上的运用等方面。东部地区在体现跨地区优势的同时，其他地区的不足也应当明确，不足的原因可以从数据中找到一些线索，从而找出一些改进的方法，获得一些必要的平衡。

其三，阶段层面的认识。我们从学科关系演变出发，将中国宗教美术考古的发展划分为依附期、停滞期、初建期和繁荣期四个阶段，其中有两个阶段需要注意，即依附期与初建期。首先，依附期发展得益于高起点的考古报告而获得了高起点的学术走向。依附期虽是学科发展的第一个阶段，该阶段考古评论的数量却不少，其中东部地区、中部地区和西部地区的佛教考古评论都达到百篇以上，这样的高起点得益于考古报告提供的良好条件，这几个地区都是墓室壁画遗存、佛教美术遗存数量大的地区。依附期阶段的考古报告数量大、名家多，依附于其上的宗教美术考古可谓近水楼台而获得高起点。其次，初建期发展得益于学术活动的全面恢复。初建期正逢改革开放开始，学风端正，热情高涨，方向明确，乘时代之风而有蓬勃展开之势，宗教美术考古的各类考古评论都有了颇具规模的体量，这为学科自觉提供了必要条件，当然也提出了学科自觉的要求，之后，学科自觉开始形成，宗教美术考古才可能迅速进入繁荣期。

其四，研究生学位论文层面的认识。研究生学位论文是一个特殊的考古评论类型，与其他考古评论比较，完整性和理论高度可能不足，甚至存在缺陷。但是，有三个特征需要关注。首先，数量巨大。从目前统计数据看，这类学位论文有 1000 篇左右，其中佛教美术考古数量最大，有 500 多篇。这些学位论文都是经过专门指导、认真写作和正式答辩后形成的，不论什么理由的忽视都是巨大的浪费。其次，体裁特别。研究生学位论文在写作上有着专门的体例规定，这些规定要求下获得的研究成果可以为学科发展做出贡献。例如，学位论文要求的综述内容，不仅可以提供学术界的研究状态，而且也可以提供研究生群体对这个状态的评价。再如，研究生学位论文一般都有明确的专题指向，这个指向带来的资料整理有完整性要求，可以为其他学者提供具体帮助。最后，创新训练的要求。所有研究生学位论文都有明确的创新要求，导师为获得创新而有专门的训练，创新的成果不一定成熟，但方法、资料、领域等方面或者有一些启发，或者提供一些线索。对于博士学位论文而言，创新的期待可以更高，许多学者当年的博士学位论文为其成名作，甚至可能成为其代表作。

其五，海外学者层面的认识。海外学者是一个特殊的学者群，他们接受的学术训练与国内学者有别，他们的学术关注度也与国内学者有别，认真分析学者群分布，对学科发展显然有着特别的帮助。从统计数据看，一个突出的现象是佛教美术考古的关注度最高，墓室壁画考古评论只有其 1/3 左右，道教美术考古评论则只有其 1/7 左右。海外学者关注佛教这个外来宗教的现象需要关注，其中包含的信息不能忽视，对应的理论认识应当展开。从学科发展看，一方面，宗教美术考古的学术活动需要弥补墓室壁画考古与道教美术考古的不足，特别是国内学者应当做出努力；另一方面，宗教美术考古的概念来自西方，许多学术热点也来自西方，海外理论的影响是明确的，海外

学者的学术成果当然会体现出这一点，因此海外学者群的成果应当得到明确
的重视。

其六，低关注度的现象应当重视。从学者群分布看，低关注度现象普遍
存在，这是一个需要本学科关注的问题。一方面，每年的宗教美术考古活动
中，发掘活动规模很大，但只有很少部分能够成为考古报告而公布于世，考
古报告的发表，已经说明了该遗存所具有的价值，也呈现了考古工作者的努
力，低关注度是对这些价值和努力的某种忽视，这个现象显然需要改变；另
一方面，低关注度遗存普遍出现，而且数量比较大，所以这个现象也提供了
巨大的研究空间，对许多遗存可以去深入认识，甚至许多空白需要去填补。
当然，研究的路径需要认真设计，低关注度遗存的研究应当有自己的研究体
系，除了要对考古报告提供的信息进行全面梳理，考古发掘成果之外的研究
也要特别努力，二次考古可能成为常态，从而形成有别于高关注度的研究体
系。特别需要说明的是，目前学术界的关注度过于集中在大型遗存，这些遗
存的发掘成果不论怎么丰富，在发掘信息上最终是有边界的，关注度过于集
中自然会直接造成学术资源的高度集中，研究活动中的重复现象难免发生，
创新难寻。因此，关注低关注度的考古遗存，也是对高关注度遗存存在浪费
现象的一种纠正。质言之，低关注度遗存可以与高关注度遗存互为补充，低
关注的特有现象或能提供线索，开辟新的理论空间，如一些中小遗存的伏羲
女娲图像就可以有自己的研究体系(图 6-4)。

图 6-4　甬道西壁顶部壁画　伏羲女娲与摩尼宝珠　山西大同　北魏

资料来源：刘俊喜：《山西大同沙岭北魏壁画墓发掘简报》，《文物》2006 年第 10 期，第 1、4—24 页

# 第七章
# 海洋考古与宗教美术

从海洋文化维度看，海洋考古的学术空间辽阔无垠。中国海洋考古起步比较晚，但发展很快，特别是"海上丝绸之路"建设提出后受到了更多关注，已经成为一个重要的考古领域。中国海洋考古的成果中，宗教美术是一个特殊的领域，一方面，宗教美术遗存在海洋考古成果中内容比较多；另一方面，宗教信仰是海洋文化中的重要内容，宗教美术遗存的认识不可或缺。因此，海洋考古的开阔视野中，宗教美术将成为海洋文化的重要领域，也是一个学术空间巨大的研究领域。

## 第一节　中国海洋考古成果梳理

海洋考古的活动主要分布在远洋航线和沿海各地，成果主要有直接的考古报告和间接的考古材料两种类型，这样的组合与其他领域的考古成果相比较有着自己的结构与特色。

### 一、时间层面的遗存分布

中国海洋考古成果主要分布在沿海地区，也有一些远洋沉船方面的考古成果，目前宗教美术遗存有 100 余处，对应的研究材料有数百篇。海洋考古中的宗教美术遗存主要分布在航线、港口及周边地区，研究成果也围绕这些遗存分布展开。从现有的考古成果看，在四个发展阶段中有以下分布：依附期没有独立的考古成果。停滞期有了一些重要的遗存发现，不过见于考古报告的遗存点数量非常少，只是个位数。初建期引发了学术活跃，同时考古成果也明显增加，尤其是 1987 年中国水下考古活动开始启动之后，考古材料的数量明显增加，该阶段见于考古报告的遗存点数量已有 20 多处。繁荣期海洋考古活动越来越活跃，成果丰富，见于考古报告的遗存点数量达到数十处，海洋考古呈现繁荣之势。

## 二、遗存获取的路径

中国海洋考古中的宗教美术遗存获取路径主要有两条：一是直接的考古报告；二是间接的考古材料，后者的比例要高于前者。

### 1. 直接的考古报告

这方面的成果有 20 篇左右，提供了许多重要的考古成果，是中国海洋考古成果中的主干内容，价值连城。例如，泉州湾宋代海船发掘报告编写组 1975 年发表的《泉州湾宋代海船发掘简报》，该简报描述了沉船上"保寿孔"的排列形式，上部如北斗星，下部如满月形，象征着"七星伴月"，是中国古代造船的一种传统习惯。相关描述如下：

> 龙骨两端接合处均挖有"保寿孔"（即"压胜孔"），横剖面各分为上下两部分；上部共挖有 7 个小圆孔，径 2.5、深 2.8 厘米。前"保寿孔"的每个小圆孔各放置铁钱 1 枚，表面残存有叶纹。后"保寿孔"则放置 13 枚铜钱，有"祥符元宝""天圣元宝""明道元宝""皇宋通宝""元丰通宝""元祐通宝""政和通宝""宣和通宝"等北宋钱；中间均挖一长方形孔，内似放置实物，但已朽碎难辨；下部各挖有一个大圆孔，径 11、深 2 厘米，孔内均放置铜镜 1 面，一面直径 10.2、厚 0.17 厘米，重 79 克。另一面直径 10、厚 0.15 厘米，重 31.5 克。均无柄，无钮，正面光滑，背面似饰有花纹，边缘有环状隆起线条。[1]

### 2. 间接的考古材料

间接的考古材料数量很大，通过相关文献和田野考察而获得，这是一项

---

[1] 泉州湾宋代海船发掘报告编写组：《泉州湾宋代海船发掘简报》，《文物》1975 年第 10 期，第 1—18、99—101 页。

重要的考古活动,活动中发现的遗存材料也很珍贵。例如,陈汉初发表的《"南澳一号"与"汕头器"》一文中,对"汕头器"有了详细描述,使我们对这一宗教美术器物有了深入了解。具体描述如下:

> "饶"——"汕头器",是从汕头出口的。在汕头港,瓷器要搬上搬下,难免要打碎,这些"碎饶",怎么处理呢?聪明的潮人没有把它当成废品丢下大海,而是把"碎饶"收集起来,作为建筑材(料)之一,粘贴在建筑物上,做成嵌瓷,形成了一种新的建筑装饰艺术……嵌瓷,全称潮州嵌瓷,创始于明代,盛行于清代和民国时期……这种古代潮州特有的建筑装饰艺术,广泛应用于潮州民居、祠堂、庙宇的装饰,还传播到港澳台地区和泰国、东南亚一带,特别是潮人侨居地……台湾有不少庙宇、民居的嵌瓷是普宁县的"金龙司"制作的。金龙司,即何翔云(1880—1953 年),本名金龙。台湾人称何翔云为"金龙司",作品落款"翔云"或"雨池氏"……他制作的嵌瓷作品匠心独运,在屋脊上设计、制作嵌瓷锦图,栩栩如生,特别是他创作的屋脊嵌瓷"双凤朝牡丹"自成一体。潮汕的多处庙宇、祠堂和大型民间建筑的装饰多出自他们师徒之手。如汕头李氏宗祠、林家祠,普宁县流沙镇的"引祖祠"、果陇的"东祖"、湖寨的"郑氏界公祠"等。①

### 3. 考古成果具有多文物点特征

海洋考古的考古活动常常是对一个特定海域而展开的,因此一份考古报告中常常会记录几个文物点的发掘成果,这是海洋考古材料的特征。例如,中国国家博物馆水下考古研究中心、浙江宁波市文物考古研究所发表的《2006—2010 年度浙江沿海水下考古调查简报》,记录了水下文物点有 7个之多,此外还有 2 个水下遗存点。具体如下:

(1)水下文物点

宁波市象山港桐照水下文物点。该文物点于 2006 年调查发现。所在海域水流缓,水质浑,水下能见度约 30 厘米,海床平坦,软泥底,涨

---

① 陈汉初:《"南澳一号"与"汕头器"》,《岭南文史》2014年第 4 期,第 5—12、20 页。

潮时水深 23—28 米，退潮时 18—23 米。采集出水有少量青瓷器物。

宁波市象山港洪星海塘水下文物点。该文物点于 2006 年调查发现。所在海域水流缓，水质浑，水下能见度约 20 厘米，海床平坦，表层牡蛎壳，其下泥底，涨潮时水深 7—9 米，退潮时 4—7 米。出水遗物甚多，多为青瓷、青花瓷和青白瓷，器型杂，多碎片，时代跨越宋、元、明、清，遗物散布面积较大。

宁波市象山港民丰江口水下文物点。该文物点于 2006 年调查发现。所在海域水流急，水质浑，海底平坦，软泥底，水下能见度约 10 厘米，水深约 4—7 米。潜水探摸时共采集到青花瓷碗 3 件。标本采：2：基本完整。敞口，口沿外撇，弧腹，圈足底。施满釉，外底露胎。外腹及内底饰草叶纹。口径 14.1 厘米、底径 5.7 厘米、高 5.8 厘米。此外，当地渔民在此拖网作业时也曾多次捞到杯、碗、碟、盘等各类青花瓷器。

宁波市象山县渔山坟碑礁水下文物点。该文物点于 2010 年调查发现。所在海域水流缓，水质清，水下能见度较好，海床表面为缓坡，泥沙夹贝壳底，水深 11—15 米。潜水探摸时共采集出水 16 件陶瓷标本，其中青花瓷 14 件，红陶器 2 件。未发现遗迹现像（象）。14 件青花瓷器时代均属清代，有 3 件可复原，简介如下……

宁波市象山县石浦港三门口水下文物点。该文物点于 2008 年调查发现。所在海域水流急，水质浑，经声纳（呐）探测，发现该海域海床表面为泥质底，海底有多条深沟，落差可达 10—25 米，水深 30—60 米，局部达 60 米以上。据了解，20 世纪 80 年代曾有捞贝船在此海域用抓斗从海底捞贝烧制石灰，随贝壳捞出大量陶瓷器和船板，瓷器以南宋至元代的龙泉青瓷碗为主，陶器有坛、罐、瓶和紫砂壶等，还有铜锣……

温州市洞头县北小门水下文物点。该文物点于 2009 年调查发现。所在海域水流急，水质浑，水下能见度几乎为零，海床表面为缓坡，泥沙底，水深 12—17 米。调查中共采集出水器物 31 件，以陶瓷器为主，还有少量青砖、板瓦和木板块等，另在水底发现有 3 段横木，疑为船体构件。出水陶器见（现）有罐和盆两种，瓷器均为碗，器物年代跨越唐至清代……

温州市苍南县炎亭湾水下文物点。该文物点于 2010 年调查发现。所在海域在湾内，有回流，水质浑，水下能见度几乎为零，海床表面为缓坡，泥沙底，水深 3.7—7.6 米。本次调查在水下没有发现遗迹现象和遗物，但当地居民近年来在炎亭湾捞取或在岸边沙滩上捡到过大量的古代铜钱和瓷片等遗物。经对当地金姓和章姓两位居民在炎亭湾内捞捡的文物进行初步整理，其器物种类主要有瓷器、铜钱和少量的铜器……

(2) 其他水下遗存

舟山市嵊泗县北鼎星水下遗存。该遗存于 2009 年调查发现。经多波束声呐探测：该遗存为海底一凸起物，正面较平，头部尖，一端翘起，另一端位置较低，长约 72 米、宽 14 米、高 6 米，水深 8—16 米……

舟山市嵊泗县白节山水下遗存。该遗存于 2010 年调查发现。经旁侧声呐、多波束声呐和浅地层剖面仪探测：该遗存为海底一凸起物……①

## 三、海捞瓷材料的特别关注

海洋考古成果中，海岸上的考古活动已经获得了很好的成就，中国亦如此。中国在这方面的优势是文献资料非常丰富，也因此取得了很好的成绩。此外，在田野考察中对考察设备等方面没有海洋水下考古那样高的要求，这些考古活动甚至可以看作陆地考古的继续，这样的语境也使中国海洋考古早期在缺少设备等条件下取得了比较好的成绩。

当然，就目前的考古成果看，需要特别关注的是海捞瓷方面的考古成果。在中国的海洋考古领域，许多工作都刚刚起步，唯有一个方面是例外，即海运沉船中的瓷器研究。西方学者很多年前就开始研究中国瓷器从海路运往欧洲的历史，成果丰硕，中国学者亦对该领域关注了很长时间，特别是在海捞瓷方面有很大的投入和收获。例如，"华光礁Ⅰ号"南宋沉船的发现(图 7-1)。1996 年，海南省琼海市潭门的渔民在西沙群岛华光礁环礁内缘潜水捕鱼时发现了这条沉船，这也是中国学术界在远洋海域探测的第一艘古代沉船。沉船上瓷器数量极大，相关报道这样描述："据统计，出水 7000 余件基本完整的

---

① 参见中国国家博物馆水下考古研究中心、浙江宁波市文物考古研究所：《2006—2010 年度浙江沿海水下考古调查简报》，《南方文物》2012 年第 3 期，第 52—55 页。

陶瓷器需去除表面凝结物和脱盐处理,另有 2000 余件残破的陶瓷器需进行去除表面凝结物、脱盐、粘(黏)接补全等工作。"[①]这条沉船中瓷器出水近万件,是了解南宋瓷器工艺、审美特征的绝好材料。

图 7-1 "华光礁Ⅰ号"沉船现场水下考古队提取船板

资料来源:包春磊:《"华光礁Ⅰ号"南宋沉船的发现与保护》,《大众考古》2014 年第 1 期,第 35—41 页

除海捞瓷的具体考古活动外,中国学者在"海上丝绸之路"的研究方面也有了许多成果,如提出了更加广泛的学科视角:"在古代海外贸易中,中国瓷器一直占有重要地位,'海上丝绸之路'又称'陶瓷之路'。唐代,瓷器已随丝绸输往国外,以后日趋频繁。明清时期,瓷器外销进入新阶段,不仅继续输往亚非各国,而且开始销往欧洲。中国主要瓷器产地,例如景德镇、德化、广州等的瓷器生产,也与欧美市场联为一体。"[②]

---

① 包春磊:《"华光礁Ⅰ号"南宋沉船的发现与保护》,《大众考古》2014 年第 1 期,第 35—41 页。

② 杨芹:《海洋考古反映明清外销瓷盛况》,《中国社会科学报》2016 年 10 月 17 日,第 4 版。

## 第二节　海洋考古材料的三种类型

海洋考古最初是一项针对海洋水面以下遗存而进行的考古活动，需要依赖专门设备，后来涉及范围增加，许多考古活动与陆地考古活动有了叠加的地方，海洋考古的材料范围由此而有了延伸，这样的发展方向下，大大增加了海洋考古的材料类型。从材料类型来认识海洋考古成果，是对宗教美术面貌的一个多维度梳理。

海洋考古在理论方面的进步，也会增加考古材料的类型，如"海洋文化景观"和"船舶作为象征"两个理论观点。"海洋文化景观"最早由英国学者克里斯特·韦斯特达尔提出，其定义是："整个航线网络，包括沿岸港口、避风港，以及因人类活动而出现的相关的建筑和其他水下及陆地的遗迹。""海洋文化景观"的提出，使海洋考古方面的研究可以超越水下考古而有了海岸环境和航海线路等方面的种种考古活动和考虑。"船舶作为象征"最早由英国学者约翰·亚当斯提出，他的着眼点是物质文化遗产的认识。他认为：船只可以全面地反映特定时期的特定社会情况，包括意识形态、技术发展水平、原料、环境、经济、传统和文化、目的和用途等，由此而相信水上交通工具所反映的海洋文化是研究过去社会最好的办法之一。"船舶作为象征"观点的提出，使沉船考古活动有了综合性的理论考量，文化遗产价值获得了全面的认识，一个具体的沉船发掘活动可以成为海洋文化的研究领域。[1]这两个理论观点的提出，使海洋考古有了更加开阔的视野。

具体讨论海洋考古的材料类型，我们的认识如下。

### 一、沉船发掘方面的材料

沉船发掘是海洋考古的主要方向，这方面的材料是海洋考古的主要内容，其中关于宗教信仰方面的材料显示出了珍贵面貌。

---

① 参见严盈颖：《海洋考古在英国》，《中国港口》2019 年第 S1 期，第 86—90 页。

## 1. 信仰活动材料

沉船发掘材料中，信仰活动引人注目，与陆上考古不同，这些材料取之不易，所以学者都予以了很深入的讨论。例如，齐东方发表的《"黑石号"沉船出水器物杂考》，对"黑石号"沉船上的"江心镜"做了全面的研究(图7-2)，材料考释非常细致。

　　"黑石号"沉船上有一枚看上去并不精美的铜镜，却是考古学家苦苦寻找而从未发现的宝物——"江心镜"。

　　唐代人认为铜镜反复冶炼、熔铸，会愈炼愈精。产于扬州、在扬子江制造的"江心镜"费工费时，难以制成，又被称为"百炼镜""水心镜"，要供给宫廷使用。它出现于8世纪的唐玄宗时期(712—756年)，唐德宗(779—805年)继位时，因提倡节俭而被罢去。

　　"江心镜"究竟什么样？《异闻录》载："唐天宝三载五月十五日，扬州进水心镜一面，纵横九寸，青莹耀日，背有盘龙，长三尺四寸五分，势如生动，玄宗览而异之。进镜官扬州参军李守泰曰：铸镜时，有一老人，自称姓龙名护……谓镜匠吕晖曰：老人家住近，闻少年铸镜，暂来寓目。……吕晖等遂移镜炉置船中，以五月五日午时，乃于扬子江铸之。"
　　……

　　"黑石号"沉船上发现的"江心镜"，尽管锈损，但仍可清晰看到外有一周铭文"扬子江心百炼造成唐乾元元年戊戌十一月廿九日于扬州"，确凿地证明了这就是"江心镜"或"百炼镜"。这枚"江心镜"饰有青龙、白虎、朱雀、玄武和八卦纹，并非文献记载的盘龙。唐代真正意义上青龙、白虎、朱雀、玄武四神镜很少，多是难以命名的怪兽，故常被称作"四兽镜"，八卦镜虽稍多，与四神结合的也罕见。

　　"江心镜"或"百炼镜"在唐人的心中有什么特殊之处？《异闻录》载，扬州进奉的"水心镜"，在长安存于内库，后来这枚铜镜在天宝七载(748年)被道士叶法善寻出用作道家祈雨的法事活动。"黑石号"沉船上的铜镜饰四神八卦，似乎暗示着它也具有类似的特殊功用。专门制造以供道家作法事之用的镜并不罕见。葛洪《抱朴子》在问知将来吉凶时答曰："用镜九寸自照，有所思存，七月七夕则见神仙。""明镜或用一，或用二，谓之日月镜，或用四，谓之四规镜。四规者，照之时，前后左右各施一也。用四规所见来神甚多。""黑石号"沉船上的"江心镜"将八卦与四神结合，似乎是作法事活动的专用镜。

　　……

　　铜镜常常输出海外，但如果是道教进行法事活动的专用镜，为什么还会向外流通呢？其实铜镜广泛地被用于各种祭祀中。《入唐求法巡礼行记》记载（开成四年五月二日）"日没之时，于船上祭天神地祇，亦官私绢，绞缬、镜等奉上于船上住吉大神"。这里讲述的是唐代出海远航用镜祭祀，"黑石号"沉船上的"江心镜"莫非也曾被用于此？①

图 7-2　"黑石号"沉船出水江心镜

资料来源：齐东方：《"黑石号"沉船出水器物杂考》，《故宫博物院院刊》2017 年第 3 期，第 6—19、158 页

## 2. 信仰图像材料

　　沉船发掘材料中，信仰图像的材料集中表现在瓷器上，比如人们熟悉的海捞瓷，这方面成果很多。一般而言，瓷器上的图像以装饰图案为主，也有

---

① 齐东方：《"黑石号"沉船出水器物杂考》，《故宫博物院院刊》2017 年第 3 期，第 6—19、158 页。

少量的雕塑作品。海捞瓷中，装饰图案材料最多，这些材料画面不是很大，但可以从图案的题材和工艺上看出宗教信仰的主题。中国海洋考古成果中，海捞瓷数量最大，所以装饰图案材料成为一个重要的认识路径。

　　沉船中的雕塑作品数量不大，由此而显得非常珍贵。例如，广东省文物考古研究所、国家水下文化遗产保护中心、广东省博物馆发表的《广东汕头市"南澳Ⅰ号"明代沉船》(图7-3)，出水了一些这方面的材料：

> 　　在本次发掘出水的遗物中，陶器数量位居第二，共计140件。陶器种类有罐、瓮、壶、罐盖等，其中罐132件、罐盖4件、瓮3件、壶1件。瓮以贴塑龙纹龙系、龙纹虎系和酱釉刻花装饰为主。①

图7-3　广东汕头市"南澳Ⅰ号"明代沉船出土青花瓷器

资料来源：广东省文物考古研究所、国家水下文化遗产保护中心、广东省博物馆：
《广东汕头市"南澳Ⅰ号"明代沉船》，《考古》2011年第7期，第39—46、110—113页

　　再如，李德金、蒋忠义、关甲堃发表的《朝鲜新安海底沉船中的中国瓷器》，沉船中出水大量香炉，弥足珍贵。

> 　　沉船中的香炉种类也很多，有弦纹三足炉，葱管足炉，鬲式炉，牡丹纹兽足炉，八卦鼎式炉，象耳炉，莲花纹六角炉，菊花或缠枝牡丹纹奁式炉，等等。鬲式炉是仿古铜器的。弦纹三足炉、八卦鼎式炉、菊花或缠枝牡丹贴花奁式炉，形制近似，也是仿古的器形。这些型式的炉，

---

　　① 广东省文物考古研究所、国家水下文化遗产保护中心、广东省博物馆：《广东汕头市"南澳Ⅰ号"明代沉船》，《考古》2011年第7期，第39—46、110—113页。

南宋时已出现，元代继续烧制，在龙泉窑址、元大都遗址和元代墓葬中都是常见的器物。福建泉州元至大三年（1310 年）墓中出土的两件贴花奁式炉，与沉船中的奁式炉风格一致。[①]

### 3. 一些特别材料

沉船发掘材料中一些出水材料经过辨析，常常会有很好的发现，成为海洋考古中的特别材料。例如，"黑石号"沉船中，学者经过细致梳理，获得了许多有价值的发现。

李怡然发表的《"黑石号"货物装载地点探究》，对"黑石号"沉船中的佛教纹饰有所发现：

> 在"黑石号"沉船上发现很多雕花镂空的熏炉，造型精美。熏炉是禅宗佛教僧侣在诵经念佛时使用的一种贡具，是典型的佛教器物。该船另发现两件带有"卍"字符号的器物，一件是绘有钟形图案的长沙窑瓷碗，另一件是"卍"字符金碟。"卍"字符是典型的佛教符号，在佛教中指佛祖的心印。同时，在"黑石号"出水瓷器中发现了大量莲花纹饰的瓷碗以及一件双鱼壶。双鱼和莲花均为藏传佛教八宝之一，而藏传佛教也正是大乘佛教的一支。摩竭（羯）纹也是具有佛教色彩的典型纹饰，早在犍陀罗佛教雕刻中已经出现，在古印度的雕塑、绘画作品中经常出现。"黑石号"出水的长沙窑瓷碗中亦不乏该类纹饰。[②]

刘怡辰发表的《胡化、华化与贸易——"黑石号"沉船瓷器上的菱形纹饰探析》，对瓷器纹样进行了"胡化"与胡人"华化"的讨论：

> 菱形纹饰中最典型的是"菱形边框四角刻划（画）朵花"，在"黑石号"中出现的这种瓷器纹样较为不同，阴刻花纹在当时瓷器种类中实

---

① 李德金、蒋忠义、关甲堃：《朝鲜新安海底沉船中的中国瓷器》，《考古学报》1979 年第 2 期，第 245—254、283—296 页。

② 李怡然：《"黑石号"货物装载地点探究》，《文物鉴定与鉴赏》2017 年第 9 期，第 27—31 页。

属罕见，菱形边框且四角进行朵花装饰。……菱形纹饰是纹饰之中具有西域特色的一种类型，而纹饰也只是西域与大唐交互影响的一个侧面。在这种繁荣的贸易制度下，不能放大蛮夷思想而妄图揣测这期间是谁影响了谁，或者期间受到影响的因素。"胡化"与胡人"华化"应是并蒂而生，王国维、陈寅恪和藤田丰八都曾认为南汉先祖是波斯人，这似乎是个剪不断理还乱的追根溯源的问题。①

## 二、海岸材料

沉船材料之外，海岸材料是海洋考古材料的一个重要组成部分。海岸材料一般是一个开放的存在状态，有些已经为人所熟知，获取比较方便，有些则需要采取考古发掘和田野调查的方法来获得。

### 1. 神庙遗存材料

传统文化中，海洋活动都伴随着对应的海洋信仰活动，人们通过对海洋神灵的一些崇拜活动而期望得到庇护，从而有一个安全的旅程，这些活动的载体就是神庙建筑，神庙建筑的遗存就成为一类非常普遍的海岸材料。例如，海南岛的海南冼夫人、妈祖信仰活动，今人就可以通过神庙遗址来认识。安华涛的《祠庙与祭祀——海南冼夫人、妈祖信仰比较研究》中有全面的梳理：

祠庙是信仰的物质载体，最能直观地反映神灵受到崇拜的程度。据王元林、邓敏锐《明清时期海南岛的妈祖信仰》统计："明清琼州府 13 州县均建有妈祖庙""海南岛上共有妈祖庙 47 座，除了 4 座是元朝所建外，其他 43 座均建于明清时期"，并详细开列各州县妈祖庙数量及位置；李娟、王元林的《海南岛冼夫人崇拜与妈祖信仰比较研究》一文认为，冼夫人庙明清至民国时期海南诸方志文献记载的有 13 座……府城的冼夫人庙，在"郡城西南，宣德间乡人移立。副使邝彦誉重修"；文昌县的

---

① 刘怡辰：《胡化、华化与贸易——"黑石号"沉船瓷器上的菱形纹饰探析》，《中国包装工业》2013 年第 14 期，第 56—57 页。

冼夫人庙或陪祀祠庙有两处："冼夫人庙，永乐间建。弘治己酉，主簿徐达募修"，另一处是南天宫，"在县东南街。明永乐间建。康熙四年，城守白天恩重修。俗祀电母，配以高凉夫人"；儋州的冼夫人庙，"在州治南，儒学右。嘉靖二年，同知顾介以其庙逼近儒学，丰提学魏明文，因毁五显庙佛像而迁于其庙焉"。崖州的冼夫人庙，"在州治左，宋建。洪武丙辰，知州刘斌重建。……正德，知州何澜重修"……①

## 2. 碑刻遗存材料

碑刻是中国传统文化中一个历史悠久的文化载体，而且参与者众，既有官方的，也有民间的，几乎是一个全民参与的文化活动，各代沿革，是一项非常丰富而又珍贵的海洋文化遗产。

碑刻相对而言容易保存，许多久远的材料依靠碑刻而得到保存。例如，有学者认为，宁波象山唐代蓬莱观碑是世界上现存徐福文化的最早石刻：

《象山县志》："始皇好神仙，使市将童男女往东海求蓬莱三岛诸仙山。象之西山名小蓬莱，市居焉……旧有遗像在蓬莱观。"……象山唐蓬莱观碑建于唐大中二年六月九日（公元848年7月13日），是世界上现存徐福文化的最早石刻，在清代就被誉为"国宝"，筑"宝贝亭"储之，这是徐福隐象、避秦、航日的有力证据，据专家考证，此碑是中国已发现的记载徐福行踪的惟一碑刻，也是东亚发现的记载徐福行踪的最早碑刻，其历史地位和史学价值无可估量。……俞士吉（1354—1430年）字用贞，晚号"大瀛海客"，象山人……永乐四年，以礼部侍郎衔出使日本，封其国山为"寿安镇国之山"。永乐七年又以正使官，奉敕出使西洋册封各国，其出使船队启航地在三门湾入口的石浦港。……据盛繁国著《象山宗教志》，天寿寺位于象山西周镇蒙顶山天峰岩下、天池旁，寺院建于唐，南宋时改建，赐"天寿寺"额。明代立为丛林，香火甚盛，有"千僧过堂"之说。日本僧人几度朝拜天寿寺。光绪年间，日本僧人赠"法

---

① 安华涛：《祠庙与祭祀——海南冼夫人、妈祖信仰比较研究》，《海南大学学报（人文社会科学版）》2015年第5期，第123—130页。

传东土"匾……日本学者村上博优先生认为日本瓷业源头极有可能源
于象山港畔。[①]

妈祖信仰来自民间，宋以后得到主流社会的认可，明清海洋活动增加，
妈祖信仰的崇拜也达到了最高点。这样的发展，主流社会碑刻多有记载。
明代中期理学家丘濬所撰的《南京仪凤门天妃庙天妃宫碑》中就描述了这
样的发展：

> 中国地尽四海，自三代圣王，莫不有祀事。在宋以前，四海之神，
> 各封以王爵，然所祀者，海也，而未有专神。宋宣和中朝遣使航海于高
> 句骊（丽），挟闽商以往，中流适有风涛之变，因商之言，赖神以免难，
> 使者路允迪以闻，于是中朝始知莆之湄洲屿之神之著灵，验于海也。高
> 宗南渡，绍兴丙子（1156 年）始有灵惠夫人之封，绍熙壬子（1192 年）加
> 以妃号。元人海运以足国，于是配妃以天。我太祖高皇帝，革去百神
> 之号，惟存其初封。迨我太宗文皇帝，建国幽燕，初资海道以馈运，
> 继而造巨舰，遣使通西南夷，乃永乐己丑之岁，诏中贵郑和，建宫祠
> 神于南京之仪凤门，太常少卿朱焯赍祝封神为护国庇民妙灵昭应弘仁普
> 济天妃。[②]

## 3. 一些特别材料

神庙遗址和碑刻材料之外，还有一些材料体系并不完整，甚至散漫杂乱，
需要整理方可阅读。这些材料数量大，通过田野考察等方法也可以获得很好
的海洋宗教和相关文化的信息。

例如，福州地区形成的临水夫人陈靖姑信仰，官方文献中记载有限，但
通过田野考察可以获得民间兴盛的信息。陈靖姑信仰有着与妈祖信仰相似的
经历，通过田野考察可以获得这方面的信息：

---

① 郑松才、吴颖、陈海燕，等：《略论象山在宁波海上丝绸之路史上的重要历史地位》，《浙江纺
织服装职业技术学院学报》2014 年第 4 期，第 53—59 页。

② 安华涛：《祠庙与祭祀——海南冼夫人、妈祖信仰比较研究》，《海南大学学报（人文社会科学
版）》2015 年第 5 期，第 123—130 页。

临水夫人陈靖姑信仰习俗……在闽浙沿海地区影响甚大，为其修建的宫庙数量也颇多。其中福建屏南陆地村夫人宫内的壁画保存着完整的陈靖姑故事，人物形象饱满生动，是陈靖姑信仰习俗的物质见证……

据载其（陈靖姑——引者注）于唐大历二年（767 年）生于今福州的下渡，卒于贞元六年（790 年）……陈靖姑卒后镇守古田临水洞，地方官于临水洞上建造府第，亦称"临水夫人"，并赐"顺懿庙"额匾。陈靖姑于宋代开始被敕封，后多次被敕封，宋宣和年间（1119—1125 年）封为"顺济夫人"，绍兴年间（1131—1162 年）封为"昭应崇福夫人"，乾道五年（1169 年）封为"善利夫人"，淳熙年间（1174—1189 年）封为"灵惠夫人"，淳祐年间（1241—1252 年）封为"崇福昭惠慈济夫人""天仙圣母""青灵普化碧霞元君"等；元代被封为"护国明著天妃"；明永乐五年（1407 年）封为"崇福照（昭）惠临水夫人""崇福昭惠慈洛夫人""天仙圣母表灵善化碧霞元君""淑靖""天仙圣母""陈太后"等；清中叶后封号衍化为"顺天圣母""通天圣母"等，在信仰圈内各地区还有诸多称呼上的变化……其民间影响越来越大，渐而成为社会神，在其信仰圈内影响面极广。①

当然，田野考察中我们更加关心的是宗教美术材料，目前这方面已经有了比较好的成果：

（陆地村中的夫人宫）始建于清咸丰四年（1854 年），见梁下墨书。整座宫庙坐东向西，面阔三间……占地面积约 165 平方米。中轴建筑由下厅、天井、正殿组成。下厅三面围廊……正殿带前廊，轩顶，后部设神龛，祀陈、林、李三夫人和虎马两将军。抬梁木构，四金柱上覆藻井天花七层，四周三踩斗栱，歇山顶，前檐下厅墙上还绘有虎、马二将，灰塑彩绘精美，木构保存较好。

夫人宫正殿有陈靖姑神话故事彩绘壁画 36 幅，每幅壁画宽约 80 厘米，高 76 厘米，总面积达 20 多平方米……壁画色彩墨线历经岁月依然

---

① 余慧君：《福建屏南夫人宫——陈靖姑壁画和陈靖姑信仰》，《大众考古》2016 年第 8 期，第 68—76 页。

保持它的沉稳度与色彩的饱和度，实为难得。

壁画从陈靖姑出生开始，依次为：观音点化出生—幼时聪颖识字—闾山学法—与刘杞成婚—收伏（服）各种精怪（如蜘蛛精、石硖女、鼍鱼精、白蛇精、长坑鬼、鸡精等）—为民祈雨—被敕封为"惠济陈夫人""崇德夫人""顺懿陈夫人"等，最后得道拥有三十六宫婆及虎、马二将，镇临古田、临水，整个故事传奇、生动、完整。该故事以流传于古田、屏南、福州一带的传奇故事为本，反映了村民对陈靖姑的崇敬感和接受程度。

陆地村陈靖姑信俗传承历史悠久，每年最隆重的信仰习俗为上元醮……陈靖姑信仰习俗对于陆地村民来说是一项全村民众普遍参与的民俗性庙会活动。夫人宫是这个村落信仰的核心与主要仪式场所……

综观 36 幅壁画，除了主题人物外，还有瘦马蛇虎、亭台楼阁、祥云山石、松竹梅柳等，填色清丽协调，构图讲究完整，注意远景、中景、近景的安排错落，整体风格体现为明清时期文人画的淡雅古朴。

壁画每幅均以墨线为框，为墨线白描，略施赭石淡彩，线条流畅遒劲，构图严谨，颇具功力。水墨主要用于人物山水钩摩，色彩简淡，突出线条。运笔技法方面，主要运用粗笔、细笔、皴法、白描、没骨等技法。亭台楼阁用界画的手法表现，用界尺引线，使建筑物工整精确；山石草木表现写意，整幅画虚实对比；人物造型生动准确，形态各异，姿态变化多端，脸部着色细腻柔和，表情传神，衣袂皱褶线条讲究，起伏轻重极富变化。通过这些精心营造的意境画面传达出更高的品味（位）与格调……画面中出现各种符号语言，例如特定神的形象，用祥云来衬托与普通人的区别。另一方面，各幅表现同一内容时，造型上又略有变化，单是院落里飞檐上面的纹饰，各幅又都不同，整组壁画作品不单调、不重复。①

一座普通的夫人宫在壁画彩绘上如此讲究，使其建筑等级更上一层，也使夫人宫在信仰与教化功能上具有饱满的精神内涵与审美价值（图 7-4）。

---

① 余慧君：《福建屏南夫人宫——陈靖姑壁画和陈靖姑信仰》，《大众考古》2016 年第 8 期，第 68—76 页。

图 7-4　福建屏南夫人宫壁画(局部)　福建宁德　清代

资料来源：余慧君：《福建屏南夫人宫——陈靖姑壁画和陈靖姑信仰》，《大众考古》2016 年第 8 期，第 68—76 页

## 三、文献材料

文献材料是学术界普遍重视的材料，许多图像考察、田野考察的研究最后都要与传统文献建立联系，在充分讨论后才能得出相关的结论，海洋考古中更是这样，文献不一定是研究起点，但到达研究终点的过程中一定需要文献的参与，甚至是文献论证后才可以到达终点。比如，康熙御书的"万里波澄"碑被认为是南海神庙中的一块珍贵碑刻，有损坏，但历史价值极高，王元林的《宋南海神东、西庙与广州海上丝路》就通过文献运用而展开讨论：

开宝六年(972)左右，命中使重修南海广利王庙，大中祥符五年(1013)八月、六年(1014)九月，中央命修南海庙。中央遣使维修之外，地方修复南海庙的官员可略窥一二。"嘉祐中，余靖修复；元祐中，蒋之奇奏请赐缗增葺两庙；范周安葺东庙于政和；季陵葺西庙于绍兴，咸记于石。"乾道三年，市舶提举陶定以官缗修复南海东西二祠，新建风雷雨师殿。后庆元三年，平定广东大奚岛民叛乱，南海神庇佑，"官民重饰庙貌"，嘉定十四年(1224)十月至宝庆元年(1225)六月，广东转运判官曾噩修复南海东庙。余靖、蒋之奇分别是嘉祐、元祐时广州知州，时广州知州兼领市舶。范周安无考，季陵为绍兴初广州知州。乾道三年这次修庙就是市舶官员所为，而这次修庙的钱来自"官缗"，应是来自外贸税收。广东转运判官修庙是因为南海神庇佑海运，"大逾万斛，必□派褐忱祷，乃敢扬帆鼓棹，涉重溟而不惧。"至于皇祐五年，广南东路转运使元绛因南海神卫城之功状奏皇上，元绛亦应是广南东路转运使兼市舶使。由此看来，修庙的官员大多是与海上贸易和交通有关的市舶、转运以及州郡官员。宋时，市舶官制从宋初至元丰三年（1069），"州郡兼领"，元丰三年至崇宁初，转运使"漕臣兼领"，崇宁以后，"专置（市舶）提举"。故对外贸易与南海神庙的修建、南海神的封号密切相关，而且诸如"蕃商辛押阤罗者，居广州数十年矣，家赀数百万缗"，这样的蕃商曾捐资修建广州西城，未能获准。但"官民重饰庙貌"之事，想必蕃商应是主要的捐资者之一。因此，修庙的官缙中，其中与外贸税收有关，而修庙的官员多是与市舶贸易有关。宫民修庙中商人特别是外商应是主要捐资者之一。①

## 第三节　海洋考古材料的宗教美术意义

在考古学领域，海洋考古是一个新兴的考古门类，随着海洋考古活动的迅速开展，考古成果越来越丰富，这些成果中的宗教美术内容也将成为宗教美术研究的主要材料。从现有海洋考古成果看，我们可以从发掘宗教美术材料、认识宗教活动行为和开拓"海上丝绸之路"研究空间三个方面来梳理海洋考古材料的宗教美术意义。

### 一、发掘宗教美术材料

在海洋考古活动中，许多珍贵的宗教美术材料以有别于陆路考古的发掘形式和审美判断呈现出来，从这些材料中可以发掘重要的宗教美术信息，开拓新的视野。

例如，沉船中的"保寿孔"就为学者所重视，取得了许多成果。陈晓珊在《从保寿孔与桅下硬币看古代欧亚间造船文化的传播》一文中认为：

---

① 王元林：《宋南海神东、西庙与广州海上丝路》，《海交史研究》2006 年第 1 期，第 24—41 页。按：开宝六年应为 973 年，大中祥符五年应为 1012 年、六年应为 1013 年，嘉定十四年应为 1221 年，元丰三年应为 1080 年。

　　中国古代海船中将祈愿钱币置于龙骨孔中的情况在宁波北宋海船中已经出现，并在泉州湾南宋海船中呈现出成熟的形态和丰富的寓意。这种在龙骨上凿孔贮钱用以祈愿的习俗，很可能正是内地木结构建筑中上梁仪式在造船文化中的体现。由两种风俗对比来看，其细节有诸多相似之处，寓意也基本一致，在海船龙骨内安放钱币时需要凿孔、填入灰泥以固定，比上梁时更加细致，应是由于海船在航行时经常颠簸，不似内陆房屋处于静止状态，所以需要比上梁钱做更稳妥的安置。①

　海捞瓷的考古成果中，也可以在宗教美术的材料方面获得极大充实。袁泉、秦大树在《新安沉船出水花瓶考》一文中描述如下：

　　新安遗物呈现的"一炉二瓶"组合模式并非孤例，而是广见于由宋至明的物象遗存。成对的铜、瓷花瓶多与鼎、簋造型的香炉并出共同组成香花之具，或在释道寺观的宗教活动中礼供神祇，或在墓室与祠堂的丧祭仪式中祭奉祖先。花瓶在神祠、墓堂等礼仪场合成对陈设用作花供已成固定规仪，其与香炉搭配，形成一炉为中心、二花瓶分列两侧的陈设范式，是为"三供"；若再并入二蜡台(灯台)，则为"五供"。……作为"五供"的变化形态，三具足在中世日本同样延续了宗教和丧祭供器的社会功能，相关文物在 13—15 世纪镰仓与东国地区的寺社与墓穴遗址中多有发现……考索文献可见，花瓶、香炉、香盒的器用组合在两宋即已出现；但这一搭配在当时多用于供奉和祭祀场合……无论是三供养还是三具足，在室町时代武家宅邸陈设中多与挂画共同陈设；新安遗物也充分显示出瓶炉与书画相携的现象……新安沉船出水遗物中，与花瓶、香炉共出的，还有诸色砚滴、笔架、砚墨和挂画轴头等文玩用品和成套茶具。而与其时代相去不远的《佛日庵公物目录》，也记载了花瓶、香吕与笔山、砚滴、画轴、茶具等精雅唐物一并输入镰仓著名寺社的史实。这些器用组合恰可与宋元江浙一带文人墓出土随葬品互为印证。②

---

　　① 陈晓珊：《从保寿孔与桅下硬币看古代欧亚间造船文化的传播》，《海交史研究》2018 年 2 期，第 70—85 页。

　　② 袁泉、秦大树：《新安沉船出水花瓶考》，《考古与文物》2016 年第 6 期，第 76—99 页。

在海岸材料中，学者也取得了很好的发掘成果。例如，对于"鸡图像"的宗教美术价值，南海神庙每年农历二月的"波罗诞"庙会是一个很有代表性的个案，张近慧在《南海神庙波罗鸡装饰图像与岭南民间宗教文化》中有针对性的深入讨论：

> 波罗鸡图像源自南海神庙（波罗庙），鸡图像在岭南盛行有着久远的历史。……根植于南越民间信仰基础上的波罗鸡图像在岭南人的心目中有着特殊的地位。
>
> 南海神庙动物装饰图像具有岭南地区民间信仰独特的造型特点，同时又与中原地区宗教美术图像有着内在的联系和发展，建筑装饰中既有龙、凤、狮、鹤等中国传统装饰图像，又有波罗鸡、鸟等独具岭南地方文化特色和寓意的宗教图像，体现了岭南地区与中原地区同中有异的文化形态和哲学思想。[①]

## 二、认识宗教活动行为

从宗教美术考古材料中认识海洋信仰带来的宗教活动行为是宗教美术的一个重要指向，这方面成果也很多。

例如，妈祖信仰在学术界的关注由来已久，已经有了很多成果，在海洋考古材料的视野下，学者仍然有许多新的收获。林国平在《海神信仰与古代海上丝绸之路——以妈祖信仰为中心》中认为：

> 粗略检索福建方志，发现除了中原传入的四海龙王、玄天上帝、南海观音等被继续奉为海神外，闽人还创造 20 多位本土的海神，如显应侯、感应将军、灵应将军、威应将军、显惠侯、光济王、协灵惠显侯、忠佑侯、叶忠、十八元帅、助顺将军、通远王、妈祖、拿公、水部尚书、苏碧云、圣公爷、水仙尊王（五位）、许仁、王爷、施琅等等。……福建沿海地区不但海神众多，而且海神信仰贯穿于航海乃至海外移民的始终。……为了给

---

[①] 张近慧：《南海神庙波罗鸡装饰图像与岭南民间宗教文化》，《长春理工大学学报》2010 年第 9 期，第 63—64 页。

航海者祈祷提供方便，沿海地区特别是港口码头建造大量的海神庙，其中妈祖庙最为常见……从起航下针时，就要举行祭祀各种海神仪式，颂念疏文，把航行过程中的数十位相关保护神都请到船上，祈求一帆风顺、往回大吉。……商舶的规模较大，有条件设置神龛，供奉各种海神，早晚定时祭拜祈祷。……航海过程中，当遇到台风巨浪或触礁搁浅等海难时，船上所有人员更是把命运寄托于海神保佑，出现各种各样的祭拜海神活动……海神信仰贯穿于航海始终，它既反映了时人对海上巨大风险的畏惧心理，又体现了航海者借助海神信仰战胜各种艰难险阻的必胜信念。①

再如，一些特殊的海洋信仰行为在成为海洋考古材料后，可以再深入讨论。黄纯艳在《宋代的海难与海难救助》就专门讨论了"海难救助"：

考古发掘的沉船及遗物展现的是主人公缺失的宋代海难，而文献记载的主要是以人为中心的宋代海难。……海上航行风涛莫测，航海者寄望得到神灵保佑，免除灾祸。……受神灵保佑之恩而不回报者则会有海难之祸。如泉州海商杨客"为海贾十余年，致赀二万万，每遭风涛之厄，必叫呼神明，指天日立誓，许以饰塔庙设水陆为谢。然才达岸，则遗忘不省，亦不复纪录"。……考古文物资料和宋代史籍留下了大量宋代海难事故的记载。这些记载各有特点。考古文物和正史文集等多是写实的记录，或有对官员善政的褒扬。笔记小说中也有对海难史实的记载，而更多的是基于海难频发的现实和对海洋的神秘想象糅合的主观书写，其中一个重要的旨趣就是宣扬对佛教和各类神灵的信仰，传播因果相报的宗教观念。而这也顺应了当时人们在频繁的海上活动中祈求保佑、免除海难的心态。频繁发生的海难事故受到宋朝官方的重视，采取了收容安置，供给口食；安排遣返本国；保护海难船主和商人的财产；给海难者额外赏赐；免除税收；有偿借贷等多种救助海难的方式。其中供给口食、遣返本国和保护海难者财产已经成为宋代明确规定的制度法令。

① 林国平：《海神信仰与古代海上丝绸之路——以妈祖信仰为中心》，《福州大学学报(哲学社会科学版)》2017年第2期，第5—9、15页。

宋朝对海难的积极救助具有政治和经济等多方面的积极意义。①

## 三、开拓"海上丝绸之路"研究空间

"海上丝绸之路"应当是海洋考古的重要研究方向，也是宗教美术的重要研究方向，这方面的成果也特别丰富。

例如，许多学者在"海上丝绸之路"层面上对神庙和航线展开了思考，一些材料有了新的梳理。例如，王元林在《宋南海神东、西庙与广州海上丝路》中这样讨论南海庙与广州海上丝路的关系：

> 南海神是海上交通护卫神，与广州"海上丝绸之路"的发展有着不可分割的关系。无论官方还是民间，祈祷还是答谢，南海神都成为南海航行中不可缺少的神灵，供奉南海神的南海庙成为维系"海上丝绸之路"延续的纽带，随着南海市舶贸易的发展，南海庙亦更加气势恢宏。
>
> 1. 南海庙的修建更多留下的是官方的史料，而少见商人捐资修庙的记载，但这却不能否认中外商人在其中的作用……
> 2. 从历次修建南海庙的官员所属的部门亦能反映出南海庙与"海上丝绸之路"有千丝万缕的联系……
> 3. 港口是广州"海上丝绸之路"的载体，南海神庙在一定程度上可以说是港口附属的宗教文化建筑，起着文化上、心理上的慰藉作用。②

"黑石号"沉船上的葡萄纹镜也受到学者的重视，如齐东方在《"黑石号"沉船出水器物杂考》中这样认为：

> 在"黑石号"沉船上数量众多的铜镜中，值得注意的还有葡萄纹镜。这是唐代最多的铜镜种类之一，关于这种铜镜的研究已持续了一个多世纪，目前认为其年代为唐代前期，流行于7世纪后半到8世纪中期。但"黑石号"沉船上的发现，多少打乱了这一常识。"黑石号"沉船上发现

① 黄纯艳：《宋代的海难与海难救助》，《云南社会科学》2016年第2期，第148—155页。
② 王元林：《宋南海神东、西庙与广州海上丝路》，《海交史研究》2006年第1期，第24—41页。

的大量瓷器等物品证明沉船的年代应为晚唐时期，沉船上的其他物品如折枝纹铜镜等也是唐代后期制造的。这时葡萄镜已经不再制作和流行。那么，为什么会在"黑石号"沉船出现葡萄镜？①

丝绸之路有"陆上丝绸之路"和"海上丝绸之路"两种主要类型，以往的考古活动中，前者关注者多，成果也很多，后者关注者少，成果亦不多。但是，随着海上考古的进步和学术界的关注，这方面的成果将会越来越受到重视，数量也会日益增加，如明代沉船上的青花瓷就越来越受到重视。

---

① 齐东方：《"黑石号"沉船出水器物杂考》，《故宫博物院院刊》2017年第3期，第6—19、158页。

# 第八章
# 美术考古成果与文化遗产保护

　　文化遗产保护研究是近年来全社会关心的大事情，也是学术界关注的热点，文化遗产中有很大比例的材料来自考古遗存，所以这个领域的研究离不开考古报告方面的成果。考古报告是关于考古遗存的第一手材料，直接涉及文化遗产保护。一方面，遗存发掘提供了文化遗产保护的对象。考古报告的学术价值首先表现在提供考古材料方面，有了考古报告提供的第一手材料，文化遗产保护才有了保护的对象。另一方面，遗存保护提供了文化遗产保护的标准。考古报告作为第一手资料而提供了考古遗存的原貌，这为之后的保护提供了原貌标准，同时提供了检验标准。因此，考古报告与文化遗产保护的关系是一个基础性的研究领域。

　　从宗教美术考古的学科空间看，这个研究领域应当予以特别关注。关于考古报告与文化遗产保护关系的讨论，我们引入美术考古体系和丝绸之路体系的维度来进行，这也是对中国风格考古体系建设的一种尝试。首先，文化遗产保护是一个宏大的文化建设工程，需要更加开阔的视野，以及更多的学科合力。引入美术考古体系，可以获得更大范围的学术积淀来支持文化遗产保护的深入讨论；同时，美术考古涉及的考古遗存中，很大比例为宗教美术考古，这样的现状符合历史发展走向，在学科上不会产生偏离。其次，引入丝绸之路体系，可以使相关讨论进入世界文化遗产保护的视野，在理论认识上得到升华；同时，丝绸之路上的文化遗产中，宗教美术遗存占有举足轻重地位，相关讨论可以突出宗教美术考古所具有的学科地位和理论空间。

　　引入丝绸之路体系，具有明确的现实意义。世界文化遗产保护是当代学术界的一个重要关注，丝绸之路是其中的一条文化遗产大道，中国学者也因此更有一份重大责任。随着中国经济和学术的发展，特别是在"一带一路"

倡议提出后，中国学术界有了更多参与。一方面，考古遗存是世界文化遗产中的大宗门类，也是中国文化遗产中非常突出的一个类型，这方面的研究可以体现中国学者的努力；另一方面，美术考古的学科特征也可以带来一些新的文化遗产保护思路和操作方法。

概而言之，在文化遗产保护的事业中，我们从美术考古成果与文化遗产保护之间的关系展开讨论，引入美术考古体系和丝绸之路体系，提出一些重要关注点，努力促进中国风格的考古体系形成。结合中国美术考古理论和丝绸之路研究的学术积淀，我们主要从三个方面展开讨论：文化遗产对美术考古成果的依赖、美术考古成果推动文化遗产保护和美术考古成果促进关注中国元素。

## 第一节　文化遗产对美术考古成果的依赖

丝绸之路文化遗产中，美术遗存占有很大比例，这样的现状形成了文化遗产对宗教美术考古成果的依赖。

在丝绸之路的文化遗产中，美术遗产普遍存在，而且体量极大。一方面，建筑遗存成为研究对象。建筑是美术中的一个重要门类，美术遗产有了更宽泛的边界。1972年，联合国教育、科学及文化组织大会通过《保护世界文化和自然遗产公约》，其中对文化遗产的定义有文物、建筑群和遗址三个方面的界定：文物，从历史、艺术或科学角度看具有突出的普遍价值的建筑物、碑雕和碑画，具有考古性质成分或结构、铭文、窟洞及联合体。建筑群，从历史、艺术或科学角度看在建筑式样、分布均匀或与环境景色结合方面具有突出的普遍价值的单立或连接的建筑群。遗址，从历史、审美、人种学或人类学角度看具有突出的普遍价值的人类工程或自然与人联合工程及考古地址等地方。①在这样的定义下，美术遗产成为文化遗产中的重要内容，也成为丝绸之路上一个普遍的文化遗产现象。

从具体的文化遗产分布看，丝绸之路上美术遗产的体量规模，不仅表现在美术遗产的保护对象上，而且也表现在美术考古的理论成果中。保护对象

---

① 参见史晨暄：《世界遗产"突出的普遍价值"评价标准的演变》，清华大学博士学位论文，2008年，第2页。

上，《世界文化遗产名录》(以下简称《名录》)收录了大量美术遗产，此外还有体量更加巨大的沿途各类美术遗产。学术界关注的丝绸之路路线有"陆上丝绸之路""海上丝绸之路"和"草原丝绸之路"。"丝绸之路：长安—天山廊道路网"在第38届世界遗产大会上被正式列入《名录》，我们主要讨论这条线上的美术遗产。从《名录》和中外学者的研究成果出发，我们将美术遗产分为绘画雕塑遗产和建筑遗产两大类。

## 一、《名录》中的美术遗产

2014年，"丝绸之路：长安—天山廊道路网"被正式列入《名录》。这条丝绸之路由中国、吉尔吉斯斯坦和哈萨克斯坦三国联合申报，起点是中国的西安，终点是中亚哈萨克斯坦的七河地区，全长5000千米。

中国境内的丝绸之路上的22处遗存点中有9处是绘画雕塑遗产，其余为建筑遗产。绘画雕塑遗产中，佛教美术遗产数量最大，也最为人们所熟知，如陕西的彬县大佛寺石窟、甘肃的麦积山石窟、炳灵寺石窟和新疆的克孜尔石窟等，都是著名美术遗产。之前，已列入《名录》的莫高窟和洛阳龙门石窟等更是闻名遐迩的美术遗产。其他列入《名录》的建筑遗产也举世闻名，如陕西的大雁塔、甘肃的玉门关和新疆的高昌古城和交河古城等。

中国境外的丝绸之路上，美术遗产以建筑遗产为主。哈萨克斯坦有8处遗存点，均为建筑遗产，其中阿克亚塔斯遗址，建造时有阿拉伯建筑师参与，具有中东建筑的传统风格。吉尔吉斯斯坦有3处遗存点，也都为建筑遗产，其中碎叶城遗址(阿克·贝希姆遗址)，曾是唐朝的"安西四镇"之一，使人遐想汉唐风韵；此外，新城遗址(科拉斯纳亚·瑞希卡遗址)的建筑风格融合了周边地区的多元文化。之前列入《名录》的文化遗产中，哈萨克斯坦的霍贾·艾哈迈德·亚萨维陵墓和泰姆格里考古景观岩刻，以及吉尔吉斯斯坦的苏莱曼-图圣山，都有很好的绘画雕塑遗产内容。

中国境内，还有预备申遗点26处，其中石窟美术遗产数量最大，占一半以上。具体有河南的巩义石窟寺、洛阳白马寺，陕西的鸠摩罗什舍利塔、法门寺地宫、大秦寺塔，宁夏的固原古城(大佛窟)、须弥山石窟，甘肃的水帘洞石窟-拉梢寺、张掖大佛寺、马蹄寺石窟群、榆林窟，新疆的库木吐喇石窟、森木塞姆石窟、吐峪沟石窟、柏孜克里克石窟等。其他备选申遗点中，多数为宗教美术遗产，如陕西的茂陵及霍去病墓及昭陵、乾陵的雕塑，还有新疆阿斯塔那墓地的墓室壁画等。

## 二、《名录》之外的美术遗产

《名录》之外还有数量更加庞大的美术遗产存在，这一点在中国最为突出，这些美术遗产以绘画雕塑遗产为主，其中又以佛教美术遗产、道教美术遗产和壁画墓遗产最为突出。

中国境内丝绸之路上，佛教美术遗产数量最多，目前全国有考古报告的佛教美术遗产 800 处左右，其中一半在中部地区和西部地区，这是"陆上丝绸之路"的主要区域。佛教美术遗产中，中国的大型石窟群也基本在这条线上，列入《名录》的六大石窟群都在这里，未列入的中小型石窟更是星罗棋布。

道教美术遗产整体数量不大，根据考古报告材料，有 100 多处分布在中国的中部地区与西部地区，这里也是丝绸之路的主干道。

壁画墓是中国境内丝绸之路上数量最大的美术遗产，数量超过佛教美术遗产。以考古报告材料看，全国目前有 1000 多处壁画墓遗产，其中与丝绸之路相关的中部地区与西部地区壁画墓遗址就近 700 处。从遗产影响看，大型壁画墓和代表性壁画墓也大都分布于丝绸之路主干道，如洛阳地区的汉墓壁画分布区和关中地区的号墓为陵分布区等。①

## 三、美术考古的理论成果

丝绸之路的文化遗产认识中，美术考古是一个显学领域，中外学者都对这里丰富的美术遗产给予了极大关注，相关的论文多，专著多，取得的成就也大，这方面的理论成果自然成为丝绸之路文化遗产中的一个重要内容。

首先，美术考古的论文多。这方面的成果数量庞大，大多数讨论文化遗产的学者都有这方面的关注，而且许多都是连续性的关注。在中国知网的中文文献库中，以主题"丝绸之路文化遗产"检索，可获 130 条；继续以主题

---

① 参见汪小洋：《中国墓室壁画史论》，第 391 页。

"丝绸之路美术"检索，可获 35 条；再以主题"丝绸之路考古"检索，可获 69 条。后两项之和可以达到"丝绸之路文化遗产"论文的 2/3 以上，美术考古的比重由此可见一斑（以上数据统计时间截止到 2019 年）。

其次，美术考古的代表作多（例见图 8-1）。许多学者关于丝绸之路美术考古的研究成果都成为自己的代表作，建立了学术地位。俄罗斯学者马尔夏克被学界尊为"中亚考古之父"，他的《突厥人、粟特人与娜娜女神》一书，将世界不同地域的粟特人围屏石榻图像予以了解读和专题研究，对于丝绸之路历史和文明的研究具有突破性的学术价值，对中国北朝时期北方地区宗教美术与美术考古方面的研究具有参考价值和启发意义。[1]意大利学者康马泰的《唐风吹拂撒马尔罕：粟特艺术与中国、波斯、印度、拜占庭》，重点考察了撒马尔罕大使厅壁画，讨论了唐代皇室和佛教、希腊化时期和萨珊时期粟特艺术的风格转变，以及印度教神祇图像对粟特地区的影响等，书中收录的插图很多是最新的考古成果，该书还专设附录"北朝粟特考古大事年表"，他的研究获得了认可，荣膺加利福尼亚大学伯克利分校"阿扎佩杰出教授"。[2]

图 8-1　片治肯特古城六 I 号壁画　7—8 世纪

资料来源：宋永忠：《中亚美术的奇葩——粟特壁画艺术》，《美术》2016 年第 11 期，第 129—133 页

---

① 〔俄〕马尔夏克：《突厥人、粟特人与娜娜女神》，毛铭译，漓江出版社，2016。
② 〔意〕康马泰：《唐风吹拂撒马尔罕：粟特艺术与中国、波斯、印度、拜占庭》，毛铭译，漓江出版社，2016。

## 第二节　美术考古成果推动文化遗产保护

美术考古是来自西方的一门学科,最早由郭沫若引入中国,他翻译的《美术考古学发展史》1929 年由乐群书社出版。之后,学术界并没有注意学科界定方面的问题,20 世纪 80 年代后才有了这方面的讨论。1986 年出版的《中国大百科全书·考古学》中,首次出现了"美术考古学"的内容,以后在 1991年出版的《中国大百科全书·美术学》中也出现了"美术考古学"的词条,刘凤君的《美术考古学导论》也于 1995 年出版。[①] 关于美术考古的界定,学术界存在争议,主要是学科的归属问题。或认为归属考古学:"(美术考古是)考古学的分支学科,以田野考古发掘和调查所获得的美术遗迹和遗物为研究对象。"[②] 或认为归属美术学:"美术考古是一门以田野考古发掘和调查所获得的美术遗迹和遗物为研究对象,在美术史层面上展开研究活动的美术学分支学科。"[③] 各家虽有争议,但在研究对象上没有争议,都指向了考古成果。这些考古成果,当然也是文化遗产的成果。

就文化遗产保护而言,美术考古在学科归属上最好能够具有兼顾性。文化遗产保护是一个宏大的工程,《保护世界文化和自遗产公约》即已明确提出历史、艺术和科学三个方向,跨学科的思路和路径当然也应当成为一种要求,美术考古兼顾考古学与美术学的学科属性非常符合这样的要求,引入具有兼顾性的美术考古来讨论文化遗产保护,显然更有意义,也更有针对性。

### 一、提供更加开阔的理论视野

作为一门独立学科,考古学和美术学都有着明确的学科边界,但是在文化遗产保护的大结构中,对象本身常常边界模糊,既是考古成果,也是美术作品。对于这样的现象,学科边界最好有所叠加,用跨学科的思路来开阔理论视野,美术考古就具有这样的特征。

---

① 刘凤君:《美术考古学导论》,山东大学出版社,1995。
② 杨泓:《美术考古半世纪——中国美术考古发现史》,第 5 页。
③ 汪小洋、姚义斌:《美术考古与宗教美术》,第 11 页。

一方面，考古学需要美术学补充。美术考古具有考古学属性，其指向是自然科学的研究方法。考古学通过田野考察获得研究对象，形成了以地层学和考古类型学(标型学、器物形态学)为支柱的学科方法论，这两种方法论都借鉴于自然科学的手段和理念，这一基本点决定了田野考古有"见物不见人"的学科特点，在研究活动中反复强调过程的客观性，常常禁止运用主观性语言来描述对象，从而忽视了这种特殊人工制品所具有的主观性内容。这样的学科要求下，研究对象得到了最客观的完整描述，所有描述都以呈现原貌为目标，甚至将其视作唯一目标。这样的描述结果往往有过程而无结论，原貌的原始信息得到呈现，但原貌信息的意义则展开有限。这样的学科要求有利于文化遗产的原貌认识，但遗产意义的认识容易被忽视，显然不能覆盖文化遗产保护的所有内容，特别是遗产的审美价值将受到限制。在遗产意义和审美价值的认识方面，美术考古中的美术学属性显然有着极好的学科补充。

另一方面，美术学需要考古学补充。美术考古具有美术学属性，其指向是人文学科的研究方法。美术学对作品首先考虑的是审美价值，围绕审美价值提出了创作过程、风格特征和历史地位等美术史的研究要求。这样的要求对遗存的审美价值有全面的考虑，但对原貌方面的信息来源并没有对应的或特别的关注，甚至是完全接受考古成果而没有自己的学科思考和选择。这样的审美过程，当然也不能达到文化遗产保护的所有要求，美术考古中的考古学属性显然有着极好的学科补充。有学者就认为，考古发掘上有关艺术的资料有"捷足先得"之利。[①]

同时，文化遗产的概念也处于一个不断发展的过程中，这样的发展使文化遗产有了一个边界不断扩大的趋势。有学者这样梳理："文化遗产"是产生于 20 世纪并随时代不断发展的概念。它源自西方古代的"纪念物"(monument)概念，即"引起记忆的物体"。《威尼斯宪章》对"历史文物"也有宽泛的定义。20 世纪 50 年代以前，历史和文化资产多称为"文化财产"和"历史文物"，后者主要指具有艺术和历史价值的建筑。保护历史和文化财富的国际运动也使用"历史文物"概念。[②]边界不断扩展的文化遗产，当然

---

① 参见李霖灿：《李浴先生〈中国美术史纲〉序》，《艺术工作》2017 年第 5 期，第 108—110 页。
② 参见史晨暄：《世界遗产"突出的普遍价值"评价标准的演变》，清华大学博士学位论文，2008年，第 4 页。

非常需要美术考古提供的互补结构。

　　质言之，在文化遗产保护大结构的要求下，对美术遗产的研究模式需要有一个对应的变化，考古学的地层学方法和类型学方法被学者热情地引入，人类学、社会学、民族学等学科的理论也被学者广泛地运用，目前甚为流行的图像学、叙事学等皆为常用方法，考古学与美术学形成了一个互补结构，为文化遗产保护提供了更加开阔的理论视野。

## 二、提供更加多元化的保护思路

　　丝绸之路是一条跨国界的文化之路，各国人文地理环境不同，文化遗产属性也更加多样，多样化的遗产必然提出多样化的保护要求。这样的语境中，文化遗产保护需要多元化的保护思路，美术考古的研究领域和研究方法就提供了这样的思路。

　　其一，美术考古在保护意识的普及方面做出贡献。

　　普及是文化遗产保护的一个重要任务，完成这一任务的前提是保护意识深入人心；同时，文化遗产保护的专业知识是一个很高的门槛，这一门槛对普及工作产生某种限制，如何使文化遗产的普及工作不被这个门槛所限制，并在文化遗产的专业知识和保护意识之间找到一个平衡，美术考古提供了解决路径。

　　美术考古具有考古学的属性，但研究对象是已发掘的考古成果，因此在考古活动中有了自己的参与特征。一方面，美术考古对考古活动是一种有限参与，具体的方案制订、发掘过程和技术细节等现场工作并不需要研究者直接参与，只是一种有限参与，这样也就降低了考古学方面的许多专业要求；另一方面，美术考古不参与考古现场的工作，但又必须熟悉现场工作的内容，这方面的专业知识积累对深入研究是必需的。美术考古对考古发掘的有限参与及具有较高的熟悉度，降低了参与文化遗产保护的门槛，这样的平衡促进了保护意识的形成，也因此而促进了考古知识的普及。

　　公共考古模式的特点是解决专业与普及之间的矛盾，该模式首先在西方出现，自 20 世纪 70 年代在《公共考古学》( *Public Archaeology* )[①]中被提出以来，公共考古模式已经发展成为一个比较成熟的研究领域。该书开篇即明

---

① McGimsey C R: Public Archaeolongy, Seminar Press, 1972.

确指出："公众对考古学兴趣的不断增长以及越来越多的公众参与使研究考古学、遗产和公众之间的关系成为一门学科。"①公共考古的理论指向非常明确，主要是解决专业化与大众化之间存在的矛盾："考古学学科的专业化趋势和考古学发展以及文化遗产保护所要求的大众化之间的矛盾是公众考古学得以产生的内在动因，而不同民族间的文化冲突、对待历史的态度、考古学的伦理责任等考古工作者不可回避的社会问题则为公众考古学的兴起提供了现实土壤。"②

美术考古与公共考古在学科属性上有很大的重叠，美术考古关注的美术遗产也可以归入公共考古的研究范围，因此公共考古的理论与实践也可以说明美术考古参与文化遗产保护所带来的意义，特别是对保护意识的普及可能做出的贡献。

其二，美术考古使美术遗产的审美价值得到升华。

美术遗产是美术考古与美术学的研究对象，但在审美价值的取向上两门学科并不完全一致。在美术学领域，美术遗产的审美主要是美术作品的鉴赏；在美术考古领域，美术遗产则增加了文化遗产保护带来的审美要求，美术考古可以使美术遗产的审美价值得到升华。

首先，增加了新的审美路径。美术学领域的审美活动中，作品的产生和传播是主要审美路径。美术考古领域的审美活动中，产生与传播之外，作品发现成为一条重要的审美路径。考古活动发现了美术遗产，这样的发现有常态的，也有非常态的，带来的审美成果也可能是意外的。因此，对于美术遗产而言，发现的审美路径无疑显得更加重要，许多重要的审美成果都来自作品发现。

其次，引入了自然科学的审美内容。因为考古发掘的参与和贡献，美术遗产有了许多自然科学影响的审美内容，如地层学、类型学、风格学、图像学带来的审美指导，以及科技方法在遗产保护方面带来的评价等。许多文化遗产的虚拟场景展示，也是自然科学带来的一种审美活动。同时，因为遗产保护是一件持续长久的事情，其中特别要考虑到自然科学带来的影响，日新月异的自然科学进步随时都会带来保护方法的改进、保护理念的变化。因此，美术遗产的审美活动在自然科学影响下形成了一个具有持续性的调整结构。

---

① 参见范佳翎：《"公众考古学"和"公众考古理念"辨析》，《南方文物》2013 年第 4 期，第 121—124 页。

② 郭立新、魏敏：《初论公众考古学》，《东南文化》2006 年第 4 期，第 54—60 页。

最后，保护标准的提高带来了审美愉悦。美术考古领域所面对的美术作品一旦进入考古视野就与其他类型的美术作品拉开了距离，各个方面的保护要求随之而来，保护标准也因此成为衡量作品价值的一个顶层指标，该指标的执行与完成都成为审美愉悦的内容。

其三，美术考古的二次考古体系直接保护了文化遗产。

所有文化遗产都面临着遗产被破坏的危险，考古发掘也会造成损坏。有学者这样认为："考古发掘本身改变了文化遗产的保存环境和保存状况，在某种意义上带有'破坏'（加引号的）的性质。因此，考古实践中的文化遗产保护至为基本，至为关键。文化遗产保护，事关考古学能否持续发展的大问题。"[1]但是，所有文化遗产都不能回避发掘活动，只有进行发掘活动才能完整而深入地发现和认识文化遗产。这样的语境下，美术考古的二次考古体系可以直接提供帮助。

美术考古是一个特殊的考古门类，不直接参与考古活动，所有研究都首先围绕考古报告展开，并由此建立二次考古体系。首先，确认考古报告为第一手资料，明确考古材料边界，降低现场考察的必要性。其次，穷尽所有相关考古信息（考古报告外还有新闻、论文、著作和年鉴类等相关考古材料），建立完整的年表，以信息的穷尽结构达到现场考察效果，甚至超越现场考察的要求。最后，借助新的科技手段和理论方法，持续发掘考古报告的信息，并为新的发掘活动提供针对性的新要求，促进考古报告撰写水平的提升。

因为是对考古报告的再次发掘，二次考古的研究不涉及考古现场，因此也不会对美术遗产带来直接的损坏。对美术遗产（图8-2）而言，首次发掘后，遗址现场再次进行的考古活动多多少少都会带来损坏，美术考古的二次考古脱离遗址现场，以自己的独特方式来完成考察，也因此可以为文化遗产直接提供保护方式。

美术考古的二次考古体系对于丝绸之路文化遗产保护具有针对性的指导意义，丝绸之路上已经发掘的文化遗产数量极大，而且分布于多个国家，如果都以发掘活动来认识，那将会给遗产保护带来巨大压力，但如果以美术考古的二次考古来认识，那现场破坏就会减少，甚至杜绝，而且二次考古有一

---

① 白云翔：《考古学与文化遗产保护》，《四川文物》2008年第3期，第44—45页。

个关于信息的穷尽结构，现场的发掘信息不仅会得到全面梳理和有针对性的放大，而且也会从穷尽结构中得到非常多的补充。一些特殊遗存信息少，二次考古显得特别重要。

图 8-2　商旅图　青海郭里木吐蕃墓　750 年

资料来源：青海省文物考古所：《棺板上画的是什么人？》，《中国国家地理》2006 年第 3 期

## 第三节　美术考古成果促进各方关注中国元素

丝绸之路入选《名录》后，沿途文化遗产保护受到关注，"一带一路"倡议提出后，文化遗产保护的范围得到更大扩展，更高的要求也随之而来。这样的语境下，美术考古成果可以促进各方关注文化遗产保护中的中国元素。

### 一、中国文化遗产特征

从美术考古成果维度看，入选《名录》的文化遗产中，中国境内的绘画雕塑遗产比例较高，其他国家的比例较低。相对于丝绸之路沿线其他国家的文化遗产，绘画雕塑遗产比例高是中国文化遗产的一个突出特点。

中国文化遗产保护中，绘画雕塑方面的遗产一向受到重视，已经有了非常好的保护基础。一方面，绘画雕塑类文化遗产有非常高的社会关注度，对应的遗产保护意识早已深入人心。以备选遗存点为例，河南的巩义石窟寺、洛阳白马寺，陕西的茂陵及霍去病墓、鸠摩罗什舍利塔、法门寺地宫、大秦寺塔、昭陵、乾陵，宁夏的固原北朝和隋唐墓地、须弥山石窟，青海的都兰热水墓群，甘肃的水帘洞石窟-拉梢寺、果园-新城墓群、张掖大佛寺、马蹄寺石窟群、榆林窟，新疆的阿斯塔那墓地、尼雅遗址、库木吐喇石窟、森木塞姆石窟、吐峪沟石窟、柏孜克里克石窟等遗产，都是国家的重点保护单位，遗址现场的保护设施都已颇具规模。另一方面，绘画雕塑类文化遗产有很好的考古材料，特别是考古报告和相关材料非常丰富。以宗教美术方面的文化遗产为例，佛教遗产和壁画墓遗产的考古报告有 2000 余篇，对应的评论文章逾万，考古材料的庞大规模为遗产保护提供了坚实的基础。

在中国的世界遗产中，文化和自然遗产的比例与《名录》中的比例基本相同，中国拥有的混合遗产数量占《名录》中混合遗产数量的 16%，是缔约国平均水平的 28.6 倍。[1]这一现象与美术遗产相关，中国美术遗产不仅多与名山大川相联系，所谓"天下名山僧占多"，而且遗产本体也多具有人文与自然结合的特质。与之对照，其他国家的建筑遗产则多是城市建筑成分更加突出。

## 二、美术考古成果促进更好交流

中国文化遗产一方面需要世界予以更多的关注，另一方面有一些领域已得到关注。当然，首先要了解已有成绩。例如，西方学者对中国境内丝绸之路上的美术遗产关注很早，有学者认为："欧洲人在一百年前就对西域进行过如此详细的测量，尤其是中国汉代古籍当中记载的，像居延海、罗布泊这些都是大型湖泊，后来干涸了，干涸以后就找哪一些是它的遗址，哪一些是它的残留，人家完全是从地质调查的角度进行的，是在这个过程当中发现了很多的遗址，发现了很多寺庙，发现了楼兰古城、小河墓地等等。"[2]这些已关注领域，西方学术界往往进入时间比较早，有着更多的积累，认识和学习这些积累可以使文化遗产得到更好保护。

① 史晨暄：《世界遗产"突出的普遍价值"评价标准的演变》，清华大学博士学位论文，2008 年，第 206 页。
② 陈云岗：《身在域外 魂在东方——国外存中国古代雕塑举隅漫谈》，《艺术工作》2018 年第 2 期，第 12—15 页。

在世界已关注的中国美术遗产中，美术考古成果可以学习西方的经验和积累，拓宽交流路径，同时在交流中使这些美术遗产内容有一个更高层次的文化遗产关注，如海捞瓷就使传统瓷器研究有了新的内容(图 8-3)。

图 8-3　"黑石号"出土钟形图案长沙窑瓷碗

资料来源：李怡然：《"黑石号"货物装载地点探究》，《文物鉴定与鉴赏》2017 年第 9 期，第 27—31 页

# 第九章
## 文献史料与宗教美术考古

　　以图证史是近年来的学术界热点，许多新的学术观点都来自以图证史的新探索。不过，图像需要文字的支持也是非常明确的，特别是美术考古方面，所有观点的落实都需要文字材料的帮助，可谓以史证图。在宗教美术考古学科领域，考古成果与文献史料的互证关系更是一个不可或缺的讨论内容。

　　中国传统文化中，对文献的重视源远流长。《尚书·夏书·五子之歌》记："明明我祖，万邦之君。有典有则，贻阙子孙。"①典即文献，数千年的积淀，中国早已是文献泱泱大国。我们同时应当特别注意到，世界上许多历史悠久的文明古国，虽然有着辉煌的艺术成就，但相关的文献却并不完整，中国的文献不仅丰富，而且完整。这样的完整，来自中华文明的绵绵文脉。

　　这样的语境下，中国宗教美术考古的学科建设自然应当得到传统文献的支持，中国宗教美术的文献史料应当成为一个重要的认识领域。首先，在中国传统文化中，文献史料特别丰富，这个先天性优势可以突出中国宗教美术考古的民族特色。其次，知人论世是中国传统艺术批评中一条基本原则，所谓"论世第一，知人第二"，中国宗教美术史料因此而获得了特别重要的认识价值。最后，在现代理论研究的语境下，传统艺术活动的文本不再仅仅只是图像本身的呈现，而且也包含与图像相关的文字，史料已经成为不可或缺的第一手资料；同时，中国宗教美术史料于艺术创作之外，还涉及宗教、历史、地域文化等交叉性内容，这些研究的展开都是建立于史料整理基础之上的。

　　不过，目前中国宗教美术的史料研究存在一个令人尴尬的现象，也就是

---

　　① （清）阮元校刻：《尚书正义》卷七，《十三经注疏》，中华书局，1980，第157页。

至今没有一个贯通性的完整梳理，这样的研究现状显然与史料的重要性不相符合，也影响对传世史料与发掘成果之间逻辑关系的认识。史料梳理是一个基础性工作，丰富的史料只有在系统而完整的梳理工作完成之后才可以发挥出其理论上的认识价值和对研究工作的支持作用。

## 第一节　考古成果与文献史料的互证关系

文献史料与考古成果之间存在什么样的逻辑关系？我们认为是一种互证性的关系。所有的考古成果，不论多么丰富，都需要与文献史料有一个互证性的描述过程。一些重大的遗存发掘活动和一些存在疑问的考古成果，更加需要互证，甚至有些结论只能在互证中获得。质言之，在宗教美术考古编年史的学科建设中，文献史料具有不可或缺的性质。这样的认识之下，我们将从理论层面和操作层面来具体认识文献史料的重要性。

### 一、理论层面的认识

宗教美术考古的学科结构中，考古报告与文献史料存在的逻辑关系是明确的：其一，考古报告是主导资料。考古报告不仅是最基础性的考古资料，而且考古报告具有明确的第一手资料属性，提供研究对象。其二，考古史料是基础性的资料。首先，认识考古现象时，需要文献史料提供互证资料，使相关的结论有一个合理和科学的依据；其次，史料穷尽性梳理中，文献史料可以提供考古线索，寻找可靠的材料边界；最后，图文证史的梳理可提供稳定、可靠的文字史料，这是图像材料常常缺乏的。

中国文献史料是传统文化的一个组成部分，传世文献史料是其主要来源，体量巨大，具有历时性积淀特征。这些史料既为艺术考古发掘成果提供了历史依据，又为艺术考古发掘成果提供了文献互证。因此，考古史料与考古发掘成果构成了中国艺术考古资料的两大体系。这两个体系有着互证性的逻辑关系，是一种并列结构。质言之，中国文献史料作为与考古成果并列的文本体系，有着互证功能，因此在史料整理上应当突出其完整性，这样才可以充分发掘史料积淀，使互证功能得到流畅展开。

对于完整性的要求，我们有这样的认识指向：其一，确定文献史料的边界，以主题展开的描述来穷尽完整。一方面，直接关系的史料应当有穷尽性的完整；另一方面，间接关系的史料，应当寻找特定主题，之后以穷尽的要求来完成整理。其二，突出文化脉络特征。中国文化脉络的延续性、连贯性都是获得信息完整的条件，也提出了信息完整的要求；同时，当代考古成果许多来自随机性的发掘活动，在史料整理中需要考古史料予以信息上的补充，最终获得完整性。

## 二、操作层面的认识

中国文献史料浩如烟海，全面整理是一个极大的挑战。结构设想上，主要有三个方面：其一，描述文献史料的界定与文本意义；其二，确定文献史料的边界与规模建构；其三，梳理特殊文献史料。

### 1. 描述文献史料的界定与文本意义

中国文献史料以传世文献的形式存在，因此需要讨论材料的界定问题，从而获得文本意义。

1）文献史料的文本属性

中国宗教美术考古的文献史料规模大、类型多，各种标准都有自己的指向。不过，从文本形成方式看，主要有首次开发的史料、再次开发的史料和合成性的史料三种类型，文献史料属于首次开发的史料。实际上，文献史料也具有第一手资料的属性。

2）文献史料的文本意义

其一，具有与考古发掘成果并列的文本意义。这两类资料都是首次开发，是获得新资料的有效路径。其二，文本意义上对考古发掘资料有特别支持。所有考古发掘成果都需要恢复语境原貌，文献史料提供论证史料，形成互证结构。其三，文脉沿革上有着特殊意义。世界文明发展中，中国文脉始终没有中断，因此文献史料可以提供延续的、完整的互证体系。

### 2. 确定文献史料的边界与规模建构

从文本意义看，边界寻找有以下两个主要步骤。

1）边界确定

文献史料针对的是与考古研究相关的史料，分为直接关系史料和间接关系史料。这些史料属性的确定，可以确定梳理的方向。一方面，直接关系的史料与宗教美术考古的主题密切相关，边界清楚；另一方面，间接关系的史料比较宽泛，边界不易确定，只有获得一个特定的主题后，这些史料才可能有意义，才可能有边界，如某个年代、某个地域、某个阶层的指导。

2) 规模建构

文献史料承担着与考古发掘成果互证的功能，互证主题可以提供指导。首先，直接关系史料与宗教美术考古的主题密切相关，主题固定，史料边界是清晰的，规模可以确定。其次，间接关系史料是关于特定主题的，主题并不固定，但主题确定后，其史料边界也将清楚，同时规模可以得到确立。最后，从操作层面看，直接关系史料可以通过辑要的方式获得一个工具书结构，而间接关系史料则无法获得一个工具书结构。这样的状态下，前者有边界，数量可以穷尽；后者没有边界，穷尽只能是在特定主题确定后再讨论。

## 3. 梳理特殊文献史料

其一，经、史、子、集资料。一类是以二十四史为代表的正史资料，这类史料说明正史体系的支持；另一类是方志、野史、小说、戏曲、类书、文人文集等方面的资料，这类资料说明非正史体系的支持。

其二，科技资料。一类是传统科技图书，其中插图作品说明古代科技文献提供的支持；另一类是今人整理科技图书，这类作品中的插图说明今人的收集和整理成果。

其三，民间遗存资料。一类是田野考察实物与图像，这类作品说明针对性强，不足是可能缺少与文献对读的条件；另一类是今人汇编遗存实物与图像，说明这类资料的存在状态和今人的整理成果。

其四，海外资料。一类是海外各个大图书馆的相关图册；另一类是海外相关图像的汇编。

其五，研究方法。研究方法可以关注于三个重要方法：类型法。以主题确定考古史料类型，此为关键之一。钩沉法。以主题为依据，构建"习见-稀见"结构，从习见经、史、子、集各部和稀见海外文献、民间文献之中，钩沉与主题直接相关和间接相关的各种类型艺术考古史料。归要法。以校雠、辨伪、版本、目录等手段进行整理，最终以主题分类辑要结集(图9-1、图9-2)。

图 9-1　《图画见闻志》(人民美术出版社　　图 9-2　《宣和画谱》(人民美术出版社
　　　　　1963 年版)　　　　　　　　　　　　　　　1964 年版)

## 第二节　传统史料的存在形式

古语道"左图右史"，史料的巨大体量对当代学者而言是一个令人向往之地，也是一个艰难行走之地。相对于一般学科的史料梳理，中国宗教美术的史料梳理表现出更加烦琐而复杂的面貌，梳理的范围除了宗教美术之外，还涉及许多其他相关学科，学科的交叉性特征特别突出。不过，从史料的存在形式看，其中还是有一些规律可循的：首先，宗教美术是宗教行为的艺术创作，所以史料的指向是涉及与宗教相关的文献；其次，中国宗教美术史料在传世文献之外又有着大量的出土发掘材料，所以史料研究要涉及与考古相关的研究资料；最后，中国宗教美术有着强烈的世俗化色彩，所以史料要广泛涉及传统的世俗文献，当然这样的史料有着宗教本体发展的规定性。因此，中国宗教美术史料的存在形式主要有三种：传统文献史料、宗教经典史料和考古成果史料。以这三种存在形式来勾勒史料的轮廓，对中国宗教美术史料的梳理就有了一个可以操作的思路。

### 一、传统文献史料

传统文献史料基本上是以传世的形式流传下来，包括经、史、子、集等典籍，以及各类地方志、世俗画论等。

　　经、史、子、集是中国古代图书的主要分类方法，中国所有的传统文献基本上都可以按类归于其中，自然，中国宗教美术的史料也可以从中梳理。其中，"史部"有着特别重要的意义。中国有重史的传统，各代文人常常以修史作为学问的最高境界，历代统治者也常常将修史、读史作为治国学问看待，所以中国的史书不仅史料容量巨大，而且具有很高的可靠性。同时，在本土宗教发展初期，经典的缺乏或粗糙使得史书成为重要的文字记载。例如，汉代西王母信仰的传播，首先来自《史记》和《汉书》的记载，这些史料对于汉画像石中普遍存在西王母而汉墓壁画中很少出现西王母的现象提供了一个明确的参照系；再如，佛教的早期传入状态也是依据《三国志》《后汉书》等史书的记载，几乎所有后代研究佛教东渐初期的成果都要引用这些史书中的材料。此外，"子部"中有释家、道家等，这些都是中国宗教美术研究直接参照的经典史料。

　　地方志是关于中国地域文化的文献史料。中国地域辽阔，文化多元，宗教信仰的传播、宗教美术创作的风格，乃至宗教美术遗存的沿革和保存等，往往都存在地域上的差别，有着各自不同的面貌。要了解这些内容，地方志是不可或缺的史料。

　　世俗画论是一个传统的史料领域。中国历史上的艺术家几乎都进入过宗教美术领域，画论广泛记载或评价了他们的创作活动和在宗教美术创作上所取得的成就。这方面，理论界已经有了成熟的认识和运用，如谢巍编著的《中国画学著作考录》规模巨大："现本书著录画学著作（篇、卷、册），正编凡得二千三百十五种，附编得六十种，作者、绘者、编者计一千五百四十二人。"[①]

## 二、宗教经典史料

　　宗教经典是宗教信仰传播的依据，宗教美术是宗教行为的艺术活动，宗教经典因此而对宗教美术的发展有着直接的指导作用。具体的表现是：宗教美术是一个具有仪式性质的美术活动，因此本土宗教的仪式特征要体现于宗教美术的活动过程之中，如仪式场所的选择、尊神的来历和设定、主位神

---

① 谢巍：《中国画学著作考录》，上海书画出版社，1998，第833页。

与陪祀神的形制结构等，这些内容都离不开宗教经典所提供的依据；创作过程离不开宗教经典的规定，如艺术形象系统来自神灵系统的规定、作品的存在方式和具体形制要接受仪轨的指导等；作品的审美价值接受宗教经典的指导，如宗教体验直接引导审美预期、象征体系的运用受制于神灵传说的传播路径等。

宗教经典史料一般可以分为三个类型：第一类是宗教经典的直接指导，如净土宗经典对弥勒造像和弥陀造像、密宗经典对千手千眼观音造像等尊神造像的具体规范和要求。第二类是相关学者根据经典而归纳编撰的书籍，如元代的《元代画塑记》(图 9-3)和清代的《造像量度经》等。第三类是由经典引申的史料。通常，艺术家在遵守宗教经典规定的同时往往有着自己的解释和艺术创作上发挥的空间，相关的史料也因此可以反映出宗教经典所具有的普遍性指导意义。例如，宋代李廌的《德隅斋画品》中就有关于艺术家创作"正坐佛"的记载："世俗画佛菩萨者，或作西域相，则拳发虬髯，穹鼻黝目，一如戎人；或作庄严相，妍柔姣好，奇衣宝服，一如妇人，皆失之矣。公祐所作三十二相，八十种，好皆具，而慈悲威重，有巍巍堂堂天人师之容。笔迹劲细，用色精绝，缣素暗腐而丹青不渝，真可宝也。"[1]李廌赞赏赵公祐所作佛像，就是因为赵氏的佛像包含自己的理解和创造。

图 9-3　《元代画塑记》(北京师范大学出版社 2016 年版)

## 三、考古成果史料

就艺术作品的存在形式而言，中国宗教美术的特点是传世作品外有大量出土文物，特别是优秀的作品，更多的是来自各代遗存。认识这些遗存，考古成果就成为重要的史料资源。例如，出土的汉简、壁画题记等汉墓文字就可以为汉代墓室绘画研究提供墓主人"事死如生"的期待；又如，石窟壁画、

---

① (宋)李廌撰：《丛书集成初编·德隅斋画品》(铅印本)，商务印书馆，1939，第 5 页。

造像上的榜题，可以提供供养人的情况、明确的纪年等可靠而直接的史料认识。再如，中国宗教美术中的道教宫观，因为普遍存在复建、重建的现象而使其原貌难求，但是因为中国传统文化中有动土则建碑的习俗，所以历代宫观往往在修建过程中都有碑文存在，这些碑文就成为寻找宫观原貌信息的可靠史料。

考古成果史料可彰显中国本土文化的博大精深，历代研究也提供了深厚的积累；同时，随着现代考古技术的提高和考古规模的扩大，考古文字史料的发掘和研究成果将日趋丰富而对理论研究产生更大的影响。

## 第三节　宗教行为史料的艺术价值

宗教美术是一个宗教行为，但是布道需要艺术活动，同时世俗化的进程也需要艺术方面的追求，因此宗教美术有着明确的艺术发挥空间，考察宗教行为的史料是一个重要的研究内容。

### 一、宗教象征体系的艺术支持

宗教美术的创作依赖于宗教象征体系所提供的艺术支持，象征体系提供创作的素材、创作的审美指向，同时提供创作的评价标准。

提供创作素材是最常见的艺术支持，即使是世俗化趋势产生了巨大的冲击，宗教象征体系仍然是不可忽视的创作素材，即所谓"古人图画，皆指事为之"[1]。顾炎武在《日知录》里是这样具体论述的："谢在杭《五杂俎》曰：'自唐以前，名画未有无故事者，盖有故事便须立意结构，事事考订，人物衣冠制度，宫室规模大略，城郭山川，形势向背，皆不得草草下笔，非若今人任意师心，卤（鲁）莽灭裂，动辄托之写意而止也。余观张僧繇、展子虔、阎立本辈，皆画神佛变相，星曜真形。至如石勒、窦建德、安禄山，有何足画，而皆写其故实。其他如懿宗射兔，贵妃上马，后主幸晋阳，华清宫避暑，不一而足。上之则神农播种，尧民击壤，老子度关，宣尼十哲，下之则商山采芝，二疏祖道，元达锁谏，葛洪移居。如此题目，今人却不肯画，而古人为

---

① （清）顾炎武著，（清）黄汝成集释：《日知录集释》下册，华山文艺出版社，1990，第955页。

之，转相沿仿。盖繇所重在此，习以成风，要亦相传法度，易于循习耳。'"
①北宋李廌评价《紫微朝会图》也是从道教象征体系出发的，他认为："朱梁时将军张图所作。帝被衮执圭，五星、七曜、七元、四圣、左右执侍、十二宫神、二十八星，各居其次，乘云来下。其容色皆端敬，其服章皆严谨。道家谓玉皇大帝为众仙天子，紫微大天帝为众星天子。观此图者，知君臣之义，虽九天之上，亦未尝废也。"②

宗教象征系统可以为艺术创作提供审美指向，这也是一个普遍存在的现象。东晋袁宏《后汉纪》记载："初，明帝梦见金人长大，项有日月光，以问群臣。或曰：'西方有神，其名曰佛。陛下所梦，得无是乎？'于是遣使天竺，问其道术而图其形像（象）焉。"③这是后人反复引用的史料，"金人丈大"的描述确定了佛造像的崇高指向。菩萨造像亦此，李廌《德隅斋画品》中这样描述普陀观音的造像："蜀勾龙爽所作。具天人种种殊相，宝珠璎珞，铢衣绀髻，使人瞻之，敬心自起。笔气清润，意通幻妙。所居普陀伽山，在海岸孤绝处，烟峦蒙密，佳气蔼然。予尝与德麟雨后望襄阳凤林诸山，气象略相似，颇恨是中无此大士也。"④

宗教象征体系也在评价标准上提供支持。这样的评价，往往有着世俗化的色彩。北宋郭若虚《图画见闻志》在评论"妇人形相"时认为："历观古名士画金童玉女及神仙星官，中有妇人形相者，貌虽端严，神必清古，自有威重俨然之色，使人见则肃恭，有归仰之心。今之画者，但贵其娇丽之容，是取悦于众目，不达画之理趣也。观者察之。"⑤同时，这样的史料也记录了对绘画技法的比较。元代夏文彦《图绘宝鉴》这样品评一位宋代画家："顾德谦，建康人。善画人物，多喜写道像，此外杂工动植，风格特异，论者谓王维不能过，而李后主亦尝谓之曰：'古有凯之，今有德谦。'其爱重如此。"⑥

① （清）顾炎武著，（清）黄汝成集释：《日知录集释》（全校本），栾保群、吕宗力校点，上海古籍出版社，2013，第1227页。

② （宋）李廌撰：《丛书集成初编·德隅斋画品》（铅印本），第7页。

③ （南朝宋）范晔撰，（唐）李贤等注：《后汉书·光武十王传》，中华书局，1965，第1429页。

④ （宋）李廌撰：《丛书集成初编·德隅斋画品》（铅印本），第6—7页。

⑤ （宋）郭若虚撰：《丛书集成初编·图画见闻志》（铅印本），商务印书馆，1936，第35—36页。

⑥ （元）夏文彦：《图绘宝鉴》，商务印书馆，1938，第33页。

## 二、程式化艺术表现的影响

　　程式化是宗教美术的突出特征，从史料看，这一特征并没有影响到艺术家对宗教美术创作的热情。这方面的史料主要有两个内容：一是关于创作风格的影响；二是关于宗教仪式场所的重建活动。

　　关于创作风格的影响在画风、画派的特征和传承上有很好的体现，历代都有大量的程式化文字。一方面，历代评论往往都从艺术家所依门派入手，与前人比较成为一种评论常式。如明代朱谋垔《画史会要》介绍五代画家左礼时说："左礼，成都人。道释像学吴道玄，描染与杨庭光相类，但行笔差细耳。《宣和画谱》谓与张南本相似。"①另一方面，这些文字既是宗教美术对程式化的要求，也是世俗崇古风气的影响所致。如明代茅一相的《绘妙》评价古今优劣时，几乎只考虑前人的创作成就："佛道、人物、士女、牛马，近不及古；山水、林石、花竹、禽鱼，古不及近。何以明之？且顾恺之、陆探微、张僧繇、吴道玄及阎立德、立本皆纯重雅正，惟出天然。吴生之作为万世法，号曰'画圣'。张萱、周昉、韩幹、戴嵩，气韵骨法皆出意表，后之学者终莫能到，故曰近不及古。至如李成、关仝、范宽、董源之迹，徐熙、黄筌之踪，前不籍师资，后无复继踵，借使二李三王之辈复起，边鸾、陈庶之伦再生，亦将何以措手于其间哉？故曰古不及近。"②

　　乐舞方面的材料也很多，其中儒学的材料最为突出，儒学对乐舞有着许多要求。一方面，各代都有专门机构管理乐舞之事，在政府层面是予以明确的管理。史书中有大量的乐志材料，如《史记》有《乐书》，《晋书》《宋书》《南齐书》等有《乐志》，《隋书》《旧唐书》有《音乐志》，《汉书》《新唐书》《元史》则与礼合并为《礼乐志》；另一方面，在相关的乐舞理论书籍中，儒学的影响无处不在，大到主题的规定，小到具体的演奏技巧，都有儒学的要求提出。如明代徐上瀛《大还阁琴谱》中对"古"的论述：《乐志》曰：'琴有正声，有间声。其声正直和雅，合于律吕，谓之正声，此雅、颂之音，古乐之作也；其声间杂繁促，不协律吕，谓之间声，此郑卫之音，俗乐之作也。雅、颂之音理而民正，郑卫之曲动而心淫。然则如之何而可就正乎？必也黄

---

① 《文津阁四库全书·子部·艺术类》第八一六册，商务印书馆，2006，第 440 页。
② （明）茅一相：《绘妙》，中华书局，1985，第 10—11 页。

钟以生之，中正以平之，确乎郑卫不能入也。'按此论，则琴固有时古之辨矣！大都声争而媚耳者，吾知其时也；音淡而会心者，吾知其古也。而音出于声，声先败，则不可复求于音。故媚耳之声，不特为其疾速也，为其远于大雅也；会心之音，非独为其延缓也，为其沦于俗响也。俗响不入，渊乎大雅，则其声不争，而音自古矣。然粗率疑于古朴，疏慵疑于冲淡，似超于时，而实病于古。病于古与病于时者奚以异？必融其粗率，振其疏慵，而后下指不落时调，其为音也，宽裕温庞，不事小巧，而古雅自见。一室之中，宛在深山邃谷，老木寒泉，风声籁籁，令人有遗世独立之思，此能进于古者矣。"①方方面面，都打上了儒学的烙印。

关于宗教仪式场所的重建活动，这是以往容易被忽视的内容，其实重建活动非常重要，但凡重建，必然要想方法将原来供奉的神灵保留下来，重建中的艺术表现也因此而必然服从于程式化的要求。如此，重建活动对宗教美术程式化特征的形成和发展就有着直接的、不可回避的影响，而且这方面的史料特别多。一般有关重建的史料皆要记述以往的历史，以说明供奉场所的延续性，如明宪宗成化十年（1474 年）重建江南苏州府承天寺，史料记载："承天寺在报恩寺西南甘节坊内，梁卫尉卿陆僧璜舍宅构，初名广德重元寺，宋初改今名，元末张士诚据以为宫，明洪武初复为寺，正统八年毁，成化十年重建。"②有的史料则将神灵、殿堂的内容记录得非常详细，以说明重建之功，这样的史料特点是所有相关事项一一交代，极为具体。如明惠帝建文二年（1400 年）造塔建寺，《金陵琐事》记载："沙门宗广于建文二年正月初四日，于奉天门午朝奏，奉圣旨钦依重新修造铁塔，结脋塔顶，黄绿琉璃，宝珠，覆盆仰盆，生熟铜铁，颜料油漆，砖瓦木植，塔灯，四门佛像，诸天圣像，韦驮尊天，大权修利，斋粮，人功匠钱，周围塔殿，大佛宝殿，千佛阁，藏殿，大悲殿，天王殿，大山门，土地堂，祖师堂，僧堂，法堂，瓶檀林，东方丈，西方丈，厨库，两廊，茶寮，□□寮，浴堂，周围涌壁，塑□大佛，观音像，罗汉像，四天王像，各殿□洪钟，法鼓，云板，各殿小钟，大锅，

---

① （清）徐祺撰：《大还阁琴谱·溪山琴况》，《续修四库全书》第 1094 册，上海古籍出版社，1996，第 477 页。

② 凤凰出版社：《中国地方志集成·省志辑·江南 4·乾隆江南通志（二）》卷第四十四，凤凰出版社，2011，第 1 页。

大殿，香炉，大花瓶，大磬，各殿香炉，花瓶，大藏尊经，幢幡，幔帐，宝镜，供棹。"①

　　寺庙、宫观中造像、壁画的重建标准都是明确的，即一切以原貌为准，所以重建中的程式化是明确的。例如，明代千佛寺的修建，《帝京景物略》记载："孝定皇太后，建千佛寺于万历九年。殿供毗卢舍那佛，座绕千莲，莲生千佛，分面合依，金光千朵。时朝鲜国王送到尊天二十四身，阿罗汉一十八身，诏供寺中。其像铜也，而光如漆，非漆也。尊天二十四像，穆肃慈猛，相具神足，衣冠法故，范镏质良。所执持器，乘海脱失，筑氏补之，非其国制也，厥工逊焉。阿罗汉一十八像，梵相，非东土形模，而与天人示现威仪又别。而十八表异，非一意一手为之，努即怒色，瞑即定神，披卷若诵，听物若审也。"②重建者能够将寺庙重建完成，其过程也不失为一次有丰富内容的艺术活动。

　　程式化的艺术表现不仅宗教美术有，世俗美术也有，这也成为中国古代艺术创作论中的一个普遍现象，究其原因，仍然来自创作标准的原则化性趋势。创作标准的原则化性与儒学独尊相关，儒学的内在逻辑是"推天道以明人事"，"天道"是个庞大的概念，可以涵盖一切，也可以推论到具体实例，但是这个推论是原则化的。创作论在传统哲学思想的影响下，创作标准也表现出原则化的趋势。在中国传统创作论中，原则化的论述比比皆是，如古人的《诗经》"六义"，提出风、雅、颂、赋、比、兴，这是针对《诗经》创作而提出的创作论观点，但很快就成为覆盖所有艺术门类的创作原则，并且成为中国影响巨大的创作论体系，历代都在丰富。梳理之后可见这样的轨迹：《周礼·春官·大师》最早提出，当时"风雅颂"是指具体的创作文体，"赋比兴"是指具体的创作方法。到了两汉时期，"六义"成为创作原则，毛苌的《诗大序》、郑玄注的《周礼·六诗》都在强调"六义"在创作上的指导意义。汉以后，南朝刘勰的《文心雕龙·比兴》、锺嵘的《诗品序》，唐代孔颖达的《毛诗正义》，宋代朱熹的《诗集传》等，都沿袭《诗经》的创作原则。可见，"六义"是中国古代的一种重要创作方法，虽然言诗，实际上对所有艺术门类都有着指导意义。显然，这样的意义更多的是原则化的内容。

① (明)周晖撰，张增泰点校：《金陵琐事；续金陵琐事；二续金陵琐事》，南京出版社，2007，第100页。
② (明)刘侗、于奕正：《帝京景物略》，北京古籍出版社，1980，第40—41页。

### 三、独特艺术载体的认识

从艺术创作的角度看，宗教传播的过程是宗教美术创作的独特载体，为艺术家的艺术想象和创作提供了一个特定的创作空间，史料中多有这方面的记载。例如，清代章学诚在《文史通义·内篇》中就提出了"天地自然之象与人心营构之象"的观点，他认为："至于佛氏之学，来自西域，毋论彼非世官典守之遗，且亦生于中国，言语不通，没于中国，文字未达也。然其所言与其文字，持之有故而言之成理者，殆较诸子百家为尤盛，反复审之，而知其本原出于《易》教也。盖其所谓心性理道，名目有殊，推其义指，初不异于圣人之言；其异于圣人者，惟舍事物而别见有所谓道尔。至于丈六金身，庄严色相，以至天堂清明，地狱阴惨，天女散花，夜叉披发，种种诡幻，非人所见，儒者斥之为妄。不知彼以象教，不啻《易》之龙血玄黄，张弧载鬼；是以阎摩变相，皆即人心营构之象而言，非彼造作诳诬以惑世也。至于末流失传，凿而实之，夫妇之愚，偶见形于形凭于声者，而附会出之，遂谓光天之下，别有境焉。儒者又不察其本末，攘臂以争，愤若不共戴天，而不知非其实也。令彼所学，与夫文字所指拟，但切入于人伦之所日用，即圣人之道也。以象为教，非无本也。"[①]

当然，宗教美术最直观的载体是寺庙、宫观这样的物质存在，历史上的优秀艺术家几乎都在寺庙、宫观中表现过自己的艺术才华。艺术大家如此，一般的艺术家也如此。北宋黄休复的《益州名画录》记载了当时艺术家赵德齐的艺术活动："德齐者，温奇子也。乾宁初王蜀先主府城精舍不严，禅室未广，遂于大圣慈寺大殿东庑起三学延祥之院，请德齐于正门西畔画南北二方天王两堵。院门旧有卢楞伽画行道高僧三堵六身，赖德齐迁移，至今获在。光化年王蜀先主受昭宗敕置生祠，命德齐与高道兴同手画西平王仪仗、旗纛旌麾、车辂法物及朝真殿上皇姑帝戚、后妃嫔御百堵以来，授翰林待诏，赐紫金鱼袋。蜀光天元年戊寅岁，蜀先主殂逝，再命德齐与道兴画陵庙鬼神人马及车辂仪仗、宫寝嫔御一百余堵。大圣慈寺竹溪院释迦十弟子并十六大罗汉；崇福禅院帝释及罗汉；崇真禅院帝释梵王及罗汉堂□文殊普贤，皆德齐笔，现存。议者以德齐三代居蜀，一时名振，克绍祖业，荣耀何多。"[②]

---

① (清)章学诚：《文史通义》，钱茂伟、童杰、陈鑫注译，中州古籍出版社，2012，第53页。
② 于安澜：《画史丛书·益州名画录》第四册，上海人民美术出版社，1963，第5页。

　　宗教美术还有一个特别的载体,即宗教经典。佛教作为外来的宗教,几乎所有的译本都有文学方面的考虑,鸠摩罗什、真谛、玄奘等高水平的翻译家,他们的翻译成果已经成为翻译文学。道教经典作为文学载体的特征更加突出,《老子》和《庄子》等是所有文学史都要涉及的文学源头。《道藏》也是一个特别的文学载体,其中许多道教人物的描述都含有文学色彩,还有不少文集直接就是诗词表现,如王处一撰写的《云光集》中运用了组诗形式,有十一首之多。道教书籍多民间色彩,有些文本与主流文学有些距离,可以归入民间文学,不过文学价值并不低。东汉后期《太平经》中出现的三首七言诗,可以被认为是文学史上七言诗的雏形。其一《师策文》如下:"吾字十一明为止,丙午丁巳为祖始。四口治事万物理,子巾用角治其右,潜龙勿用坎为纪。人得见之寿长久,居天地间活而已,治百万人仙可待,善治病者勿欺绐。乐莫乐乎长安市,使人寿若西王母,比若四时周反始,九十字策传方士。"①主流社会的七言诗到南北朝的鲍照手上才有成熟的文本,《太平经》的七言诗在东汉后期出现,已经是非常好的七言诗了。

## 四、人物画艺术贡献的记录

　　中国传统美术发展中,人物画弱于山水画,有时甚至受到主流社会的排斥,但是在中国宗教美术作品中,人物画是大宗,许多画家是以宗教人物画而留名历史的。黄休复《益州名画录》中记载了许多在宗教美术活动中成名的人物画家。例如,他对造型能力的评价:"张南本者,不知何许人也,中和年寓止蜀城。攻画佛像人物龙王神鬼,有《金谷园图》《勘书图》《诗会图》《白居易叩齿图》《高丽王行香图》。今圣寿寺中门宾头卢变相,东廊下灵山佛会,大圣慈寺华严阁下东畔大悲变相,竹溪院六祖,兴善院大悲菩萨、八明王、孔雀王变相,并南本笔。相传南本于金华寺大殿画明王八躯,才毕,有一老僧入寺蹶仆于门下,初不知是画,但见大殿遭火所焚。其时孙位画水,南本画火,代无及者,世之水火,皆无定质,唯此二公之画,冠绝古今。僖宗驾回之后,府主陈太师于宝历寺置水陆院,请南本画天神地祇、三官五帝、雷公电母、岳渎神仙、自古帝王、蜀中诸庙一百二十余帧,千怪万异,神鬼

_____

① 王明:《太平经合校》,中华书局,1960,第62页。

龙兽、魍魉魑魅，错杂其间，时称大手笔也。至孟蜀时被人模拓，窃换真本，鬻与荆湖人去，今所存，伪本耳(伪本淳化年遭贼搓劫，已皆散失)。"又如，他对"无一相同"的赞叹："范琼者，不知何许人也，开成年与陈皓、彭坚同时同艺，寓居蜀城。三人善画人物、佛像、天王、罗汉、鬼神，三人同手于诸寺图画佛像甚多。会昌年除毁后，余大圣慈一寺佛像得存。泊宣宗皇帝再兴佛寺，三人于圣寿寺、圣兴寺、净众寺、中兴寺，自大中至乾符，笔无暂释，图画二百余间墙壁，天王佛像、高僧经验及诸变相，名目虽同，形状一无同者。"再如，对人物写真的描述："杜龁龟者，其先本秦人，避禄山之乱，遂居蜀焉。龁龟少能博学，涉猎经史，专师常粲写真杂画，而妙于佛像罗汉。王蜀少主以高祖受唐深恩，将兴元节度使唐道袭私第为上清宫，塑王子晋为远祖于上清祖殿，命龁龟写大唐二十一帝御容于殿堂之四壁，每三会五猎，差太尉公卿荐献宫内。殿堂行事，斋宫职掌，并依太清宫故事。又命龁龟写先主太妃太后真于青城山金华宫，授翰林待诏，赐紫金鱼袋。今严君平观杜天师光庭真，大圣慈寺华严阁东廊下祐圣国师光业真，并龁龟笔，现存。"①

　　此外，寺庙、宫观的艺术活动中，不仅有着许多丰富内容，而且还有着许多独特之处，因此可以将历史上围绕其中的艺术家作为一个独特的艺术群体看待，这方面的史料很多，应当受到关注(图9-4、图9-5)。

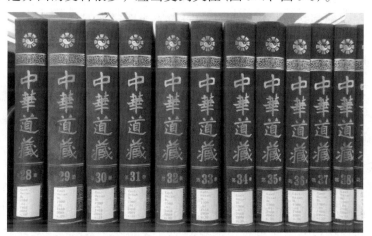

图9-4　《中华道藏》(华夏出版社2004年版)

---

① 于安澜：《画史丛书·益州名画录》第四册，第2—3、8—9、18页。

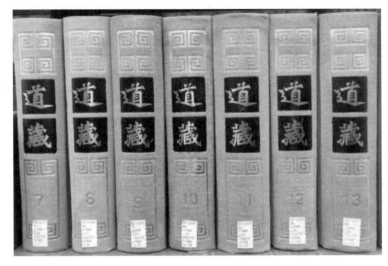

图 9-5　《道藏》(上海书店出版社、文物出版社、天津古籍出版社 1988 年版)

## 第四节　艺术行为史料的宗教价值

宗教美术作为宗教行为，其艺术活动是在宗教主题下展开的，因此其史料也包含一定的宗教价值，这是中国宗教美术对宗教发展的贡献。

### 1. 世俗化进程的记录

中国宗教美术的突出特点是世俗化色彩鲜明，这样的史料俯拾即是。

在中国宗教美术创作活动中，现实人物可以进入宗教作品，早期多为供养人。明代王锜《寓圃杂记》中有这样的记载："吴故墟之西有天王寺，廊之南一神端坐，长可八尺。巾若居士，衣若深衣，隆准大耳，耳有垂珠，目深肤厚，唇努而丰，额甚广，颧甚高，须类虬而不张，有深思穆穆之容。永乐初，百户阖俊来官于苏，偶见其像，伏地而哭。人问其故，乃曰：'此我太祖皇帝之容也。俊侍左右者五年。谛视甚熟。今鼎湖之驾已远，故感泣耳。'遍传吴中，观者如市，至今人每过之，即加瞻仰，以实为太祖圣像。此乃塑手之精，偶类天日之表一二而已。特人心思之至，遂形容之过也。"①皇帝有这样的故事，高官显贵也如此。朱国祯《涌幢小品》记载："杨琏真伽等三髡画诸佛像，以己像杂之，刻于飞来峰石岩之内。嘉靖二十二年二月，杭州知府陈仕贤击下三髡像，枭之，三日，弃于圃。田汝成为之记。亦快。亦快。"②

现实山水景象也能够进入宗教场所，使宗教性质的作品蒙上世俗化的色彩。《益州名画录》记载："张询者，南海人也。爰自乡荐下第，久住帝京，精于小笔。中和年随驾到蜀，与昭觉寺休梦长老故交，遂依托焉。忽一日，长老请于本寺大慈堂后留少笔踪，画一堵早景，一堵午景，一堵晚景，谓之'三时山'，盖貌吴中山水颇甚工。画毕之日，遇僖宗驾幸兹寺，尽日叹赏。王氏朝，皇太子简王欲要迁于东宫，为壁泥通枋移损不全，乃寝前命，今现存。"③

在宗教美术的发展过程中，世俗化的影响也遇到过反对，甚至是很尖锐、尖刻的抨击。明代陆容《菽园杂记》记载："西湖相近诸山，如飞来峰、石屋寺、烟霞洞等处，皆严洞深邃可爱。然每处刻佛像，破碎山壁，亦令人可厌。飞来峰散刻洞外，石屋寺刻洞中，大小至五百余像，烟霞洞所刻尤多，盖皆吴、越及宋人之制。予《烟霞洞诗》有'刻佛过多清气减'之句，正以其可厌耳。"④

宗教美术活动中，有些创作活动需要物质上的巨大投入，这是世俗化的要求。当这个要求与现实生活发生矛盾时，也会遇到问题。史料记载，北宋初期，曾因为各地造像投入巨大而遭到了最高统治者的反对。《宋大诏令集》记载："宋初禁铜以来，天下多辇佛像赴京销毁……此后不得以铜为像。"宋太祖开宝三年(970年)专门发布《禁铸铜诏》："正月禁民用铜铁铸浮图、佛像及无用人物像，虑民毁农器以求福。"之后，宋仁宗康定元年(1040年)也曾发布诏书，禁止使用金箔造像，《宋史·仁宗纪》记载："八月戊戌，禁以金箔饰佛像。"⑤

① (明)王锜撰：《寓圃杂记》，张德信点校，中华书局，1984，第7页。
② (明)朱国祯：《涌幢小品》，中华书局，1959，第674页。
③ 于安澜：《画史丛书·益州名画录》第四册，第37页。
④ (明)陆容撰：《菽园杂记》，佚之点校，中华书局，1985，第157页。
⑤ 转引自汪小洋：《中国宗教美术史料辑要》，上海大学出版社，2011，第366、370页。

## 2. 理论探讨的资料

宗教美术的审美判断是在宗教心理活动中产生的，史料从美术作品的艺术成就和影响上记录了这样的资料。唐代朱景玄《唐朝名画录》记载："景玄每观吴生画，不以装背为妙，但施笔绝踪，皆磊落逸势；又数处图壁，只以墨踪为之，近代莫能加以彩绘。凡图圆光，皆不用尺度规画，一笔而成。景玄元和初应举，住龙兴寺，犹有尹老者年八十余，尝云：'吴生画兴善寺中门内神圆光时，长安市肆老幼士庶竞至，观者如堵。其圆光立笔挥扫，势若风旋，人皆谓之神助。'又尝闻景云寺老僧传云：'吴生画此寺地狱变相时，京都屠沽渔罟之辈，见之而惧罪改业者，往往有之，率皆修善。'所画并为后代人规式也。"[①]

世俗化的宗教活动中，宗教心理活动在仪式场所最为活跃，中国宗教美术的史料就反映了这样的特征。《重修北岳安天王庙碑》阴面记载了造像过程中的虔诚行为："大宋大中祥符六年二月十五日，奉敕移塑北岳安天元圣帝尊像。先于真君观请道士二七人起建道场七昼夜，罢散，至二十二日夜质明用三献官并祭礼祭告安天元圣帝讫，至二十五日卯后四克，用乙时移元圣帝尊像于后殿，与靖明后相并安置讫。当日亥时，请道士二七人起建安神道场七昼夜，罢散日，各设醮一座，谨具三献官并陪位官如后。"[②]

宗教心理活动还体现在信徒建造仪式场所的热情上，这方面的史料更是丰富，许多寺庙、宫观的碑文都有详细的记载，试图表达信徒的虔诚，这些文字反映了中国宗教美术活动的普遍性特征。

宗教美术研究中，认识寺庙、宫观的原貌和沿革是一个普遍的难题。不过，在寺庙、宫观重建活动中经常会留下碑文，记载建筑的历史和沿革。例如，江苏茅山圣祐观为著名道观，始建于宋太祖建隆元年（960年），之后历代皆有修建，惜"三宫五观"等在日本侵华时期基本被毁，目前圣祐观供奉的尊神造像有王灵官、四方之神、三茅真君、四大元帅、土地财神、三茅君父亲茅祚和三茅母亲许氏等，皆为新塑。但是，我们根据明代碑文《大茅

---

① （唐）朱景玄撰，温肇桐注：《唐朝名画录》，四川美术出版社，1985，第3—4页。

② 北京图书馆金石组编：《北京图书馆藏中国历代石刻拓本汇编·两宋一》第三十七册，中州古籍出版社，1989，第197—198页。

峰圣祐观记》等材料提供的线索，可以考证"东岳上卿大元妙道冲虚圣祐真君"为大茅君茅盈，茅山宫观在宋代就已经供奉其神像，其余诸神的供奉年代则待考。

宗教美术活动中，艺术作品往往还直接反映本土宗教的世俗化和佛教本土化的发展特征。郭若虚《图画见闻志》记载了一个皇权影响的故事："景祐中，有画僧曾于市中见旧功德一幅，看之，乃是《慈氏菩萨像》，左边一人执手炉，裹幞头，衣中央服；右边一妇人捧花盘，顶翠凤宝冠，衣珠络泥金广袖。画僧默识其立意非俗，而画法精高，遂以半千售之。乃重加装背，持献入内阁都知。阁一见且惊曰：执香炉者，实章圣御像也，捧花盘者，章宪明肃皇太后真容也。此功德乃高文进所画，旧是章宪阁中，别置小佛堂供养，每日凌晨焚香恭拜。"①《画史》记载了观音的故事："戴逵《观音》，在余家。天男相，无髭，皆贴金。"观音信仰在中土传播的一个突出特征是由男相变为了女相，米芾的记载可以说明这一点。②

### 3. 艺术行为的宗教贡献

宗教美术既是宗教行为，也是艺术行为，艺术家的努力在获得艺术成就的同时使教义宣传有了更好的效果。从教义被广泛接受的角度看，宗教美术的艺术成就具有一定的宗教贡献。

首先，宗教美术使宗教神灵的抽象意义有了直观的形象而被信徒普遍接受。宋代董迶《二十八宿真形图》记载："秘阁所藏《五星二十八宿真形图》，唐阎立本画。五星独有金、火、土，二十八宿存者十三，余亡失，疑守藏吏盗易于外。尝见毕文简公家所收与此同。苏舜钦书其后，比此完具，知其为拓本也。道藏传《五曜图》，金为女形，火为童子形，木为帝王形，土为老人形；而此画金形若美女，两鬓如羽翼，乘凤飞而翔，土为道人，不知何据？经说昴形如梯，毕形如芝，参形如妇人，井如足迹，鬼如佛胸，柳如蛇，张如瞿昙，轸如人手，房如璎珞，心如大麦，尾如蝎，此画皆异。惟牛形如牛头，斗为人形，虚如鸟，娄如马，与经相合。不知经之所云如是矣！而画者

---

① （宋）郭若虚撰：《丛书集成初编·图画见闻志》（铅印本），第236—237页。

② （宋）米芾撰：《画史》，中华书局，1985，第4页。

又异于经，果得言有据耶？立本以画名世，后人顾莫及。其妙绝天下，不当语其所画是非也。"①二十八宿的信仰内容是有历史积淀的，当为繁复，真形图的表现是以大家熟悉之事而图像，使得信徒有了更容易的路径和更好的理解。

其次，宗教美术在艺术形象的塑造过程中创造了一些新的手法。明代李日华《论画人物》记载："每见梁楷诸人写佛道诸像，细入毫发，而树石点缀，则极洒落。若略不住思者，正以像既恭谨，不容不借此以助雄逸之气耳。至吴道子以描笔画首面肘腕，而衣纹战掣奇纵，亦此意也。"②明代周履靖《天形道貌·论画人物》记载衣褶描法，竟然有十八种之多："一曰高古游丝描，用十分尖笔，如曹衣纹；二曰如周举琴弦纹描；三曰如张叔厚铁线描；四曰如行云流水描；五曰马和之、顾兴裔之类马蝗描；六曰武洞清钉头鼠尾描；七曰人多混描；八曰如马远、夏圭用秃笔撅头钉描；九曰曹衣描，即魏曹不兴也；十曰如梁楷尖笔细长撇捺折芦描；十一曰吴道子柳叶描；十二曰用笔微短，如竹叶描；十三曰战笔水纹描；十四曰马远、梁楷之类减笔描；十五曰粗大减笔枯柴描；十六曰蚯蚓描；十七曰江西颜辉橄榄描；十八曰吴道子观音枣核描。"③中国画重写意，这多指文人画，宗教图像还是比较写实的，这些写实技法的交代，是对写意传统的一个补充，当然对中国画的发展无疑是一个促进。

同时，艺术家的追求，也可以反映宗教世俗化的过程。朱谋垔《画史会要》记载了五代时期一个因为世俗价值观而夺人之命的故事："跋异，汧阳人，眉目疏秀，举止详雅。善画佛道鬼神及大像。异恃能自负，尝于广爱寺为张图排斥，洛阳谣曰：'赫赫洛下，唯说异画，张氏出头，跋异无价。'后画福先寺，方朽约，忽一人自称滑台人，姓李，善画罗汉，人称为李罗汉，当与汝对。异嘿然恐如张图者，遂让西壁与之，异乃殚精仁思，屹成一神，侍从严毅，又设色鲜丽，盖平生之所未能者。李服其精妙入神，非己所及，遂手足失措。时人谣曰：'李生来，跋君怕。不意今日却增价，不画罗汉画驼马。'异大有得色，遂夸咤曰：'昔见败于张将军，今取捷于李罗汉。'李倏起如厕，

---

① （宋）董逌：《广川画跋》，何立民点校，浙江人民美术出版社，2016，第69—70页。

② 转引自陶小军、王菡薇：《中国书画鉴藏文献辑录》，南京师范大学出版社，2017，第209页。

③ 转引自（清）章学诚撰，叶瑛校注：《文史通义校注》，中华书局，2014，第24—25页。

异往视之，已缋于僧园矣!"①画家比较技法高低是世俗化的行为，这样的行为发生在宗教美术活动中，并且被广泛地传播，不仅说明画家态度认真，而且说明宗教美术活动中世俗化的行为已经非常普遍。

从世俗化的层面看，中国宗教美术是一个与现实生活密切相关的艺术类型，这是一个宗教行为与世俗化行为多层面交织的艺术活动，这个语境下，宗教美术史料就有了多重价值，也因此而更加丰富。质言之，中国宗教美术史料是一个信息丰富、价值明确，同时需要贯通梳理的重要领域，如敦煌经卷便数量巨大(图 9-6)。

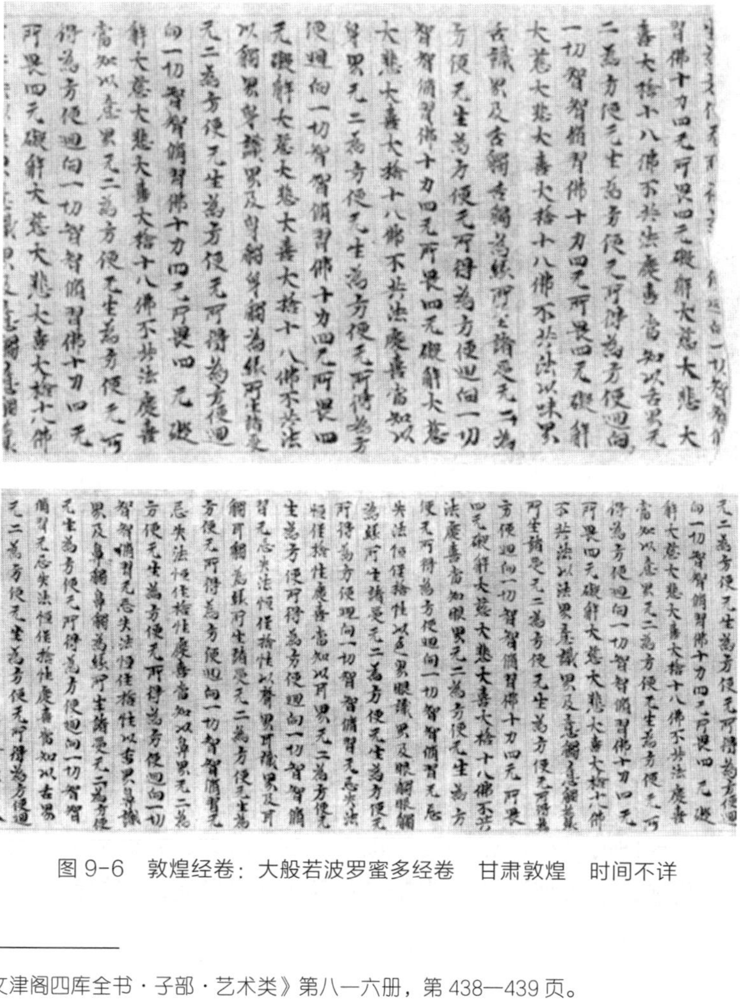

图 9-6　敦煌经卷：大般若波罗蜜多经卷　甘肃敦煌　时间不详

① 《文津阁四库全书·子部·艺术类》第八一六册，第 438—439 页。

## 第五节　中国宗族史料的特殊意义

在中国传统文化史料中，宗族史料是一个大宗，中国宗教美术的体系研究应当关注宗族史料。一方面，宗族文化与宗教有着紧密的关系，宗族神话可以直接成为中国宗教美术的一个组成部分；另一方面，宗族史料极其丰富，据统计，散布于各类图书馆、科研机构及民间的国内外的各类谱牒总数近 50 000 种。

### 一、宗族文化与宗教有着紧密的关系

中国传统文化中，宗族的血缘关系中包含宗教成分，早期的宗族祖先有着神灵性质，后代的宗族祖先也有着神圣化、神明化的明确要求。中国宗族史上，所有的祖先都具有神性化的倾向，各代如此，《左传·僖公十年》所谓"神不歆非类，民不祀非族"①。在与宗教的关系中，宗族活动可以转化一些世俗化的行为准则，甚至直接参与佛道传播产生的活动。此外，这个关系体系中，儒教是一个需要特别关注的视角，宗族与宗教的关系体系可以提供儒学所具有的宗教性质，儒释道三教并列的观点可以从宗族的发展中得到落实。具体看，宗族神话与宗族图像可以文化为宗教美术学提供学科建设的支持。

其一，宗族神话。宗族神话是宗族文化的重要表现形式，是宗族发展的一个内部结构上的支撑点。这些神话讲述宇宙的起源与宗族的起源、宗族祖先的神奇故事、宗族英雄的事迹、各种仪式与习俗的来历，以及这些内容在形成和发展中所存在的种种交织。不管宗族神话的类型如何，它们均为宗族的起源与各种事情的合理存在提供了话语存在的基础，即为各种制度与秩序的存在提供了话语基础。宗族神话研究探讨的就是宗族神话如何进入历史的问题，即神话与历史叙述如何共谋，从而实现表述历史及其事件的意图。鉴于此，我们需要探讨中国宗族神话的存在形态及其与儒教、国家话语、意识形态之间的共建关系。一言以蔽之，宗族神话不论其表述内容与类型如何，它们都表达了宗族成

---

① 转引自杨伯峻：《春秋左传注》，中华书局，2018，第 285—286 页。

员对于所属宗族及其存在的高度认同，这是中国宗族存在和发展的一个前提。

其二，宗族图像。宗族与宗教美术的联系最直接的内容是宗族图像，这些图像因为祖先崇拜而存在和流行。宗族图像是宗族史料中的大宗，与文字史料同样具有史料的地位。一是与文字图像相比，宗族图像不仅承担了宗族记忆，而且具有更加突出的仪式性功能。时间上，宗族图像在文字出现之前就已存在，历代沿革有序，在宗族文化鼎盛的明清时期，宗族图像在族谱、祠堂等宗族文本中也是不可或缺的。二是宗族图像发展有四个阶段：初始期，时间为史前时代和夏商周时期，以玉器、青铜器图像为主；形成期为秦汉魏南北朝时期，以墓葬图像和供养人图像为主，此外还有独特的铜镜铭文图像、造像碑图像等；定型期，时间为唐宋元时期，代表性图像是墓葬图像、祠堂图像和家谱图像；程式化期，时间为明清时期，代表性图像是祠堂图像和家谱图像。三是唐宋元时期宗族图像形成了墓葬图像、祠堂图像和家谱图像三种固定结构。一般说来，明清之前的宗族图像都有着比较高的艺术水准，玉器图像、青铜器图像、墓葬图像、供养人图像还可以吸引当时最好的艺术家参与其中。明清时期，宗族图像虽然繁荣，但缺少杰出艺术家的参与，民间色彩突出，程式化特征也突出，艺术水准已难以和其他艺术门类比较，也因此而有了一个独特的艺术面貌(图9-7)。

图9-7　张谷营村张氏先人墓主牌位　湖南岳阳　近代

## 二、宗族谱牒可以提供丰富的史料

宗族谱牒是一种统称，或俗称为家谱，细分又有许多类别，称谓不同，意义亦有别，如宗谱、族谱、支谱、家乘，世谱、家传等。从载体形式上看，可分为单独的谱书、一郡一州的地方合谱、全国性的总谱(魏晋到隋唐时这种全国性的总谱比较多)、史传中的家谱、在其他载体上的家谱(如石碑)。

关于宗族谱牒的起源有多种说法，或谓起源于母系氏族时期，有起源于父系氏族时期，或谓起源于夏商时期，或谓起源于宋代时期，这些观点都要当代学者予以解释。我们认为，界定宗族谱牒发展时不能混淆了"起源"与"定型"的概念。母系氏族时期、夏商时期是宗族谱牒的萌芽阶段，虽有一些类似的内容(如甲骨或青铜器上有关祖、父、子等记载)，但从文本的本体与运用上讲不能称为谱。故宗族谱牒萌芽很早，但真正有宗族谱牒则在周代，宋代则是宗族谱牒基本定型化的时期。

宗族谱牒的发展中，宋代是一个重要节点。宋代以前完整宗族谱牒绝大多数都不存在了，但有后人的辑本，有些保留其片断，有些保留其序跋，这些宗族谱牒材料需要通过辑佚等工作来探讨复原的可能，从而还原历史上已失传宗族谱牒的原貌、体例，得以看出其发展演变的轨迹，从中归纳出当时宗族谱牒的形态和特征，以及发展规律。宋代以后，宗族谱牒材料很多，特别是宋代以后出现的谱学名家的修谱序跋，是内容丰富、材料珍贵的谱学宝藏。明清时期是宗族谱牒最丰富的时期，现在我们所能看到的完整家谱多为明代以后者，尤其是近来新发现的明末至清代家谱逐年激增。

## 三、宗族谱牒的真实性

宗族谱牒的伪作是一个普遍存在的问题，宗族谱牒的内容并不完全可靠，特别是明清、民国时期民间修的宗族谱牒，在世系上往往会有许多舛误。同时，宋元以前由于年代久远资料缺乏，张冠李戴者较多。另外，宗族谱牒中有一些人物生平资料是从其他书上抄录的，不尽可信。特别多的问题是题跋的伪造很严重，许多宗族谱牒中有一些名人的序言，如韩愈、柳宗元、朱熹等，多是伪托名人。

关于宗族谱牒真实性的研究，主要有以下三方面。

首先，宗族谱牒的辨伪。现存的家谱绝大多数都是私家著述，限于条件，只能上溯到明代。所以一般的家谱中，关于民国、清代乃至明末的内容，都有传承线索而比较可信。至宋元以前，则容易出现张冠李戴、人物时代不合的现象。因此历代家谱虽可给我们提供许多珍贵资料，但在使用时要仔细甄别，否则很容易被误导。谱牒之伪，普遍存在。一是伪造名人序跋。泰和三塘《锺氏族谱》，首冠南朝时锺嵘序，实为清人伪作。《泾川柳氏宗谱》前有柳宗元《谱牒论》，曾被认为是新发现的柳宗元佚文，后经卞孝萱考证其为伪托，谱中另有唐柳玭所撰之序，也是托名古人的伪作。清代有好几个不同姓的族谱中，都有朱熹的序，且文字都相同，只是姓氏的字不同而已，如《福州义门陈氏谱》《福建周氏谱》《泉州刘氏谱》《郑氏大统宗谱》。因此，通过版本鉴别、序跋考证来对宗族谱牒进行辨伪是必须开展的工作。二是托名名人之后。《中山刘氏宗谱》托名于汉中山靖王刘胜之后，自称系唐代刘禹锡之后。就连唐代宗室编写家谱，也伪托为汉代名将李广之后。现代编写的家谱中假托名人冒认祖宗的例子更多，如河南济源卢氏宗谱，托名唐代初年卢照邻之后，却把元和间人卢坦误认卢照邻之子，又把中唐卢纶置于照邻之前，时代错乱，完全不符合历史情况。再如，现在江浙钱姓，几乎都自称是吴越王钱镠的后裔。钱镠为唐末五代人，早在他之前江浙一带已有许多钱氏人群居住了，如唐代大历十才子诗人钱起就是吴兴人，何以后来都成了钱镠的后代了？究其原因，恐怕还是找不到世系的源头而托名名人之后（图 9-8、图 9-9、图 9-10）。

图 9-8　中华裴氏宗谱　孔庆茂藏

图 9-9　鲍氏家谱　孔庆茂藏

图 9-10　孔子世家谱稿　孔庆茂藏

其次，宗族谱牒的辑佚。在谱牒作伪面前，我们并非束手无策，中国古籍文献中有许多有价值的资源可以补充现有家谱的不足。其一，对历代家谱的钩沉与辑佚，尤其是宋元以前的家谱，因其绝大多数已失传，名人家谱资料零星散见于各种人物传记与地方志等典籍中，如南朝梁刘孝标注《世说新语》就征引了当时能见到的许多士族的家谱，现这些家谱均不存于世，因此如果能把这些散见征引的家谱钩沉索隐，便可以借一斑以窥全豹。其二，发掘墓志文献中的家谱资源。中国石刻是仅次于纸质书本的第二大文献载体，石刻中的墓志又占相当大的分量，墓志中都有对墓主人姓氏起源、郡望、始祖的追根溯源，而且特别详细地记载了上至高曾祖、下至子孙的生平资料。墓志的对真实性有一定要求，且都是当时的第一手资料，可靠性较强，如唐代东眷裴氏从后汉至唐，后世谱里世系有所缺失，但如果考南北朝至唐时的墓志碑传，可以发现裴氏世系有条不紊，粲然可观。有些重要墓志甚至可以纠正后世错误，如唐代裴休生平，家谱中据《旧唐书》《新唐书》宰相世系表，以裴俦、裴休、裴俅排列，裴休为仲。但据唐咸通十五年(874)的裴俅之子裴涺的墓志(出土于河南博爱县)记载，裴涺的祖辈三人依次是裴俦、裴俅、裴休，在裴滈墓志里称裴休为叔。这一墓志材料，就纠正了《旧唐书》《新唐书》及后世族谱中的错误。

最后，宗族谱牒的校勘。谱牒有作伪现象，但不能由此便否定家谱的作用。家谱中确实保留着许多有参考价值的文献，有的是家族中世代保留的传世文献，如历代名人的文章，有的是当时或稍后写的行状或家传，如明正德间《新安毕氏族谱》、嘉靖间《汪氏世纪》收录了大量家藏文稿，清初编《马氏家乘》里搜集了大量马氏文稿与题跋行状。这类家谱可以补充许多珍贵的历史资料，而且，这些家谱的编订者多是当时的文人学者，家谱质量有一定要求。但明清、民国时期许多支谱、家谱、家乘的范围较窄，完全属于私人家藏，只印百数十部，编者也只是某家某族长辈承乏，校勘不精，鲁鱼亥豕触目皆是。这类家谱虽然有一定的文献史料价值，但需要经过仔细校勘才能使用。在校勘中常遇到的问题是没有相同或相近的版本可资校订。这是一个难度很大的问题，需要利用相关文献参校。因此，校勘也是我们读宗族家谱时必须小心翼翼的一项工作(图9-11)。

图 9-11　《史记》(中华书局 1982 年版)

# 附录一　中国宗教美术考古报告年表
## （1949—2019 年）

这是中国宗教美术考古领域第一份完整的考古报告年表，团队以穷尽资料的理念寻找和呈现有效信息，并期待为相关专业学者的进一步研究和探索提供一些可能的深入线索。

中国宗教美术考古报告年表属于考古报告关注度体系，年表描述的对象是 1949—2019 年的 70 年间所有考古报告，同时设计了遗存名称、遗存地点、遗存年代和材料来源四个指标，目的是在认识考古工作者取得巨大成就的同时，也可以对考古报告的具体内容有一个整体性的初步梳理，以及呈现这方面的基本信息。

为方便读者参阅，对表格呈现方式及内容特作如下说明。

其一，考古报告的材料全部来自公开发表的考古报告，时间为 1949—2019 年，主要有三个来源：①专业期刊的考古报告，这是本书考古材料的主体；②专题出版物的考古报告；③稀有材料的考古材料，一般是早期出版物和地方出版物，可能不是很完整，但有可以梳理的相关信息。④材料以首发为主，没有公开发表的不收录。

其二，为查找方便，考古报告资料在地域分布上划分为东部、中部、西部、西南部和藏传佛教，沿海省市皆被划分在了东部，这样划分参考了传统文化的沿革和当代行政区划的影响，并不是地理学科意义上的划分。

其三，本书的宗教美术考古类型主要有墓室壁画考古、佛教美术考古和道教美术考古，原始宗教美术考古不在这次的收集范围之内。

其四，表中的遗存名称、遗存地点、遗存年代中的信息均以材料来源中考古报告的记载为准。

附表 1-1　墓室壁画考古报告年表

| 序号 | 遗存名称 | 遗存地点 | 遗存年代 | 材料来源 |
|---|---|---|---|---|
| 墓室壁画东部地区 | | | | |
| 山东省 | | | | |
| 1 | 沂南汉画像石墓 | 山东沂南 | 东汉晚期 | 华东文物工作队山东组：《山东沂南汉画像石墓》，《文物参考资料》1954 年第 8 期 |
| 2 | 肥城汉画象石墓 | 山东肥城 | 东汉建初八年（83 年） | 王思礼：《山东肥城汉画象石墓调查》，《文物参考资料》1958 年第 4 期 |
| 3 | 安丘汉画象石墓 | 山东安丘 | 东汉晚期 | 山东省博物馆：《山东安丘汉画象石墓发掘简报》，《文物》1964 年第 4 期 |
| 4 | 苍山元嘉元年画象石墓 | 山东兰陵 | 南朝刘宋元嘉元年（424 年） | 山东省博物馆、苍山县文化馆：《山东苍山元嘉元年画象石墓》，《考古》1975 年第 2 期 |
| 5 | 临沂金雀山九号汉墓 | 山东临沂 | 西汉武帝时期 | 临沂金雀山汉墓发掘组：《山东临沂金雀山九号汉墓发掘简报》，《文物》1977 年第 11 期 |
| 6 | 嘉祥英山一号隋墓 | 山东嘉祥 | 隋开皇四年（584 年） | 山东省博物馆：《山东嘉祥英山一号隋墓清理简报——隋代墓室壁画的首次发现》，《文物》1981 年第 4 期 |
| 7 | 高唐金代虞寅墓 | 山东高唐 | 金承安二年（1197 年） | 聊城地区博物馆：《山东高唐金代虞寅墓发掘简报》，《文物》1982 年第 1 期 |
| 8 | 泰安大汶口汉画像石墓 | 山东泰安 | 东汉前期 | 泰安地区文物局：《泰安县大汶口发现一座汉画像石墓》，《文物》1982 年第 6 期 |
| 9 | 济南马家庄北齐墓 | 山东济南 | 北齐 | 济南市博物馆：《济南市马家庄北齐墓》，《文物》1985 年第 10 期 |
| 10 | 益都北齐石室墓 | 山东青州 | 北齐武平四年（573 年） | 夏名采：《益都北齐石室墓线刻画像》，《文物》1985 年第 10 期 |
| 11 | 淄博张庄东汉画像石墓 | 山东淄博 | 东汉后期 | 淄博市博物馆：《山东淄博张庄东汉画像石墓》，《考古》1986 年第 8 期 |
| 12 | 泰安县旧县村汉画像石墓 | 山东泰安 | 汉 | 泰安市文物管理局：《山东泰安县旧县村汉画像石墓》，《考古》1988 年第 4 期 |
| 13 | 莒县沈刘庄汉画像石墓 | 山东莒县 | 东汉晚期 | 苏兆庆、张安礼：《山东莒县沈刘庄汉画像石墓》，《考古》1988 年第 9 期 |
| 14 | 梁山东汉纪年墓 | 山东梁山 | 东汉中晚期 | 菏泽地区博物馆、梁山县文化馆：《山东梁山东汉纪年墓》，《考古》1988 年第 11 期 |

续表

| 序号 | 遗存名称 | 遗存地点 | 遗存年代 | 材料来源 |
|---|---|---|---|---|
| 15 | 平阴新屯 M1 号汉画像石墓 | 山东平阴 | 西汉晚期 | 济南市文化局文物处、平阴县博物馆筹建处:《山东平阴新屯汉画像石墓》,《考古》1988 年第 11 期 |
| 16 | 平阴新屯 M2 号汉画像石墓 | 山东平阴 | 西汉晚期 | 济南市文化局文物处、平阴县博物馆筹建处:《山东平阴新屯汉画像石墓》,《考古》1988 年第 11 期 |
| 17 | 济南东八里洼北朝壁画墓 | 山东济南 | 北齐 | 山东省文物考古研究所:《济南市东八里洼北朝壁画墓》,《文物》1989 年第 4 期 |
| 18 | 济南青龙山汉画像石壁画墓 | 山东济南 | 东汉晚期 | 济南市文化局文物处:《山东济南青龙山汉画像石壁画墓》,《考古》1989 年第 11 期 |
| 19 | 阳谷八里庙汉画像石墓 | 山东阳谷 | 东汉 | 聊城地区博物馆:《山东阳谷县八里庙汉画像石墓》,《文物》1989 年第 8 期 |
| 20 | 青州冢子庄汉画像石墓 | 山东青州 | 东汉晚期 | 姜建成、庄明军:《山东青州市冢子庄汉画像石墓》,《考古》1993 年第 8 期 |
| 21 | 章丘女郎山宋金元明壁画墓 | 山东济南 | 北宋晚期 | 济青公路文物考古队绣惠分队:《章丘女郎山宋金元明壁画墓的发掘》,《济青高级公路章丘工段考古发掘报告集》,齐鲁书社 1993 年版 |
| 22 | 枣庄方庄汉画像石墓 | 山东枣庄 | 东汉中期 | 石敬东:《山东枣庄方庄汉画像石墓》,《考古与文物》1994 年第 3 期 |
| 23 | 邹城高李村汉画像石墓 | 山东邹城 | 东汉中期 | 邹城市文物管理处:《山东邹城高李村汉画像石墓》,《文物》1994 年第 6 期 |
| 24 | 武梁祠 | 山东嘉祥 | 东汉晚期 | 蒋英炬、吴文祺编著:《汉代武氏墓群石刻研究》,山东美术出版社 1995 年版 |
| 25 | 泗水南陈东汉画像石墓 | 山东泗水 | 东汉晚期 | 泗水县文管所:《山东泗水南陈东汉画像石墓》,《考古》1995 年第 5 期 |
| 26 | 潍坊汉画像石墓 | 山东潍坊 | 东汉晚期 | 迟延璋、王天政:《山东潍坊市发现汉画像石墓》,《考古》1995 年第 11 期 |
| 27 | 微山汉画像石墓 | 山东微山 | 东汉中期 | 微山县文物管理所:《山东微山县汉画像石墓的清理》,《考古》1998 年第 3 期 |
| 28 | 章丘青野元代壁画墓 | 山东济南 | 元元统三年(1335 年) | 章丘市博物馆:《山东章丘青野元代壁画墓清理简报》,《华夏考古》1999 年第 4 期 |
| 29 | 临沂吴白庄汉画像石墓 | 山东临沂 | 东汉晚期 | 管恩洁、霍启明、尹世娟:《山东临沂吴白庄汉画像石墓》,《东南文化》1999 年第 6 期 |

续表

| 序号 | 遗存名称 | 遗存地点 | 遗存年代 | 材料来源 |
|---|---|---|---|---|
| 30 | 邹城卧虎山汉画像石墓(M1) | 山东邹城 | 西汉晚期或东汉早期 | 邹城市文物管理局:《山东邹城市卧虎山汉画像石墓》,《考古》1999年第6期 |
| 31 | 邹城卧虎山汉画像石墓(M2) | 山东邹城 | 西汉晚期或东汉早期 | 邹城市文物管理局:《山东邹城市卧虎山汉画像石墓》,《考古》1999年第6期 |
| 32 | 滕州三国时期画像石墓 | 山东滕州 | 东汉魏或西晋 | 潘卫东、王元平、陈庆峰:《山东滕州市三国时期的画像石墓》,《考古》2002年第10期 |
| 33 | 临朐北齐崔芬壁画墓 | 山东临朐 | 北齐天保二年(551年) | 山东省文物考古研究所、临朐县博物馆:《山东临朐北齐崔芬壁画墓》,《文物》2002年第4期 |
| 34 | 淄博临淄宋金壁画墓 | 山东淄博 | 宋、金 | 许淑珍:《山东淄博市临淄宋金壁画墓》,《华夏考古》2003年第1期 |
| 35 | 济南司里街元代砖雕壁画墓 | 山东济南 | 元 | 济南市考古研究所:《济南市司里街元代砖雕壁画墓》,《文物》2004年第3期 |
| 36 | 济南历城区洪家楼砖雕壁画墓 | 山东济南 | 北宋 | 刘善沂、王惠明:《济南市历城区宋元壁画墓》,《文物》2005年第11期 |
| 37 | 临淄大武村元墓 | 山东淄博 | 元至正十七年(1357年) | 山东省文物考古研究所、北京大学中国考古学研究中心:《山东临淄大武村元墓发掘简报》,《文物》2005年第11期 |
| 38 | 长清大街村汉代画像石墓(M1) | 山东济南 | 东汉 | 党浩、李胜利、李勇:《山东长清大街村发现汉代画像石墓》,《中国文物报》2006年1月18日 |
| 39 | 长清大街村汉代画像石墓(M2) | 山东济南 | 东汉 | 党浩、李胜利、李勇:《山东长清大街村发现汉代画像石墓》,《中国文物报》2006年1月18日 |
| 40 | 滕州高庄汉画像石墓 | 山东滕州 | 新莽至东汉初期 | 王元平、石晶、孙柱才:《山东滕州高庄发现汉画像石墓》,《考古》2006年第10期 |
| 41 | 邹平东汉彩绘画像石墓(M7) | 山东邹平 | 东汉 | 李日训、郑希敏、郭立民:《山东邹平发现汉代墓地》,《中国文物报》2007年9月14日 |
| 42 | 东阿邓庙汉画像石墓(M1) | 山东东阿 | 东汉晚期 | 陈昆麟、孙淮生、刘玉新等:《山东东阿县邓庙汉画像石墓》,《考古》2007年第3期 |
| 43 | 东阿邓庙汉画像石墓(M2) | 山东东阿 | 东汉晚期 | 陈昆麟、孙淮生、刘玉新等:《山东东阿县邓庙汉画像石墓》,《考古》2007年第3期 |
| 44 | 济南轻骑模具厂画像石墓 | 山东济南 | 东汉晚期 | 山东省文物考古研究所:《济南市轻骑模具厂画像石墓》,《海岱考古》2007年第0期 |

| 序号 | 遗存名称 | 遗存地点 | 遗存年代 | 材料来源 |
|---|---|---|---|---|
| 45 | 济南大官庄金代砖雕壁画墓 | 山东济南 | 金泰和元年（1201 年） | 济南市博物馆、济南市考古所：《济南市宋金砖雕壁画墓》，《文物》2008 年第 8 期 |
| 46 | 济南山大南校区宋代砖雕壁画墓 | 山东济南 | 北宋建隆元年(960 年) | 济南市博物馆、济南市考古所：《济南市宋金砖雕壁画墓》，《文物》2008 年第 8 期 |
| 47 | 东平 12 号墓 | 山东东平 | 东汉早期 | 山东省文物局：《山东东平发现罕见汉代精美壁画墓》，《中国文化报》2008 年 1 月 25 日 |
| 48 | 东平 13 号墓 | 山东东平 | 东汉早期 | 山东省文物局：《山东东平发现罕见汉代精美壁画墓》，《中国文化报》2008 年 1 月 25 日 |
| 49 | 东平 1 号墓 | 山东东平 | 东汉早期 | 山东省文物局：《山东东平发现罕见汉代精美壁画墓》，《中国文化报》2008 年 1 月 25 日 |
| 50 | 章丘明四商贸楼金代壁画墓 | 山东济南 | 金 | 章丘市博物馆：《章丘市明四商贸楼金代壁画墓》，《海岱考古》2011 年第 0 期 |
| 51 | 济南奥体中路画像石墓(M1) | 山东济南 | 东汉晚期 | 济南市考古研究所：《济南市奥体中路画像石墓简报》，《东方考古》2011 年第 0 期 |
| 52 | 济南奥体中路画像石墓(M2) | 山东济南 | 东汉晚期 | 济南市考古研究所：《济南市奥体中路画像石墓简报》，《东方考古》2011 年第 0 期 |
| 53 | 济南北毕村汉代画像石墓(M1) | 山东济南 | 东汉、魏或西晋 | 山东大学历史文化学院、济南市考古研究所、章丘市博物馆：《济南市北毕村汉代画像石墓》，《考古》2012 年第 11 期 |
| 54 | 济南北毕村汉代画像石墓(M2) | 山东济南 | 东汉、魏或西晋 | 山东大学历史文化学院、济南市考古研究所、章丘市博物馆等：《济南市北毕村汉代画像石墓》，《考古》2012 年第 11 期 |
| 55 | 滕州染山西汉画像石墓 | 山东滕州 | 西汉中期 | 滕州市汉画像石馆：《山东滕州市染山西汉画像石墓》，《考古》2012 年第 1 期 |
| 56 | 淄博博山区金代壁画墓 | 山东淄博 | 金永济大安二年(1210 年) | 李鸿雁：《山东淄博市博山区金代壁画墓》，《考古》2012 年第 10 期 |
| 57 | 滕州山头村汉代画像石墓(M1) | 山东滕州 | 西汉早期 | 燕燕燕、狄小卜、陈庆峰：《山东滕州市山头村汉代画像石墓》，《考古》2012 年第 4 期 |
| 58 | 滕州山头村汉代画像石墓(M2) | 山东滕州 | 西汉晚期至王莽时期 | 燕燕燕、狄小卜、陈庆峰：《山东滕州市山头村汉代画像石墓》，《考古》2012 年第 4 期 |
| 59 | 济南高新区埠东村清代壁画墓 | 山东济南 | 清 | 杨爱国、房道国：《济南高新区埠东村清代壁画墓初探》，《中国美术研究》2014 年第 11 期 |
| 60 | 济阳汉画像石墓 | 山东济阳 | 东汉晚期 | 巴建英、王勇：《山东济阳发现汉画像石墓》，《中国文物报》2014 年 8 月 29 日 |

| 序号 | 遗存名称 | 遗存地点 | 遗存年代 | 材料来源 |
|---|---|---|---|---|
| 61 | 莱州西山张家村壁画墓 | 山东莱州 | 北宋 | 烟台市博物馆、莱州市博物馆：《山东莱州市西山张家村壁画墓发掘简报》，《海岱考古》2015年第0期 |
| 62 | 寿光东魏贾思同墓 | 山东寿光 | 东魏 | 寿光市博物馆：《山东寿光东魏贾思同墓清理简报》，《中原文物》2016年第5期 |
| 63 | 淄博清代壁画墓 | 山东淄博 | 清 | 淄博市博物馆：《山东淄博清代壁画墓发掘简报》，《中国国家博物馆馆刊》2016年第10期 |
| 64 | 莱州南五里村宋代壁画墓 | 山东莱州 | 北宋元丰七年（1084年） | 烟台市博物馆：《山东莱州南五里村宋代壁画墓发掘简报》，《文物》2016年第2期 |
| 65 | 邹城峄山北龙河宋金墓（M3） | 山东邹城 | 北宋晚期 | 邹城市文物局：《山东邹城峄山北龙河宋金墓发掘简报》，《文物》2017年第1期 |
| 66 | 邹城峄山北龙河宋金墓（M4） | 山东邹城 | 元 | 邹城市文物局：《山东邹城峄山北龙河宋金墓发掘简报》，《文物》2017年第1期 |
| 67 | 邹城峄山北龙河宋金墓（M1） | 山东邹城 | 金 | 邹城市文物局：《山东邹城峄山北龙河宋金墓发掘简报》，《文物》2017年第1期 |
| 68 | 新泰南鲍村汉画像石墓 | 山东新泰 | 东汉晚期 | 新泰市博物馆：《山东新泰南鲍村汉画像石墓》，《海岱考古》2017年第0期 |
| 69 | 济南长清区大柿园东汉画像石墓 | 山东济南 | 东汉晚期 | 济南市考古研究所、长清区文物管理所：《济南市长清区大柿园东汉画像石墓》，《考古》2018年第4期 |
| 70 | 费县刘家疃汉画像石墓 | 山东费县 | 东汉晚期 | 山东博物馆、费县博物馆：《山东费县刘家疃汉画像石墓发掘简报》，《文物》2018年第9期 |
| 71 | 邹城龙水村西汉画像石椁墓 | 山东邹城 | 西汉 | 邹城市文物局：《邹城市龙水村西汉画像石椁墓发掘报告》，《海岱考古》2018年第0期 |
| 72 | 高密汉画像石墓 | 山东高密 | 东汉 | 高密市博物馆：《山东高密市发现一座汉画像石墓》，《海岱考古》2018年第0期 |
| 73 | 济宁郑庄汉墓 | 山东济宁 | 东汉晚期 | 山东省文物考古研究院、济宁市文物保护中心：《济宁郑庄汉墓发掘报告》，《海岱考古》2019年第0期 |
| 辽宁省 | | | | |
| 1 | 清河门西山村"辽佐移离毕萧相公"族墓 | 辽宁义县 | 辽清宁三年（1057年） | 东北博物馆：《辽西省义县清河门西山村"辽佐移离毕萧相公"族墓发掘工作报告》，《文物参考资料》1951年第9期 |

续表

| 序号 | 遗存名称 | 遗存地点 | 遗存年代 | 材料来源 |
|---|---|---|---|---|
| 2 | 辽阳棒台子屯壁画墓 | 辽宁辽阳 | 东汉晚期 | 李文信:《辽阳发现的三座壁画古墓》,《文物参考资料》1955 年第 5 期 |
| 3 | 辽阳三道壕窑业第四现场墓 | 辽宁辽阳 | 东汉晚期 | 李文信:《辽阳发现的三座壁画古墓》,《文物参考资料》1955 年第 5 期 |
| 4 | 辽阳三道壕窑业第二现场令支令张君墓 | 辽宁辽阳 | 东汉晚期 | 李文信:《辽阳发现的三座壁画古墓》,《文物参考资料》1955 年第 5 期 |
| 5 | 辽阳三道壕 1 号汉墓 | 辽宁辽阳 | 东汉晚期至西晋 | 东北博物馆:《辽阳三道壕两座壁画墓的清理工作简报》,《文物参考资料》1955 年第 12 期 |
| 6 | 辽阳三道壕 2 号汉墓 | 辽宁辽阳 | 东汉晚期至西晋 | 东北博物馆:《辽阳三道壕两座壁画墓的清理工作简报》,《文物参考资料》1955 年第 12 期 |
| 7 | 辽阳上王家村晋代壁画墓 | 辽宁辽阳 | 魏晋时期 | 李庆发:《辽阳上王家村晋代壁画墓清理简报》,《文物》1959 年第 7 期 |
| 8 | 辽宁辽阳县南雪梅村第 1 号壁画墓 | 辽宁辽阳 | 东汉晚期 | 王增新:《辽宁辽阳县南雪梅村壁画墓及石墓》,《考古》1960 年第 1 期 |
| 9 | 建平张家营子辽墓 | 辽宁建平 | 辽初 | 冯永谦:《辽宁省建平、新民的三座辽墓》,《考古》1960 年第 2 期 |
| 10 | 辽阳棒台子二号壁画墓 | 辽宁辽阳 | 东汉晚期 | 王增新:《辽阳市棒台子二号壁画墓》,《考古》1960 年第 1 期 |
| 11 | 朝阳金代壁画墓 | 辽宁朝阳 | 金大定二十四年(1184 年) | 辽宁省博物馆:《辽宁朝阳金代壁画墓》,《考古》1962 年第 4 期 |
| 12 | 北票西官营子北燕冯素弗墓 | 辽宁北票 | 北燕太平七年(415 年) | 黎瑶渤:《辽宁北票县西官营子北燕冯素弗墓》,《文物》1973 年第 3 期 |
| 13 | 辽阳三道壕 3 号壁画墓 | 辽宁辽阳 | 南北朝 | 辽阳市文物管理所:《辽阳发现三座壁画墓》,《考古》1980 年第 1 期 |
| 14 | 辽阳鹅房 1 号壁画墓 | 辽宁辽阳 | 南北朝 | 辽阳市文物管理所:《辽阳发现三座壁画墓》,《考古》1980 年第 1 期 |
| 15 | 辽阳北园 2 号壁画墓 | 辽宁辽阳 | 南北朝 | 辽阳市文物管理所:《辽阳发现三座壁画墓》,《考古》1980 年第 1 期 |
| 16 | 朝阳商家沟 1 号墓 | 辽宁朝阳 | 辽统和二十年(1002 年)左右 | 邓宝学、孙国平、李宇峰:《辽宁朝阳辽赵氏族墓》,《文物》1983 年第 9 期 |
| 17 | 朝阳辽赵匡禹墓 | 辽宁朝阳 | 辽开泰八年(1019 年) | 邓宝学、孙国平、李宇峰:《辽宁朝阳辽赵氏族墓》,《文物》1983 年第 9 期 |

| 序号 | 遗存名称 | 遗存地点 | 遗存年代 | 材料来源 |
|---|---|---|---|---|
| 18 | 朝阳辽赵为干墓 | 辽宁朝阳 | 辽重熙八年<br>（1039年） | 邓宝学、孙国平、李宇峰：《辽宁朝阳辽赵氏族墓》，《文物》1983年第9期 |
| 19 | 朝阳袁台子东晋壁画墓 | 辽宁朝阳 | 东晋 | 辽宁省博物馆文物队、朝阳地区博物馆文物队、朝阳县文化馆：《朝阳袁台子东晋壁画墓》，《文物》1984年第6期 |
| 20 | 朝阳大平房村北燕壁画墓 | 辽宁朝阳 | 北燕 | 朝阳地区博物馆、朝阳县文化馆：《辽宁朝阳发现北燕、北魏墓》，《考古》1985年第10期 |
| 21 | 朝阳北庙村1号墓 | 辽宁朝阳 | 北燕 | 朝阳地区博物馆、朝阳县文化馆：《辽宁朝阳发现北燕、北魏墓》，《考古》1985年第10期 |
| 22 | 辽阳旧城东门里东汉壁画墓 | 辽宁辽阳 | 东汉 | 冯永谦、韩宝兴、刘忠诚等：《辽阳旧城东门里东汉壁画墓发掘报告》，《文物》1985年第6期 |
| 23 | 凌源富家屯元墓一号墓 | 辽宁凌源 | 元 | 辽宁省博物馆、凌源县文化馆：《凌源富家屯元墓》，《文物》1985年第6期 |
| 24 | 法库县叶茂台辽肖义墓 | 辽宁法库 | 辽 | 温丽和：《辽宁法库县叶茂台辽肖义墓》，《考古》1989年第4期 |
| 25 | 朝阳木头城子辽代壁画墓 | 辽宁朝阳 | 辽晚期 | 辽宁省文物考古研究所、朝阳县文物管理所：《辽宁朝阳木头城子辽代壁画墓》，《北方文物》1995年第2期 |
| 26 | 喀左于杖子辽代画像石墓 | 辽宁喀左 | 辽 | 柴贵民、李春生、刘大志：《喀左于杖子辽代画像石墓》，《辽海文物学刊》1996年第1期 |
| 27 | 朝阳沟门子辽墓 | 辽宁朝阳 | 辽晚期 | 李大钧：《朝阳沟门子辽墓清理简报》，《辽海文物学刊》1997年第1期 |
| 28 | 建平唐家杖子辽墓(M3) | 辽宁建平 | 辽晚期 | 吕学明：《建平唐家杖子辽墓清理简报》，《辽海文物学刊》1997年第1期 |
| 29 | 辽阳南环街壁画墓 | 辽宁辽阳 | 东汉晚期至西晋 | 辽宁省文物考古研究所：《辽宁辽阳南环街壁画墓》，《北方文物》1998年第3期 |
| 30 | 辽阳马家村一号辽墓 | 辽宁辽阳 | 辽晚期 | 辽宁省文物考古研究所、阜新市文物管理委员会办公室、彰武县文物管理所：《辽宁彰武的三座辽墓》，《考古与文物》1999年第6期 |
| 31 | 朝阳西上台辽墓 | 辽宁朝阳 | 辽晚期 | 韩国祥：《朝阳西上台辽墓》，《文物》2000年第7期 |
| 32 | 朝阳召都巴辽壁画墓 | 辽宁朝阳 | 辽 | 朝阳市博物馆、朝阳市龙城区博物馆：《辽宁朝阳召都巴辽壁画墓》，《北方文物》2004年第2期 |

续表

| 序号 | 遗存名称 | 遗存地点 | 遗存年代 | 材料来源 |
|---|---|---|---|---|
| 33 | 辽阳南郊街东汉一号壁画墓 | 辽宁辽阳 | 东汉晚期 | 辽宁省文物考古研究所:《辽宁辽阳南郊街东汉壁画墓》,《文物》2008 年第 10 期 |
| 34 | 辽阳南郊街东汉二号壁画墓 | 辽宁辽阳 | 东汉晚期 | 辽宁省文物考古研究所:《辽宁辽阳南郊街东汉壁画墓》,《文物》2008 年第 10 期 |
| 35 | 辽阳南郊街东汉三号壁画墓 | 辽宁辽阳 | 东汉晚期 | 辽宁省文物考古研究所:《辽宁辽阳南郊街东汉壁画墓》,《文物》2008 年第 10 期 |
| 36 | 营城子东汉壁画墓 | 辽宁大连 | 东汉 | 刘立丽:《营城子东汉壁画墓补议》,《东北史地》2009 年第 4 期 |
| 37 | 朝阳西三家辽墓 | 辽宁朝阳 | 辽中期 | 辽宁省文物考古研究所:《朝阳市西三家辽墓发掘简报》,《文物春秋》2010 年第 1 期 |
| 38 | 朝阳姑营子辽代耿氏家族墓 3 号墓 | 辽宁朝阳 | 辽 | 朝阳博物馆、朝阳市龙城区博物馆:《辽宁朝阳市姑营子辽代耿氏家族 3、4 号墓发掘简报》,《文物》2011 年第 8 期 |
| 39 | 营口鲅鱼圈区天瑞水泥厂汉代砖室墓(M15) | 辽宁营口 | 汉 | 辽宁省文物考古研究所:《辽宁营口鲅鱼圈区天瑞水泥厂汉代砖室墓发掘简报》,《北方文物》2016 年第 2 期 |
| 40 | 喀左利州商业街金代纪年墓葬 | 辽宁喀左 | 金 | 喀左县博物馆:《辽宁喀左县利州商业街金代纪年墓葬的发掘》,《北方文物》2017 年第 4 期 |
| 江苏省 | | | | |
| 1 | 昌梨水库汉墓群 | 江苏东海 | 东汉末期 | 南京博物院:《昌梨水库汉墓群发掘简报》,《文物参考资料》1957 年第 12 期 |
| 2 | 南京六朝墓 | 江苏南京 | 六朝 | 南京市文物保管委员会:《南京六朝墓清理简报》,《考古》1959 年第 5 期 |
| 3 | 淮安宋代壁画墓 | 江苏淮安 | 北宋 | 江苏省文物管理委员会、南京博物院:《江苏淮安宋代壁画墓》,《文物》1960 年第 Z1 期 |
| 4 | 南京西善桥南朝墓 | 江苏南京 | 南朝 | 南京博物院、南京市文物保管委员会:《南京西善桥南朝墓及其砖刻壁画》,《文物》1960 年第 Z1 期 |
| 5 | 南京西善桥油坊村南朝大墓 | 江苏南京 | 南朝 | 罗宗真:《南京西善桥油坊村南朝大墓的发掘》,《考古》1963 年第 6 期 |
| 6 | 镇江东晋画像砖墓 | 江苏镇江 | 东晋 | 镇江市博物馆:《镇江东晋画像砖墓》,《文物》1973 年第 4 期 |
| 7 | 丹阳胡桥南朝大墓 | 江苏丹阳 | 南朝 | 南京博物院:《江苏丹阳胡桥南朝大墓及砖刻壁画》,《文物》1974 年第 2 期 |

续表

| 序号 | 遗存名称 | 遗存地点 | 遗存年代 | 材料来源 |
|---|---|---|---|---|
| 8 | 金坛南宋周瑀墓 | 江苏常州 | 南宋 | 镇江市博物馆、金坛县文管会：《江苏金坛南宋周瑀墓发掘简报》，《文物》1977年第7期 |
| 9 | 常州南郊戚家村画像砖墓 | 江苏常州 | 六朝 | 常州市博物馆：《常州南郊戚家村画像砖墓》，《文物》1979年第3期 |
| 10 | 丹阳胡桥吴家村墓、建山金家村墓 | 江苏丹阳 | 南朝 | 南京博物院：《江苏丹阳县胡桥、建山两座南朝墓葬》，《文物》1980年第2期 |
| 11 | 徐州茅村画象石墓 | 江苏徐州 | 东汉晚期 | 南京博物院：《徐州茅村画象石墓》，《考古》1980年第4期 |
| 12 | 扬州邗江南朝画像砖墓 | 江苏扬州 | 南朝 | 扬州博物馆：《江苏邗江发现两座南朝画像砖墓》，《考古》1984年第3期 |
| 13 | 徐州东汉彭城相缪宇墓 | 江苏徐州 | 东汉元嘉元年(151年) | 南京博物院、邳县文化馆：《东汉彭城相缪宇墓》，《文物》1984年第8期 |
| 14 | 新沂瓦窑汉画像石墓 | 江苏新沂 | 东汉晚期 | 徐州博物馆、新沂县图书馆：《江苏新沂瓦窑汉画像石墓》，《考古》1985年第7期 |
| 15 | 连云港赣榆金山下庄墓 | 江苏连云港 | 东汉晚期 | 徐州博物馆、赣榆县图书馆：《江苏赣榆金山汉画像石》，《考古》1985年第9期 |
| 16 | 邳县白山故子东汉画像石墓 | 江苏邳州 | 东汉末期 | 南京博物院、邳县文化馆：《江苏邳县白山故子两座东汉画像石墓》，《文物》1986年第5期 |
| 17 | 泗洪重岗汉画象石墓 | 江苏泗洪 | 东汉 | 南京博物院、泗洪县图书馆：《江苏泗洪重岗汉画象石墓》，《考古》1986年第7期 |
| 18 | 南京东善桥砖瓦一厂南朝墓 | 江苏南京 | 南朝晚期 | 南京市博物馆：《江宁东善桥砖瓦一厂南朝墓发掘简报》，《东南文化》1987年第3期 |
| 19 | 高淳固城东汉画像砖墓 | 江苏南京 | 东汉 | 南京市博物馆：《江苏高淳固城东汉画像砖墓》，《考古》1989年第5期 |
| 20 | 徐州韩山东汉墓 | 江苏徐州 | 东汉中后期 | 徐州博物馆：《徐州市韩山东汉墓发掘简报》，《文物》1990年第9期 |
| 21 | 南京油坊桥南朝画像砖墓 | 江苏南京 | 南朝 | 南京市博物馆：《南京油坊桥发现一座南朝画像砖墓》，《考古》1990年第10期 |
| 22 | 泗阳打鼓墩樊氏画像石墓 | 江苏泗阳 | 曹魏 | 淮阴市博物馆、泗阳县图书馆：《江苏泗阳打鼓墩樊氏画像石墓》，《文物》1992年第9期 |
| 23 | 徐州大山头元代纪年画像石墓 | 江苏徐州 | 元 | 邱永生、徐旭：《江苏徐州大山头元代纪年画像石墓》，《考古》1993年第12期 |

| 序号 | 遗存名称 | 遗存地点 | 遗存年代 | 材料来源 |
|---|---|---|---|---|
| 24 | 常州南郊田舍村画像砖墓 | 江苏常州 | 南朝 | 常州市博物馆、武进县博物馆：《江苏常州南郊画像、花纹砖墓》，《考古》1994 年第 12 期 |
| 25 | 徐州汉画像石墓 | 江苏徐州 | 西汉中晚期 | 徐州博物馆：《江苏徐州市清理五座汉画像石墓》，《考古》1996 年第 3 期 |
| 26 | 铜山班井村东汉墓 | 江苏铜山 | 东汉晚期 | 徐州市博物馆：《江苏铜山县班井村东汉墓》，《考古》1997 年第 5 期 |
| 27 | 睢宁墓山汉画像石墓 | 江苏睢宁 | 东汉中晚期 | 仝泽荣：《江苏睢宁墓山汉画像石墓》，《文物》1997 年第 9 期 |
| 28 | 六合南朝画像砖墓 | 江苏南京 | 南朝 | 南京市博物馆、六合县文物保管所：《江苏六合南朝画像砖墓》，《文物》1998 年第 5 期 |
| 29 | 徐州大庙晋汉画像石墓 | 江苏徐州 | 西晋 | 徐州博物馆：《江苏徐州大庙晋汉画像石墓》，《文物》2003 年第 4 期 |
| 30 | 邳州车夫山前埠汉画像石墓 | 江苏邳州 | 东汉中晚期 | 李军、孟强、耿建军：《江苏邳州车夫山前埠汉画像石墓的复原与研究》，《华夏考古》2003 年第 3 期 |
| 31 | 徐州佛山画像石墓 | 江苏徐州 | 东汉中晚期 | 徐州博物馆：《江苏徐州佛山画像石墓》，《文物》2006 年第 1 期 |
| 32 | 邳州车夫山汉画像石 2 号墓 | 江苏邳州 | 东汉中晚期 | 郝利荣：《邳州车夫山汉画像石墓初步研究》，《东南文化》2006 年第 2 期 |
| 33 | 铜山伊庄洪山汉画像石墓 | 江苏铜山 | 东汉 | 徐州博物馆：《江苏铜山县伊庄洪山汉画像石墓》，《华夏考古》2007 年第 1 期 |
| 34 | 江阴青阳镇里泾坝宋墓 | 江苏江阴 | 宋 | 翁雪花、刁文伟：《江苏江阴市青阳镇里泾坝宋墓》，《考古》2008 年第 3 期 |
| 35 | 徐州贾汪汉画像石墓 | 江苏徐州 | 东汉中晚期 | 郝利荣、杨孝军：《江苏徐州贾汪汉画像石墓》，《文物》2008 年第 2 期 |
| 36 | 南京雨花台区南朝画像砖墓(M84) | 江苏南京 | 南朝 | 南京市博物馆、雨花台区文化广播电视局：《南京市雨花台区南朝画像砖墓》，《考古》2008 年第 6 期 |
| 37 | 南京江宁区胡村南朝墓 | 江苏南京 | 南朝 | 南京市博物馆：《南京市江宁区胡村南朝墓》，《考古》2008 年第 6 期 |
| 38 | 南京江宁胜太路南朝墓 | 江苏南京 | 南朝 | 南京市博物馆、南京市江宁区博物馆：《南京江宁胜太路南朝墓》，《文物》2012 年第 3 期 |

| 序号 | 遗存名称 | 遗存地点 | 遗存年代 | 材料来源 |
|---|---|---|---|---|
| 39 | 南京雨花台石子岗南朝砖印壁画墓 (M5) | 江苏南京 | 南朝 | 南京市博物馆、南京市雨花台区文化局:《南京雨花台石子岗南朝砖印壁画墓 (M5) 发掘简报》,《文物》2014 年第 5 期 |
| 40 | 南京雨花台区铁心桥小村南朝墓 | 江苏南京 | 南朝 | 南京市博物馆:《南京市雨花台区铁心桥小村南朝墓发掘简报》,《东南文化》2015 年第 2 期 |
| 41 | 南京栖霞狮子冲南朝大墓 (M1) | 江苏南京 | 南朝 | 南京市考古研究所:《南京栖霞狮子冲南朝大墓发掘简报》,《东南文化》2015 年第 4 期 |
| 42 | 南京栖霞狮子冲南朝大墓 (M2) | 江苏南京 | 南朝 | 南京市考古研究所:《南京栖霞狮子冲南朝大墓发掘简报》,《东南文化》2015 年第 4 期 |
| 43 | 徐州睢宁龙头山明墓 | 江苏睢宁 | 明万历二十三年 (1595 年) | 徐州博物馆、睢宁博物馆:《江苏徐州睢宁龙头山明墓发掘报告》,《东南文化》2016 年第 6 期 |
| 44 | 无锡胥山湾晚唐吴氏墓 (M2) | 江苏无锡 | 晚唐 | 无锡市文化遗产保护和考古研究所:《江苏无锡胥山湾晚唐吴氏墓葬发掘简报》,《东南文化》2017 年第 2 期 |
| 45 | 南京雨花台区后头山东晋墓 | 江苏南京 | 东晋 | 南京市考古研究所:《南京市雨花台区后头山东晋墓发掘简报》,《东南文化》2017 年第 4 期 |

河北省

| 序号 | 遗存名称 | 遗存地点 | 遗存年代 | 材料来源 |
|---|---|---|---|---|
| 1 | 望都汉墓 | 河北望都 | 东汉晚期 | 姚鉴:《河北望都县汉墓的墓室结构和壁画》,《文物参考资料》1954 年第 12 期 |
| 2 | 望都二号汉墓 | 河北望都 | 东汉光和五年 (182 年) | 河北省文化局文物工作队编:《望都二号汉墓》,文物出版社 1959 年版 |
| 3 | 井陉柿庄宋墓 | 河北井陉 | 北宋晚期至金 | 河北省文化局文物工作队:《河北井陉县柿庄宋墓发掘报告》,《考古学报》1962 年第 2 期 |
| 4 | 新城北场村金时丰墓 | 河北高碑店 | 金初期 | 河北省文化局文物工作队:《河北新城县北场村金时立爱和时丰墓发掘记》,《考古》1962 年第 12 期 |
| 5 | 磁县北齐高润墓 | 河北磁县 | 北齐武平七年 (576 年) | 汤池:《北齐高润墓壁画简介》,《考古》1979 年第 3 期 |
| 6 | 石家庄陈村明代壁画墓 | 河北石家庄 | 明弘治六年 (1493 年) | 石家庄市文物保管所:《石家庄市郊陈村明代壁画墓清理简报》,《文物》1983 年第 10 期 |
| 7 | 磁县东陈村北齐尧峻墓 | 河北磁县 | 北齐天统三年 (567 年) | 磁县文化馆:《河北磁县东陈村北齐尧峻墓》,《文物》1984 年第 4 期 |

续表

| 序号 | 遗存名称 | 遗存地点 | 遗存年代 | 材料来源 |
|---|---|---|---|---|
| 8 | 磁县东魏茹茹公主墓 | 河北磁县 | 东魏武定八年(550 年) | 磁县文化馆:《河北磁县东魏茹茹公主墓发掘简报》,《文物》1984 年第 4 期 |
| 9 | 涿鹿辽代壁画墓 | 河北涿鹿 | 辽晚期 | 张家口地区博物馆:《河北涿鹿县辽代壁画墓发掘简报》,《考古》1987 年第 3 期 |
| 10 | 曲阳南平罗北宋政和七年墓 | 河北曲阳 | 北宋政和七年(1117 年) | 保定地区文物管理所、曲阳县文物保管所:《河北曲阳南平罗北宋政和七年墓清理简报》,《文物》1988 年第 11 期 |
| 11 | 安平逯家庄东汉壁画墓 | 河北安平 | 东汉熹平五年(176 年) | 河北省文物研究所:《安平东汉壁画墓发掘简报》,《文物春秋》1989 年第 Z1 期 |
| 12 | 磁县湾漳北朝墓 | 河北磁县 | 北朝 | 中国社会科学院考古研究所、河北省文物研究所邺城考古工作队:《河北磁县湾漳北朝墓》,《考古》1990 年第 7 期 |
| 13 | 怀安下王屯壁画墓 | 河北怀安 | 北宋徽宗以后 | 张家口地区文管所:《河北怀安下王屯壁画墓发掘简报》,《文物》1990 年第 3 期 |
| 14 | 宣化下八里辽金壁画墓 | 河北张家口 | 辽天庆七年(1117 年) | 张家口市文物事业管理所、张家口市宣化区文物保管所:《河北宣化下八里辽金壁画墓》,《文物》1990 年第 10 期 |
| 15 | 怀安张家屯辽墓 | 河北怀安 | 辽初 | 张家口地区文管所、怀安县文管所:《河北怀安县张家屯辽墓》,《考古》1991 年第 1 期 |
| 16 | 宣化辽姜承义墓 | 河北张家口 | 辽统和十二年(994 年) | 张家口市文管所、宣化县文管所:《河北宣化辽姜承义墓》,《北方文物》1991 年第 4 期 |
| 17 | 宣化下八里辽韩师训墓 | 河北张家口 | 辽天庆元年(1111 年) | 张家口市宣化区文物保管所:《河北宣化下八里辽韩师训墓》,《文物》1992 年第 6 期 |
| 18 | 曲阳五代壁画墓 | 河北曲阳 | 后唐同光二年(924 年) | 河北省文物研究所、保定市文物管理处、曲阳县文物管理所:《河北曲阳五代壁画墓发掘简报》,《文物》1996 年第 9 期 |
| 19 | 宣化辽张文藻壁画墓 | 河北张家口 | 辽大安九年(1093 年) | 河北省文物研究所、张家口市文物管理处、宣化区文物管理所:《河北宣化辽张文藻壁画墓发掘简报》,《文物》1996 年第 9 期 |
| 20 | 平山两岔宋墓 | 河北平山 | 北宋晚期 | 河北省文物研究所:《河北平山县两岔宋墓》,《考古》2000 年第 9 期 |
| 21 | 邯郸北张庄金墓 | 河北邯郸 | 金 | 河北省文物研究所、邯郸市文物管理处:《河北邯郸北张庄金墓发掘简报》,《文物春秋》2001 年第 1 期 |

| 序号 | 遗存名称 | 遗存地点 | 遗存年代 | 材料来源 |
|---|---|---|---|---|
| 22 | 廊坊安次区西永丰村辽代壁画墓 | 河北廊坊 | 辽 | 廊坊市文物管理处、安次区文物保管所：《廊坊市安次区西永丰村辽代壁画墓》，《文物春秋》2001年第4期 |
| 23 | 内丘胡里村金代壁画墓 | 河北内丘 | 金 | 贾成惠：《河北内丘胡里村金代壁画墓》，《文物春秋》2002年第4期 |
| 24 | 滦县新农村东汉墓 | 河北滦县 | 东汉后期 | 唐山市文物管理处、滦县文物管理所：《河北滦县新农村东汉墓发掘简报》，《文物春秋》2002年第4期 |
| 25 | 涿州元代壁画墓 | 河北涿州 | 元至顺二年（1331年） | 河北省文物研究所、保定市文物管理处、涿州市文物保管所：《河北涿州元代壁画墓》，《文物》2004年第3期 |
| 26 | 满城东汉画像石 | 河北保定 | 东汉晚期 | 保定市文物管理所、满城县文物管理所：《满城县新发现一批东汉画像石》，《文物春秋》2006年第2期 |
| 27 | 磁县北朝墓群东魏皇族元祜墓 | 河北磁县 | 东魏天平四年(537年) | 中国社会科学院考古研究所河北工作队：《河北磁县北朝墓群发现东魏皇族元祜墓》，《考古》2007年第11期 |
| 28 | 临城李席吾墓 | 河北临城 | 明末 | 临城县文物保管所：《临城李席吾墓清理简报》，《文物春秋》2012年第4期 |
| 29 | 宣化辽金壁画墓 | 河北张家口 | 辽晚期至金中期 | 河北省文物管理处、河北省博物馆：《河北宣化辽金壁画墓发掘简报》，《文物》2014年第3期 |
| 30 | 井陉北防口宋代壁画墓 | 河北井陉 | 北宋中晚期 | 河北省文物研究所、石家庄市文物保护研究所、井陉县文物保护管理所：《河北井陉北防口宋代壁画墓发掘简报》，《文物》2018年第1期 |
| 31 | 蔚县东坡寨辽代壁画墓 | 河北蔚县 | 辽中期 | 蔚县博物馆：《河北蔚县东坡寨辽代壁画墓发掘简报》，《文物春秋》2019年第1期 |
| 32 | 平山王母村唐代崔氏墓 | 河北平山 | 唐天祐元年（904年） | 河北省文物研究所、石家庄市文物保护研究所、平山县文物保护管理所：《河北平山王母村唐代崔氏墓发掘简报》，《文物》2019年第6期 |
| 福建省 | | | | |
| 1 | 闽侯南屿南朝墓 | 福建闽侯 | 南朝齐梁时期 | 福建省博物馆：《福建闽侯南屿南朝墓》，《文物》1980年第1期 |
| 2 | 尤溪城关宋代壁画墓 | 福建尤溪 | 北宋 | 福建省博物馆、尤溪县文管会、尤溪县博物馆：《福建尤溪城关宋代壁画墓》，《文物》1988年第4期 |

续表

| 序号 | 遗存名称 | 遗存地点 | 遗存年代 | 材料来源 |
|---|---|---|---|---|
| 3 | 尤溪麻洋宋壁画墓 | 福建尤溪 | 北宋 | 福建省博物馆、三明市博物馆、尤溪县博物馆:《福建尤溪麻洋宋壁画墓清理简报》,《考古》1989 年第 7 期 |
| 4 | 尤溪宋代壁画墓 | 福建尤溪 | 北宋 | 王祥堆:《尤溪发现宋代壁画墓》,《东南文化》1990 年第 3 期 |
| 5 | 尤溪县城宋代壁画墓 | 福建尤溪 | 北宋 | 林玉芯:《尤溪县城宋代壁画墓清理纪要》,《东南文化》1991 年第 1 期 |
| 6 | 尤溪拥口村宋代壁画墓 | 福建尤溪 | 不早于南宋绍熙年间 | 尤溪县博物馆:《福建尤溪拥口村发现宋代壁画墓》,《东南文化》1994 年第 5 期 |
| 7 | 将乐元代壁画墓 | 福建将乐 | 元 | 福建省博物馆、将乐县文化局、将乐县博物馆:《福建将乐元代壁画墓》,《考古》1995 年第 1 期 |
| 8 | 三明岩前村宋代壁画墓 | 福建三明 | 南宋 | 福建省博物馆、三明市文管会:《福建三明市岩前村宋代壁画墓》,《考古》1995 年第 10 期 |
| 9 | 尤溪城关镇埔头村北宋纪年壁画墓 | 福建尤溪 | 北宋靖康元年(1126 年) | 陈长根:《福建尤溪县城关镇埔头村发现北宋纪年壁画墓》,《考古》1995 年第 7 期 |
| 10 | 南平宋代壁画墓 | 福建南平 | 北宋中晚期 | 张文崟:《福建南平宋代壁画墓》,《文物》1998 年第 12 期 |
| 11 | 松溪元代壁画墓 | 福建松溪 | 元 | 福建博物院、松溪县博物馆:《松溪县发现元代壁画墓》,《福建文博》2009 年第 1 期 |
| 12 | 将乐明代壁画墓 | 福建将乐 | 明嘉靖二十年(1541 年) | 将乐县博物馆:《将乐明代壁画墓清理简报》,《福建文博》2011 年第 3 期 |
| 13 | 将乐大布山南朝唐宋墓(M4) | 福建将乐 | 宋 | 福建博物院、将乐县博物馆:《将乐县大布山南朝唐宋墓群清理简报》,《福建文博》2014 年第 1 期 |
| 14 | 南安丰州皇冠山"天监十壹年"墓(M12) | 福建南安 | 梁天监十一年(512 年) | 福建博物院、泉州市博物馆:《福建南安丰州皇冠山"天监十壹年"墓发掘简报》,《东南文化》2017 年第 4 期 |
| 15 | 将乐下张公村元代壁画墓 | 福建将乐 | 元 | 三明市文物管理委员会办公室、将乐县博物馆:《将乐县下张公村元代壁画墓清理简报》,《福建文博》2017 年第 4 期 |
| 吉林省 | | | | |
| 1 | 辑安通沟第十二号高句丽壁画墓 | 吉林集安 | 5 世纪 | 王承礼、韩淑华:《吉林辑安通沟第十二号高句丽壁画墓》,《考古》1964 年第 2 期 |

| 序号 | 遗存名称 | 遗存地点 | 遗存年代 | 材料来源 |
|---|---|---|---|---|
| 2 | 辑安五盔坟四号和五号墓 | 吉林集安 | 北朝末年 | 吉林省博物馆：《吉林辑安五盔坟四号和五号墓清理略记》，《考古》1964年第2期 |
| 3 | 辑安麻线沟一号壁画墓 | 吉林集安 | 5世纪 | 吉林省博物馆辑安考古队：《吉林辑安麻线沟一号壁画墓》，《考古》1964年第10期 |
| 4 | 集安禹山下41号墓 | 吉林集安 | 5世纪中叶 | 吉林省博物馆文物工作队：《吉林集安的两座高句丽墓》，《考古》1977年第2期 |
| 5 | 集安洞沟三室墓 | 吉林集安 | 不详 | 李殿福：《集安洞沟三室墓壁画著录补正》，《考古与文物》1981年第3期 |
| 6 | 集安长川一号壁画墓 | 吉林集安 | 5世纪 | 吉林省文物工作队、集安县文物保管所：《集安长川一号壁画墓》，《东北考古与历史》1982年第1期 |
| 7 | 集安长川二号封土墓 | 吉林集安 | 5世纪中叶或稍后 | 吉林省文物工作队：《吉林集安长川二号封土墓发掘纪要》，《考古与文物》1983年第1期 |
| 8 | 山城下墓区332号封土石室壁画墓 | 吉林集安 | 4世纪末叶 | 李殿福：《集安洞沟三座壁画墓》，《考古》1983年第4期 |
| 9 | 山城下墓区983号封土石室壁画墓 | 吉林集安 | 4世纪末至5世纪 | 李殿福：《集安洞沟三座壁画墓》，《考古》1983年第4期 |
| 10 | 万宝汀墓区1368号封土石室壁画墓 | 吉林集安 | 3世纪中叶至4世纪中叶 | 李殿福：《集安洞沟三座壁画墓》，《考古》1983年第4期 |
| 11 | 集安下解放第31号高句丽壁画墓 | 吉林集安 | 5世纪中至6世纪初 | 方起东、刘萱堂：《集安下解放第31号高句丽壁画墓》，《北方文物》2002年第3期 |
| 12 | 环纹墓（JXM033） | 吉林集安 | 不详 | 吴广孝：《集安高句丽壁画》，山东画报出版社2006年版 |
| 13 | 角抵墓（JYM457） | 吉林集安 | 不详 | 吴广孝：《集安高句丽壁画》，山东画报出版社2006年版 |
| 14 | 四神墓（JYM2112） | 吉林集安 | 不详 | 吴广孝：《集安高句丽壁画》，山东画报出版社2006年版 |
| 15 | 舞踊墓（JYM458） | 吉林集安 | 不详 | 吴广孝：《集安高句丽壁画》，山东画报出版社2006年版 |
| 北京市 | | | | |
| 1 | 北京郊区辽墓 | 北京西郊 | 辽 | 苏天钧：《北京郊区辽墓发掘简报》，《考古》1959年第2期 |

续表

| 序号 | 遗存名称 | 遗存地点 | 遗存年代 | 材料来源 |
|---|---|---|---|---|
| 2 | 北京南郊辽赵德钧墓 | 北京南郊 | 辽应历八年(958 年) | 北京市文物工作队:《北京南郊辽赵德钧墓》,《考古》1962 年第 5 期 |
| 3 | 北京西郊百万庄辽墓 | 北京西郊 | 辽 | 北京市文物工作队:《北京西郊百万庄辽墓发掘简报》,《考古》1963 年第 3 期 |
| 4 | 北京斋堂辽壁画墓 | 北京门头沟 | 辽天庆元年(1111 年) | 北京市文化事业管理局、门头沟区文化办公室发掘小组:《北京市斋堂辽壁画墓发掘简报》,《文物》1980 年第 7 期 |
| 5 | 密云元代壁画墓 | 北京密云 | 元代早期 | 张先得、袁进京:《北京市密云县元代壁画墓》,《文物》1984 年第 6 期 |
| 6 | 辽韩佚墓 | 北京海淀 | 辽统合二十九年(1011 年) | 北京市文物工作队:《辽韩佚墓发掘报告》,《考古学报》1984 年第 3 期 |
| 7 | 马怀印夫妇合葬墓 | 北京门头沟 | 清 | 刘义全:《北京市门头沟区发现清代墓葬壁画》,《文物》1990 年第 1 期 |
| 8 | 海淀八里庄唐墓 | 北京海淀 | 唐开成三年(838 年) | 北京市海淀区文物管理所:《北京市海淀区八里庄唐墓》,《文物》1995 年第 11 期 |
| 9 | 北京石景山八角村魏晋墓 | 北京石景山 | 魏晋 | 石景山区文物管理所:《北京市石景山区八角村魏晋墓》,《文物》2001 年第 4 期 |
| 10 | 石景山八角村金赵励墓 | 北京石景山 | 金皇统三年(1143 年) | 王清林、周宇:《石景山八角村金赵励墓墓志与壁画》,《北京文物与考古》2002 年第 0 期 |
| 11 | 北京大兴青云店辽墓 | 北京大兴 | 辽早期 | 北京市文物研究所:《北京大兴区青云店辽墓》,《考古》2004 年第 2 期 |
| 12 | 北京延庆辽金壁画墓 | 北京延庆 | 辽末金初 | 范学新:《北京延庆发现辽金时期壁画墓》,《中国文物报》2005 年 5 月 20 日,第 1 版 |
| 广东省 | | | | |
| 1 | 唐代张九龄墓 | 广东韶关 | 唐开元二十九年(741 年) | 广东省文物管理委员会、华南师范学院历史系:《唐代张九龄墓发掘简报》,《文物》1961 年第 6 期 |
| 2 | 韶市郊古墓 | 广东韶关 | 宋 | 广东省博物馆:《广东韶关市郊古墓发掘报告》,《文物》1961 年第 8 期 |
| 3 | 西汉南越王墓 | 广东广州 | 西汉 | 广州象岗汉墓发掘队:《西汉南越王墓发掘初步报告》,《考古》1984 年第 3 期 |
| 4 | 连州铁鬼坪墓地 | 广东连州 | 南朝中早期 | 广东省文物考古研究所:《广东连州市铁鬼坪墓地清理简报》,《四川文物》2016 年第 6 期 |

续表

| 序号 | 遗存名称 | 遗存地点 | 遗存年代 | 材料来源 |
|---|---|---|---|---|
| 浙江省 | | | | |
| 1 | 海宁东汉画像石墓 | 浙江海宁 | 东汉晚期至三国 | 嘉兴地区文管会、海宁县博物馆:《浙江海宁东汉画像石墓发掘简报》,《文物》1983 年第 5 期 |
| 2 | 临安钱宽墓、水邱氏墓 | 浙江临安 | 晚唐 | 权奎山:《试析南方发现的唐代壁画墓》,《南方文物》1992 年第 4 期 |
| 3 | 余杭南朝画像砖墓 | 浙江余杭 | 南朝 | 杭州市文物考古所:《浙江省余杭南朝画像砖墓清理简报》,《东南文化》1992 年第 Z1 期 |
| 4 | 临安五代吴越国康陵 | 浙江临安 | 吴越国天福四年(939 年) | 杭州市文物考古所、临安市文物馆:《浙江临安五代吴越国康陵发掘简报》,《文物》2000 年第 2 期 |
| 5 | 温州北宋吴辉夫妇合葬壁画墓 | 浙江温州 | 北宋晚期 | 伍显军:《温州北宋吴辉夫妇合葬壁画墓》,《温州文物》2013 年第 0 期 |
| 6 | 龙游方家山东汉新安长墓 | 浙江龙游 | 东汉晚期 | 朱土生:《浙江龙游县方家山东汉新安长墓》,《考古》2016 年第 3 期 |
| 黑龙江省 | | | | |
| 1 | 渤海王室贵族墓葬三陵 2 号墓 | 黑龙江宁安 | 渤海国时期 | 石岩:《20 世纪黑龙江省渤海时期考古的历史与成就》,《北方文物》2013 年第 2 期 |
| 墓室壁画中部地区 | | | | |
| 河南省 | | | | |
| 1 | 郑州二里岗宋墓 | 河南郑州 | 北宋 | 裴明相:《郑州二里岗宋墓发掘记》,《文物参考资料》1954 年第 6 期 |
| 2 | 洛阳涧西宋墓 | 河南洛阳 | 北宋晚期 | 赵青云:《洛阳涧西宋墓(九·七·二号)清理记》,《文物参考资料》1955 年第 9 期 |
| 3 | 洛阳 14 号汉墓 | 河南洛阳 | 东汉 | 河南文物工作队第二队:《洛阳 30、14 号汉墓发掘简报》,《文物参考资料》1955 年第 10 期 |
| 4 | 白沙宋墓(1 号墓、2 号墓、3 号墓) | 河南禹州 | 北宋 | 宿白:《白沙宋墓》,文物出版社 1957 年版 |
| 5 | 郑州南关外北宋墓 | 河南郑州 | 北宋至和三年(1056 年) | 河南省文化局文物工作队第一队:《郑州南关外北宋砖室墓》,《文物参考资料》1958 年第 5 期 |
| 6 | 邓县学庄墓 | 河南邓州 | 北朝 | 陈大章:《河南邓县发现北朝七色彩绘画象砖墓》,《文物参考资料》1958 年第 6 期 |
| 7 | 南阳七里园村汉代石刻墓 | 河南南阳 | 东汉 | 河南省文化局文物工作队:《南阳汉代石刻墓》,《文物参考资料》1958 年第 10 期 |

续表

| 序号 | 遗存名称 | 遗存地点 | 遗存年代 | 材料来源 |
|---|---|---|---|---|
| 8 | 郑州南关 159 号汉墓 | 河南郑州 | 西汉晚期 | 河南省文化局文物工作队：《郑州南关 159 号汉墓的发掘》，《文物》1960 年第 9 期 |
| 9 | 密县打虎亭汉代壁画墓 | 河南新密 | 东汉 | 河南省文化局文物工作队：《河南密县打虎亭发现大型汉代壁画墓和画象石墓》，《文物》1960 年第 4 期 |
| 10 | 南阳杨官寺汉画象石墓 | 河南南阳 | 东汉 | 河南省文化局文物工作队：《河南南阳杨官寺汉画象石墓发掘报告》，《考古学报》1963 年第 1 期 |
| 11 | 襄城茨沟汉画象石墓 | 河南襄城 | 东汉阳嘉元年 (132 年) | 河南省文化局文物工作队：《河南襄城茨沟汉画象石墓》，《考古学报》1964 年第 1 期 |
| 12 | 洛阳烧沟 61 号壁画墓 | 河南洛阳 | 西汉 | 河南省文化局文物工作队：《洛阳西汉壁画墓发掘报告》，《考古学报》1964 年第 2 期 |
| 13 | 巩县宋太宗永熙陵 | 河南巩义 | 北宋乾德三年 (965 年) | 郭湖生、戚德耀、李容淦：《河南巩县宋陵调查》，《考古》1964 年第 11 期 |
| 14 | 唐河针织厂汉画像石墓 | 河南唐河 | 东汉早期 | 周到、李京华：《唐河针织厂汉画像石墓的发掘》，《文物》1973 年第 6 期 |
| 15 | 洛阳北魏元乂墓 | 河南洛阳 | 北魏 | 洛阳博物馆：《河南洛阳北魏元乂墓调查》，《文物》1974 年第 12 期 |
| 16 | 洛阳西汉卜千秋壁画墓 | 河南洛阳 | 西汉 | 洛阳博物馆：《洛阳西汉卜千秋壁画墓发掘简报》，《文物》1977 年第 6 期 |
| 17 | 上蔡宋壁画墓 | 河南上蔡 | 北宋 | 杨育彬：《上蔡宋墓》，《河南文博通讯》1978 年第 4 期 |
| 18 | 武陟小董金代雕砖墓 | 河南武陟 | 金 | 河南省博物馆：《河南武陟县小董金代雕砖墓》，《文物》1979 年第 2 期 |
| 19 | 新乡郊明潞简王墓 | 河南新乡 | 明 | 河南省博物馆、新乡市博物馆：《新乡市郊明潞简王墓及其石刻》，《文物》1979 年第 5 期 |
| 20 | 焦作金墓 | 河南焦作 | 金 | 河南省博物馆、焦作市博物馆：《河南焦作金墓发掘简报》，《文物》1979 年第 8 期 |
| 21 | 方城东关汉画像石墓 | 河南方城 | 东汉 | 南阳市博物馆、方城县博物馆：《河南方城东关汉画像石墓》，《文物》1980 年第 3 期 |
| 22 | 永城固上村汉画像石墓 | 河南永城 | 东汉早期 | 河南省博物馆：《河南永城固上村汉画像石墓》，《中原文物》1980 年第 1 期 |
| 23 | 焦作金代壁画墓 | 河南焦作 | 金 | 河南省博物馆、焦作市博物馆：《焦作金代壁画墓发掘简报》，《中原文物》1980 年第 4 期 |

续表

| 序号 | 遗存名称 | 遗存地点 | 遗存年代 | 材料来源 |
|---|---|---|---|---|
| 24 | 唐河汉郁平大尹冯君孺人画象石墓 | 河南唐河 | 西汉中期 | 南阳地区文物队、南阳博物馆：《唐河汉郁平大尹冯君孺人画象石墓》，《考古学报》1980年第2期 |
| 25 | 邓县长冢店汉画像石墓 | 河南邓州 | 东汉中期 | 《南阳汉画像石》编委会：《邓县长冢店汉画像石墓》，《中原文物》1982年第1期 |
| 26 | 南召云阳宋代雕砖墓 | 河南南召 | 北宋晚期 | 黄运甫：《南召云阳宋代雕砖墓》，《中原文物》1982年第2期 |
| 27 | 洛阳龙门唐安菩夫妇墓 | 河南洛阳 | 唐景龙三年（709年） | 洛阳市文物工作队：《洛阳龙门唐安菩夫妇墓》，《中原文物》1982年第3期 |
| 28 | 唐河石灰窑村画像石墓 | 河南唐河 | 西汉晚期至新莽前期 | 赵成甫、张逢西、平春照：《河南唐河县石灰窑村画像石墓》，《文物》1982年第5期 |
| 29 | 洛阳西工东汉壁画墓 | 河南洛阳 | 东汉晚期 | 洛阳市文物工作队：《洛阳西工东汉壁画墓》，《中原文物》1982年第3期 |
| 30 | 南阳王寨汉画像石墓 | 河南南阳 | 东汉早期 | 南阳市博物馆：《南阳县王寨汉画像石墓》，《中原文物》1982年第1期 |
| 31 | 南阳赵寨砖瓦厂汉画像石墓 | 河南南阳 | 西汉中期 | 南阳市博物馆：《南阳县赵寨砖瓦厂汉画像石墓》，《中原文物》1982年第1期 |
| 32 | 荥阳司村宋代壁画墓 | 河南荥阳 | 北宋 | 郑州市博物馆：《荥阳司村宋代壁画墓发掘简报》，《中原文物》1982年第4期 |
| 33 | 唐河电厂汉画像石墓 | 河南南阳 | 新莽 | 《南阳汉画像石》编委会：《唐河县电厂汉画像石墓》，《中原文物》1982年第1期 |
| 34 | 淅川下寺汉画像砖墓 | 河南淅川 | 东汉 | 李松：《淅川县下寺汉画像砖墓》，《中原文物》1982年第1期 |
| 35 | 温县宋墓 | 河南温县 | 宋 | 张思青、武永政：《温县宋墓发掘简报》，《中原文物》1983年第1期 |
| 36 | 沁阳西向北朝墓及画像石棺 | 河南沁阳 | 北朝晚期 | 邓宏里、蔡全法：《沁阳县西向发现北朝墓及画像石棺床》，《中原文物》1983年第1期 |
| 37 | 南阳英庄汉画像石墓 | 河南南阳 | 东汉早期 | 南阳博物馆：《河南南阳英庄汉画像石墓》，《中原文物》1983年第3期 |
| 38 | 洛阳北宋张君墓画像石棺 | 河南洛阳 | 北宋崇宁五年（1106年） | 黄明兰、宫大中：《洛阳北宋张君墓画像石棺》，《文物》1984年第7期 |
| 39 | 洛阳八里台西汉壁画墓 | 河南洛阳 | 西汉元帝至成帝年间 | 苏健：《美国波士顿美术馆藏洛阳汉墓壁画考略》，《中原文物》1984年第2期 |

续表

| 序号 | 遗存名称 | 遗存地点 | 遗存年代 | 材料来源 |
|---|---|---|---|---|
| 40 | 方城城关镇汉画像石墓 | 河南方城 | 新莽或东汉初期 | 南阳地区文物工作队、方城县文化馆:《河南方城县城关镇汉画像石墓》,《文物》1984 年第 3 期 |
| 41 | 南阳英庄汉画像石墓 | 河南南阳 | 新莽至东汉初年 | 南阳地区文物工作队、南阳县文化馆:《河南南阳县英庄汉画像石墓》,《文物》1984 年第 3 期 |
| 42 | 荥阳二十里铺明代原武温穆王壁画墓 | 河南荥阳 | 明 | 郑州市博物馆:《荥阳二十里铺明代原武温穆王壁画墓》,《中原文物》1984 年第 4 期 |
| 43 | 郑州乾元北街空心画像砖墓 | 河南郑州 | 西汉中期 | 郑州市博物馆:《郑州市乾元北街空心画像砖墓》,《中原文物》1985 年第 1 期 |
| 44 | 宜阳牌窑西汉画像砖墓 | 河南宜阳 | 西汉中期 | 洛阳地区文管会:《宜阳县牌窑西汉画像砖墓清理简报》,《中原文物》1985 年第 4 期 |
| 45 | 禹县东十里村东汉画像石墓 | 河南禹州 | 东汉晚期 | 河南省文物研究所:《禹县东十里村东汉画像石墓发掘简报》,《中原文物》1985 年第 3 期 |
| 46 | 偃师杏园村东汉壁画墓 | 河南洛阳 | 东汉 | 中国社会科学院考古研究所河南第二工作队:《河南偃师杏园村东汉壁画墓》,《考古》1985 年第 1 期 |
| 47 | 南阳独山西坡汉画像石墓 | 河南南阳 | 魏晋 | 南阳市博物馆:《南阳市独山西坡汉画像石墓》,《中原文物》1985 年第 3 期 |
| 48 | 河南新安石寺李村 1 号、2 号壁画墓 | 河南新安 | 北宋 | 叶万松、余扶危:《新安县石寺李村的两座宋墓》,《中国考古学年鉴·1985》,文物出版社 1985 年版 |
| 49 | 南阳建材试验厂汉画像石墓 | 河南南阳 | 晋 | 南阳市博物馆:《南阳市建材试验厂汉画像石墓》,《中原文物》1985 年第 3 期 |
| 50 | 南阳王庄汉画像石墓 | 河南南阳 | 东汉 | 南阳市博物馆:《南阳市王庄汉画像石墓》,《中原文物》1985 年第 3 期 |
| 51 | 唐河湖阳镇汉画像石墓 | 河南唐河 | 西汉 | 南阳地区文物工作队、唐河县文化馆:《唐河县湖阳镇汉画像石墓清理简报》,《中原文物》1985 年第 3 期 |
| 52 | 唐河针织厂二号汉画像石墓 | 河南唐河 | 西汉 | 南阳地区文物工作队、唐河县文化馆:《唐河县针织厂二号汉画像石墓》,《中原文物》1985 年第 3 期 |
| 53 | 新野前高庙村汉画像石墓 | 河南新野 | 东汉晚期 | 南阳地区文物工作队、新野县文化馆:《新野县前高庙村汉画像石墓》,《中原文物》1985 年第 3 期 |

续表

| 序号 | 遗存名称 | 遗存地点 | 遗存年代 | 材料来源 |
|---|---|---|---|---|
| 54 | 南阳十里铺画像石墓 | 河南南阳 | 东汉末年 | 南阳地区文物工作队、南阳县文化馆：《河南南阳县十里铺画像石墓》，《文物》1986年第4期 |
| 55 | 夏邑杨楼春秋两汉墓 | 河南夏邑 | 两汉 | 商丘地区文管会、夏邑县图书馆：《夏邑县杨楼春秋两汉墓发掘简报》，《中原文物》1986年第1期 |
| 56 | 郑州向阳肥料社汉代画像砖墓 | 河南郑州 | 东汉至北魏 | 河南省文物研究所：《郑州市向阳肥料社汉代画像砖墓》，《中原文物》1986年第4期 |
| 57 | 方城党庄汉画像石墓 | 河南方城 | 东汉末期 | 南阳地区文物队：《方城党庄汉画像石墓——兼谈南阳汉画像石墓的衰亡问题》，《中原文物》1986年第2期 |
| 58 | 密县后士郭汉画像石墓 | 河南新密 | 不晚于东汉 | 河南省文物研究所：《密县后士郭汉画像石墓发掘报告》，《华夏考古》1987年第2期 |
| 59 | 新郑山水寨汉墓 | 河南新郑 | 东汉早期 | 河南省文物研究所：《新郑山水寨汉墓发掘简报》，《中原文物》1987年第1期 |
| 60 | 陕县唐代姚懿墓 | 河南三门峡 | 唐龙朔二年（662年） | 河南省文物研究所：《陕县唐代姚懿墓发掘报告》，《华夏考古》1987年第1期 |
| 61 | 嵩县北元村宋代壁画墓 | 河南嵩县 | 北宋 | 洛阳市第二文物工作队：《嵩县北元村宋代壁画墓》，《中原文物》1987年第3期 |
| 62 | 巩县西村宋代石棺墓 | 河南巩义 | 北宋 | 巩县文物管理所、郑州市文物工作队：《巩县西村宋代石棺墓清理简报》，《中原文物》1988年第1期 |
| 63 | 宋太宗元德李后陵 | 河南巩义 | 北宋咸平三年（1000年） | 河南省文物研究所、巩县文物保管所：《宋太宗元德李后陵发掘报告》，《华夏考古》1988年第3期 |
| 64 | 郑州南仓西街两座汉墓 | 河南郑州 | 西汉晚期 | 河南省文物研究所：《郑州市南仓西街两座汉墓的发掘》，《华夏考古》1989年第4期 |
| 65 | 新郑山水寨沟汉画像砖墓 | 河南新郑 | 西汉晚期至东汉早期 | 新郑县文物保管所：《新郑山水寨沟汉画像砖墓》，《中原文物》1990年第1期 |
| 66 | 永城芒山柿园梁国国王壁画墓 | 河南永城 | 西汉初期 | 阎道衡：《永城芒山柿园发现梁国国王壁画墓》，《中原文物》1990年第1期 |
| 67 | 夏邑吴庄石椁墓 | 河南夏邑 | 西汉后期偏早阶段 | 商丘地区文化局：《河南夏邑吴庄石椁墓》，《中原文物》1990年第1期 |
| 68 | 焦作电厂金雕砖墓 | 河南焦作 | 金大定二十九年（1189年） | 焦作市文物工作队：《焦作电厂金墓发掘简报》，《中原文物》1990年第4期 |

续表

| 序号 | 遗存名称 | 遗存地点 | 遗存年代 | 材料来源 |
|---|---|---|---|---|
| 69 | 林县一中宋墓 | 河南林县 | 北宋晚期 | 林县文物管理所：《林县一中宋墓清理简报》，《中原文物》1990 年第 4 期 |
| 70 | 新野樊集汉画像砖墓 | 河南新野 | 西汉武帝至新莽时期 | 河南省南阳地区文物研究所：《新野樊集汉画像砖墓》，《考古学报》1990 年第 4 期 |
| 71 | 永城太丘一号汉画像石墓 | 河南永城 | 东汉早期 | 李俊山：《永城太丘一号汉画像石墓》，《中原文物》1990 年第 1 期 |
| 72 | 永城太丘二号汉画像石墓 | 河南永城 | 东汉中期 | 永城县文管会、商丘博物馆：《永城太丘二号汉画像石墓》，《中原文物》1990 年第 1 期 |
| 73 | 禹州坡街宋壁画墓 | 河南禹州 | 北宋 | 河南省文物研究所、禹州市文管会：《禹州市坡街宋壁画墓清理简报》，《中原文物》1990 年第 4 期 |
| 74 | 淮阳北关一号汉墓 | 河南淮阳 | 东汉 | 周口地区文物工作队、淮阳县博物馆：《河南淮阳北关一号汉墓发掘简报》，《文物》1991 年第 4 期 |
| 75 | 永城僖山汉画像石墓 | 河南永城 | 东汉早期 | 李俊山：《永城僖山汉画像石墓》，《中原文物》1990 年第 1 期 |
| 76 | 洛阳北郊东汉壁画墓 | 河南洛阳 | 东汉初期 | 洛阳市文物工作队：《河南洛阳北郊东汉壁画墓》，《考古》1991 年第 8 期 |
| 77 | 南阳蒲山汉墓 | 河南南阳 | 东汉初期 | 南阳地区文物研究所：《河南南阳县蒲山汉墓的发掘》，《华夏考古》1991 年第 4 期 |
| 78 | 南阳刘洼村汉画像石墓 | 河南南阳 | 西汉晚期 | 南阳市文物队：《南阳市刘洼村汉画像石墓》，《中原文物》1991 年第 3 期 |
| 79 | 新安古村北宋壁画墓 | 河南新安 | 北宋中期 | 洛阳市文物工作队：《河南新安古村北宋壁画墓》，《华夏考古》1992 年第 2 期 |
| 80 | 永城芒山柿园壁画墓 | 河南永城 | 西汉 | 河南省文物研究所、永城县文物管理委员会：《河南永城芒山西汉梁国王陵的调查》，《华夏考古》1992 年第 3 期 |
| 81 | 洛阳邙山宋代壁画墓 | 河南洛阳 | 北宋 | 洛阳市第二文物工作队：《洛阳邙山宋代壁画墓》，《文物》1992 年第 12 期 |
| 82 | 洛阳朱村东汉壁画墓 | 河南洛阳 | 东汉晚期至曹魏 | 洛阳市第二文物工作队：《洛阳朱村东汉壁画墓发掘简报》，《文物》1992 年第 12 期 |
| 83 | 洛阳偃师辛村新莽壁画墓 | 河南洛阳 | 新莽 | 洛阳市第二文物工作队：《洛阳偃师县新莽壁画墓清理简报》，《文物》1992 年第 12 期 |

续表

| 序号 | 遗存名称 | 遗存地点 | 遗存年代 | 材料来源 |
|---|---|---|---|---|
| 84 | 舞阳马村乡姚庄汉墓 | 河南舞阳 | 汉 | 朱帜、朱振甫:《河南舞阳(阳)发现汉代画像石》,《考古》1993年第5期 |
| 85 | 安阳小南海宋代壁画墓 | 河南安阳 | 北宋 | 李明德、郭艺田:《安阳小南海宋代壁画墓》,《中原文物》1993年第2期 |
| 86 | 洛宁北宋乐重进画像石棺 | 河南洛宁 | 北宋 | 李献奇、王丽玲:《河南洛宁北宋乐重进画像石棺》,《文物》1993年第5期 |
| 87 | 陕县化纤厂宋墓 | 河南陕县 | 北宋 | 三门峡市文物工作队、陕县文物管理委员会:《河南省陕县化纤厂宋墓发掘简报》,《华夏考古》1993年第4期 |
| 88 | 洛阳浅井头西汉壁画墓 | 河南洛阳 | 西汉后期 | 洛阳第二文物工作队:《洛阳浅井头西汉壁画墓发掘简报》,《文物》1993年第5期 |
| 89 | 洛阳伊川元墓 | 河南洛阳 | 元 | 洛阳市第二文物工作队:《洛阳伊川元墓发掘简报》,《文物》1993年第5期 |
| 90 | 南阳第二化工厂21号画像石墓 | 河南南阳 | 东汉末年至魏晋 | 南阳市文物工作队:《南阳市第二化工厂21号画像石墓发掘简报》,《中原文物》1993年第1期 |
| 91 | 南阳住宅修缮公司晋墓 | 河南南阳 | 魏末晋初 | 南阳市文物工作队:《河南省南阳住宅修缮公司晋墓发掘简报》,《华夏考古》1994年第1期 |
| 92 | 南阳药材市场画像石墓 | 河南南阳 | 魏晋 | 南阳市文物工作队:《南阳市药材市场画像石墓发掘简报》,《中原文物》1994年第1期 |
| 93 | 义马金代砖雕墓 | 河南义马 | 金 | 三门峡市文物工作队、义马市文物管理委员会:《义马市金代砖雕墓发掘简报》,《华夏考古》1993年第4期 |
| 94 | 登封王上壁画墓 | 河南登封 | 宋、金 | 郑州市文物工作队:《登封王上壁画墓发掘简报》,《文物》1994年第10期 |
| 95 | 密县后士郭三号汉墓 | 河南新密 | 不详 | 安金槐:《河南密县后士郭三号汉墓调查记》,《华夏考古》1994年第3期 |
| 96 | 淅川汉画像砖墓 | 河南淅川 | 东汉初期 | 南阳地区文物研究所、淅川县博物馆:《河南淅川汉画像砖墓发掘报告》,《华夏考古》1994年第4期 |
| 97 | 密县周岗汉画像砖墓 | 河南新密 | 汉 | 赵清:《河南密县周岗汉画像砖墓》,《华夏考古》1995年第4期 |

续表

| 序号 | 遗存名称 | 遗存地点 | 遗存年代 | 材料来源 |
|---|---|---|---|---|
| 98 | 修武大位金代杂剧砖雕墓 | 河南修武 | 金 | 焦作市文物工作队、修武县文物管理所:《河南修武大位金代杂剧砖雕墓》,《文物》1995 年第 2 期 |
| 99 | 洛阳孟津北陈村北魏壁画墓 | 河南洛阳 | 北魏 | 洛阳市文物工作队:《洛阳孟津北陈村北魏壁画墓》,《文物》1995 年第 8 期 |
| 100 | 唐睿宗贵妃豆卢氏墓 | 河南洛阳 | 唐开元二十八年(740 年) | 洛阳市文物工作队:《唐睿宗贵妃豆卢氏墓发掘简报》,《文物》1995 年第 8 期 |
| 101 | 新安城关镇北宋壁画墓 | 河南新安 | 北宋 | 廖子中、曹岳森:《新安县城关镇北宋壁画墓》,《中国考古学年鉴·1995》,文物出版社 1997 年版 |
| 102 | 温县西关宋墓 | 河南温县 | 宋 | 罗火金、王再建:《河南温县西关宋墓》,《华夏考古》1996 年第 1 期 |
| 103 | 荥阳康寨汉代空心砖墓 | 河南荥阳 | 西汉晚期 | 赵清:《河南荥阳县康寨汉代空心砖墓》,《华夏考古》1996 年第 2 期 |
| 104 | 荥阳苌村汉代壁画墓 | 河南荥阳 | 东汉晚期 | 郑州市文物考古研究所、荥阳市文物保护管理所:《河南荥阳苌村汉代壁画墓调查》,《文物》1996 年第 3 期 |
| 105 | 邓州梁寨汉画像石墓 | 河南邓州 | 东汉晚期 | 南阳市文物研究所:《河南省邓州市梁寨画像石墓》,《中原文物》1996 年第 3 期 |
| 106 | 南阳十里铺二号画像石墓 | 河南南阳 | 东汉 | 南阳市文物研究所:《河南省南阳市十里铺二号画像石墓》,《中原文物》1996 年第 3 期 |
| 107 | 宜阳北宋画像石棺 | 河南宜阳 | 北宋晚期 | 洛阳市第二文物工作队、宜阳县文物管理委员会:《河南宜阳北宋画像石棺》,《文物》1996 年第 8 期 |
| 108 | 南阳市邢营画像石墓 | 河南南阳 | 三国早期 | 南阳市文物工作队:《南阳市邢营画像石墓发掘报告》,《中原文物》1996 年第 1 期 |
| 109 | 安阳宋代壁画墓 | 河南安阳 | 北宋 | 魏峻、张道森:《安阳宋代壁画墓考》,《华夏考古》1997 年第 2 期 |
| 110 | 荥阳金墓 | 河南荥阳 | 金 | 河南省文物考古研究所、荥阳市文物保管所:《河南荥阳金墓发掘简报》,《华夏考古》1997 年第 3 期 |
| 111 | 洛阳第 3850 号东汉墓 | 河南洛阳 | 东汉晚期 | 洛阳市文物工作队:《河南洛阳市第 3850 号东汉墓》,《考古》1997 年第 8 期 |

| 序号 | 遗存名称 | 遗存地点 | 遗存年代 | 材料来源 |
|---|---|---|---|---|
| 112 | 南阳蒲山二号汉画像石墓 | 河南南阳 | 新莽至东汉初期 | 南阳市文物研究所:《河南南阳蒲山二号汉画像石墓》,《中原文物》1997年第4期 |
| 113 | 邓州北宋赵荣壁画墓 | 河南邓州 | 北宋元祐元年(1086年) | 南阳市文物研究所、邓州市文化馆:《河南省邓州市北宋赵荣壁画墓》,《中原文物》1997年第4期 |
| 114 | 南阳中建七局机械厂汉画像石墓 | 河南南阳 | 新莽时期 | 南阳市文物研究所:《南阳中建七局机械厂汉画像石墓》,《中原文物》1997年第4期 |
| 115 | 新安宋村北宋雕砖壁画墓 | 河南新安 | 北宋中晚期 | 洛阳市文物工作队:《河南新安县宋村北宋雕砖壁画墓》,《考古与文物》1998年第3期 |
| 116 | 荥阳孤伯嘴壁画墓 | 河南荥阳 | 北宋末或金初 | 郑州市文物考古研究所、荥阳市文物保护管理所:《河南荥阳孤伯嘴壁画墓发掘简报》,《中原文物》1998年第4期 |
| 117 | 林县金墓 | 河南林县 | 金 | 张增午:《河南林县金墓清理简报》,《华夏考古》1998年第2期 |
| 118 | 新密李堂画像砖墓 | 河南新密 | 西汉晚期 | 河南省文物考古研究所、新密市博物馆:《河南新密市李堂画像砖墓的发掘》,《华夏考古》1998年第3期 |
| 119 | 新密平陌宋代壁画墓 | 河南新密 | 北宋 | 郑州市文物考古研究所、新密市博物馆:《河南新密市平陌宋代壁画墓》,《文物》1998年第12期 |
| 120 | 登封卢店明代壁画墓 | 河南登封 | 明 | 郑州市文物考古研究所、登封市文物局:《登封卢店明代壁画墓》,《中原文物》1999年第4期 |
| 121 | 新密下庄河宋代壁画墓 | 河南新密 | 宋 | 郑州市文物考古研究所、新密市文物保管所:《新密下庄河宋代壁画墓》,《中原文物》1999年第4期 |
| 122 | 浚县贾胡庄东汉画像石墓 | 河南浚县 | 东汉晚期 | 鹤壁市文物工作队、浚县文物旅游局:《浚县贾胡庄东汉画像石墓》,《中原文物》2000年第4期 |
| 123 | 荥阳杜常村金代砖雕墓 | 河南荥阳 | 金 | 郑州市文物考古研究所、荥阳市文物保护管理所:《荥阳杜常村金代砖雕墓》,《中原文物》2000年第6期 |
| 124 | 登封黑山沟宋代壁画墓 | 河南登封 | 北宋绍圣四年(1097年) | 郑州市文物考古研究所、登封市文物局:《河南登封黑山沟宋代壁画墓》,《文物》2001年第10期 |

续表

| 序号 | 遗存名称 | 遗存地点 | 遗存年代 | 材料来源 |
|---|---|---|---|---|
| 125 | 洛阳北魏元怿墓壁画墓 | 河南洛阳 | 北魏 | 徐婵菲：《洛阳北魏元怿墓壁画墓》，《文物》2002 年第 2 期 |
| 126 | 洛阳金代壁画墓 | 河南洛阳 | 金 | 张亚武、王明浩：《洛阳发现珍贵金代壁画墓》，《人民日报》2003 年 6 月 30 日 |
| 127 | 登封高村壁画墓 | 河南登封 | 北宋晚期 | 郑州市文物考古研究所、登封市文物局：《登封高村壁画墓清理简报》，《中原文物》2004 年第 5 期 |
| 128 | 洛阳尹屯新莽壁画墓 | 河南洛阳 | 新莽 | 洛阳市第二文物工作队：《洛阳尹屯新莽壁画墓》，《考古学报》2005 年第 1 期 |
| 129 | 泌阳宋墓 | 河南泌阳 | 北宋中晚期 | 驻马店市文物考古管理所：《河南泌阳县宋墓发掘简报》，《华夏考古》2005 年第 2 期 |
| 130 | 唐安国相王孺人唐氏、崔氏墓 | 河南洛阳 | 唐神龙二年（706 年） | 洛阳市第二文物工作队：《唐安国相王孺人唐氏、崔氏墓发掘简报》，《中原文物》2005 年第 6 期 |
| 131 | 洛阳西汉画像砖 | 河南洛阳 | 西汉 | 史家珍、李娟：《洛阳新发现西汉画像砖》，《中原文物》2005 年第 6 期 |
| 132 | 南阳安居新村汉画像石墓 | 河南南阳 | 新莽至东汉初期 | 南阳市文物考古研究所：《河南南阳市安居新村汉画像石墓》，《考古》2005 年第 8 期 |
| 133 | 登封城南庄宋代壁画墓 | 河南登封 | 宋 | 郑州市文物考古研究所、登封市文物局：《河南登封城南庄宋代壁画墓》，《文物》2005 年第 8 期 |
| 134 | 尉氏县张氏镇宋墓 | 河南尉氏 | 宋 | 开封市文物工作队、尉氏县文物保护管理所：《河南尉氏县张氏镇宋墓发掘简报》，《华夏考古》2006 年第 3 期 |
| 135 | 登封双庙小区宋代砖室墓 | 河南登封 | 宋 | 宋嵩瑞、耿建北、付得力：《河南登封市双庙小区宋代砖室墓发掘简报》，《文物春秋》2007 年第 6 期 |
| 136 | 南阳陈棚汉代彩绘画像石墓 | 河南南阳 | 汉 | 蒋宏杰、赫玉建、刘小兵，等：《河南南阳陈棚汉代彩绘画像石墓》，《考古学报》2007 年第 2 期 |
| 137 | 洛阳伊川后晋孙璠墓 | 河南洛阳 | 后晋 | 四川大学历史文化学院考古系、洛阳市第二文物工作队：《洛阳伊川后晋孙璠墓发掘简报》，《文物》2007 年第 6 期 |
| 138 | 富弼夫妇墓 | 河南洛阳 | 北宋中期 | 洛阳市第二文物工作队：《富弼家族墓地发掘简报》，《中原文物》2008 年第 6 期 |

| 序号 | 遗存名称 | 遗存地点 | 遗存年代 | 材料来源 |
|---|---|---|---|---|
| 139 | 荥阳槐西壁画墓 | 河南荥阳 | 北宋晚期至金 | 郑州市文物考古研究所、荥阳市文物保护管理所:《荥阳槐西壁画墓发掘简报》,《中原文物》2008 年第 5 期 |
| 140 | 永城保安山汉画像石墓 | 河南永城 | 东汉早期 | 永城市文物局、永城市博物馆:《河南永城保安山汉画像石墓》,《文物》2008 年第 7 期 |
| 141 | 济源东石露头村宋代壁画墓 | 河南济源 | 北宋 | 赵宏、高明:《济源东石露头村宋代壁画墓》,《中原文物》2008 年第 2 期 |
| 142 | 南阳辛店熊营汉画像石墓 | 河南南阳 | 西汉晚期 | 南阳市文物考古研究所:《河南南阳市辛店熊营汉画像石墓》,《考古》2008 年第 2 期 |
| 143 | 宜阳金代纪年壁画墓 | 河南宜阳 | 金明昌五年(1194 年) | 洛阳市第二文物工作队:《宜阳发现一座金代纪年壁画墓》,《中原文物》2008 年第 4 期 |
| 144 | 焦作小尚宋冀闰壁画墓 | 河南焦作 | 北宋 | 焦作市文物工作队:《河南焦作小尚宋冀闰壁画墓发掘简报》,《文物世界》2009 年第 5 期 |
| 145 | 焦作白庄宋代壁画墓 | 河南焦作 | 北宋晚期 | 焦作市文物工作队:《河南焦作白庄宋代壁画墓发掘简报》,《文博》2009 年第 1 期 |
| 146 | 获嘉明代线描壁画墓 | 河南获嘉 | 明 | 李慧萍:《获嘉明代线描壁画墓》,《中原文物》2009 年第 5 期 |
| 147 | 南阳万家园汉画像石墓 | 河南南阳 | 西汉晚期 | 南阳市文物考古研究所:《河南省南阳市万家园汉画像石墓》,《中原文物》2010 年第 5 期 |
| 148 | 安阳置度村八号隋墓 | 河南安阳 | 隋 | 安阳市文物考古研究所:《河南安阳市置度村八号隋墓发掘简报》,《考古》2010 年第 4 期 |
| 149 | 林州北宋雕砖壁画墓 | 河南林州 | 北宋熙宁元年(1068 年) | 林州市文物保护管理所:《河南林州市北宋雕砖壁画墓清理简报》,《华夏考古》2010 年第 1 期 |
| 150 | 林州李家池宋代壁画墓 | 河南林州 | 北宋 | 林州市文物管理所:《河南林州市李家池宋代壁画墓清理简报》,《华夏考古》2010 年第 4 期 |
| 151 | 新安宋代壁画墓 | 河南新安 | 宋 | 魏春兴:《新安县发现一座宋代壁画墓》,《洛阳日报》2010 年 11 月 20 日,第 2 版 |
| 152 | 南阳永泰小区汉画像石墓 | 河南南阳 | 西汉后期 | 南阳市文物考古研究所:《河南南阳市永泰小区汉画像石墓》,《华夏考古》2010 年第 3 期 |
| 153 | 洛阳洛龙区关林庙宋代砖雕墓 | 河南洛阳 | 宋 | 洛阳市文物工作队:《洛阳洛龙区关林庙宋代砖雕墓发掘简报》,《文物》2011 年第 8 期 |

续表

| 序号 | 遗存名称 | 遗存地点 | 遗存年代 | 材料来源 |
|---|---|---|---|---|
| 154 | 淅川阎杆岭 83 号墓 | 河南淅川 | 西汉晚期 | 河南省文物考古研究所、河南省文物局南水北调文物保护办公室：《河南淅川县阎杆岭 83 号墓发掘简报》，《华夏考古》2012 年第 1 期 |
| 155 | 禹州新峰墓地东汉墓(M127) | 河南禹州 | 东汉 | 河南省文物管理局南水北调文物保护工作领导小组、河南省文物考古研究所、许昌市文物工作队、许昌春秋楼文物管理处：《河南禹州新峰墓地东汉墓(M127)发掘简报》，《文物》2012 年第 9 期 |
| 156 | 登封唐庄宋代壁画墓(M2) | 河南登封 | 宋 | 郑州市文物考古研究院、登封市文物局：《河南登封唐庄宋代壁画墓发掘简报》，《文物》2012 年第 9 期 |
| 157 | 孟津上店村唐代壁画墓 | 河南孟津 | 唐 | 洛阳市文物工作队：《河南孟津县上店村唐代壁画墓》，《考古》2012 年第 2 期 |
| 158 | 南阳八一路汉代画像石墓 | 河南南阳 | 新莽 | 南阳市文物考古研究所：《河南南阳市八一路汉代画像石墓》，《考古》2012 年第 6 期 |
| 159 | 新乡王门东汉画像石墓 | 河南新乡 | 东汉晚期 | 新乡市文物考古研究所：《河南新乡市王门东汉画像石墓的发掘》，《华夏考古》2012 年第 3 期 |
| 160 | 郑州北二七路两座砖雕宋墓 | 河南郑州 | 北宋早期 | 郑州市文物考古研究所：《郑州市北二七路两座砖雕宋墓发掘简报》，《中原文物》2012 年第 4 期 |
| 161 | 南阳张衡路汉代画像石墓 | 河南南阳 | 东汉初期 | 南阳市文物考古研究所、南阳知府衙门博物馆：《南阳市张衡路汉代画像石墓》，《中原文物》2017 年第 2 期 |
| 162 | 洛阳龙盛小学五代壁画墓 | 河南洛阳 | 五代 | 洛阳市文物考古研究院：《洛阳龙盛小学五代壁画墓发掘简报》，《洛阳考古》2013 年第 1 期 |
| 163 | 洛阳邙山镇营庄村北五代壁画墓 | 河南洛阳 | 五代 | 洛阳市文物考古研究院：《洛阳邙山镇营庄村北五代壁画墓》，《洛阳考古》2013 年第 1 期 |
| 164 | 洛阳孟津新庄五代壁画墓 | 河南洛阳 | 五代 | 洛阳市文物考古研究院：《洛阳孟津新庄五代壁画墓发掘简报》，《洛阳考古》2013 年第 1 期 |
| 165 | 洛阳苗北村壁画墓 | 河南洛阳 | 北宋早中期 | 洛阳市文物考古研究院：《洛阳苗北村壁画墓发掘简报》，《洛阳考古》2013 年第 1 期 |
| 166 | 安阳北关唐代壁画墓 | 河南安阳 | 唐大和三年(829 年) | 安阳市文物考古研究所：《河南安阳市北关唐代壁画墓发掘简报》，《考古》2013 年第 1 期 |

续表

| 序号 | 遗存名称 | 遗存地点 | 遗存年代 | 材料来源 |
|---|---|---|---|---|
| 167 | 郑州黄岗寺北宋纪年壁画墓 | 河南郑州 | 北宋 | 郑州市文物考古研究院、河南省南水北调文物保护管理办公室：《郑州黄岗寺北宋纪年壁画墓》，《中原文物》2013年第1期 |
| 168 | 禹州新峰墓地东汉画像石墓123号 | 河南禹州 | 东汉 | 河南省文物考古研究所、许昌市文物工作队：《河南禹州新峰墓地东汉画像石墓发掘简报》，《华夏考古》2013年第3期 |
| 169 | 郏县黑庙墓(M79) | 河南郏县 | 东汉初期 | 河南省文物局南水北调办公室、河南省文物考古研究所、平顶山市文物管理局：《河南郏县黑庙M79发掘简报》，《华夏考古》2013年第1期 |
| 170 | 济源东街明代壁画墓 | 河南济源 | 明万历四十一年(1613年) | 济源市文物工作队、河南古代壁画馆：《济源市东街明代壁画墓发掘简报》，《中原文物》2013年第1期 |
| 171 | 洛阳道北五路五代壁画墓 | 河南洛阳 | 五代 | 侯秀敏、胡小宝：《洛阳道北五路出土的五代壁画墓》，《文物世界》2013年第1期 |
| 172 | 洛阳偃师后杜楼村西汉画像石椁墓 | 河南洛阳 | 西汉晚期 | 杨会霞、徐婵菲：《洛阳偃师后杜楼村西汉画像石椁墓》，《中国国家博物馆馆刊》2013年第2期 |
| 173 | 唐河湖阳镇罐山10号汉墓 | 河南唐河 | 西汉晚期，下限到新莽时期或东汉初期 | 河南省文物考古研究所、南阳市文物考古研究所：《河南唐河县湖阳镇罐山10号汉墓发掘简报》，《华夏考古》2013年第2期 |
| 174 | 南阳麒麟岗汉画像石墓 | 河南南阳 | 汉 | 王煜：《南阳麒麟岗汉画像石墓天象图及相关问题》，《考古》2014年第10期 |
| 175 | 南阳永泰小区画像石墓(M35) | 河南南阳 | 东汉初期 | 河南南阳市文物考古研究所：《南阳市永泰小区画像石墓M35发掘简报》，《中原文物》2014第6期 |
| 176 | 淅川赵杰娃山头汉墓发掘简报 | 河南淅川 | 汉 | 河南省文物局南水北调文物保护办公室、南阳市文物考古研究所：《河南淅川县赵杰娃山头汉墓发掘简报》，《华夏考古》2014年第2期 |
| 177 | 洛阳新区北宋砖雕墓 | 河南洛阳 | 北宋初期 | 洛阳市文物考古研究院：《洛阳新区北宋砖雕墓发掘简报》，《洛阳考古》2015年第3期 |
| 178 | 鹤壁故县北宋纪年壁画墓 | 河南鹤壁 | 北宋 | 司玉庆、霍保成、段琪、冯豫鹤：《鹤壁故县北宋纪年壁画墓鉴赏》，《文物鉴定与鉴赏》2015年第8期 |

续表

| 序号 | 遗存名称 | 遗存地点 | 遗存年代 | 材料来源 |
|---|---|---|---|---|
| 179 | 淅川杨营墓群 | 河南淅川 | 南朝 | 咸宁市博物馆、河南省文物局南水北调文物保护办公室:《河南淅川杨营墓群发掘简报》,《江汉考古》2015 年第 1 期 |
| 180 | 新安宋村北宋砖雕壁画墓 | 河南新安 | 北宋 | 北京大学中国考古学研究中心、北京大学考古文博学院、洛阳古代艺术博物馆:《新安宋村北宋砖雕壁画墓测绘简报》,《考古与文物》2015 年第 1 期 |
| 181 | 南阳高新区汉画像石墓 | 河南南阳 | 东汉 | 李长周、柳荫:《南阳高新区标准厂房汉画像石墓》,《南都学坛(人文社会科学学报)》2015 年第 4 期 |
| 182 | 洛阳宜阳仁厚宋代壁画墓 | 河南洛阳 | 宋 | 洛阳市文物考古研究院:《洛阳宜阳仁厚宋代壁画墓发掘简报》,《文物》2015 年第 4 期 |
| 183 | 南阳华鑫苑汉画像砖墓 | 河南南阳 | 西汉晚期至新莽时期 | 南阳市文物考古研究所:《河南南阳市华鑫苑汉画像砖墓发掘简报》,《华夏考古》2015 年第 2 期 |
| 184 | 三门峡化工厂两座金代砖雕墓 | 河南三门峡 | 金 | 三门峡市文物考古研究所:《河南三门峡市化工厂两座金代砖雕墓发掘简报》,《中原文物》2015 年第 4 期 |
| 185 | 宝丰廖旗营墓 | 河南宝丰 | 东汉中期 | 郑州大学历史学院考古系、河南省文物局南水北调文物保护办公室、宝丰县文物局:《河南宝丰县廖旗营墓地东汉画像石墓》,《考古》2016 年第 3 期 |
| 186 | 新安石寺李村北宋宋四郎砖雕壁画墓 | 河南新安 | 北宋 | 北京大学考古文博学院、洛阳古代艺术博物馆:《新安县石寺李村北宋宋四郎砖雕壁画墓测绘简报》,《故宫博物院院刊》2016 年第 1 期 |
| 187 | 郑州第十四中学砖雕墓 | 河南郑州 | 五代至北宋早期 | 郑州市文物考古研究院、荥阳市博物馆:《河南郑州市第十四中学砖雕墓发掘简报》,《中原文物》2016 年第 3 期 |
| 188 | 郑州华南城唐范阳卢氏夫人墓 | 河南郑州 | 唐 | 郑州市文物考古研究院:《郑州华南城唐范阳卢氏夫人墓发掘简报》,《中原文物》2016 年第 6 期 |
| 189 | 洛阳伊川昌营唐代石椁墓 | 河南洛阳 | 唐 | 洛阳市文物考古研究院:《洛阳伊川昌营唐代石椁墓发掘简报》,《文物》2016 年第 6 期 |
| 190 | 南阳宛城区达士营汉画像石墓 | 河南南阳 | 新莽 | 南阳市文物考古研究所:《南阳市宛城区达士营汉画像石墓》,《华夏考古》2017 年第 1 期 |

| 序号 | 遗存名称 | 遗存地点 | 遗存年代 | 材料来源 |
|---|---|---|---|---|
| 191 | 新乡公村宋代墓 | 河南新乡 | 北宋中期 | 新乡市文物考古研究所:《河南新乡市公村宋代墓葬发掘简报》,《华夏考古》2017年第1期 |
| 192 | 洛阳涧西区王湾村南金代砖雕墓 | 河南洛阳 | 北宋 | 洛阳市文物考古研究院:《洛阳市涧西区王湾村南金代砖雕墓发掘简报》,《洛阳考古》2017年第2期 |
| 193 | 淅川大石桥宋墓 | 河南淅川 | 北宋晚期 | 甘肃省文物考古研究所、河南省文物局南水北调文物保护办公室:《河南淅川大石桥宋墓发掘简报》,《考古与文物》2017年第4期 |
| 194 | 荥阳明代周懿王壁画墓 | 河南荥阳 | 明成化二十一年(1485年) | 孙凯、任潇、聂凡,等:《河南荥阳明代周懿王壁画墓发掘记》,《大众考古》2017年第11期 |
| 195 | 洛阳北魏元祉墓 | 河南洛阳 | 北魏 | 洛阳市文物考古研究院:《洛阳北魏元祉墓发掘简报》,《洛阳考古》2017年第3期 |
| 196 | 濮阳这河寨北齐李亨墓 | 河南濮阳 | 北齐隆化元年(576年) | 濮阳市文物保护管理所、濮阳县文物管理所:《河南省濮阳这河寨北齐李亨墓发掘简报》,《中原文物》2017年第4期 |
| 197 | 南阳宛城区陈棚汉墓 | 河南南阳 | 汉 | 南阳知府衙门博物馆、南阳市文物考古研究所:《南阳市宛城区陈棚汉墓发掘简报》,《中原文物》2017年第5期 |
| 198 | 义马狂口村金代砖雕壁画墓 | 河南义马 | 金大安元年(1209年) | 三门峡市文物考古研究所:《河南义马狂口村金代砖雕壁画墓发掘简报》,《文物》2017年第6期 |
| 199 | 南阳唐河县西冢张村画像石墓 | 河南南阳 | 西汉晚期 | 南阳市文物考古研究所:《南阳唐河县西冢张村画像石墓发掘简报》,《洛阳考古》2018年第3期 |
| 200 | 焦作东城美苑(M1) | 河南焦作 | 西汉中期 | 焦作师范高等专科学校覃怀文化研究院、焦作市文物考古研究所、河南大学艺术学院:《河南焦作东城美苑M1发掘简报》,《中原文物》2019年第2期 |
| 201 | 夏邑杜庄汉墓(M8) | 河南夏邑 | 汉 | 夏邑县文物管理局、商丘博物馆:《河南夏邑杜庄汉墓群考古清理简报》,《中原文物》2019年第5期 |
| 202 | 新郑梨河镇中心社区宋墓 | 河南新郑 | 宋 | 河南省文物考古研究院、新郑市文化广电和旅游局:《河南新郑市梨河镇中心社区宋墓发掘简报》,《华夏考古》2019年第5期 |

| 序号 | 遗存名称 | 遗存地点 | 遗存年代 | 材料来源 |
|---|---|---|---|---|
| 203 | 郑州华南城二路金代砖雕壁画墓 | 河南郑州 | 金 | 郑州市文物考古研究院：《郑州华南城二路金代砖雕壁画墓发掘简报》，《中原文物》2019 年第 1 期 |
| 204 | 淅川全岗遗址宋墓 | 河南淅川 | 北宋 | 武汉大学历史学院、河南省文物局南水北调办公室：《河南淅川全岗遗址宋墓发掘简报》，《江汉考古》2019 年第 2 期 |
| 205 | 豫北地区金代高僧壁画墓 | 河南安阳 | 北宋 | 中国考古网：《豫北地区发现一处金代高僧壁画墓葬》，《文物鉴定与鉴赏》2019 年第 4 期 |
| 206 | 南阳万盛房地产明代画像石墓(M9) | 河南南阳 | 明 | 曹石磊：《南阳市万盛房地产明代画像石墓(M9)发掘简报》，《文物鉴定与鉴赏》2019 年第 23 期 |
| 山西省 | | | | |
| 1 | 平定东回村古墓 | 山西平定 | 元 | 山西省文物管理委员会：《山西平定县东回村古墓中的彩画》，《文物参考资料》1954 年第 12 期 |
| 2 | 榆次猫儿岭明代砖墓 | 山西晋中 | 明嘉靖八年(1529 年) | 张德光：《山西榆次猫儿岭发现明代砖墓》，《考古通讯》1955 年第 5 期 |
| 3 | 绛县裴家堡古墓 | 山西绛县 | 金 | 张德光：《山西绛县裴家堡古墓清理简报》，《考古通讯》1955 年第 4 期 |
| 4 | 垣曲东铺村的金墓 | 山西垣曲 | 金 | 吕遵谔：《山西垣曲东铺村的金墓》，《考古通讯》1956 年第 1 期 |
| 5 | 侯马金代董氏墓 | 山西侯马 | 金大安二年(1210 年) | 山西省文管会侯马工作站：《侯马金代董氏墓介绍》，《文物》1959 年第 6 期 |
| 6 | 侯马十里铺村 28 号墓 | 山西侯马 | 北宋 | 万新民：《侯马的一座带壁画宋墓》，《文物》1959 年第 6 期 |
| 7 | 太原金胜村第六号唐代壁画墓 | 山西太原 | 唐 | 山西省文物管理委员会：《太原市金胜村第六号唐代壁画墓》，《文物》1959 年第 8 期 |
| 8 | 太原南郊金胜村唐墓 | 山西太原 | 周万岁登封元年(696 年) | 山西省文物管理委员会：《太原南郊金胜村唐墓》，《考古》1959 年第 9 期 |
| 9 | 平陆枣园村壁画汉墓 | 山西平陆 | 东汉 | 山西省文物管理委员会：《山西平陆枣园村壁画汉墓》，《考古》1959 年第 9 期 |
| 10 | 孝义下吐京元墓 | 山西孝义 | 元大德元年(1297 年) | 山西省文物管理委员会、山西省考古研究所：《山西孝义下吐京和梁家庄金、元墓发掘简报》，《考古》1960 年第 7 期 |

| 序号 | 遗存名称 | 遗存地点 | 遗存年代 | 材料来源 |
|---|---|---|---|---|
| 11 | 孝义梁家庄元代壁画墓 | 山西孝义 | 元大德元年（1297 年） | 山西省文物管理委员会、山西省考古研究所：《山西孝义下吐京和梁家庄金、元墓发掘简报》，《考古》1960 年第 7 期 |
| 12 | 永乐宫旧址宋德方墓 | 山西芮城 | 宋 | 山西省文物管理委员会、山西省考古研究所：《山西芮城永乐宫旧址宋德方、潘德冲和"吕祖"墓发掘简报》，《考古》1960 年第 8 期 |
| 13 | 永乐宫旧址潘德冲墓 | 山西芮城 | 元 | 山西省文物管理委员会、山西省考古研究所：《山西芮城永乐宫旧址宋德方、潘德冲和"吕祖"墓发掘简报》，《考古》1960 年第 8 期 |
| 14 | 大同十里铺村 27 号墓 | 山西大同 | 辽天庆九年（1119 年） | 山西省文物管理委员会：《山西大同郊区五座辽壁画墓》，《考古》1960 年第 10 期 |
| 15 | 大同十里铺村 28 号墓 | 山西大同 | 辽天庆九年（1119 年） | 山西省文物管理委员会：《山西大同郊区五座辽壁画墓》，《考古》1960 年第 10 期 |
| 16 | 大同新添堡 29 号墓 | 山西大同 | 辽天庆九年（1119 年） | 山西省文物管理委员会：《山西大同郊区五座辽壁画墓》，《考古》1960 年第 10 期 |
| 17 | 大同卧虎湾 1 号墓 | 山西大同 | 辽 | 山西省文物管理委员会：《山西大同郊区五座辽壁画墓》，《考古》1960 年第 10 期 |
| 18 | 大同卧虎湾 2 号墓 | 山西大同 | 辽 | 山西省文物管理委员会：《山西大同郊区五座辽壁画墓》，《考古》1960 年第 10 期 |
| 19 | 文水北峪口墓 | 山西文水 | 元 | 山西省文物管理委员会、山西省考古研究所：《山西文水北峪口的一座古墓》，《考古》1961 年第 3 期 |
| 20 | 大同元代冯道真、王青墓 | 山西大同 | 元 | 大同市文物陈列馆、山西云岗文物管理所：《山西省大同市元代冯道真、王青墓清理简报》，《文物》1962 年第 10 期 |
| 21 | 大同卧虎湾 3 号墓 | 山西大同 | 辽 | 大同市文物陈列馆：《山西大同卧虎湾四座辽代壁画墓》，《考古》1963 年第 8 期 |
| 22 | 大同卧虎湾 4 号墓 | 山西大同 | 辽 | 大同市文物陈列馆：《山西大同卧虎湾四座辽代壁画墓》，《考古》1963 年第 8 期 |
| 23 | 大同卧虎湾 5 号墓 | 山西大同 | 辽 | 大同市文物陈列馆：《山西大同卧虎湾四座辽代壁画墓》，《考古》1963 年第 8 期 |
| 24 | 大同卧虎湾 6 号墓 | 山西大同 | 辽 | 大同市文物陈列馆：《山西大同卧虎湾四座辽代壁画墓》，《考古》1963 年第 8 期 |

| 序号 | 遗存名称 | 遗存地点 | 遗存年代 | 材料来源 |
|---|---|---|---|---|
| 25 | 太原瓦窑村元代壁画墓 | 山西太原 | 元延祐七年(1320 年) | 代尊德:《山西太原郊区宋、金、元代砖墓》,《考古》1965 年第 1 期 |
| 26 | 长治李村沟壁画墓 | 山西长治 | 金 | 王秀生:《山西长治李村沟壁画墓清理》,《考古》1965 年第 7 期 |
| 27 | 寿阳北齐库狄迴洛墓 | 山西寿阳 | 北齐大宁二年(562 年) | 王克林:《北齐库狄迴洛墓》,《考古学报》1979 年第 3 期 |
| 28 | 襄汾南董村金墓 | 山西襄汾 | 金 | 陶富海:《山西襄汾县南董金墓清理简报》,《文物》1979 年第 8 期 |
| 29 | 稷山金雕砖壁画墓群 | 山西稷县 | 金前期 | 山西省考古研究所:《山西稷山金墓发掘简报》,《文物》1983 年第 1 期 |
| 30 | 新绛南范庄金墓 | 山西新绛 | 金晚期 | 山西省考古研究所:《山西新绛南范庄、吴岭庄金元墓发掘简报》,《文物》1983 年第 1 期 |
| 31 | 新绛吴岭庄元代壁画墓 | 山西新绛 | 元至元十六年(1279 年) | 山西省考古研究所:《山西新绛南范庄、吴岭庄金元墓发掘简报》,《文物》1983 年第 1 期 |
| 32 | 太原北齐娄叡墓 | 山西太原 | 北齐 | 山西省考古研究所、太原市文物管理委员会:《太原市北齐娄叡墓发掘简报》,《文物》1983 年第 10 期 |
| 33 | 长治故漳金代纪年墓 | 山西长治 | 金大定二十九年(1189 年) | 长治市博物馆:《山西长治市故漳金代纪年墓》,《文物》1984 年第 8 期 |
| 34 | 长治捉马村元代壁画墓(M2) | 山西长治 | 元大德十一年(1307 年) | 王进先:《山西长治市捉马村元代壁画墓》,《文物》1985 年第 6 期 |
| 35 | 长子石哲金代壁画墓 | 山西长子 | 金正隆三年(1158 年) | 山西省考古研究所晋东南工作站:《山西长子县石哲金代壁画墓》,《文物》1985 年第 6 期 |
| 36 | 闻喜小罗庄金砖雕、壁画墓 | 山西闻喜 | 金 | 山西省考古研究所、山西省闻喜县博物馆:《山西省闻喜县金代砖雕、壁画墓》,《文物》1986 年第 12 期 |
| 37 | 闻喜下阳村金砖雕、壁画墓 | 山西闻喜 | 金明昌二年(1191 年) | 山西省考古研究所、山西省闻喜县博物馆:《山西省闻喜县金代砖雕、壁画墓》,《文物》1986 年第 12 期 |
| 38 | 襄汾曲里村金元墓 | 山西襄汾 | 金、元 | 陶富海、解希恭:《山西襄汾县曲里村金元墓清理简报》,《文物》1986 年第 12 期 |
| 39 | 长治郝家庄元墓 | 山西长治 | 元 | 长治市博物馆:《山西省长治县郝家庄元墓》,《文物》1987 年第 7 期 |

| 序号 | 遗存名称 | 遗存地点 | 遗存年代 | 材料来源 |
|---|---|---|---|---|
| 40 | 闻喜寺底金墓 | 山西闻喜 | 金中晚期 | 闻喜县博物馆:《山西闻喜寺底金墓》,《文物》1988 年第 7 期 |
| 41 | 运城西里庄元代壁画墓 | 山西运城 | 元晚期 | 山西省考古研究所:《山西运城西里庄元代壁画墓》,《文物》1988 年第 4 期 |
| 42 | 太原南郊金胜村唐代壁画墓 | 山西太原 | 唐 | 山西省考古研究所:《太原市南郊唐代壁画墓清理简报》,《文物》1988 年第 12 期 |
| 43 | 襄汾荆村沟村金墓 | 山西襄汾 | 金后期 | 戴尊德:《山西襄汾金墓清理简报》,《文物》1989 年第 10 期 |
| 44 | 襄汾上庄村金墓 | 山西襄汾 | 金后期 | 戴尊德:《山西襄汾金墓清理简报》,《文物》1989 年第 10 期 |
| 45 | 襄汾西郭村金墓 | 山西襄汾 | 金后期 | 戴尊德:《山西襄汾金墓清理简报》,《文物》1989 年第 10 期 |
| 46 | 闻喜下阳宋金砖雕壁画墓 | 山西闻喜 | 金 | 闻喜县博物馆:《山西闻喜下阳宋金时期墓》,《文物》1990 年第 5 期 |
| 47 | 长治安昌金墓 | 山西长治 | 金 | 王进先、朱晓芳:《山西长治安昌金墓》,《文物》1990 年第 5 期 |
| 48 | 太原金胜村 337 号唐代壁画墓 | 山西太原 | 唐 | 山西省考古研究所、太原市文物管理委员会:《太原金胜村 337 号唐代壁画墓》,《文物》1990 年第 12 期 |
| 49 | 太原南郊北齐壁画墓 | 山西太原 | 北齐 | 山西省考古研究所、太原市文物管理委员会:《太原南郊北齐壁画墓》,《文物》1990 年第 12 期 |
| 50 | 汾阳金雕砖墓 | 山西汾阳 | 金早期 | 山西省考古研究所、汾阳县博物馆:《山西汾阳金墓发掘简报》,《文物》1991 年第 12 期 |
| 51 | 太原金胜村 555 号唐墓 | 山西太原 | 唐 | 侯毅:《太原金胜村 555 号唐墓》,《文物季刊》1992 年第 1 期 |
| 52 | 大同南郊金代壁画墓云大(M1) | 山西大同 | 金 | 大同市博物馆:《大同市南郊金代壁画墓》,《考古学报》1992 年第 4 期 |
| 53 | 大同南郊金代壁画墓云大(M2) | 山西大同 | 金 | 大同市博物馆:《大同市南郊金代壁画墓》,《考古学报》1992 年第 4 期 |
| 54 | 大同元代壁画墓 | 山西大同 | 元 | 大同市博物馆:《大同元代壁画墓》,《文物季刊》1993 年第 2 期 |
| 55 | 绛县下村砖雕墓 | 山西绛县 | 宋、金 | 运城行署文化局、绛县博物馆:《山西绛县下村发现一座砖雕墓》,《考古》1993 年第 7 期 |

| 序号 | 遗存名称 | 遗存地点 | 遗存年代 | 材料来源 |
|---|---|---|---|---|
| 56 | 榆社北魏画像石棺 | 山西榆社 | 北魏 | 王太明、贾文亮:《山西榆社县发现北魏画像石棺》,《考古》1993 年第 8 期 |
| 57 | 夏县王村东汉壁画墓 | 山西大同 | 东汉晚期 | 山西省考古研究所、运城地区文化局、夏县文化局博物馆:《山西夏县王村东汉壁画墓》,《文物》1994 年第 8 期 |
| 58 | 朔州辽代壁画墓 | 山西朔州 | 辽末期 | 山西省考古研究所平朔考古队:《朔州辽代壁画墓发掘简报》,《文物世界》1995 年第 2 期 |
| 59 | 侯马元代壁画墓(M2) | 山西侯马 | 元 | 山西省考古研究所侯马工作站:《侯马市区元代墓葬发掘简报》,《文物季刊》1996 年第 3 期 |
| 60 | 侯马元代壁画墓(M3) | 山西侯马 | 元 | 山西省考古研究所侯马工作站:《侯马市区元代墓葬发掘简报》,《文物季刊》1996 年第 3 期 |
| 61 | 离石东汉画像石墓 | 山西吕梁 | 东汉 | 山西省考古研究所、吕梁地区文物管理处、离石县文物管理所:《山西离石再次发现东汉画像石墓》,《文物》1996 年第 4 期 |
| 62 | 交城元代石室墓 | 山西交城 | 元 | 商彤流、解光启:《山西交城县的一座元代石室墓》,《文物季刊》1996 年第 4 期 |
| 63 | 平定西关村壁画墓(M1) | 山西平定 | 金 | 山西省考古研究所、阳泉市文物管理委员会、平定县文物管理所:《山西平定宋、金壁画墓简报》,《文物》1996 年第 5 期 |
| 64 | 长治南郊元代壁画墓 | 山西长治 | 元 | 朱晓芳、王进先:《山西长治市南郊元代壁画墓》,《考古》1996 年第 6 期 |
| 65 | 壶关南村宋代砖雕墓 | 山西壶关 | 北宋 | 王进先、王永根:《山西壶关南村宋代砖雕墓》,《文物》1997 年第 2 期 |
| 66 | 永济上村东汉壁画墓 | 山西永济 | 东汉 | 运城行署文化局、永济市博物馆:《山西永济上村东汉壁画墓清理简报》,《文物季刊》1997 年第 2 期 |
| 67 | 唐薛儆墓 | 山西万荣 | 唐开元九年(721 年) | 山西省考古研究所:《唐薛儆墓发掘简报》,《文物季刊》1997 年第 3 期 |
| 68 | 侯马 65H4M102 金墓 | 山西侯马 | 金中晚期 | 山西省考古研究所侯马工作站:《侯马 65H4M102 金墓》,《文物季刊》1997 年第 4 期 |
| 69 | 潞城北关宋代砖雕墓 | 山西潞城 | 北宋 | 王进先、陈宝国:《山西潞城县北关宋代砖雕墓》,《考古》1999 年第 5 期 |
| 70 | 稷山董万金墓 | 山西稷山 | 金大定十三年(1173 年) | 山西省考古研究所:《平阳金墓砖雕》,山西人民出版社 1999 年版 |

续表

| 序号 | 遗存名称 | 遗存地点 | 遗存年代 | 材料来源 |
|---|---|---|---|---|
| 71 | 新绛泽掌乡北苏村金墓 | 山西新绛 | 金 | 山西省考古研究所:《平阳金墓砖雕》,山西人民出版社 1999 年版 |
| 72 | 新绛南范庄金墓 | 山西新绛 | 金 | 山西省考古研究所:《平阳金墓砖雕》,山西人民出版社 1999 年版 |
| 73 | 新绛吴岭庄金墓 | 山西新绛 | 金 | 山西省考古研究所:《平阳金墓砖雕》,山西人民出版社 1999 年版 |
| 74 | 新绛寨里村金墓 | 山西新绛 | 金 | 山西省考古研究所:《平阳金墓砖雕》,山西人民出版社 1999 年版 |
| 75 | 长治西白兔村宋代壁画墓 | 山西长治 | 宋 | 王进先:《长治市西白兔村宋代壁画墓发掘简报》,《山西省考古学会论文集》,山西古籍出版社 2000 年版 |
| 76 | 离石石盘汉画像石墓 | 山西吕梁 | 汉 | 王金元:《离石市石盘汉画像石墓发掘简报》,《山西省考古学会论文集》,山西古籍出版社 2000 年版 |
| 77 | 榆社北魏石棺群 | 山西榆社 | 北魏 | 王太明:《榆社县发现一批石棺》,《山西省考古学会论文集》,山西古籍出版社 2000 年版 |
| 78 | 沁县金代砖雕墓 | 山西沁县 | 金 | 商彤流、郭海林:《山西沁县发现金代砖雕墓》,《文物》2000 年第 6 期 |
| 79 | 大同智家堡北魏墓 | 山西大同 | 北魏 | 王银田、刘俊喜:《大同智家堡北魏墓石椁壁画》,《文物》2001 年第 7 期 |
| 80 | 太原王家峰北齐墓 | 山西太原 | 北齐 | 程书林、陈零初:《山西太原王家峰壁画墓惊现保存完好的北齐壁画》,《中国文物报》2002 年 11 月 29 日,第 1 版 |
| 81 | 大同北魏宋绍祖墓 | 山西大同 | 北魏 | 山西省考古研究所、大同市考古研究所:《大同市北魏宋绍祖墓发掘简报》,《文物》2001 年第 7 期 |
| 82 | 壶关下好牢宋墓 | 山西壶关 | 北宋 | 王先进:《山西壶关下好牢宋墓》,《文物》2002 年第 5 期 |
| 83 | 大同金代徐龟墓 | 山西大同 | 金正隆六年(1161 年) | 大同市博物馆:《山西大同市金代徐龟墓》,《考古》2004 年第 9 期 |
| 84 | 离石石盘汉代画像石墓 | 山西吕梁 | 东汉 | 王金元:《山西离石石盘汉代画像石墓》,《文物》2005 年第 2 期 |
| 85 | 长治故县村宋代壁画墓(M1) | 山西长治 | 北宋元丰元年(1078 年) | 朱晓芳、王进先:《山西长治故县村宋代壁画墓》,《文物》2005 年第 4 期 |

续表

| 序号 | 遗存名称 | 遗存地点 | 遗存年代 | 材料来源 |
|---|---|---|---|---|
| 86 | 长治故县村宋代壁画墓(M2) | 山西长治 | 北宋元丰元年(1078 年) | 朱晓芳、王进先:《山西长治故县村宋代壁画墓》,《文物》2005 年第 4 期 |
| 87 | 大同辽代军节度使许从赟夫妇壁画墓 | 山西大同 | 辽 | 王银田、解廷琦、周雪松:《山西大同市辽代军节度使许从赟夫妇壁画墓》,《考古》2005 年第 8 期 |
| 88 | 离石马茂庄汉画像石墓 | 山西吕梁 | 汉 | 离石区文管所、吕梁市文物局:《离石马茂庄汉画像石墓》,《三晋考古》2006 年第 0 期 |
| 89 | 北齐徐显秀墓 | 山西太原 | 北齐武平二年(571 年) | 常一民:《北齐徐显秀墓发掘记》,《文物世界》2006 年第 4 期 |
| 90 | 大同沙岭北魏壁画墓 | 山西大同 | 北魏太延元年(435 年) | 大同市考古研究所:《山西大同沙岭北魏壁画墓发掘简报》,《文物》2006 年第 10 期 |
| 91 | 大同机车厂辽代壁画墓 | 山西大同 | 辽 | 大同市考古研究所:《山西大同机车厂辽代壁画墓》,《文物》2006 年第 10 期 |
| 92 | 大同平城区辽墓 | 山西大同 | 辽 | 王银田、解廷琦、周雪松:《山西大同市辽墓的发掘》,《考古》2007 年第 8 期 |
| 93 | 大同周家店辽代壁画墓 | 山西大同 | 辽 | 王银田、解廷琦、周雪松:《山西大同市辽墓的发掘》,《考古》2007 年第 8 期 |
| 94 | 太原虞弘墓 | 山西太原 | 隋开皇十二年(592 年) | 太原市文物考古研究所编:《隋代虞弘墓》,文物出版社 2005 年版 |
| 95 | 大同北魏墓 | 山西大同 | 北魏和平二年(461 年) | 郑娜:《大同惊现十座北魏墓葬壁画》,《发展导报》2008 年 10 月 10 日,第 2 版 |
| 96 | 屯留宋村金代壁画墓 | 山西长治 | 金天会十三年(1135 年) | 山西省考古研究所、长治市博物馆:《山西屯留宋村金代壁画墓》,《文物》2008 年第 8 期 |
| 97 | 长子小关村金代纪年壁画墓 | 山西长子 | 金大定十四年(1174 年) | 长治市博物馆:《山西长子县小关村金代纪年壁画墓》,《文物》2008 年第 10 期 |
| 98 | 沁源段家庄宋代砖雕墓 | 山西沁源 | 宋 | 王小红、王进先:《沁源县段家庄发现宋代砖雕墓》,《文物世界》2009 年第 5 期 |
| 99 | 离石马茂庄汉画像石墓 | 山西吕梁 | 东汉建宁四年(171 年) | 王双斌:《山西离石马茂庄建宁四年汉画像石墓》,《文物》2009 年第 11 期 |
| 100 | 屯留康庄工业园区元代壁画墓(M1) | 山西长治 | 元至元十三年(1276 年) | 陕西省考古研究所、长治市文物旅游局、长治市博物馆、屯留县文博组:《山西屯留县康庄工业园区元代壁画墓》,《考古》2009 年第 12 期 |

| 序号 | 遗存名称 | 遗存地点 | 遗存年代 | 材料来源 |
|---|---|---|---|---|
| 101 | 屯留康庄工业园区元代壁画墓(M2) | 山西长治 | 元至元十三年(1276 年) | 陕西省考古研究所、长治市文物旅游局、长治市博物馆、屯留县文博馆:《山西屯留县康庄工业园区元代壁画墓》,《考古》2009 年第 12 期 |
| 102 | 太原晋源镇壁画墓 | 山西太原 | 初唐至盛唐 | 太原市文物考古研究所:《山西太原晋源镇三座唐壁画墓》,《文物》2010 年第 7 期 |
| 103 | 温神智墓 | 山西太原 | 唐开元十八年(730 年) | 太原市文物考古研究所:《山西太原晋源镇三座唐壁画墓》,《文物》2010 年第 7 期 |
| 104 | 朔州水泉梁壁画墓 | 山西朔州 | 北齐 | 山西省考古研究所、山西博物院、朔州市文物局、崇福寺文物管理所:《山西朔州水泉梁北齐壁画墓发掘简报》,《文物》2010 年第 12 期 |
| 105 | 兴县红峪村壁画墓 | 山西兴县 | 元至大二年(1309 年) | 山西大学科学技术哲学研究中心、山西省考古研究所、山西博物院:《山西兴县红峪村元至大二年壁画墓》,《文物》2011 年第 2 期 |
| 106 | 大同云波里路壁画墓 | 山西大同 | 北魏 | 大同市考古研究所:《山西大同云波里路北魏壁画墓发掘简报》,《文物》2011 年第 12 期 |
| 107 | 大同陈庄北魏墓 | 山西大同 | 北魏 | 山西省考古研究所、大同市考古研究所:《山西大同市大同县陈庄北魏墓发掘简报》,《文物》2011 年第 12 期 |
| 108 | 大同文瀛路壁画墓 | 山西大同 | 北魏 | 大同市考古研究所:《山西大同文瀛路北魏壁画墓发掘简报》,《文物》2011 年第 12 期 |
| 109 | 稷山南阳宋代纪年墓 | 山西稷山 | 宋 | 山西省考古研究所:《稷山南阳宋代纪年墓》,《三晋考古》2012 年第 0 期 |
| 110 | 新绛龙兴村金墓 | 山西新绛 | 金 | 山西省考古研究所、临汾市文物局 、襄汾县博物馆:《新绛龙兴村金墓发掘报告》,《三晋考古》2012 年第 0 期 |
| 111 | 闻喜北张金墓 | 山西闻喜 | 金 | 运城市文物研究所:《闻喜北张金墓发掘简报》,《三晋考古》2012 年第 0 期 |
| 112 | 洪洞范村金墓 | 山西洪洞 | 金 | 山西省考古研究所:《洪洞范村金墓发掘简报》,《三晋考古》2012 年第 0 期 |
| 113 | 长子碾张村壁画墓 | 山西长子 | 元 | 山西省考古研究所、长治市文物旅游局、长子县文物旅游中心:《长子县碾张村元代壁画墓发掘简报》,《三晋考古》2012 年第 0 期 |
| 114 | 屯留康庄墓 | 山西长治 | 元至治元年(1321 年) | 山西大学文博学院:《2009 年屯留县康庄墓地发掘简报》,《三晋考古》2012 年第 0 期 |

续表

| 序号 | 遗存名称 | 遗存地点 | 遗存年代 | 材料来源 |
|---|---|---|---|---|
| 115 | 汾西北掌墓 | 山西汾西 | 金、元 | 山西省考古研究所:《汾西县北掌墓地发掘简报》,《三晋考古》2012 年第 0 期 |
| 116 | 汾阳杏花村西堡墓 | 山西汾阳 | 金、元 | 山西省考古研究所:《汾阳杏花村西堡墓地发掘简报》,《三晋考古》2012 年第 0 期 |
| 117 | 壶关上好牢村 M1 墓 | 山西壶关 | 宋晚期或金初期 | 山西省考古研究所、长治市文物旅游局、壶关县文体广电局:《山西壶关县上好牢村宋金时期墓葬》,《文物》2012 年第 4 期 |
| 118 | 大同东风里壁画墓 | 山西大同 | 辽中晚期 | 大同市考古研究所:《山西大同东风里辽代壁画墓发掘简报》,《文物》2013 年第 10 期 |
| 119 | 柳林汉彩绘画像石 | 山西柳林 | 汉 | 高继平、孔令忠:《山西柳林发现的汉彩绘画像石》,《文物世界》2014 年第 1 期 |
| 120 | 和顺一中金元壁画墓 | 山西和顺 | 元 | 崔晓东:《和顺县和顺一中金元壁画墓清理简报》,《文物世界》2014 年第 4 期 |
| 121 | 夏县宋金墓 | 山西夏县 | 金 | 运城市河东博物馆、夏县文物旅游局:《山西夏县宋金墓的发掘》,《考古》2014 年第 11 期 |
| 122 | 繁峙南关村壁画墓 | 山西繁峙 | 辽晚期至金中期 | 山西省考古研究所、首都师范大学历史学院、忻州市文物管理处、繁峙县文物管理所:《山西繁峙南关村金代壁画墓发掘简报》,《考古与文物》2015 年第 1 期 |
| 123 | 昔阳松溪路宋金墓 | 山西昔阳 | 金中后期到元初期 | 山西省考古研究所、昔阳县文物管理所、昔阳县博物馆:《山西昔阳松溪路宋金墓发掘简报》,《考古与文物》2015 年第 1 期 |
| 124 | 盂县皇后村壁画墓 | 山西盂县 | 金大定八年(1168 年) | 赵培青:《山西盂县皇后村宋金壁画墓》,《文物世界》2015 年第 1 期 |
| 125 | 忻州九原岗壁画墓 | 山西忻州 | 北朝 | 山西省考古研究所、忻州市文物管理处:《山西忻州市九原岗北朝壁画墓》,《考古》2015 年第 7 期 |
| 126 | 大同西环路辽金墓 | 山西大同 | 金大定四年(1164 年) | 大同市考古研究所:《山西大同西环路辽金墓发掘简报》,《文物》2015 年第 12 期 |
| 127 | 中阳西坡彩绘画像石墓 | 山西中阳 | 汉 | 乔晋平、孔令忠:《山西中阳西坡汉墓彩绘画像石》,《文物世界》2016 年第 1 期 |
| 128 | 娄烦下龙泉村宋代家族墓 | 山西娄烦 | 宋 | 裴静蓉:《娄烦下龙泉村宋代家族墓发掘简报》,《文物世界》2016 年第 5 期 |

| 序号 | 遗存名称 | 遗存地点 | 遗存年代 | 材料来源 |
|---|---|---|---|---|
| 129 | 太原刚玉五一生活区元代墓 | 山西太原 | 元 | 原江、乔阳:《太原刚玉五一生活区元代墓葬发掘简报》,《文物世界》2016 年第 5 期 |
| 130 | 万柏林区移村金元墓 | 山西太原 | 金、元 | 裴静蓉:《万柏林区移村金元墓发掘简报》,《文物世界》2016 年第 5 期 |
| 131 | 古交河下村元代墓 | 山西古交 | 元 | 檀志慧:《古交市河下村元代墓葬》,《文物世界》2016 年第 5 期 |
| 132 | 太原王家庄金元壁画墓 | 山西太原 | 金、元 | 太原市文物考古研究所:《太原市王家庄金元壁画墓发掘简报》,《文物世界》2016 年第 6 期 |
| 133 | 阳泉东村元墓 | 山西阳泉 | 元中期 | 阳泉市文物管理处、阳泉市郊区文物旅游局:《山西阳泉东村元墓发掘简报》,《文物》2016 年第 10 期 |
| 134 | 阳泉古城金墓 | 山西阳泉 | 金 | 阳泉市文物管理处:《山西阳泉古城金墓发掘简报》,《文物》2016 年第 10 期 |
| 135 | 长子南沟金代壁画墓 | 山西长子 | 金 | 山西省考古研究所、长治市外事侨务与文物旅游局、长子县文物旅游局:《山西长子南沟金代壁画墓发掘简报》,《文物》2017 年第 12 期 |
| 136 | 沁县上庄金墓 | 山西沁县 | 金中晚期 | 山西省考古研究所、沁县文物馆:《山西沁县上庄金墓发掘简报》《文物》2016 年第 8 期 |
| 137 | 汾西郝家沟金代纪年壁画墓 | 山西汾西 | 金大定二十二年(1182 年) | 山西省考古研究所、临汾市文物工作站、汾西县文物旅游局:《山西汾西郝家沟金代纪年壁画墓发掘简报》,《文物》2018 年第 2 期 |
| 138 | 左权粟城宋代墓葬 | 山西左权 | 宋 | 姜杉:《左权粟城发现的宋代墓葬》,《文物世界》2018 年第 3 期 |
| 139 | 大同和平社辽金墓群 | 山西大同 | 辽 | 大同市考古研究所:《大同和平社辽金墓群发掘简报》,《文物世界》2018 年第 5 期 |
| 140 | 太原青阳河北汉太惠妃墓 | 山西太原 | 北汉 | 太原市文物考古研究所:《山西太原青阳河北汉太惠妃墓发掘简报》,《考古与文物》2018 年第 6 期 |
| 141 | 陵川玉泉金代壁画墓 | 山西陵川 | 金大定九年(1169 年) | 山西省考古研究所、陵川县文物局:《山西陵川玉泉金代壁画墓发掘简报》,《文物》2018 年第 9 期 |
| 142 | 汾西郝家沟金代墓 | 山西汾西 | 金 | 山西省考古研究所、临汾市文物工作站、汾西县文物旅游局:《山西汾西郝家沟金代墓葬发掘简报》,《中国国家博物馆馆刊》2018 年第 12 期 |

续表

| 序号 | 遗存名称 | 遗存地点 | 遗存年代 | 材料来源 |
|---|---|---|---|---|
| 143 | 山西大学东山校区元代壁画墓(M15、M24) | 山西繁峙 | 元 | 郝军军、赵杰、武夏:《山西大学东山校区发现两座元代壁画墓》,《中国文物报》2019 年 2 月 22 日,第 8 版 |
| 144 | 兴县麻子塔元代壁画墓 | 山西兴县 | 元 | 山西省考古研究所、山西博物院:《山西兴县麻子塔元代壁画墓发掘简报》,《江汉考古》2019 年第 2 期 |
| 145 | 古交上白泉村元代石室墓 | 山西古交 | 元 | 周富年、康秋明:《古交市上白泉村元代石室墓发掘简报》,《文物世界》2019 年第 4 期 |
| 146 | 太原唐代赫连山墓 | 山西太原 | 唐开元四年(716 年) | 太原市文物考古研究所:《山西太原唐代赫连山、赫连简墓发掘简报》,《文物》2019 年第 5 期 |
| 147 | 大同二电厂北魏墓(M37) | 山西大同 | 北魏 | 大同市考古研究所:《山西大同二电厂北魏墓群发掘简报》,《文物》2019 年第 8 期 |
| 148 | 晋中龙白金墓 | 山西晋中 | 金 | 山西省考古研究所、晋中市考古研究所:《山西晋中龙白金墓发掘简报》,《文物》2019 年第 11 期 |
| 陕西省 | | | | |
| 1 | 丹凤商雒镇宋墓 | 陕西丹凤 | 北宋宣和元年(1119 年) | 陕西省文物管理委员会:《陕西丹凤县商雒镇宋墓清理简报》,《文物参考资料》1956 年第 12 期 |
| 2 | 西安韩森寨唐墓 | 陕西西安 | 唐天宝四载(745 年) | 张正岭:《西安韩森寨唐墓清理记》,《考古通讯》1957 年第 5 期 |
| 3 | 西安南郊庞留村唐墓 | 陕西西安 | 唐至德三年(758 年) | 陕西省文物管理委员会:《西安南郊庞留村的唐墓》,《文物参考资料》1958 年第 10 期 |
| 4 | 西安羊头镇唐李爽墓 | 陕西西安 | 唐总章元年(668 年) | 陕西省文物管理委员会:《西安羊头镇唐李爽墓的发掘》,《文物》1959 年第 3 期 |
| 5 | 西安羊头罐一号墓 | 陕西西安 | 唐总章元年(668 年) | 贺梓城:《唐墓壁画》,《文物》1959 年第 8 期 |
| 6 | 郭杜镇一号墓 | 陕西西安 | 唐显庆三年(658 年) | 贺梓城:《唐墓壁画》,《文物》1959 年第 8 期 |
| 7 | 南里王村一号墓 | 陕西西安 | 唐景龙二年(708 年) | 贺梓城:《唐墓壁画》,《文物》1959 年第 8 期 |
| 8 | 咸阳底张湾四号墓 | 陕西咸阳 | 唐景云元年(710 年) | 贺梓城:《唐墓壁画》,《文物》1959 年第 8 期 |

续表

| 序号 | 遗存名称 | 遗存地点 | 遗存年代 | 材料来源 |
|---|---|---|---|---|
| 9 | 西高二机福二号墓 | 陕西西安 | 唐开元十七年(729年) | 贺梓城：《唐墓壁画》，《文物》1959年第8期 |
| 10 | 咸阳底张湾三十三号墓 | 陕西咸阳 | 唐天宝六年(747年) | 贺梓城：《唐墓壁画》，《文物》1959年第8期 |
| 11 | 西高一机福五号墓 | 陕西西安 | 唐天宝十五年(756年) | 贺梓城：《唐墓壁画》，《文物》1959年第8期 |
| 12 | 西高803工地一号墓 | 陕西咸阳 | 唐大中元年(847年) | 贺梓城：《唐墓壁画》，《文物》1959年第8期 |
| 13 | 长安县南里王村唐韦洞墓 | 陕西西安 | 唐神龙二年(706年) | 陕西省文物管理委员会：《长安县南里王村唐韦洞墓发掘记》，《文物》1959年第8期 |
| 14 | 西安东郊唐苏思勖墓 | 陕西西安 | 唐天宝四年(745年) | 陕西考古所唐墓工作组：《西安东郊唐苏思勖墓清理简报》，《考古》1960年第1期 |
| 15 | 咸阳唐苏君墓 | 陕西咸阳 | 唐 | 陕西省社会科学院考古研究所：《陕西咸阳唐苏君墓发掘》，《考古》1963年第9期 |
| 16 | 唐永泰公主墓 | 陕西咸阳 | 唐神龙二年(706年) | 陕西省文物管理委员会：《唐永泰公主墓发掘简报》，《文物》1964年第1期 |
| 17 | 唐郑仁泰墓 | 陕西礼泉 | 唐麟德元年(664年) | 陕西省博物馆、礼泉县文教局唐墓发掘组：《唐郑仁泰墓发掘简报》，《文物》1972年第7期 |
| 18 | 唐懿德太子墓 | 陕西乾县 | 唐神龙二年(706年) | 陕西省博物馆、乾县文教局唐墓发掘组：《唐懿德太子墓发掘简报》，《文物》1972年第7期 |
| 19 | 唐章怀太子墓 | 陕西乾县 | 唐 | 周天游：《唐墓壁画珍品 章怀太子墓壁画》，文物出版社2002年版 |
| 20 | 唐李寿墓 | 陕西三原 | 唐贞观五年(631年) | 陕西省博物馆、文管会：《唐李寿墓发掘简报》，《文物》1974年第9期 |
| 21 | 千阳汉墓 | 陕西千阳 | 西汉末 | 宝鸡市博物馆、千阳县文化馆：《陕西省千阳县汉墓发掘简报》，《考古》1975年第3期 |
| 22 | 唐阿史那忠墓 | 陕西礼泉 | 唐上元二年(761年) | 陕西省文物管理委员会、礼泉县昭陵文管所：《唐阿史那忠墓发掘简报》，《考古》1977年第2期 |
| 23 | 唐李凤墓 | 陕西富平 | 唐 | 富平县文化馆、陕西省博物馆、文物管理委员会：《唐李凤墓发掘简报》，《考古》1977年第5期 |
| 24 | 礼泉唐张士贵墓 | 陕西礼泉 | 初唐 | 陕西省文管会、昭陵文管所：《陕西礼泉唐张士贵墓》，《考古》1978年第3期 |
| 25 | 唐尉迟敬德墓 | 陕西礼泉 | 初唐 | 昭陵文物管理所：《唐尉迟敬德墓发掘简报》，《文物》1978年第5期 |

续表

| 序号 | 遗存名称 | 遗存地点 | 遗存年代 | 材料来源 |
|------|----------|----------|----------|----------|
| 26 | 西安东郊薛莫墓 | 陕西西安 | 唐开元十六年(728 年) | 陕西省文物管理委员会：《西安东郊唐墓清理记》，《考古通讯》1956 年第 6 期 |
| 27 | 绥德延家岔东汉画像石墓 | 陕西绥德 | 东汉 | 戴应新、李仲煊：《陕西绥德县延家岔东汉画像石墓》，《考古》1983 年第 3 期 |
| 28 | 绥德汉画像石墓 | 陕西绥德 | 东汉永元八年(96 年) | 绥德县博物馆：《陕西绥德汉画像石墓》，《文物》1983 年第 5 期 |
| 29 | 咸阳唐代郯国大长公主墓 | 陕西咸阳 | 唐贞元三年(787 年) | 王仁波、何修龄、单暐：《陕西唐墓壁画之研究》(下)，《文博》1984 年第 2 期 |
| 30 | 西安姚存古墓 | 陕西西安 | 唐大和九年(835 年) | 王仁波、何修龄、单暐：《陕西唐墓壁画之研究》(下)，《文博》1984 年第 2 期 |
| 31 | 西安杨玄略墓 | 陕西西安 | 唐咸通五年(864 年) | 王仁波、何修龄、单暐：《陕西唐墓壁画之研究》(下)，《文博》1984 年第 2 期 |
| 32 | 神木柳巷村汉画像石墓 | 陕西神木 | 东汉早期 | 吴兰、帮福、康兰英：《陕西神木柳巷村汉画像石墓》，《中原文物》1986 年第 1 期 |
| 33 | 昭陵昭容一品韦尼子墓 | 陕西咸阳 | 唐显庆元年(656 年) | 孙东位：《昭陵发现陪葬宫人墓》，《文物》1987 年第 1 期 |
| 34 | 米脂官庄东汉画像石墓 | 陕西米脂 | 东汉 | 吴兰、学勇：《陕西米脂县官庄东汉画像石墓》，《考古》1987 年第 11 期 |
| 35 | 唐昭陵长乐公主墓 | 陕西礼泉 | 唐贞观十七年(643 年) | 昭陵博物馆：《唐昭陵长乐公主墓》，《文博》1988 年第 3 期 |
| 36 | 唐安元寿夫妇墓 | 陕西礼泉 | 唐光宅元年(684 年) | 昭陵博物馆：《唐安元寿夫妇墓发掘简报》，《文物》1988 年第 12 期 |
| 37 | 长安南里王村唐壁画墓 | 陕西西安 | 唐天宝四年(745 年) | 赵力光、王九刚：《长安县南里王村唐壁画墓》，《文博》1989 年第 4 期 |
| 38 | 西安南郊唐韦君夫人壁画墓(M3) | 陕西西安 | 唐天宝元年(742 年) | 王育龙：《西安南郊唐韦君夫人等墓葬清理简报》，《考古与文物》1989 年第 5 期 |
| 39 | 唐昭陵段蕑璧墓 | 陕西礼泉 | 唐永徽二年(651 年) | 昭陵博物馆：《唐昭陵段蕑璧墓清理简报》，《文博》1989 年第 6 期 |
| 40 | 唐房陵大长公主墓 | 陕西富平 | 唐咸亨四年(673 年) | 安峥地：《唐房陵大长公主墓清理简报》，《文博》1990 年第 1 期 |
| 41 | 绥德延家岔二号画像石墓 | 陕西绥德 | 东汉 | 李林：《陕西绥德延家岔二号画像石墓》，《考古》1990 年第 2 期 |

| 序号 | 遗存名称 | 遗存地点 | 遗存年代 | 材料来源 |
|---|---|---|---|---|
| 42 | 西安王家坟唐代唐安公主墓 | 陕西西安 | 唐兴元元年（784 年） | 陈安利、马咏钟：《西安王家坟唐代唐安公主墓》，《文物》1991 年第 9 期 |
| 43 | 唐张仲晖墓 | 陕西泾阳 | 唐天宝十二载（753 年） | 陕西省考古研究所、泾阳县文管会：《唐张仲晖墓发掘简报》，《考古与文物》1992 年第 1 期 |
| 44 | 绥德呜咽泉村画像石墓 | 陕西绥德 | 东汉和帝及顺帝前后 | 吴兰：《绥德呜咽泉村画像石墓》，《文博》1992 年第 5 期 |
| 45 | 岐山郑家村唐元师奖墓 | 陕西宝鸡 | 唐垂拱二年（686 年） | 宝鸡市考古队：《岐山郑家村唐元师奖墓清理简报》，《考古与文物》1994 年第 3 期 |
| 46 | 千阳金雕砖画墓 | 陕西千阳 | 金明昌四年（1193 年） | 宝鸡市考古队、千阳县文化馆：《陕西千阳发现金明昌四年雕砖画墓》，《文博》1994 年第 5 期 |
| 47 | 西安唐金乡县主墓 | 陕西西安 | 周天授元年（690 年） | 西安市文物管理委员会：《西安唐金乡县主墓清理简报》，《文物》1997 年第 1 期 |
| 48 | 富平朱家道村唐墓 | 陕西富平 | 唐 | 井增利、王小蒙：《富平县新发现的唐墓壁画》，《考古与文物》1997 年第 4 期 |
| 49 | 神木大保当第 11 号汉画像石墓 | 陕西神木 | 东汉 | 陕西省考古研究所、榆林地区文物管理委员会：《陕西神木大保当第 11 号、第 23 号汉画像石墓发掘简报》，《文物》1997 年第 9 期 |
| 50 | 神木大保当第 23 号汉画像石墓 | 陕西神木 | 东汉 | 陕西省考古研究所、榆林地区文物管理委员会：《陕西神木大保当第 11 号、第 23 号汉画像石墓发掘简报》，《文物》1997 年第 9 期 |
| 51 | 西安窦诞墓 | 陕西西安 | 唐贞观二十二年（648 年） | 国家文物局：《中国文物地图集·陕西分册》(下)，西安地图出版社 1998 年版 |
| 52 | 礼泉李震墓 | 陕西礼泉 | 唐麟德二年（665 年） | 国家文物局：《中国文物地图集·陕西分册》(下)，西安地图出版社 1998 年版 |
| 53 | 高陵李晦墓 | 陕西西安 | 唐永昌元年（689 年） | 国家文物局：《中国文物地图集·陕西分册》(下)，西安地图出版社 1998 年版 |
| 54 | 西安李则政墓 | 陕西西安 | 周圣历三年（700 年） | 国家文物局：《中国文物地图集·陕西分册》(下)，西安地图出版社 1998 年版 |
| 55 | 礼泉契苾夫人墓 | 陕西礼泉 | 唐开元九年（721 年） | 国家文物局：《中国文物地图集·陕西分册》(下)，西安地图出版社 1998 年版 |
| 56 | 富平臧怀亮墓 | 陕西富平 | 唐开元十八年（730 年） | 国家文物局：《中国文物地图集·陕西分册》(下)，西安地图出版社 1998 年版 |
| 57 | 西安毛孟安墓 | 陕西西安 | 唐咸通十二年（871 年） | 国家文物局：《中国文物地图集·陕西分册》(下)，西安地图出版社 1998 年版 |

| 序号 | 遗存名称 | 遗存地点 | 遗存年代 | 材料来源 |
|---|---|---|---|---|
| 58 | 乾县僖宗李儇墓 | 陕西乾县 | 唐文德元年(888 年) | 国家文物局:《中国文物地图集·陕西分册》(下),西安地图出版社 1998 年版 |
| 59 | 西安孙家山 2 号唐墓 | 陕西西安 | 唐 | 国家文物局:《中国文物地图集·陕西分册》(下),西安地图出版社 1998 年版 |
| 60 | 蒲城洞耳村元代壁画墓 | 陕西蒲城 | 元 | 陕西省考古研究所:《陕西蒲城洞耳村元代壁画墓》,《考古与文物》2000 年第 1 期 |
| 61 | 西安北郊北周安伽墓 | 陕西西安 | 北周大象元年(579 年) | 陕西省考古研究所:《西安北郊北周安伽墓发掘简报》,《考古与文物》2000 年第 6 期 |
| 62 | 西安西郊陕棉十厂唐壁画墓 | 陕西西安 | 唐天宝元年(742 年) | 陕西省考古研究所:《西安西郊陕棉十厂唐壁画墓清理简报》,《考古与文物》2002 年第 1 期 |
| 63 | 旬邑东汉壁画墓 | 陕西旬邑 | 东汉 | 陕西省考古研究所:《陕西旬邑发现东汉壁画墓》,《考古与文物》2002 年第 3 期 |
| 64 | 绥德四十里铺画像石墓 | 陕西绥德 | 东汉 | 榆林地区文管会、绥德县博物馆:《陕西绥德县四十里铺画像石墓调查简报》,《考古与文物》2002 年第 3 期 |
| 65 | 唐高力士墓 | 陕西蒲城 | 唐宝应元年(762 年) | 陕西省考古研究所:《唐高力士墓发掘简报》,《考古与文物》2002 年第 6 期 |
| 66 | 五代冯晖墓 | 陕西彬州 | 后周显德五年(958 年) | 咸阳市文物考古研究所:《五代冯晖墓》,重庆出版社 2001 年版 |
| 67 | 唐严州刺史华文弘夫妇合葬墓 | 陕西西安 | 唐神龙元年(705 年) | 张全民:《唐严州刺史华文弘夫妇合葬墓》,《文博》2003 年第 6 期 |
| 68 | 唐长安南郊韦慎名墓 | 陕西西安 | 唐开元十五年(727 年) | 陕西省考古研究所、西安市文物保护考古所:《唐长安南郊韦慎名墓清理简报》,《考古与文物》2003 年第 6 期 |
| 69 | 西安东郊元代壁画墓 | 陕西西安 | 元至元二十五年(1288 年) | 西安市文物保护考古所:《西安东郊元代壁画墓》,《文物》2004 年第 1 期 |
| 70 | 绥德黄家塔汉代画像石墓(M4) | 陕西绥德 | 汉 | 李林:《陕西绥德县黄家塔汉代画像石墓群》,《考古学集刊》2004 年第 1 期 |
| 71 | 绥德黄家塔汉代画像石墓(M6) | 陕西绥德 | 汉 | 李林:《陕西绥德县黄家塔汉代画像石墓群》,《考古学集刊》2004 年第 1 期 |
| 72 | 绥德黄家塔汉代画像石墓(M7) | 陕西绥德 | 汉 | 李林:《陕西绥德县黄家塔汉代画像石墓群》,《考古学集刊》2004 年第 1 期 |
| 73 | 绥德黄家塔汉代画像石墓(M8) | 陕西绥德 | 汉 | 李林:《陕西绥德县黄家塔汉代画像石墓群》,《考古学集刊》2004 年第 1 期 |

| 序号 | 遗存名称 | 遗存地点 | 遗存年代 | 材料来源 |
|---|---|---|---|---|
| 74 | 绥德黄家塔汉代画像石墓(M9) | 陕西绥德 | 汉 | 李林:《陕西绥德县黄家塔汉代画像石墓群》,《考古学集刊》2004年第1期 |
| 75 | 绥德黄家塔汉代画像石墓(M11) | 陕西绥德 | 汉 | 李林:《陕西绥德县黄家塔汉代画像石墓群》,《考古学集刊》2004年第1期 |
| 76 | 绥德黄家塔汉代画像石墓(M13) | 陕西绥德 | 汉 | 李林:《陕西绥德县黄家塔汉代画像石墓群》,《考古学集刊》2004年第1期 |
| 77 | 唐节愍太子墓 | 陕西富平 | 唐景云元年(710年) | 陕西省考古研究所:《唐节愍太子墓发掘简报》,《考古与文物》2004年第4期 |
| 78 | 定边郝滩东汉壁画墓(M1) | 陕西定边 | 东汉 | 陕西省考古研究所、榆林市文物管理委员会:《陕西定边县郝滩发现东汉壁画墓》,《考古与文物》2004年第5期 |
| 79 | 唐新城长公主墓 | 陕西礼泉 | 唐龙朔三年(663年) | 陕西省考古研究所、陕西历史博物馆、礼泉县昭陵博物馆:《唐新城长公主墓发掘报告》,科学出版社2004年版 |
| 80 | 唐惠庄太子李撝墓 | 陕西蒲城 | 唐开元十二年(724年) | 陕西省考古研究所:《唐惠庄太子李撝墓发掘报告》,科学出版社2004年版 |
| 81 | 礼泉阿史那思摩(李思摩)墓 | 陕西礼泉 | 唐贞观二十一年(647年) | 李星明:《唐代墓室壁画研究》,陕西人民美术出版社2005年版 |
| 82 | 唐李宪夫妇合葬墓 | 陕西蒲城 | 唐天宝元年(742年) | 陕西省考古研究所:《唐李宪墓发掘报告》,科学出版社2005年版 |
| 83 | 西安北周凉州萨保史君墓 | 陕西西安 | 北周大象元年(579年) | 西安市文物保护考古所:《西安北周凉州萨保史君墓发掘简报》,《文物》2005年第3期 |
| 84 | 西安理工大学西汉壁画墓(M1) | 陕西西安 | 西汉后期 | 西安市文物保护考古所:《西安理工大学西汉壁画墓发掘简报》,《文物》2006年第5期 |
| 85 | 安康张家坎南朝墓葬 | 陕西安康 | 南朝 | 安康历史博物馆:《陕西安康市张家坎南朝墓葬发掘纪要》,《华夏考古》2008年第3期 |
| 86 | 潼关税村隋代壁画墓 | 陕西潼关 | 隋 | 陕西省考古研究院:《陕西潼关税村隋代壁画墓》,《文物》2008年第5期 |
| 87 | 西安北周康业墓 | 陕西西安 | 北周天和六年(571年) | 西安市文物保护考古所:《西安北周康业墓发掘简报》,《文物》2008年第6期 |
| 88 | 晋故秦国贤德太夫人墓(M1) | 陕西宝鸡 | 后唐同光二年(924年) | 宝鸡市考古研究所:《五代李茂贞夫妇墓》,科学出版社2008年版 |

| 序号 | 遗存名称 | 遗存地点 | 遗存年代 | 材料来源 |
|------|----------|----------|----------|----------|
| 89 | 靖边东汉壁画墓 | 陕西靖边 | 东汉后期 | 陕西省考古研究院、榆林市文物研究所、靖边县文物管理办公室:《陕西靖边东汉壁画墓》,《文物》2009 年第 2 期 |
| 90 | 铜川市唐窦及墓 | 陕西铜川 | 唐咸亨元年(670 年) | 陕西省考古研究院、铜川市考古研究所:《陕西铜川市唐窦及墓发掘简报》,《考古与文物》2009 年第 3 期 |
| 91 | 甘泉金代壁画墓(M1) | 陕西甘泉 | 金明昌五年(1194 年) | 王勇刚:《陕西甘泉金代壁画墓》,《文物》2009 年第 7 期 |
| 92 | 甘泉金代壁画墓(M2) | 陕西甘泉 | 金 | 王勇刚:《陕西甘泉金代壁画墓》,《文物》2009 年第 7 期 |
| 93 | 甘泉金代壁画墓(M3) | 陕西甘泉 | 金大定二十九年(1189 年) | 王勇刚:《陕西甘泉金代壁画墓》,《文物》2009 年第 7 期 |
| 94 | 甘泉金代壁画墓(M4) | 陕西甘泉 | 金大定二十九年(1189 年) | 王勇刚:《陕西甘泉金代壁画墓》,《文物》2009 年第 7 期 |
| 95 | 彬县东关村明代石室壁画墓 | 陕西彬州 | 明 | 刘卫鹏:《陕西彬县东关村明代石室壁画墓的发掘》,《苏州文博论丛》2010 年第 1 期 |
| 96 | 米脂官庄二号画像石墓 | 陕西米脂 | 东汉中期 | 姬翔月:《陕西米脂官庄二号画像石墓发掘简报》,《中国汉画学会第十三届年会论文集》,中州古籍出版社 2011 年版 |
| 97 | 神木大保当东汉画像石墓(M1) | 陕西神木 | 东汉 | 西北大学文博学院、陕西省考古研究院、榆林市文物考古勘探工作队、神木县文物管理办公室:《陕西神木大保当东汉画像石墓》,《文物》2011 年第 12 期 |
| 98 | 神木大保当东汉画像石墓(M3) | 陕西神木 | 东汉 | 西北大学文博学院、陕西省考古研究院、榆林市文物考古勘探工作队、神木县文物管理办公室:《陕西神木大保当东汉画像石墓》,《文物》2011 年第 12 期 |
| 99 | 唐嗣虢王李邕墓 | 陕西富平 | 唐 | 陕西省考古研究院:《唐嗣虢王李邕墓发掘简报》,《考古与文物》2012 年第 3 期 |
| 100 | 靖边统万城周边八大梁壁画墓(M1) | 陕西靖边 | 北朝 | 陕西省考古研究院、榆林市文物保护研究所、榆林市考古勘探工作队、靖边县文物管理办公室、靖边县统万城文物管理所:《陕西靖边县统万城周边北朝仿木结构壁画墓发掘简报》,《考古与文物》2013 年第 3 期 |

| 序号 | 遗存名称 | 遗存地点 | 遗存年代 | 材料来源 |
|---|---|---|---|---|
| 101 | 靖边统万城周边谷地梁壁画墓(M1) | 陕西靖边 | 北朝 | 陕西省考古研究院、榆林市文物保护研究所、榆林市考古勘探工作队、靖边县文物管理办公室、靖边县统万城文物管理所:《陕西靖边县统万城周边北朝仿木结构壁画墓发掘简报》,《考古与文物》2013 年第 3 期 |
| 102 | 渭南靳尚村金末元初壁画墓(M1) | 陕西渭南 | 金末元初 | 陕西省考古研究院、渭南市中心博物馆:《陕西渭南靳尚村金末元初壁画墓发掘简报》,《考古与文物》2014 年第 3 期 |
| 103 | 唐韩休夫妇合葬墓 | 陕西西安 | 唐 | 程旭:《长安地区新发现的唐墓壁画》,《文物》2014 年第 12 期 |
| 104 | 唐贞顺皇后敬陵 | 陕西西安 | 唐 | 程旭:《长安地区新发现的唐墓壁画》,《文物》2014 年第 12 期 |
| 105 | 西安长安区西兆村唐墓壁画(M16) | 陕西西安 | 唐武周时期至开元之前 | 程旭:《长安地区新发现的唐墓壁画》,《文物》2014 年第 12 期 |
| 106 | 渭南崇凝镇壁画墓 | 陕西渭南 | 初唐 | 程旭:《长安地区新发现的唐墓壁画》,《文物》2014 年第 12 期 |
| 107 | 西安航天城壁画墓(M4、M13) | 陕西西安 | 唐 | 辛龙:《陕西西安航天城唐代壁画墓》,《大众考古》2015 年第 8 期 |
| 108 | 甘泉柳河渠湾金代壁画墓 | 陕西甘泉 | 金承安元年(1196 年) | 西北大学文化遗产学院、甘泉县博物馆:《陕西甘泉柳河渠湾金代壁画墓发掘简报》,《文物》2016 年第 11 期 |
| 109 | 横山罗圪台村元代壁画墓 | 陕西榆林 | 元至正八年(1348 年)左右 | 陕西省考古研究院、榆林市文物考古勘探工作队、横山县文化市场综合执法大队:《陕西横山罗圪台村元代壁画墓发掘简报》,《考古与文物》2016 年第 5 期 |
| 110 | 靖边杨桥畔渠树壕东汉壁画墓 | 陕西靖边 | 东汉 | 陕西省考古研究院、靖边县文物管理办:《陕西靖边县杨桥畔渠树壕东汉壁画墓发掘简报》,《考古与文物》2017 年第 1 期 |
| 111 | 西安唐梁行仪夫妇墓 | 陕西西安 | 唐 | 陕西省考古研究院:《陕西西安唐梁行仪夫妇墓发掘简报》,《中原文物》2017 年第 2 期 |
| 112 | 西安韦曲韩家湾村唐壁画墓(2009HDM29) | 陕西西安 | 晚唐 | 陕西省考古研究院:《西安韦曲韩家湾村两座唐代壁画墓发掘简报》,《文博》2017 年第 5 期 |
| 113 | 西安韦曲韩家湾村唐壁画墓(2009HDM33) | 陕西西安 | 晚唐 | 陕西省考古研究院:《西安韦曲韩家湾村两座唐代壁画墓发掘简报》,《文博》2017 年第 5 期 |

| 序号 | 遗存名称 | 遗存地点 | 遗存年代 | 材料来源 |
|---|---|---|---|---|
| 114 | 武功唐代苏瑜墓 | 陕西武功 | 周长寿二年(693 年) | 咸阳市文物考古研究所：《陕西武功县唐代苏瑜墓发掘简报》，《考古与文物》2017 年第 6 期 |
| 115 | 西安南郊金沱村唐代壁画墓 | 陕西西安 | 唐 | 赵晶：《西安南郊金沱村唐代壁画墓的发现与研究》，《考古与文物》2019 年第 1 期 |
| 116 | 西安吐谷浑公主与茹茹大将军合葬墓 | 陕西西安 | 西魏 | 陕西省考古研究院、陕西历史博物馆、长安区旅游民族宗教文物局：《陕西西安西魏吐谷浑公主与茹茹大将军合葬墓发掘简报》，《考古与文物》2019 年第 4 期 |
| 湖北省 | | | | |
| 1 | 汉口孙王十三秀才寿墓 | 湖北武汉 | 北宋宣和五年(1123 年) | 杨大年：《宋画象石棺》，《文物》1958 年第 7 期 |
| 2 | 唐嗣濮王李欣墓 | 湖北十堰 | 唐开元十二年(724 年) | 高仲达：《唐嗣濮王李欣墓发掘简报》，《江汉考古》1980 年第 2 期 |
| 3 | 安陆王子山唐吴王妃杨氏墓 | 湖北安陆 | 唐 | 孝感地区博物馆、安陆县博物馆：《安陆王子山唐吴王妃杨氏墓》，《文物》1985 年第 2 期 |
| 4 | 武昌郑店乡关山村隋墓群 | 湖北武汉 | 隋 | 杨锦新：《武昌县郑店乡关山村发现隋墓》，《江汉考古》1985 年第 4 期 |
| 5 | 襄阳贾家冲画像砖墓 | 湖北襄阳 | 南朝至隋初 | 襄樊市文物管理处：《襄阳贾家冲画像砖墓》，《江汉考古》1986 年第 1 期 |
| 6 | 郧县唐李徽墓 | 湖北郧县 | 唐嗣圣元年(684 年) | 湖北省博物馆、郧县博物馆：《湖北郧县唐李徽、阎婉墓发掘简报》，《文物》1987 年第 8 期 |
| 7 | 郧县唐阎婉墓 | 湖北郧县 | 周天授元年(690 年) | 湖北省博物馆、郧县博物馆：《湖北郧县唐李徽、阎婉墓发掘简报》，《文物》1987 年第 8 期 |
| 8 | 襄樊市区宋墓 | 湖北襄阳 | 北宋 | 襄樊市博物馆：《襄樊市区发现一座宋墓》，《江汉考古》1989 年第 3 期 |
| 9 | 武昌东湖三官殿梁墓 | 湖北武汉 | 梁普通元年(520 年) | 武汉市博物馆：《武昌东湖三官殿梁墓清理简报》，《江汉考古》1991 年第 2 期 |
| 10 | 房县郭家庄南齐纪年墓 | 湖北房县 | 南齐永明十年(492 年) | 房县博物馆：《房县郭家庄南齐纪年墓发掘简报》，《江汉考古》1992 年第 3 期 |
| 11 | 秭归杨家沱壁画砖室墓 | 湖北秭归 | 北宋 | 湖北省三峡工作队杨家沱工作组：《秭归杨家沱遗址发现壁画砖室墓》，《江汉考古》1997 年第 3 期 |
| 12 | 当阳郑家大坡东汉画像石墓 | 湖北当阳 | 东汉 | 卢德佩：《湖北当阳市郑家大坡东汉画像石墓》，《考古》1999 年第 1 期 |

续表

| 序号 | 遗存名称 | 遗存地点 | 遗存年代 | 材料来源 |
|---|---|---|---|---|
| 13 | 巴东西瀼口六朝墓（M1） | 湖北巴东 | 六朝 | 广西壮族自治区文物工作队：《巴东县西瀼口古墓葬2000年发掘简报》，《江汉考古》2002年第1期 |
| 14 | 三峡库区宝塔河墓（M4） | 湖北恩施 | 六朝 | 三峡湖北工作站、武汉大学考古系、巴东县博物馆：《三峡库区宝塔河遗址六朝墓葬发掘简报》，《江汉考古》2002年第1期 |
| 15 | 荆门麻城镇斗笠岗南朝墓 | 湖北荆门 | 南朝 | 荆门市博物馆：《荆门市麻城镇斗笠岗南朝墓发掘简报》，《江汉考古》2006年第2期 |
| 16 | 襄樊长虹南路墓（M16） | 湖北襄阳 | 东汉 | 襄樊市考古队：《襄樊长虹南路墓地第二次发掘简报》，《江汉考古》2007年第1期 |
| 17 | 罗田蔡家湾元代砖室墓 | 湖北罗田 | 元 | 湖北省文物考古研究所、罗田县博物馆：《罗田蔡家湾元代砖室墓发掘简报》，《江汉考古》2007年第3期 |
| 18 | 浠水胡油铺唐墓 | 湖北浠水 | 唐 | 浠水县博物馆：《湖北浠水胡油铺唐墓发掘简报》，《江汉考古》2009年第4期 |
| 19 | 谷城北宋砖雕壁画墓（M1） | 湖北谷城 | 北宋 | 田桂萍、杨力：《湖北谷城发掘北宋砖雕壁画墓》，《大众考古》2013年第4期 |
| 20 | 谷城六朝画像砖墓 | 湖北谷城 | 六朝 | 谷城县博物馆：《湖北谷城六朝画像砖墓发掘简报》，《文物》2013年第7期 |
| 21 | 襄阳檀溪宋代壁画墓（M196） | 湖北襄阳 | 北宋 | 襄阳市文物考古研究所：《湖北襄阳檀溪宋代壁画墓》，《文物》2015年第2期 |
| 22 | 骆台画像石墓 | 湖北襄阳 | 不详 | 安富斌、杨一：《城区首现汉代画像石墓》，《襄阳日报》2015年5月13日，第5版 |
| 23 | 湖北襄阳麒麟清水沟南朝画像砖墓 | 湖北襄阳 | 南朝齐梁之际 | 襄阳市文物考古研究所：《湖北襄阳麒麟清水沟南朝画像砖墓发掘简报》，《文物》2017年第11期 |
| 24 | 襄阳柿庄南朝画像砖墓（M15） | 湖北襄阳 | 南朝 | 襄阳市文物考古研究所：《湖北襄阳柿庄南朝画像砖墓发掘简报》，《文物》2019年第8期 |
| 安徽省 | | | | |
| 1 | 合肥西郊乌龟墩一号墓 | 安徽合肥 | 东汉末期 | 安徽省博物馆筹备处清理小组：《合肥西郊乌龟墩古墓清理简报》，《文物参考资料》1956年第2期 |
| 2 | 六安东三十铺隋画象砖墓 | 安徽六安 | 隋 | 安徽省文物工作队：《安徽六安东三十铺隋画象砖墓》，《考古》1977年第5期 |
| 3 | 董园村二号墓 | 安徽亳州 | 东汉晚期 | 安徽省亳县博物馆：《亳县曹操宗族墓葬》，《文物》1978年第8期 |

续表

| 序号 | 遗存名称 | 遗存地点 | 遗存年代 | 材料来源 |
|---|---|---|---|---|
| 4 | 宿县褚兰汉画像石一号墓(九女坟墓) | 安徽宿州 | 东汉 | 王步毅：《安徽宿县褚兰汉画像石墓》，《考古学报》1993 年第 4 期 |
| 5 | 宿县褚兰汉画像石二号墓(胡元壬墓) | 安徽宿州 | 东汉建宁四年(171 年) | 王步毅：《安徽宿县褚兰汉画像石墓》，《考古学报》1993 年第 4 期 |
| 6 | 萧县西虎山汉墓(M3) | 安徽萧县 | 汉 | 安徽省萧县博物馆、萧县文物管理所：《安徽萧县西虎山汉墓清理简报》，《东南文化》2007 年第 6 期 |
| 7 | 萧县圣村汉画像石墓(M1) | 安徽萧县 | 东汉 | 周水利：《安徽萧县新出土的汉代画像石》，《文物》2010 年第 6 期 |
| 8 | 萧县破阁村汉代画像石墓(M61) | 安徽萧县 | 东汉 | 周水利：《安徽萧县新出土的汉代画像石》，《文物》2010 年第 6 期 |
| 江西省 | | | | |
| 1 | 赣州汉代画像砖墓 | 江西赣州 | 东汉早期 | 薛翘、张嗣介：《江西赣州汉代画像砖墓》，《文物》1982 年第 6 期 |
| 2 | 于都汉画像砖墓(1 号墓) | 江西于都 | 东汉中晚期 | 万幼楠：《江西于都发现汉画像砖墓》，《文物》1988 年第 3 期 |
| 3 | 乐平宋代壁画墓 | 江西乐平 | 北宋晚期 | 江西省文物考古研究所、乐平县文物陈列室：《江西乐平宋代壁画墓》，《文物》1990 年第 3 期 |
| 4 | 樟树北宋道教画像石墓 | 江西樟树 | 北宋绍圣元年(1094 年) | 江西省文物考古研究所、樟树市博物馆：《江西樟树北宋道教画像石墓》，《南方文物》1991 年第 3 期 |
| 5 | 星子县塔园明代壁画墓(M1) | 江西庐山 | 明 | 江西省文物考古研究所、江西省星子县博物馆：《江西省星子县塔园明代壁画墓发掘简报》，《南方文物》2015 年第 3 期 |
| 6 | 星子县塔园明代壁画墓(M2) | 江西庐山 | 明 | 江西省文物考古研究所、江西省星子县博物馆：《江西省星子县塔园明代壁画墓发掘简报》，《南方文物》2015 年第 3 期 |
| 7 | 星子县塔园明代壁画墓(M3) | 江西庐山 | 明 | 江西省文物考古研究所、江西省星子县博物馆：《江西省星子县塔园明代壁画墓发掘简报》，《南方文物》2015 年第 3 期 |
| 湖南省 | | | | |
| 1 | 桂阳刘家岭宋代壁画墓 | 湖南桂阳 | 北宋晚期 | 湖南省文物考古研究所：《湖南桂阳刘家岭宋代壁画墓发掘简报》，《文物》2012 年第 2 期 |

续表

| 序号 | 遗存名称 | 遗存地点 | 遗存年代 | 材料来源 |
|---|---|---|---|---|
| 2 | 湖南娄底明代壁画墓 | 湖南娄底 | 明中晚期 | 湖南省文物考古研究所：《湖南娄底明代壁画墓发掘简报》，《湖南考古辑刊》2016 年第 0 期 |

墓室壁画西部地区

甘肃省

| 序号 | 遗存名称 | 遗存地点 | 遗存年代 | 材料来源 |
|---|---|---|---|---|
| 1 | 佛爷庙 东 区墓第 1001 号翟宗盈墓 | 甘肃敦煌 | 西晋早期 | 夏鼐：《敦煌考古漫记(一)》，《考古通讯》1955 年第 1 期；郭永利、杨惠福：《敦煌翟宗盈墓及其年代》，《考古与文物》2007 年第 4 期 |
| 2 | 陇西宋代李泽墓 | 甘肃陇西 | 南宋建炎二年(1128 年) | 陈贤儒：《甘肃陇西县的宋墓》，《文物参考资料》1955 年第 9 期 |
| 3 | 兰州中山林金代雕砖墓 | 甘肃兰州 | 金 | 甘肃省文物管理委员会：《兰州中山林金代雕砖墓清理简报》，《文物参考资料》1957 年第 3 期 |
| 4 | 酒泉下河清壁画墓 (M1) | 甘肃酒泉 | 汉 | 甘肃省文物管理委员会：《酒泉下河清第 1 号墓和第 18 号墓发掘简报》，《文物》1959 年第 10 期 |
| 5 | 嘉峪关新城画像砖墓(M1) | 甘肃嘉峪关 | 曹魏甘露二年(257 年) | 嘉峪关市文物清理小组：《嘉峪关汉画像砖墓》，《文物》1972 年第 12 期 |
| 6 | 嘉峪关新城画像砖墓(M3) | 甘肃嘉峪关 | 西晋 | 嘉峪关市文物清理小组：《嘉峪关汉画像砖墓》，《文物》1972 年第 12 期 |
| 7 | 嘉峪关新城画像砖墓(M4) | 甘肃嘉峪关 | 西晋 | 嘉峪关市文物清理小组：《嘉峪关汉画像砖墓》，《文物》1972 年第 12 期 |
| 8 | 嘉峪关新城画像砖墓(M5) | 甘肃嘉峪关 | 西晋 | 嘉峪关市文物清理小组：《嘉峪关汉画像砖墓》，《文物》1972 年第 12 期 |
| 9 | 武威雷台汉墓 | 甘肃武威 | 东汉 | 甘肃省博物馆：《武威雷台汉墓》，《考古学报》1974 年第 2 期 |
| 10 | 嘉峪关市牌坊梁壁画砖墓 | 甘肃嘉峪关 | 魏晋 | 张朋川：《河西出土的汉晋绘画简述》，《文物》1978 年第 6 期 |
| 11 | 酒泉石庙子滩壁画墓 | 甘肃酒泉 | 魏晋 | 张朋川：《河西出土的汉晋绘画简述》，《文物》1978 年第 6 期 |
| 12 | 酒泉崔家南湾(M1) | 甘肃酒泉 | 魏晋 | 张朋川：《河西出土的汉晋绘画简述》，《文物》1978 年第 6 期 |
| 13 | 酒泉崔家南湾(M2) | 甘肃酒泉 | 魏晋 | 张朋川：《河西出土的汉晋绘画简述》，《文物》1978 年第 6 期 |

| 序号 | 遗存名称 | 遗存地点 | 遗存年代 | 材料来源 |
|---|---|---|---|---|
| 14 | 酒泉丁家闸墓（丁 M1） | 甘肃酒泉 | 东晋十六国时期 | 甘肃省博物馆：《酒泉、嘉峪关晋墓的发掘》，《文物》1979 年第 6 期 |
| 15 | 酒泉丁家闸墓（丁 M5） | 甘肃酒泉 | 后凉和北凉之间 | 甘肃省博物馆：《酒泉、嘉峪关晋墓的发掘》，《文物》1979 年第 6 期 |
| 16 | 嘉峪关新城观蒲墓（观 M9） | 甘肃嘉峪关 | 魏末晋初 | 甘肃省博物馆：《酒泉、嘉峪关晋墓的发掘》，《文物》1979 年第 6 期 |
| 17 | 嘉峪关新城观蒲墓（观 M10） | 甘肃嘉峪关 | 晋初 | 甘肃省博物馆：《酒泉、嘉峪关晋墓的发掘》，《文物》1979 年第 6 期 |
| 18 | 武威西郊林场西夏墓（M2） | 甘肃武威 | 西夏天庆年间 | 宁笃学、钟长发：《甘肃武威西郊林场西夏墓清理简报》，《考古与文物》1980 年第 3 期 |
| 19 | 漳县元代汪世显家族墓（M11） | 甘肃漳县 | 元 | 甘肃省博物馆、漳县文化馆：《甘肃漳县元代汪世显家族墓葬简报之一》，《文物》1982 年第 2 期 |
| 20 | 漳县元代汪世显家族墓（M12） | 甘肃漳县 | 明 | 甘肃省博物馆、漳县文化馆：《甘肃漳县元代汪世显家族墓葬简报之一》，《文物》1982 年第 2 期 |
| 21 | 漳县元代汪世显家族墓（M13） | 甘肃漳县 | 元 | 甘肃省博物馆、漳县文化馆：《甘肃漳县元代汪世显家族墓葬简报之一》，《文物》1982 年第 2 期 |
| 22 | 漳县元代汪世显家族墓（M15） | 甘肃漳县 | 明 | 甘肃省博物馆、漳县文化馆：《甘肃漳县元代汪世显家族墓葬简报之一》，《文物》1982 年第 2 期 |
| 23 | 漳县元代汪世显家族墓（M16） | 甘肃漳县 | 元 | 漳县文化馆：《甘肃漳县元代汪世显家族墓葬简报之二》，《文物》1982 年第 2 期 |
| 24 | 漳县元代汪世显家族墓（M26） | 甘肃漳县 | 元 | 漳县文化馆：《甘肃漳县元代汪世显家族墓葬简报之二》，《文物》1982 年第 2 期 |
| 25 | 嘉峪关新城十二号画像砖墓 | 甘肃嘉峪关 | 魏晋 | 嘉峪关市文物管理所：《嘉峪关新城十二、十三号画像砖墓发掘简报》，《文物》1982 年第 8 期 |
| 26 | 嘉峪关新城十三号画像砖墓 | 甘肃嘉峪关 | 魏晋 | 嘉峪关市文物管理所：《嘉峪关新城十二、十三号画像砖墓发掘简报》，《文物》1982 年第 8 期 |
| 27 | 灵台舍利石棺墓 | 甘肃灵台 | 五代至宋初 | 秦明智、刘得祯：《灵台舍利石棺》，《文物》1983 年第 2 期 |
| 28 | 武威西郊西夏墓 | 甘肃武威 | 西夏晚期 | 宁笃学：《武威西郊发现西夏墓》，《考古与文物》1984 年第 4 期 |

| 序号 | 遗存名称 | 遗存地点 | 遗存年代 | 材料来源 |
|---|---|---|---|---|
| 29 | 嘉峪关新城画像砖墓(M2) | 甘肃嘉峪关 | 曹魏 | 甘肃省文物队、甘肃省博物馆、嘉峪关市文物管理所：《嘉峪关壁画墓发掘报告》，文物出版社1985年版 |
| 30 | 嘉峪关新城画像砖墓(M6) | 甘肃嘉峪关 | 西晋 | 甘肃省文物队、甘肃省博物馆、嘉峪关市文物管理所：《嘉峪关壁画墓发掘报告》，文物出版社1985年版 |
| 31 | 嘉峪关新城画像砖墓(M7) | 甘肃嘉峪关 | 西晋 | 甘肃省文物队、甘肃省博物馆、嘉峪关市文物管理所：《嘉峪关壁画墓发掘报告》，文物出版社1985年版 |
| 32 | 静宁金代墓葬 | 甘肃静宁 | 金 | 平凉地区博物馆：《甘肃静宁发现金代墓葬》，《考古》1985年第9期 |
| 33 | 武威韩佐五坝山汉墓群 | 甘肃武威 | 汉 | 中国考古学会：《中国考古学年鉴·1985》，文物出版社1985年版 |
| 34 | 合水固城乡高台子村宋墓(84HGM1) | 甘肃合水 | 金 | 庆阳地区博物馆：《甘肃合水县三座宋墓测绘简报》，《考古与文物》1987年第3期 |
| 35 | 合水固城乡董家寺村宋墓(84HGM2) | 甘肃合水 | 金 | 庆阳地区博物馆：《甘肃合水县三座宋墓测绘简报》，《考古与文物》1987年第3期 |
| 36 | 武威南滩魏晋墓一号墓 | 甘肃武威 | 魏晋 | 武威地区博物馆：《甘肃武威南滩魏晋墓》，《文物》1987年第9期 |
| 37 | 武威南滩魏晋墓二号墓 | 甘肃武威 | 魏晋 | 武威地区博物馆：《甘肃武威南滩魏晋墓》，《文物》1987年第9期 |
| 38 | 天水隋唐屏风石棺床墓 | 甘肃天水 | 隋、唐 | 天水市博物馆：《天水市发现隋唐屏风石棺床墓》，《考古》1992年第1期 |
| 39 | 甘谷汉模印画像陶棺 | 甘肃甘谷 | 东汉 | 宋琪：《甘肃甘谷汉模印画像陶棺》，《考古与文物》1994年第4期 |
| 40 | 临夏金代王吉墓 | 甘肃临夏 | 金大定十五年(1175年) | 临夏回族自治州博物馆：《甘肃临夏金代砖雕墓》，《文物》1994年第12期 |
| 41 | 敦煌祁家湾墓(M310) | 甘肃敦煌 | 西晋至十六国 | 甘肃省文物考古研究所：《敦煌祁家湾——西晋十六国墓葬发掘报告》，文物出版社1994年版 |
| 42 | 敦煌祁家湾墓(M369) | 甘肃敦煌 | 西晋至十六国 | 甘肃省文物考古研究所：《敦煌祁家湾——西晋十六国墓葬发掘报告》，文物出版社1994年版 |
| 43 | 武威磨嘴子东汉壁画墓 | 甘肃武威 | 东汉 | 党寿山：《甘肃武威磨嘴子发现一座东汉壁画墓》，《考古》1995年第11期 |

续表

| 序号 | 遗存名称 | 遗存地点 | 遗存年代 | 材料来源 |
|---|---|---|---|---|
| 44 | 武威青咀喇嘛湾唐代吐谷浑王族墓葬弘化公主墓(M5) | 甘肃武威 | 唐 | 黎大祥：《武威青咀喇嘛湾唐代吐谷浑王族墓葬》，《陇右文博》1996 年第 1 期 |
| 45 | 武威青咀喇嘛湾唐代吐谷浑王族墓葬武氏墓 (M6) | 甘肃武威 | 唐圣历年间 | 黎大祥：《武威青咀喇嘛湾唐代吐谷浑王族墓葬》，《陇右文博》1996 年第 1 期 |
| 46 | 酒泉西沟村魏晋墓(M2) | 甘肃酒泉 | 魏晋 | 甘肃省文物考古研究所：《甘肃酒泉西沟村魏晋墓发掘报告》，《文物》1996 年第 7 期 |
| 47 | 酒泉西沟村魏晋墓(M5) | 甘肃酒泉 | 魏晋 | 甘肃省文物考古研究所：《甘肃酒泉西沟村魏晋墓发掘报告》，《文物》1996 年第 7 期 |
| 48 | 酒泉西沟村魏晋墓(M6) | 甘肃酒泉 | 魏晋 | 甘肃省文物考古研究所：《甘肃酒泉西沟村魏晋墓发掘报告》，《文物》1996 年第 7 期 |
| 49 | 酒泉西沟村魏晋墓(M7) | 甘肃酒泉 | 魏晋 | 甘肃省文物考古研究所：《甘肃酒泉西沟村魏晋墓发掘报告》，《文物》1996 年第 7 期 |
| 50 | 武威西夏双人合葬墓 | 甘肃武威 | 西夏 | 孙寿龄：《西夏的葬俗》，《陇右文博》1996 年第 1 期 |
| 51 | 高台骆驼城画像砖墓 | 甘肃高台 | 魏晋 | 张掖地区文物管理办公室、高台县博物馆：《甘肃高台骆驼城画像砖墓调查》，《文物》1997 年第 12 期 |
| 52 | 武威大唐上柱国翟公墓 | 甘肃武威 | 唐 | 黎大祥：《武威大唐上柱国翟公墓清理简报》，《武威文物研究文集》，甘肃文化出版社 2002 年版 |
| 53 | 敦煌佛爷庙湾西晋画像砖墓(M37) | 甘肃敦煌 | 西晋早期 | 甘肃省文物考古研究所：《敦煌佛爷庙湾：西晋画像砖墓》，文物出版社 1998 年版 |
| 54 | 敦煌佛爷庙湾西晋画像砖墓(M39) | 甘肃敦煌 | 西晋早期 | 甘肃省文物考古研究所：《敦煌佛爷庙湾：西晋画像砖墓》，文物出版社 1998 年版 |
| 55 | 敦煌佛爷庙湾西晋画像砖墓(M91) | 甘肃敦煌 | 西晋早期 | 甘肃省文物考古研究所：《敦煌佛爷庙湾：西晋画像砖墓》，文物出版社 1998 年版 |
| 56 | 敦煌佛爷庙湾西晋画像砖墓(M118) | 甘肃敦煌 | 西晋早期 | 甘肃省文物考古研究所：《敦煌佛爷庙湾：西晋画像砖墓》，文物出版社 1998 年版 |
| 57 | 敦煌佛爷庙湾西晋画像砖墓(M133) | 甘肃敦煌 | 西晋早期 | 甘肃省文物考古研究所：《敦煌佛爷庙湾：西晋画像砖墓》，文物出版社 1998 年版 |
| 58 | 敦煌佛爷庙湾西晋画像砖墓(M167) | 甘肃敦煌 | 西晋早期 | 甘肃省文物考古研究所：《敦煌佛爷庙湾：西晋画像砖墓》，文物出版社 1998 年版 |

| 序号 | 遗存名称 | 遗存地点 | 遗存年代 | 材料来源 |
|---|---|---|---|---|
| 59 | 清水苏圤宋代雕砖彩绘墓 | 甘肃清水 | 宋、金 | 甘肃省清水县博物馆:《清水宋代砖雕彩绘墓》,《陇右文博》1998 年第 2 期 |
| 60 | 山丹一中唐墓 | 甘肃山丹 | 初唐 | 王延璋:《山丹县一中唐墓清理简报》,《陇右文博》2000 年第 2 期 |
| 61 | 武威藏家庄魏晋墓 (M1) | 甘肃武威 | 魏晋 | 武威地区博物馆:《武威藏家庄魏晋墓清理简报》,《陇右文博》2001 年第 2 期 |
| 62 | 武威藏家庄魏晋墓 (M2) | 甘肃武威 | 魏晋 | 武威地区博物馆:《武威藏家庄魏晋墓清理简报》,《陇右文博》2001 年第 2 期 |
| 63 | 武威西关西夏墓 | 甘肃武威 | 西夏晚期 | 武威地区博物馆:《武威西关西夏墓清理简报》,《陇右文博》2001 年第 2 期 |
| 64 | 高台许三湾东汉墓 | 甘肃高台 | 东汉 | 甘肃省文物考古研究所:《高台许三湾东汉墓发掘简报》,《陇右文博》2001 年第 1 期 |
| 65 | 天水王家新窑宋代砖雕墓(M1) | 甘肃天水 | 北宋大观四年(1110 年) | 甘肃省文物考古研究所:《甘肃天水市王家新窑宋代雕砖墓》,《考古》2002 年第 11 期 |
| 66 | 敦煌佛爷庙湾唐代模印砖墓(M121) | 甘肃敦煌 | 唐 | 甘肃省博物馆:《敦煌佛爷庙湾唐代模印砖墓》,《文物》2002 年第 1 期 |
| 67 | 敦煌佛爷庙湾唐代模印砖墓(M123) | 甘肃敦煌 | 唐 | 甘肃省博物馆:《敦煌佛爷庙湾唐代模印砖墓》,《文物》2002 年第 1 期 |
| 68 | 敦煌佛爷庙湾唐代模印砖墓(M124) | 甘肃敦煌 | 唐 | 甘肃省博物馆:《敦煌佛爷庙湾唐代模印砖墓》,《文物》2002 年第 1 期 |
| 69 | 敦煌佛爷庙湾唐代模印砖墓(M141) | 甘肃敦煌 | 唐 | 甘肃省博物馆:《敦煌佛爷庙湾唐代模印砖墓》,《文物》2002 年第 1 期 |
| 70 | 甘肃临夏县宋墓 | 甘肃临夏 | 宋 | 梁文国:《甘肃临夏县宋墓清理简报》,《陇右文博》2002 年第 1 期 |
| 71 | 定西元墓(M2) | 甘肃定西 | 元 | 张克仁:《定西元墓清理简报》,《陇右文博》2002 年第 2 期 |
| 72 | 定西元墓(M4) | 甘肃定西 | 元 | 张克仁:《定西元墓清理简报》,《陇右文博》2002 年第 2 期 |
| 73 | 环县宋代彩绘砖雕墓 | 甘肃环县 | 宋 | 张亚萍:《甘肃环县宋代彩绘砖雕墓》,《文博》2003 年第 3 期 |
| 74 | 武威元墓 | 甘肃武威 | 元 | 梁继红:《武威元墓清理简报》,《陇右文博》2003 年第 2 期 |

续表

| 序号 | 遗存名称 | 遗存地点 | 遗存年代 | 材料来源 |
|---|---|---|---|---|
| 75 | 高台骆驼城墓葬 (M1) | 甘肃高台 | 曹魏至西晋 | 甘肃文物考古研究所、高台县博物馆：《甘肃高台县骆驼城墓葬的发掘》，《考古》2003 年第 6 期 |
| 76 | 高台县骆驼城墓葬 (M2) | 甘肃高台 | 曹魏至西晋 | 甘肃文物考古研究所、高台县博物馆：《甘肃高台县骆驼城墓葬的发掘》，《考古》2003 年第 6 期 |
| 77 | 嘉峪关新城乡魏晋墓群南墓区晋墓 | 甘肃新城 | 魏晋 | 嘉峪关长城博物馆：《嘉峪关新城魏晋砖墓发掘报告》，《陇右文博》2003 年第 1 期 |
| 78 | 肃南西水大长岭唐墓 | 甘肃肃南 | 唐 | 施爱民：《肃南西水大长岭唐墓清理简报》，《陇右文博》2004 年第 1 期 |
| 79 | 会宁宋墓 | 甘肃会宁 | 宋 | 甘肃省文物考古研究所：《甘肃会宁宋墓发掘简报》，《考古与文物》2004 年第 5 期 |
| 80 | 酒泉小土山墓葬 | 甘肃酒泉 | 西凉 | 肃州区博物馆：《酒泉小土山墓葬清理简报》，《陇右文博》2004 年第 2 期 |
| 81 | 清水白沙乡箭峡墓 | 甘肃清水 | 宋、金 | 南宝生：《绚丽的地下艺术宝库：清水宋(金)砖雕彩绘墓》，甘肃人民出版社 2005 年版 |
| 82 | 高台汉晋墓葬 (2003GNM1) | 甘肃高台 | 东汉晚期至西晋早期 | 甘肃省文物考古研究所：《甘肃省高台县汉晋墓葬发掘简报》，《考古与文物》2005 年第 5 期 |
| 83 | 高台汉晋墓葬 (2003GNM10) | 甘肃高台 | 东汉晚期至西晋早期 | 甘肃省文物考古研究所：《甘肃省高台县汉晋墓葬发掘简报》，《考古与文物》2005 年第 5 期 |
| 84 | 玉门官庄魏晋 2003GYGM1 号墓 | 甘肃玉门 | 魏晋 | 甘肃省文物考古研究所：《甘肃省高台县汉晋墓葬发掘简报》，《考古与文物》2005 年第 6 期 |
| 85 | 酒泉孙家石滩魏晋 2003JSM2 号墓 | 甘肃酒泉 | 西晋早期 | 甘肃省文物考古研究所：《甘肃酒泉孙家石滩魏晋墓发掘简报》，《考古与文物》2005 年第 5 期 |
| 86 | 酒泉孙家石滩魏晋 2003JSM3 号墓 | 甘肃酒泉 | 西晋早期 | 甘肃省文物考古研究所：《甘肃酒泉孙家石滩魏晋墓发掘简报》，《考古与文物》2005 年第 5 期 |
| 87 | 酒泉三坝湾魏晋墓 | 甘肃酒泉 | 魏晋 | 甘肃省文物考古研究所：《甘肃酒泉三坝湾魏晋墓葬发掘简报》，《考古与文物》2005 年第 5 期 |
| 88 | 清水后裕新村砖雕彩绘墓 | 甘肃清水 | 宋 | 南宝生：《清水县后裕新村砖雕彩绘墓清理简报》，《陇右文博》2005 年第 2 期 |
| 89 | 武威西关交警支队综合楼魏晋墓 | 甘肃武威 | 魏晋 | 梁晓英、朱安：《浅析武威魏晋时期墓葬的特点》，《陇右文博》2005 年第 2 期 |

续表

| 序号 | 遗存名称 | 遗存地点 | 遗存年代 | 材料来源 |
|---|---|---|---|---|
| 90 | 武威西关街昌新房地产公司综合楼魏晋墓 | 甘肃武威 | 魏晋 | 梁晓英、朱安：《浅析武威魏晋时期墓葬的特点》，《陇右文博》2005年第2期 |
| 91 | 武威河西装潢公司综合楼魏晋墓 | 甘肃武威 | 魏晋 | 梁晓英、朱安：《浅析武威魏晋时期墓葬的特点》，《陇右文博》2005年第2期 |
| 92 | 武威师范魏晋墓 | 甘肃武威 | 魏晋 | 梁晓英、朱安：《浅析武威魏晋时期墓葬的特点》，《陇右文博》2005年第2期 |
| 93 | 嘉峪关毛庄子魏晋墓木板画 | 甘肃嘉峪关 | 魏晋 | 孔令忠、侯晋刚：《记新发现的嘉峪关毛庄子魏晋墓木板画》，《文物》2006年第11期 |
| 94 | 民乐八卦营魏晋壁画墓1号墓 | 甘肃张掖 | 汉晋 | 施爱民：《民乐八卦营魏晋壁画墓》，见甘肃省博物馆：《甘肃省博物馆学术论文集》，三秦出版社2006年版 |
| 95 | 民乐八卦营魏晋壁画墓2号墓 | 甘肃张掖 | 汉晋 | 施爱民：《民乐八卦营魏晋壁画墓》，见甘肃省博物馆：《甘肃省博物馆学术论文集》，三秦出版社2006年版 |
| 96 | 民乐八卦营魏晋壁画墓3号墓 | 甘肃张掖 | 汉晋 | 施爱民：《民乐八卦营魏晋壁画墓》，见甘肃省博物馆：《甘肃省博物馆学术论文集》，三秦出版社2006年版 |
| 97 | 兰州榆中连搭乡金代墓 | 甘肃兰州 | 金 | 兰州市博物馆、榆中县博物馆：《兰州榆中金代墓葬清理简报》，见甘肃省博物馆：《甘肃省博物馆学术论文集》，三秦出版社2006年版 |
| 98 | 定西教育学院金代壁画墓 | 甘肃定西 | 金 | 定西市安定区博物馆：《定西金代仿木彩绘砖墓》，见甘肃省博物馆：《甘肃省博物馆学术论文集》，三秦出版社2006年版 |
| 99 | 宁县政平唐代蔡墨墓 | 甘肃宁县 | 唐 | 张驰：《宁县政平唐代墓葬发掘简报》，《陇右文博》2007年第1期 |
| 100 | 清水贾川乡董湾村金墓 | 甘肃清水 | 金 | 北京大学中国考古学研究中心、甘肃省文物考古研究所：《甘肃省清水县贾川乡董湾村金墓》，《考古与文物》2008年第4期 |
| 101 | 高台地埂坡晋墓（M1） | 甘肃高台 | 西晋 | 甘肃省文物考古研究所、高台县博物馆：《甘肃高台地埂坡晋墓发掘简报》，《文物》2008年第9期 |
| 102 | 高台地埂坡晋墓（M2） | 甘肃高台 | 西晋 | 甘肃省文物考古研究所、高台县博物馆：《甘肃高台地埂坡晋墓发掘简报》，《文物》2008年第9期 |

续表

| 序号 | 遗存名称 | 遗存地点 | 遗存年代 | 材料来源 |
|---|---|---|---|---|
| 103 | 高台地埂坡晋墓(M6) | 甘肃高台 | 魏晋 | 甘肃省文物考古研究所、高台县博物馆:《甘肃高台地埂坡晋墓发掘简报》,《文物》2008 年第 9 期 |
| 104 | 酒泉西沟魏晋墓四号墓 | 甘肃酒泉 | 魏晋 | 俄军、郑炳林、高国祥:《甘肃出土魏晋唐墓壁画(下)》,兰州大学出版社 2009 年版 |
| 105 | 酒泉西沟一号唐墓 | 甘肃酒泉 | 盛唐 | 俄军、郑炳林、高国祥:《甘肃出土魏晋唐墓壁画(下)》,兰州大学出版社 2009 年版 |
| 106 | 酒泉西沟二号唐墓 | 甘肃酒泉 | 晚唐 | 俄军、郑炳林、高国祥:《甘肃出土魏晋唐墓壁画(下)》,兰州大学出版社 2009 年版 |
| 107 | 临夏红园广场宋墓 | 甘肃临夏 | 宋 | 临夏回族自治州博物馆:《临夏市红园广场宋墓清理简报》,《陇右文博》2009 年第 1 期 |
| 108 | 张家川南川宋墓 | 甘肃张家川 | 宋 | 甘肃省文物考古研究所、张家川回族自治县博物馆:《甘肃张家川南川宋墓发掘简报》,《考古与文物》2009 年第 6 期 |
| 109 | 玉门金鸡梁十六国墓葬(M5、M10) | 甘肃玉门 | 前凉中晚期 | 甘肃省文物考古研究所:《甘肃玉门金鸡梁十六国墓葬发掘简报》,《文物》2011 年第 2 期 |
| 110 | 武威磨咀子墓地(M3) | 甘肃武威 | 西汉晚期 | 甘肃省文物考古研究所、日本秋田县埋藏文化财中心、甘肃省博物馆:《2003 年甘肃武威磨咀子墓地发掘简报》,《考古与文物》2012 年第 5 期 |
| 111 | 武威磨咀子墓地(M9) | 甘肃武威 | 西汉晚期 | 甘肃省文物考古研究所、日本秋田县埋藏文化财中心、甘肃省博物馆:《2003 年甘肃武威磨咀子墓地发掘简报》,《考古与文物》2012 年第 5 期 |
| 112 | 合水唐魏哲墓 | 甘肃合水 | 唐 | 甘肃省文物考古研究所、甘肃陇东古石刻艺术博物馆:《甘肃合水唐魏哲墓发掘简报》,《考古与文物》2012 年第 4 期 |
| 113 | 会宁甜水宋墓 | 甘肃会宁 | 宋 | 甘肃省文物考古研究所、会宁县博物馆:《会宁县甜水宋墓清理简报》,《陇右文博》2012 年第 1 期 |
| 114 | 定西安定区西巩镇苦河金墓 | 甘肃定西 | 金 | 安定区博物馆:《安定区西巩镇苦河金墓清理简报》,《陇右文博》2013 年第 2 期 |
| 115 | 临夏祁家庄宋代砖雕墓(M1) | 甘肃临夏 | 宋 | 临夏市博物馆:《临夏祁家庄宋代砖雕墓清理简报》,《陇右文博》2014 年第 1 期 |
| 116 | 临夏红园路金代砖雕墓 | 甘肃临夏 | 金 | 临夏州博物馆、临夏市博物馆:《临夏市红园路金代砖雕墓清理简报》,《陇右文博》2011 年第 1 期 |

续表

| 序号 | 遗存名称 | 遗存地点 | 遗存年代 | 材料来源 |
|---|---|---|---|---|
| 117 | 和政张家庄金代砖雕墓 | 甘肃和政 | 金早期 | 临夏回族自治州博物馆：《和政县张家庄金代砖雕墓清理简报》，《陇右文博》2013年第2期 |
| 118 | 临夏四家嘴金代砖雕墓 | 甘肃临夏 | 金 | 临夏州博物馆、临夏市博物馆：《临夏市四家嘴金代砖雕墓调查简报》，见马珑：《临夏考古：临夏回族自治州博物馆论文集》，甘肃文化出版社2016年版 |
| 119 | 和政达浪乡宋代砖雕墓 | 甘肃和政 | 北宋晚期 | 临夏州博物馆、和政县文化馆：《和政县达浪乡发现一座宋代砖雕墓》，见马珑：《临夏考古：临夏回族自治州博物馆论文集》，甘肃文化出版社2016年版 |
| 120 | 康乐杨家庄宋墓 | 甘肃康乐 | 宋 | 临夏州文化出版局、临夏州博物馆：《康乐县杨家庄宋墓调查报告》，见马珑：《临夏考古：临夏回族自治州博物馆论文集》，甘肃文化出版社2016年版 |
| 121 | 和政杨家庄宋墓 | 甘肃和政 | 北宋晚期 | 临夏州博物馆：《和政县杨家庄宋墓清理简报》，见马珑：《临夏考古：临夏回族自治州博物馆论文集》，甘肃文化出版社2016年版 |
| 122 | 积石山方家宋墓 | 甘肃积石山 | 北宋 | 临夏州博物馆、积石山县文化馆：《积石山县方家宋墓清理简报》，见马珑：《临夏考古：临夏回族自治州博物馆论文集》，甘肃文化出版社2016年版 |
| 123 | 临夏红园路宋代砖室墓 | 甘肃临夏 | 北宋 | 临夏州博物馆：《临夏市红园路宋代砖室墓清理简报》，见马珑：《临夏考古：临夏回族自治州博物馆论文集》，甘肃文化出版社2016年版 |
| 124 | 积石山中嘴岭乡庙岑村宋墓 | 甘肃积石山 | 宋 | 临夏州博物馆：《积石山县中嘴岭乡庙岑村发现一座宋墓》，见马珑：《临夏考古：临夏回族自治州博物馆论文集》，甘肃文化出版社2016年版 |
| 125 | 康乐流川乡彩绘砖室墓 | 甘肃康乐 | 宋金时期 | 临夏州博物馆：《康乐县流川乡发现彩绘砖室墓》，见马珑：《临夏考古：临夏回族自治州博物馆论文集》，甘肃文化出版社2016年版 |
| 126 | 临夏枹罕金代砖室墓 | 甘肃临夏 | 金 | 临夏州博物馆：《临川市枹罕金代砖室墓清理简报》，见马珑：《临夏考古：临夏回族自治州博物馆论文集》，甘肃文化出版社2016年版 |
| 127 | 会宁康湾金末元初壁画墓 | 甘肃会宁 | 金末元初 | 会宁县博物馆：《会宁康湾金末元初壁画墓清理简报》，《陇右文博》2015年第1期 |

续表

| 序号 | 遗存名称 | 遗存地点 | 遗存年代 | 材料来源 |
|---|---|---|---|---|
| 128 | 酒泉侯家沟十六国墓地(M5) | 甘肃酒泉 | 十六国前凉 | 甘肃省文物考古研究所：《甘肃酒泉侯家沟十六国墓地发掘简报》,《考古与文物》2016 年第 2 期 |
| 129 | 榆中朱家湾金墓 | 甘肃榆中 | 金 | 柳庆龄、刘学荣：《孝文化下的礼仪空间——以榆中朱家湾金墓为中心》,《南风》2016 年第 17 期 |
| 130 | 天水麦积区上崖宋墓 | 甘肃天水 | 不晚于北宋元丰年间 | 天水市博物馆、麦积区文化广播影视局、麦积区博物馆：《天水市麦积区上崖宋墓清理简报》,《陇右文博》2017 年第 1 期 |
| 131 | 会宁甜水金末元初砖雕壁画墓 | 甘肃会宁 | 金末元初 | 甘肃省文物考古研究所、会宁县博物馆：《会宁甜水金末元初墓葬清理简报》,《陇右文博》2017 年第 4 期 |
| 132 | 酒泉肃州区孙家石滩家族墓(M1) | 甘肃酒泉 | 两晋 | 甘肃省文物考古研究所：《甘肃酒泉市肃州区孙家石滩家族墓地发掘简报》,《考古与文物》2017 年第 3 期 |
| 133 | 酒泉肃州区孙家石滩家族墓(M3) | 甘肃酒泉 | 两晋 | 甘肃省文物考古研究所：《甘肃酒泉市肃州区孙家石滩家族墓地发掘简报》,《考古与文物》2017 年第 3 期 |
| 134 | 临夏康乐县金代砖雕墓 | 甘肃临夏 | 金 | 临夏州博物馆考古研究部：《甘肃临夏康乐县发现一座金代砖雕墓》,《中国文物报》2017 年 6 月 16 日 |
| 135 | 静宁吴家山西汉墓 | 甘肃静宁 | 西汉早期 | 静宁县博物馆：《静宁吴家山汉代墓葬清理简报》,《陇右文博》2019 年第 2 期 |
| 136 | 张家川回族自治县大阳乡东沟村金墓 | 甘肃张家川 | 金 | 王文斌：《张家川回族自治县大阳乡东沟村金墓发掘简报》,《陇右文博》2019 年第 1 期 |
| 137 | 敦煌佛爷庙湾新店台(Ⅲ M29) | 甘肃敦煌 | 十六国时期 | 甘肃省文物考古研究所：《2015 年敦煌佛爷庙湾——新店台墓群Ⅲ区西晋十六国墓葬发掘简报》,《文博》2019 年第 5 期 |
| 138 | 敦煌佛爷庙湾新店台墓群(Ⅰ M30) | 甘肃敦煌 | 曹魏 | 甘肃省文物考古研究所：《甘肃敦煌佛爷庙湾—新店台墓群曹魏、隋唐墓 2015 年发掘简报》,《文物》2019 年第 9 期 |
| 139 | 合水板桥镇马洼宋墓 | 甘肃合水 | 南宋 | 周占全：《合水县板桥镇马洼宋墓发掘简报》,《文物鉴定与鉴赏》2019 年第 17 期 |
| 140 | 永昌乱墩子滩 1 号壁画墓 | 甘肃永昌 | 十六国时期 | 李勇杰：《甘肃永昌乱墩子滩 1 号壁画墓调查简报》,《甘肃广播电视大学学报》2019 年第 3 期 |

| 序号 | 遗存名称 | 遗存地点 | 遗存年代 | 材料来源 |
|---|---|---|---|---|
| 141 | 和政金代刘俊墓 | 甘肃和政 | 金 | 郭永利：《甘肃境内宋金元墓葬的调查、整理与研究》，科学出版社2019年版 |
| 142 | 静宁新店乡下街村金代壁画墓 | 甘肃静宁 | 金 | 郭永利：《甘肃境内宋金元墓葬的调查、整理与研究》，科学出版社2019年版 |
| 143 | 静宁威戎元代墓群 | 甘肃静宁 | 元 | 郭永利：《甘肃境内宋金元墓葬的调查、整理与研究》，科学出版社2019年版 |
| 144 | 天水秦州区师家湾金代壁画墓 | 甘肃天水 | 金 | 郭永利：《甘肃境内宋金元墓葬的调查、整理与研究》，科学出版社2019年版 |
| | | | 内蒙古自治区 | |
| 1 | 托克托汉墓壁画 | 内蒙古托克托 | 西汉晚期 | 罗福颐：《内蒙古自治区托克托县新发现的汉墓壁画》，《文物》1956年第9期 |
| 2 | 和林格尔土城子6号墓 | 内蒙古和林格尔 | 晚唐至辽初 | 内蒙古自治区文物工作队：《和林格尔县土城子古墓发掘简介》，《文物》1961年第9期 |
| 3 | 和林格尔土城子9号墓 | 内蒙古和林格尔 | 晚唐至辽初 | 内蒙古自治区文物工作队：《和林格尔县土城子古墓发掘简介》，《文物》1961年第9期 |
| 4 | 辽中京西城外山头村第1号墓 | 内蒙古赤峰 | 辽晚期 | 内蒙古自治区文物工作队：《辽中京西城外的古墓葬》，《文物》1961年第9期 |
| 5 | 辽中京西城外山头村第2、3号墓 | 内蒙古赤峰 | 辽晚期 | 内蒙古自治区文物工作队：《辽中京西城外的古墓葬》，《文物》1961年第9期 |
| 6 | 辽中京西城外山头村4号墓 | 内蒙古赤峰 | 辽晚期 | 内蒙古自治区文物工作队：《辽中京西城外的古墓葬》，《文物》1961年第9期 |
| 7 | 宁城哎斯营子2号墓 | 内蒙古宁城 | 辽晚期 | 内蒙古自治区文物工作队：《辽中京西城外的古墓葬》，《文物》1961年第9期 |
| 8 | 宁城小刘仗子辽墓（M1） | 内蒙古宁城 | 辽晚期 | 内蒙古自治区文物工作队：《辽中京西城外的古墓葬》，《文物》1961年第9期 |
| 9 | 哲里木盟库伦旗一号辽墓 | 内蒙古库伦旗 | 辽晚期 | 吉林省博物馆、哲里木盟文化局：《吉林哲里木盟库伦旗一号辽墓发掘简报》，《文物》1973年第8期 |
| 10 | 和林格尔新店子1号汉墓 | 内蒙古和林格尔 | 东汉后期 | 内蒙古文物工作队、内蒙古博物馆：《和林格尔发现一座重要的东汉壁画墓》，《文物》1974年第1期 |
| 11 | 库伦旗二号辽墓 | 内蒙古库伦旗 | 辽晚期 | 王建群：《库伦旗二号辽墓发掘散记》，《社会科学战线》1978年第1期 |

| 序号 | 遗存名称 | 遗存地点 | 遗存年代 | 材料来源 |
|---|---|---|---|---|
| 12 | 库伦旗四号辽墓 | 内蒙古库伦旗 | 辽晚期 | 王建群：《库伦旗二号辽墓发掘散记》，《社会科学战线》1978 年第 1 期 |
| 13 | 敖汉旗白塔子辽墓 | 内蒙古敖汉旗 | 辽 | 敖汉旗文化馆：《敖汉旗白塔子辽墓》，《考古》1978 年第 2 期 |
| 14 | 翁牛特旗解放营子辽墓 | 内蒙古翁牛特旗 | 辽中期以后 | 翁牛特旗文化馆、昭乌达盟文物工作站：《内蒙古解放营子辽墓发掘简报》，《考古》1979 年第 4 期 |
| 15 | 喀喇沁旗娄子店 1 号墓 | 内蒙古喀喇沁旗 | 辽 | 项春松：《辽宁昭乌达地区发现的辽墓绘画资料》，《文物》1979 年第 6 期 |
| 16 | 巴林左旗白音敖包辽墓 | 内蒙古巴林左旗 | 辽 | 项春松：《辽宁昭乌达地区发现的辽墓绘画资料》，《文物》1979 年第 6 期 |
| 17 | 巴林右旗白彦尔登辽墓 | 内蒙古巴林右旗 | 辽 | 项春松：《辽宁昭乌达地区发现的辽墓绘画资料》，《文物》1979 年第 6 期 |
| 18 | 敖汉旗康营子辽壁画墓 | 内蒙古敖汉旗 | 辽 | 项春松：《辽宁昭乌达地区发现的辽墓绘画资料》，《文物》1979 年第 6 期 |
| 19 | 翁牛特旗山咀子 3 号墓 | 内蒙古翁牛特旗 | 辽 | 项春松：《辽宁昭乌达地区发现的辽墓绘画资料》，《文物》1979 年第 6 期 |
| 20 | 克什克腾旗二八地一号墓 | 内蒙古克什克腾旗 | 辽 | 项春松：《辽宁昭乌达地区发现的辽墓绘画资料》，《文物》1979 年第 6 期；项春松：《克什克腾旗二八地一、二号辽墓》，《内蒙古文物考古》1984 年第 0 期 |
| 21 | 克什克腾旗二八地二号墓 | 内蒙古克什克腾旗 | 辽 | 项春松：《辽宁昭乌达地区发现的辽墓绘画资料》，《文物》1979 年第 6 期；项春松：《克什克腾旗二八地一、二号辽墓》，《内蒙古文物考古》1984 年第 0 期 |
| 22 | 翁牛特旗辽代广德公墓 | 内蒙古翁牛特旗 | 辽早期 | 项春松：《辽宁昭乌达地区发现的辽墓绘画资料》，《文物》1979 年第 6 期；项春松：《内蒙古翁牛特旗辽代广德公墓》，《北方文物》1989 年第 4 期 |
| 23 | 库伦旗六号墓 | 内蒙古库伦旗 | 辽中晚期 | 哲里木盟博物馆、内蒙古文物工作队：《库伦旗第五、六号辽墓》，《内蒙古文物考古》1982 年第 2 期 |
| 24 | 昭盟赤峰三眼井元代壁画墓(M1) | 内蒙古赤峰 | 元 | 项春松、王建国：《内蒙昭盟赤峰三眼井元代壁画墓》，《文物》1982 年第 1 期 |

续表

| 序号 | 遗存名称 | 遗存地点 | 遗存年代 | 材料来源 |
|---|---|---|---|---|
| 25 | 内昭盟赤峰三眼井元代壁画墓(M2) | 内蒙古赤峰 | 元 | 项春松、王建国:《内蒙昭盟赤峰三眼井元代壁画墓》,《文物》1982年第1期 |
| 26 | 赤峰元宝山元代壁画墓 | 内蒙古赤峰 | 元 | 项春松:《内蒙古赤峰市元宝山元代壁画墓》,《文物》1983年第4期 |
| 27 | 昭乌达盟敖汉旗北三家辽墓(M1) | 内蒙古敖汉旗 | 辽中期之后 | 敖汉旗文物管理所:《内蒙古昭乌达盟敖汉旗北三家辽墓》,《考古》1984年第11期 |
| 28 | 昭乌达盟敖汉旗北三家辽墓(M3) | 内蒙古敖汉旗 | 辽中期之后 | 敖汉旗文物管理所:《内蒙古昭乌达盟敖汉旗北三家辽墓》,《考古》1984年第11期 |
| 29 | 辽陈国公主驸马合葬墓 | 内蒙古奈曼旗 | 辽开泰七年(1018年) | 内蒙古文物考古研究所:《辽陈国公主驸马合葬墓发掘简报》,《文物》1987年第11期 |
| 30 | 库伦旗七号辽墓 | 内蒙古库伦旗 | 辽 | 内蒙古文物考古研究所、哲里木盟博物馆:《内蒙古库伦旗七、八号辽墓》,《文物》1987年第7期 |
| 31 | 库伦旗八号辽墓 | 内蒙古库伦旗 | 辽 | 内蒙古文物考古研究所、哲里木盟博物馆:《内蒙古库伦旗七、八号辽墓》,《文物》1987年第7期 |
| 32 | 库伦辽代壁画墓3号墓 | 内蒙古库伦旗 | 辽圣宗末期 | 王健群、陈相伟:《库伦辽代壁画墓》,文物出版社1989年版 |
| 33 | 库伦辽代壁画墓4号墓 | 内蒙古库伦旗 | 辽兴宗时期 | 王健群、陈相伟:《库伦辽代壁画墓》,文物出版社1989年版 |
| 34 | 扎鲁特旗封山屯契丹墓 | 内蒙古扎鲁特旗 | 辽初 | 扎鲁特旗文物管理所:《扎鲁特旗封山屯契丹墓清理简报》,《北方文物》1990年第3期 |
| 35 | 翁牛特旗梧桐花元代壁画墓 | 内蒙古翁牛特旗 | 元 | 项春松、贾洪恩:《内蒙古翁牛特旗梧桐花元代壁画墓》,《北方文物》1992年第3期 |
| 36 | 赤峰沙子山元代壁画墓 | 内蒙古赤峰 | 元 | 刘冰:《内蒙古赤峰沙子山元代壁画墓》,《文物》1992年第2期 |
| 37 | 凉城后德胜元墓(M1) | 内蒙古凉城 | 元 | 内蒙古自治区文化厅文物处、乌兰察布盟文物工作一站:《内蒙古凉城县后德胜元墓清理简报》,《文物》1994年第10期 |
| 38 | 敖汉旗娘娘庙辽代壁画墓 | 内蒙古敖汉旗 | 辽中晚期 | 邵国田:《敖汉旗娘娘庙辽代壁画墓》,《内蒙古文物考古》1994年第1期 |
| 39 | 辽耶律羽之墓 | 内蒙古赤峰 | 辽会同五年(942年) | 内蒙古文物考古研究所、赤峰市博物馆、阿鲁科尔沁旗文物管理所:《辽耶律羽之墓发掘简报》,《文物》1996年第1期 |

续表

| 序号 | 遗存名称 | 遗存地点 | 遗存年代 | 材料来源 |
|---|---|---|---|---|
| 40 | 赤峰宝山辽壁画 1 号墓 | 内蒙古赤峰 | 辽天赞二年(923 年) | 内蒙古文物考古研究所、阿鲁科尔沁旗文物管理所:《内蒙古赤峰宝山辽壁画墓发掘简报》,《文物》1998 年第 1 期 |
| 41 | 赤峰宝山辽壁画 2 号墓 | 内蒙古赤峰 | 约辽天显元年(926 年)稍前 | 内蒙古文物考古研究所、阿鲁科尔沁旗文物管理所:《内蒙古赤峰宝山辽壁画墓发掘简报》,《文物》1998 年第 1 期 |
| 42 | 鄂托克凤凰山 1 号壁画墓 | 内蒙古鄂托克旗 | 西汉晚期至东汉前期 | 魏坚编著:《内蒙古中南部汉代墓葬》,中国大百科全书出版社 1998 年版 |
| 43 | 包头张龙圪旦汉壁画墓 | 内蒙古包头 | 东汉晚期 | 魏坚编著:《内蒙古中南部汉代墓葬》,中国大百科全书出版社 1998 年版 |
| 44 | 敖汉旗皮匠沟 1 号辽墓 | 内蒙古敖汉旗 | 辽中期 | 内蒙古赤峰市敖汉旗博物馆:《内蒙古敖汉旗皮匠沟 1、2 号辽墓》,《文物》1998 年第 9 期 |
| 45 | 敖汉旗下湾子辽墓(M1) | 内蒙古敖汉旗 | 辽中晚期 | 敖汉旗博物馆:《敖汉旗下湾子辽墓清理简报》,《内蒙文物考古》1999 年第 1 期 |
| 46 | 敖汉旗下湾子辽墓(M2) | 内蒙古敖汉旗 | 辽中晚期 | 敖汉旗博物馆:《敖汉旗下湾子辽墓清理简报》,《内蒙文物考古》1999 年第 1 期 |
| 47 | 敖汉旗下湾子辽墓(M5) | 内蒙古敖汉旗 | 辽中晚期 | 敖汉旗博物馆:《敖汉旗下湾子辽墓清理简报》,《内蒙文物考古》1999 年第 1 期 |
| 48 | 敖汉旗羊山 1 号墓 | 内蒙古敖汉旗 | 辽太平六年或七年(1026 或 1027 年) | 敖汉旗博物馆;《敖汉旗羊山 1—3 号辽墓清理简报》,《内蒙古文物考古》1999 年第 1 期 |
| 49 | 敖汉旗羊山 2 号墓 | 内蒙古敖汉旗 | 辽寿昌五年(1099 年) | 敖汉旗博物馆:《敖汉旗羊山 1—3 号辽墓清理简报》,《内蒙古文物考古》1999 年第 1 期 |
| 50 | 敖汉旗羊山 3 号墓 | 内蒙古敖汉旗 | 晚于辽寿昌年间 | 敖汉旗博物馆:《敖汉旗羊山 1—3 号辽墓清理简报》,《内蒙古文物考古》1999 年第 1 期 |
| 51 | 敖汉旗喇嘛沟辽代壁画墓 | 内蒙古敖汉旗 | 辽晚期 | 《敖汉旗喇嘛沟辽代壁画墓》,《内蒙古文物考古》1999 年第 1 期 |
| 52 | 敖汉旗七家辽墓(M1) | 内蒙古敖汉旗 | 辽中期偏晚 | 《敖汉旗七家辽墓》,《内蒙古文物考古》1999 年第 1 期 |
| 53 | 敖汉旗七家辽墓(M2) | 内蒙古敖汉旗 | 辽中期偏晚 | 《敖汉旗七家辽墓》,《内蒙古文物考古》1999 年第 1 期 |
| 54 | 敖汉旗七家辽墓(M3) | 内蒙古敖汉旗 | 辽晚期 | 《敖汉旗七家辽墓》,《内蒙古文物考古》1999 年第 1 期 |

| 序号 | 遗存名称 | 遗存地点 | 遗存年代 | 材料来源 |
|---|---|---|---|---|
| 55 | 敖汉旗七家辽墓（M5） | 内蒙古敖汉旗 | 辽晚期 | 《敖汉旗七家辽墓》，《内蒙古文物考古》1999年第1期 |
| 56 | 巴林左旗滴水壶辽代壁画墓 | 内蒙古巴林左旗 | 辽中期以后 | 巴林左旗博物馆：《内蒙古巴林左旗滴水壶辽代壁画墓》，《考古》1999年第8期 |
| 57 | 巴林左旗大辽赠秦魏国王及大辽故皇弟秦越国妃合葬墓 | 内蒙古巴林左旗 | 辽大安三年（1087年） | 巴林右旗博物馆：《辽庆陵又有重要发现》，《内蒙古文物考古》2000年第2期 |
| 58 | 巴林左旗羲和仁寿皇太叔祖及宋魏国妃合葬墓 | 内蒙古巴林左旗 | 辽乾统十年（1110年） | 巴林左旗博物馆：《辽庆陵又有重要发现》，《内蒙古文物考古》2000年第2期 |
| 59 | 罕大坝辽"回纥国国信使"壁画墓 | 内蒙古巴林右旗 | 辽统和二十三年（1005年） | 韩仁信：《罕大坝辽"回纥国国信使"壁画墓的抢救性清理报告》，《内蒙古文物考古》2001年第1期 |
| 60 | 白音罕山辽代韩氏家族墓地（M1） | 内蒙古巴林左旗 | 辽大康九年（1083年） | 内蒙古文物考古研究所、赤峰市博物馆、巴林左旗博物馆：《白音罕山辽代韩氏家族墓地发掘报告》，《内蒙古文物考古》2002年第2期 |
| 61 | 白音罕山辽代韩氏家族墓地（M2） | 内蒙古巴林左旗 | 辽 | 内蒙古文物考古研究所、赤峰市博物馆、巴林左旗博物馆：《白音罕山辽代韩氏家族墓地发掘报告》，《内蒙古文物考古》2002年第2期 |
| 62 | 白音罕山辽代韩氏家族墓地（M3） | 内蒙古巴林左旗 | 辽 | 内蒙古文物考古研究所、赤峰市博物馆、巴林左旗博物馆：《白音罕山辽代韩氏家族墓地发掘报告》，《内蒙古文物考古》2002年第2期 |
| 63 | 巴林右旗床金沟5号辽墓 | 内蒙古巴林右旗 | 辽中期 | 内蒙古文物考古研究所：《巴林右旗床金沟5号辽墓发掘简报》，《文物》2002年第3期 |
| 64 | 扎鲁特旗浩特花1号墓 | 内蒙古扎鲁特旗 | 辽中晚期 | 中国社会科学院考古研究所内蒙古工作队、内蒙古文物考古研究所：《内蒙古扎鲁特旗浩特花辽代壁画墓》，《考古》2003年第1期 |
| 65 | 兴宗耶律宗真永兴陵（中陵） | 内蒙古赤峰 | 辽 | 陈振分册主编：《中国通史·中古时代·五代辽宋夏金时期》上，上海人民出版社2004年版 |
| 66 | 赤峰元宝山区大营子村塔子山2号辽墓 | 内蒙古赤峰 | 辽晚期 | 刘伟东：《赤峰市元宝山区大营子辽墓》，《内蒙古文物考古》2004年第2期 |
| 67 | 辽弘法寺僧志柔壁画墓 | 内蒙古巴林左旗 | 辽 | 金永田：《辽弘法寺僧志柔壁画墓》，《北方文物》2008年第4期 |
| 68 | 巴林左旗辽上京土葬墓 | 内蒙古巴林左旗 | 辽 | 张兴国：《内蒙古巴林左旗出土彩绘木棺》，《文物》2009年第3期 |

| 序号 | 遗存名称 | 遗存地点 | 遗存年代 | 材料来源 |
|---|---|---|---|---|
| 69 | 清水河塔尔梁五代壁画墓(M1) | 内蒙古清水河 | 五代末期或宋初期 | 内蒙古师范大学科学技术史研究院、内蒙古文物考古研究所:《内蒙古清水河塔尔梁五代壁画墓发掘简报》,《文物》2014 年第 4 期 |
| 70 | 清水河塔尔梁五代壁画墓(M2) | 内蒙古清水河 | 五代末期或宋初期 | 内蒙古师范大学科学技术史研究院、内蒙古文物考古研究所:《内蒙古清水河塔尔梁五代壁画墓发掘简报》,《文物》2014 年第 4 期 |
| 71 | 巴林左旗哈拉海场辽代壁画墓(M1) | 内蒙古巴林左旗 | 辽 | 辽上京博物馆:《内蒙古巴林左旗哈拉海场辽代壁画墓清理简报》,《文物》2014 年第 4 期 |
| 72 | 巴林左旗盘羊沟辽代墓葬 | 内蒙古巴林左旗 | 契丹会同六年(943 年) | 赤峰市博物馆、巴林左旗辽上京博物馆、巴林左旗文物管理所:《内蒙古巴林左旗盘羊沟辽代墓葬》,《考古》2016 年第 3 期 |
| 73 | 巴林左旗辽祖陵一号陪葬墓 | 内蒙古巴林左旗 | 辽早期偏晚 | 中国社会科学院考古研究所内蒙古第二工作队、内蒙古文物考古研究所:《内蒙古巴林左旗辽祖陵一号陪葬墓》,《考古》2016 年第 10 期 |
| 74 | 巴林右旗床金沟 4 号辽墓 | 内蒙古巴林右旗 | 辽太宗晚期至穆宗早期 | 内蒙古文物考古研究所:《内蒙古巴林右旗床金沟 4 号辽墓发掘简报》,《文物》2017 年第 9 期 |
| 75 | 鄂尔多斯市准格尔旗二长渠村宋代壁画墓(M1) | 内蒙古鄂尔多斯 | 北宋 | 鄂尔多斯博物馆、鄂尔多斯市文物考古研究院、准格尔旗文物:《内蒙古鄂尔多斯市准格尔旗二长渠村宋代壁画墓》,《考古学集刊》2018 年第 21 集 |
| 76 | 鄂尔多斯巴日松古敖包汉代壁画墓(M1) | 内蒙古鄂尔多斯 | 东汉 | 鄂尔多斯博物馆、鄂尔多斯市文物考古研究院、乌审旗文物管理所:《内蒙古鄂尔多斯巴日松古敖包汉代壁画墓清理简报》,《文物》2019 年第 3 期 |
| 77 | 内鄂尔多斯巴日松古敖包汉代壁画墓(M2) | 内蒙古鄂尔多斯 | 东汉 | 鄂尔多斯博物馆、鄂尔多斯市文物考古研究院、乌审旗文物管理所:《内蒙古鄂尔多斯巴日松古敖包汉代壁画墓清理简报》,《文物》2019 年第 3 期 |
| 新疆维吾尔自治区 | | | | |
| 1 | 吐鲁番阿斯塔那 301 号墓 | 新疆吐鲁番 | 唐 | 新疆维吾尔自治区博物馆:《新疆吐鲁番阿斯塔那北区墓葬发掘简报》,《文物》1960 年第 6 期 |
| 2 | 吐鲁番阿斯塔那 302 号墓 | 新疆吐鲁番 | 唐永徽四年(653 年) | 新疆维吾尔自治区博物馆:《新疆吐鲁番阿斯塔那北区墓葬发掘简报》,《文物》1960 年第 6 期 |
| 3 | 吐鲁番阿斯塔那 303 号墓 | 新疆吐鲁番 | 北魏 | 新疆维吾尔自治区博物馆:《新疆吐鲁番阿斯塔那北区墓葬发掘简报》,《文物》1960 年第 6 期 |

续表

| 序号 | 遗存名称 | 遗存地点 | 遗存年代 | 材料来源 |
|---|---|---|---|---|
| 4 | 阿斯塔那 65TAM38 号墓 | 新疆吐鲁番 | 盛唐至中唐 | 新疆维吾尔自治区博物：《吐鲁番县阿斯塔那—哈拉和卓古墓群发掘简报(1963—1965)》，《文物》1973 年第 10 期 |
| 5 | 阿斯塔那第 230 号墓张礼臣墓 | 新疆吐鲁番 | 唐武周时期 | 金维诺、卫边：《唐代西州墓中的绢画》，《文物》1975 年第 10 期 |
| 6 | 阿斯塔那第 187 号墓 | 新疆吐鲁番 | 唐 | 金维诺、卫边：《唐代西州墓中的绢画》，《文物》1975 年第 10 期 |
| 7 | 阿斯塔那第 188 号墓（昭武校尉张某之妻麹仙妃之墓） | 新疆吐鲁番 | 唐开元三年（715 年） | 金维诺、卫边：《唐代西州墓中的绢画》，《文物》1975 年第 10 期 |
| 8 | 吐鲁番哈喇和卓 75TKM94 号墓 | 新疆吐鲁番 | 北凉 | 新疆博物馆考古队：《吐鲁番哈喇和卓古墓群发掘简报》，《文物》1978 年第 6 期 |
| 9 | 吐鲁番哈喇和卓 75TKM95 号墓 | 新疆吐鲁番 | 北凉 | 新疆博物馆考古队：《吐鲁番哈喇和卓古墓群发掘简报》，《文物》1978 年第 6 期 |
| 10 | 吐鲁番哈喇和卓 75TKM96 号墓 | 新疆吐鲁番 | 北凉 | 新疆博物馆考古队：《吐鲁番哈喇和卓古墓群发掘简报》，《文物》1978 年第 6 期 |
| 11 | 吐鲁番哈喇和卓 75TKM97 号墓 | 新疆吐鲁番 | 北凉 | 新疆博物馆考古队：《吐鲁番哈喇和卓古墓群发掘简报》，《文物》1978 年第 6 期 |
| 12 | 吐鲁番哈喇和卓 75TKM98 号墓 | 新疆吐鲁番 | 北凉 | 新疆博物馆考古队：《吐鲁番哈喇和卓古墓群发掘简报》，《文物》1978 年第 6 期 |
| 13 | 吐鲁番哈喇和卓 75TKM99 墓 | 新疆吐鲁番 | 北凉 | 新疆博物馆考古队：《吐鲁番哈喇和卓古墓群发掘简报》，《文物》1978 年第 6 期 |
| 14 | 阿斯塔那 86TAM386 号张师儿墓 | 新疆吐鲁番 | 麹氏高昌时期 | 吐鲁番地区文管所：《1986 年新疆吐鲁番阿斯塔那古墓群发掘简报》，《考古》1992 年第 2 期 |
| 15 | 阿斯塔那 50 号张德淮墓 | 新疆吐鲁番 | 唐 | 中国古代书画鉴定组：《中国绘画全集(战国—唐)》，文物出版社 1997 年版 |
| 16 | 新尉犁营盘墓地 15 号墓 | 新疆尉犁 | 东汉中晚期 | 新疆文物考古研究所：《新疆尉犁县营盘墓地 15 号墓发掘简报》，《文物》1999 年第 1 期 |
| 17 | 若羌楼兰 LE 古城北壁画墓 | 新疆若羌 | 公元 4 世纪 | 李青、高古盈：《楼兰古墓粟特壁画艺术之新发现》，《西北美术》2004 年第 3 期 |
| 18 | 尉犁营盘墓地（M7） | 新疆尉犁 | 汉晋 | 李文瑛：《新疆尉犁营盘墓地考古新发现及初步研究》，《吐鲁番学新论》，新疆人民出版社 2006 年版 |

续表

| 序号 | 遗存名称 | 遗存地点 | 遗存年代 | 材料来源 |
|---|---|---|---|---|
| 19 | 尉犁营盘墓地(M12) | 新疆尉犁 | 汉晋 | 李文瑛：《新疆尉犁营盘墓地考古新发现及初步研究》，《吐鲁番学新论》，新疆人民出版社 2006 年版 |
| 20 | 尉犁营盘墓地(M23) | 新疆尉犁 | 汉晋 | 李文瑛：《新疆尉犁营盘墓地考古新发现及初步研究》，《吐鲁番学新论》，新疆人民出版社 2006 年版 |
| 21 | 阿斯塔那古墓群西区 408 号墓 | 新疆吐鲁番 | 十六国 | 吐鲁番地区文物局：《新疆吐鲁番地区阿斯塔那古墓群西区 408、409 号墓》，《考古》2006 年第 12 期 |
| 22 | 和田布扎克墓地 | 新疆和田 | 五代 | 吴艳春：《从和田布扎克彩棺看唐—五代长安文化对西域的影响》，《新疆师范大学学报(哲学社会科学版)》2009 年第 3 期 |
| 23 | 莎车喀群彩棺墓 | 新疆莎车 | 晋、唐 | 新疆维吾尔自治区文物局：《新疆维吾尔自治区第三次全国文物普查成果集成·新疆古墓葬》，科学出版社 2011 年版；吴艳春：《从和田布扎克彩棺看唐—五代长安文化对西域的影响》，《新疆师范大学学报(哲学社会科学版)》2009 年第 3 期 |
| 24 | 尉犁咸水泉汉晋墓群 | 新疆尉犁 | 晋唐 | 新疆维吾尔自治区文物局：《新疆维吾尔自治区第三次全国文物普查成果集成·新疆古墓葬》，科学出版社 2011 年版 |
| 25 | 阿斯塔那 217 号墓 | 新疆吐鲁番 | 唐 | 谷新春：《西域的世俗与宗教绘画(上)》，《美术》2016 年第 6 期 |
| 26 | 阿斯塔那 13 号墓 | 新疆吐鲁番 | 东晋 | 徐光冀：《中国出土壁画全集9》，科学出版社 2012 年版 |
| 27 | 阿斯塔那 216 号墓 | 新疆吐鲁番 | 唐 | 徐光冀：《中国出土壁画全集9》，科学出版社 2012 年版 |
| 28 | 库车友谊路魏晋十六国时期墓葬(M3) | 新疆库车 | 3 世纪末至 4 世纪末 | 新疆文物考古研究所：《新疆库车友谊路魏晋十六国时期墓葬 2007 年发掘简报》，《文物》2013 年第 12 期 |
| 29 | 库车苏巴什西区塔庙彩棺墓 | 新疆库车 | 7 世纪 | 张平：《库车苏巴什西区塔庙的彩棺墓》，见王赞、徐永明：《丝路·思路：2015 年克孜尔石窟壁画国际学术研讨会论文集》，河北美术出版社 2015 年版 |
| 宁夏回族自治区 | | | | |
| 1 | 西夏八号陵 | 宁夏银川 | 南宋宝庆二年(1226 年) | 宁夏回族自治区博物馆：《西夏八号陵发掘简报》，《文物》1978 年第 8 期 |

续表

| 序号 | 遗存名称 | 遗存地点 | 遗存年代 | 材料来源 |
|---|---|---|---|---|
| 2 | 隆德县北宋晚期砖雕墓 | 宁夏隆德 | 北宋 | 宁夏回族自治区博物馆：《宁夏回族自治区文物考古工作的主要收获》，《文物》1978年第8期 |
| 3 | 泾源宋墓雕砖 | 宁夏泾源 | 北宋 | 宁夏博物馆考古组：《宁夏泾源宋墓出土一批精美雕砖》，《文物》1981年第3期 |
| 4 | 固原北魏墓 | 宁夏固原 | 北魏 | 固原县文物工作站：《宁夏固原北魏墓清理简报》，《文物》1984年第6期 |
| 5 | 固原李贤夫妇墓 | 宁夏固原 | 北周天和四年（569年） | 宁夏回族自治区博物馆、宁夏固原博物馆：《宁夏固原北周李贤夫妇墓发掘简报》，《文物》1985年第11期 |
| 6 | 固原史道德墓（82M2） | 宁夏固原 | 约唐仪凤三年（678年） | 韩兆民、韩孔乐：《宁夏固原唐史道德墓清理简报》，《文物》1985年第11期；罗丰编著：《固原南郊隋唐墓地》，文物出版社1996年版 |
| 7 | 盐池何氏家族墓（M2） | 宁夏盐池 | 盛唐 | 宁夏回族自治区博物馆：《宁夏盐池唐墓发掘简报》，《文物》1988年第9期 |
| 8 | 盐池何氏家族墓（M6） | 宁夏盐池 | 盛唐 | 宁夏回族自治区博物馆：《宁夏盐池唐墓发掘简报》，《文物》1988年第9期 |
| 9 | 固原隋史射勿墓 | 宁夏固原 | 隋大业六年（610年） | 宁夏文物考古研究所、宁夏固原博物馆：《宁夏固原隋史射勿墓发掘简报》，《文物》1992年第10期 |
| 10 | 固原梁元珍墓 | 宁夏固原 | 周圣历二年（699年） | 宁夏固原博物馆：《宁夏固原唐梁元珍墓》，《文物》1993年第6期 |
| 11 | 固原北周宇文猛墓 | 宁夏固原 | 北周保定五年（565年） | 宁夏文物考古所固原工作站：《固原北周宇文猛发掘简报》，见许成：《宁夏考古文集》，宁夏人民出版社1994年版；耿志强：《宁夏固原北周宇文猛墓发掘报告与研究》，阳光出版社2014年版 |
| 12 | 固原唐史索岩墓 | 宁夏固原 | 唐显庆三年（658年） | 罗丰编著：《固原南郊隋唐墓地》，文物出版社1996年版 |
| 13 | 固原唐史诃耽墓 | 宁夏固原 | 总章二年（669年） | 罗丰编著：《固原南郊隋唐墓地》，文物出版社1996年版 |
| 14 | 固原北苑小区金代壁画墓 | 宁夏固原 | 金 | 耿志强：《宁夏固原北苑小区墓葬发掘简报》，《陇右文博》2007年第1期 |
| 15 | 固原北周田弘墓 | 宁夏固原 | 北周建德四年（575年） | 原州联合考古队：《北周田弘墓》，文物出版社2009年版 |

续表

| 序号 | 遗存名称 | 遗存地点 | 遗存年代 | 材料来源 |
|---|---|---|---|---|
| 16 | 固原九龙山汉唐墓葬 (1999M1) | 宁夏固原 | 东汉早期 | 宁夏文物考古研究所:《固原九龙山汉唐墓葬》,科学出版社 2012 年版 |

青海省

| 序号 | 遗存名称 | 遗存地点 | 遗存年代 | 材料来源 |
|---|---|---|---|---|
| 1 | 平安汉墓 | 青海平安 | 东汉晚期 | 许新国:《青海平安县出土东汉画像砖图象考》,《青海社会科学》1991 年第 1 期 |
| 2 | 海西郭里木吐蕃墓 | 青海海西 | 吐蕃时期 | 许新国、刘小何:《青海吐蕃墓葬发现木板彩绘》,《中国西藏》2002 年第 6 期;许新国:《郭里木吐蕃墓葬棺板画研究》,《中国藏学》2005 年第 1 期 |
| 3 | 海西茶卡吐谷浑墓 | 青海乌兰 | 6 世纪初或 6 世纪下半叶 | 许新国:《茶卡出土的彩绘木棺盖板》,《青海民族大学学报(社会科学版)》2011 年第 1 期 |

墓室壁画西南地区

四川省

| 序号 | 遗存名称 | 遗存地点 | 遗存年代 | 材料来源 |
|---|---|---|---|---|
| 1 | 成都北郊站东乡高晖墓 | 四川成都 | 后唐 | 徐鹏章、陈久恒、何德滋:《成都北郊站东乡高晖墓清理简报》,《考古通讯》1955 年第 6 期 |
| 2 | 成都扬子山晋代砖墓 | 四川成都 | 晋 | 沈仲常:《成都扬子山的晋代砖墓》,《文物参考资料》1955 年第 7 期 |
| 3 | 成都扬子山一号墓 | 四川成都 | 汉 | 于豪亮:《记成都扬子山一号墓》,《文物参考资料》1955 年第 9 期 |
| 4 | 成都站东乡汉墓 | 四川成都 | 东汉 | 徐鹏章:《成都站东乡汉墓清理记》,《考古通讯》1956 年第 1 期 |
| 5 | 新繁清白乡东汉画像砖墓 | 四川成都 | 东汉 | 四川省文物管理委员会:《四川新繁清白乡东汉画像砖墓清理简报》,《文物参考资料》1956 年第 6 期 |
| 6 | 成都白马寺第六号明墓 | 四川成都 | 明 | 四川省文物管理委员会:《成都白马寺第六号明墓清理简报》,《文物参考资料》1956 年第 10 期 |
| 7 | 宜宾市翠屏村汉墓 | 四川宜宾 | 东汉后期 | 匡远滢:《四川宜宾市翠屏村汉墓清理简报》,《考古通讯》1957 年第 3 期 |
| 8 | 昭化㢱迴乡宋墓石刻 | 四川广元 | 南宋 | 沈仲常、陈建中:《四川昭化县㢱迴乡的宋墓石刻》,《文物参考资料》1957 年第 12 期 |
| 9 | 成都天回山崖墓 | 四川成都 | 东汉 | 刘志远:《成都天回山崖墓清理记》,《考古学报》1958 年第 1 期 |

| 序号 | 遗存名称 | 遗存地点 | 遗存年代 | 材料来源 |
|---|---|---|---|---|
| 10 | 岳池明墓 | 四川岳池 | 明 | 杨仁：《四川岳池县明墓的清理》，《考古通讯》1958 年第 2 期 |
| 11 | 彭山后蜀宋琳墓 | 四川眉山 | 五代后蜀 | 四川省博物馆文物工作队：《四川彭山后蜀宋琳墓清理简报》，《考古通讯》1958 年第 5 期 |
| 12 | 东山灌溉渠明墓 | 四川成都 | 明 | 四川省博物馆：《四川东山灌溉渠宋代遗址及古墓清理简报》，《考古》1959 年第 8 期 |
| 13 | 成都梁家巷明墓 | 四川成都 | 明 | 江学礼：《成都梁家巷发现明墓》，《考古》1959 年第 8 期 |
| 14 | 郫县东汉画象石棺 | 四川郫县 | 东汉 | 李复华、郭子游：《郫县出土东汉画象石棺图象略说》，《文物》1975 年第 8 期 |
| 15 | 成都凤凰山明墓 | 四川成都 | 明 | 中国社会科学院考古研究所、四川省博物馆、成都明墓发掘队：《成都凤凰山明墓》，《考古》1978 年第 5 期 |
| 16 | 郫县东汉砖墓的石棺画象（一号石棺） | 四川郫都 | 东汉 | 四川省博物馆、郫县文化馆：《四川郫县东汉砖墓的石棺画象》，《考古》1979 年第 6 期 |
| 17 | 郫县东汉砖墓的石棺画象（二号石棺） | 四川郫都 | 东汉 | 四川省博物馆、郫县文化馆：《四川郫县东汉砖墓的石棺画象》，《考古》1979 年第 6 期 |
| 18 | 郫县东汉砖墓的石棺画象（三号石棺） | 四川郫都 | 东汉 | 四川省博物馆、郫县文化馆：《四川郫县东汉砖墓的石棺画象》，《考古》1979 年第 6 期 |
| 19 | 郫县东汉砖墓的石棺画象（四号石棺） | 四川郫都 | 东汉 | 四川省博物馆、郫县文化馆：《四川郫县东汉砖墓的石棺画象》，《考古》1979 年第 6 期 |
| 20 | 郫县东汉砖墓的石棺画象（五号石棺） | 四川郫都 | 东汉 | 四川省博物馆、郫县文化馆：《四川郫县东汉砖墓的石棺画象》，《考古》1979 年第 6 期 |
| 21 | 成都曾家包东汉画像砖石墓（M1） | 四川成都 | 东汉 | 成都市文物管理处：《四川成都曾家包东汉画像砖石墓》，《文物》1981 年第 10 期 |
| 22 | 成都曾家包东汉画像砖石墓（M2） | 四川成都 | 东汉 | 成都市文物管理处：《四川成都曾家包东汉画像砖石墓》，《文物》1981 年第 10 期 |
| 23 | 明兵部尚书赵炳然夫妇合葬墓 | 四川剑阁 | 明 | 四川省博物馆、剑阁县文化馆：《明兵部尚书赵炳然夫妇合葬墓》，《文物》1982 年第 2 期 |
| 24 | 后蜀孟知祥墓 | 四川成都 | 五代后蜀 | 成都市文物管理处：《后蜀孟知祥墓与福庆长公主墓志铭》，《文物》1982 年第 3 期 |
| 25 | 成都东郊后蜀张虔钊墓 | 四川成都 | 五代后蜀 | 成都市文物管理处：《成都市东郊后蜀张虔钊墓》，《文物》1982 年第 3 期 |

续表

| 序号 | 遗存名称 | 遗存地点 | 遗存年代 | 材料来源 |
|---|---|---|---|---|
| 26 | 广元石刻宋墓 | 四川广元 | 南宋庆元元年(1195 年) | 四川省博物馆、广元县文管所:《四川广元石刻宋墓清理简报》,《文物》1982 年第 6 期 |
| 27 | 宜宾崖墓画像石棺 | 四川宜宾 | 东汉 | 兰峰:《四川宜宾县崖墓画像石棺》,《文物》1982 年第 7 期 |
| 28 | 郫县东汉墓门石刻 | 四川郫都 | 东汉晚期 | 梁文骏:《四川郫县东汉墓门石刻》,《文物》1983 年第 5 期 |
| 29 | 成都昭觉寺汉画像砖墓 | 四川成都 | 东汉晚期 | 刘志远:《成都昭觉寺汉画像砖墓》,《考古》1984 年第 1 期 |
| 30 | 彭山高家沟崖墓石棺 | 四川眉山 | 汉 | 高文:《绚丽多彩的画像石——四川解放后出土的五个汉代石棺椁》,《四川文物》1985 年第 1 期 |
| 31 | 彭山双河乡崖墓石棺 | 四川眉山 | 汉 | 高文:《绚丽多彩的画像石——四川解放后出土的五个汉代石棺椁》,《四川文物》1985 年第 1 期 |
| 32 | 荥经石棺 | 四川荥经 | 汉 | 高文:《绚丽多彩的画像石——四川解放后出土的五个汉代石棺椁》,《四川文物》1985 年第 1 期 |
| 33 | 泸州石棺 | 四川泸州 | 汉 | 高文:《绚丽多彩的画像石——四川解放后出土的五个汉代石棺椁》,《四川文物》1985 年第 1 期 |
| 34 | 灌县石椁 | 四川都江堰 | 汉 | 高文:《绚丽多彩的画像石——四川解放后出土的五个汉代石棺椁》,《四川文物》1985 年第 1 期 |
| 35 | 南宋虞公著夫妇合葬墓 | 四川眉山 | 南宋 | 四川省文物管理委员会、彭山县文化馆:《南宋虞公著夫妇合葬墓》,《考古学报》1985 年第 3 期 |
| 36 | 合江东汉石棺 | 四川合江 | 东汉 | 王开建:《合江县出土东汉石棺》,《四川文物》1985 年第 3 期 |
| 37 | 成都化工厂隋墓 | 四川成都 | 隋 | 罗伟先:《成都化工厂隋墓清理简报》,《四川文物》1986 年第 4 期 |
| 38 | 荥经东汉石棺画像 | 四川荥经 | 东汉 | 李晓鸣:《四川荥经东汉石棺画像》,《文物》1987 年第 1 期 |
| 39 | 乐山麻浩崖墓 | 四川乐山 | 东汉 | 唐长寿:《乐山麻浩崖墓研究》,《四川文物》1987 年第 2 期 |

续表

| 序号 | 遗存名称 | 遗存地点 | 遗存年代 | 材料来源 |
|---|---|---|---|---|
| 40 | 内江明代兵部尚书阴武卿墓志 | 四川内江 | 明 | 雷建金：《内江市出土明代兵部尚书阴武卿墓志》，《四川文物》1987 年第 3 期 |
| 41 | 内江东汉一号岩墓画像 | 四川内江 | 东汉 | 雷建金、付成金：《内江市发现东汉岩墓画像》，《四川文物》1987 年第 4 期 |
| 42 | 内江东汉二号岩墓画像 | 四川内江 | 东汉 | 雷建金、付成金：《内江市发现东汉岩墓画像》，《四川文物》1987 年第 4 期 |
| 43 | 内江东汉三号岩墓画像 | 四川内江 | 东汉 | 雷建金、付成金：《内江市发现东汉岩墓画像》，《四川文物》1987 年第 4 期 |
| 44 | 内江东汉四号岩墓画像 | 四川内江 | 东汉 | 雷建金、付成金：《内江市发现东汉岩墓画像》，《四川文物》1987 年第 4 期 |
| 45 | 泸州一号石棺 | 四川泸州 | 东汉 | 高文、高成英：《四川出土的十一具汉代画像石棺图释》，《四川文物》1988 年第 3 期 |
| 46 | 泸州二号石棺 | 四川泸州 | 东汉 | 高文、高成英：《四川出土的十一具汉代画像石棺图释》，《四川文物》1988 年第 3 期 |
| 47 | 泸州四号石棺 | 四川泸州 | 东汉 | 高文、高成英：《四川出土的十一具汉代画像石棺图释》，《四川文物》1988 年第 3 期 |
| 48 | 泸州五号石棺 | 四川泸州 | 东汉 | 高文、高成英：《四川出土的十一具汉代画像石棺图释》，《四川文物》1988 年第 3 期 |
| 49 | 泸州九号石棺 | 四川泸州 | 东汉 | 高文、高成英：《四川出土的十一具汉代画像石棺图释》，《四川文物》1988 年第 3 期 |
| 50 | 南溪一号石棺 | 四川宜宾 | 东汉 | 高文、高成英：《四川出土的十一具汉代画像石棺图释》，《四川文物》1988 年第 3 期 |
| 51 | 南溪二号石棺 | 四川宜宾 | 东汉 | 高文、高成英：《四川出土的十一具汉代画像石棺图释》，《四川文物》1988 年第 3 期 |
| 52 | 富顺石棺 | 四川富顺 | 东汉 | 高文、高成英：《四川出土的十一具汉代画像石棺图释》，《四川文物》1988 年第 3 期 |
| 53 | 合江石棺 | 四川合江 | 东汉 | 高文、高成英：《四川出土的十一具汉代画像石棺图释》，《四川文物》1988 年第 3 期 |
| 54 | 高县石棺 | 四川高县 | 东汉 | 高文、高成英：《四川出土的十一具汉代画像石棺图释》，《四川文物》1988 年第 3 期 |
| 55 | 彭山三号石棺 | 四川眉山 | 东汉 | 高文、高成英：《四川出土的十一具汉代画像石棺图释》，《四川文物》1988 年第 3 期 |

续表

| 序号 | 遗存名称 | 遗存地点 | 遗存年代 | 材料来源 |
|---|---|---|---|---|
| 56 | 新都七星墩东汉纪年砖画像砖墓 | 四川成都 | 东汉 | 张德全：《新都县发现汉代纪年砖画像砖墓》，《四川文物》1988 年第 4 期 |
| 57 | 简阳鬼头山榜题画像石棺 | 四川简阳 | 东汉 | 雷建金：《简阳县鬼头山发现榜题画像石棺》，《四川文物》1988 年第 6 期 |
| 58 | 江安黄新乡魏晋石室墓(1 号棺) | 四川江安 | 魏晋 | 崔陈：《江安县黄新乡魏晋石室墓》，《四川文物》1989 年第 1 期 |
| 59 | 江安黄新乡魏晋石室墓(2 号棺) | 四川江安 | 魏晋 | 崔陈：《江安县黄新乡魏晋石室墓》，《四川文物》1989 年第 1 期 |
| 60 | 富顺宋墓 | 四川富顺 | 宋 | 徐雄伟、李茂清：《富顺县发现大型宋墓》，《四川文物》1989 年第 2 期 |
| 61 | 中江玉桂乡东汉崖墓 | 四川中江 | 东汉 | 王启鹏、王孔智：《中江县玉桂乡东汉崖墓调查简报》，《四川文物》1989 年第 5 期 |
| 62 | 平武明王玺家族墓 | 四川平武 | 明 | 四川省文管会、绵阳市文化局、平武县文保所：《四川平武明王玺家族墓》，《文物》1989 年第 7 期 |
| 63 | 乐山麻浩一号崖墓 | 四川乐山 | 东汉晚期 | 乐山市文化局：《四川乐山麻浩一号崖墓》，《考古》1990 年第 2 期 |
| 64 | 凉山西昌东汉、蜀汉墓 | 四川西昌 | 东汉、蜀汉 | 凉山州博物馆：《四川凉山西昌发现东汉、蜀汉墓》，《考古》1990 年第 5 期 |
| 65 | 乐山中区大湾嘴崖墓 | 四川乐山 | 东汉晚期 | 四川乐山市文管所：《四川乐山市中区大湾嘴崖墓清理简报》，《考古》1991 年第 1 期 |
| 66 | 成都无缝钢管厂五代后蜀 M1 墓 | 四川成都 | 五代后蜀 | 成都市博物馆考古队：《成都无缝钢管厂发现五代后蜀墓》，《四川文物》1991 年第 3 期 |
| 67 | 成都无缝钢管厂五代后蜀 M2 墓 | 四川成都 | 五代后蜀 | 成都市博物馆考古队：《成都无缝钢管厂发现五代后蜀墓》，《四川文物》1991 年第 3 期 |
| 68 | 简阳鬼头山东汉崖墓(2 号石棺) | 四川简阳 | 东汉 | 内江市文管所、简阳县文化馆：《四川简阳县鬼头山东汉崖墓》，《文物》1991 年第 3 期 |
| 69 | 简阳鬼头山东汉崖墓(3 号石棺) | 四川简阳 | 东汉 | 内江市文管所、简阳县文化馆：《四川简阳县鬼头山东汉崖墓》，《文物》1991 年第 3 期 |
| 70 | 简阳鬼头山东汉崖墓(4 号石棺) | 四川简阳 | 东汉 | 内江市文管所、简阳县文化馆：《四川简阳县鬼头山东汉崖墓》，《文物》1991 年第 3 期 |
| 71 | 简阳鬼头山东汉崖墓(5 号石棺) | 四川简阳 | 东汉 | 内江市文管所、简阳县文化馆：《四川简阳县鬼头山东汉崖墓》，《文物》1991 年第 3 期 |

续表

| 序号 | 遗存名称 | 遗存地点 | 遗存年代 | 材料来源 |
|---|---|---|---|---|
| 72 | 泸州 1 号石棺 | 四川泸州 | 汉 | 谢荔：《泸州博物馆收藏汉代画像石棺考释》，《四川文物》1991 年第 3 期 |
| 73 | 泸州 11 号石棺 | 四川泸州 | 汉 | 谢荔：《泸州博物馆收藏汉代画像石棺考释》，《四川文物》1991 年第 3 期 |
| 74 | 泸州 12 号石棺 | 四川泸州 | 汉 | 谢荔：《泸州博物馆收藏汉代画像石棺考释》，《四川文物》1991 年第 3 期 |
| 75 | 泸州 13 号石棺 | 四川泸州 | 汉 | 谢荔：《泸州博物馆收藏汉代画像石棺考释》，《四川文物》1991 年第 3 期 |
| 76 | 后蜀孙汉韶墓 | 四川成都 | 五代后蜀 | 成都市博物馆考古队：《五代后蜀孙汉韶墓》，《文物》1991 年第 5 期 |
| 77 | 北川香泉宋墓 | 四川北川 | 宋 | 邓天富：《北川县香泉宋墓》，《四川文物》1991 年第 5 期 |
| 78 | 资中宋代石室墓 | 四川资中 | 宋 | 孙晓明：《资中发现宋代石室墓》，《四川文物》1992 年第 1 期 |
| 79 | 内江关升店东汉崖墓画像石棺 | 四川内江 | 东汉中晚期 | 雷建金：《内江市关升店东汉崖墓画像石棺》，《四川文物》1992 年第 3 期 |
| 80 | 合江东汉砖室墓 | 四川合江 | 东汉早期 | 谢荔、徐利红：《四川合江县东汉砖室墓清理简报》，《文物》1992 年第 4 期 |
| 81 | 仁寿古佛乡宋墓 | 四川仁寿 | 南宋 | 莫洪贵：《仁寿县古佛乡宋墓清理简报》，《四川文物》1992 年第 5 期 |
| 82 | 三台东汉墓 | 四川三台 | 东汉 | 三台县文化馆：《四川三台发现一座东汉墓》，《考古》1992 年第 9 期 |
| 83 | 内江顺河大菩萨山宋代画像石墓 | 四川内江 | 南宋 | 雷建金、罗仁忠：《内江顺河大菩萨山宋代画像石墓》，《四川文物》1993 年第 1 期 |
| 84 | 乐山沱沟嘴东汉崖墓 | 四川乐山 | 东汉 | 乐山市崖墓博物馆：《四川乐山市沱沟嘴东汉崖墓清理简报》，《文物》1993 年第 1 期 |
| 85 | 威远永利皇坟坝宋墓 | 四川威远 | 宋 | 威远县文管所、内江市文管所：《威远永利皇坟坝宋墓》，《四川文物》1993 年第 2 期 |
| 86 | 昭觉汉代画像砖石 | 四川昭觉 | 东汉、六朝 | 俄比解放：《四川省昭觉县出土的汉代画像砖石》，《考古与文物》1994 年第 3 期 |
| 87 | 泸州南宋后室墓 | 四川泸州 | 南宋 | 谢荔、陈文：《泸州市发现南宋后室墓》，《四川文物》1995 年第 2 期 |

续表

| 序号 | 遗存名称 | 遗存地点 | 遗存年代 | 材料来源 |
|---|---|---|---|---|
| 88 | 内江明代布政使司右参议刘龙谷墓 | 四川内江 | 明 | 罗仁忠:《内江明代布政使司右参议刘龙谷墓》,《四川文物》1995 年第 2 期 |
| 89 | 合江张家沟二号崖墓画像石棺(合江四号棺) | 四川合江 | 东汉 | 王庭福、李一洪:《合江张家沟二号崖墓画像石棺发掘简报》,《四川文物》1995 年第 5 期 |
| 90 | 资中宋右丞相赵雄墓 | 四川资中 | 宋 | 杨祖垲:《资中宋右丞相赵雄墓记实》,《四川文物》1995 年第 6 期 |
| 91 | 南溪长顺坡一号画像石棺 | 四川宜宾 | 汉 | 颜灵:《南溪县长顺坡画像石棺清理简报》,《四川文物》1996 年第 3 期 |
| 92 | 南溪长顺坡二号画像石棺 | 四川宜宾 | 汉 | 颜灵:《南溪县长顺坡画像石棺清理简报》,《四川文物》1996 年第 3 期 |
| 93 | 南溪长顺坡三号画像石棺 | 四川宜宾 | 汉 | 颜灵:《南溪县长顺坡画像石棺清理简报》,《四川文物》1996 年第 3 期 |
| 94 | 新津两具汉代画像石棺 | 四川成都 | 东汉早期 | 郑卫:《新津县出土两具汉代画像石棺》,《四川文物》1996 年第 5 期 |
| 95 | 达县三里坪 4 号汉墓 | 四川达州 | 东汉后期 | 张明扬、任超俗:《达县三里坪 4 号汉墓清理简报》,《四川文物》1997 年第 1 期 |
| 96 | 三台永明乡崖墓(元宝山无号墓) | 四川三台 | 东汉中晚期 | 景竹友:《三台永明乡崖墓调查简报》,《四川文物》1997 年第 1 期 |
| 97 | 三台永明乡崖墓(元宝山 1 号墓) | 四川三台 | 东汉中晚期 | 景竹友:《三台永明乡崖墓调查简报》,《四川文物》1997 年第 1 期 |
| 98 | 三台永明乡崖墓(神仙洞 1、2、3 号墓) | 四川三台 | 东汉中晚期 | 景竹友:《三台永明乡崖墓调查简报》,《四川文物》1997 年第 1 期 |
| 99 | 三台永明乡崖墓(书房梁 3 号墓) | 四川三台 | 东汉末至蜀汉 | 景竹友:《三台永明乡崖墓调查简报》,《四川文物》1997 年第 1 期 |
| 100 | 三台永明乡崖墓(书房梁 6 号墓) | 四川三台 | 东汉末至蜀汉 | 景竹友:《三台永明乡崖墓调查简报》,《四川文物》1997 年第 1 期 |
| 101 | 三台永明乡崖墓(长梁子砖室墓) | 四川三台 | 蜀汉至南北朝 | 景竹友:《三台永明乡崖墓调查简报》,《四川文物》1997 年第 1 期 |
| 102 | 明蜀定王次妃王氏墓 | 四川成都 | 明 | 刘骏、朱章义:《明蜀定王次妃王氏墓》,《成都考古发现》1999 年第 0 期 |
| 103 | 达川宋代墓葬 | 四川达州 | 宋 | 马幸辛、王平、李建琪:《达川市发现宋代墓葬》,《四川文物》1999 年第 1 期 |

| 序号 | 遗存名称 | 遗存地点 | 遗存年代 | 材料来源 |
|---|---|---|---|---|
| 104 | 成都北郊甘油村北宋宣和六年墓 | 四川成都 | 北宋 | 成都市文物考古工作队：《成都北郊甘油村发现北宋宣和六年墓》,《四川文物》1999年第3期 |
| 105 | 成都青白江区跃进村汉墓(M4) | 四川成都 | 汉 | 成都市文物考古工作队、青白江区文物管理所：《成都市青白江区跃进村汉墓发掘简报》,《文物》1999年第8期 |
| 106 | 达县九岭乡宋代墓葬 | 四川达州 | 宋 | 张明扬：《达县九岭乡发现宋代墓葬》,《四川文物》2000年第4期 |
| 107 | 青川竹园金子山乡宋墓 | 四川青川 | 宋 | 青川县文管所、四川省文物考古研究所：《青川县竹园金子山乡宋墓清理简报》,《四川文物》2001年第2期 |
| 108 | 三台郪江崖墓群天台山1号墓 | 四川三台 | 东汉晚期至蜀汉 | 三台县文化体育局、三台县文物管理所：《四川三台郪江崖墓群2000年度清理简报》,《文物》2002年第1期 |
| 109 | 三台郪江崖墓群坟台嘴1号墓 | 四川三台 | 东汉晚期至蜀汉 | 三台县文化体育局、三台县文物管理所：《四川三台郪江崖墓群2000年度清理简报》,《文物》2002年第1期 |
| 110 | 三台郪江崖墓群刘家堰1号墓 | 四川三台 | 东汉晚期至蜀汉 | 三台县文化体育局、三台县文物管理所：《四川三台郪江崖墓群2000年度清理简报》,《文物》2002年第1期 |
| 111 | 三台郪江崖墓群刘家堰3号墓 | 四川三台 | 东汉晚期至蜀汉 | 三台县文化体育局、三台县文物管理所：《四川三台郪江崖墓群2000年度清理简报》,《文物》2002年第1期 |
| 112 | 三台郪江崖墓群胡家湾1号墓 | 四川三台 | 东汉晚期至蜀汉 | 三台县文化体育局、三台县文物管理所：《四川三台郪江崖墓群2000年度清理简报》,《文物》2002年第1期 |
| 113 | 三台郪江崖洞子排墓群1号墓 | 四川三台 | 东汉晚期至蜀汉 | 三台县文化体育局、三台县文物管理所：《四川三台郪江崖墓群2000年度清理简报》,《文物》2002年第1期 |
| 114 | 井研北宋黄念四郎墓 | 四川井研 | 北宋 | 曾清华：《井研县北宋黄念四郎墓清理简讯》,《四川文物》2002年第1期 |
| 115 | 成都新都区三河镇互助村M3画像石棺 | 四川成都 | 东汉 | 成都市文物考古研究所、新都区文物管理所:《成都市新都区互助村、凉水村崖墓发掘简报》,《成都考古发现》2002年第0期 |
| 116 | 成都新都区泰兴镇凉水村M1画像石棺 | 四川成都 | 东汉 | 成都市文物考古研究所、新都区文物管理所:《成都市新都区互助村、凉水村崖墓发掘简报》,《成都考古发现》2002年第0期 |

续表

| 序号 | 遗存名称 | 遗存地点 | 遗存年代 | 材料来源 |
|------|----------|----------|----------|----------|
| 117 | 成都明代蜀僖王陵 | 四川成都 | 明 | 成都市文物考古研究所:《成都明代蜀僖王陵发掘简报》,《文物》2002 年第 4 期 |
| 118 | 宜宾革坪村明代郭成石室墓 | 四川宜宾 | 明 | 四川省文物考古研究所:《宜宾县革坪村明代郭成石室墓清理简报》,《四川文物》2002 年第 5 期 |
| 119 | 前蜀王建墓(永陵) | 四川成都 | 五代十国前蜀光天元年(918 年) | 冯汉骥:《前蜀王建墓发掘报告》,文物出版社 2002 年版 |
| 120 | 岳池代家坟古墓群(M2、M3) | 四川岳池 | 南宋 | 广安市文化体育局、岳池县文化体育局:《岳池代家坟古墓群发掘简报》,《四川文物》2003 年第 2 期 |
| 121 | 达成铁路南充东站古代墓葬 | 四川南充 | 汉、唐、宋 | 四川省文物考古研究所、南充市高坪区文管所、南充市文管所:《四川达成铁路南充东站考古发掘报告》,《四川文物》2003 年第 2 期 |
| 122 | 邻水合流镇后坝南宋墓 | 四川邻水 | 南宋 | 四川省文物考古研究所、邻水县文物保护管理所:《邻水县合流镇后坝南宋墓清理简报》,《四川文物》2003 年第 3 期 |
| 123 | 三台郪江崖墓群金钟山Ⅱ区 1 号墓 | 四川三台 | 东汉晚期 | 四川省文物考古研究所、三台县文物管理所:《四川三台郪江崖墓群 2002 年度发掘报告》,《四川文物》2004 年第 S1 期 |
| 124 | 三台郪江崖墓群金钟山Ⅱ区 2 号墓 | 四川三台 | 东汉晚期 | 四川省文物考古研究所、三台县文物管理所:《四川三台郪江崖墓群 2002 年度发掘报告》,《四川文物》2004 年第 S1 期 |
| 125 | 三台郪江崖墓群金钟山Ⅱ区 5 号墓 | 四川三台 | 东汉晚期 | 四川省文物考古研究所、三台县文物管理所:《四川三台郪江崖墓群 2002 年度发掘报告》,《四川文物》2004 年第 S1 期 |
| 126 | 三台郪江崖墓群柏林坡 2 号墓 | 四川三台 | 东汉晚期 | 四川省文物考古研究所、三台县文物管理所:《四川三台郪江崖墓群 2002 年度发掘报告》,《四川文物》2004 年第 S1 期 |
| 127 | 三台郪江崖墓群柏林坡 5 号墓 | 四川三台 | 东汉晚期 | 四川省文物考古研究所、三台县文物管理所:《四川三台郪江崖墓群 2002 年度发掘报告》,《四川文物》2004 年第 S1 期 |
| 128 | 成都双流籍田竹林村五代后蜀双室合葬墓(M1) | 四川成都 | 五代后蜀 | 成都文物考古研究所、双流县文物管理所:《成都双流籍田竹林村五代后蜀双室合葬墓》,《成都考古发现》2004 年第 0 期 |

续表

| 序号 | 遗存名称 | 遗存地点 | 遗存年代 | 材料来源 |
|---|---|---|---|---|
| 129 | 成都双流籍田竹林村五代后蜀双室合葬墓(M2) | 四川成都 | 五代后蜀 | 成都文物考古研究所、双流县文物管理所：《成都双流籍田竹林村五代后蜀双室合葬墓》，《成都考古发现》2004年第0期 |
| 130 | 中江塔梁子崖墓(M1) | 四川中江 | 东汉 | 四川省文物考古研究所、德阳市文物考古研究所、中江县文物保护管理所：《四川中江塔梁子崖墓发掘简报》，《文物》2004年第9期 |
| 131 | 中江塔梁子崖墓(M3) | 四川中江 | 东汉 | 四川省文物考古研究所、德阳市文物考古研究所、中江县文物保护管理所：《四川中江塔梁子崖墓发掘简报》，《文物》2004年第9期 |
| 132 | 中江塔梁子崖墓(M6) | 四川中江 | 东汉 | 四川省文物考古研究所、德阳市文物考古研究所、中江县文物保护管理所：《四川中江塔梁子崖墓发掘简报》，《文物》2004年第9期 |
| 133 | 泸县宋墓(青龙镇M1、M2、M3，喻寺镇M1，奇峰镇M1、M2) | 四川泸县 | 南宋 | 四川省文物考古研究所：《泸县宋墓》，文物出版社2004年版 |
| 134 | 成都三圣乡明蜀"怀王"墓 | 四川成都 | 明 | 成都文物考古研究所：《成都市三圣乡明蜀"怀王"墓》，《成都考古发现》2005年第0期 |
| 135 | 三台郪江崖墓群柏林坡1号墓 | 四川三台 | 东汉中期 | 四川省文物考古研究院、绵阳市文物管理局、三台县文物管理所：《四川三台郪江崖墓群柏林坡1号墓发掘简报》，《文物》2005年第9期 |
| 136 | 武胜县宋明墓葬(宋代墓2005WHM1) | 四川武胜 | 北宋晚期至南宋早期 | 四川省文物考古研究院、广安市文物保护管理所、武胜县文物保护管理所：《四川武胜县宋明墓葬清理简报》，《四川文物》2006年第S1期 |
| 137 | 武胜宋明墓葬(明代2005WGM2) | 四川武胜 | 明 | 四川省文物考古研究院、广安市文物保护管理所、武胜县文物保护管理所：《四川武胜县宋明墓葬清理简报》，《四川文物》2006年第S1期 |
| 138 | 宝兴硗碛旦地美地汉代砖室墓 | 四川宝兴 | 东汉晚期 | 四川省文物考古研究院、雅安市文物管理所、宝兴县文物管理所：《宝兴硗碛旦地美地汉代砖室墓及硗丰崖墓发掘简报》，《四川文物》2006年第4期 |
| 139 | 宝兴硗碛硗丰崖墓(M1) | 四川宝兴 | 东汉晚期至东汉末期 | 四川省文物考古研究院、雅安市文物管理所、宝兴县文物管理所：《宝兴硗碛旦地美地汉代砖室墓及硗丰崖墓发掘简报》，《四川文物》2006年第4期 |

| 序号 | 遗存名称 | 遗存地点 | 遗存年代 | 材料来源 |
|---|---|---|---|---|
| 140 | 泸州石洞镇东汉"延熹八年"纪年画像石棺 | 四川泸州 | 东汉延熹八年(165 年) | 邹西丹:《泸州市石洞镇发现东汉"延熹八年"纪年画像石棺》,《四川文物》2007 年第 6 期 |
| 141 | 成都新都区三河镇互助村崖墓 HM3 | 四川成都 | 东汉早期偏晚至东汉晚期 | 成都文物考古研究所、新都区文物管理所:《成都市新都区东汉崖墓的发掘》,《考古》2007 年第 9 期 |
| 142 | 成都新都区泰兴镇凉水村崖墓 LM1 | 四川成都 | 东汉中晚期 | 成都文物考古研究所、新都区文物管理所:《成都市新都区东汉崖墓的发掘》,《考古》2007 年第 9 期 |
| 143 | 三台郪江崖墓群金钟山 I 区一号墓 | 四川三台 | 东汉晚期 | 四川省文物考古研究院、绵阳市博物馆、三台县文物管理所:《三台郪江崖墓》,文物出版社 2007 年版 |
| 144 | 三台郪江崖墓群金钟山 I 区二号墓 | 四川三台 | 东汉晚期 | 四川省文物考古研究院、绵阳市博物馆、三台县文物管理所:《三台郪江崖墓》,文物出版社 2007 年版 |
| 145 | 三台郪江崖墓群金钟山 I 区三号墓 | 四川三台 | 东汉晚期 | 四川省文物考古研究院、绵阳市博物馆、三台县文物管理所:《三台郪江崖墓》,文物出版社 2007 年版 |
| 146 | 三台郪江崖墓群金钟山 I 区四号墓 | 四川三台 | 东汉晚期 | 四川省文物考古研究院、绵阳市博物馆、三台县文物管理所:《三台郪江崖墓》,文物出版社 2007 年版 |
| 147 | 三台郪江崖墓群紫荆湾一号墓 | 四川三台 | 东汉晚期 | 四川省文物考古研究院、绵阳市博物馆、三台县文物管理所:《三台郪江崖墓》,文物出版社 2007 年版 |
| 148 | 三台郪江崖墓群紫荆湾三号墓 | 四川三台 | 东汉晚期 | 四川省文物考古研究院、绵阳市博物馆、三台县文物管理所:《三台郪江崖墓》,文物出版社 2007 年版 |
| 149 | 三台郪江崖墓群紫荆湾五号墓 | 四川三台 | 东汉中期 | 四川省文物考古研究院、绵阳市博物馆、三台县文物管理所:《三台郪江崖墓》,文物出版社 2007 年版 |
| 150 | 三台郪江崖墓群紫荆湾七号墓 | 四川三台 | 东汉晚期 | 四川省文物考古研究院、绵阳市博物馆、三台县文物管理所:《三台郪江崖墓》,文物出版社 2007 年版 |
| 151 | 三台郪江崖墓群紫荆湾八号墓 | 四川三台 | 东汉晚期 | 四川省文物考古研究院、绵阳市博物馆、三台县文物管理所:《三台郪江崖墓》,文物出版社 2007 年版 |

续表

| 序号 | 遗存名称 | 遗存地点 | 遗存年代 | 材料来源 |
|---|---|---|---|---|
| 152 | 三台郪江崖墓群紫荆湾十四号墓 | 四川三台 | 东汉晚期 | 四川省文物考古研究院、绵阳市博物馆、三台县文物管理所：《三台郪江崖墓》，文物出版社 2007 年版 |
| 153 | 三台郪江崖墓群松林嘴墓群一号墓 | 四川三台 | 东汉晚期 | 四川省文物考古研究院、绵阳市博物馆、三台县文物管理所：《三台郪江崖墓》，文物出版社 2007 年版 |
| 154 | 三台郪江崖墓群黄明月墓群一号墓 | 四川三台 | 东汉晚期 | 四川省文物考古研究院、绵阳市博物馆、三台县文物管理所：《三台郪江崖墓》，文物出版社 2007 年版 |
| 155 | 成都凤凰山明蜀王妃墓 | 四川成都 | 明 | 成都文物考古研究所、金牛区文物管理所：《成都凤凰山明蜀王妃墓》，《成都考古发现》2008 年第 0 期 |
| 156 | 成都青白江区大同磷肥厂工地汉墓（乙Ⅱ类 B 型，M4 墓） | 四川成都 | 东汉中晚期 | 成都文物考古研究所、青白江区文物保护管理所：《成都市青白江区大同磷肥厂工地汉墓发掘报告》，《成都考古发现》2008 年第 0 期 |
| 157 | 华蓥安丙墓（M1） | 四川华蓥 | 南宋咸淳元年(1265 年) | 四川文物考古研究院、广安市文物管理所、华蓥市文物管理所：《华蓥安丙墓》，文物出版社 2008 年版 |
| 158 | 华蓥安丙墓(M2) | 四川华蓥 | 南宋嘉定十五至十七年（1222—1224 年） | 四川文物考古研究院、广安市文物管理所、华蓥市文物管理所：《华蓥安丙墓》，文物出版社 2008 年版 |
| 159 | 华蓥安丙墓(M3) | 四川华蓥 | 不详 | 四川文物考古研究院、广安市文物管理所、华蓥市文物管理所：《华蓥安丙墓》，文物出版社 2008 年版 |
| 160 | 华蓥安丙墓(M4) | 四川华蓥 | 南宋咸淳元年(1265 年) | 四川文物考古研究院、广安市文物管理所、华蓥市文物管理所：《华蓥安丙墓》，文物出版社 2008 年版 |
| 161 | 华蓥安丙墓五号墓(M5) | 四川华蓥 | 南宋嘉定十七年(1224 年) | 四川文物考古研究院、广安市文物管理所、华蓥市文物管理所：《华蓥安丙墓》，文物出版社 2008 年版 |
| 162 | 泸县牛石函崖墓 | 四川泸县 | 东汉晚期 | 泸州市博物馆、成都文物考古研究所：《四川泸县牛石函崖墓清理简报》，《成都考古发现》2009 年第 0 期 |

| 序号 | 遗存名称 | 遗存地点 | 遗存年代 | 材料来源 |
|---|---|---|---|---|
| 163 | 安岳老鸹山南宋墓 | 四川安岳 | 南宋 | 王玉：《四川安岳县老鸹山南宋墓清理简报》，《考古与文物》2009 年第 1 期 |
| 164 | 华蓥永兴镇驾挡丘宋墓(M1、M5) | 四川华蓥 | 南宋 | 四川省文物考古研究院、广安市文物管理所、华蓥市文物管理所：《华蓥市永兴镇驾挡丘宋墓群发掘简报》，《四川文物》2009 年第 1 期 |
| 165 | 三台永明镇杨凳寺宋墓 | 四川三台 | 南宋中晚期 | 四川省文物考古研究院、绵阳博物馆、三台县文物管理所：《四川三台县永明镇杨凳寺宋墓清理简报》，《四川文物》2009 年第 3 期 |
| 166 | 昭觉好谷村竹里社黑瓷山砖室墓 | 四川昭觉 | 东汉晚期至蜀汉 | 凉山彝族自治州博物馆、四川大学考古学系、昭觉县文管所：《四川昭觉县古文化遗存的调查和清理》，《南方民族考古》2010 年第 0 期 |
| 167 | 叙永天池宋墓09SLXXM1 号墓 | 四川叙永 | 南宋 | 四川省文物考古研究院、泸州市博物馆、叙永县文物管理所：《四川叙永天池宋墓清理简报》，《四川文物》2010 年第 2 期 |
| 168 | 叙永天池宋墓09SLXTM1 号墓 | 四川叙永 | 南宋 | 四川省文物考古研究院、泸州市博物馆、叙永县文物管理所：《四川叙永天池宋墓清理简报》，《四川文物》2010 年第 2 期 |
| 169 | 叙永天池宋墓09SLXTM2 号墓 | 四川叙永 | 南宋 | 四川省文物考古研究院、泸州市博物馆、叙永县文物管理所：《四川叙永天池宋墓清理简报》，《四川文物》2010 年第 2 期 |
| 170 | 叙永天池宋墓09SLXPM1 号墓 | 四川叙永 | 南宋 | 四川省文物考古研究院、泸州市博物馆、叙永县文物管理所：《四川叙永天池宋墓清理简报》，《四川文物》2010 年第 2 期 |
| 171 | 华蓥许家塆宋墓 | 四川华蓥 | 南宋中后期 | 四川省文物考古研究院、广安市文物管理所、华蓥市文物管理所：《四川华蓥许家塆宋墓清理简报》，《四川文物》2010 年第 6 期 |
| 172 | 泸县画像石棺(2008LTYM7) | 四川泸县 | 东汉晚期 | 泸州市博物馆：《泸县出土画像石棺》，《四川文物》2010 年第 6 期 |
| 173 | 资阳雁江区狮子山崖墓(M2) | 四川资阳 | 东汉中晚期 | 四川省文物考古研究院、资阳市雁江区文物管理所：《资阳市雁江区狮子山崖墓 M2 清理简报》，《四川文物》2011 年第 4 期 |
| 174 | 成都龙泉驿五代前蜀王宗侃夫妇墓 | 四川成都 | 五代前蜀 | 四川省文物考古研究院、龙泉驿区文物保护管理所：《成都市龙泉驿五代前蜀王宗侃夫妇墓》，《考古》2011 年第 6 期 |

续表

| 序号 | 遗存名称 | 遗存地点 | 遗存年代 | 材料来源 |
|---|---|---|---|---|
| 175 | 井研金井坪宋代墓(M2) | 四川井研 | 南宋中期 | 四川省文物考古研究院、井研县文物管理所:《四川井研县金井坪宋代墓地发掘简报》,《四川文物》2012 年第 1 期 |
| 176 | 四川井研县金井坪宋代墓(M3) | 四川井研 | 北宋 | 四川省文物考古研究院、井研县文物管理所:《四川井研县金井坪宋代墓地发掘简报》,《四川文物》2012 年第 1 期 |
| 177 | 屏山斑竹林遗址 M1 汉代画像石棺墓 | 四川屏山 | 东汉晚期 | 四川省文物考古研究院、宜宾市博物院、屏山县文物管理所:《四川屏山县斑竹林遗址 M1 汉代画像石棺墓发掘简报》,《四川文物》2012 年第 5 期 |
| 178 | 资中大包山宋墓(M1—M5) | 四川资中 | 南宋中晚期 | 四川省文物考古研究院、资中县文物管理所:《四川资中县大包山宋墓发掘简报》,《四川文物》2013 年第 1 期 |
| 179 | 仪陇新政镇宋代石室墓(M1) | 四川仪陇 | 宋 | 仪陇县文物管理所:《四川仪陇县新政镇宋代石室墓清理简报》,《四川文物》2013 年第 5 期 |
| 180 | 广元元坝区樟树村明墓(M1) | 四川广元 | 明代中期 | 四川省文物考古研究院、广元市博物馆、元坝区文物管理所:《广元市元坝区樟树村明墓发掘简报》,《四川文物》2014 年第 1 期 |
| 181 | 乐山柿子湾崖墓 A 区(M6) | 四川乐山 | 东汉晚期至蜀汉 | 四川省文物考古研究院、乐山大佛风景名胜区管理委员会:《四川乐山市柿子湾崖墓 A 区 M6 调查简报》,《四川文物》2014 年第 4 期 |
| 182 | 四川宜宾市明代周洪谟墓(M1) | 四川宜宾 | 明 | 四川省文物考古研究院、宜宾市博物院:《四川宜宾市明代周洪谟墓发掘简报》,《四川文物》2015 年第 1 期 |
| 183 | 资中烂泥湾宋墓(M1) | 四川资中 | 南宋中期 | 四川省文物考古研究院、资中县文物管理所:《四川资中县烂泥湾宋墓发掘简报》,《四川文物》2015 年第 2 期 |
| 184 | 资中烂泥湾宋墓(M2、M3) | 四川资中 | 南宋中期 | 四川省文物考古研究院、资中县文物管理所:《四川资中县烂泥湾宋墓发掘简报》,《四川文物》2015 年第 2 期 |
| 185 | 泸州大冲头村东汉画像石棺 | 四川泸州 | 东汉 | 邹西丹:《四川泸州市大冲头村出土东汉画像石棺考》,《四川文物》2015 年第 3 期 |
| 186 | 绵阳涪城区桐子梁东汉崖墓(M40) | 四川绵阳 | 东汉晚期 | 四川省文物考古研究院、绵阳市文物管理局、涪城区文物管理所:《四川绵阳市涪城区桐子梁东汉崖墓发掘简报》,《四川文物》2015 年第 4 期 |

| 序号 | 遗存名称 | 遗存地点 | 遗存年代 | 材料来源 |
|---|---|---|---|---|
| 187 | 绵阳涪城区桐子梁东汉崖墓(M50) | 四川绵阳 | 东汉晚期 | 四川省文物考古研究院、绵阳市文物管理局、涪城区文物管理所：《四川绵阳市涪城区桐子梁东汉崖墓发掘简报》，《四川文物》2015 年第 4 期 |
| 188 | 广汉罗家包东汉墓(M3) | 四川广汉 | 东汉 | 四川省文物考古研究院、广汉市文物保护管理所：《四川广汉市罗家包东汉墓发掘简报》，《四川文物》2016 年第 1 期 |
| 189 | 合江 13、14 号画像石棺 | 四川合江 | 北宋 | 何沁冰、谢荔：《四川合江县 13、14 号画像石棺考》，《四川文物》2016 年第 1 期 |
| 190 | 乐山柿子湾崖墓 B 区(M1) | 四川乐山 | 东汉晚期至蜀汉时期 | 四川省文物考古研究院、乐山大佛风景名胜区管理委员会：《四川乐山市柿子湾崖墓 B 区 M1 调查简报》，《四川文物》2016 年第 5 期 |
| 191 | 宜宾猫猫沱汉代崖墓群(M10) | 四川宜宾 | 东汉晚期 | 四川省文物考古研究院、宜宾市文化广电新闻出版局、宜宾县文物管理所：《四川宜宾县猫猫沱汉代崖墓群 M10、M11 发掘简报》，《四川文物》2017 年第 3 期 |
| 192 | 宜宾猫猫沱汉代崖墓群(M11) | 四川宜宾 | 东汉晚期 | 四川省文物考古研究院、宜宾市文化广电新闻出版局、宜宾县文物管理所：《四川宜宾县猫猫沱汉代崖墓群 M10、M11 发掘简报》，《四川文物》2017 年第 3 期 |
| 193 | 乐山麻浩崖墓(A 区 M8) | 四川乐山 | 东汉晚期至蜀汉 | 四川省文物考古研究院、乐山大佛风景名胜区管理委员会：《四川乐山市麻浩崖墓 A 区 M8 调查简报》，《四川文物》2017 年第 4 期 |
| 194 | 泸州江阳区桥头山宋墓(M1) | 四川泸州 | 南宋中期 | 四川省文物考古研究院、泸州市文物局、江阳区文物管理所：《四川泸州市江阳区桥头山宋墓发掘简报》，《四川文物》2018 年第 2 期 |
| 195 | 泸州江阳区桥头山宋墓(M2) | 四川泸州 | 南宋中期 | 四川省文物考古研究院、泸州市文物局、江阳区文物管理所：《四川泸州市江阳区桥头山宋墓发掘简报》，《四川文物》2018 年第 2 期 |
| 196 | 广元利州区浩口村宋墓(M1) | 四川广元 | 南宋 | 四川省文物考古研究院、广元市博物馆、西华师范大学历史文化学院：《四川广元市利州区浩口村宋墓清理简报》，《四川文物》2019 年第 6 期 |
| 197 | 简阳金山村方古井山崖(M10) | 四川简阳 | 东汉晚期 | 四川大学历史文化学院、成都文物考古研究院、简阳市文管所：《四川省简阳市金山村方古井山 M10、M13、M23 号崖墓发掘简报》，《江汉考古》2019 年第 6 期 |

续表

| 序号 | 遗存名称 | 遗存地点 | 遗存年代 | 材料来源 |
|---|---|---|---|---|
| 198 | 简阳金山村方古井山崖(M13) | 四川简阳 | 东汉晚期 | 四川大学历史文化学院、成都文物考古研究院、简阳市文管所:《四川省简阳市金山村方古井山崖M10、M13、M23号崖墓发掘简报》,《江汉考古》2019年第6期 |
| 199 | 简阳金山村方古井山崖(M23) | 四川简阳 | 东汉晚期 | 四川大学历史文化学院、成都文物考古研究院、简阳市文管所:《四川省简阳市金山村方古井山崖M10、M13、M23号崖墓发掘简报》,《江汉考古》2019年第6期 |

重庆市

| 序号 | 遗存名称 | 遗存地点 | 遗存年代 | 材料来源 |
|---|---|---|---|---|
| 1 | 江北汉墓石刻 | 重庆渝北 | 东汉后期 | 陈丽琼:《四川江北发现汉墓石刻》,《考古》1958年第8期 |
| 2 | 重庆井口宋墓1号墓 | 重庆沙坪坝 | 北宋末年至南宋末年 | 重庆市博物馆历史组:《重庆井口宋墓清理简报》,《文物》1961年第11期 |
| 3 | 重庆井口宋墓2号墓 | 重庆沙坪坝 | 北宋末年至南宋末年 | 重庆市博物馆历史组:《重庆井口宋墓清理简报》,《文物》1961年第11期 |
| 4 | 合川东汉画象石墓 | 重庆合川 | 东汉 | 重庆市博物馆、合川县文化馆田野考古工作小组:《合川东汉画象石墓》,《文物》1977年第2期 |
| 5 | 万县唐墓 | 重庆万州 | 唐 | 四川省博物馆:《四川万县唐墓》,《考古学报》1980年第4期 |
| 6 | 荣昌沙坝子宋墓 | 重庆荣昌 | 宋 | 四川省博物馆、荣昌县文化馆:《四川荣昌县沙坝子宋墓》,《文物》1984年第7期 |
| 7 | 永川宋代崖墓 | 重庆永川 | 南宋 | 王昌文:《永川发现宋代崖墓》,《四川文物》1989年第6期 |
| 8 | 璧山出土汉代石棺 | 重庆璧山 | 汉 | 戴克学:《璧山出土汉代石棺》,《四川文物》1993年第1期 |
| 9 | 江津沙河东汉纪年崖墓(M3) | 重庆江津 | 东汉 | 黄中幼、张荣华:《江津沙河发现东汉纪年崖墓》,《四川文物》1994年第4期 |
| 10 | 大足龙水镇明光村磨儿坡宋墓(M1) | 重庆大足 | 宋 | 重庆大足石刻艺术博物馆:《重庆大足龙水镇明光村磨儿坡宋墓清理简报》,《四川文物》2002年第5期 |
| 11 | 大足龙水镇明光村磨儿坡宋墓(M2) | 重庆大足 | 宋 | 重庆大足石刻艺术博物馆:《重庆大足龙水镇明光村磨儿坡宋墓清理简报》,《四川文物》2002年第5期 |

| 序号 | 遗存名称 | 遗存地点 | 遗存年代 | 材料来源 |
|---|---|---|---|---|
| 12 | 大足龙水镇明光村磨儿坡宋墓(M3) | 重庆大足 | 宋 | 重庆大足石刻艺术博物馆:《重庆大足龙水镇明光村磨儿坡宋墓清理简报》,《四川文物》2002年第5期 |
| 13 | 重庆两路口劳动村元墓S1号墓 | 重庆渝中 | 元 | 重庆市文物考古所:《重庆市两路口劳动村元墓清理简报》,《四川文物》2004年第2期 |
| 14 | 重庆两路口劳动村元墓S2号墓 | 重庆渝中 | 元 | 重庆市文物考古所:《重庆市两路口劳动村元墓清理简报》,《四川文物》2004年第2期 |
| 15 | 云阳佘家嘴遗址2003年度墓葬YBS0301M1号墓 | 重庆云阳 | 汉晋至唐宋 | 厦门大学考古队:《重庆云阳佘家嘴遗址2003年度发掘简报》,《南方文物》2007年第1期 |
| 16 | 九龙坡陶家大竹林画像砖墓(M2) | 重庆九龙坡 | 东汉 | 重庆市文物考古所:《重庆九龙坡陶家大竹林画像砖墓发掘简报》,《四川文物》2007年第2期 |
| 17 | 合川李家坝遗址墓葬(M1) | 重庆合川 | 明代中期 | 重庆市文化遗产研究院、合川区文物管理所:《合川李家坝遗址发掘简报》,《南方民族考古》2014年第0期 |
| 18 | 合川李家坝遗址墓葬(M3) | 重庆合川 | 明代中期 | 重庆市文化遗产研究院、合川区文物管理所:《合川李家坝遗址发掘简报》,《南方民族考古》2014年第0期 |
| 19 | 合川观山墓群宋代石室墓(M1) | 重庆合川 | 宋 | 重庆市文化遗产研究院、重庆文化遗产保护中心:《重庆市合川区观山墓群宋代石室墓发掘简报》,《四川文物》2014年第2期 |
| 20 | 合川观山墓群宋代石室墓(M6) | 重庆合川 | 宋 | 重庆市文化遗产研究院、重庆文化遗产保护中心:《重庆市合川区观山墓群宋代石室墓发掘简报》,《四川文物》2014年第2期 |
| 21 | 江津烟墩岗汉代砖室墓(M1) | 重庆江津 | 东汉晚期至蜀汉 | 重庆市文化遗产研究院:《重庆市江津区烟墩岗汉代砖室墓发掘简报》,《四川文物》2014年第4期 |
| 22 | 璧山棺山坡东汉崖墓群(M1) | 重庆璧山 | 东汉晚期 | 重庆市文化遗产研究院、璧山县文物管理所:《重庆璧山县棺山坡东汉崖墓群》,《考古》2014年第9期 |
| 23 | 璧山棺山坡东汉崖墓群(M3) | 重庆璧山 | 东汉晚期 | 重庆市文化遗产研究院、璧山县文物管理所:《重庆璧山县棺山坡东汉崖墓群》,《考古》2014年第9期 |
| 24 | 璧山棺山坡东汉崖墓群(M5) | 重庆璧山 | 东汉晚期 | 重庆市文化遗产研究院、璧山县文物管理所:《重庆璧山县棺山坡东汉崖墓群》,《考古》2014年第9期 |

续表

| 序号 | 遗存名称 | 遗存地点 | 遗存年代 | 材料来源 |
|---|---|---|---|---|
| 25 | 彭水山谷公园墓(M1) | 重庆彭水 | 东汉至六朝 | 重庆市文化遗产研究院、彭水县文物管理所:《重庆彭水县山谷公园墓群发掘报告》,《南方民族考古》2015年第0期 |
| 26 | 彭水山谷公园墓(M3) | 重庆彭水 | 东汉至六朝 | 重庆市文化遗产研究院、彭水县文物管理所:《重庆彭水县山谷公园墓群发掘报告》,《南方民族考古》2015年第0期 |
| 27 | 大足龙神湾南宋王若夫妇墓(M1) | 重庆大足 | 南宋 | 大足石刻研究院:《重庆市大足区龙神湾南宋王若夫妇墓发掘简报》,《四川文物》2015年第4期 |
| 28 | 大足龙神湾南宋王若夫妇墓(M2) | 重庆大足 | 南宋 | 大足石刻研究院:《重庆市大足区龙神湾南宋王若夫妇墓发掘简报》,《四川文物》2015年第4期 |
| 29 | 北碚苦塘沟南宋杨元甲夫妇墓(M3) | 重庆北碚 | 南宋 | 白九江、莫骄、徐克诚:《重庆市北碚区苦塘沟南宋杨元甲夫妇墓的发现与研究》,《四川文物》2015年第6期 |
| 30 | 北碚苦塘沟南宋杨元甲夫妇墓(M4) | 重庆北碚 | 南宋 | 白九江、莫骄、徐克诚:《重庆市北碚区苦塘沟南宋杨元甲夫妇墓的发现与研究》,《四川文物》2015年第6期 |
| 31 | 涪陵古坟堡墓(M2) | 重庆涪陵 | 东汉晚期至六朝 | 重庆市文化遗产研究院、涪陵区博物馆:《重庆市涪陵区古坟堡两座墓葬的发掘》,《南方民族考古》2017年第2期 |
| 32 | 永川石坝屋基墓(M4) | 重庆永川 | 东汉晚期 | 重庆市文化遗产研究院、永川区文物管理所:《重庆市永川区石坝屋基、伏岩寺崖墓群发掘简报》,《四川文物》2017年第1期 |
| 33 | 永川伏岩寺崖墓(M3) | 重庆永川 | 东汉中期偏晚 | 重庆市文化遗产研究院、永川区文物管理所:《重庆市永川区石坝屋基、伏岩寺崖墓群发掘简报》,《四川文物》2017年第1期 |
| 34 | 永川伏岩寺崖墓(M6) | 重庆永川 | 东汉中期偏晚 | 重庆市文化遗产研究院、永川区文物管理所:《重庆市永川区石坝屋基、伏岩寺崖墓群发掘简报》,《四川文物》2017年第1期 |
| 35 | 璧山蛮洞坡崖墓群(M1) | 重庆璧山 | 东汉后期蜀汉之前 | 重庆市文化遗产研究院、璧山区文物管理所:《重庆市璧山区蛮洞坡崖墓群M1发掘简报》,《四川文物》2018年第1期 |
| 36 | 沙坪坝江家嘴墓群(M1) | 重庆沙坪坝 | 南宋中晚期 | 重庆市文化遗产研究院、沙坪坝区文物管理所:《重庆沙坪坝区江家嘴墓群考古发掘简报》,《长江文明》2018年第4期 |

| 序号 | 遗存名称 | 遗存地点 | 遗存年代 | 材料来源 |
|---|---|---|---|---|
| 37 | 沙坪坝江家嘴墓群(M2) | 重庆沙坪坝 | 南宋中晚期 | 重庆市文化遗产研究院、沙坪坝区文物管理所：《重庆沙坪坝区江家嘴墓群考古发掘简报》,《长江文明》2018 年第 4 期 |
| 38 | 江津大路山东汉至蜀汉砖室墓(M1) | 重庆江津 | 东汉末期至蜀汉 | 重庆市文化遗产研究院、江津区文物管理所：《重庆市江津区大路山东汉至蜀汉砖室墓发掘简报》,《四川文物》2019 年第 6 期 |

贵州省

| 序号 | 遗存名称 | 遗存地点 | 遗存年代 | 材料来源 |
|---|---|---|---|---|
| 1 | 遵义桑木桠皇坟嘴墓 | 贵州遵义 | 宋 | 贵州省博物馆筹备处：《贵州遵义专区的两座宋墓简介》,《文物参考资料》1955 年第 9 期 |
| 2 | 遵义湄潭五区金桥乡墓 | 贵州遵义 | 宋 | 贵州省博物馆筹备处：《贵州遵义专区的两座宋墓简介》,《文物参考资料》1955 年第 9 期 |
| 3 | 桐梓宋墓 | 贵州桐梓 | 宋 | 贵州省博物馆发掘组：《贵州桐梓宋墓的清理》,《考古通讯》1958 年第 2 期 |
| 4 | 赫章汉墓 | 贵州赫章 | 东汉 | 贵州省博物馆：《贵州赫章县汉墓发掘简报》,《考古》1966 年第 1 期 |
| 5 | 遵义高坪"播州土司"杨文等四墓葬发掘记》,《文物》1974 年第 1 期 | 贵州遵义 | 明 | 贵州省博物馆：《遵义高坪"播州土司"杨文等四座墓葬发掘记》,《文物》1974 年第 1 期 |
| 6 | 遵义杨粲墓 | 贵州遵义 | 南宋 | 谭用中：《杨粲墓及其出土碑志考》,《贵州民族研究》1982 年第 4 期 |
| 7 | 桐梓宋明石室墓(M1、M2、M3、M4) | 贵州桐梓 | 南宋 | 贵州省博物馆考古队：《贵州桐梓宋明墓发掘简报》,《考古》1988 年第 12 期 |
| 8 | 桐梓宋明石棺墓(桐 M1) | 贵州桐梓 | 宋 | 贵州省博物馆考古队：《贵州桐梓宋明墓发掘简报》,《考古》1988 年第 12 期 |
| 9 | 金沙汉画像石墓 | 贵州金沙 | 东汉中晚期或略晚 | 贵州省文物考古研究所：《贵州金沙县汉画像石墓清理》,《文物》1998 年第 10 期 |
| 10 | 赤水复兴马鞍山崖墓(M10、M13、M21) | 贵州赤水 | M10、M13 蜀汉至两晋之间；M21 南北朝 | 贵州省文物考古研究所、赤水市文物管理所：《贵州赤水市复兴马鞍山崖墓》,《考古》2005 年第 9 期 |
| 11 | 桐梓马鞍山观音寺宋墓(M1) | 贵州桐梓 | 南宋中晚期 | 贵州省文物考古研究所、桐梓县文物管理所：《贵州桐梓县马鞍山观音寺宋墓清理简报》,《江汉考古》2013 年第 4 期 |

| 序号 | 遗存名称 | 遗存地点 | 遗存年代 | 材料来源 |
|---|---|---|---|---|
| 12 | 桐梓马鞍山观音寺宋墓(M2) | 贵州桐梓 | 南宋中晚期 | 贵州省文物考古研究所、桐梓县文物管理所:《贵州桐梓县马鞍山观音寺宋墓清理简报》,《江汉考古》2013 年第 4 期 |
| 13 | 桐梓马鞍山观音寺宋墓(M3) | 贵州桐梓 | 宋元过渡期 | 贵州省文物考古研究所、桐梓县文物管理所:《贵州桐梓县马鞍山观音寺宋墓清理简报》,《江汉考古》2013 年第 4 期 |
| 14 | 正安新州官田宋墓 | 贵州正安 | 宋 | 贵州省文物考古研究所:《贵州田野考古报告集(1993—2013)》,科学出版社 2014 年版 |
| 15 | 沿河沙沱水电站库区元、明墓葬(06DCM1) | 贵州德江 | 元 | 贵州省文物考古研究所:《贵州田野考古报告集(1993—2013)》,科学出版社 2014 年版 |
| 16 | 遵义新蒲播州杨烈墓(M1) | 贵州遵义 | 明 | 贵州省文物考古研究所、中国社会科学院考古研究所、遵义市文物局:《贵州遵义市新蒲播州杨氏土司墓地》,《考古》2015 年第 7 期 |
| 17 | 遵义新蒲播州杨铿墓(M2) | 贵州遵义 | 明 | 贵州省文物考古研究所、中国社会科学院考古研究所、遵义市文物局:《贵州遵义市新蒲播州杨氏土司墓地》,《考古》2015 年第 7 期 |
| 18 | 遵义团溪明代播州土司杨辉墓 | 贵州遵义 | 明代中晚期 | 贵州省文物考古研究所、遵义县文物管理所:《贵州遵义市团溪明代播州土司杨辉墓》,《考古》2015 年第 11 期 |
| 19 | 遵义播州区播州罗氏土司家族墓(扬M1) | 贵州遵义 | 南宋中晚期至元代初期 | 贵州省文物考古研究所、西南交通大学人文学院、遵义市播州区文物管理所:《贵州遵义市播州区播州罗氏土司家族墓调查简报》,《四川文物》2019 年第 2 期 |
| 20 | 遵义播州区播州罗氏土司家族墓(扬 M3) | 贵州遵义 | 明中晚期 | 贵州省文物考古研究所、西南交通大学人文学院、遵义市播州区文物管理所:《贵州遵义市播州区播州罗氏土司家族墓调查简报》,《四川文物》2019 年第 2 期 |
| 21 | 遵义播州区播州罗氏土司家族墓(扬 M4) | 贵州遵义 | 明中晚期 | 贵州省文物考古研究所、西南交通大学人文学院、遵义市播州区文物管理所:《贵州遵义市播州区播州罗氏土司家族墓调查简报》,《四川文物》2019 年第 2 期 |
| 22 | 遵义播州区播州罗氏土司家族墓(穆 M1) | 贵州遵义 | 明中期略早阶段 | 贵州省文物考古研究所、西南交通大学人文学院、遵义市播州区文物管理所:《贵州遵义市播州区播州罗氏土司家族墓调查简报》,《四川文物》2019 年第 2 期 |

续表

| 序号 | 遗存名称 | 遗存地点 | 遗存年代 | 材料来源 |
|---|---|---|---|---|
| 23 | 遵义播州区播州罗氏土司家族前军坝石室墓 | 贵州遵义 | 元 | 贵州省文物考古研究所、西南交通大学人文学院、遵义市播州区文物管理所:《贵州遵义市播州区播州罗氏土司家族墓调查简报》,《四川文物》2019 年第 2 期 |
| | | | 云南省 | |
| 1 | 昭通白泥井三号墓 | 云南昭通 | 东汉 | 孙太初:《两年来云南古遗址及墓葬的发现与清理》,《文物参考资料》1955 年第 6 期 |
| 2 | 云南昭通古墓葬 | 云南昭通 | 东汉 | 云南省文物工作队:《云南昭通文物调查简报》,《文物》1960 年第 6 期 |
| 3 | 昭通桂家院子东汉墓 | 云南昭通 | 东汉 | 云南省文物工作队:《云南昭通桂家院子东汉墓发掘》,《考古》1962 年第 8 期 |
| 4 | 昭通后海子东晋壁画墓 | 云南昭通 | 东晋 | 云南省文物工作队:《云南省昭通后海子东晋壁画墓清理简报》,《文物》1963 年第 12 期 |
| 5 | 昭通县白泥井东汉墓 | 云南昭通 | 东汉早期 | 曹吟葵:《云南昭通县白泥井发现东汉墓》,《考古》1965 年第 2 期 |
| 6 | 昭通盐津县豆沙关悬棺葬(10 号棺) | 云南盐津 | 元末明初 | 昭通市文物管理所、云南大学云南省地理研究所、云南省文物考古研究所:《昭通市盐津县豆沙关悬棺葬调查简报》,《南方民族考古》2018 年第 2 期 |
| | | | 广西壮族自治区 | |
| 1 | 融安南朝墓(M1) | 广西融安 | 梁天监十八年(519 年) | 广西壮族自治区文物工作队:《广西壮族自治区融安县南朝墓》,《考古》1983 年第 9 期 |

附表 1-2 佛教美术考古报告年表

| 序号 | 遗存名称 | 遗存地点 | 遗存年代 | 考古报告来源 |
|---|---|---|---|---|
| | | | 佛教美术考古东部地区 | |
| | | | 山东省 | |
| 1 | 济南近郊北魏隋唐石窟造像 | 山东济南 | 北朝、隋、唐、元、明、清 | 荆三林:《济南近郊北魏隋唐造像》,《文物参考资料》1955 年第 9 期 |
| 2 | 济南神通寺遗址造像 | 山东济南 | 东魏、隋、唐 | 荆三林、张鹤云:《神通寺史迹初步调查记略》,《文物参考资料》1956 年第 10 期 |

续表

| 序号 | 遗存名称 | 遗存地点 | 遗存年代 | 考古报告来源 |
|---|---|---|---|---|
| 3 | 青州云门山与驼山石窟 | 山东青州 | 北周、隋、唐 | 阎文儒：《云门山与驼山》，《文物参考资料》1957年第10期 |
| 4 | 长清灵岩寺古代塑像 | 山东济南 | 宋、明 | 张鹤云：《长清灵岩寺古代塑像考》，《文物》1959年第12期 |
| 5 | 北魏正光六年张宝珠等造像 | 山东青州 | 北魏正光六年(525年) | 山东省博物馆：《北魏正光六年张宝珠等造像》，《文物》1961年第12期 |
| 6 | 博兴北朝造像 | 山东博兴 | 东魏、北齐 | 常叙政、李少南：《山东省博兴县出土一批北朝造像》，《文物》1983年第7期 |
| 7 | 无棣北齐造像 | 山东无棣 | 北齐 | 惠民地区文物管理组：《山东无棣出土北齐造像》，《文物》1983年第7期 |
| 8 | 茌平广平唐代石造像 | 山东茌平 | 唐显庆五年(660年) | 刘善沂：《山东茌平县广平出土唐代石造像》，《考古》1983年第8期 |
| 9 | 博兴铜佛像窖藏 | 山东博兴 | 北魏、北齐、隋 | 李少南：《山东博兴的一处铜佛像窖藏》，《文物》1984年第5期 |
| 10 | 博兴北魏至隋代铜造像 | 山东博兴 | 北魏、北齐、隋 | 李少南：《山东博兴出土百余件北魏至隋代铜造像》，《文物》1984年第5期 |
| 11 | 青岛北魏石造像 | 山东青岛 | 北魏正光二年(521年) | 孙善德：《青岛市新征集一件北魏石造像》，《文物》1985年第1期 |
| 12 | 阳信征集东魏佛像 | 山东阳信 | 东魏 | 常叙政、刘少伯：《山东阳信县征集一件东魏佛像》，《考古》1985年第11期 |
| 13 | 临沂北魏太和元年石造像 | 山东临沂 | 北魏 | 冯沂：《山东临沂发现北魏太和元年石造像》，《文物》1986年第10期 |
| 14 | 枣庄北朝铜佛像 | 山东枣庄 | 北齐、隋 | 枣庄市文物管理站：《枣庄市出土梵文铜镜和北朝铜佛像》，《考古》1986年第6期 |
| 15 | 博兴龙华寺遗址佛像 | 山东博兴 | 东魏、北齐、隋 | 山东省博兴县文物管理所：《山东博兴龙华寺遗址调查简报》，《考古》1986年第9期 |
| 16 | 诸城北朝铜造像 | 山东诸城 | 北魏 | 韩岗：《山东诸城出土北朝铜造像》，《文物》1986年第11期 |
| 17 | 阳谷关庄北朝造像碑 | 山东阳谷 | 北魏晚期 | 聊城地区博物馆：《山东阳谷县关庄出土北朝造像碑》，《考古》1987年第1期 |
| 18 | 高青佛教造像 | 山东高青 | 北魏、北齐、隋 | 常叙政、于丰华：《山东省高青县出土佛教造像》，《文物》1987年第4期 |

续表

| 序号 | 遗存名称 | 遗存地点 | 遗存年代 | 考古报告来源 |
|---|---|---|---|---|
| 19 | 嘉祥山营村宋代经幢 | 山东嘉祥 | 北宋绍圣四年(1097 年) | 曹建国:《山东嘉祥山营村发现一座宋代经幢》,《考古》1988 年第 1 期 |
| 20 | 东平白佛山石窟造像 | 山东东平 | 隋、唐、五代、宋 | 泰安市文物考古研究室:《山东东平白佛山石窟造像调查》,《考古》1989 年第 3 期 |
| 21 | 泰安大汶口北朝铜鎏金莲花座等文物 | 山东泰安 | 北朝 | 吉爱琴:《泰安大汶口出土北朝铜鎏金莲花座等文物》,《考古》1989 年第 6 期 |
| 22 | 茌平元代窖藏 | 山东茌平 | 唐、元 | 聊城地区博物馆:《山东茌平县发现一处元代窖藏》,《考古》1985 年第 9 期 |
| 23 | 诸城北朝造像 | 山东诸城 | 北朝 | 诸城市博物馆:《山东诸城发现北朝造像》,《考古》1990 年第 8 期 |
| 24 | 寿光西文家唐代石刻造像 | 山东寿光 | 唐上元二年(761 年) | 贾效孔:《山东寿光县西文家出土唐代石刻造像》,《考古》1992 年第 12 期 |
| 25 | 诸城佛教石造像 | 山东诸城 | 北魏、东魏、北齐、北周 | 杜在忠、韩岗:《山东诸城佛教石造像》,《考古学报》1994 年第 2 期 |
| 26 | 济南北朝石造像 | 山东济南 | 北朝 | 房道国:《济南市出土北朝石造像》,《考古》1994 年第 6 期 |
| 27 | 邹城北朝铜佛造像 | 山东邹城 | 北魏、东魏、北齐 | 胡新立:《山东邹县发现的北朝铜佛造像》,《考古》1994 年第 6 期 |
| 28 | 莱州北魏铜造像 | 山东莱州 | 北魏 | 崔天勇:《山东莱州市出土北魏铜造像》,《考古》1994 年第 10 期 |
| 29 | 章丘东魏石造像 | 山东济南 | 东魏 | 宁荫棠:《山东章丘市发现东魏石造像》,《考古》1996 年第 3 期 |
| 30 | 历城黄石崖摩崖龛窟 | 山东济南 | 北魏、东魏 | 张总:《山东历城黄石崖摩崖龛窟调查》,《文物》1996 年第 4 期 |
| 31 | 青州北魏彩绘造像 | 山东青州 | 北魏 | 青州市博物馆:《山东青州发现北魏彩绘造像》,《文物》1996 年第 5 期 |
| 32 | 青州兴国寺故址石造像 | 山东青州 | 北魏、东魏、北齐、隋、唐 | 夏名采、庄明军:《山东青州兴国寺故址出土石造像》,《文物》1996 年第 5 期 |
| 33 | 广饶佛教石造像 | 山东广饶 | 北朝、隋、唐 | 赵正强:《山东广饶佛教石造像》,《文物》1996 年第 12 期 |
| 34 | 博兴北朝造像等佛教遗物 | 山东博兴 | 北朝 | 博兴县文物管理所:《山东博兴县出土北朝造像等佛教遗物》,《考古》1997 年第 7 期 |

续表

| 序号 | 遗存名称 | 遗存地点 | 遗存年代 | 考古报告来源 |
|---|---|---|---|---|
| 35 | 东平理明窝摩崖造像 | 山东东平 | 唐 | 张总、郑岩：《山东东平理明窝摩崖造像》，《文物》1998 年第 8 期 |
| 36 | 青州龙兴寺佛教造像窖藏 | 山东青州 | 北魏至北宋 | 山东省青州市博物馆：《青州龙兴寺佛教造像窖藏清理简报》，《文物》1998 年第 2 期 |
| 37 | 惠民北朝佛教造像 | 山东惠民 | 北朝 | 惠民县文物事业管理处：《山东惠民出土一批北朝佛教造像》，《文物》1999 年第 6 期 |
| 38 | 昌邑保垎寺石造像 | 山东昌邑 | 北朝 | 王君卫：《山东昌邑保垎寺故址出土石造像》，《文物》1999 年第 6 期 |
| 39 | 微山隋代造像碑 | 山东微山 | 隋 | 杨建东、赵明程：《山东微山县出土隋代造像碑》，《考古》2001 年第 6 期 |
| 40 | 东平华严洞造像 | 山东东平 | 明 | 张总、吴绪刚：《山东东平华严洞造像》，《文物》2001 年第 9 期 |
| 41 | 青岛市博物馆藏双丈八佛 | 山东青岛、博兴、淄博、诸城 | 北朝 | 刘海宇、史韶霞：《青岛市博物馆藏双丈八佛及相关问题探析》，《敦煌研究》2011 年第 4 期 |
| 42 | 广饶宋代佛教石造像 | 山东广饶 | 宋 | 赵正强：《山东广饶出土宋代佛教石造像》，《考古与文物》2002 年第 2 期 |
| 43 | 临朐县博物馆收藏北朝造像 | 山东临朐、青州 | 北齐、隋 | 宫德杰：《临朐县博物馆收藏的一批北朝造像》，《文物》2002 年第 9 期 |
| 44 | 临朐明道寺舍利塔地宫佛教造像 | 山东临朐 | 北魏、东魏、北齐、隋 | 临朐县博物馆：《山东临朐明道寺舍利塔地宫佛教造像清理简报》，《文物》2002 年第 9 期 |
| 45 | 济南玉函山隋代摩崖龛窟造像 | 山东济南 | 隋 | 唐仲明：《济南玉函山隋代摩崖龛窟造像》，《中原文物》2003 年第 1 期 |
| 46 | 铁槎山千真洞 | 山东威海 | 明 | 刘晓燕：《铁槎山千真洞调查侧记》，《文物春秋》2003 年第 1 期 |
| 47 | 灵岩寺石刻造像 | 山东济南 | 北齐、隋、唐 | 李裕群：《灵岩寺石刻造像考》，《文物》2005 年第 8 期 |
| 48 | 青州北朝石刻造像 | 山东青州 | 北魏、北齐 | 青州博物馆：《山东青州出土北朝石刻造像》，《文物》2005 年第 4 期 |
| 49 | 长清灵岩寺塔北宋阿育王浮雕图像 | 山东济南 | 北宋 | 廖芯雅：《长清灵岩寺塔北宋阿育王浮雕图像考释》，《故宫博物院院刊》2006 年第 5 期 |

续表

| 序号 | 遗存名称 | 遗存地点 | 遗存年代 | 考古报告来源 |
|---|---|---|---|---|
| 50 | 寿光龙兴寺北朝至隋佛教石造像 | 山东寿光 | 北魏、东魏、北齐、隋 | 宫德杰、袁庆华:《山东寿光龙兴寺遗址出土北朝至隋佛教石造像》,《文物》2008年第9期 |
| 51 | 青州广福寺遗物 | 山东青州 | 北魏、东魏、北齐、隋、唐、明、清 | 王瑞霞、刘华国:《山东青州广福寺遗物调查》,《敦煌研究》2009年第4期 |
| 52 | 平原北齐天保七年石造像 | 山东平原 | 北齐 | 张立明、蔡连国:《山东平原出土北齐天保七年石造像》,《文物》2009年第8期 |
| 53 | 临朐白龙寺遗址 | 山东临朐 | 北朝、唐 | 山东省文物考古研究所、苏黎世大学东亚美术系、伦敦大学学院考古学院等:《山东临朐白龙寺遗址发掘简报》,《文物》2014年第1期 |
| 54 | 临朐石门坊摩崖造像群 | 山东临朐 | 唐、明 | 临朐县文化广电新闻出版局:《山东临朐石门坊摩崖造像群调查简报》,《文物》2016年第7期 |
| 55 | 临朐县古代佛教造像 | 山东临朐 | 北齐、隋、唐 | 宫德杰:《山东临朐县古代佛教造像的调查》,《考古》2016年第10期 |
| 56 | 临朐豹子崮石佛堂歪头崮佛教造像 | 山东临朐 | 唐、北宋、金 | 宫德杰:《山东临朐豹子崮石佛堂歪头崮佛教造像》,《中原文物》2016年第4期 |
| 河北省 | | | | |
| 1 | 曲阳县修德寺遗址 | 河北曲阳 | 五代以前 | 李锡经:《河北曲阳县修德寺遗址发掘记》,《考古通讯》1955年第3期 |
| 2 | 新城开善寺大殿 | 河北高碑店 | 辽 | 祁英涛:《河北省新城县开善寺大殿》,《文物参考资料》1957年第10期 |
| 3 | 丰润车轴山寿峰寺 | 河北唐山 | 辽 | 宋焕居:《丰润车轴山寿峰寺》,《文物参考资料》1958年第3期 |
| 4 | 邺南城北朝石造像 | 河北临漳 | 东魏、北齐 | 河北临漳县文物保管所:《河北邺南城附近出土北朝石造像》,《文物》1980年第9期 |
| 5 | 藁城北齐石造像 | 河北藁城 | 北齐 | 程纪中:《河北藁城县发现一批北齐石造像》,《考古》1980年第3期 |
| 6 | 邯郸鼓山常乐寺遗址 | 河北邯郸 | 北齐、唐中晚期 | 邯郸市文物保管所、峰峰矿区文物保管所:《河北邯郸鼓山常乐寺遗址清理简报》,《文物》1982年第10期 |
| 7 | 邯郸鼓山水浴寺石窟 | 河北邯郸 | 北齐、隋、唐、宋 | 邯郸市文物保管所:《邯郸鼓山水浴寺石窟调查报告》,《文物》1987年第4期 |
| 8 | 肥乡唐代石佛造像 | 河北邯郸 | 唐 | 程蓉生:《河北肥乡发现唐代石佛造像》,《文物》1988年第2期 |

续表

| 序号 | 遗存名称 | 遗存地点 | 遗存年代 | 考古报告来源 |
|------|----------|----------|----------|--------------|
| 9 | 蔚县北魏太平真君五年朱业微石造像 | 河北蔚县 | 北魏 | 蔚县博物馆：《河北蔚县北魏太平真君五年朱业微石造像》，《考古》1989年第9期 |
| 10 | 元氏封龙山石窟 | 河北元氏 | 北齐至明 | 李金波：《试谈封龙山石窟及其造像年代》，《文物春秋》1989年第4期 |
| 11 | 宽城北魏铜造像 | 河北宽城 | 北魏 | 唐学凯：《河北宽城出土北魏铜造像》，《文物》1990年第10期 |
| 12 | 唐县寺城涧村石刻造像 | 河北唐县 | 东魏、北齐、隋、唐 | 河北省文物研究所：《唐县寺城涧村出土石刻造像》，《文物春秋》1990年第3期 |
| 13 | 河间隋唐鎏金铜造像 | 河北河间 | 隋、唐 | 王敏之、何占通：《河北河间出土隋唐鎏金铜造像》，《文物》1991年第2期 |
| 14 | 响堂山北齐"塔形窟龛" | 河北邯郸 | 北齐 | 赵立春：《响堂山北齐"塔形窟龛"》，《中原文物》1991年第4期 |
| 15 | 临漳邺城遗址北朝铜造像 | 河北临漳 | 北魏 | 中国社会科学院考古研究所、河北省文物研究所、邺城考古队：《河北临漳邺城遗址出土的北朝铜造像》，《考古》1992年第8期 |
| 16 | 南响堂石窟窟檐遗迹及龛像 | 河北邯郸 | 北齐、隋、唐 | 邯郸市峰峰矿区文管所、北京大学考古实习队：《南响堂石窟新发现窟檐遗迹及龛像》，《文物》1992年第5期 |
| 17 | 曲阳清化寺大石佛 | 河北曲阳 | 唐开元八年（720年） | 薛增福：《清化寺大石佛的造型艺术及其价值》，《文物春秋》1992年第2期 |
| 18 | 正定铜造像 | 河北正定 | 北朝、隋 | 樊子林、刘友恒：《河北正定收藏的一批早期铜造像》，《文物》1993年第12期 |
| 19 | 曲阳八会寺隋代刻经龛 | 河北曲阳 | 隋 | 刘建华：《河北曲阳八会寺隋代刻经龛》，《文物》1995年第5期 |
| 20 | 武邑北齐造像 | 河北武邑 | 北齐 | 沈铭杰：《河北武邑出土一件北齐造像》，《文物春秋》1997年第1期 |
| 21 | 易县石造像 | 河北易县 | 北魏、唐、五代、辽 | 张洪印、金申：《河北易县发现一批石造像》，《文物》1997年第7期 |
| 22 | 正定北朝佛教石造像 | 河北正定 | 东魏、北齐 | 王巧莲、刘友恒：《正定收藏的部分北朝佛教石造像》，《文物》1998年第5期 |
| 23 | 张家口下花园石窟 | 河北张家口 | 北魏 | 刘建华：《河北张家口下花园石窟》，《文物》1998年第7期 |
| 24 | 内丘唐永徽三年冯莫问造像 | 河北内丘 | 唐永徽三年（652年） | 贾成惠：《唐永徽三年冯莫问造像》，《文物春秋》1999年第1期 |

| 序号 | 遗存名称 | 遗存地点 | 遗存年代 | 考古报告来源 |
|---|---|---|---|---|
| 25 | 承德普宁寺大雄宝殿壁画 | 河北承德 | 清乾隆二十年(1755 年) | 杨秀敏:《承德普宁寺大雄宝殿壁画》,《文物春秋》1999 年第 6 期 |
| 26 | 正定舍利寺塔基地宫 | 河北正定 | 五代后晋 | 樊瑞平、郭玲娣:《河北正定舍利寺塔基地宫清理简报》,《文物》1999 年第 4 期 |
| 27 | 赤城鎏金铜造像窖藏 | 河北赤城 | 明、清 | 李树涛、王国荣:《河北赤城发现鎏金造像窖藏》,《文物春秋》2000 年第 1 期 |
| 28 | 赵县两件隋鎏金铜造像 | 河北赵县 | 隋 | 刘元树:《赵县出土两件隋鎏金铜造像》,《文物春秋》2000 年第 1 期 |
| 29 | 定州北朝汉白玉佛造像 | 河北定州 | 东魏、北齐 | 张丽敏、孙彦平:《定州市博物馆收藏的一批汉白玉佛造像》,《文物春秋》2002 年第 3 期 |
| 30 | 正定广惠寺华塔白石佛造像 | 河北正定 | 唐 | 郭玲娣、樊瑞平:《正定广惠寺华塔内的二尊唐开元年白石佛造像》,《文物》2004 年第 5 期 |
| 31 | 南响堂山石窟"大齐河清二年"造像铭文及龛像 | 河北邯郸 | 北齐 | 张林堂、许培兰:《南响堂山石窟新发现"大齐河清二年"造像铭文及龛像》,《敦煌研究》2005 年第 1 期 |
| 32 | 磁县赵王庙隋代摩崖造像 | 河北磁县 | 北齐、隋 | 赵立春:《河北磁县赵王庙隋代摩崖造像》,《文物春秋》2007 年第 6 期 |
| 33 | 井陉千佛岩石窟 | 河北井陉 | 明 | 孙闻博:《河北井陉千佛岩石窟的调查与研究》,《石家庄学院学报》2007 年第 4 期 |
| 34 | 永清北魏铭石造像 | 河北永清 | 北魏 | 张晓峰:《河北北魏太和十一年铭石造像》,《北方文物》2008 年第 2 期 |
| 35 | 临漳邺城遗址北吴庄佛教造像埋藏坑 | 河北临漳 | 北魏、东魏、北齐、隋、唐 | 中国社会科学院考古研究所、河北省文物研究所邺城考古队:《河北临漳县邺城遗址北吴庄佛教造像埋藏坑的发现与发掘》,《考古》2012 年第 4 期 |
| 36 | 南宫后底阁遗址 | 河北南宫 | 东魏至唐 | 河北省文物研究所、邢台市文物管理处、南宫市文物保护所:《河北南宫后底阁遗址发掘简报》,《文物》2012 年第 1 期 |
| 37 | 涉县北齐石窟 | 河北涉县 | 北齐 | 王书俊:《涉县北齐石窟调查》,《文物世界》2012 年第 1 期 |
| 38 | 曲阳修德寺塔明代佛教造像 | 河北曲阳 | 明 | 王丽敏、高晓静:《曲阳修德寺塔塔心室发现明代佛教造像》,《文物春秋》2012 年第 2 期 |
| 39 | 平山摩崖造像 | 河北平山 | 宋、金 | 房树辉、赵艳龙:《河北平山发现摩崖造像》,《文物春秋》2013 年第 3 期 |

| 序号 | 遗存名称 | 遗存地点 | 遗存年代 | 考古报告来源 |
|---|---|---|---|---|
| 40 | 威县北朝佛造像 | 河北威县 | 东魏、北齐 | 邱忠鸣、李轩鹏、王新：《河北威县发现北朝佛造像》，《文物》2014 年第 3 期 |
| 41 | 定州北朝、隋唐白石造像 | 河北定州 | 东魏、北齐、隋、唐 | 河北师范大学历史文化学院、河北省文物研究所、定州市文物保护管理所：《河北定州 2015 年出土北朝、隋唐白石造像》，《文物》2019 年第 9 期 |
| 浙江省 | | | | |
| 1 | 西湖飞来峰石窟 | 浙江杭州 | 五代、宋、元 | 王伯敏：《西湖飞来峰的石窟艺术》，《文物参考资料》1956 年第 1 期 |
| 2 | 金华万佛塔塔基 | 浙江金华 | 不详 | 浙江省文物管理委员会：《金华市万佛塔塔基清理简报》，《文物参考资料》1957 年第 5 期 |
| 3 | 碧湖宋塔出土文物 | 浙江丽水 | 南宋 | 金志超：《浙江碧湖宋塔出土文物》，《文物》1963 年第 3 期 |
| 4 | 瑞安北宋慧光塔出土文物 | 浙江瑞安 | 北宋 | 浙江省博物馆：《浙江瑞安北宋慧光塔出土文物》，《文物》1973 年第 1 期 |
| 5 | 金华湖镇舍利塔 | 浙江龙游 | 北宋 | 贡昌：《浙江金华湖镇舍利塔》，《文物》1983 年第 11 期 |
| 6 | 衢州南宋墓出土器物 | 浙江衢州 | 南宋 | 衢州市文管会：《浙江衢州市南宋墓出土器物》，《考古》1983 年第 11 期 |
| 7 | 温州北宋白象塔 | 浙江温州 | 北宋 | 温州市文物处、温州市博物馆：《温州市北宋白象塔清理报告》，《文物》1987 年第 5 期 |
| 8 | 天台山大佛寺弥勒石造像 | 浙江天台 | 南朝梁 | 周琦：《天台山佛像艺术简史》，《东南文化》1990 年第 12 期 |
| 9 | 宁波天封塔地宫 | 浙江宁波 | 南宋、元 | 林士民：《浙江宁波天封塔地宫发掘报告》，《文物》1991 年第 6 期 |
| 10 | 黄岩灵石寺塔文物 | 浙江台州 | 吴越国、北宋 | 台州地区文管会、黄岩市博物馆：《浙江黄岩灵石寺塔文物清理报告》，《东南文化》1991 年第 5 期 |
| 11 | 天台国清寺塔隋代线刻菩萨像 | 浙江天台 | 隋 | 徐三见：《天台国清寺塔发现之隋代线刻菩萨像研究》，《东南文化》1992 年第 Z1 期 |
| 12 | 绍兴明石佛造像 | 浙江绍兴 | 南齐 | 蒋明明：《齐永明六年纪年石佛造像》，《东南文化》1992 年第 Z1 期 |
| 13 | 余杭南山造像 | 浙江杭州 | 元 | 杨新平：《余杭南山造像》，《文博》1992 年第 4 期 |

续表

| 序号 | 遗存名称 | 遗存地点 | 遗存年代 | 考古报告来源 |
|---|---|---|---|---|
| 14 | 国安寺千佛石塔 | 浙江温州 | 北宋 | 温州市文物管理处：《国安寺千佛石塔考古调查综述》，《东南文化》1993 年第 4 期 |
| 15 | 湖州飞英塔壁五代文物 | 浙江湖州 | 五代 | 湖州市飞英塔文物保管所：《湖州飞英塔发现一批壁藏五代文物》，《文物》1994 年第 2 期 |
| 16 | 杭州慈云岭资贤寺摩崖龛像 | 浙江杭州 | 五代至明 | 中国社会科学院考古研究所浙江工作队：《杭州慈云岭资贤寺摩崖龛像》，《文物》1995 年第 10 期 |
| 17 | 杭州雷峰塔五代地宫 | 浙江杭州 | 吴越国 | 浙江省文物考古研究所：《杭州雷峰塔五代地宫发掘简报》，《文物》2002 年第 5 期 |
| 18 | 杭州周浦西山摩崖造像 | 浙江杭州 | 明 | 赖天兵：《杭州周浦西山摩崖造像调查》，《南方文物》2002 年第 2 期 |
| 19 | 杭州西湖宝石山造像 | 浙江杭州 | 元、明 | 赖天兵：《杭州西湖宝石山造像考述》，《中国藏学》2006 年第 1 期 |
| 20 | 海宁智标塔 | 浙江海宁 | 五代、宋、元、明 | 浙江省文物考古研究所、海宁市文化广电新闻出版局：《海宁智标塔》，科学出版社 2006 年版 |
| 21 | 平阳宝胜寺双塔及出土文物 | 浙江平阳 | 北宋 | 陈余良：《浙江平阳宝胜寺双塔及出土文物》，《东方博物》2007 年第 2 期 |
| 22 | 绍兴石窟造像 | 浙江绍兴 | 南朝、隋、唐、宋、明、清 | 沈一平：《绍兴石窟造像研究》，《东方博物》2008 年第 2 期 |
| 23 | 瓶窑南山摩崖三龛造像 | 浙江杭州 | 明 | 赖天兵：《瓶窑南山摩崖三龛造像》，《东方博物》2009 年第 2 期 |
| 24 | 海塔及出土文物 | 浙江海盐 | 元 | 李林：《海盐镇海塔及出土文物》，《东方博物》2009 年第 4 期 |
| 25 | 石佛山摩崖造像 | 浙江瑞安 | 宋、元 | 叶挺铸：《石佛山摩崖造像考略》，《东方博物》2011 年第 3 期 |
| 26 | 嘉兴真如塔藏 | 浙江嘉兴 | 北宋、南宋、清 | 吴海红：《嘉兴真如塔藏》，《东方博物》2011 年第 3 期 |
| 27 | 安吉五代灵芝塔 | 浙江安吉 | 吴越国、北宋 | 周意群：《安吉五代灵芝塔》，《东方博物》2014 年第 4 期 |
| 28 | 永嘉霄梵寺北宋石阿育王塔 | 浙江永嘉 | 北宋 | 潘浩：《永嘉霄梵寺出土的北宋大中祥符二年(1009)石阿育王塔》，《东方博物》2014 年第 4 期 |
| 29 | 杭州玉皇山天龙寺佛教摩崖造像 | 浙江杭州 | 吴越国、元 | 常青：《杭州玉皇山天龙寺佛教摩崖造像》，《文博》2016 年第 1 期 |

续表

| 序号 | 遗存名称 | 遗存地点 | 遗存年代 | 考古报告来源 |
|---|---|---|---|---|
| 30 | 嘉兴东塔及地宫出土文物 | 浙江嘉兴 | 隋 | 吴凤珍：《嘉兴东塔及地宫出土文物》，《东方博物》2016 年第 2 期 |
| 31 | 杭州石屋洞造像 | 浙江杭州 | 五代、宋、元 | 常青：《杭州石屋洞造像调查与资料辑录》，《石窟寺研究》2017 年第 7 辑 |
| 32 | 杭州将台山南观音洞造像 | 浙江杭州 | 吴越国、南宋、明 | 常青：《杭州将台山南观音洞造像调查记略》，《石窟寺研究》2019 年第 9 辑 |
| 33 | 杭州净慈寺后慧日峰佛教摩崖窟龛造像 | 浙江杭州 | 吴越国 | 常青：《杭州净慈寺后慧日峰佛教摩崖窟龛造像》，《文博》2019 年第 2 期 |
| 34 | 杭州九曜山窟龛造像 | 浙江杭州 | 吴越国、北宋 | 赖天兵：《杭州九曜山窟龛造像调查》，《文博》2019 年第 3 期 |
| 辽宁省 | | | | |
| 1 | 辽西义县万佛堂石窟 | 辽宁义县 | 北魏、明、清 | 阎文儒：《辽西义县万佛堂石窟调查及其研究》，《文物参考资料》1951 年第 9 期 |
| 2 | 义县奉国寺大雄殿 | 辽宁义县 | 辽 | 杜仙洲：《义县奉国寺大雄殿调查报告》，《文物》1961 年第 2 期 |
| 3 | 辽阳白塔 | 辽宁辽阳 | 金 | 玉玺：《辽阳白塔》，《辽宁大学学报(哲学社会科学版)》1980 年第 2 期 |
| 4 | 沈阳塔湾舍利塔 | 辽宁沈阳 | 辽 | 林茂雨、刘伟：《沈阳塔湾舍利塔》，《辽宁大学学报(哲学社会科学版)》1980 年第 3 期 |
| 5 | 兴城白塔峪塔 | 辽宁兴城 | 辽 | 刘谦：《兴城县白塔峪塔》，《辽宁大学学报(哲学社会科学版)》1983 年第 4 期 |
| 6 | 海城金塔 | 辽宁海城 | 辽 | 祝明也：《海城金塔》，《辽宁大学学报(哲学社会科学版)》1983 年第 5 期 |
| 7 | 大连金代摩崖造像 | 辽宁大连 | 金 | 许明纲：《大连市新金县发现金代摩崖造像》，《考古》1988 年第 1 期 |
| 8 | 朝阳北塔天宫地宫 | 辽宁朝阳 | 辽 | 朝阳北塔考古勘察队：《辽宁朝阳北塔天宫地宫清理简报》，《文物》1992 年第 7 期 |
| 9 | 康平姜家沟石雕佛像 | 辽宁康平 | 辽 | 辽宁省文物考古研究所：《辽宁康平姜家沟出土的一组石雕佛像及年代》，《北方文物》2006 年第 1 期 |
| 10 | 沈阳新民辽滨塔塔宫 | 辽宁新民 | 辽 | 沈阳市文物考古研究所：《沈阳新民辽滨塔塔宫清理简报》，《文物》2006 年第 4 期 |

续表

| 序号 | 遗存名称 | 遗存地点 | 遗存年代 | 考古报告来源 |
|---|---|---|---|---|
| 11 | 朝阳新华路辽代石宫 | 辽宁朝阳 | 辽统和二年（984 年） | 辽宁省文物考古研究所：《辽宁朝阳新华路辽代石宫发掘简报》，《文物》2010 年第 11 期 |
| 12 | 喀左卢家沟北魏佛教造像 | 辽宁喀左 | 北魏 | 喀喇沁左盟蒙古族自治县博物馆、吉林大学边疆考古研究中心、辽宁省文物考古研究所：《辽宁喀左卢家沟出土北魏佛教造像整理简报》，《文物》2018 年第 8 期 |
| 江苏省 | | | | |
| 1 | 苏州虎丘云岩寺塔文物 | 江苏苏州 | 后周、北宋 | 苏州市文物保管委员会：《苏州虎丘云岩寺塔发现文物内容简报》，《文物参考资料》1957 年第 11 期 |
| 2 | 保圣寺罗汉塑像 | 江苏苏州 | 唐、北宋 | 张志新：《保圣寺罗汉塑像》，《文物》1979 年第 4 期 |
| 3 | 苏州瑞光寺塔五代、北宋文物 | 江苏苏州 | 五代、北宋 | 苏州市文管会、苏州博物馆：《苏州市瑞光寺塔发现一批五代、北宋文物》，《文物》1979 年第 11 期 |
| 4 | 孔望山北朝造像 | 江苏连云港 | 北朝 | 连云港市博物馆：《孔望山出土北朝造像》，《文物》1981 年第 7 期 |
| 5 | 孔望山摩崖造像 | 江苏连云港 | 东汉 | 连云港市博物馆：《连云港市孔望山摩崖造像调查报告》，《文物》1981 年第 7 期 |
| 6 | 淮安东魏石刻铭文造像碑 | 江苏淮安 | 东魏 | 王锡民、陈锦惠：《江苏淮安出土东魏石刻铭文造像碑》，《东南文化》1994 年第 4 期 |
| 7 | 南京栖霞山千佛岩石窟 | 江苏南京 | 南齐 | 汪永平、潘庆林：《南京栖霞山千佛岩石窟的测绘与编号》，《东南文化》1999 年第 4 期 |
| 8 | 扬州城东路五代金佛像 | 江苏扬州 | 五代 | 李则斌：《扬州城东路出土五代金佛像》，《文物》1999 年第 2 期 |
| 9 | 南京桦墅村石佛庵石窟 | 江苏南京 | 明 | 符永利、许长生：《南京桦墅村石佛庵石窟的调查与初步研究》，《东南文化》2012 年第 1 期 |
| 10 | 南京牛首山明代佛龛 | 江苏南京 | 明 | 符永利、刘文庆：《南京牛首山明代佛龛的调查与初步探讨》，《敦煌研究》2012 年第 4 期 |
| 11 | 南京大报恩寺遗址塔基与地宫 | 江苏南京 | 北宋 | 南京市考古研究所：《南京大报恩寺遗址塔基与地宫发掘简报》，《文物》2015 年第 5 期 |
| 北京市 | | | | |
| 1 | 房山云居寺塔和石经 | 北京房山 | 唐 | 林元白：《房山云居寺塔和石经》，《文物》1961 年第 Z1 期 |

续表

| 序号 | 遗存名称 | 遗存地点 | 遗存年代 | 考古报告来源 |
|---|---|---|---|---|
| 2 | 顺义辽净光舍利塔基 | 北京顺义 | 辽 | 北京市文物工作队：《顺义县辽净光舍利塔基清理简报》，《文物》1964年第8期 |
| 3 | 北京元大都遗址佛像 | 北京朝阳、西城 | 元 | 张宁：《记元大都出土文物》，《考古》1972年第6期 |
| 4 | 房山北郑村辽塔 | 北京房山 | 辽 | 齐心、刘精义：《北京市房山县北郑村辽塔清理记》，《考古》1980年第2期 |
| 5 | 密云冶仙塔塔基 | 北京密云 | 辽 | 王有泉：《北京密云冶仙塔塔基清理简报》，《文物》1994年第2期 |
| 6 | 通州次渠村定光佛舍利塔及其出土文物 | 北京通州 | 辽、明 | 邢鹏：《通州区次渠村定光佛舍利塔及其出土文物》，《博物院》2017年第3期 |
| 上海市 | | | | |
| 1 | 松江兴圣教寺塔地宫 | 上海松江 | 北宋、南宋 | 上海博物馆：《上海市松江县兴圣教寺塔地宫发掘简报》，《考古》1983年第12期 |
| 2 | 松江唐陀罗尼经幢 | 上海松江 | 唐 | 安奇：《上海松江唐陀罗尼经幢》，《文物》1987年第1期 |
| 3 | 嘉定法华塔元明地宫 | 上海嘉定 | 元、明 | 上海市文物管理委员会：《上海嘉定法华塔元明地宫清理简报》，《文物》1999年第2期 |
| 4 | 松江李塔明代地宫 | 上海松江 | 明 | 上海市文物管理委员会：《上海松江李塔明代地宫清理简报》，《文物》1999年第2期 |
| 5 | 松江圆应塔珍藏文物 | 上海松江 | 明、清 | 谭玉峰、于存海、罗时惠：《上海松江圆应塔珍藏文物及碑文考释》，《上海博物馆集刊》2002年 |
| 福建省 | | | | |
| 1 | 晋江华表山摩尼教遗址 | 福建晋江 | 元 | 怀华：《福建晋江华表山摩尼教遗址》，《文物参考资料》1958年第4期 |
| 2 | 泉州开元寺大殿 | 福建泉州 | 唐 | 林钊：《泉州开元寺大殿》，《文物》1959年第2期 |
| 3 | 泉州九日山摩崖石刻 | 福建泉州 | 宋 | 吴文良：《泉州九日山摩崖石刻》，《文物》1962年第11期 |
| 4 | 泉州开元寺"寒山拾得"像 | 福建泉州 | 宋 | 朱亚仁、黄真真：《泉州开元寺的"寒山拾得"像》，《东南文化》1990年第6期 |

续表

| 序号 | 遗存名称 | 遗存地点 | 遗存年代 | 考古报告来源 |
|---|---|---|---|---|
| 5 | 三明明代石造像 | 福建将乐 | 明 | 李建军：《三明市发现一批明代石造像》，《文物》1991 年第 2 期 |
| 广东省 |||||
| 1 | 广州光孝寺 | 广东广州 | 唐、南汉 | 王在民：《广州光孝寺》，《文物参考资料》1951 年第 12 期 |
| 2 | 东莞北宋"象塔" | 广东东莞 | 南汉 | 杨豪：《东莞北宋"象塔"发掘记》，《文物》1982 年第 6 期 |
| 3 | 梅州千佛铁塔 | 广东梅州 | 南汉 | 卢桂钊：《梅州古城的千佛宝塔》，《嘉应大学学报》1995 年第 3 期 |
| 4 | 潮州笔架山窑宋代瓷佛造像 | 广东潮州 | 宋 | 曾骐：《潮州笔架山窑出土的宋代瓷佛造像》，《岭南文史》2012 年第 2 期 |
| 天津市 |||||
| 1 | 蓟州观音阁壁画 | 天津蓟州 | 明 | 文展：《记新剥出的蓟县观音阁壁画》，《文物》1972 年第 6 期 |
| 2 | 蓟州独乐寺塔 | 天津蓟州 | 辽至明 | 天津市历史博物馆考古队、蓟县文物保管所：《天津蓟县独乐寺塔》，《考古学报》1989 年第 1 期 |
| 3 | 天津艺术博物馆藏隋开皇年铜造像 | 天津 | 隋 | 卢永琇：《天津市艺术博物馆藏隋开皇年造像》，《文物》1991 年第 2 期 |
| 吉林省 |||||
| 1 | 和龙高产渤海寺庙址 | 吉林和龙 | 唐 | 何明：《吉林和龙高产渤海寺庙址》，《北方文物》1985 年第 4 期 |
| 2 | 珲春古城村 1 号寺庙址遗物 | 吉林珲春 | 不晚于渤海国初期 | 吉林大学边疆考古研究中心、吉林省文物考古研究所、珲春市文物管理所：《吉林珲春古城村 1 号寺庙址遗物整理简报》，《文物》2005 年第 11 期 |
| 佛教美术考古中部地区 |||||
| 陕西省 |||||
| 1 | 邠县大佛寺石窟 | 陕西彬县 | 唐贞观年间 | 贺梓城：《陕西邠县大佛寺石窟》，《文物参考资料》1956 年第 11 期 |
| 2 | 麟游摩崖造像和石窟 | 陕西麟游 | 盛唐 | 陕西省文物管理委员会：《陕西麟游的摩崖造象和石窟》，《文物》1958 年第 11 期 |
| 3 | 鄜县石泓寺石窟 | 陕西富县 | 唐至明 | 陕西省博物馆、陕西省文管会：《鄜县石泓寺、阁子头寺石窟调查简报》，《文物》1959 年第 12 期 |

续表

| 序号 | 遗存名称 | 遗存地点 | 遗存年代 | 考古报告来源 |
|---|---|---|---|---|
| 4 | 鄌县阁子头寺石窟 | 陕西富县 | 北宋政和二年(1112年) | 陕西省博物馆、陕西省文管会:《鄌县石泓寺、阁子头寺石窟调查简报》,《文物》1959年第12期 |
| 5 | 黄陵万佛寺石窟 | 陕西黄陵 | 北宋绍圣前后 | 张智:《黄陵万佛寺、延安万佛洞石窟寺调查记》,《文物》1965年第5期 |
| 6 | 延安万佛洞石窟 | 陕西延安 | 北宋元丰年间 | 张智:《黄陵万佛寺、延安万佛洞石窟寺调查记》,《文物》1965年第5期 |
| 7 | 唐青龙寺遗址 | 陕西西安 | 隋、唐、宋 | 中国科学院考古研究所西安工作队:《唐青龙寺遗址发掘简报》,《考古》1974年第5期 |
| 8 | 北钟山石窟 | 陕西子长 | 北宋至清 | 姬乃军:《延安地区的石窟寺》,《文物》1982年第10期 |
| 9 | 城台石窟 | 陕西志丹 | 北宋嘉祐二年(1057年) | 姬乃军:《延安地区的石窟寺》,《文物》1982年第10期 |
| 10 | 何家洼石窟 | 陕西志丹 | 北宋 | 姬乃军:《延安地区的石窟寺》,《文物》1982年第10期 |
| 11 | 石寺河石窟 | 陕西延安 | 北宋 | 姬乃军:《延安地区的石窟寺》,《文物》1982年第10期 |
| 12 | 石宫寺石窟 | 陕西安塞 | 北宋 | 姬乃军:《延安地区的石窟寺》,《文物》1982年第10期 |
| 13 | 段家庄石窟 | 陕西富县 | 不详 | 姬乃军:《延安地区的石窟寺》,《文物》1982年第10期 |
| 14 | 川庄石窟 | 陕西富县 | 北宋崇宁五年(1106年) | 姬乃军:《延安地区的石窟寺》,《文物》1982年第10期 |
| 15 | 窑子沟石窟 | 陕西富县 | 不详 | 姬乃军:《延安地区的石窟寺》,《文物》1982年第10期 |
| 16 | 耀县药王山摩崖石刻 | 陕西铜川 | 北周、唐、宋、明 | 负安志、翟春玲:《耀县药王山摩崖石刻造像》,《文博》1984年第1期 |
| 17 | 西安慈恩寺线刻菩萨残像 | 陕西西安 | 唐 | 倪志俊:《西安慈恩寺发现唐代线刻菩萨像残石》,《文物》1984年第3期 |
| 18 | 隋石雕弥勒造像 | 陕西富平 | 隋 | 刘耀泰:《隋石雕弥勒造像》,《文博》1986年第5期 |
| 19 | 扶风法门寺塔唐代地宫 | 陕西扶风 | 唐 | 陕西省法门寺考古队:《扶风法门寺塔唐代地宫发掘简报》,《文物》1988年第10期 |

续表

| 序号 | 遗存名称 | 遗存地点 | 遗存年代 | 考古报告来源 |
|---|---|---|---|---|
| 20 | 郃阳梁山千佛洞石窟 | 陕西合阳 | 金至元 | 李圣庭：《郃阳梁山千佛洞石窟》，《文博》1989年第2期 |
| 21 | 岐山县博物馆藏隋代石造像 | 陕西岐山 | 隋 | 庞文龙：《岐山县博物馆藏隋代石造像》，《文物》1991年第4期 |
| 22 | 延安地区密宗造像 | 陕西延安 | 上迄北朝，下至明清 | 齐鸿浩：《延安地区石窟寺密宗造像》，《文博》1991年第6期 |
| 23 | 安塞元代佛教石造像 | 陕西安塞 | 元 | 杨宏明：《安塞县发现一批元代佛教石造像》，《文博》1992年第2期 |
| 24 | 米脂万佛洞石窟 | 陕西米脂 | 宋至明初 | 李圣庭：《米脂万佛洞石窟》，《文博》1992年第5期 |
| 25 | 洛川寺家河唐代佛教密宗造像石窟 | 陕西洛川 | 唐开成元年（836年） | 刘合心、段双印：《洛川县寺家河唐代佛教密宗造像石窟》，《文博》1992年第5期 |
| 26 | 青龙寺佛教造像碑 | 陕西西安 | 北魏至隋唐 | 翟春玲：《陕西青龙寺佛教造像碑》，《考古》1992年第7期 |
| 27 | 麟游慈善寺石窟 | 陕西麟游 | 唐 | 常青：《陕西麟游慈善寺石窟的初步调查》，《考古》1992年第10期 |
| 28 | 甘泉古佛寺石窟 | 陕西甘泉 | 宋 | 佘苏生：《甘泉县古佛寺石窟造像介绍》，《文博》1994年第4期 |
| 29 | 麟游麟溪桥佛教摩崖造像 | 陕西麟游 | 唐 | 中国社会科学院考古研究所西安唐城队、麟游县博物馆：《陕西麟游县麟溪桥佛教摩崖造像》，《考古》1995年第10期 |
| 30 | 麟游东川寺摩崖龛像 | 陕西麟游 | 唐 | 中国社会科学院考古研究所西安唐城队、麟游县博物馆：《陕西麟游县东川寺、白家河、石鼓峡的佛教遗迹》，《考古》1996年第1期 |
| 31 | 麟游白家河摩崖龛 | 陕西麟游 | 唐 | 中国社会科学院考古研究所西安唐城队、麟游县博物馆：《陕西麟游县东川寺、白家河、石鼓峡的佛教遗迹》，《考古》1996年第1期 |
| 32 | 麟游石鼓峡石窟 | 陕西麟游 | 唐 | 中国社会科学院考古研究所西安唐城队、麟游县博物馆：《陕西麟游县东川寺、白家河、石鼓峡的佛教遗迹》，《考古》1996年第1期 |
| 33 | 麟游慈善寺南崖佛龛 | 陕西麟游 | 唐 | 中国社会科学院考古研究所西安唐城队、麟游县博物馆：《陕西麟游县慈善寺南崖佛龛与〈敬福经〉的调查》，《考古》1997年第1期 |

| 序号 | 遗存名称 | 遗存地点 | 遗存年代 | 考古报告来源 |
|------|----------|----------|----------|--------------|
| 34 | 麟游慈善寺《敬福经》石刻 | 陕西麟游 | 唐 | 中国社会科学院考古研究所西安唐城队、麟游县博物馆:《陕西麟游县慈善寺南崖佛龛与〈敬福经〉的调查》,《考古》1997 年第 1 期 |
| 35 | 仙游寺法王塔地宫 | 陕西周至 | 隋 | 孟西安、郑少忠:《仙游寺法王塔地宫开启》,《人民日报》1998 年 10 月 18 日 |
| 36 | 安塞毛庄科石窟 | 陕西延安 | 北宋 | 冉万里:《陕西省安塞县毛庄科石窟调查简报》,《文博》2001 年第 1 期 |
| 37 | 蓝田悟真寺石窟 | 陕西蓝田 | 宋 | 悟真寺石窟调查组:《蓝田悟真寺石窟及宋代题刻》,《文博》2001 年第 6 期 |
| 38 | 铜川金锁关摩崖造像 | 陕西铜川 | 唐 | 文辉:《铜川金锁关摩崖造像》,《文博》2003 年第 2 期 |
| 39 | 长安清华山卧佛 | 陕西西安 | 五代至宋 | 范培松、张建林、张在明等:《陕西长安清华山卧佛调查》,《考古与文物》2003 年第 2 期 |
| 40 | 安塞新茂台石窟 | 陕西安塞 | 北宋中晚期 | 冉万里:《陕西安塞新茂台石窟调查简报》,《文博》2003 年第 6 期 |
| 41 | 安塞云山品寺石窟 | 陕西安塞 | 北魏至西魏、宋 | 冉万里:《陕西安塞云山品寺石窟调查报告》,《考古与文物》2005 年第 4 期 |
| 42 | 白水北宋妙觉寺地宫 | 陕西白水 | 北宋 | 陕西省考古研究所、白水县文物管理委员会:《陕西白水北宋妙觉寺塔基及地宫的发掘》,《考古与文物》2005 年第 4 期 |
| 43 | 神木杨城村石窟 | 陕西神木 | 唐至宋 | 冉万里:《陕西神木杨城村石窟调查》,见文化遗产研究与保护技术教育部重点实验室、西北大学文化遗产与考古学研究中心:《西部考古》(第二辑),三秦出版社 2007 年版 |
| 44 | 洛川董子河摩崖造像 | 陕西洛川 | 北魏至五代 | 白文:《陕西洛川县董子河摩崖造像》,《考古与文物》2007 年第 2 期 |
| 45 | 安塞界华寺石窟 | 陕西延安 | 北朝末年至唐、宋、明、清 | 冉万里:《陕西安塞界华寺石窟调查简报》,见文化遗产研究与保护技术教育部重点实验室、西北大学文化遗产与考古学研究中心:《西部考古》(第三辑),三秦出版社 2008 年版 |
| 46 | 岐山蔡家坡石窟 | 陕西岐山 | 北魏、唐 | 陕西省考古研究院、宝鸡市考古队、岐山县博物馆:《陕西岐山蔡家坡石窟考古调查报告》,《考古与文物》2009 年第 5 期 |
| 47 | 柳家湾摩崖造像 | 陕西铜川 | 唐 | 陈晓捷:《铜川耀州西部的石窟与摩崖造像》,《考古与文物》2012 年第 3 期 |

| 序号 | 遗存名称 | 遗存地点 | 遗存年代 | 考古报告来源 |
|---|---|---|---|---|
| 48 | 前咀子摩崖造像 | 陕西铜川 | 宋 | 陈晓捷：《铜川耀州西部的石窟与摩崖造像》，《考古与文物》2012 年第 3 期 |
| 49 | 尖坪石窟 | 陕西铜川 | 金 | 陈晓捷：《铜川耀州西部的石窟与摩崖造像》，《考古与文物》2012 年第 3 期 |
| 50 | 杨柳坪摩崖造像 | 陕西铜川 | 金 | 陈晓捷：《铜川耀州西部的石窟与摩崖造像》，《考古与文物》2012 年第 3 期 |
| 51 | 陈家河摩崖造像 | 陕西铜川 | 金 | 陈晓捷：《铜川耀州西部的石窟与摩崖造像》，《考古与文物》2012 年第 3 期 |
| 52 | 槽沟石窟 | 陕西铜川 | 金 | 陈晓捷：《铜川耀州西部的石窟与摩崖造像》，《考古与文物》2012 年第 3 期 |
| 53 | 陕西周至县八云塔地宫 | 陕西周至 | 唐 | 西安市文物保护考古研究院：《陕西周至县八云塔地宫的发掘》，《考古》2012 年第 6 期 |
| 54 | 榆林沙家店镇木头则沟石窟 | 陕西榆林 | 南北朝 | 艾剑：《陕西榆林沙家店镇木头则沟石窟调查简报》，见文化遗产研究与保护技术教育部重点实验室、西北大学文化遗产与考古学研究中心编著《西部考古》(第七辑)，三秦出版社 2014 年版 |
| 55 | 沟门摩崖造像 | 陕西宜君 | 北朝 | 陈晓捷：《陕西宜君县东部石窟、摩崖造像调查简报》，《四川文物》2013 年第 3 期 |
| 56 | 咀头摩崖造像 | 陕西宜君 | 北朝 | 陈晓捷：《陕西宜君县东部石窟、摩崖造像调查简报》，《四川文物》2013 年第 3 期 |
| 57 | 苜蓿沟石窟 | 陕西宜君 | 北朝 | 陈晓捷：《陕西宜君县东部石窟、摩崖造像调查简报》，《四川文物》2013 年第 3 期 |
| 58 | 牛家庄石窟 | 陕西宜君 | 北朝 | 陈晓捷：《陕西宜君县东部石窟、摩崖造像调查简报》，《四川文物》2013 年第 3 期 |
| 59 | 官地坪摩崖造像 | 陕西宜君 | 唐 | 陈晓捷：《陕西宜君县东部石窟、摩崖造像调查简报》，《四川文物》2013 年第 3 期 |
| 60 | 后桥石窟 | 陕西宜君 | 宋 | 陈晓捷：《陕西宜君县东部石窟、摩崖造像调查简报》，《四川文物》2013 年第 3 期 |
| 61 | 安塞大佛寺石窟 | 陕西安塞 | 北魏晚期至北朝晚期、隋、唐 | 陕西省考古研究院、延安市考古所、安塞县文物旅游局：《陕西安塞县大佛寺石窟调查简报》，《考古》2013 年第 12 期 |
| 62 | 麟游青莲山寺摩崖造像 | 陕西麟游 | 唐、宋 | 常青：《陕西麟游青莲山寺摩崖造像调查》，《文博》2015 年第 3 期 |

| 序号 | 遗存名称 | 遗存地点 | 遗存年代 | 考古报告来源 |
|---|---|---|---|---|
| 63 | 马宝泉石窟 | 陕西旬邑 | 盛唐至中唐 | 刘铎、荆海燕:《旬邑县三水河两岸的石窟调查》,《文物世界》2015 年第 6 期 |
| 64 | 赵家洞石窟 | 陕西旬邑 | 唐至明清 | 刘铎、荆海燕:《旬邑县三水河两岸的石窟调查》,《文物世界》2015 年第 6 期 |
| 65 | 官家洞石窟 | 陕西旬邑 | 唐至明清 | 刘铎、荆海燕:《旬邑县三水河两岸的石窟调查》,《文物世界》2015 年第 6 期 |
| 66 | 寺沟石窟 | 陕西旬邑 | 唐至明清 | 刘铎、荆海燕:《旬邑县三水河两岸的石窟调查》,《文物世界》2015 年第 6 期 |
| 67 | 百灵寺石窟 | 陕西旬邑 | 唐至明清 | 刘铎、荆海燕:《旬邑县三水河两岸的石窟调查》,《文物世界》2015 年第 6 期 |
| 68 | 悟空洞石窟 | 陕西旬邑 | 唐至明清 | 刘铎、荆海燕:《旬邑县三水河两岸的石窟调查》,《文物世界》2015 年第 6 期 |
| 69 | 黑牛窝洞石窟 | 陕西旬邑 | 唐至明清 | 刘铎、荆海燕:《旬邑县三水河两岸的石窟调查》,《文物世界》2015 年第 6 期 |
| 70 | 喇嘛帽山千佛院摩崖造像 | 陕西麟游 | 唐至宋 | 常青:《陕西麟游县喇嘛帽山千佛院佛教造像调查》,《考古与文物》2016 年第 3 期 |
| 71 | 宜君秦家河摩崖造像 | 陕西宜君 | 西魏至唐 | 董彩琪:《陕西宜君秦家河摩崖造像调查简报》,《中原文物》2016 年第 4 期 |
| 72 | 靖边鱼头寺石窟 | 陕西靖边 | 北朝、北宋、西夏、明、清 | 石建刚、刘向峰:《陕西靖边鱼头寺石窟调查与初步研究》,《敦煌学辑刊》2017 年第 4 期 |
| 73 | 富县柳园石窟 | 陕西富县 | 宋庆历年间 | 张华:《陕西富县柳园石窟调查及相关内容分析》,《考古与文物》2018 年第 3 期 |
| 74 | 旬邑马家河唐代石窟 | 陕西旬邑 | 唐显庆至总章年间 | 常青:《陕西旬邑马家河唐代石窟初步调查与研究》,《文物》2019 年第 2 期 |
| 75 | 延安富县拱桥沟石窟 | 陕西富县 | 北宋元祐三年(1088 年) | 杨军、张建荣:《陕西延安富县拱桥沟石窟调查简报》,《中原文物》2019 年第 2 期 |
| 76 | 陕西延安富县五家庄石窟 | 陕西富县 | 北宋宣和二年(1120 年) | 洛川县博物馆:《陕西延安富县五家庄石窟调查简报》,《文博学刊》2019 年第 3 期 |
| 山西省 | | | | |
| 1 | 大同云冈石窟第 20、21 窟外及第 15 窟西壁浮雕 | 山西大同 | 北魏 | 于希宁:《云冈拾遗》,《文物参考资料》1957 年第 10 期 |

续表

| 序号 | 遗存名称 | 遗存地点 | 遗存年代 | 考古报告来源 |
|---|---|---|---|---|
| 2 | 佛凹山圆兴寺石佛和山崖石龛造象 | 山西平定 | 隋开皇四年（584 年） | 酒冠五：《佛凹山圆兴寺石佛和山崖石龛造象》，《文物参考资料》1958 年第 8 期 |
| 3 | 慈林山法兴禅寺 | 山西长子 | 后凉神鼎二年(402 年)、清 | 酒冠五：《山西慈林山法兴禅寺》，《文物参考资料》1958 年第 11 期 |
| 4 | 沁县石刻造像 | 山西沁县 | 北魏至宋 | 郭勇：《山西沁县发现了一批石刻造象》，《文物》1959 年第 3 期 |
| 5 | 宝岩寺明代石窟 | 山西平顺 | 明 | 杨烈：《宝岩寺明代石窟》，《文物》1961 年第 12 期 |
| 6 | 平顺大云寺壁画与彩画 | 山西平顺 | 五代 | 李春江：《山西省平顺县大云寺的壁画与彩画》，《文物》1963 年第 7 期 |
| 7 | 晋城青莲寺塑像 | 山西晋城 | 宋 | 高寿田：《山西晋城青莲寺塑像》，《文物》1963 年第 10 期 |
| 8 | 繁峙岩上寺金代壁画 | 山西繁峙 | 金 | 张亚平、赵晋樟：《山西繁峙岩上寺的金代壁画》，《文物》1979 年第 2 期 |
| 9 | 天龙山石窟 | 山西太原 | 北周至唐 | 李裕群：《天龙山石窟调查报告》，《文物》1991 年第 1 期 |
| 10 | 寿阳东魏至唐代铜造像 | 山西寿阳 | 东魏、北齐、隋、唐 | 晋华、吴建国：《山西寿阳出土一批东魏至唐代铜造像》，《文物》1991 年第 2 期 |
| 11 | 昔阳北朝石造像 | 山西昔阳 | 东魏、北齐、隋、唐 | 翟盛荣、杨纯渊：《山西昔阳出土一批北朝石造像》，《文物》1991 年第 12 期 |
| 12 | 运城柏口窑出土佛道造像碑 | 山西运城 | 北周至隋 | 运城地区河东博物馆：《山西运城柏口窑出土佛道造像碑》，《考古》1991 年第 12 期 |
| 13 | 左权石佛寺石窟 | 山西左权 | 北魏末至东魏 | 李裕群：《山西左权石佛寺石窟与"高欢云洞"石窟》，《文物》1995 年第 9 期 |
| 14 | 左权"高欢云洞"石窟 | 山西左权 | 东魏 | 李裕群：《山西左权石佛寺石窟与"高欢云洞"石窟》，《文物》1995 年第 9 期 |
| 15 | 和顺云龙山石窟 | 山西和顺 | 北魏 | 李玉明、常亚平：《和顺县云龙山石窟调查简报》，《文物世界》1997 年第 1 期 |
| 16 | 平定开河寺石窟 | 山西平定 | 东魏至隋初 | 山西省古建筑保护研究所、北京大学考古学系石窟调查组：《山西平定开河寺石窟》，《文物》1997 年第 1 期 |
| 17 | 圆子山石窟 | 山西榆社 | 北魏 | 李裕群：《山西榆社石窟寺调查》，《文物》1997 年第 2 期 |

| 序号 | 遗存名称 | 遗存地点 | 遗存年代 | 考古报告来源 |
|---|---|---|---|---|
| 18 | 响堂寺石窟 | 山西榆社 | 唐 | 李裕群：《山西榆社石窟寺调查》，《文物》1997年第2期 |
| 19 | 晋阳西山大佛 | 山西太原 | 北齐 | 李裕群：《晋阳西山大佛和童子寺大佛的初步考察》，《文物世界》1998年第1期 |
| 20 | 童子寺大佛 | 山西太原 | 北齐 | 李裕群：《晋阳西山大佛和童子寺大佛的初步考察》，《文物世界》1998年第1期 |
| 21 | 隰县七里脚千佛洞石窟 | 山西隰县 | 北魏、唐 | 郑庆春、王进：《山西隰县七里脚千佛洞石窟调查》，《文物》1998年第9期 |
| 22 | 高平高庙山石窟 | 山西高平 | 东魏 | 李裕群、张庆捷：《山西高平高庙山石窟的调查与研究》，《考古》1999年第1期 |
| 23 | 岩香寺石窟 | 山西清徐 | 唐、宋 | 韩革：《岩香寺石窟调查报告》，《文物》1999年第4期 |
| 24 | 静乐县净居寺石窟 | 山西静乐 | 唐 | 忻州市文物管理处、静乐县文物管理所：《山西静乐县净居寺石窟调查报告》，《文物世界》2005年第2期 |
| 25 | 陆师嶂摩崖造像 | 山西盂县 | 东魏至北齐 | 赵培青：《陆师嶂摩崖造像》，《文物世界》2005年第5期 |
| 26 | 原平木图村佛教摩崖造像 | 山西原平 | 唐 | 张林香：《山西省原平市木图村佛教摩崖造像调查简报》，《文物世界》2005年第5期 |
| 27 | 晋城碧落寺石窟 | 山西晋城 | 北齐至唐 | 中央美术学院石窟艺术考察队、山西省泽州县旅游文物管理中心：《山西晋城碧落寺石窟调查记》，《文物》2005年第7期 |
| 28 | 武乡勋环沟良侯店石窟 | 山西武乡 | 北魏至唐 | 刘永生：《武乡勋环沟良侯店石窟调查简报》，《文物世界》2008年第1期 |
| 29 | 长治交顶山石窟 | 山西长治 | 北魏晚期至东魏 | 张喜斌：《长治县交顶山石窟》，《文物世界》2008年第2期 |
| 30 | 黎城佛爷凹摩崖造像 | 山西黎城 | 唐 | 王普军：《黎城县佛爷凹摩崖造像》，《文物世界》2008年第2期 |
| 31 | 乡宁营里千佛洞石窟 | 山西乡宁 | 北周 | 许文胜：《乡宁县营里千佛洞石窟调查简报》，《文物世界》2009年第2期 |
| 32 | 高平石堂会石窟 | 山西高平 | 北魏、明 | 李裕群、衣丽都：《山西高平石堂会石窟》，《文物》2009年第5期 |

续表

| 序号 | 遗存名称 | 遗存地点 | 遗存年代 | 考古报告来源 |
|---|---|---|---|---|
| 33 | 吉县挂甲山摩崖造像 | 山西吉县 | 北齐至宋金 | 山西省考古研究所、吉县文物管理所：《山西吉县挂甲山摩崖造像调查简报》，《考古》2010 年第 11 期 |
| 34 | 山西襄垣县化岩角山隋唐佛教岩画 | 山西襄垣 | 隋至初唐 | 崔利民、刘跃中、杨冠：《山西襄垣县化岩角山隋唐时期佛教岩画》，《考古》2011 年第 5 期 |
| 35 | 寿阳石佛寺石窟 | 山西寿阳 | 北齐至隋 | 李裕群：《山西寿阳石佛寺石窟》，《文物》2012 年第 2 期 |
| 36 | 汾阳天宁寺塔塔基 | 山西汾阳 | 明 | 汾阳市博物馆、汾阳市文物管理所：《山西汾阳天宁寺塔塔基清理简报》，《文物世界》2012 年第 5 期 |
| 37 | 沁县南泉北魏佛教摩崖石刻 | 山西沁县 | 北魏 | 李裕群：《山西沁县南泉北魏佛教摩崖石刻考》，《文物》2014 年第 1 期 |
| 38 | 云冈石窟 | 山西大同 | 北魏 | 张焯主编：《云冈石窟全集》，青岛出版社 2015 年版 |
| 39 | 高平大佛山摩崖造像 | 山西高平 | 北魏、明 | 李裕群、Lidu Yi：《山西高平大佛山摩崖造像考——"云冈模式"南传的重要例证》，《文物》2015 年第 3 期 |
| 40 | 沁源石窟湾石窟 | 山西沁源 | 北朝 | 吕耀华：《论山西沁源石窟湾石窟艺术》，《山西档案》2015 年第 6 期 |
| 41 | 云冈石窟窟顶西区北魏佛教寺院遗址 | 山西大同 | 北魏 | 云冈石窟研究院、山西省考古研究所、大同市考古研究所：《云冈石窟窟顶西区北魏佛教寺院遗址》，《考古学报》2016 年第 4 期 |
| 42 | 寿阳阳摩山石窟东区 | 山西寿阳 | 东魏、唐、北汉 | 许栋、王丽、石文嘉：《山西寿阳阳摩山石窟东区调查与研究》，《文物春秋》2017 年第 5 期 |
| 43 | 云冈石窟窟顶二区北魏辽金佛教寺院遗址 | 山西大同 | 北魏、辽金时期 | 山西省考古研究所、云冈石窟研究院、大同市考古研究所：《云冈石窟窟顶二区北魏辽金佛教寺院遗址》，《考古学报》2019 年第 1 期 |
| 河南省 | | | | |
| 1 | 渑池鸿庆寺石窟 | 河南渑池 | 北魏 | 俞剑华、于希宁：《渑池鸿庆寺石窟》，《文物参考资料》1956 年第 4 期 |
| 2 | 龙门贞元七年造像与宋代造像及开元五年天尊像 | 河南洛阳 | 唐、宋 | 王去非：《龙门杂记》，《文物参考资料》1956 年第 4 期 |

| 序号 | 遗存名称 | 遗存地点 | 遗存年代 | 考古报告来源 |
|---|---|---|---|---|
| 3 | 临汝白云寺 | 河南临汝 | 后魏、唐 | 杨玉柱：《临汝白云寺》，《文物》1961 年第 2 期 |
| 4 | 浚县佛时寺造象碑 | 河南浚县 | 北齐 | 周到、吕品：《河南浚县造象碑调查记》，《文物》1965 年第 3 期 |
| 5 | 密县东魏造像石龛 | 河南新密 | 东魏 | 密县文物管理委员会：《密县发现东魏造像石龛》，《中原文物》1978 年第 1 期 |
| 6 | 淇县石佛寺田迈造像 | 河南淇县 | 北魏、明 | 曹桂岑、耿青岩：《淇县石佛寺田迈造像》，《河南文博通讯》1979 年第 4 期 |
| 7 | 荥阳大海寺石刻造像 | 河南荥阳 | 北魏、唐、宋 | 河南省郑州市博物馆：《河南荥阳大海寺出土的石刻造像》，《文物》1980 年第 3 期 |
| 8 | 洛阳石刻造像 | 河南洛阳 | 北朝晚期、唐、宋明 | 侯鸿钧、李德方：《洛阳新发现的石刻造像》，《中原文物》1982 年第 3 期 |
| 9 | 郑州开元寺宋代塔基 | 河南郑州 | 北宋开宝九年 (976 年) | 郑州市博物馆：《郑州开元寺宋代塔基清理简报》，《中原文物》1983 年第 1 期 |
| 10 | 灵宝洞沟梁石窟彩塑 | 河南灵宝 | 明正德年间 | 河南省古代建筑保护研究所、河南省灵宝县文物管理委员会：《河南灵宝洞沟梁石窟彩塑调查》，《文物》1987 年第 4 期 |
| 11 | 洛阳龙门双窑 | 河南洛阳 | 唐 | 龙门文物保管所：《洛阳龙门双窑》，《考古学报》1988 年第 1 期 |
| 12 | 邓县福胜寺地宫 | 河南邓州 | 北宋天圣十年 (1032 年) | 河南省古建研究所、河南省文物研究所：《邓县福胜寺塔地宫出土一批稀世珍宝》，《中原文物》1988 年第 3 期 |
| 13 | 灵泉寺石窟 | 河南安阳 | 东魏至隋 | 河南省古代建筑保护研究所：《河南安阳灵泉寺石窟及小南海石窟》，《文物》1988 年第 4 期 |
| 14 | 小南海石窟 | 河南安阳 | 北齐天保年间 | 河南省古代建筑保护研究所：《河南安阳灵泉寺石窟及小南海石窟》，《文物》1988 年第 4 期 |
| 15 | 龙门商业窟 | 河南洛阳 | 唐 | 贾广兴：《龙门石窟群中的商业窟》，《中原文物》1989 年第 2 期 |
| 16 | 鹤壁五岩寺石窟 | 河南鹤壁 | 东魏 | 河南省文物研究所、鹤壁市博物馆：《鹤壁五岩寺石窟》，《中原文物》1989 年第 2 期 |
| 17 | 鹤壁张公堰石窟 | 河南鹤壁 | 宋 | 郭太松：《鹤壁发现宋代石窟造像》，《中原文物》1989 年第 2 期 |
| 18 | 洛阳偃师县水泉石窟 | 河南偃师 | 北魏、唐 | 温玉成：《洛阳市偃师县水泉石窟调查》，《文物》1990 年第 3 期 |

续表

| 序号 | 遗存名称 | 遗存地点 | 遗存年代 | 考古报告来源 |
|------|----------|----------|----------|--------------|
| 19 | 龙门唐代密宗造像 | 河南洛阳 | 唐 | 李文生：《龙门唐代密宗造像》，《文物》1991年第1期 |
| 20 | 龙门石窟唐代瘗窟 | 河南洛阳 | 唐 | 张乃翥：《龙门石窟唐代瘗窟的新发现及其文化意义的探讨》，《考古》1991年第2期 |
| 21 | 龙门石窟北市彩帛行净土堂 | 河南洛阳 | 唐 | 常青：《龙门石窟"北市彩帛行净土堂"》，《文物》1991年第8期 |
| 22 | 浚县千佛洞石窟 | 河南浚县 | 唐 | 河南省古代建筑保护研究所：《浚县千佛洞石窟调查》，《文物》1992年第1期 |
| 23 | 博爱石佛滩隋代摩崖造像 | 河南博爱 | 隋 | 河南省古建研究所、博爱县博物馆：《博爱县石佛滩隋代摩崖造像调查简报》，《中原文物》1992年第1期 |
| 24 | 清丰大周证圣元年石刻造像 | 河南清丰 | 大周 | 李顺改：《河南省清丰县发现一批大周证圣元年石刻造像》，《中原文物》1992年第1期 |
| 25 | 新乡市博物馆馆藏古代佛教造像 | 河南新乡 | 北魏至唐 | 杨清秀、贾拥军：《新乡市博物馆馆藏古代佛教造像》，《中原文物》1992年第3期 |
| 26 | 龙门党屈蜀洞 | 河南洛阳 | 北魏 | 王振国：《龙门党屈蜀洞及其相关问题》，《文物》1993年第4期 |
| 27 | 龙门石窟近期清理出的唐代窟龛造像及遗物 | 河南洛阳 | 唐 | 刘景龙、王振国：《龙门石窟近期清理出的唐代窟龛造像及遗物》，《中原文物》1993年第3期 |
| 28 | 龙门万佛山石窟 | 河南洛阳 | 北魏 | 宫大中：《龙门石窟的"卫星窟"——万佛山石窟》，《中原文物》1993年第4期 |
| 29 | 龙门石窟第565号窟(惠简洞) | 河南洛阳 | 唐 | 龙门石窟研究所：《龙门565号窟(惠简洞)调查简报》，《中原文物》2001年第5期 |
| 30 | 龙门石窟新1—4窟 | 河南洛阳 | 唐 | 杨超杰：《龙门石窟新发现4个洞窟》，《文物》2001年第9期 |
| 31 | 龙门石窟 | 河南洛阳 | 北魏至唐 | 刘景龙：《龙门石窟造像全集》，文物出版社2002年版 |
| 32 | 洛阳龙门北市香行像窟 | 河南洛阳 | 唐 | 张丽明：《河南洛阳市龙门北市香行像窟的考察》，《考古》2002年第5期 |
| 33 | 登封法王寺二号塔地宫 | 河南登封 | 唐 | 河南省文物考古研究所：《河南登封市法王寺二号塔地宫发掘简报》，《华夏考古》2003年第2期 |

| 序号 | 遗存名称 | 遗存地点 | 遗存年代 | 考古报告来源 |
|---|---|---|---|---|
| 34 | 龙门石窟第 1954 号窟 | 河南洛阳 | 唐 | 焦建辉、李随森：《龙门石窟第 1954 号窟及相关问题》，《中原文物》2004 年第 3 期 |
| 35 | 方城佛沟摩崖造像 | 河南方城 | 唐 | 王景荃：《方城佛沟摩崖造像调查与研究》，《中原文物》2009 年第 1 期 |
| 36 | 渑池石佛寺石窟 | 河南渑池 | 北周 | 杨超杰：《河南渑池石佛寺石窟调查》，《中原文物》2010 年第 5 期 |
| 37 | 巩县石窟寺 | 河南巩义 | 北魏 | 河南省文物研究所：《中国石窟·巩县石窟寺》，文物出版社 2012 年版 |
| 湖南省 | | | | |
| 1 | 慈利佛爷湾石窟 | 湖南慈利 | 不详 | 国家文物局：《中国文物地图集·湖南分册》，湖南地图出版社 1997 年版 |
| 2 | 永兴"侍郎坦"摩崖造像 | 湖南永兴 | 南梁 | 曹砚农：《湘南永兴县的南朝及历代重要摩崖石刻》，《中国文物报》2006 年 3 月 24 日 |
| 3 | 郴州石佛寺石窟 | 湖南郴州 | 元至正元年（1341 年） | 湖南省文物局：《湖南文化遗产图典》，岳麓书社 2008 年版 |
| 4 | 张家界峰泉洞石窟 | 湖南张家界 | 清乾隆年间 | 张辛欣：《湖南地区石窟摩崖造像调查与研究》，湖南大学硕士学位论文，2011 年 |
| 5 | 江永摩崖造像 | 湖南江永 | 宋元 | 张辛欣：《湖南地区石窟摩崖造像调查与研究》，湖南大学硕士学位论文，2011 年 |
| 6 | 嘉禾富寿庵摩崖造像 | 湖南嘉禾 | 明 | 张辛欣：《湖南地区石窟摩崖造像调查与研究》，湖南大学硕士学位论文，2011 年 |
| 湖北省 | | | | |
| 1 | 当阳玉泉铁塔地宫 | 湖北当阳 | 北宋嘉祐六年（1061 年） | 湖北省玉泉铁塔考古队：《湖北当阳玉泉铁塔塔基及地宫清理发掘简报》，《文物》1996 年第 10 期 |
| 2 | 来凤仙佛寺石窟造像 "咸康佛" | 湖北来凤 | 五代 | 阮璞：《来凤仙佛寺的五代石窟造像："咸康佛"》，《新美术》2009 年第 1 期 |
| 3 | 郧西罗汉寨石窟群 | 湖北郧西 | 南北朝、明 | 鲍欢：《郧西罗汉寨：藏在秦巴大山中的"莫高窟"》，《十堰晚报》2016 年 4 月 26 日 |
| 安徽省 | | | | |
| 1 | 亳县咸平寺北齐石刻造像碑 | 安徽亳州 | 北齐、北宋 | 韩自强：《安徽亳县咸平寺发现北齐石刻造像碑》，《文物》1980 年第 9 期 |

续表

| 序号 | 遗存名称 | 遗存地点 | 遗存年代 | 考古报告来源 |
|---|---|---|---|---|
| 2 | 潜山县宋代太平塔地宫 | 安徽潜山 | 宋 | 汪宗武：《安徽潜山县宋代太平塔地宫的清理》，《考古》2004 年第 5 期 |
| 3 | 巢湖市王乔洞佛教摩崖造像 | 安徽巢湖 | 南朝至宋 | 南京师范大学文博系、安徽省巢湖市文管所：《安徽巢湖市王乔洞佛教摩崖的调查与研究》，《东南文化》2008 年第 6 期 |
| | | | 江西省 | |
| 1 | 永修云山真如寺僧塔地宫 | 江西永修 | 北宋嘉祐四年(1059 年) | 吴圣林、魏华东：《江西永修县云山真如寺僧塔地宫出土的文物》，《江西文物》1989 年第 3 期 |
| 2 | 南岩石窟 | 江西弋阳 | 宋 | 徐长青、吴海生、翁志强：《南岩禅寺与南岩石窟》，《南方文物》2005 年第 2 期 |
| 3 | 大余宋代嘉祐寺 | 江西大余 | 宋 | 苏晓春、雷鸣鸿：《江西大余县宋代嘉祐寺塔被盗地宫出土文物》，《南方文物》2017 年第 4 期 |
| | | | 佛教美术考古西部地区 | |
| | | | 甘肃省 | |
| 1 | 天水麦积山石窟 | 甘肃天水 | 后秦至宋代 | 冯国瑞：《天水麦积石窟介绍》，《文物参考资料》1951 年第 10 期 |
| 2 | 炳灵寺石窟 | 甘肃永靖 | 魏、唐、明 | 《炳灵寺石窟编号及其内容》，《文物参考资料》1953 年第 1 期 |
| 3 | 敦煌千佛洞洞窟 | 甘肃敦煌 | 晚唐、五代 | 《敦煌千佛洞新发现的洞窟内容调查》，《文物参考资料》1953 年第 12 期 |
| 4 | 西千佛洞 | 甘肃敦煌 | 北魏至西夏 | 敦煌文物研究所：《西千佛洞的初步勘查》，《文物参考资料》1953 年第 Z1 期 |
| 5 | 天梯山石窟 | 甘肃武威 | 北凉至晚唐 | 史岩：《凉州天梯山石窟的现存状况和保存问题》，《文物参考资料》1955 年第 2 期 |
| 6 | 敦煌第 285 窟 | 甘肃敦煌 | 西魏 | 宿白：《参观敦煌第 285 号窟札记》，《文物参考资料》1956 年第 2 期 |
| 7 | 文殊山石窟 | 甘肃肃南 | 北魏至西夏 | 史岩：《酒泉文殊山的石窟寺院遗迹》，《文物参考资料》1956 年第 7 期 |
| 8 | 榆林窟 | 甘肃瓜州 | 唐、五代、宋、西夏、元、清 | 敦煌文物研究所：《安西榆林窟勘查简报》，《文物参考资料》1956 年第 10 期 |
| 9 | 北石窟寺 | 甘肃庆阳 | 北魏 | 邓健吾：《庆阳寺沟石窟"佛洞"介绍》，《文物》1963 年第 7 期 |

| 序号 | 遗存名称 | 遗存地点 | 遗存年代 | 考古报告来源 |
|---|---|---|---|---|
| 10 | 昌马石窟 | 甘肃酒泉 | 十六国时期 | 甘肃省文物工作队：《马蹄寺、文殊山、昌马诸石窟调查简报》，《文物》1965年第3期 |
| 11 | 麦积山新通洞窟 | 甘肃天水 | 北魏、北周 | 麦积山文物保管所：《麦积山石窟的新通洞窟》，《文物》1972年第12期 |
| 12 | 莫高窟第220窟新发现壁画 | 甘肃敦煌 | 贞观十六年（642年） | 敦煌文物研究所：《莫高窟第220窟新发现的复壁壁画》，《文物》1978年第12期 |
| 13 | 南石窟寺 | 甘肃泾川 | 北魏 | 马化龙：《丝绸之路东段的几处佛教石窟——泾川王母宫与南、北石窟寺考察》，《西北师大学报（社会科学版）》1983年第4期 |
| 14 | 泾川王母宫石窟 | 甘肃泾川 | 北魏 | 甘肃省博物馆：《甘肃泾川王母宫石窟调查报告》，《考古》1984年第7期 |
| 15 | 武山水帘洞石窟群 | 甘肃武山 | 北周、五代、宋、明 | 董玉祥、藏志军：《甘肃武山水帘洞石窟群》，《文物》1985年第5期 |
| 16 | 甘谷大像山石窟 | 甘肃甘谷 | 北魏至盛唐 | 李亚太：《甘肃甘谷大像山石窟》，《文物》1991年第1期 |
| 17 | 东千佛洞 | 甘肃瓜州 | 西夏、元、清 | 王惠民：《安西东千佛洞内容总录》，《敦煌研究》1994年第1期 |
| 18 | 肃北五个庙石窟 | 甘肃肃北 | 北周 | 王惠民：《肃北五个庙石窟内容总录》，《敦煌研究》1994年第1期 |
| 19 | 马蹄寺石窟群 | 甘肃肃南 | 北朝至明 | 姚桂兰、格桑美卓：《张掖马蹄寺石窟群内容总录》，《敦煌学辑刊》1995年第2期 |
| 20 | 旱峡石窟 | 甘肃瓜州 | 北朝 | 李春元：《安西旱峡石窟》，《敦煌研究》1996年第2期 |
| 21 | 庄浪云崖寺石窟 | 甘肃庄浪 | 北魏至清 | 程晓钟：《庄浪云崖寺石窟内容总录》，《敦煌研究》1998年第1期 |
| 22 | 敦煌莫高窟北区洞窟 | 甘肃敦煌 | 北朝、西夏、元 | 彭金章、沙武田：《敦煌莫高窟北区洞窟清理发掘简报》，《文物》1998年第10期 |
| 23 | 炳灵上寺 | 甘肃永靖 | 唐、明、清 | 王亨通：《炳灵上寺调查记》，《敦煌研究》2001年第1期 |
| 24 | 麦积山石窟西崖东中下三区部分 | 甘肃天水 | 后秦至元 | 项一峰：《麦积山石窟内容总录西崖东中下三区部分》，《敦煌学辑刊》2001年第1期 |
| 25 | 麦积山石窟93窟 | 甘肃天水 | 北魏 | 蒲小珊：《麦积山第93窟考察》，《敦煌学辑刊》2003年第2期 |

| 序号 | 遗存名称 | 遗存地点 | 遗存年代 | 考古报告来源 |
|---|---|---|---|---|
| 26 | 炳灵寺 1、90、133 窟 | 甘肃永靖 | 西秦至明清 | 张宝玺:《炳灵寺第 1、90、133 窟的清理与研究》,《敦煌研究》2003 年第 4 期 |
| 27 | 麦积山王子洞窟区 | 甘肃天水 | 西魏、北周 | 麦积山石窟艺术研究所:《麦积山王子洞窟区调查简报》,《敦煌研究》2003 年第 6 期 |
| 28 | 莫高窟 | 甘肃敦煌 | 前秦至元 | 敦煌文物研究所:《敦煌莫高窟内容总录》,文物出版社 1982 年版 |
| 29 | 陇南八峰崖石窟 | 甘肃西和 | 隋、唐 | 王百岁:《陇南八峰崖石窟内容总录》,《敦煌学辑刊》2005 年第 4 期 |
| 30 | 庄浪释迦院塔地宫 | 甘肃庄浪 | 北宋 | 平凉市文化局、平凉市博物馆、庄浪县博物馆、崇信县博物馆:《甘肃庄浪释迦院塔地宫清理简报》,《陇右文博》2006 年第 1 期 |
| 31 | 华亭石拱寺石窟 | 甘肃华亭 | 北魏至隋 | 魏文斌:《甘肃华亭石拱寺石窟调查简报》,《敦煌研究》2007 年第 3 期 |
| 32 | 陇南法镜寺石窟 | 甘肃西和 | 北魏 | 孙晓峰:《甘肃陇南几处中小石窟调查简报》,《敦煌研究》2008 年第 2 期 |
| 33 | 陇南佛爷台石窟 | 甘肃徽县 | 隋、唐 | 孙晓峰:《甘肃陇南几处中小石窟调查简报》,《敦煌研究》2008 年第 2 期 |
| 34 | 陇南广佛寺石窟 | 甘肃徽县 | 明、清 | 孙晓峰:《甘肃陇南几处中小石窟调查简报》,《敦煌研究》2008 年第 2 期 |
| 35 | 武山木梯寺石窟 | 甘肃武山 | 唐至民国 | 孙晓峰、臧全红:《甘肃武山木梯寺石窟调查简报》,《敦煌研究》2008 年第 1 期 |
| 36 | 庄浪朱林寺石窟 | 甘肃庄浪 | 北魏、宋、元 | 董广强:《庄浪云崖寺等石窟的调查简报》,《敦煌研究》2008 年第 3 期 |
| 37 | 庄浪大寺石窟 | 甘肃庄浪 | 北周、明 | 董广强:《庄浪云崖寺等石窟的调查简报》,《敦煌研究》2008 年第 3 期 |
| 38 | 庄浪红崖寺石窟 | 甘肃庄浪 | 明 | 董广强:《庄浪云崖寺等石窟的调查简报》,《敦煌研究》2008 年第 3 期 |
| 39 | 庄浪佛沟石窟 | 甘肃庄浪 | 北魏、明 | 董广强:《庄浪云崖寺等石窟的调查简报》,《敦煌研究》2008 年第 3 期 |
| 40 | 庄浪陈家洞石窟 | 甘肃庄浪 | 北魏、金、明 | 董广强:《庄浪云崖寺等石窟的调查简报》,《敦煌研究》2008 年第 3 期 |
| 41 | 合水李家庄石窟 | 甘肃合水 | 宋、金 | 臧全红、董广强:《甘肃省合水县几处晚期石窟调查简报》,《敦煌研究》2009 年第 5 期 |

续表

| 序号 | 遗存名称 | 遗存地点 | 遗存年代 | 考古报告来源 |
|---|---|---|---|---|
| 42 | 合水牛十万沟石窟 | 甘肃合水 | 宋、金 | 臧全红、董广强：《甘肃省合水县几处晚期石窟调查简报》，《敦煌研究》2009 年第 5 期 |
| 43 | 合水瓦窑背石窟 | 甘肃合水 | 宋、金 | 臧全红、董广强：《甘肃省合水县几处晚期石窟调查简报》，《敦煌研究》2009 年第 5 期 |
| 44 | 合水安定寺石窟 | 甘肃合水 | 金 | 董广强、魏文斌：《甘肃合水安定寺石窟调查简报》，《敦煌研究》2010 年第 4 期 |
| 45 | 合水保全寺石窟 | 甘肃合水 | 北魏 | 郑国穆、魏文斌：《甘肃合水保全寺石窟调查简报》，《石窟寺研究》2011 年第 1 期 |
| 46 | 合水莲花寺石窟 | 甘肃合水 | 唐、宋 | 孙晓峰、臧全红：《甘肃合水县莲花寺石窟调查简报》，《敦煌研究》2011 年第 3 期 |
| 47 | 西和佛孔石窟 | 甘肃西和 | 明 | 王百岁：《甘肃西和佛孔石窟调查与研究》，《敦煌学辑刊》2012 年第 3 期 |
| 48 | 东乡红塔寺石窟 | 甘肃东乡 | 明、清 | 胡同庆：《试探东乡县红塔寺石窟的艺术特点》，《敦煌研究》2013 年第 6 期 |
| 49 | 成县大云寺石窟 | 甘肃成县 | 北朝至隋唐 | 王百岁：《成县大云寺石窟调查与研究》，《天水师范学院学报》2014 年第 4 期 |
| 50 | 秦安迦叶寺石窟 | 甘肃秦安 | 唐 | 张铭、魏文斌：《甘肃秦安迦叶寺遗址调查报告》，《敦煌研究》2015 年第 6 期 |
| 51 | 徽县竹林寺石窟 | 甘肃徽县 | 北魏早期 | 王百岁：《徽县竹林寺石窟调查与研究》，《甘肃高师学报》2016 年第 1 期 |
| 52 | 武威金刚亥母鎏金铜像 | 甘肃武威 | 西夏 | 黎大祥：《武威西夏亥母洞石窟寺与金刚亥母鎏金铜造像》，《西夏学》2016 年第 2 期 |
| 53 | 张掖大佛寺金塔殿传世及地宫出土文物 | 甘肃张掖 | 唐、元、明 | 郑晓春：《张掖大佛寺金塔殿传世及地宫出土文物赏析》，《文物鉴定与鉴赏》2016 年第 2 期 |
| 54 | 民乐童子寺石窟 | 甘肃民乐 | 十六国时期至清 | 丁德天、焦成：《甘肃省民乐县童子寺石窟内容总录》，《敦煌研究》2016 年第 3 期 |
| 55 | 泾川佛教遗址 | 甘肃泾川 | 北魏至宋代 | 甘肃省文物考古研究所、甘肃省泾川县博物馆：《甘肃泾川佛教遗址 2013 年发掘简报》，《文物》2016 年第 4 期 |
| 56 | 镇原田园子石窟 | 甘肃镇原 | 北魏 | 郑国穆：《甘肃镇原北魏田园子石窟发掘纪实》，《大众考古》2017 年第 9 期 |
| 57 | 成县甸山石窟 | 甘肃成县 | 清 | 王百岁：《甘肃省成县甸山石窟调查与研究》，《东方论坛》2018 年第 1 期 |

续表

| 序号 | 遗存名称 | 遗存地点 | 遗存年代 | 考古报告来源 |
|---|---|---|---|---|
| 58 | 肃南皇城大湖滩石佛崖石窟 | 甘肃肃南 | 唐 | 敦煌研究院考古研究所、肃南裕固族自治县文物局：《肃南皇城大湖滩石佛崖石窟调查简报》,《敦煌研究》2018 年第 4 期 |
| 59 | 成县五仙洞石窟 | 甘肃成县 | 唐、宋 | 王百岁：《甘肃省成县五仙洞石窟与南宋禅宗》,《宗教学研究》2019 年第 1 期 |
| 新疆维吾尔自治区 | | | | |
| 1 | 拜城克孜尔石窟 | 新疆拜城 | 始建于 3—9 世纪以前 | 王子云：《新疆拜城赫色尔石窟》,《文物参考资料》1955 年第 2 期;杨芊:《克孜尔千佛洞》,《文物》1979 年第 2 期 |
| 2 | 森木塞姆石窟 | 新疆库车 | 4 世纪 | 阎文儒：《新疆天山以南的石窟》,《文物》1962 年第 7、8 期 |
| 3 | 玛扎伯哈石窟 | 新疆库车 | 3—9 世纪 | 阎文儒：《新疆天山以南的石窟》,《文物》1962 年第 7、8 期 |
| 4 | 克子喀拉罕石窟 | 新疆库车 | 3—4 世纪 | 阎文儒：《新疆天山以南的石窟》,《文物》1962 年第 7、8 期 |
| 5 | 库木吐喇石窟 | 新疆库车 | 4—10 世纪 | 阎文儒：《新疆天山以南的石窟》,《文物》1962 年第 7、8 期 |
| 6 | 焉耆七格星明屋与石窟 | 新疆焉耆 | 3—8 世纪 | 阎文儒：《新疆天山以南的石窟》,《文物》1962 年第 7、8 期 |
| 7 | 柏孜克里克石窟 | 新疆吐鲁番 | 麴氏高昌时期 | 阎文儒：《新疆天山以南的石窟》,《文物》1962 年第 7、8 期 |
| 8 | 胜金口寺院遗址 | 新疆鄯善 | 唐西周至高昌回鹘时期 | 阎文儒：《新疆天山以南的石窟》,《文物》1962 年第 7、8 期 |
| 9 | 雅尔湖石窟 | 新疆吐鲁番 | 高昌回鹘时期 | 阎文儒：《新疆天山以南的石窟》,《文物》1962 年第 7、8 期 |
| 10 | 吉木萨尔高昌回鹘佛寺遗址 | 新疆吉木萨尔 | 高昌回鹘时期 | 中国社会科学院考古研究所新疆工作队：《新疆吉木萨尔高昌回鹘佛寺遗址》,《考古》1983 年第 7 期 |
| 11 | 克孜尔新 1 号窟 | 新疆拜城 | 5—6 世纪 | 朱英荣：《新疆拜城克孜尔千佛洞新 1 号窟》,《文物》1984 年第 12 期 |
| 12 | 库木吐喇新发现洞窟 | 新疆库车 | 5—9 世纪 | 梁志祥、丁明夷：《新疆库木吐喇石窟新发现的几处洞窟》,《文物》1985 年第 5 期 |
| 13 | 吐鲁番奇康湖石窟 | 新疆吐鲁番 | 6—11 世纪 | 侯世新：《吐鲁番奇康湖石窟探析》,《敦煌研究》2008 年第 5 期 |

| 序号 | 遗存名称 | 遗存地点 | 遗存年代 | 考古报告来源 |
|---|---|---|---|---|
| 14 | 哈密庙尔沟石窟 | 新疆哈密 | 7—12 世纪 | 西北大学丝绸之路文化遗产与考古学研究中心、新疆维吾尔自治区哈密地区文物局、新疆生产建设兵团农十三师黄田农场：《新疆哈密庙尔沟佛寺遗址考古调查报告》，《西部考古》2011 年第 0 期 |
| 15 | 鄯善吐峪沟石窟 | 新疆鄯善 | 5 世纪 | 中国社会科学院考古研究所边疆民族考古研究室、吐鲁番学研究院、龟兹研究院：《新疆鄯善县吐峪沟东区北侧石窟发掘简报》，《考古》2012 年第 1 期 |
| 16 | 拜城亦狭克沟石窟 | 新疆拜城 | 6—8 世纪 | 新疆龟兹研究院、中国人民大学国学院西域历史语言研究所、北京大学中国古代史研究中心：《新疆拜城亦狭克沟石窟调查简报》，《文物》2013 年第 12 期 |
| 宁夏回族自治区 | | | | |
| 1 | 须弥山圆光寺石窟 | 宁夏固原 | 北魏至明 | 朱希元：《宁夏须弥山圆光寺石窟》，《文物》1961 年第 2 期 |
| 2 | 彭阳红河乡石造像 | 宁夏彭阳 | 北魏 | 杨明：《宁夏彭阳红河乡出土一批石造像》，《文物》1993 年第 12 期 |
| 3 | 昆峰寺石窟 | 宁夏固原 | 北魏至明 | 胡永祥：《原州石窟略叙》，《社科纵横（新理论版）》2013 年第 2 期 |
| 4 | 兴龙寺石窟 | 宁夏固原 | 北魏至明 | 胡永祥：《原州石窟略叙》，《社科纵横（新理论版）》2013 年第 2 期 |
| 5 | 张易北石窟 | 宁夏固原 | 唐、宋 | 胡永祥：《原州石窟略叙》，《社科纵横（新理论版）》2013 年第 2 期 |
| 6 | 张易南石窟 | 宁夏固原 | 唐、宋 | 胡永祥：《原州石窟略叙》，《社科纵横（新理论版）》2013 年第 2 期 |
| 7 | 新集公社北魏佛造像 | 宁夏彭阳 | 北魏 | 海梅：《彭阳县境内佛雕造像与佛教石窟寺述略》，《社科纵横（新理论版）》2013 年第 3 期 |
| 8 | 常湾摩崖造像 | 宁夏彭阳 | 北魏 | 海梅：《彭阳县境内佛雕造像与佛教石窟寺述略》，《社科纵横（新理论版）》2013 年第 3 期 |
| 9 | 无量山石窟 | 宁夏彭阳 | 北宋 | 海梅：《彭阳县境内佛雕造像与佛教石窟寺述略》，《社科纵横（新理论版）》2013 年第 3 期 |
| 10 | 禅塔山石窟 | 宁夏固原 | 北魏 | 韩有成：《宁夏原州区禅塔山石窟调查报告》，《敦煌研究》2015 年第 3 期 |

续表

| 序号 | 遗存名称 | 遗存地点 | 遗存年代 | 考古报告来源 |
|---|---|---|---|---|
| 11 | 山嘴沟石窟 | 宁夏银川 | 西夏至明 | 刘永增:《宁夏、内蒙古、甘肃陇东石窟考察记》,《西夏学》2016 年第 2 期 |

青海省

| 序号 | 遗存名称 | 遗存地点 | 遗存年代 | 考古报告来源 |
|---|---|---|---|---|
| 1 | 乐都瞿昙寺 | 青海乐都 | 明 | 张驭寰、杜仙洲:《青海乐都瞿昙寺调查报告》,《文物》1964 年第 5 期 |
| 2 | 玉树贝纳沟石刻 | 青海玉树 | 唐 | 汤惠生:《青海玉树地区唐代佛教摩崖考述》,《中国藏学》1998 年第 1 期 |
| 3 | 玉树勒巴沟石刻 | 青海玉树 | 唐 | 汤惠生:《青海玉树地区唐代佛教摩崖考述》,《中国藏学》1998 年第 1 期 |
| 4 | 门源岗龙石窟 | 青海门源 | 西夏 | 许新国:《青海门源岗龙石窟的年代与族属》,《青海民族大学学报(社会科学版)》2010 年第 4 期 |
| 5 | 化隆旦斗岩窟壁画 | 青海化隆 | 北魏、西夏 | 伯果:《青海化隆旦斗岩窟壁画初步调查》,《考古与文物》2014 年第 2 期 |
| 6 | 都兰鲁丝沟摩崖造像 | 青海都兰 | 明、清 | 于春、席琳:《守望千年:青海都兰县鲁丝沟摩崖造像调查记》,《大众考古》2016 年第 8 期 |

内蒙古自治区

| 序号 | 遗存名称 | 遗存地点 | 遗存年代 | 考古报告来源 |
|---|---|---|---|---|
| 1 | 巴林左旗前后昭庙辽代石窟 | 内蒙古巴林左旗 | 辽 | 李逸友:《内蒙古巴林左旗前后昭庙的辽代石窟》,《文物》1961 年第 12 期 |
| 2 | 石佛山辽代石刻 | 内蒙古赤峰 | 辽 | 项春松:《赤峰市郊石佛山发现辽大康七年石刻》,《考古》1986 年第 7 期 |
| 3 | 鄂托克旗阿尔寨石窟 | 内蒙古鄂托克旗 | 西夏至元 | 丹森、布仁巴图、巴图吉日嘎拉:《阿尔寨石窟佛教文化遗址概述》,《内蒙古社会科学》1991 年第 3 期 |

佛教美术考古西南地区

四川省

| 序号 | 遗存名称 | 遗存地点 | 遗存年代 | 考古报告来源 |
|---|---|---|---|---|
| 1 | 阆中永安寺元代大殿及壁画塑像 | 四川阆中 | 元 | 陶鸣宽、江学礼、曹恒钧:《四川阆中永安寺元代大殿及其壁画塑像》,《文物参考资料》1955 年第 12 期 |
| 2 | 仁寿望峨台摩崖造像 | 四川仁寿 | 唐 | 吴觉非:《四川仁寿望峨台的摩崖造像》,《文物参考资料》1957 年第 10 期 |
| 3 | 通江摩岩造像群 | 四川通江 | 唐 | 陶鸣宽:《通江县的摩岩造像》,《文物参考资料》1957 年第 11 期 |

| 序号 | 遗存名称 | 遗存地点 | 遗存年代 | 考古报告来源 |
|---|---|---|---|---|
| 4 | 邛崃龙兴寺造像 | 四川邛崃 | 唐 | 邓佐平：《四川邛崃县出土的唐灯台及其他》，《考古通讯》1957 年第 5 期 |
| 5 | 峨眉山圣寿万年寺普贤铜像 | 四川峨眉山 | 北宋 | 李显文：《峨眉山圣寿万年寺铜铁佛像》，《文物》1981 年第 3 期 |
| 6 | 新津九莲山观音寺壁画和塑像 | 四川成都 | 明 | 艾世远、邹挺：《新津九莲山观音寺壁画和塑像》，《文物》1982 年第 1 期 |
| 7 | 灵岩山唐代石刻佛经 | 四川都江堰 | 唐 | 胡文和：《灌县灵岩山唐代石经》，《四川文物》1984 年第 2 期 |
| 8 | 邛崃石塔寺舍利塔 | 四川邛崃 | 南宋 | 罗哲文：《石塔寺释迦如来真身宝塔》，《四川文物》1984 年第 4 期 |
| 9 | 玉龙寺石刻 | 四川泸州 | 清 | 冯仁杰：《泸县玉龙寺石刻》，《四川文物》1984 年第 4 期 |
| 10 | 荣县大佛 | 四川荣县 | 唐 | 黄伯厚：《荣县大佛》，《四川文物》1984 年第 2 期 |
| 11 | 南充白塔 | 四川南充 | 北宋 | 王积厚：《南充白塔》，《四川文物》1985 年第 1 期 |
| 12 | 德阳孝泉延祚寺元代砖塔 | 四川德阳 | 元 | 朱小南：《德阳孝泉延祚寺元代砖塔》，《四川文物》1985 年第 1 期 |
| 13 | 剑阁觉苑寺 | 四川剑阁 | 明 | 黄邦红：《觉苑寺壁画及塑像》，《四川文物》1985 年第 2 期 |
| 14 | 玉蟾山摩岩造像 | 四川泸县 | 明 | 冯仁杰：《泸县玉蟾山摩岩造像》，《四川文物》1985 年第 2 期 |
| 15 | 泸州报恩塔 | 四川泸州 | 南宋绍兴十八年(1148 年) | 程思远：《泸州报恩塔》，《四川文物》1985 年第 2 期 |
| 16 | 蒲江飞仙阁摩崖造像 | 四川蒲江 | 唐 | 莫洪贵：《蒲江县飞仙阁摩崖造像》，《四川文物》1985 年第 3 期 |
| 17 | 广安白塔 | 四川广安 | 南宋 | 李明高：《广安白塔》，《四川文物》1985 年第 4 期 |
| 18 | 彭州三昧水千佛崖摩崖造像 | 四川彭州 | 唐 | 林向：《天彭文物考察散记》，《四川文物》1986 年第 3 期 |
| 19 | 禹迹山摩崖造像 | 四川南部 | 宋 | 王积厚：《禹迹山摩崖造像》，《四川文物》1986 年第 4 期 |

续表

| 序号 | 遗存名称 | 遗存地点 | 遗存年代 | 考古报告来源 |
|---|---|---|---|---|
| 20 | 丹棱郑山刘嘴摩崖造像 | 四川丹棱 | 唐 | 王熙祥：《丹棱郑山——刘嘴大石包造像》，《四川文物》1987 年第 3 期 |
| 21 | 西昌元代梵文石碑 | 四川西昌 | 元至正三十年(1370 年) | 黄承宗：《西昌发现元代梵文石碑》，《文物》1987 年第 2 期 |
| 22 | 巴中水宁寺摩崖造像 | 四川巴中 | 唐 | 四川省文物管理委员会、巴中县文物管理所：《四川巴中水宁寺唐代摩崖造像》，《文物》1988 年第 8 期 |
| 23 | 夹江牛仙寺摩崖造像 | 四川夹江 | 唐 | 周杰华：《夹江新发现的唐代摩崖造像》，《四川文物》1988 年第 2 期 |
| 24 | 峨眉山伏虎寺华严铜塔 | 四川峨眉山 | 明 | 陈述舟：《峨眉山伏虎寺及其铜塔》，《四川文物》1988 年第 2 期 |
| 25 | 邛崃鎏金铜造像窖藏 | 四川邛崃 | 唐 | 何小伟：《邛崃县发现鎏金铜造像窖藏》，《四川文物》1988 年第 4 期 |
| 26 | 内江清溪摩崖造像 | 四川内江 | 唐、宋 | 高小宾、雷建金：《内江清溪摩崖造像与古清溪县治》，《四川文物》1988 年第 4 期 |
| 27 | 大像山摩崖造像 | 四川阆中 | 唐、宋 | 王积厚：《大像山摩崖造像及石刻题记》，《四川文物》1989 年第 1 期 |
| 28 | 千佛寨摩崖造像 | 四川安岳 | 唐、宋 | 唐承义：《千佛寨摩崖造像》，《四川文物》1989 年第 2 期 |
| 29 | 资中重龙山摩崖造像 | 四川资中 | 唐、宋 | 王熙祥、曾德仁：《资中重龙山摩崖造像内容总录》，《四川文物》1989 年第 3 期 |
| 30 | 新开寺摩崖造像 | 四川蓬溪 | 唐 | 邓鸿钧：《新开寺唐代摩崖造像初探》，《四川文物》1989 年第 5 期 |
| 31 | 简阳圣德寺白塔 | 四川简阳 | 南宋 | 方建国：《简阳县宋代白塔》，《四川文物》1989 年第 5 期 |
| 32 | 广元千佛崖石窟 | 四川广元 | 北魏至唐 | 广元市文物管理所、中国社会科学院宗教所佛教室：《广元千佛崖石窟调查记》，《文物》1990 年第 6 期 |
| 33 | 宜宾旧州白塔 | 四川宜宾 | 北宋 | 艾永奇：《宜宾旧州塔》，《四川文物》1990 年第 2 期 |
| 34 | 仁寿牛角寨摩崖造像 | 四川仁寿 | 唐 | 邓仲元、高俊英：《仁寿县牛角寨摩崖造像》，《四川文物》1990 年第 5 期 |
| 35 | 宜宾丹山碧水摩崖造像 | 四川宜宾 | 唐至清 | 熊俊海：《宜宾市丹山碧水摩崖造像》，《四川文物》1990 年第 1 期 |

| 序号 | 遗存名称 | 遗存地点 | 遗存年代 | 考古报告来源 |
|---|---|---|---|---|
| 36 | 三台琴泉寺摩崖造像 | 四川三台 | 唐 | 景竹友：《三台琴泉寺》，《四川文物》1991年第3期 |
| 37 | 夹江千佛岩摩崖造像 | 四川夹江 | 唐 | 王熙祥、曾德仁：《四川夹江千佛岩摩崖造像》，《文物》1992年第2期 |
| 38 | 茂汶南齐永明造像碑 | 四川茂县 | 南齐永明元年(483年) | 袁曙光：《四川茂汶南齐永明造像碑及有关问题》，《文物》1992年第2期 |
| 39 | 遂宁毗卢寺摩崖造像 | 四川遂宁 | 宋 | 彭高泉：《遂宁毗卢寺》，《四川文物》1992年第5期 |
| 40 | 屏山八仙山大佛 | 四川屏山 | 明 | 杨宁：《屏山八仙山大佛》，《四川文物》1993年第1期 |
| 41 | 遂宁摩崖造像群 | 四川遂宁 | 唐代至民国 | 彭高泉：《遂宁摩崖造像艺术简述》，《四川文物》1993年第2期 |
| 42 | 资阳半月山大佛 | 四川资阳 | 唐 | 王庆煜：《资阳县半月山大佛》，《四川文物》1993年第4期 |
| 43 | 安岳华严洞石窟 | 四川安岳 | 宋 | 李官智：《安岳华严洞石窟》，《四川文物》1994年第3期 |
| 44 | 安岳毗卢洞石窟 | 四川安岳 | 宋 | 曹丹、赵昑：《安岳毗卢洞石窟调查研究》，《四川文物》1994年第3期 |
| 45 | 仁寿摩崖造像群 | 四川仁寿 | 唐 | 高俊英、邹毅：《仁寿龙桥乡唐代石窟造像》，《四川文物》1994年第1期 |
| 46 | 内江圣水寺摩崖造像 | 四川内江 | 唐、五代 | 雷建金：《内江圣水寺》，《四川文物》1994年第2期 |
| 47 | 内江般若寺摩崖造像 | 四川内江 | 唐至清 | 雷建金、罗仁忠：《内江般若寺与丈雪禅师》，《四川文物》1995年第1期 |
| 48 | 蒲江长秋山摩崖造像群 | 四川蒲江 | 唐至清 | 刘新生：《蒲江县长秋山摩崖造像调查》，《四川文物》1995年第2期 |
| 49 | 遂宁梵慧寺摩崖造像 | 四川遂宁 | 唐 | 彭高泉、庄文彬、刘书林：《遂宁梵慧寺摩崖造像》，《四川文物》1995年第3期 |
| 50 | 巴中西龛石窟 | 四川巴中 | 隋、唐 | 巴中市文物管理所：《巴中西龛石窟调查记》，《文物》1996年第3期 |
| 51 | 邻水千佛崖造像 | 四川邻水 | 唐 | 田华明：《千佛崖造像》，《四川文物》1996年第1期 |

续表

| 序号 | 遗存名称 | 遗存地点 | 遗存年代 | 考古报告来源 |
|---|---|---|---|---|
| 52 | 上寺梵天院明代壁画 | 四川剑阁 | 明 | 蔡运生：《上寺梵天院及其明代壁画》，《四川文物》1996 年第 3 期 |
| 53 | 宜宾大佛沱摩崖造像 | 四川宜宾 | 唐、宋 | 丁天锡：《宜宾市大佛沱唐宋摩崖造像》，《四川文物》1996 年第 4 期 |
| 54 | 广安冲相寺摩崖造像 | 四川广安 | 隋、唐 | 刘敏：《广安冲相寺摩崖造像及石刻调查纪要》，《四川文物》1997 年第 3 期 |
| 55 | 安岳卧佛院石窟 | 四川安岳 | 唐、宋 | 李良、邓之金：《安岳卧佛院窟群总目》，《四川文物》1997 年第 4 期 |
| 56 | 梓潼西岩寺摩岩造像 | 四川梓潼 | 唐、民国 | 仇世增：《梓潼西岩寺摩岩造像》，《四川文物》1998 年第 1 期 |
| 57 | 成都西安路南朝石刻造像 | 四川成都 | 南朝 | 成都市文物考古工作队、成都市文物考古研究所：《成都市西安路南朝石刻造像清理简报》，《文物》1998 年第 11 期 |
| 58 | 乐山明代大肚弥勒佛摩崖造像 | 四川乐山 | 明 | 帅秉龙：《乐山发现明代大肚弥勒佛摩崖造像》，《四川文物》1999 年第 1 期 |
| 59 | 仁寿能仁寺摩崖造像 | 四川仁寿 | 唐、宋 | 叶晓莉：《仁寿能仁寺摩崖造像》，《四川文物》1999 年第 5 期 |
| 60 | 绵阳北山院摩崖造像 | 四川绵阳 | 唐、五代 | 刘佳丽：《绵阳北山院摩崖造像述略》，《四川文物》2000 年第 6 期 |
| 61 | 三台东山摩崖造像 | 四川三台 | 唐 | 景竹友：《三台东山摩崖造像与唐东移涪江查考》，《四川文物》2000 年第 6 期 |
| 62 | 雅安明代石雕群像 | 四川雅安 | 明 | 赵彤：《雅安发现明代大型石雕群像》，《四川文物》2000 年第 1 期 |
| 63 | 仁寿冒水村大佛沟摩崖造像 | 四川仁寿 | 宋、清 | 王德友、瞿小琴：《仁寿县发现"世尊讲法图"造像》，《四川文物》2001 年第 4 期 |
| 64 | 成都商业街南朝石刻造像 | 四川成都 | 南朝 | 张肖马、雷玉华：《成都市商业街南朝石刻造像》，《文物》2001 年第 10 期 |
| 65 | 四川省博物馆藏万佛寺石刻造像 | 四川成都 | 南朝至唐 | 袁曙光：《四川省博物馆藏万佛寺石刻造像整理简报》，《文物》2001 年第 10 期 |
| 66 | 四川大学博物馆收藏的两尊南朝石刻造像 | 四川成都 | 南朝 | 霍巍：《四川大学博物馆收藏的两尊南朝石刻造像》，《文物》2001 年第 10 期 |

| 序号 | 遗存名称 | 遗存地点 | 遗存年代 | 考古报告来源 |
|---|---|---|---|---|
| 67 | 巴中石窟群 | 四川巴中 | 隋、唐 | 巴中文管所、成都市文物考古研究所、北京大学考古文博学院：《巴中石窟调查简报》，《成都考古发现》2000 年第 0 期 |
| 68 | 广元观音岩摩崖造像 | 四川广元 | 唐 | 广元市文物管理所：《广元观音岩石窟调查记》，《四川文物》2002 年第 3 期 |
| 69 | 广元苍溪阳岳寺摩崖石刻造像 | 四川苍溪 | 唐 | 广元皇泽寺博物馆、成都市文物考古研究所：《广元苍溪阳岳寺摩崖石刻造像调查简报》，《成都考古发现》2001 年第 0 期 |
| 70 | 广元剑阁横梁子摩崖石刻造像 | 四川剑阁 | 唐 | 广元皇泽寺博物馆、成都市文物考古研究所：《广元剑阁横梁子摩崖石刻造像调查简报》，见成都市文物考古研究所编著《成都考古发现(2001)》，科学出版社 2003 年版 |
| 71 | 广元普济镇佛爷洞摩崖石刻造像 | 四川普济 | 唐 | 广元皇泽寺博物馆、成都市文物考古研究所：《广元普济镇佛爷洞摩崖石刻造像调查简报》，见成都市文物考古研究所编著《成都考古发现(2001)》，科学出版社 2003 年版 |
| 72 | 广元旺苍县木门寺摩崖石刻造像 | 四川苍溪 | 唐 | 广元皇泽寺博物馆、成都市文物考古研究所：《广元旺苍县木门寺摩崖石刻调查简报》，见成都市文物考古研究所编著《成都考古发现(2001)》，科学出版社 2003 年版 |
| 73 | 乐山小道士观摩崖造像 | 四川乐山 | 唐 | 唐长寿：《乐山小道士观摩崖造像》，《敦煌研究》2003 年第 3 期 |
| 74 | 彭州龙兴寺石刻造像 | 四川彭州 | 南朝至唐 | 彭州市博物馆、成都市文物考古研究所：《四川彭州龙兴寺出土造像》，《文物》2003 年第 9 期 |
| 75 | 安岳灵游院摩崖石刻造像 | 四川安岳 | 五代至清 | 安岳县文物局、成都市文物考古研究所：《安岳县灵游院摩崖石刻造像调查简报》，《成都考古发现》2002 年第 0 期 |
| 76 | 蒲江佛尔湾摩崖石刻造像 | 四川蒲江 | 唐 | 四川大学艺术学院、成都市文物考古研究所、日本早稻田大学文学部：《蒲江佛尔湾摩崖石刻造像调查简报》，《成都考古发现》2002 年第 0 期 |
| 77 | 蒲江龙拖湾摩崖石刻造像 | 四川蒲江 | 唐 | 成都市又物考古研究所、四川大学艺术学院、早稻田大学文学部：《蒲江龙拖湾摩崖石刻造像调查简报》，《成都考古发现》2002 年第 0 期 |

| 序号 | 遗存名称 | 遗存地点 | 遗存年代 | 考古报告来源 |
|---|---|---|---|---|
| 78 | 广元皇泽寺石窟 | 四川广元 | 北魏至唐 | 广元市文物管理所、成都市文物考古研究所、北京大学考古文博学院：《广元皇泽寺石窟调查报告》，《四川文物》2004 年第 1 期 |
| 79 | 旺苍佛子崖摩崖石刻造像 | 四川旺苍 | 唐 | 广元皇泽寺博物馆、成都市文物考古研究所：《旺苍县佛子崖摩崖石刻造像调查简报》，《四川文物》2004 年第 1 期 |
| 80 | 广元佛教石刻造像 | 四川广元 | 北魏至唐 | 广元皇泽寺博物馆：《广元出土佛教石刻造像》，《四川文物》2004 年第 1 期 |
| 81 | 鹤林寺摩崖石刻造像 | 四川邛崃 | 唐 | 四川大学艺术学院、成都市文物考古研究所、邛崃文管所、日本早稻田大学：《鹤林寺摩崖石刻造像》，《成都考古发现》2003 年第 0 期 |
| 82 | 邛崃磐陀寺摩崖造像 | 四川邛崃 | 唐 | 四川大学艺术学院、成都市文物考古研究所、日本早稻田大学文学部、邛崃市文管所：《邛崃磐陀寺和花置寺摩崖造像调查简报》，《成都考古发现》2003 年第 0 期 |
| 83 | 邛崃花置寺摩崖造像 | 四川邛崃 | 唐 | 四川大学艺术学院、成都市文物考古研究所、日本早稻田大学文学部、邛崃市文管所：《邛崃磐陀寺和花置寺摩崖造像调查简报》，《成都考古发现》2003 年第 0 期 |
| 84 | 邛崃石笋山摩崖石刻造像 | 四川邛崃 | 唐 | 四川大学艺术学院、成都市文物考古研究所、日本早稻田大学文学部、邛崃市文管所：《邛崃石笋山摩崖石刻造像调查简报》，《成都考古发现》2003 年第 0 期 |
| 85 | 蒲江白岩寺摩崖石刻造像 | 四川蒲江 | 唐 | 四川大学艺术学院、成都文物考古研究所、日本早稻田大学：《蒲江白岩寺摩崖石刻造像调查简报》，《成都考古发现》2004 年第 0 期 |
| 86 | 蒲江鸡公树山摩崖石刻造像 | 四川蒲江 | 隋、唐 | 四川大学艺术学院、成都文物考古研究所、日本早稻田大学：《蒲江鸡公树山摩崖石刻造像调查简报》，《成都考古发现》2004 年第 0 期 |
| 87 | 蒲江看灯山摩崖石刻造像 | 四川蒲江 | 唐 | 四川大学艺术学院、成都文物考古研究所、日本早稻田大学：《蒲江看灯山摩崖石刻造像调查简报》，《成都考古发现》2004 年第 0 期 |
| 88 | 邛崃天宫寺摩崖石刻造像 | 四川邛崃 | 唐、宋 | 四川大学艺术学院、成都文物考古研究所、日本早稻田大学：《邛崃天宫寺摩崖石刻调查简报》，《成都考古发现》2004 年第 0 期 |

| 序号 | 遗存名称 | 遗存地点 | 遗存年代 | 考古报告来源 |
|---|---|---|---|---|
| 89 | 茂县点将台摩崖造像 | 四川茂县 | 唐 | 四川省文物考古研究院、四川省茂县博物馆：《四川茂县点将台唐代佛教摩崖造像调查简报》,《文物》2006 年第 2 期 |
| 90 | 简阳圣德寺塔 | 四川简阳 | 南宋 | 袁守新、攀增松：《简阳圣德寺塔》,《四川文物》2006 年第 6 期 |
| 91 | 中江仓山镇大旺寺摩崖石刻造像 | 四川中江 | 唐 | 德阳市文物考古研究所、成都文物考古研究所：《四川中江仓山镇大旺寺摩崖石刻造像》,《成都考古发现》2005 年第 0 期 |
| 92 | 汶川南朝佛教造像 | 四川汶川 | 南朝 | 雷玉华、李裕群、罗进勇：《四川汶川出土的南朝佛教石造像》,《文物》2007 年第 6 期 |
| 93 | 德阳马鞍山前蜀佛教文物 | 四川德阳 | 前蜀 | 德阳市文物考古研究所：《德阳马鞍山出土前蜀佛教文物》,《四川文物》2007 年第 3 期 |
| 94 | 乐至石匣寺摩崖造像 | 四川乐至 | 唐 | 肖世凯：《四川乐至县石匣寺摩崖造像》,《四川文物》2007 年第 3 期 |
| 95 | 简阳奎星阁摩崖造像 | 四川简阳 | 宋 | 樊增松：《四川简阳市奎星阁摩崖造像》,《四川文物》2008 年第 1 期 |
| 96 | 丹棱鸡公山石窟造像 | 四川丹棱 | 唐会昌五年（845 年） | 王学军：《四川丹棱鸡公山石窟造像》,《敦煌研究》2008 年第 3 期 |
| 97 | 安岳庵堂寺摩崖造像 | 四川安岳 | 晚唐、五代 | 刘健：《四川省安岳县庵堂寺摩崖造像调查简报》,《四川文物》2008 年第 6 期 |
| 98 | 绵阳碧水寺摩崖造像 | 四川绵阳 | 唐 | 四川省文物考古研究院、四川大学艺术学院、绵阳市文物局：《四川绵阳碧水寺唐代摩崖造像调查》,《文物》2009 年第 2 期 |
| 99 | 绵阳碧水寺"开元寺石佛"造像 | 四川绵阳 | 北周至隋 | 四川省文物考古研究院、四川大学艺术学院、绵阳市文物局：《四川绵阳碧水寺藏"开元寺石佛"调查》,《四川文物》2009 年第 2 期 |
| 100 | 通江宋代彩釉陶佛头像 | 四川通江 | 宋 | 李白练：《四川通江出土宋代彩釉陶佛头像》,《四川文物》2009 年第 6 期 |
| 101 | 巴中朝阳洞摩崖造像 | 四川巴中 | 明、清 | 汪信龙：《巴中朝阳洞摩崖造像》,《四川文物》2010 年第 1 期 |
| 102 | 营山太蓬山石窟 | 四川营山 | 唐、宋 | 蒋晓春、伍洪建、邵磊：《营山县太蓬山石窟内容总录》,《敦煌研究》2010 年第 1 期 |

续表

| 序号 | 遗存名称 | 遗存地点 | 遗存年代 | 考古报告来源 |
|------|----------|----------|----------|--------------|
| 103 | 乐至报国寺摩崖造像 | 四川乐至 | 唐、五代 | 成都文物考古研究所、乐至县文物管理所:《四川乐至县报国寺摩崖造像踏查记》,《成都考古发现》2010 年第 0 期 |
| 104 | 大邑药师岩摩崖造像群 | 四川大邑 | 晚唐至明 | 成都市文化局(市文物局)、成都市文物管理办公室、成都文物考古研究所,等编:《四川大邑县药师岩石窟寺和摩崖造像考古报告》,四川科学技术出版社 2014 年版 |
| 105 | 夹江金像寺摩崖造像 | 四川夹江 | 明 | 周俊麒:《四川乐山夹江县金像寺石刻艺术初探》,《乐山师范学院学报》2014 年第 3 期 |
| 106 | 叙永龙龟山寺明清石刻造像 | 四川叙永 | 明、清 | 黄静、王彦玉:《四川叙永县龙龟山寺遗址出土明清石刻造像》,《四川文物》2014 年第 4 期 |
| 107 | 双桂邓娅寺摩崖造像 | 四川双桂 | 唐 | 刘光雨、罗洪彬:《南充市双桂镇邓娅寺摩崖造像》,《黑龙江史志》2014 年第 21 期 |
| 108 | 高县半边寺摩崖造像 | 四川高县 | 明 | 四川省文物考古研究院、宜宾市博物院、高县文物管理所:《四川高县半边寺摩崖造像调查简报》,《四川文物》2015 年第 1 期 |
| 109 | 安岳茗山寺石窟 | 四川安岳 | 宋 | 西南民族大学石窟艺术研究所:《四川安岳县茗山寺石窟调查简报》,《四川文物》2015 年第 3 期 |
| 110 | 蓬安运山城遗址摩崖造像 | 四川蓬安 | 清 | 蒋晓春、雷晓龙、郝龙:《四川省蓬安县运山城遗址调查简报》,《西华师范大学学报(哲学社会科学版)》2015 年第 2 期 |
| 111 | 南充青居山摩崖造像 | 四川南充 | 唐至清 | 符永利、罗洪彬:《南充青居山佛教文化遗存初探》,《乐山师范学院学报》2015 年第 1 期 |
| 112 | 安岳菩萨湾摩崖造像 | 四川安岳 | 唐、宋 | 四川大学考古学系、成都文物考古研究所、安岳县文物局:《四川安岳岳阳镇菩萨湾摩崖造像调查简报》,《敦煌研究》2016 年第 3 期 |
| 113 | 安岳上大佛摩崖造像 | 四川安岳 | 唐、宋、明 | 四川大学考古学系、四川大学考古学实验教学中心、成都文物考古研究所、安岳县文物局:《四川安岳上大佛摩崖造像调查简报》,《敦煌研究》2017 年第 4 期 |
| 114 | 安岳舍身岩摩崖造像 | 四川安岳 | 唐 | 四川大学考古学系、四川大学考古学实验教学中心、成都文物考古研究所、安岳县文物局:《四川安岳舍身岩摩崖造像调查报告》,《敦煌研究》2017 年第 4 期 |

续表

| 序号 | 遗存名称 | 遗存地点 | 遗存年代 | 考古报告来源 |
|---|---|---|---|---|
| 115 | 安岳林凤侯家湾摩崖造像 | 四川安岳 | 五代、宋 | 四川大学考古学系、成都文物考古研究所、安岳县文物局：《四川安岳林凤侯家湾摩崖造像调查简报》，《文物》2017年第5期 |
| 116 | 安岳高升大佛寺摩崖造像 | 四川安岳 | 南宋 | 四川大学考古学国家级实验教学示范中心、成都文物考古研究院、安岳县文物局：《四川安岳高升大佛寺、社皇庙、雷神洞摩崖造像调查简报》，《文物》2018年第6期 |
| 117 | 安岳高升社皇庙摩崖造像 | 四川安岳 | 南宋 | 四川大学考古学国家级实验教学示范中心、成都文物考古研究院、安岳县文物局：《四川安岳高升大佛寺、社皇庙、雷神洞摩崖造像调查简报》，《文物》2018年第6期 |
| 118 | 安岳高升雷神洞摩崖造像 | 四川安岳 | 南宋 | 四川大学考古学国家级实验教学示范中心、成都文物考古研究院、安岳县文物局：《四川安岳高升大佛寺、社皇庙、雷神洞摩崖造像调查简报》，《文物》2018年第6期 |
| 119 | 仁寿鳌陵黑龙寺摩崖造像 | 四川仁寿 | 唐 | 四川大学国家级考古学实验教学中心、仁寿县文物管理所：《四川仁寿鳌陵黑龙寺摩崖造像调查简报》，《敦煌研究》2019年第4期 |
| 120 | 安岳来凤乡圣泉寺摩崖造像 | 四川安岳 | 五代 | 四川大学国家级考古学实验教学中心、安岳县文物管理局：《四川安岳来凤乡圣泉寺摩崖造像调查简报》，《敦煌研究》2019年第5期 |
| 121 | 安岳人和云峰寺摩崖造像 | 四川安岳 | 五代 | 四川大学国家级考古学实验教学中心、成都文物考古研究院、安岳县文物管理局：《四川安岳人和云峰寺摩崖造像调查简报》，《文物》2019年第4期 |
| 122 | 通江朱元观音岩元代摩崖造像 | 四川巴中 | 元 | 四川大学考古学系、通江县文物局、西南民族大学旅游与历史文化学院：《四川通江朱元观音岩元代摩崖造像调查简报》，《文物》2019年第7期 |
| 重庆市 | | | | |
| 1 | 大足石刻 | 重庆大足 | 唐至清 | 四川省社会科学院、大足县政协、大足县文物管理所，等：《大足石刻内容总录》，四川省社会科学院出版社1985年版 |
| 2 | 潼南马龙山摩崖造像 | 重庆潼南 | 民国 | 丁艾：《潼南马龙山摩崖造像》，《四川文物》1985年第3期 |

续表

| 序号 | 遗存名称 | 遗存地点 | 遗存年代 | 考古报告来源 |
|---|---|---|---|---|
| 3 | 綦江石门寺石刻造像 | 重庆綦江 | 明 | 代汝金、曾方煜:《浅谈綦江石门寺石刻造像》,《四川文物》1987 年第 3 期 |
| 4 | 观音滩摩崖造像 | 重庆丰都 | 不详 | 陶永贤:《观音滩石刻及摩崖造像》,《四川文物》1989 年第 3 期 |
| 5 | 合川涞滩二佛寺摩崖石刻造像 | 重庆合川 | 唐、宋 | 黄理、任进、杨旭德,等:《合川涞滩摩崖石刻造像》,《四川文物》1989 年第 3 期 |
| 6 | 大足大钟寺宋代圆雕石刻造像 | 重庆大足 | 北宋 | 邓之金:《大足县大钟寺宋代圆雕石刻遗址调查》,《四川文物》1989 年第 5 期 |
| 7 | 永川明代铜塔 | 重庆永川 | 明万历四十二年(1614 年) | 谢洪卫:《永川明代铜塔》,《四川文物》1991 年第 6 期 |
| 8 | 大足尖山子摩岩造像 | 重庆大足 | 唐 | 重庆大足石刻艺术博物馆、四川省社会科学院大足石刻艺术研究所:《大足尖山子、圣水寺摩岩造像调查简报》,《文物》1994 年第 2 期 |
| 9 | 大足圣水寺摩岩造像 | 重庆大足 | 唐 | 重庆大足石刻艺术博物馆、四川省社会科学院大足石刻艺术研究所:《大足尖山子、圣水寺摩岩造像调查简报》,《文物》1994 年第 2 期 |
| 10 | 大足宝顶菩萨堡摩崖造像 | 重庆大足 | 南宋 | 唐毅烈:《大足宝顶菩萨堡摩崖造像考述》,《四川文物》1996 年第 3 期 |
| 11 | 云阳硐村摩崖造像 | 重庆云阳 | 唐 | 李映福:《重庆市云阳县硐村佛教摩崖造像》,《四川文物》2004 年第 1 期 |
| 12 | 忠县临江岩摩崖造像 | 重庆忠县 | 唐 | 王玉:《重庆三峡库区唐代佛教石刻造像调查报告》,《考古学报》2006 年第 4 期 |
| 13 | 忠县石佛岩摩崖造像 | 重庆忠县 | 唐 | 王玉:《重庆三峡库区唐代佛教石刻造像调查报告》,《考古学报》2006 年第 4 期 |
| 14 | 云阳下岩寺摩崖造像 | 重庆云阳 | 唐 | 王玉:《重庆三峡库区唐代佛教石刻造像调查报告》,《考古学报》2006 年第 4 期 |
| 15 | 重庆元明清佛教摩崖龛像 | 重庆 | 元、明、清 | 重庆中国三峡博物馆:《重庆地区元明清佛教摩崖龛像》,《考古学报》2011 年第 3 期 |
| 16 | 潼南千佛寺摩崖造像 | 重庆潼南 | 唐、宋 | 重庆市文化遗产研究院:《重庆潼南县千佛寺摩崖造像清理简报》,《考古》2013 年第 12 期 |
| 17 | 奉节白帝城藏南朝石刻佛像 | 重庆奉节 | 南朝 | 李裕群:《重庆奉节白帝城藏南朝石刻佛像》,《文物》2016 年第 1 期 |
| 18 | 合川净果寺南宋转轮经藏 | 重庆合川 | 南宋乾道五年(1169 年) | 龚廷万:《合川净果寺南宋转轮经藏》,《四川文物》2017 年第 2 期 |

续表

| 序号 | 遗存名称 | 遗存地点 | 遗存年代 | 考古报告来源 |
|---|---|---|---|---|
| 云南省 ||||| 
| 1 | 剑川石钟山石窟 | 云南大理 | 南诏大理国 | 刘长久：《云南剑川石钟山石窟内容总录》，《敦煌研究》1995 年第 1 期 |
| 2 | 剑川金华山摩崖造像 | 云南大理 | 大理国 | 刘长久：《云南剑川石钟山石窟内容总录》，《敦煌研究》1995 年第 1 期 |
| 3 | 云南安宁法华寺石窟 | 云南昆明 | 大理国 | 法雨：《云南安宁法华寺石窟》，《敦煌研究》2003 年第 5 期 |
| 广西壮族自治区 ||||| 
| 1 | 博白宴石山摩崖造像 | 广西玉林 | 隋、唐 | 封绍柱：《广西博白宴石山摩崖造像》，《文物》1991 年第 4 期 |
| 2 | 桂林唐代摩崖造像群 | 广西桂林 | 唐 | 蒋廷瑜：《桂林唐代摩崖造像》，《东南文化》1992 年第 5 期 |
| 3 | 桂林龙泉寺唐五代造像 | 广西桂林 | 唐、五代 | 李东、阳跃华：《桂林龙泉寺区域唐五代造像遗址调查》，《中国国家博物馆馆刊》2019 年第 2 期 |
| 贵州省 ||||| 
| 1 | 遵义赤水两会水石窟造像 | 贵州赤水 | 明 | 李小斌、常亚恒：《黔北地区两会水石窟寺摩崖造像初步研究》，《艺术设计研究》2017 年第 4 期 |
| 藏传佛教美术考古相关地区 ||||| 
| 西藏自治区 ||||| 
| 1 | 拉萨查拉路甫石窟 | 西藏拉萨 | 唐早期 | 西藏文管会文物普查队：《拉萨查拉路甫石窟调查简报》，《文物》1985 年第 9 期 |
| 2 | 阿里托林寺 | 西藏阿里 | 北宋 | 次仁加布：《西藏阿里托林寺调查报告》，《中国藏学》1992 年第 3 期 |
| 3 | 青娃达孜山摩崖造像 | 西藏山南 | 13—18 世纪 | 王望生：《西藏穷结青娃达孜山摩崖造像调查简报》，《文物》1993 年第 2 期 |
| 4 | 阿里东嘎、皮央石窟 | 西藏阿里 | 11—15 世纪 | 西藏自治区文物局、四月联合大学考古专业：《西藏阿里东嘎、皮央石窟考古调查简报》，《文物》1997 年第 9 期 |
| 5 | 西藏西部早期石窟壁画 | 西藏阿里 | 10—11 世纪 | [美]托马斯·J. 普里茨克：《西藏西部早期石窟壁画的考察报告》，魏文捷译，《敦煌研究》1999 年第 4 期 |

续表

| 序号 | 遗存名称 | 遗存地点 | 遗存年代 | 考古报告来源 |
|------|---------|---------|---------|-------------|
| 6 | 乃甲切木石窟 | 西藏日喀则 | 8—13 世纪 | 霍巍:《关于卫藏地区几处佛教石窟遗址的调查与研究》,《西藏研究》2002 年第 3 期 |
| 7 | 洛村石窟 | 西藏山南 | 11—14 世纪 | 霍巍:《关于卫藏地区几处佛教石窟遗址的调查与研究》,《西藏研究》2002 年第 3 期 |
| 8 | 拉日石窟 | 西藏山南 | 11—14 世纪 | 霍巍:《关于卫藏地区几处佛教石窟遗址的调查与研究》,《西藏研究》2002 年第 3 期 |
| 9 | 阿里东嘎佛寺殿堂 | 西藏阿里 | 10 世纪末左右至 14 世纪 | 四川大学中国藏学研究所、四川大学历史文化学院考古系、西藏自治区文物事业管理局:《西藏阿里东嘎佛寺殿堂遗址的考古发掘》,《文物》2002 年第 8 期 |
| 10 | 达拉岗布寺 | 西藏山南 | 北宋 | 李林辉、宁吉加:《西藏山南加查县达拉岗布寺的考古调查及清理》,《西藏研究》2003 年第 2 期 |
| 11 | 帕尔嘎尔布石窟 | 西藏阿里 | 11—14 世纪 | 四川大学中国藏学研究所、四川大学历史文化学院考古系、西藏自治区文物局、西藏阿里地区文化广播电视局:《西藏阿里札达县帕尔嘎尔布石窟遗址》,《文物》2003 年第 9 期 |
| 12 | 萨迦寺 | 西藏日喀则 | 宋 | 张建林:《萨迦寺考古》,《文物》2006 年第 1 期 |
| 13 | 卡俄普与西林衮石窟 | 西藏阿里 | 14—15 世纪 | 四川大学中国藏学研究所、四川大学历史文化学院考古系、西藏自治区文物局:《西藏阿里札达县象泉河流域卡俄普与西林衮石窟地点的初步调查》,《文物》2007 年第 6 期 |
| 14 | 象泉河流域白东波村早期佛教遗存 | 西藏阿里 | 10—14 世纪 | 四川大学中国藏学研究所、四川大学历史文化学院考古系、西藏自治区文物局:《西藏阿里札达县象泉河流域白东波村早期佛教遗存的考古调查》,《文物》2007 年第 6 期 |
| 15 | 日喀则曲德寺 | 西藏日喀则 | 9 世纪 | 四川省文物考古研究院、日喀则市文化局:《日喀则地区康马县乃宁曲德寺调查简报》,《西藏研究》2007 年第 1 期 |
| 16 | 西藏西部仁钦桑布时期佛教遗迹 | 西藏阿里 | 11—13 世纪 | 张长虹:《西藏西部仁钦桑布时期佛教遗迹考察》,《西藏研究》2008 年第 1 期 |
| 17 | 皮央·东嘎遗址 | 西藏阿里 | 11—13 世纪 | 四川大学历史文化学院考古学系、四川大学中国藏学研究所、西藏自治区文物事业管理局:《西藏札达县皮央—东嘎遗址 1997 年调查与发掘》,《考古学报》2010 年第 3 期 |

| 序号 | 遗存名称 | 遗存地点 | 遗存年代 | 考古报告来源 |
|---|---|---|---|---|
| 18 | 象泉河流域卡孜河谷佛教遗存 | 西藏阿里 | 11—16 世纪 | 四川大学中国藏学研究所:《阿里象泉河流域卡孜河谷佛教遗存的考古调查与研究》,《考古学报》2009 年第 4 期 |
| 19 | 格林塘佛寺遗迹、皮央村西侧佛寺遗迹、皮央村石窟群Ⅰ、Ⅱ、Ⅳ区中部分石窟、土塔遗迹 | 西藏阿里 | 11—13 世纪 | 四川大学历史文化学院考古学系、四川大学中国藏学研究所、西藏自治区文物事业管理局:《西藏札达县皮央—东嘎遗址 1997 年调查与发掘》,《考古学报》2001 年第 3 期 |
| 20 | 多穷(德乌穷)村石刻、门当河与洛扎怒曲河交汇处石刻 | 西藏日喀则 | 唐 | 霍巍、新巴·达娃扎西:《西藏洛扎吐蕃摩崖石刻与吐蕃墓地的调查与研究》,《文物》2010 年第 7 期 |
| 21 | 热尼拉康 | 西藏阿里 | 11—13 世纪 | 四川大学中国藏学研究所、四川大学考古学系:《中印边境古寺热尼拉康与普日寺考古调查简报》,《南方民族考古》2010 年第 0 期 |
| 22 | 普日寺 | 西藏阿里 | 13—14 世纪 | 四川大学中国藏学研究所、四川大学考古学系:《中印边境古寺热尼拉康与普日寺考古调查简报》,《南方民族考古》2010 年第 0 期 |
| 23 | 江孜白居寺 | 西藏日喀则 | 明 | 张纪平、丁燕、郭宏:《西藏江孜县白居寺调查报告》,《四川文物》2012 年第 4 期 |
| 24 | 查果西沟摩崖造像 | 西藏昌都 | 吐蕃时期 | 西藏自治区文物保护研究所、陕西省考古研究院:《查果西沟摩崖造像 2009 年考古调查简报》,《考古与文物》2012 年第 3 期 |
| 25 | 恰姆石窟 | 西藏日喀则 | 11 世纪 | 西藏自治区文物保护研究所、中国藏学研究中心西藏文化博物馆:《西藏定结县恰姆石窟》,《考古》2012 年第 7 期 |
| 26 | 达隆寺壁画 | 西藏山南 | 13 世纪始建15 世纪扩建 | 萨尔吉:《西藏山南地区达隆寺壁画题记的初步考察》,《藏学学刊》2013 年第 0 期 |
| 27 | 丁穹拉康石窟群 | 西藏阿里 | 10—12 世纪 | 陕西省考古研究院、西藏自治区文物保护研究所、阿里地区文物局、日土县文物局:《西藏日土县丁穹拉康石窟群考古调查简报》,《考古与文物》2014 年第 6 期 |
| 28 | 达拉岗布寺 | 西藏山南 | 北宋 | 西藏自治区文物保护研究所、山南地区文物局:《西藏加查县达拉岗布寺曲康萨玛大殿遗址发掘简报》,《考古》2014 年第 8 期 |

续表

| 序号 | 遗存名称 | 遗存地点 | 遗存年代 | 考古报告来源 |
|---|---|---|---|---|
| 29 | 洛哇傍卡摩崖造像 | 西藏林芝 | 9—11 世纪 | 西藏自治区文物保护研究所:《西藏工布江达县洛哇傍卡摩崖造像考古调查简报》,《考古与文物》2014 年第 6 期 |
| 30 | 丹玛札摩崖造像 | 西藏昌都 | 唐 | 陕西省考古研究院、西藏自治区文物保护研究所:《西藏察雅县丹玛札摩崖造像考古调查简报》,《考古与文物》2014 年第 6 期 |
| 31 | 纳塘寺 | 西藏日喀则 | 南宋 | 王蔚、余小洪:《喜马拉雅考古调查记——日喀则篇》,《大众考古》2015 年第 10 期 |
| 32 | 日嘉寺 | 西藏日喀则 | 10 世纪 | 王蔚、余小洪:《喜马拉雅考古调查记——日喀则篇》,《大众考古》2015 年第 10 期 |
| 33 | 扎西岗岩画 | 西藏日喀则 | 下限为吐蕃时期 | 王蔚、余小洪:《喜马拉雅考古调查记——日喀则篇》,《大众考古》2015 年第 10 期 |
| 34 | 坚利寺 | 西藏拉萨 | 11 世纪 | 夏吾卡先:《西藏林周县坚利寺的调查与研究》,《文物》2015 年第 2 期 |
| 35 | 恰芒波拉康 | 西藏日喀则 | 12—13 世纪 | 四川省文物考古研究院、西藏自治区文物保护研究所、吉隆县文物局:《西藏吉隆县恰芒波拉康调查简报》,《四川文物》2017 年第 4 期 |
| 36 | 扎金玛尼石刻造像与达琼摩崖造像 | 西藏昌都 | 8 世纪 | 陕西省考古研究院、西藏自治区文物保护研究所:《西藏芒康县扎金玛尼石刻造像与达琼摩崖造像调查报告》,《西藏研究》2017 年第 1 期 |
| 37 | 芒康嘎托镇吐蕃摩崖石刻 | 西藏昌都 | 8—9 世纪 | 四川大学中国藏学研究所、四川大学考古系、西藏自治区昌都芒康县文物局、西藏自治区昌都芒康县旅游局:《西藏芒康嘎托镇新发现吐蕃摩崖石刻调查简报》,《藏学学刊》2017 年第 1 期 |
| 38 | 青瓦达孜遗址 | 西藏山南 | 吐蕃时期 | 四川大学中国藏学研究所、四川大学考古学系、西藏自治区文物保护研究所、山南地区文物管理局:《西藏琼结县青瓦达孜遗址的调查与试掘》,《考古》2017 年第 3 期 |
| 39 | 朗果荡芭寺 | 西藏日喀则 | 11—12 世纪 | 四川省文物考古研究院、西藏自治区文物保护研究所、定日县文物局:《西藏定日县朗果荡芭寺调查简报》,《四川文物》2018 年第 6 期 |
| 40 | 芒康、察雅县摩崖造像 | 西藏昌都 | 吐蕃时期 | 张建林等:《西藏东部吐蕃佛教造像:芒康、察雅考古调查与研究报告》,社会科学文献出版社 2018 年版 |

续表

| 序号 | 遗存名称 | 遗存地点 | 遗存年代 | 考古报告来源 |
|---|---|---|---|---|
| 41 | 皮央石窟护法殿壁画 | 西藏阿里 | 16—17世纪 | 王露、罗文华:《西藏阿里地区皮央石窟护法殿壁画考察报告(上)》,《故宫博物院院刊》2019年第12期;王露、罗文华:《西藏阿里地区皮央石窟护法殿壁画考察报告(下)》,《故宫博物院院刊》2020年第1期 |
| 42 | 青噶石窟 | 西藏日喀则 | 17世纪初 | 西藏自治区文物保护研究所:《吉隆县青噶石窟调查报告》,《西藏研究》2019年第4期 |
| 青海省 ||||  |
| 1 | 瞿昙寺 | 青海海东 | 明 | 张驭寰、杜仙洲:《青海乐都瞿昙寺调查报告》,《文物》1964年第5期 |
| 2 | 合然寺 | 青海海东 | 清 | 玛尔仓·苏白:《合然寺考略》,《四川文物》2001年第1期 |
| 3 | 天门寺 | 青海海东 | 明 | 华热·才华加:《青海天门寺历史调查记》,《青海师范大学学报(哲学社会科学版)》2007年第6期 |
| 4 | 旦斗岩窟壁画 | 青海海东 | 北魏至唐 | 伯果:《青海化隆旦斗岩窟壁画初步调查》,《考古与文物》2014年第2期 |
| 5 | 大日如来佛堂 | 青海玉树 | 唐 | 霍巍:《青海玉树大日如来佛堂的考古调查与新发现》,《青海民族研究》2017年第1期 |
| 6 | 称多县歇武镇格日村宋代佛教摩崖石刻 | 青海玉树 | 南宋 | 青海省文物考古研究所、四川大学中国藏学研究所:《青海称多县歇武镇格日村宋代佛教摩崖石刻考古调查简报》,《藏学学刊》2017年第1期 |
| 7 | 吾娜桑嘎佛教摩崖石刻 | 青海玉树 | 8—9世纪 | 青海省文物考古研究所、四川大学中国藏学研究所、四川大学考古学系:《青海玉树勒巴沟吾娜桑嘎佛教摩崖石刻调查简报》,《藏学学刊》2017年第1期 |
| 8 | 古秀泽玛佛教摩崖造像 | 青海玉树 | 8—9世纪 | 青海省文物考古研究所、四川大学中国藏学研究所:《青海玉树勒巴沟古秀泽玛佛教摩崖造像调查简报》,《藏学学刊》2017年第1期 |
| 9 | 恰冈佛教摩崖造像 | 青海玉树 | 唐 | 青海省文物考古研究所、四川大学中国藏学研究所:《青海玉树勒巴沟恰冈佛教摩崖造像调查简报》,《藏学学刊》2017年第1期 |
| 10 | 贝沟大日如来佛堂佛教石刻 | 青海玉树 | 9世纪 | 张长虹、张延清:《青海玉树贝沟大日如来佛堂佛教石刻调查简报》,《藏学学刊》2019年第1期 |

续表

| 序号 | 遗存名称 | 遗存地点 | 遗存年代 | 考古报告来源 |
|---|---|---|---|---|
| 11 | 玉树大日如来佛堂西侧崖壁摩崖石刻及线刻佛塔 | 青海玉树 | 9 世纪 | 青海省文物考古研究所、四川大学中国藏学研究所、成都文物考古研究院：《青海玉树大日如来佛堂西侧崖壁摩崖石刻及线刻佛塔调查简报》，《藏学学刊》2019 年第 1 期 |

四川省

| 1 | 松格嘛呢石经城 | 四川石渠 | 17—18 世纪 | 故宫博物院、四川省文物考古研究院：《四川石渠县松格嘛呢石经城调查简报》，《文物》2006 年第 2 期 |
| 2 | 照阿拉姆摩崖石刻 | 四川石渠 | 唐 | 故宫博物院、四川省文物考古研究院：《四川石渠县洛须"照阿拉姆"摩崖石刻》，《四川文物》2006 年第 3 期 |
| 3 | 雄龙西南古民居经堂壁画 | 四川甘孜 | 18—19 世纪 | 李春华、王建华、刘洪：《雄龙西南古民居经堂壁画调查与初步研究》，《西藏研究》2011 年第 3 期 |
| 4 | 石渠吐蕃石刻群 | 四川石渠 | 8—9 世纪 | 四川省文物考古研究院、石渠县文化局：《四川石渠县新发现吐蕃石刻群调查简报》，《四川文物》2013 年第 6 期 |
| 5 | 观音岩元代摩崖造像 | 四川通江 | 13 世纪 | 四川大学考古学系、通江县文物局、西南民族大学旅游与历史文化学院：《四川通江朱元观音岩元代摩崖造像调查简报》，《文物》2019 年第 7 期 |

甘肃省

| 1 | 威武白塔寺 | 甘肃威武 | 宋 | 魏文斌、李明华：《武威白塔寺调查与研究》，《敦煌研究》1999 年第 2 期 |

内蒙古自治区

| 1 | 美岱召召庙建筑、壁画 | 内蒙古包头 | 明 | 程旭光、刘毅彬：《美岱召召庙建筑、壁画艺术考察报告》，《内蒙古师大学报(哲学社会科学版)》1983 年第 3 期 |
| 2 | 五当召 | 内蒙古包头 | 清 | 王磊义、姚桂轩、郭建中撰：《藏传佛教寺院美岱召五当召调查与研究》，中国藏学出版社 2009 年版 |
| 3 | 阿尔寨石窟 | 内蒙古包头 | 宋至明 | 李少兵、索秀芬：《阿尔寨石窟》，《内蒙古文物考古》2010 年第 2 期 |

浙江省

| 1 | 宝石山造像 | 浙江杭州 | 元、明 | 赖天兵：《杭州西湖宝石山造像考述》，《中国藏学》2006 年第 1 期 |

续表

| 序号 | 遗存名称 | 遗存地点 | 遗存年代 | 考古报告来源 |
|---|---|---|---|---|
| 2 | 宝成寺摩崖龛像 | 浙江杭州 | 元至治二年（1322年） | 常青：《元代杭州的藏传佛教：宝成寺摩崖龛像调查研究》，《美成在久》2019年第4期 |
| 辽宁省 | | | | |
| 1 | 海棠山摩崖造像 | 辽宁阜新 | 清 | 吕振奎：《阜新海棠山摩崖造像考察报告》，《辽海文物学刊》1995年第2期 |
| 新疆维吾尔自治区 | | | | |
| 1 | 大桃儿沟第9窟 | 新疆吐鲁番 | 宋、元 | 陈玉珍、陈爱峰：《大桃儿沟第9窟八十四大成就者图像考释》，《敦煌研究》2014年第6期 |
| 宁夏回族自治区 | | | | |
| 1 | 贺兰山苏峪口沟摩崖石刻 | 宁夏银川 | 清初 | 杨蕤、许成：《宁夏贺兰山苏峪口沟摩崖石刻调查及其相关问题》，《草原文物》2011年第2期 |
| 陕西省 | | | | |
| 1 | 榆林藏传佛教石窟及摩崖石刻 | 陕西榆林 | 清 | 李俊、乔建军：《陕西榆林市藏传佛教石窟及摩崖石刻调查》，《考古与文物》2016年第3期 |

附表1-3　道教美术考古报告年表

| 序号 | 遗存名称 | 遗存地点 | 遗存时间 | 考古报告来源 |
|---|---|---|---|---|
| 道教美术考古东部地区 | | | | |
| 浙江省 | | | | |
| 1 | 通玄观造像 | 浙江杭州 | 南宋初年 | 劳伯敏：《南宋临安的道观和通玄观造像》，《杭州师院学报（社会科学版）》1987年第2期 |
| 2 | 温州白象塔北宋彩塑造像 | 浙江温州 | 北宋 | 温州市文物处、温州市博物馆：《温州市北宋白象塔清理报告》，《文物》1987年第5期 |
| 3 | 天台山桐柏宫 | 浙江天台 | 不详 | 闻雷：《道教南宗祖庭天台桐柏宫兴衰记》，《中国道教》1989年第4期 |
| 4 | 抱朴道院 | 浙江杭州 | 不详 | — |
| 5 | 江山廿八都镇古建筑 | 浙江江山 | 清 | 钱华：《江山市廿八都镇古建筑调查》，《东方博物》2005年第2期 |
| 6 | 福星观 | 浙江杭州 | 不详 | 林正秋：《闻名江南的福星观》，《杭州通讯（下半月）》2007年第7期 |

续表

| 序号 | 遗存名称 | 遗存地点 | 遗存时间 | 考古报告来源 |
|------|----------|----------|----------|--------------|
| 7 | 瓶窑南山摩崖三龛造像 | 浙江杭州 | 明 | 赖天兵：《瓶窑南山摩崖三龛造像》，《东方博物》2009 年第 2 期 |
| 8 | 缙云仙都金龙洞铜龙与木简 | 浙江缙云 | 唐宋之间 | 黄彩红：《缙云仙都金龙洞出土铜龙与木简》，《东方博物》2011 年第 1 期 |
| 9 | 仙居括苍洞道教文物 | 浙江仙居 | 唐宋之间 | 张峋：《括苍洞文物遗迹考论》，《东方博物》2012 年第 1 期 |
| 10 | 浙江博物馆藏金龙玉简 | 浙江杭州 | 北宋 | 王宣艳：《浙江省博物馆藏北宋帝王金龙玉简考释——兼谈北宋时期帝王投龙简》，《收藏家》2014 年第 7 期 |
| 江苏省 | | | | |
| 1 | 溧阳北宋李彬夫妇墓神像俑 | 江苏溧阳 | 北宋 | 镇江市博物馆、溧阳县文化馆：《江苏溧阳竹簀北宋李彬夫妇墓》，《文物》1980 年第 5 期 |
| 2 | 句容茅山宫观 | 江苏句容 | 明、清 | 陈耀庭：《茅山道教现状》，《宗教学研究》1985 年第 0 期 |
| 3 | 苏州玄妙观 | 江苏苏州 | 西晋 | 董中基：《苏州玄妙观参访记》，《中国道教》1987 年第 3 期 |
| 4 | 高淳清代道教神像画 | 江苏南京 | 清 | 濮阳康京：《高淳县收集到一批清代道教神像画》，《中国道教》1993 年第 1 期 |
| 5 | 沭阳明嘉靖武神铜像 | 江苏沭阳 | 明代 | 尹增淮、包立山：《沭阳县出土的明嘉靖武神铜像》，《东南文化》1993 年第 5 期 |
| 6 | 武进县博物馆藏宋代铜镜 | 江苏常州 | 宋 | 夏星南：《介绍江苏武进县博物馆藏的一件宋代铜镜》，《文物》1993 年第 8 期 |
| 7 | 苏州林屋洞道教遗物 | 江苏苏州 | 唐、宋 | 程义、姚晨辰、严建蔚：《苏州林屋洞出土道教遗物》，《东南文化》2010 年第 1 期 |
| 8 | 南京刘渊然墓 | 江苏南京 | 明 | 南京市博物馆：《南京西善桥明代长春真人刘渊然墓》，《文物》2012 年第 3 期 |
| 9 | 南京雨花台区东晋墓 | 江苏南京 | 东晋至南朝 | 南京市博物馆、雨花台区文化广播电视局：《南京市雨花台区宁丹路东晋墓发掘简报》，《东南文化》2014 年第 6 期 |
| 10 | 泰州明代刘鉴家族墓道教符印 | 江苏泰州 | 明 | 泰州市博物馆：《江苏泰州明代刘鉴家族墓发掘简报》，《文物》2016 年第 6 期 |
| 河北省 | | | | |
| 1 | 易县龙兴观 | 河北易县 | 唐、宋、元、明 | 河北省博物馆、河北省文物管理处：《河北易县龙兴观遗址调查记》，《文物》1973 年第 11 期 |

续表

| 序号 | 遗存名称 | 遗存地点 | 遗存时间 | 考古报告来源 |
|---|---|---|---|---|
| 2 | 毗卢寺壁画 | 河北石家庄 | 始建于唐 | 陈耀林：《毗卢寺和毗卢寺壁画》，《美术研究》1982 年第 1 期 |
| 3 | 景忠山道教建筑群 | 河北唐山 | 宋、明、清 | 康文远：《景忠山古代建筑文化的分类和发展》，《文物春秋》1995 年第 4 期 |
| 4 | 蔚县重泰寺三教楼 | 河北蔚县 | 明、清 | 王辉：《蔚县重泰寺》，《文物春秋》1996 年第 4 期 |
| 5 | 涉县娲皇宫 | 河北涉县 | 明、清 | 陈崇：《女娲补天的地方》，《档案天地》1996 年第 4 期 |
| 6 | 赤城鎏金铜造像 | 河北赤城 | 明 | 李树涛、王国荣：《河北赤城发现鎏金铜造像窖藏》，《文物春秋》2000 年第 1 期 |
| 7 | 邢台佛道合一塔形罐 | 河北邢台 | 宋 | 李军，葛立辉：《邢台出土佛道合一塔形罐》，《文物春秋》2002 年第 2 期 |
| 8 | 古北岳恒山道教宫观 | 河北曲阳 | 明、清 | 张建锁、马志强：《古北岳恒山调查纪略》，《文物春秋》2009 年第 6 期 |
| 9 | 蔚县暖泉老君观 | 河北蔚县 | 元、明、清 | — |

北京市

| 序号 | 遗存名称 | 遗存地点 | 遗存时间 | 考古报告来源 |
|---|---|---|---|---|
| 1 | 故宫御花园钦安殿 | 北京 | 明、清 | 王璞子：《故宫御花园》，《文物》1959 年第 7 期 |
| 2 | 北朝道教石造象 | 不详 | 南朝 | 石夫：《介绍两件北朝道教石造象》，《文物》1961 年第 12 期 |
| 3 | 北京白云观 | 北京 | 明、清 | 董中基：《北京白云观及其殿堂》，《道协会刊》1986 年第 17 期 |
| 4 | 北京大高殿 | 北京 | 明、清 | 张先得：《北京大高殿门前的一组古建》，《古建园林技术》1986 年第 4 期 |
| 5 | 东岳庙 | 北京 | 始建于元 | 李赓：《京华胜迹东岳庙》，《北京档案》1987 年第 4 期 |
| 6 | 南宋陶俑 | 北京 | 南宋 | 胡国强：《故宫博物院购藏南宋陶俑浅议》，《故宫博物院院刊》2000 年第 6 期 |
| 7 | 北京地区道教考古发现 | 北京 | 唐、金、元、明、清 | 孙勐：《北京地区道教考古发现与初步研究》，《中国道教》2009 年第 4 期 |
| 8 | 北京烧窑峪道教摩崖造像 | 北京 | 明 | 延庆县地方志编纂委员会：《北京延庆年鉴(2013)》，线装书局 2013 年版 |

续表

| 序号 | 遗存名称 | 遗存地点 | 遗存时间 | 考古报告来源 |
|---|---|---|---|---|
| 9 | 元代铜镀金道教水将像 | 北京 | 元 | 黄春和：《煌煌巨制 皇家气象——元代宫廷风格铜镀金道教水将像研究》，《文物天地》2016年第 12 期 |
| 广东省 | | | | |
| 1 | 广州三元宫 | 广东广州 | 明、清 | 余信昌、黄诚通：《鲍靓，鲍姑与广州三元宫》，《道协会刊》1984 年第 15 期 |
| 2 | 惠州元妙观 | 广东惠州 | 始建于唐 | 余信昌：《惠州西湖元妙古观史话》，《道协会刊》1986 年第 19 期 |
| 3 | 罗浮山冲虚观 | 广东博罗 | 明、清 | 罗浮山冲虚古观重修筹备委员会：《重修冲虚古观纪略》，《道协会刊》1986 年第 18 期 |
| 4 | 梅县吕帝庙 | 广东梅州 | 清 | 肖启松：《客家道教胜地——吕帝庙》，《中国道教》1999 年第 6 期 |
| 5 | 广州黄埔村玉虚宫 | 广东广州 | 始建于北宋 | 言倩：《负洲傍海 商贸名港——广州黄埔村考察》，《南方文物》2005 年第 3 期 |
| 6 | 广东省博物馆藏德化白瓷 | 广东广州 | 明、清 | 黄静：《广东省博物馆藏明清德化白瓷》，《四川文物》2007 年第 4 期 |
| 7 | 南朝买地券 | 江南和华南地区 | 南朝 | 易西兵：《南朝买地券综论》，《东南文化》2009 年第 3 期 |
| 福建省 | | | | |
| 1 | 莆田元妙观 | 福建莆田 | 唐、宋 | 林钊：《莆田元妙观三清殿调查记》，《文物参考资料》1957 年第 11 期 |
| 2 | 福州道教照天君庙 | 福建福州 | 始建于元初 | 潘延川：《福州道教古迹照天君庙简述》，《中国道教》1993 年第 4 期 |
| 3 | 泉州元妙观 | 福建泉州 | 清 | 柯建瑞：《泉州元妙观》，《中国道教》1996年第 1 期 |
| 4 | 福清石竹山九仙宫 | 福建福清 | 不详 | 士心：《福清石竹山九仙宫》，《中国道教》1997 年第 1 期 |
| 5 | 泉州老君造像 | 福建泉州 | 宋 | 候成钧：《泉州老君造像述评》，《西藏艺术研究》2000 年第 4 期 |
| 6 | 漳州地区道教宫观 | 福建漳州 | 不详 | 张晓松、段凌平：《漳州地区道教宫观的调查及分析》，《漳州师范学院学报(哲学社会科学版)》2004 年第 4 期 |

| 序号 | 遗存名称 | 遗存地点 | 遗存时间 | 考古报告来源 |
|---|---|---|---|---|
| 上海市 | | | | |
| 1 | 上海城隍庙 | 上海黄浦 | 明、清 | 佚名：《上海城隍庙修缮工程》，《房产住宅科技动态》1980 年第 Z1 期 |
| 2 | 上海白云观 | 上海黄浦 | 明、清 | 陈莲笙：《海上白云观》，《中国道教》1989 年第 4 期 |
| 3 | 上海三元宫坤道院 | 上海浦东新区 | 清 | 夏光荣：《上海三元宫坤道院》，《中国道教》1991 年第 4 期 |
| 4 | 浦东钦赐仰殿 | 上海浦东新区 | 明、清 | 薛理勇：《关于浦东钦赐仰殿的传说和考证》，《浦东开发》2000 年第 9 期 |
| 山东省 | | | | |
| 1 | 崂山太清宫 | 山东青岛 | 始建于宋 | 戴国斌、梁绍钧：《崂山道教与太清宫今昔》，《中国道教》1980 年第 2 期 |
| 2 | 泰山道教建筑群 | 山东泰安 | 明、清 | 袁镜身：《泰安、泰山的规划、建筑、景物析》，《建筑学报》1982 年第 12 期 |
| 3 | 博兴孔钺造老子像 | 山东博兴 | 隋 | 李少南：《山东博兴出土百余件北魏至隋代铜造像》，《文物》1984 年第 5 期 |
| 4 | 周村汇龙湖明代墓镇墓瓦 | 山东淄博 | 明 | 南开大学考古学与博物馆学系、淄博市文物事业管理局、周村区文物管理所：《山东淄博周村汇龙湖明代墓地发掘简报》，《中国国家博物馆馆刊》2015 年第 2 期 |
| 辽宁省 | | | | |
| 1 | 北镇庙 | 辽宁北镇 | 明、清 | 于余：《北镇庙》，《辽宁大学学报(哲学社会科学版)》1981 年第 4 期 |
| 2 | 太清宫 | 辽宁沈阳 | 清 | 晓鸿：《太清宫》，《辽宁大学学报(哲学社会科学版)》1982 年第 6 期 |
| 3 | 铁刹山 | 辽宁本溪 | 明、清 | 何楠：《铁刹山》，《辽宁大学学报(哲学社会科学版)》1987 年第 2 期 |
| 4 | 千山无量观 | 辽宁鞍山 | 清 | 袁高直：《道教在千山》，《中国道教》1990 年第 3 期 |
| 天津市 | | | | |
| 1 | 天津天后宫 | 天津南开 | 元、明、清 | 魏克晶：《天津天后宫》，《城市》1990 年第 4 期 |

续表

| 序号 | 遗存名称 | 遗存地点 | 遗存时间 | 考古报告来源 |
|---|---|---|---|---|
| 海南省 | | | | |
| 1 | 定安玉蟾宫 | 海南定安 | 南宋 | 杨柳、王鸣明:《清风送仙乐 文笔托玉蟾——海南定安文笔峰玉蟾宫》,《中国宗教》2006年第 5 期 |
| 道教美术考古中部地区 | | | | |
| 陕西省 | | | | |
| 1 | 华阴西岳庙 | 陕西华阴 | 汉至明清 | 何修龄:《华阴西岳庙的古代建筑》,《文物参考资料》1958 年第 3 期 |
| 2 | 陕西省博物馆唐玄宗华清宫朝元阁老君像 | 陕西临潼 | 唐开元年间 | 何正璜:《介绍陕西省博物馆新建的石刻艺术陈列室》,《文物》1964 年第 1 期 |
| 3 | 耀县道教造像碑 | 陕西铜川 | 北魏至隋 | 耀生:《耀县石刻文字略志》,《考古》1965年第 3 期 |
| 4 | 楼观台 | 陕西西安 | 明、清 | 郑洪春:《楼观台》,《人文杂志》1980 年第 2 期 |
| 5 | 临潼邢家村唐代鎏金铜造像 | 陕西临潼 | 唐武德年间至天宝年间 | 临潼县博物馆:《陕西临潼邢家村发现唐代鎏金铜造像窖藏》,《文物》1985 年第 4 期 |
| 6 | 陇县龙门洞 | 陕西陇县 | 建于元,重修于清 | 王春科:《奇异的龙门洞》,《资源开发与保护》1986 年第 1 期 |
| 7 | 西安八仙宫 | 陕西西安 | 明、清 | 赵亮、逸山:《西安市八仙宫》,《中国道教》1987 年第 2 期 |
| 8 | 宜君福地水库石窟造像 | 陕西宜君 | 西魏 | 靳之林:《陕北发现一批北朝石窟和摩崖造像》,《文物》1989 年第 4 期 |
| 9 | 佳县白云山白云观 | 陕西佳县 | 明、清 | 韩海燕:《关西名胜——白云山白云观》,《中国道教》1989 年第 1 期 |
| 10 | 延长七里村道教摩崖石窟 | 陕西延长 | 明 | 李圣庭:《延长县七里村道教摩崖石窟》,《文博》1991 年第 6 期 |
| 11 | 陇县药王洞 | 陕西陇县 | 始建于唐 | 张宝林:《陇县药王洞》,《中国道教》1992年第 1 期 |
| 12 | 彬县荔非氏造像碑 | 陕西彬州 | 北魏末期 | 李淞:《一块北魏羌族的道教造像碑》,《中国道教》1994 年第 3 期 |
| 13 | 金台观 | 陕西宝鸡 | 始建于元末 | 舒天啸:《西秦道教名胜——金台观》,《中国道教》1994 年第 3 期 |

| 序号 | 遗存名称 | 遗存地点 | 遗存时间 | 考古报告来源 |
|---|---|---|---|---|
| 14 | 碑林藏佛道合刻造像及道教造像 | 陕西西安 | 北朝 | 裴建平、李雪芳：《碑林藏佛道合刻造像及道教造像》，《碑林集刊》1995 年第 0 期 |
| 15 | 三原开皇三年老君造像 | 陕西三原 | 唐 | 马琴莉：《三原开皇三年老君造像》，《文博》1997 年第 4 期 |
| 16 | 华山道教石窟 | 陕西西安 | 明 | 秦建明、杨政：《华山道教石窟调查》，《文博》1998 年第 5 期 |
| 17 | 唐长安醴泉寺遗址鎏金铜造像 | 陕西西安 | 唐 | 王长启：《唐长安醴泉寺遗址出土的鎏金铜造像》，《考古与文物》2004 年第 3 期 |
| 18 | 平利女娲山、女娲庙、女娲墓碑 | 陕西平利 | 不详 | 黎盛勇：《女娲山·女娲庙·女娲墓碑的发现》，《文博》2005 年第 6 期 |
| 19 | 耀县药王山南庵道教壁画 | 陕西铜川 | 不详 | — |
| 20 | 西安东岳庙壁画 | 陕西西安 | 清 | — |
| 21 | 曹魏景元元年朱书镇墓瓶、镇墓文 | 陕西西安 | 曹魏 | 张全民：《曹魏景元元年朱书镇墓文读解》，《考古与文物》2007 年第 2 期 |
| 22 | 大寺洼石窟壁画 | 陕西榆林 | 明末清初 | 高海平：《陕北新发现几幅古代壁画的考察与研究》，《文博》2008 年第 1 期 |
| 23 | 户县重阳宫石刻造像 | 陕西西安 | 元、明 | 张方：《全真祖庭——陕西户县重阳宫的石刻造像》，《文物世界》2008 年第 4 期 |
| 24 | 高陵县北朝佛道造像 | 陕西西安 | 北朝 | 西安市文物保护考古所、西北大学文化遗产与考古学研究中心、高陵县文化馆：《西安市高陵县发现的北朝佛道造像和唐代佛教造像》，《西部考古》2009 年第 0 期 |
| 25 | 富县明代道士墓塔 | 陕西富县 | 明 | 赵克礼、陈邦年：《陕西富县新发现明代道士墓塔》，《文博》2009 年第 1 期 |
| 26 | 三原唐五代鎏金佛道铜造像 | 陕西三原 | 唐、五代 | 冉万里、习通源：《陕西三原县发现唐五代鎏金佛道铜造像》，《收藏家》2010 年第 1 期 |
| 27 | 唐代墓葬中的镇墓石 | 陕西等地 | 唐 | 孙劢：《唐代墓葬中的道教遗物——镇墓石概述》，《中国道教》2011 年第 6 期 |
| 28 | 咸阳师院附中西晋墓出土镇墓瓶 | 陕西咸阳 | 西晋 | 咸阳市文物考古研究所：《咸阳师院附中西晋墓清理简报》，《考古与文物》2012 年第 1 期 |
| 29 | 咸阳东郊东汉镇墓瓶 | 陕西咸阳 | 东汉 | 李朝阳：《咸阳市东郊出土东汉镇墓瓶》，《考古与文物》2012 年第 1 期 |

| 序号 | 遗存名称 | 遗存地点 | 遗存时间 | 考古报告来源 |
|---|---|---|---|---|
| 30 | 宜君秦家河摩崖造像 | 陕西宜君 | 西魏 | 董彩琪：《陕西宜君秦家河摩崖造像调查简报》，《中原文物》2016 年第 4 期 |
| 31 | 东汉镇墓瓶 | 陕西等地 | 东汉 | 贾立宝：《东汉镇墓瓶的考古学研究》，《考古与文物》2017 年第 1 期 |
| 32 | 崇文塔瘗藏明代佛道教金铜造像 | 陕西泾阳 | 明 | 杜文：《崇文塔瘗藏明代佛道教金铜造像探讨》，《收藏》2019 年第 3 期 |
| 山西省 | | | | |
| 1 | 永乐宫古建筑 | 山西芮城 | 元 | 祁英涛、杜仙洲、陈明达：《两年来山西省新发现的古建筑》，《文物参考资料》1954 年第 11 期 |
| 2 | 永乐宫壁画 | 山西芮城 | 元 | 王世仁：《"永乐宫"的元代建筑和壁画》，《文物参考资料》1956 年第 9 期 |
| 3 | 侯马金代董氏墓八仙砖雕 | 山西侯马 | 金 | 山西省文管会侯马工作站：《侯马金代董氏墓介绍》，《文物》1959 年第 6 期 |
| 4 | 芮城五龙庙 | 山西芮城 | 始建于唐 | 酒冠五：《山西中条山南五龙庙》，《文物》1959 年第 11 期 |
| 5 | 晋祠 | 山西太原 | 明、清 | 山西晋祠文物保管所：《晋祠》，《文物》1977 年第 6 期 |
| 6 | 大同金代阎德源墓 | 山西大同 | 金 | 大同市博物馆：《大同金代阎德源墓发掘简报》，《文物》1978 年第 4 期 |
| 7 | 龙山石窟 | 山西太原 | 宋、元 | 史岩：《龙山石窟考察报告》，《新美术》1980 年第 2 期 |
| 8 | 平陆隋唐佛道铜造像 | 山西平陆 | 隋、唐 | 平陆县博物馆：《山西平陆县出土一批隋唐佛道铜造像》，《考古》1987 年第 1 期 |
| 9 | 洪洞霍泉水神庙 | 山西洪洞 | 始建于元 | 扈石祥：《霍泉水神庙》，《中国道教》1988 年第 2 期，第 63 页 |
| 10 | 解州关帝庙 | 山西运城 | 始建于隋 | 王宜峨：《武庙之冠解州关帝庙》，《中国道教》1988 年第 3 期 |
| 11 | 芮城县博物馆藏石刻造像 | 山西芮城 | 隋、唐 | 李自让、李天影、赵家有：《芮城县博物馆收藏的部分石刻造像》，《文物季刊》1989 年第 1 期 |
| 12 | 平陆圣人涧唐代鎏金铜造像 | 山西平陆 | 唐 | 卫斯：《山西平陆圣人涧发现唐代鎏金铜造像窖藏》，《考古》1991 年第 12 期 |

续表

| 序号 | 遗存名称 | 遗存地点 | 遗存时间 | 考古报告来源 |
|---|---|---|---|---|
| 13 | 柏口窑出土佛道造像碑 | 山西运城 | 隋 | 运城地区河东博物馆：《山西运城柏口窑出土佛道造像碑》，《考古》1991 年第 12 期 |
| 14 | 唐代道教石造像常阳天尊 | 山西太原 | 唐、 | 侯毅：《唐代道教石造像常阳天尊》，《文物》1991 年第 12 期 |
| 15 | 介休后土庙 | 山西介休 | 明、清 | 师延龄：《介休琉璃艺术》，《文物季刊》1992 年第 4 期 |
| 16 | 晋西南地区小型佛道石造像 | 山西运城、永济 | 唐 | 张国维：《晋西南地区发现一批小型佛道石造像》，《文物》1994 年第 8 期 |
| 17 | 侯马 65H4M102 金墓八仙砖雕 | 山西侯马 | 金 | 山西省考古研究所侯马工作站：《侯马 65H4M 102 金墓》，《文物季刊》1997 年第 4 期 |
| 18 | 浮山老君洞 | 山西浮山 | 始建于唐 | 临汾市统计局：《临汾年鉴(2001)》，中国统计出版社 2001 年版 |
| 19 | 高平董峰山万寿宫 | 山西高平 | 始建于元 | 曹飞：《万寿宫历史渊源考——金元真大道教宫观在山西的孤例》，《山西师大学报(社会科学版)》2004 年第 1 期 |
| 20 | 汾阳太符观 | 山西汾阳 | 明、清 | 曹加武、杨丽萍：《道教仙境太符观》，《文物世界》2005 年第 5 期 |
| 21 | 盂县石造像 | 山西盂县 | 明 | 韩利忠：《盂县出土一批石造像》，《文物世界》2006 年第 1 期 |
| 22 | 宝峰山及其古建筑群 | 山西吕梁 | 明、清 | 董楼平、刘建平：《吕梁市离石区宝峰山及其古建筑群勘察记》，《文物世界》2006 年第 5 期 |
| 续23 | 太原纯阳宫 | 山西太原 | 明、清 | 王君：《山西道教名胜古迹拾零》，《文物世界》2007 年第 4 期 |
| 24 | 晋城玉皇庙 | 山西晋城 | 始建于北宋 | 王君：《山西道教名胜古迹拾零》，《文物世界》2007 年第 4 期 |
| 25 | 恒山悬空寺 | 山西浑源 | 始建于北魏 | 王君：《山西道教名胜古迹拾零》，《文物世界》2007 年第 4 期 |
| 26 | 太原大关帝庙 | 山西太原 | 明、清 | 柴玉梅：《太原大关帝庙》，《文物世界》2007 年第 2 期 |
| 27 | 长治会仙观 | 山西武乡 | 始建于南宋 | 刘群：《浅析会仙观古建群》，《山西建筑》2007 年第 20 期 |
| 28 | 高平清梦观 | 山西高平 | 始建于元 | 马艳芳：《清梦观》，《文物世界》2011 年第 5 期 |

| 序号 | 遗存名称 | 遗存地点 | 遗存时间 | 考古报告来源 |
|---|---|---|---|---|
| 29 | 真武像 | 山西吕梁 | 明 | 闫强：《真武像》，《文物世界》2011 年第 4 期 |
| 30 | 高平伯方村泰山封禅刻石 | 山西高平 | 宋、元 | 于飞：《山西高平伯方村发现的唐玄宗泰山封禅刻石》，《文物春秋》2013 年第 6 期 |
| 31 | 大同关帝庙 | 山西大同 | 始建于元 | 王吉：《大同关帝庙》，《山西大同大学学报(自然科学版)》2013 年第 4 期 |
| 河南省 | | | | |
| 1 | 济渎庙 | 河南济源 | 始建于宋 | 曹修吉：《济渎庙》，《中原文物》1981 年第 2 期 |
| 2 | 中岳庙 | 河南登封 | 明、清 | 王雪宝：《河南省重点文物保护单位：中岳庙》，《中原文物》1982 年第 4 期 |
| 3 | 南阳武侯祠 | 河南南阳 | 明、清 | 闪修山：《南阳武侯祠》，《中原文物》1982 年第 1 期 |
| 4 | 武则天金简 | 河南登封 | 唐 | 吕树芝：《武则天金简》，《历史教学》1983 年第 3 期 |
| 5 | 洛阳东马沟隋代石雕老君像 | 河南洛阳 | 隋 | 谢新建：《洛阳东马沟出土隋代石雕老君像》，《中原文物》1984 年第 3 期 |
| 6 | 鹿邑太清宫和老君台 | 河南周口 | 始建于唐 | 鹿邑道教协会筹备组：《鹿邑县太清宫和老君台》，《中国道教》1989 年第 4 期 |
| 7 | 偃师南蔡庄乡汉肥致墓碑 | 河南洛阳 | 东汉 | 河南省偃师县文物管理委员会：《偃师县南蔡庄乡汉肥致墓发掘简报》，《文物》1992 年第 9 期 |
| 8 | 济源王屋山道教建筑 | 河南济源 | 明、清 | 葛荣晋：《王屋山与道教》，《中国道教》1993 年第 2 期 |
| 9 | 石堂山碑林 | 河南内乡 | 元、明、清 | 罗松晨、刘花玲：《弥足珍贵的道教胜迹——石堂山碑林》，《中国道教》1997 年第 2 期 |
| 10 | 开封延庆观 | 河南开封 | 始建于元 | 开封市道协筹备组：《全真祖师羽化地——延庆观》，《中国道教》1999 年第 2 期 |
| 11 | 天宝宫 | 河南许昌 | 始建于南宋 | 洪艳：《道教宫观天宝宫》，《中州古今》2002 年第 1 期 |
| 12 | 林州慈源寺 | 河南林州 | 明、清 | 河南省古代建筑保护研究所：《林州慈源寺建筑基础清理简报》，《中原文物》2007 年第 1 期 |
| 13 | 洛阳下清宫道士塔 | 河南洛阳 | 不详 | — |

续表

| 序号 | 遗存名称 | 遗存地点 | 遗存时间 | 考古报告来源 |
|---|---|---|---|---|
| 14 | 方城佛沟摩崖造像 | 河南方城 | 唐 | 王景荃：《方城佛沟摩崖造像调查与研究》，《中原文物》2009 年第 1 期 |
| 15 | 卫辉大司马明清墓葬朱书板瓦 | 河南卫辉 | 明、清 | 李金凤、白彬：《河南卫辉县大司马明清墓葬出土朱书板瓦初探》，《四川文物》2012 年第 1 期 |
| 16 | 洛阳民俗博物馆馆藏木雕 | 河南洛阳 | 不详 | 田国杰：《洛阳民俗博物馆馆藏木雕概述》，《文物天地》2016 年第 5 期 |
| 江西省 | | | | |
| 1 | 南昌东吴高荣墓 | 江西南昌 | 东吴 | 刘林：《南昌市东吴高荣墓的发掘》，《江西历史文物》1980 年第 1 期 |
| 2 | 贵溪道教铜镜 | 江西贵溪 | 疑为宋 | 金来恩：《贵溪县发现道教铜镜》，《江西历史文物》1982 年第 4 期 |
| 3 | 上饶三清山道教建筑 | 江西上饶 | 明、清 | 欣古：《少华山访古》，《江西历史文物》1983 年第 4 期 |
| 4 | 鹰潭天师府 | 江西鹰潭 | 明、清 | 张金涛、倪金生：《天师府简介》，《中国道教》1987 年第 1 期 |
| 5 | 南昌西山万寿宫 | 江西南昌 | 始建于西晋 | 张新国、郭沙：《南昌西山万寿宫》，《中国道教》1988 年第 4 期 |
| 6 | 高安南宋墓道教文物 | 江西高安 | 南宋 | 陈行一：《江西高安南宋墓出土一批道教文物》，《东南文化》1989 年第 2 期 |
| 7 | 萍乡纯阳观 | 江西萍乡 | 明、清 | 周勇慎：《萍乡纯阳观》，《中国道教》1990 年第 4 期 |
| 8 | 樟树北宋道教画像石墓 | 江西樟树 | 北宋 | 江西省文物考古研究所、樟树市博物馆：《江西樟树北宋道教画像石墓》，《江西文物》1991 年第 3 期 |
| 9 | 铅山葛仙祠 | 江西铅山 | 清 | 宁明伦：《千年道教圣地——铅山葛仙祠》，《江西社会科学》1997 年第 9 期 |
| 10 | 南昌火车站东晋墓葬群 | 江西南昌 | 东晋 | 江西省文物考古研究所、南昌市博物馆：《南昌火车站东晋墓葬群发掘简报》，《文物》2001 年第 2 期 |
| 11 | 樟树三皇宫 | 江西樟树 | 明、清 | 三皇宫管委会：《药都胜迹——三皇宫》，《中国道教》2006 年第 6 期 |
| 12 | 樟树太平街何家村南宋墓堆塑长颈瓶 | 江西樟树 | 南宋 | 江西省文物考古研究所、江西樟树市博物馆：《江西樟树市太平街何家村南宋墓发掘简报》，《南方文物》2008 年第 2 期 |

续表

| 序号 | 遗存名称 | 遗存地点 | 遗存时间 | 考古报告来源 |
|---|---|---|---|---|
| 13 | 萍乡天符宫 | 江西萍乡 | 始建于晋 | 欧阳镇:《萍乡天符宫:传承道医的千年古观》,《中国道教》2014 年第 2 期 |
| 14 | 抚州玉隆万寿宫文兴庵旧址出土遗物 | 江西抚州 | 明、清 | 江西省文物考古研究所、江西抚州市文物管理所:《江西抚州玉隆万寿宫文兴庵旧址考古调查与发掘简报》,《南方文物》2015 年第 1 期 |
| 15 | 龙虎山大上清宫 | 江西鹰潭 | 宋、元、明、清 | 高艺宁、范存宝、余易帆:《"道教祖庭"大上清宫遗址:规模相当于故宫的一半》,《青年与社会》2018 年第 5 期 |
| 湖北省 | | | | |
| 1 | 均县武当山金殿 | 湖北均县 | 明 | 李竹君:《金殿》,《文物》1959 年第 7 期 |
| 2 | 均县武当山古建筑 | 湖北均县 | 明 | 湖北省文物管理处:《湖北均县武当山古建筑调查》,《文物》1959 年第 7 期 |
| 3 | 武当山出土文物 | 湖北均县 | 明建文元年(1399 年) | 丁安民:《武当山出土文物简介》,《江汉考古》1988 年第 4 期 |
| 4 | 湖北剧场扩建工程中的墓葬及出土文物 | 湖北武汉 | 吴武义元年(919 年) | 湖北省文物考古研究所、武汉市博物馆:《湖北剧场扩建工程中的墓葬和遗迹清理简报》,《江汉考古》2000 年第 4 期 |
| 5 | 宜昌沮水道教石窟群 | 湖北宜昌 | 隋唐到明清 | 宫哲兵:《湖北宜昌沮水道教石窟群初探》,《中国道教》2003 年第 5 期 |
| 6 | 武汉长春观 | 湖北武汉 | 明 | 任宗权:《江楚名迹长春观》,《中国宗教》2007 年第 11 期 |
| 7 | 西陵峡区明代墓葬所见八卦砖与八卦图 | 湖北宜昌 | 明、清 | 罗运兵:《西陵峡区明代墓葬所见八卦砖与八卦图》,《四川文物》2011 年第 5 期 |
| 湖南省 | | | | |
| 1 | 长沙两晋南朝墓隋墓(21 号) | 湖南长沙 | 西晋 | 湖南省博物馆:《长沙两晋南朝隋墓发掘报告》,《考古学报》1959 年第 3 期 |
| 2 | 衡山南岳庙 | 湖南衡阳 | 清 | 黄至安、余月:《道教神府——衡山南岳庙》,《中国道教》1994 年第 2 期 |
| 3 | 湘西南的木雕 | 不详 | 清 | 胡彬彬:《湘西南的木雕》,《东南文化》2002 年第 6 期 |
| 4 | 湖湘地区民间道教水陆画 | 湖湘地区 | 明、清 | 刘兴国:《楚文化影响下的明清湖湘地区民间道教水陆画》,《文艺生活·上旬刊》2009 年第 12 期 |

| 序号 | 遗存名称 | 遗存地点 | 遗存时间 | 考古报告来源 |
|---|---|---|---|---|
| 5 | 张家界玉皇洞石窟造像 | 湖南张家界 | 清 | 张辛欣：《湖南地区石窟摩崖造像调查与研究》，湖南大学硕士学位论文，2011 年 |
| 6 | 邵阳文仙观道教文物 | 湖南邵阳 | 始建于西晋 | 刘伟顺：《湘中道教名山文仙观文物遗存及其价值分析》，《邵阳学院学报(社会科学版)》2012 年第 1 期 |

安徽省

| 1 | 齐云山道教宫观 | 安徽休宁 | 始建于唐 | 袁志鸿：《关于齐云山道教情况的调查》，《中国道教》1992 年第 4 期 |
| 2 | 六安花石嘴宋代铜镜 | 安徽六安 | 南宋 | 顾岩：《安徽六安花石嘴出土宋代铜镜浅识》，《文物鉴定与鉴赏》2019 年第 8 期 |

道教美术考古西部地区

甘肃省

| 1 | 炳灵寺石窟老君洞北魏壁画 | 甘肃永靖 | 北魏 | 甘肃省博物馆、炳灵寺石窟文物保管所：《炳灵寺石窟老君洞北魏壁画清理简报》，《考古》1986 年第 8 期 |
| 2 | 平凉崆峒山 | 甘肃平凉 | 明、清 | 程时雨、王克江：《甘肃道教第一名山——平凉崆峒山》，《中国道教》1990 年第 1 期 |
| 3 | 兰州白云观 | 甘肃兰州 | 始建于清 | 宗善、信慧：《兰州白云观》，《中国道教》1991 年第 1 期 |
| 4 | 敦煌西云观 | 甘肃敦煌 | 始建于清 | 段应君：《敦煌西云观》，《中国道教》1994 年第 3 期 |
| 5 | 庄浪红崖寺石窟造像 | 甘肃庄浪 | 明 | 程晓钟：《庄浪云崖寺石窟内容总录》《敦煌研究》1998 年第 1 期 |
| 6 | 庄浪紫荆山老君庙壁画 | 甘肃庄浪 | 不详 | 甘肃省平凉地区博物馆：《甘肃庄浪紫荆山老君庙壁画》，重庆出版社 2000 年版 |
| 7 | 仙人崖石窟 | 甘肃天水 | 明、清 | 董玉祥：《仙人崖石窟(上)》，《敦煌研究》2003 年第 6 期；董玉祥：《仙人崖石窟(下)》，《敦煌研究》2004 年第 1 期 |
| 8 | 河西水陆画 | 甘肃古浪、民乐、山丹、武威 | 明、清 | 谢生保：《甘肃河西水陆画简介——兼谈水陆法会的起源和发展》，《丝绸之路》2004 年第 S1 期 |
| 9 | 武山木梯寺石窟造像 | 甘肃武山 | 明、清 | 孙晓峰、臧全红：《甘肃武山木梯寺石窟调查简报》，《敦煌研究》2008 年第 1 期 |

续表

| 序号 | 遗存名称 | 遗存地点 | 遗存时间 | 考古报告来源 |
|---|---|---|---|---|
| 10 | 兰州金天观及其壁画 | 甘肃兰州 | 明、清 | 王超:《兰州金天观古建筑群分析》,《山西建筑》2010 年第 4 期 |
| 11 | 成县金莲洞石窟 | 甘肃成县 | 始创于元 | 王百岁:《甘肃省成县金莲洞石窟与全真道》,《宗教学研究》2014 年第 2 期 |
| 内蒙古自治区 | | | | |
| 1 | 昭乌达盟道教古印 | 内蒙古赤峰 | 辽 | 项春松:《内蒙古昭乌达盟发现的一批古印资料》,《文物》1983 年第 8 期 |
| 2 | 辽陈国公主驸马合葬墓道教文物 | 内蒙古青龙山 | 辽 | 内蒙古文物考古研究所:《辽陈国公主驸马合葬墓发掘简报》,《文物》1987 年第 11 期 |
| 3 | 辽地道教文物 | 不详 | 辽 | 邢康:《从考古材料看道教在辽地的流传》,《内蒙古民族师院学报(社会科学汉文版)》1988 年第 1 期 |
| 4 | 巴林右旗辽代道教符箓铜牌和石印 | 内蒙古巴林右旗 | 辽 | 韩仁信:《内蒙古巴林右旗出土辽代道教符箓铜牌和石印》,《北方文物》1999 年第 2 期 |
| 新疆维吾尔自治区 | | | | |
| 1 | 纳达齐关帝庙 | 新疆察布查尔锡伯 | 清 | 安英新:《祖国最西端的"关帝庙"》,《东南文化》2000 年第 6 期 |
| 2 | 乌鲁木齐红庙子道观 | 新疆乌鲁木齐 | 清 | 衡宗亮、杨磊:《新疆乌鲁木齐红庙子道观》,《中国道教》2017 年第 1 期 |
| 3 | 乌鲁木齐西山老君庙 | 新疆乌鲁木齐 | 清 | 咸成海:《新疆乌鲁木齐西山老君庙》,《中国道教》2018 年第 4 期 |
| 宁夏回族自治区 | | | | |
| 1 | 中卫老君台道观 | 宁夏中卫 | 不详 | 张凯:《宁夏中卫老君台道观》《中国道教》1996 年第 1 期 |
| 青海省 | | | | |
| 1 | 西宁土楼观 | 青海西宁 | 不详 | 张星:《西宁土楼观》,《中国道教》1989 年第 2 期 |
| 道教美术考古西南地区 | | | | |
| 四川省 | | | | |
| 1 | 窦圌山道教转轮藏雕像 | 四川江油 | 宋 | 邓少琴、王家祐:《窦圌山道教转轮藏雕像初探》,《宗教学研究》1983 年第 4 期 |

| 序号 | 遗存名称 | 遗存地点 | 遗存时间 | 考古报告来源 |
|---|---|---|---|---|
| 2 | 成都二仙庵 | 四川成都 | 明、清 | 杨锡民：《我所了解的成都二仙庵》，《宗教学研究》1984 年第 S1 期 |
| 3 | 泸县玉蟾山摩岩造像 | 四川泸县 | 明 | 冯仁杰：《泸县玉蟾山摩岩造像》，《四川文物》1985 年第 2 期 |
| 4 | 成都青羊宫 | 四川成都 | 明、清 | 张元和：《青羊宫建置源流》，《道协会刊》1986 年第 19 期 |
| 5 | 强独乐建周文王佛道造像碑 | 四川成都 | 北周(557 年) | 丁明夷：《从强独乐建周文王佛道造像碑看北朝道教造像》，《文物》1986 年第 3 期 |
| 6 | 真武山玄祖殿及古建群 | 四川宜宾 | 明、清 | 李又起：《宜宾真武山玄祖殿及古建群》，《四川文物》1987 年第 2 期 |
| 7 | 都江堰青城山 | 四川都江堰 | 始建于隋唐 | 逸山：《第五洞天青城山》，《中国道教》1987 年第 3 期 |
| 8 | 峨眉山道教碑 | 四川乐山 | 明 | 骆坤琪：《峨眉山仅存的两通道教碑》，《四川文物》1988 年第 2 期 |
| 9 | 宋墓道教刻石 | 四川成都 | 宋 | 霍巍：《谈四川宋墓中的几种道教刻石》，《四川文物》1988 年第 3 期 |
| 10 | 安岳华严洞摩崖造像 | 四川安岳 | 唐 | 王家祐：《安岳石窟造像》，《敦煌研究》1989 年第 1 期 |
| 11 | 安岳玄妙观摩崖造像 | 四川安岳 | 唐 | 王家祐：《安岳石窟造像》，《敦煌研究》1989 年第 1 期 |
| 12 | 高峰山道观 | 四川蓬溪 | 清 | 蓬溪县民族宗教科：《川北胜境高峰山道观》，《中国道教》1989 年第 3 期 |
| 13 | 绵阳云台观 | 四川绵阳 | 始建于南宋 | 周香洪：《蜀中著名的道观——云台观》，《四川文物》1990 年第 1 期 |
| 14 | 龙鹄山道教摩崖造像 | 四川丹棱 | 唐 | 万玉忠：《丹棱县龙鹄山唐代道教摩崖造像》，《四川文物》1990 年第 1 期 |
| 15 | 仁寿县牛角寨道教摩崖造像 | 四川仁寿 | 唐 | 邓仲元、高俊英：《仁寿县牛角寨摩崖造像》，《四川文物》1990 年第 5 期 |
| 16 | 鹤鸣山道教石刻 | 四川剑阁 | 始造于唐 | 母学勇：《四川剑阁鹤鸣山道教石刻》，《文物》1991 年第 2 期 |
| 17 | 绵阳平杨府君阙 | 四川绵阳 | 汉 | 孙华、巩发明：《平杨府君阙考》，《文物》1991 年第 9 期 |

续表

| 序号 | 遗存名称 | 遗存地点 | 遗存时间 | 考古报告来源 |
|---|---|---|---|---|
| 18 | 梓潼七曲山大庙 | 四川梓潼 | 元、明、清 | 姚光普:《七曲山大庙》,《四川文物》1991 年第 5 期 |
| 19 | 武连横梁子摩崖造像 | 四川剑阁 | 唐 | 母学勇:《四川剑阁武连横梁子摩崖造像》,《考古》1992 年第 5 期 |
| 20 | 剑阁宋代窖藏 | 四川剑阁 | 宋 | 母学勇:《剑阁宋代窖藏综述》,《四川文物》1992 年第 3 期 |
| 21 | 剑阁道教神像 | 四川剑阁 | 宋 | 母学勇:《剑阁出土的道教神像及其价值》,《四川文物》1993 年第 3 期 |
| 22 | 西昌泸山道观 | 四川西昌 | 始建于唐 | 张泽洪:《西昌泸山道观》,《中国道教》1993 年第 4 期 |
| 23 | 都江堰二王庙 | 四川都江堰 | 始建于东汉 | 南方:《四川都江堰市二王庙》,《中国道教》1993 年第 1 期 |
| 24 | 仁寿县龙桥乡道教石窟造像 | 四川仁寿 | 唐 | 高俊英、邹毅:《仁寿龙桥乡唐代石窟造像》,《四川文物》1994 年第 1 期 |
| 25 | 蒲江长秋山道教摩崖造像 | 四川蒲江 | 唐至清 | 刘新生:《蒲江县长秋山摩崖造像调查》,《四川文物》1995 年第 2 期 |
| 26 | 剑阁天马山道教摩崖造像 | 四川剑阁 | 唐 | 蔡运生:《剑阁县的道教摩崖造像》,《四川文物》1996 年第 4 期 |
| 27 | 剑阁锦屏山道教摩崖造像 | 四川剑阁 | 唐 | 蔡运生:《剑阁县的道教摩崖造像》,《四川文物》1996 年第 4 期 |
| 28 | 剑阁碗泉山道教摩崖造像 | 四川剑阁 | 东晋 | 蔡运生:《剑阁县的道教摩崖造像》,《四川文物》1996 年第 4 期 |
| 29 | 剑阁县王家河道教摩崖造像 | 四川剑阁 | 唐 | 蔡运生:《剑阁县的道教摩崖造像》,《四川文物》1996 年第 4 期 |
| 30 | 成都西安路南朝道教石刻造像 | 四川成都 | 南朝 | 成都市文物考古工作队、成都市文物考古研究所:《成都市西安路南朝石刻造像清理简报》,《文物》1998 年第 11 期 |
| 31 | 巴中石窟 | 四川巴中 | 唐 | 巴中文管所、成都市文物考古研究所、北京大学考古文博学院:《巴中石窟调查简报》,《成都考古发现》2000 年第 0 期 |
| 32 | 安岳灵游院摩崖石刻造像 | 四川安岳 | 清 | 安岳县文物局、成都市文物考古研究所:《安岳灵游院摩崖石刻造像调查简报》,《成都考古发现》2002 年第 0 期 |

| 序号 | 遗存名称 | 遗存地点 | 遗存时间 | 考古报告来源 |
|---|---|---|---|---|
| 33 | 蒲江飞仙阁道教摩崖造像 | 四川蒲江 | 唐 | 曾德仁、李良、金普军：《蒲江飞仙阁道教摩崖造像》，《四川文物》2003 年第 1 期 |
| 34 | 大旺寺摩崖石刻造像 | 四川德阳 | 唐 | 德阳市文物考古研究所、成都文物考古研究所：《四川中江仓山镇大旺寺摩崖石刻造像》，《成都考古发现》2005 年第 0 期；德阳市文物考古研究所、成都文物考古研究所：《四川中江县苍山镇大旺寺摩崖造像》，《四川文物》2007 年第 3 期 |
| 35 | 新津老君庙 | 四川新津 | 汉至清 | 丁常春：《道教"三祖"圣地——四川新津老君庙》，《中国道教》2006 年第 3 期 |
| 36 | 安岳卧佛院佛道合龛像 | 四川安岳 | 唐 | 成都文物考古研究所、北京大学中国考古学研究中心、安岳县文物局：《安岳卧佛院调查简报》，《成都考古发现》2006 年第 0 期 |
| 37 | 乐至县石匣寺摩崖造像 | 四川乐至 | 唐 | 肖世凯、卢引科：《四川乐至县石匣寺摩崖造像》，《四川文物》2007 年第 3 期 |
| 38 | 简阳奎星阁摩崖像 | 四川绵阳 | 北宋 | 樊增松：《四川简阳市奎星阁摩崖造像》，《四川文物》2008 年第 1 期 |
| 39 | 营山太蓬山石窟造像 | 四川营山 | 宋、清 | 蒋晓春、伍洪建、邵磊：《营山县太蓬山石窟内容总录》，《敦煌研究》2010 年第 1 期 |
| 40 | 绵阳西山玉女泉摩崖造像 | 四川绵阳 | 唐 | 四川省文物考古研究院、四川大学艺术学院、西安美术学院、绵阳市文物局：《绵阳市西山玉女泉摩崖造像调查报告》，《四川文物》2010 年第 4 期 |
| 41 | 马道东汉摇钱树 | 四川西昌 | 东汉 | 刘弘：《四川西昌马道出土的一株东汉摇钱树》，《南方民族考古》2010 年第 6 辑 |
| 42 | 威远静宁寺 | 四川威远 | 始建于明 | 李艳舒：《四川威远县静宁寺》，《四川文物》2011 年第 5 期 |
| 43 | 后蜀赵廷隐墓 | 四川成都 | 后蜀 | 成都市文物考古研究所：《四川后蜀宋王赵廷隐墓发掘记》，《中国社会科学报》2011 年 5 月 26 日，第 8 版 |
| 44 | 阆中石室观摩崖造像 | 四川阆中 | 隋、唐 | 蒋晓春、郑勇德、刘富立：《四川阆中石室观隋唐摩崖造像》，《文物》2013 年第 7 期 |
| 45 | 安岳圆觉洞摩崖石刻造像 | 四川安岳 | 唐 | 成都文物考古研究所、北京大学中国考古学研究中心、安岳县文物局：《四川安岳县圆觉洞摩崖石刻造像调查报告》，《南方民族考古》2013 年第 0 期 |

| 序号 | 遗存名称 | 遗存地点 | 遗存时间 | 考古报告来源 |
|---|---|---|---|---|
| 46 | 龙龟山寺遗址明清石刻造像 | 四川叙永 | 明、清 | 黄静、王彦玉：《四川叙永县龙龟山寺遗址出土明清石刻造像》，《四川文物》2014 年第 4 期 |
| 47 | 高县半边寺摩崖造像 | 四川高县 | 明 | 四川省文物考古研究院、宜宾市博物院、高县文物管理所：《四川高县半边寺摩崖造像调查简报》，《四川文物》2015 年第 1 期 |
| 48 | 剑阁赵家湾摩崖造像 | 四川剑阁 | 唐 | 四川省文物考古研究院、西北大学文化遗产学院、广元市文物局、剑阁县文物管理所：《四川剑阁县隋唐道教摩崖造像调查简报》，《四川文物》2018 年第 5 期 |
| 49 | 剑阁王家坡摩崖造像 | 四川剑阁 | 唐 | 四川省文物考古研究院、西北大学文化遗产学院、广元市文物局、剑阁县文物管理所：《四川剑阁县隋唐道教摩崖造像调查简报》，《四川文物》2018 年第 5 期 |
| 50 | 剑阁石老坪摩崖造像 | 四川剑阁 | 隋 | 四川省文物考古研究院、西北大学文化遗产学院、广元市文物局、剑阁县文物管理所：《四川剑阁县隋唐道教摩崖造像调查简报》，《四川文物》2018 年第 5 期 |
| 51 | 洪雅苟王寨摩崖造像 | 四川洪雅 | 明 | 符永利、张婷：《四川洪雅县苟王寨摩崖造像内容总录》，《长江文明》2019 年第 2 期 |
| 重庆市 | | | | |
| 1 | 大足道教摩崖造像 | 重庆大足 | 南宋 | 王家祐、丁祖春：《四川道教摩崖石刻造像》，《四川文物》1986 年第 S1 期 |
| 2 | 丰都名山古建筑群 | 重庆丰都 | 清 | 陈刚、陶陈洁：《丰都名山古建筑群》，《四川文物》1990 年第 1 期 |
| 3 | 重庆老君洞 | 重庆 | 明、清 | 傅克芳：《重庆老君洞》，《中国道教》1991 年第 2 期 |
| 4 | 重庆张飞庙 | 重庆云阳 | 明、清 | 重庆市文物局、陕西省考古研究所、西安文物保护修复中心：《张飞庙遗址发掘简报》，《文博》2003 年第 5 期 |
| 5 | 潼南千佛寺摩崖造像 | 重庆潼南 | 晚唐至宋 | 重庆市文化遗产研究院：《重庆潼南县千佛寺摩崖造像清理简报》，《考古》2013 年第 12 期 |
| 6 | 潼南道教摩崖造像 | 重庆潼南 | 唐 | 重庆中国三峡博物馆、重庆博物馆：《重庆地区唐代佛教摩崖龛像调查》，《考古学报》2014 年第 1 期 |

续表

| 序号 | 遗存名称 | 遗存地点 | 遗存时间 | 考古报告来源 |
|---|---|---|---|---|
| 7 | 合川李家坝遗址八仙门扇、镇墓券 | 重庆合川 | 明 | 重庆市文化遗产研究院、合川区文物管理所:《合川李家坝遗址发掘简报》,《南方民族考古》2014年第0期 |
| 8 | 丰都东汉纪年陶盘 | 重庆丰都 | 东汉末年 | 王保成:《重庆丰都东汉纪年陶盘试解》,《考古与文物》2019年第1期 |
| 贵州省 | | | | |
| 1 | 贵阳文昌阁 | 贵州贵阳 | 始建于明 | 龙志贵:《贵阳文昌阁》,《古建园林技术》1985年第2期 |
| 2 | 福泉山 | 贵州福泉 | 明、清 | 运祥:《道教在福泉》,《贵州文史丛刊》1992年第4期 |
| 3 | 遵义北宋墓道教雕刻 | 贵州遵义 | 北宋 | 张合荣:《略论黔北宋墓的道教雕刻》,《贵州民族研究》1999年第1期 |
| 4 | 贵阳仙人洞道观 | 贵州贵阳 | 清 | 佚名:《贵阳名胜——仙人洞道观》,《贵阳文史》2007年第2期 |
| 云南省 | | | | |
| 1 | 昆明太和宫金殿 | 云南昆明 | 明、清 | 何衡岳:《昆明金殿》,《建筑工人》1982年第3期 |
| 2 | 巍山县道观 | 云南巍山 | 清 | 王丽珠:《南诏发祥地道教初探》,《西南民族学院学报(哲学社会科学版)》1985年第4期 |
| 3 | 昆明龙泉观 | 云南昆明 | 明 | 戈午:《昆明龙泉观》,《中国道教》1993年第3期 |
| 4 | 昆明真庆观 | 云南昆明 | 明、清 | 袁至兑、薛琳:《道教圣地昆明真庆观》,《中国道教》2005年第5期 |

# 附录二　中国宗教美术考古评论年表
## （1949—2019 年）

　　考古评论是考古报告发表后学术界对考古成果产生的认识，这些认识形成了考古报告本体之外的关注度体系，也就是考古评论关注度体系。考古评论不是第一手资料，但可以反映第一手资料所产生的影响，认识第一手资料所具有的学术价值，从而形成考古评论关注度体系。

　　建立考古评论关注度体系，我们首先关心的是考古报告在内容体系上的关注度分布，即考古内容、宗教内容、美术内容和其他内容等四个主要内容受到什么样的关注。在具体操作上，我们预设了统计方法，即涉及一个内容就获得一个关注数据。因为有些文章关注了几个内容，所以一些关注度的数据可能存在重复计算。一篇文章关注几个内容是合理的现象，因此这样的数据仍然保留。

　　我们仍然以年表的形式来梳理考古评论关注度体系，是基于两方面的考虑：一方面是可以与考古报告关注度体系相对应；另一方面是从时间段的特殊性来获得相关信息。考古评论关注度体系是对一段时间内的考古报告予以关注，这个时间段有着明确的边界。由此，考古评论关注度体系有了指向时间层面的操作要求，首先，关注度体系的有效性来自特定时间内的穷尽性，应当覆盖这一时期的所有考古报告产生的影响；其次，以时间为序来排列这些考古评论，同时通过时间指标的梳理而获得考古评论关注度体系在学科发展史方面的信息。

附表 2-1　墓室壁画考古评论年表　　　　　　　　　单位：篇

| 项目 | | 考古内容 | 宗教内容 | 美术内容 | 其他内容 |
|---|---|---|---|---|---|
| 东部地区墓室壁画考古评论 | | | | | |
| 山东省 | | | | | |
| 1949—1966 年 | | | | | |
| 1 | 《山东沂南汉画像石墓》 | 0 | 0 | 0 | 0 |
| 2 | 《山东肥城汉画象石墓调查》 | 0 | 0 | 0 | 0 |
| 3 | 《山东安丘汉画象石墓发掘简报》 | 0 | 0 | 0 | 0 |
| 合计 | | 0 | 0 | 0 | 0 |
| 1967—1977 年 | | | | | |
| 1 | 《山东苍山元嘉元年画象石墓》 | 0 | 0 | 0 | 0 |
| 2 | 《山东临沂金雀山九号汉墓发掘简报》 | 4 | 5 | 12 | 4 |
| 合计 | | 4 | 5 | 12 | 4 |
| 1977—1999 年 | | | | | |
| 1 | 《山东嘉祥英山一号隋墓清理简报——隋代墓室壁画的首次发现》 | 0 | 1 | 0 | 2 |
| 2 | 《山东高唐金代虞寅墓发掘简报》 | 0 | 0 | 0 | 0 |
| 3 | 《泰安县大汶口发现一座汉画像石墓》 | 1 | 0 | 3 | 0 |
| 4 | 《济南市马家庄北齐墓》 | 0 | 0 | 0 | 0 |
| 5 | 《益都北齐石室墓线刻画像》 | 0 | 0 | 0 | 0 |
| 6 | 《山东淄博张庄东汉画像石墓》 | 0 | 0 | 0 | 0 |
| 7 | 《山东莒县沈刘庄汉画像石墓》 | 0 | 0 | 0 | 0 |
| 8 | 《山东梁山东汉纪年墓》 | 0 | 0 | 0 | 0 |
| 9 | 《山东平阴新屯汉画像石墓》 | 0 | 0 | 0 | 0 |
| 10 | 《济南市东八里洼北朝壁画墓》 | 0 | 0 | 0 | 0 |
| 11 | 《山东济南青龙山汉画像石壁画墓》 | 0 | 0 | 0 | 0 |
| 12 | 《山东阳谷县八里庙汉画像石墓》 | 0 | 0 | 0 | 0 |
| 13 | 《山东青州市冢子庄汉画像石墓》 | 0 | 0 | 0 | 0 |
| 14 | 《山东枣庄方庄汉画像石墓》 | 0 | 0 | 0 | 0 |

续表

| | 项目 | 考古内容 | 宗教内容 | 美术内容 | 其他内容 |
|---|---|---|---|---|---|
| 15 | 《山东邹城高李村汉画像石墓》 | 0 | 1 | 1 | 0 |
| 16 | 《山东泗水南陈东汉画像石墓》 | 0 | 0 | 0 | 0 |
| 17 | 《山东潍坊市发现汉画像石墓》 | 0 | 0 | 0 | 1 |
| 18 | 《山东微山县汉画像石墓的清理》 | 2 | 0 | 2 | 0 |
| 19 | 《山东章丘青野元代壁画墓清理简报》 | 0 | 0 | 0 | 0 |
| 20 | 《山东临沂吴白庄汉画像石墓》 | 0 | 0 | 3 | 0 |
| 21 | 《山东邹城市卧虎山汉画像石墓》 | 0 | 0 | 0 | 0 |
| 22 | 《山东泰安县旧县村汉画像石墓》 | 0 | 0 | 0 | 0 |
| 23 | 《辽宁彰武的三座辽墓》 | 0 | 0 | 0 | 0 |
| | 合计 | 3 | 2 | 9 | 3 |
| 2000—2009 年 | | | | | |
| 1 | 《山东滕州市三国时期的画像石墓》 | 0 | 0 | 0 | 0 |
| 2 | 《山东淄博市临淄宋金壁画墓》 | 0 | 0 | 0 | 0 |
| 3 | 《济南市历城区宋元壁画墓》 | 0 | 0 | 0 | 0 |
| 4 | 《山东临淄大武村元墓发掘简报》 | 0 | 0 | 0 | 0 |
| 5 | 《山东长清大街村发现汉代画像石墓》 | 0 | 0 | 0 | 0 |
| 6 | 《山东滕州高庄发现汉画像石墓》 | 0 | 0 | 0 | 0 |
| 7 | 《山东邹平发现汉代墓地》 | 0 | 0 | 0 | 0 |
| 8 | 《山东东阿县邓庙汉画像石墓》 | 0 | 0 | 0 | 0 |
| 9 | 《济南市轻骑模具厂画像石墓》 | 0 | 0 | 0 | 0 |
| 10 | 《济南市宋金砖雕壁画墓》 | 0 | 0 | 0 | 0 |
| 11 | 《山东东平发现罕见汉代精美壁画墓》 | 0 | 0 | 0 | 0 |
| 12 | 《山东临朐北齐崔芬壁画墓》 | 0 | 0 | 0 | 0 |
| 13 | 《济南市司里街元代砖雕壁画墓》 | 0 | 0 | 0 | 0 |
| | 合计 | 0 | 0 | 0 | 0 |
| 2010—2019 年 | | | | | |
| 1 | 《章丘市明四商贸楼金代壁画墓》 | 0 | 0 | 0 | 0 |

| | 项目 | 考古内容 | 宗教内容 | 美术内容 | 其他内容 |
|---|---|---|---|---|---|
| 2 | 《济南市奥体中路画像石墓简报》 | 0 | 0 | 0 | 0 |
| 3 | 《济南市北毕村汉代画像石墓》 | 0 | 0 | 0 | 0 |
| 4 | 《山东滕州市染山西汉画像石墓》 | 0 | 0 | 0 | 0 |
| 5 | 《山东淄博市博山区金代壁画墓》 | 0 | 0 | 0 | 0 |
| 6 | 《山东滕州市山头村汉代画像石墓》 | 0 | 0 | 0 | 0 |
| 7 | 《汉代武氏墓群石刻研究》 | 16 | 18 | 81 | 82 |
| 8 | 《山东济阳发现汉画像石墓》 | 0 | 0 | 0 | 0 |
| 9 | 《山东莱州发现两座宋代壁画墓》 | 0 | 0 | 0 | 0 |
| 10 | 《山东莱州市西山张家村壁画墓发掘简报》 | 0 | 0 | 0 | 0 |
| 11 | 《山东寿光东魏贾思同墓清理简报》 | 0 | 0 | 0 | 0 |
| 12 | 《山东淄博清代壁画墓发掘简报》 | 0 | 0 | 0 | 0 |
| 13 | 《山东莱州南五里村宋代壁画墓发掘简报》 | 0 | 0 | 0 | 0 |
| 14 | 《山东邹城峄山北龙河宋金墓发掘简报》 | 0 | 0 | 0 | 0 |
| 15 | 《山东新泰南鲍村汉画像石墓》 | 0 | 0 | 0 | 0 |
| 16 | 《济南市长清区大柿园东汉画像石墓》 | 0 | 0 | 0 | 0 |
| 17 | 《山东费县刘家疃汉画像石墓发掘简报》 | 0 | 0 | 0 | 0 |
| 18 | 《邹城市龙水村西汉画像石椁墓发掘报告》 | 0 | 0 | 0 | 0 |
| 19 | 《山东高密市发现一座汉画像石墓》 | 0 | 0 | 0 | 0 |
| 20 | 《济宁郑庄汉墓发掘报告》 | 0 | 0 | 0 | 0 |
| 21 | 《济南高新区埠东村清代壁画墓初探》 | 0 | 0 | 0 | 0 |
| 22 | 《辽宁朝阳市姑营子辽代耿氏家族 3、4 号墓发掘简报》 | 0 | 0 | 0 | 0 |
| | 合计 | 16 | 18 | 81 | 82 |
| 河北省 | | | | | |
| 1949—1966 年 | | | | | |
| 1 | 《河北望都县汉墓的墓室结构和壁画》 | 1 | 0 | 5 | 0 |
| 2 | 《望都二号汉墓》 | 0 | 0 | 0 | 0 |
| 3 | 《河北井陉县柿庄宋墓发掘报告》 | 1 | 0 | 4 | 1 |

续表

| | 项目 | 考古内容 | 宗教内容 | 美术内容 | 其他内容 |
|---|---|---|---|---|---|
| 4 | 《河北新城县北场村金时立爱和时丰墓发掘记》 | 7 | 0 | 2 | 0 |
| | 合计 | 9 | 0 | 11 | 1 |
| | 1967—1977 年 | | | | |
| | 合计 | 0 | 0 | 0 | 0 |
| | 1977—1999 年 | | | | |
| 1 | 《北齐高润墓壁画简介》 | 8 | 0 | 12 | 2 |
| 2 | 《石家庄市郊陈村明代壁画墓清理简报》 | 1 | 0 | 1 | 1 |
| 3 | 《河北磁县东陈村北齐尧峻墓》 | 6 | 0 | 3 | 2 |
| 4 | 《河北磁县东魏茹茹公主墓发掘简报》 | 7 | 0 | 12 | 2 |
| 5 | 《河北涿鹿县辽代壁画墓发掘简报》 | 1 | 0 | 5 | 0 |
| 6 | 《河北曲阳南平罗北宋政和七年墓清理简报》 | 0 | 0 | 0 | 0 |
| 7 | 《安平东汉壁画墓发掘简报》 | 1 | 0 | 10 | 0 |
| 8 | 《河北磁县湾漳北朝墓》 | 10 | 0 | 5 | 1 |
| 9 | 《河北怀安下王屯壁画墓发掘简报》 | 1 | 0 | 0 | 0 |
| 10 | 《河北宣化下八里辽金壁画墓》 | 1 | 0 | 13 | 1 |
| 11 | 《河北怀安县张家屯辽墓》 | 0 | 0 | 0 | 0 |
| 12 | 《河北宣化辽姜承义墓》 | 0 | 0 | 0 | 0 |
| 13 | 《河北宣化下八里辽韩师训墓》 | 0 | 0 | 0 | 0 |
| 14 | 《河北曲阳五代壁画墓发掘简报》 | 0 | 0 | 0 | 0 |
| 15 | 《河北宣化辽张文藻壁画墓发掘简报》 | 0 | 0 | 0 | 0 |
| | 合计 | 36 | 0 | 61 | 9 |
| | 2000—2009 年 | | | | |
| 1 | 《河北平山县两岔宋墓》 | 0 | 0 | 0 | 0 |
| 2 | 《河北邯郸北张庄金墓发掘简报》 | 0 | 0 | 0 | 0 |
| 3 | 《廊坊市安次区西永丰村辽代壁画墓》 | 0 | 0 | 0 | 0 |
| 4 | 《河北内丘胡里村金代壁画墓》 | 0 | 0 | 0 | 0 |
| 5 | 《河北滦县新农村东汉墓发掘简报》 | 0 | 0 | 0 | 0 |
| 6 | 《河北涿州元代壁画墓》 | 0 | 0 | 0 | 0 |

| | 项目 | 考古内容 | 宗教内容 | 美术内容 | 其他内容 |
|---|---|---|---|---|---|
| 7 | 《满城县新发现一批东汉画像石》 | 0 | 0 | 1 | 0 |
| 8 | 《河北磁县北朝墓群发现东魏皇族元祐墓》 | 0 | 0 | 0 | 0 |
| | 合计 | 0 | 0 | 1 | 0 |
| 2010—2019 年 | | | | | |
| 1 | 《临城李席吾墓清理简报》 | 0 | 0 | 0 | 0 |
| 2 | 《河北宣化辽金壁画墓发掘简报》 | 0 | 0 | 0 | 0 |
| 3 | 《河北井陉北防口宋代壁画墓发掘简报》 | 0 | 0 | 0 | 0 |
| 4 | 《河北蔚县东坡寨辽代壁画墓发掘简报》 | 0 | 0 | 0 | 0 |
| 5 | 《河北平山王母村唐代崔氏墓发掘简报》 | 1 | 1 | 1 | 1 |
| | 合计 | 1 | 1 | 1 | 1 |
| 江苏省 | | | | | |
| 1949—1966 年 | | | | | |
| 1 | 《昌梨水库汉墓群发掘简报》 | 2 | 0 | 3 | 1 |
| 2 | 《南京六朝墓清理简报》 | 0 | 0 | 0 | 0 |
| 3 | 《江苏淮安宋代壁画墓》 | 1 | 0 | 2 | 4 |
| 4 | 《南京西善桥南朝墓及其砖刻壁画》 | 4 | 1 | 12 | 2 |
| 5 | 《南京西善桥油坊村南朝大墓的发掘》 | 0 | 0 | 0 | 0 |
| | 合计 | 7 | 1 | 17 | 7 |
| 1967—1977 年 | | | | | |
| 1 | 《镇江东晋画像砖墓》 | 7 | 0 | 0 | 0 |
| 2 | 《江苏丹阳胡桥南朝大墓及砖刻壁画》 | 1 | 0 | 0 | 0 |
| 3 | 《江苏金坛南宋周瑀墓发掘简报》 | 0 | 0 | 1 | 0 |
| | 合计 | 8 | 0 | 1 | 0 |
| 1977—1999 年 | | | | | |
| 1 | 《常州南郊戚家村画像砖墓》 | 1 | 0 | 3 | 0 |
| 2 | 《江苏丹阳县胡桥、建山两座南朝墓葬》 | 3 | 0 | 11 | 0 |
| 3 | 《徐州茅村画象石墓》 | 1 | 0 | 4 | 0 |
| 4 | 《东汉彭城相缪宇墓》 | 0 | 0 | 3 | 0 |

续表

| | 项目 | 考古内容 | 宗教内容 | 美术内容 | 其他内容 |
|---|---|---|---|---|---|
| 5 | 《江苏新沂瓦窑汉画像石墓》 | 2 | 0 | 2 | 0 |
| 6 | 《江苏赣榆金山汉画像石》 | 0 | 0 | 0 | 0 |
| 7 | 《江苏邳县白山故子两座东汉画像石墓》 | 1 | 0 | 1 | 0 |
| 8 | 《江苏泗洪重岗汉画象石墓》 | 0 | 0 | 0 | 0 |
| 9 | 《江宁东善桥砖瓦一厂南朝墓发掘简报》 | 0 | 0 | 2 | 0 |
| 10 | 《徐州市韩山东汉墓发掘简报》 | 0 | 0 | 0 | 0 |
| 11 | 《南京油坊桥发现一座南朝画像砖墓》 | 0 | 0 | 0 | 0 |
| 12 | 《江苏泗阳打鼓墩樊氏画像石墓》 | 0 | 0 | 2 | 0 |
| 13 | 《江苏常州南郊画像、花纹砖墓》 | 0 | 0 | 0 | 0 |
| 14 | 《江苏徐州市清理五座汉画像石墓》 | 0 | 0 | 0 | 0 |
| 15 | 《江苏铜山县班井村东汉墓》 | 0 | 0 | 0 | 0 |
| 16 | 《江苏睢宁墓山汉画像石墓》 | 0 | 0 | 0 | 0 |
| 17 | 《南京西善桥油坊村南朝大墓》 | 2 | 0 | 0 | 0 |
| 18 | 《江苏徐州大山头元代纪年画像石墓》 | 0 | 0 | 0 | 0 |
| 19 | 《江苏邗江发现两座南朝画像砖墓》 | 0 | 0 | 0 | 0 |
| 20 | 《江苏高淳固城东汉画像砖墓》 | 0 | 0 | 0 | 0 |
| | 合计 | 10 | 0 | 28 | 0 |
| | 2000—2009 年 | | | | |
| 1 | 《江苏邳州车夫山前埠汉画像石墓的复原与研究》 | 0 | 0 | 0 | 0 |
| 2 | 《江苏徐州佛山画像石墓》 | 0 | 0 | 0 | 0 |
| 3 | 《邳州车夫山汉画像石墓初步研究》 | 0 | 0 | 0 | 0 |
| 4 | 《江苏铜山县伊庄洪山汉画像石墓》 | 0 | 0 | 0 | 0 |
| 5 | 《江苏徐州贾汪汉画像石墓》 | 0 | 0 | 0 | 0 |
| 6 | 《南京西善桥油坊村南朝大墓》 | 2 | 0 | 0 | 0 |
| 7 | 《江苏六合南朝画像砖墓》 | 0 | 0 | 0 | 1 |
| 8 | 《江苏江阴市青阳镇里泾坝宋墓》 | 0 | 0 | 0 | 0 |
| | 合计 | 2 | 0 | 0 | 1 |

| 项目 | | 考古内容 | 宗教内容 | 美术内容 | 其他内容 |
|---|---|---|---|---|---|
| 2010—2019 年 | | | | | |
| 1 | 《南京市雨花台区铁心桥小村南朝墓发掘简报》 | 0 | 0 | 0 | 0 |
| 2 | 《江苏徐州睢宁龙头山明墓发掘报告》 | 0 | 0 | 0 | 0 |
| 3 | 《江苏无锡胥山湾晚唐吴氏墓葬发掘简报》 | 0 | 0 | 0 | 0 |
| 4 | 《南京市雨花台区后头山东晋墓发掘简报》 | 2 | 0 | 1 | 0 |
| 5 | 《南京市江宁区胡村南朝墓》 | 0 | 0 | 1 | 0 |
| 6 | 《南京市雨花台区南朝画像砖墓》 | 0 | 0 | 0 | 0 |
| 7 | 《南京栖霞狮子冲南朝大墓发掘简报》 | 2 | 0 | 0 | 0 |
| 8 | 《南京江宁胜太路南朝墓》 | 0 | 0 | 0 | 0 |
| 9 | 《南京雨花台石子岗南朝砖印壁画墓(M5)发掘简报》 | 1 | 0 | 0 | 0 |
| 10 | 《江苏六合南朝画像砖墓》 | 0 | 0 | 1 | 0 |
| 11 | 《江苏徐州大庙晋汉画像石墓》 | 0 | 0 | 0 | 1 |
| 合计 | | 5 | 0 | 3 | 1 |
| 辽宁省 | | | | | |
| 1949—1966 年 | | | | | |
| 1 | 《辽西省义县清河门西山村"辽佐移离毕萧相公"族墓发掘工作报告》 | 0 | 0 | 0 | 0 |
| 2 | 《辽阳发现的三座壁画古墓》 | 1 | 0 | 3 | 0 |
| 3 | 《辽阳三道壕两座壁画墓的清理工作简报》 | 0 | 0 | 1 | 0 |
| 4 | 《辽阳上王家村晋代壁画墓清理简报》 | 0 | 0 | 0 | 0 |
| 5 | 《辽宁辽阳县南雪梅村壁画墓及石墓》 | 0 | 0 | 0 | 0 |
| 6 | 《辽宁省建平、新民的三座辽墓》 | 0 | 0 | 0 | 0 |
| 7 | 《辽阳市棒台子二号壁画墓》 | 0 | 0 | 1 | 0 |
| 8 | 《辽宁朝阳金代壁画墓》 | 0 | 0 | 0 | 0 |
| 合计 | | 1 | 0 | 5 | 0 |

| 项目 | | 考古内容 | 宗教内容 | 美术内容 | 其他内容 |
|---|---|---|---|---|---|
| 1967—1977 年 | | | | | |
| 1 | 《辽宁北票县西官营子北燕冯素弗墓》 | 2 | 1 | 0 | 13 |
| | 合计 | 2 | 1 | 0 | 13 |
| 1977—1999 年 | | | | | |
| 1 | 《辽阳发现三座壁画墓》 | 0 | 0 | 2 | 1 |
| 2 | 《辽宁朝阳辽赵氏族墓》 | 0 | 0 | 0 | 0 |
| 3 | 《朝阳袁台子东晋壁画墓》 | 1 | 1 | 2 | 1 |
| 4 | 《辽宁朝阳发现北燕、北魏墓》 | 0 | 0 | 0 | 0 |
| 5 | 《辽阳旧城东门里东汉壁画墓发掘报告》 | 1 | 0 | 1 | 0 |
| 6 | 《凌源富家屯元墓》 | 0 | 0 | 0 | 0 |
| 7 | 《辽宁法库县叶茂台辽肖义墓》 | 0 | 0 | 0 | 0 |
| 8 | 《辽宁朝阳木头城子辽代壁画墓》 | 0 | 0 | 0 | 0 |
| 9 | 《喀左于杖子辽代画像石墓》 | 0 | 0 | 0 | 0 |
| 10 | 《朝阳沟门子辽墓清理简报》 | 0 | 0 | 0 | 0 |
| 11 | 《辽宁辽阳南环街壁画墓》 | 0 | 0 | 0 | 0 |
| 12 | 《建平唐家杖子辽墓清理简报》 | 0 | 0 | 0 | 0 |
| | 合计 | 2 | 1 | 5 | 2 |
| 2000—2009 年 | | | | | |
| 1 | 《朝阳西上台辽墓》 | 0 | 0 | 0 | 0 |
| 2 | 《辽宁朝阳召都巴辽壁画墓》 | 0 | 0 | 0 | 0 |
| 3 | 《辽宁辽阳南郊街东汉壁画墓》 | 1 | 0 | 1 | 0 |
| 4 | 《营城子东汉壁画墓补议》 | 0 | 3 | 3 | 1 |
| | 合计 | 1 | 3 | 4 | 1 |
| 2010—2019 年 | | | | | |
| 1 | 《朝阳市西三家辽墓发掘简报》 | 0 | 0 | 0 | 0 |
| 2 | 《辽宁营口鲅鱼圈区天瑞水泥厂汉代砖室墓发掘简报》 | 0 | 0 | 0 | 0 |
| 3 | 《辽宁喀左县利州商业街金代纪年墓葬的发掘》 | 0 | 0 | 0 | 0 |
| | 合计 | 0 | 0 | 0 | 0 |

| 项目 | | 考古内容 | 宗教内容 | 美术内容 | 其他内容 |
|---|---|---|---|---|---|
| 福建省 | | | | | |
| 1949—1966 年 | | | | | |
| | 合计 | 0 | 0 | 0 | 0 |
| 1967—1977 年 | | | | | |
| | 合计 | 0 | 0 | 0 | 0 |
| 1977—1999 年 | | | | | |
| 1 | 《福建闽侯南屿南朝墓》 | 10 | 1 | 0 | 3 |
| 2 | 《福建尤溪城关宋代壁画墓》 | 3 | 1 | 3 | 1 |
| 3 | 《福建尤溪麻洋宋壁画墓清理简报》 | 0 | 0 | 6 | 0 |
| 4 | 《尤溪发现宋代壁画墓》 | 2 | 0 | 2 | 0 |
| 5 | 《尤溪县城宋代壁画墓清理纪要》 | 4 | 0 | 0 | 0 |
| 6 | 《福建尤溪拥口村发现宋代壁画墓》 | 0 | 0 | 0 | 0 |
| 7 | 《福建将乐元代壁画墓》 | 1 | 0 | 0 | 0 |
| 8 | 《福建三明市岩前村宋代壁画墓》 | 0 | 0 | 5 | 0 |
| 9 | 《福建尤溪县城关镇埔头村发现北宋纪年壁画墓》 | 0 | 0 | 0 | 0 |
| 10 | 《福建南平宋代壁画墓》 | 1 | 0 | 1 | 0 |
| | 合计 | 21 | 2 | 17 | 1 |
| 2000—2009 年 | | | | | |
| 1 | 《松溪县发现元代壁画墓》 | 0 | 0 | 0 | 0 |
| | 合计 | 0 | 0 | 0 | 0 |
| 2010—2019 年 | | | | | |
| 1 | 《将乐县明代壁画墓清理简报》 | 0 | 0 | 0 | 0 |
| 2 | 《将乐县大布山南朝唐宋墓群清理简报》 | 0 | 0 | 0 | 0 |
| 3 | 《福建南安丰州皇冠山"天监十壹年"墓发掘简报》 | 0 | 0 | 0 | 0 |
| 4 | 《将乐县下张公村元代壁画墓清理简报》 | 0 | 0 | 0 | 0 |
| | 合计 | 0 | 0 | 0 | 0 |

续表

| 项目 | | 考古内容 | 宗教内容 | 美术内容 | 其他内容 |
|---|---|---|---|---|---|
| 吉林省 | | | | | |
| 1949—1966 年 | | | | | |
| 1 | 《吉林辑安通沟第十二号高句丽壁画墓》 | 3 | 0 | 7 | 1 |
| 2 | 《吉林辑安五盔坟四号和五号墓清理略记》 | 1 | 9 | 7 | 6 |
| 3 | 《吉林辑安麻线沟一号壁画墓》 | 1 | 8 | 0 | 1 |
| | 合计 | 5 | 17 | 14 | 8 |
| 1967—1977 年 | | | | | |
| 1 | 《吉林集安的两座高句丽墓》 | 1 | 1 | 0 | 0 |
| | 合计 | 1 | 1 | 0 | 0 |
| 1977—1999 年 | | | | | |
| 1 | 《集安洞沟三室墓壁画著录补正》 | 2 | 0 | 7 | 0 |
| 2 | 《集安长川一号壁画墓》 | 4 | 5 | 14 | 1 |
| 3 | 《吉林集安长川二号封土墓发掘纪要》 | 0 | 0 | 3 | 0 |
| 4 | 《集安洞沟三座壁画墓》 | 4 | 0 | 3 | 1 |
| | 合计 | 10 | 5 | 27 | 2 |
| 2000—2009 年 | | | | | |
| 1 | 《集安下解放第 31 号高句丽壁画墓》 | 0 | 1 | 0 | 0 |
| 2 | 《集安高句丽壁画》环纹墓(JXM033) | 0 | 0 | 2 | 0 |
| 3 | 《集安高句丽壁画》角抵墓(JYM457) | 3 | 1 | 8 | 1 |
| 4 | 《集安高句丽壁画》四神墓(JYM2112) | 0 | 2 | 4 | 0 |
| 5 | 《集安高句丽壁画》舞踊墓(JYM458) | 4 | 3 | 12 | 1 |
| | 合计 | 7 | 7 | 26 | 2 |
| 2010—2019 年 | | | | | |
| | 合计 | 0 | 0 | 0 | 0 |
| 北京市 | | | | | |
| 1949—1966 年 | | | | | |
| 1 | 《北京郊区辽墓发掘简报》 | 1 | 0 | 1 | 0 |

| | 项目 | 考古内容 | 宗教内容 | 美术内容 | 其他内容 |
|---|---|---|---|---|---|
| 2 | 《北京南郊辽赵德钧墓》 | 5 | 0 | 2 | 2 |
| 3 | 《北京西郊百万庄辽墓发掘简报》 | 4 | 0 | 1 | 3 |
| | 合计 | 10 | 0 | 4 | 5 |
| | 1967—1977 年 | | | | |
| | 合计 | 0 | 0 | 0 | 0 |
| | 1977—1999 年 | | | | |
| 1 | 《北京市斋堂辽壁画墓发掘简报》 | 1 | 0 | 2 | 0 |
| 2 | 《北京市密云县元代壁画墓》 | 0 | 0 | 3 | 1 |
| 3 | 《辽韩佚墓发掘报告》 | 5 | 1 | 6 | 4 |
| 4 | 《北京市门头沟区发现清代墓葬壁画》 | 0 | 0 | 0 | 0 |
| | 合计 | 6 | 1 | 11 | 5 |
| | 2000—2009 年 | | | | |
| 1 | 《北京市石景山区八角村魏晋墓》 | 1 | 0 | 3 | 0 |
| 2 | 《石景山八角村金赵励墓墓志与壁画》 | 0 | 0 | 1 | 0 |
| 3 | 《北京大兴区青云店辽墓》 | 2 | 0 | 0 | 0 |
| 4 | 《北京延庆发现辽金时期壁画墓》 | 2 | 0 | 1 | 0 |
| | 合计 | 5 | 0 | 5 | 0 |
| | 2010—2019 年 | | | | |
| 1 | 《北京市海淀区八里庄唐墓》 | 1 | 0 | 0 | 0 |
| | 合计 | 1 | 0 | 0 | 0 |
| | 浙江省 | | | | |
| | 1949—1966 年 | | | | |
| | 合计 | 0 | 0 | 0 | 0 |
| | 1967—1977 年 | | | | |
| | 合计 | 0 | 0 | 0 | 0 |
| | 1977—1999 年 | | | | |
| 1 | 《浙江海宁东汉画像石墓发掘简报》 | 1 | 1 | 5 | 0 |

| | 项目 | 考古内容 | 宗教内容 | 美术内容 | 其他内容 |
|---|---|---|---|---|---|
| 2 | 《试析南方发现的唐代壁画墓》 | 0 | 0 | 0 | 0 |
| 3 | 《浙江省余杭南朝画像砖墓清理简报》 | 0 | 0 | 0 | 0 |
| 4 | 《章丘女郎山宋金元明壁画墓的发掘》 | 0 | 0 | 0 | 0 |
| | 合计 | 1 | 1 | 5 | 0 |
| | 2000—2009 年 | | | | |
| 1 | 《浙江临安五代吴越国康陵发掘简报》 | 0 | 0 | 0 | 0 |
| | 合计 | 0 | 0 | 0 | 0 |
| | 2010—2019 年 | | | | |
| 1 | 《温州北宋吴辉夫妇合葬壁画墓》 | 0 | 0 | 0 | 0 |
| 2 | 《浙江龙游县方家山东汉新安长墓》 | 0 | 0 | 0 | 0 |
| | 合计 | 0 | 0 | 0 | 0 |
| | 广东省 | | | | |
| | 1949—1966 年 | | | | |
| 1 | 《唐代张九龄墓发掘简报》 | 1 | 0 | 1 | 0 |
| 2 | 《广东韶关市郊古墓发掘报告》 | 2 | 0 | 0 | 0 |
| | 合计 | 3 | 0 | 1 | 0 |
| | 1967—1977 年 | | | | |
| | 合计 | 0 | 0 | 0 | 0 |
| | 1977—1999 年 | | | | |
| 1 | 《西汉南越王墓发掘初步报告》 | 4 | 0 | 0 | 0 |
| | 合计 | 4 | 0 | 0 | 0 |
| | 2000—2009 年 | | | | |
| | 合计 | 0 | 0 | 0 | 0 |
| | 2010—2019 年 | | | | |
| 1 | 《广东连州市铁鬼坪墓地清理简报》 | 0 | 0 | 0 | 0 |
| | 合计 | 0 | 0 | 0 | 0 |

续表

| 项目 | | 考古内容 | 宗教内容 | 美术内容 | 其他内容 |
|---|---|---|---|---|---|
| 黑龙江省 | | | | | |
| 1949—1966 年 | | | | | |
| | 合计 | 0 | 0 | 0 | 0 |
| 1967—1977 年 | | | | | |
| | 合计 | 0 | 0 | 0 | 0 |
| 1977—1999 年 | | | | | |
| | 合计 | 0 | 0 | 0 | 0 |
| 2000—2009 年 | | | | | |
| | 合计 | 0 | 0 | 0 | 0 |
| 2010—2019 年 | | | | | |
| 1 | 《20 世纪黑龙江省渤海时期考古的历史与成就》 | 0 | 0 | 0 | 0 |
| | 合计 | 0 | 0 | 0 | 0 |
| 中部地区墓室壁画考古评论 | | | | | |
| 河南省 | | | | | |
| 1949—1966 年 | | | | | |
| 1 | 《郑州二里岗宋墓发掘记》 | 0 | 0 | 0 | 0 |
| 2 | 《洛阳涧西宋墓(九·七·二号)清理记》 | 0 | 0 | 1 | 0 |
| 3 | 《洛阳 30、14 号汉墓发掘简报》 | 0 | 0 | 0 | 0 |
| 4 | 《白沙宋墓》(一号墓、二号墓、三号墓) | 8 | 2 | 8 | 3 |
| 5 | 《郑州南关外北宋砖室墓》 | 0 | 0 | 0 | 0 |
| 6 | 《河南邓县发现北朝七色彩绘画象砖墓》 | 0 | 0 | 1 | 0 |
| 7 | 《南阳汉代石刻墓》 | 0 | 0 | 1 | 0 |
| 8 | 《郑州南关 159 号汉墓的发掘》 | 1 | 0 | 0 | 0 |
| 9 | 《河南密县打虎亭发现大型汉代壁画墓和画象石墓》 | 5 | 1 | 3 | 2 |
| 10 | 《河南南阳杨官寺汉画象石墓发掘报告》 | 1 | 0 | 0 | 0 |
| 11 | 《河南襄城茨沟汉画象石墓》 | 0 | 0 | 0 | 0 |
| 12 | 《洛阳西汉壁画墓发掘报告》 | 1 | 0 | 3 | 0 |

续表

| | 项目 | 考古内容 | 宗教内容 | 美术内容 | 其他内容 |
|---|---|---|---|---|---|
| 13 | 《河南巩县宋陵调查》 | 1 | 0 | 4 | 3 |
| | 合计 | 17 | 3 | 21 | 8 |
| | 1967—1977 年 | | | | |
| 1 | 《唐河针织厂汉画像石墓的发掘》 | 4 | 0 | 4 | 1 |
| 2 | 《河南洛阳北魏元乂墓调查》 | 0 | 0 | 0 | 0 |
| 3 | 《洛阳西汉卜千秋壁画墓发掘简报》 | 3 | 0 | 10 | 1 |
| | 合计 | 7 | 0 | 14 | 2 |
| | 1977—1999 年 | | | | |
| 1 | 《上蔡宋墓》 | 0 | 0 | 1 | 0 |
| 2 | 《河南武陟县小董金代雕砖墓》 | 1 | 0 | 0 | 0 |
| 3 | 《新乡市郊明潞简王墓及其石刻》 | 3 | 0 | 2 | 1 |
| 4 | 《河南焦作金墓发掘简报》 | 1 | 0 | 3 | 0 |
| 5 | 《河南方城东关汉画像石墓》 | 0 | 0 | 0 | 0 |
| 6 | 《河南永城固上村汉画像石墓》 | 0 | 0 | 1 | 0 |
| 7 | 《焦作金代壁画墓发掘简报》 | 0 | 0 | 0 | 0 |
| 8 | 《唐河汉郁平大尹冯君孺人画象石墓》 | 5 | 2 | 3 | 0 |
| 9 | 《邓县长冢店汉画像石墓》 | 0 | 0 | 0 | 0 |
| 10 | 《洛阳龙门唐安菩夫妇墓》 | 2 | 0 | 1 | 0 |
| 11 | 《南召云阳宋代雕砖墓》 | 0 | 0 | 0 | 0 |
| 12 | 《河南唐河县石灰窑村画像石墓》 | 1 | 2 | 0 | 0 |
| 13 | 《洛阳西工东汉壁画墓》 | 0 | 0 | 0 | 0 |
| 14 | 《南阳县王寨汉画像石墓》 | 0 | 0 | 0 | 0 |
| 15 | 《南阳县赵寨砖瓦厂汉画像石墓》 | 1 | 1 | 1 | 0 |
| 16 | 《荥阳司村宋代壁画墓发掘简报》 | 0 | 0 | 0 | 0 |
| 17 | 《唐河县电厂汉画像石墓》 | 2 | 0 | 1 | 0 |
| 18 | 《淅川县下寺汉画像砖墓》 | 0 | 0 | 0 | 0 |
| 19 | 《温县宋墓发掘简报》 | 1 | 0 | 3 | 0 |

续表

| | 项目 | 考古内容 | 宗教内容 | 美术内容 | 其他内容 |
|---|---|---|---|---|---|
| 20 | 《沁阳县西向发现北朝墓及画像石棺床》 | 0 | 0 | 0 | 0 |
| 21 | 《河南南阳英庄汉画像石墓》 | 0 | 1 | 0 | 0 |
| 22 | 《美国波士顿美术馆藏洛阳汉墓壁画考略》 | 1 | 0 | 0 | 0 |
| 23 | 《河南方城县城关镇汉画像石墓》 | 0 | 0 | 0 | 0 |
| 24 | 《河南南阳县英庄汉画像石墓》 | 0 | 0 | 0 | 0 |
| 25 | 《荥阳二十里铺明代原武温穆王壁画墓》 | 3 | 0 | 0 | 0 |
| 26 | 《洛阳北宋张君墓画像石棺》 | 0 | 0 | 0 | 0 |
| 27 | 《河南偃师杏园村东汉壁画墓》 | 1 | 0 | 0 | 0 |
| 28 | 《郑州市乾元北街空心画像砖墓》 | 0 | 1 | 0 | 0 |
| 29 | 《禹县东十里村东汉画像石墓发掘简报》 | 0 | 0 | 1 | 0 |
| 30 | 《南阳市独山西坡汉画像石墓》 | 2 | 0 | 0 | 0 |
| 31 | 《南阳市建材试验厂汉画像石墓》 | 2 | 0 | 0 | 0 |
| 32 | 《宜阳县牌窑西汉画像砖墓清理简报》 | 0 | 0 | 0 | 0 |
| 33 | 《南阳市王庄汉画像石墓》 | 2 | 0 | 2 | 0 |
| 34 | 《唐河县湖阳镇汉画像石墓清理简报》 | 1 | 0 | 0 | 0 |
| 35 | 《唐河县针织厂二号汉画像石墓》 | 1 | 0 | 1 | 0 |
| 36 | 《新野县前高庙村汉画像石墓》 | 1 | 0 | 0 | 0 |
| 37 | 《河南南阳县十里铺画像石墓》 | 1 | 0 | 0 | 0 |
| 38 | 《夏邑县杨楼春秋两汉墓发掘简报》 | 0 | 0 | 0 | 0 |
| 39 | 《方城党庄汉画像石墓——兼谈南阳汉画像石墓的衰亡问题》 | 1 | 0 | 0 | 0 |
| 40 | 《郑州市向阳肥料社汉代画像砖墓》 | 0 | 1 | 0 | 0 |
| 41 | 《新郑山水寨汉墓发掘简报》 | 0 | 0 | 0 | 0 |
| 42 | 《密县后士郭汉画像石墓发掘报告》 | 0 | 0 | 0 | 0 |
| 43 | 《陕县唐代姚懿墓发掘报告》 | 0 | 0 | 0 | 0 |
| 44 | 《嵩县北元村宋代壁画墓》 | 0 | 1 | 1 | 0 |
| 45 | 《宋太宗元德李后陵发掘报告》 | 0 | 0 | 2 | 2 |
| 46 | 《巩县西村宋代石棺墓清理简报》 | 0 | 0 | 0 | 0 |

续表

| | 项目 | 考古内容 | 宗教内容 | 美术内容 | 其他内容 |
|---|---|---|---|---|---|
| 47 | 《郑州市南仓西街两座汉墓的发掘》 | 0 | 1 | 0 | 0 |
| 48 | 《河南夏邑吴庄石椁墓》 | 0 | 0 | 0 | 0 |
| 49 | 《新郑山水寨沟汉画像砖墓》 | 0 | 0 | 0 | 0 |
| 50 | 《新安县石寺李村的两座宋墓》 | 0 | 0 | 0 | 0 |
| 51 | 《永城芒山柿园发现梁国国王壁画墓》 | 0 | 0 | 0 | 0 |
| 52 | 《焦作电厂金墓发掘简报》 | 0 | 0 | 1 | 0 |
| 53 | 《林县一中宋墓清理简报》 | 0 | 0 | 0 | 0 |
| 54 | 《新野樊集汉画像砖墓》 | 1 | 0 | 2 | 0 |
| 55 | 《永城太丘一号汉画像石墓》 | 1 | 0 | 0 | 0 |
| 56 | 《永城太丘二号汉画像石墓》 | 1 | 0 | 0 | 0 |
| 57 | 《禹州市坡街宋壁画墓清理简报》 | 0 | 0 | 0 | 0 |
| 58 | 《河南淮阳北关一号汉墓发掘简报》 | 0 | 0 | 0 | 1 |
| 59 | 《永城僖山汉画像石墓》 | 0 | 0 | 0 | 0 |
| 60 | 《河南洛阳北郊东汉壁画墓》 | 1 | 0 | 0 | 0 |
| 61 | 《河南南阳县蒲山汉墓的发掘》 | 0 | 1 | 0 | 0 |
| 62 | 《南阳市刘洼村汉画像石墓》 | 0 | 1 | 0 | 0 |
| 63 | 《河南新安县古村北宋壁画墓》 | 1 | 1 | 1 | 0 |
| 64 | 《河南永城芒山西汉梁国王陵的调查》 | 0 | 0 | 8 | 3 |
| 65 | 《洛阳邙山宋代壁画墓》 | 2 | 0 | 0 | 1 |
| 66 | 《洛阳市朱村东汉壁画墓发掘简报》 | 1 | 0 | 1 | 0 |
| 67 | 《洛阳偃师县新莽壁画墓清理简报》 | 1 | 0 | 1 | 0 |
| 68 | 《安阳小南海宋代壁画墓》 | 0 | 0 | 1 | 0 |
| 69 | 《河南洛宁北宋乐重进画像石棺》 | 0 | 0 | 3 | 0 |
| 70 | 《河南省陕县化纤厂宋墓发掘简报》 | 0 | 0 | 0 | 0 |
| 71 | 《河南舞阳(阳)发现汉代画像石》 | 0 | 0 | 0 | 0 |
| 72 | 《洛阳浅井头西汉壁画墓发掘简报》 | 1 | 0 | 0 | 0 |
| 73 | 《洛阳伊川元墓发掘简报》 | 0 | 0 | 0 | 0 |

续表

| | 项目 | 考古内容 | 宗教内容 | 美术内容 | 其他内容 |
|---|---|---|---|---|---|
| 74 | 《南阳市第二化工厂21号画像石墓发掘简报》 | 0 | 0 | 0 | 0 |
| 75 | 《义马市金代砖雕墓发掘简报》 | 0 | 0 | 0 | 0 |
| 76 | 《登封王上壁画墓发掘简报》 | 0 | 0 | 2 | 0 |
| 77 | 《河南密县后士郭三号汉墓调查记》 | 0 | 0 | 0 | 0 |
| 78 | 《河南淅川汉画像砖墓发掘报告》 | 0 | 0 | 0 | 0 |
| 79 | 《河南修武大位金代杂剧砖雕墓》 | 0 | 0 | 1 | 0 |
| 80 | 《洛阳孟津北陈村北魏壁画墓》 | 0 | 0 | 0 | 0 |
| 81 | 《河南密县周岗汉画像砖墓》 | 0 | 0 | 0 | 0 |
| 82 | 《唐睿宗贵妃豆卢氏墓发掘简报》 | 0 | 0 | 0 | 0 |
| 83 | 《河南温县西关宋墓》 | 1 | 0 | 3 | 0 |
| 84 | 《河南荥阳县康寨汉代空心砖墓》 | 0 | 0 | 0 | 0 |
| 85 | 《河南省邓州市梁寨汉画像石墓》 | 0 | 1 | 0 | 0 |
| 86 | 《河南省南阳市十里铺二号画像石墓》 | 0 | 0 | 0 | 0 |
| 87 | 《河南宜阳北宋画像石棺》 | 0 | 0 | 0 | 0 |
| 88 | 《南阳市邢营画像石墓发掘报告》 | 0 | 0 | 0 | 0 |
| 89 | 《河南荥阳苌村汉代壁画墓调查》 | 0 | 0 | 0 | 0 |
| 90 | 《河南洛阳市第3850号东汉墓》 | 0 | 0 | 0 | 0 |
| 91 | 《河南荥阳金墓发掘简报》 | 0 | 0 | 0 | 0 |
| 92 | 《河南南阳蒲山二号汉画像石墓》 | 0 | 0 | 0 | 0 |
| 93 | 《河南省邓州市北宋赵荣壁画墓》 | 0 | 0 | 0 | 0 |
| 94 | 《南阳中建七局机械厂汉画像石墓》 | 0 | 1 | 0 | 1 |
| 95 | 《安阳宋代壁画墓考》 | 0 | 0 | 0 | 0 |
| 96 | 《河南新密市平陌宋代壁画墓》 | 3 | 0 | 2 | 0 |
| 97 | 《河南新密市李堂画像砖墓的发掘》 | 0 | 0 | 0 | 0 |
| 98 | 《河南新安县宋村北宋雕砖壁画墓》 | 1 | 0 | 0 | 0 |
| 99 | 《河南林县金墓清理简报》 | 0 | 0 | 0 | 0 |
| 100 | 《河南荥阳孤伯嘴壁画墓发掘简报》 | 0 | 0 | 0 | 0 |

续表

| | 项目 | 考古内容 | 宗教内容 | 美术内容 | 其他内容 |
|---|---|---|---|---|---|
| 101 | 《登封卢店明代壁画墓》 | 0 | 0 | 0 | 0 |
| 102 | 《新密下庄河宋代壁画墓》 | 0 | 0 | 0 | 0 |
| 103 | 《南阳市药材市场画像石墓发掘简报》 | 0 | 0 | 0 | 0 |
| 104 | 《新安县城关镇北宋壁画墓》 | 0 | 0 | 0 | 0 |
| | 合计 | 48 | 15 | 49 | 9 |
| | 2000—2009 年 | | | | |
| 1 | 《浚县贾胡庄东汉画像石墓》 | 1 | 0 | 0 | 0 |
| 2 | 《荥阳杜常村金代砖雕墓》 | 0 | 0 | 0 | 0 |
| 3 | 《河南登封黑山沟宋代壁画墓》 | 4 | 1 | 6 | 3 |
| 4 | 《洛阳北魏元怿墓壁画墓》 | 0 | 0 | 1 | 0 |
| 5 | 《登封高村壁画墓清理简报》 | 1 | 0 | 0 | 0 |
| 6 | 《洛阳尹屯新莽壁画墓》 | 0 | 0 | 0 | 0 |
| 7 | 《河南淅川杨营墓群发掘简报》 | 0 | 0 | 0 | 0 |
| 8 | 《唐安国相王孺人唐氏、崔氏墓发掘简报》 | 0 | 0 | 2 | 1 |
| 9 | 《洛阳新发现西汉画像砖》 | 0 | 0 | 0 | 1 |
| 10 | 《河南南阳市安居新村汉画像石墓》 | 0 | 0 | 0 | 0 |
| 11 | 《河南登封城南庄宋代壁画墓》 | 1 | 0 | 0 | 0 |
| 12 | 《河南尉氏县张氏镇宋墓发掘简报》 | 0 | 0 | 0 | 0 |
| 13 | 《洛阳伊川后晋孙璠墓发掘简报》 | 0 | 0 | 0 | 0 |
| 14 | 《河南南阳陈棚汉代彩绘画像石墓》 | 0 | 0 | 3 | 0 |
| 15 | 《河南登封市双庙小区宋代砖室墓发掘简报》 | 1 | 0 | 0 | 0 |
| 16 | 《富弼家族墓地发掘简报》 | 1 | 0 | 0 | 0 |
| 17 | 《荥阳槐西壁画墓发掘简报》 | 0 | 0 | 0 | 0 |
| 18 | 《河南永城保安山汉画像石墓》 | 0 | 0 | 0 | 0 |
| 19 | 《济源市东石露头村宋代壁画墓》 | 0 | 0 | 2 | 0 |
| 20 | 《河南南阳辛店熊营汉画像石墓》 | 0 | 2 | 0 | 0 |
| 21 | 《宜阳发现一座金代纪年壁画墓》 | 0 | 0 | 0 | 0 |

| 项目 | | 考古内容 | 宗教内容 | 美术内容 | 其他内容 |
|---|---|---|---|---|---|
| 22 | 《河南焦作白庄宋代壁画墓发掘简报》 | 0 | 0 | 1 | 0 |
| 23 | 《获嘉明代线描壁画墓》 | 0 | 0 | 0 | 0 |
| 24 | 《河南焦作小尚宋冀闰壁画墓发掘简报》 | 0 | 0 | 1 | 0 |
| | 合计 | 9 | 3 | 16 | 5 |
| 2010—2019 年 | | | | | |
| 1 | 《河南安阳市置度村八号隋墓发掘简报》 | 0 | 0 | 0 | 0 |
| 2 | 《河南林州市北宋雕砖壁画墓清理简报》 | 0 | 0 | 1 | 0 |
| 3 | 《河南林州市李家池宋代壁画墓清理简报》 | 0 | 0 | 1 | 0 |
| 4 | 《新安县发现一座宋代壁画墓》 | 0 | 0 | 0 | 0 |
| 5 | 《河南南阳市永泰小区汉画像石墓》 | 0 | 0 | 0 | 0 |
| 6 | 《河南省南阳市万家园汉画像石墓》 | 0 | 1 | 0 | 0 |
| 7 | 《洛阳洛龙区关林庙宋代砖雕墓发掘简报》 | 2 | 0 | 2 | 0 |
| 8 | 《河南淅川县阎杆岭 83 号墓发掘简报》 | 0 | 0 | 0 | 0 |
| 9 | 《河南孟津县上店村唐代壁画墓》 | 0 | 0 | 0 | 0 |
| 10 | 《河南南阳市八一路汉代画像石墓》 | 0 | 0 | 0 | 0 |
| 11 | 《河南新乡市王门东汉画像石墓的发掘》 | 0 | 0 | 0 | 0 |
| 12 | 《郑州市北二七路两座砖雕宋墓发掘简报》 | 0 | 0 | 0 | 0 |
| 13 | 《南阳市张衡路汉代画像石墓》 | 0 | 0 | 0 | 0 |
| 14 | 《河南禹州新峰墓地东汉墓(M127)发掘简报》 | 0 | 0 | 0 | 0 |
| 15 | 《河南登封唐庄宋代壁画墓发掘简报》 | 0 | 0 | 0 | 1 |
| 16 | 《河南安阳市北关唐代壁画墓发掘简报》 | 0 | 0 | 0 | 0 |
| 17 | 《洛阳龙盛小学五代壁画墓发掘简报》 | 0 | 0 | 0 | 0 |
| 18 | 《洛阳邙山镇营庄村北五代壁画墓》 | 3 | 0 | 1 | 0 |
| 19 | 《洛阳孟津新庄五代壁画墓发掘简报》 | 1 | 0 | 2 | 0 |
| 20 | 《洛阳苗北村壁画墓发掘简报》 | 0 | 0 | 1 | 0 |
| 21 | 《郑州黄岗寺北宋纪年壁画墓》 | 1 | 0 | 0 | 0 |
| 22 | 《河南禹州新峰墓地东汉画像石墓发掘简报》 | 0 | 0 | 0 | 0 |

| 项目 | | 考古内容 | 宗教内容 | 美术内容 | 其他内容 |
|---|---|---|---|---|---|
| 23 | 《河南郏县黑庙 M79 发掘简报》 | 0 | 0 | 1 | 0 |
| 24 | 《济源市东街明代壁画墓发掘简报》 | 0 | 0 | 0 | 0 |
| 25 | 《洛阳道北五路出土的五代壁画墓》 | 0 | 0 | 0 | 0 |
| 26 | 《洛阳偃师后杜楼村西汉画像石椁墓》 | 0 | 0 | 0 | 0 |
| 27 | 《河南唐河县湖阳镇罐山 10 号汉墓发掘简报》 | 0 | 0 | 0 | 0 |
| 28 | 《南阳麒麟岗汉画像石墓天象图及相关问题》 | 1 | 0 | 9 | 0 |
| 29 | 《南阳市永泰小区画像石墓 M35 发掘简报》 | 0 | 0 | 0 | 0 |
| 30 | 《河南淅川县赵杰娃山头汉墓发掘简报》 | 0 | 0 | 0 | 0 |
| 31 | 《新安宋村北宋砖雕壁画墓测绘简报》 | 0 | 0 | 0 | 0 |
| 32 | 《河南南阳市华鑫苑汉画像砖墓发掘简报》 | 0 | 0 | 0 | 0 |
| 33 | 《洛阳新区北宋砖雕墓发掘简报》 | 0 | 0 | 0 | 0 |
| 34 | 《鹤壁故县北宋纪年壁画墓鉴赏》 | 0 | 0 | 0 | 0 |
| 35 | 《河南三门峡市化工厂两座金代砖雕墓发掘简报》 | 0 | 0 | 0 | 0 |
| 36 | 《洛阳宜阳仁厚宋代壁画墓发掘简报》 | 0 | 0 | 0 | 0 |
| 37 | 《南阳高新区标准厂房汉画像石墓》 | 0 | 0 | 0 | 0 |
| 38 | 《河南宝丰县廖旗营墓地东汉画像石墓》 | 0 | 0 | 0 | 0 |
| 39 | 《河南郑州市第十四中学砖雕墓发掘简报》 | 0 | 0 | 0 | 0 |
| 40 | 《郑州华南城唐范阳卢氏夫人墓发掘简报》 | 0 | 0 | 0 | 0 |
| 41 | 《洛阳伊川昌营唐代石椁墓发掘简报》 | 0 | 0 | 0 | 0 |
| 42 | 《新安县石寺李村北宋宋四郎砖雕壁画墓测绘简报》 | 0 | 0 | 0 | 0 |
| 43 | 《河南新乡市公村宋代墓葬发掘简报》 | 0 | 0 | 0 | 0 |
| 44 | 《洛阳市涧西区王湾村南金代砖雕墓发掘简报》 | 0 | 0 | 0 | 0 |
| 45 | 《洛阳北魏元祉墓发掘简报》 | 3 | 0 | 0 | 0 |
| 46 | 《河南淅川大石桥宋墓发掘简报》 | 0 | 0 | 0 | 0 |
| 47 | 《河南省濮阳县这河寨北齐李亨墓发掘简报》 | 0 | 0 | 0 | 1 |
| 48 | 《南阳市宛城区陈棚汉墓发掘简报》 | 0 | 0 | 0 | 0 |

续表

| | 项目 | 考古内容 | 宗教内容 | 美术内容 | 其他内容 |
|---|---|---|---|---|---|
| 49 | 《河南义马狂口村金代砖雕壁画墓发掘简报》 | 0 | 0 | 0 | 0 |
| 50 | 《南阳唐河县西冢张村画像石墓发掘简报》 | 0 | 0 | 0 | 0 |
| 51 | 《河南焦作东城美苑 M1 发掘简报》 | 0 | 0 | 0 | 0 |
| 52 | 《河南夏邑杜庄汉墓群考古清理简报》 | 0 | 0 | 0 | 0 |
| 53 | 《河南新郑市梨河镇中心社区宋墓发掘简报》 | 0 | 0 | 0 | 0 |
| 54 | 《河南荥阳明代周懿王壁画墓发掘记》 | 1 | 0 | 0 | 1 |
| 55 | 《河南淅川全岗遗址宋墓发掘简报》 | 0 | 0 | 0 | 0 |
| 56 | 《郑州华南城二路金代砖雕壁画墓发掘简报》 | 0 | 0 | 0 | 0 |
| 57 | 《豫北地区发现一处金代高僧壁画墓葬》 | 0 | 0 | 0 | 0 |
| 58 | 《南阳市万盛房地产明代画像石墓(M9)发掘简报》 | 0 | 0 | 0 | 0 |
| 59 | 《南阳市宛城区达士营汉画像石墓》 | 0 | 0 | 0 | 0 |
| | 合计 | 12 | 1 | 18 | 3 |

山西省

1949—1966 年

| | 项目 | 考古内容 | 宗教内容 | 美术内容 | 其他内容 |
|---|---|---|---|---|---|
| 1 | 《山西平定县东回村古墓中的彩画》 | 0 | 0 | 0 | 0 |
| 2 | 《山西绛县裴家堡古墓清理简报》 | 0 | 0 | 0 | 0 |
| 3 | 《山西榆次猫儿岭发现明代砖墓》 | 0 | 0 | 0 | 1 |
| 4 | 《山西垣曲东铺村的金墓》 | 0 | 0 | 0 | 0 |
| 5 | 《太原南郊金胜村唐墓》 | 1 | 0 | 0 | 0 |
| 6 | 《太原市金胜村第六号唐代壁画墓》 | 2 | 0 | 2 | 1 |
| 7 | 《山西平陆枣园村壁画汉墓》 | 0 | 0 | 1 | 0 |
| 8 | 《侯马金代董氏墓介绍》 | 1 | 0 | 1 | 1 |
| 9 | 《山西孝义下吐京和梁家庄金、元墓发掘简报》 | 1 | 0 | 0 | 0 |
| 10 | 《山西芮城永乐宫旧址宋德方、潘德冲和"吕祖"墓发掘简报》 | 0 | 0 | 0 | 0 |
| 11 | 《山西大同郊区五座辽壁画墓》 | 1 | 0 | 0 | 0 |
| 12 | 《山西文水北峪口的一座古墓》 | 1 | 0 | 0 | 0 |
| 13 | 《山西省大同市元代冯道真、王青墓清理简报》 | 1 | 0 | 0 | 0 |

续表

| | 项目 | 考古内容 | 宗教内容 | 美术内容 | 其他内容 |
|---|---|---|---|---|---|
| 14 | 《山西大同卧虎湾四座辽代壁画墓》 | 1 | 0 | 0 | 0 |
| 15 | 《山西长治李村沟壁画墓清理》 | 0 | 0 | 0 | 0 |
| 16 | 《山西太原郊区宋、金、元代砖墓》 | 0 | 0 | 0 | 0 |
| 17 | 《侯马的一座带壁画宋墓》 | 0 | 0 | 0 | 0 |
| | 合计 | 9 | 0 | 4 | 3 |
| 1967—1977 年 | | | | | |
| | 合计 | 0 | 0 | 0 | 0 |
| 1977—1999 年 | | | | | |
| 1 | 《北齐库狄迴洛墓》 | 1 | 0 | 0 | 2 |
| 2 | 《山西襄汾县南董金墓清理简报》 | 0 | 0 | 0 | 0 |
| 3 | 《山西稷山金墓发掘简报》 | 0 | 0 | 1 | 2 |
| 4 | 《山西新绛南范庄、吴岭庄金元墓发掘简报》 | 2 | 0 | 2 | 1 |
| 5 | 《太原市北齐娄叡墓发掘简报》 | 4 | 4 | 14 | 2 |
| 6 | 《山西长治市故漳金代纪年墓》 | 0 | 0 | 0 | 0 |
| 7 | 《山西长治市捉马村元代壁画墓》 | 0 | 0 | 0 | 0 |
| 8 | 《山西长子县石哲金代壁画墓》 | 0 | 0 | 1 | 0 |
| 9 | 《山西省闻喜县金代砖雕、壁画墓》 | 0 | 0 | 1 | 0 |
| 10 | 《山西襄汾县曲里村金元墓清理简报》 | 0 | 0 | 0 | 0 |
| 11 | 《山西省长治县郝家庄元墓》 | 0 | 0 | 0 | 0 |
| 12 | 《山西闻喜寺底金墓》 | 0 | 0 | 0 | 0 |
| 13 | 《山西运城西里庄元代壁画墓》 | 0 | 0 | 0 | 0 |
| 14 | 《太原市南郊唐代壁画墓清理简报》 | 0 | 0 | 0 | 0 |
| 15 | 《山西襄汾金墓清理简报》 | 1 | 0 | 0 | 0 |
| 16 | 《山西闻喜下阳宋金时期墓》 | 0 | 0 | 0 | 0 |
| 17 | 《山西长治安昌金墓》 | 0 | 0 | 1 | 0 |
| 18 | 《太原金胜村 337 号唐代壁画墓》 | 0 | 0 | 1 | 2 |
| 19 | 《山西汾阳金墓发掘简报》 | 0 | 0 | 1 | 0 |

续表

| | 项目 | 考古内容 | 宗教内容 | 美术内容 | 其他内容 |
|---|---|---|---|---|---|
| 20 | 《大同市南郊金代壁画墓》 | 1 | 0 | 3 | 0 |
| 21 | 《太原金胜村 555 号唐墓》 | 0 | 0 | 1 | 2 |
| 22 | 《大同元代壁画墓》 | 0 | 0 | 0 | 0 |
| 23 | 《山西绛县下村发现一座砖雕墓》 | 0 | 0 | 1 | 0 |
| 24 | 《山西榆社县发现北魏画像石棺》 | 0 | 0 | 0 | 0 |
| 25 | 《山西夏县王村东汉壁画墓》 | 0 | 0 | 0 | 0 |
| 26 | 《朔州辽代壁画墓发掘简报》 | 0 | 0 | 0 | 0 |
| 27 | 《山西离石再次发现东汉画像石墓》 | 4 | 0 | 3 | 1 |
| 28 | 《山西交城县的一座元代石室墓》 | 0 | 0 | 0 | 0 |
| 29 | 《山西平定宋、金壁画墓简报》 | 0 | 0 | 0 | 0 |
| 30 | 《山西长治市南郊元代壁画墓》 | 0 | 0 | 0 | 0 |
| 31 | 《侯马市区元代墓葬发掘简报》 | 0 | 0 | 0 | 0 |
| 32 | 《侯马 65H4M102 金墓》 | 2 | 0 | 1 | 2 |
| 33 | 《唐薛儆墓发掘简报》 | 1 | 0 | 2 | 0 |
| 34 | 《山西壶关南村宋代砖雕墓》 | 0 | 0 | 1 | 0 |
| 35 | 《山西永济上村东汉壁画墓清理简报》 | 0 | 0 | 0 | 0 |
| 36 | 《山西潞城县北关宋代砖雕墓》 | 0 | 0 | 1 | 0 |
| 37 | 《平阳金墓砖雕》 | 0 | 0 | 0 | 0 |
| 38 | 《太原南郊北齐壁画墓》 | 0 | 0 | 1 | 0 |
| | 合计 | 16 | 4 | 36 | 14 |
| 2000—2009 年 | | | | | |
| 1 | 《长治市西白兔村宋代壁画墓发掘简报》 | 0 | 0 | 0 | 0 |
| 2 | 《离石市石盘汉画像石墓发掘简报》 | 5 | 0 | 3 | 1 |
| 3 | 《榆社县发现一批石棺》 | 0 | 0 | 0 | 0 |
| 4 | 《山西沁县发现金代砖雕墓》 | 0 | 0 | 1 | 0 |
| 5 | 《大同智家堡北魏墓石椁壁画》 | 0 | 0 | 1 | 0 |
| 6 | 《山西太原王家峰惊现保存完好的北齐壁画》 | 0 | 0 | 1 | 0 |

续表

| | 项目 | 考古内容 | 宗教内容 | 美术内容 | 其他内容 |
|---|---|---|---|---|---|
| 7 | 《大同市北魏宋绍祖墓发掘简报》 | 1 | 0 | 0 | 1 |
| 8 | 《山西壶关下好牢宋墓》 | 1 | 0 | 2 | 0 |
| 9 | 《山西大同市金代徐龟墓》 | 0 | 0 | 3 | 0 |
| 10 | 《山西长治故县村宋代壁画墓》 | 0 | 0 | 1 | 0 |
| 11 | 《山西大同市辽代军节度使许从赟夫妇壁画墓》 | 0 | 0 | 0 | 0 |
| 12 | 《北齐徐显秀墓发掘记》 | 2 | 3 | 13 | 3 |
| 13 | 《离石马茂庄汉画像石墓》 | 3 | 1 | 3 | 2 |
| 14 | 《山西大同沙岭北魏壁画墓发掘简报》 | 1 | 2 | 1 | 0 |
| 15 | 《山西大同机车厂辽代壁画墓》 | 0 | 0 | 0 | 0 |
| 16 | 《山西大同市辽墓的发掘》 | 0 | 0 | 1 | 0 |
| 17 | 《山西长子县小关村金代纪年壁画墓》 | 0 | 0 | 1 | 0 |
| 18 | 《隋代虞弘墓》 | 0 | 1 | 2 | 2 |
| 19 | 《山西屯留宋村金代壁画墓》 | 2 | 0 | 1 | 0 |
| 20 | 《沁源县段家庄发现宋代砖雕墓》 | 0 | 0 | 0 | 0 |
| 21 | 《山西离石马茂庄建宁四年汉画像石墓》 | 3 | 1 | 3 | 2 |
| 22 | 《山西屯留县康庄工业园区元代壁画墓》 | 0 | 1 | 1 | 0 |
| 23 | 《山西离石石盘汉代画像石墓》 | 0 | 0 | 0 | 0 |
| 24 | 《大同惊现十座北魏墓葬壁画》 | 0 | 0 | 0 | 0 |
| | 合计 | 18 | 9 | 38 | 11 |
| | 2010—2019 年 | | | | |
| 1 | 《山西太原晋源镇三座唐壁画墓》 | 0 | 0 | 0 | 1 |
| 2 | 《山西朔州水泉梁北齐壁画墓发掘简报》 | 0 | 0 | 1 | 2 |
| 3 | 《山西兴县红峪村元至大二年壁画墓》 | 0 | 0 | 3 | 0 |
| 4 | 《山西大同云波里路北魏壁画墓发掘简报》 | 1 | 0 | 0 | 0 |
| 5 | 《山西大同市大同县陈庄北魏墓发掘简报》 | 0 | 0 | 0 | 0 |
| 6 | 《山西大同文瀛路北魏壁画墓发掘简报》 | 0 | 0 | 0 | 1 |
| 7 | 《稷山南阳宋代纪年墓》 | 0 | 0 | 0 | 0 |

续表

| | 项目 | 考古内容 | 宗教内容 | 美术内容 | 其他内容 |
|---|---|---|---|---|---|
| 8 | 《新绛龙兴村金墓发掘报告》 | 0 | 0 | 0 | 0 |
| 9 | 《闻喜北张金墓发掘简报》 | 0 | 0 | 0 | 0 |
| 10 | 《洪洞范村金墓发掘简报》 | 0 | 0 | 0 | 0 |
| 11 | 《长子县碾张村元代壁画墓发掘简报》 | 0 | 0 | 0 | 0 |
| 12 | 《2009 年屯留县康庄墓地发掘简报》 | 0 | 1 | 1 | 0 |
| 13 | 《汾西县北掌墓地发掘简报》 | 0 | 0 | 0 | 0 |
| 14 | 《汾阳杏花村西堡墓地发掘简报》 | 0 | 0 | 0 | 0 |
| 15 | 《山西大同东风里辽代壁画墓发掘简报》 | 0 | 0 | 1 | 0 |
| 16 | 《山西柳林发现的汉彩绘画像石》 | 0 | 0 | 0 | 0 |
| 17 | 《山西夏县宋金墓的发掘》 | 0 | 0 | 0 | 0 |
| 18 | 《和顺县和顺一中金元壁画墓清理简报》 | 0 | 0 | 0 | 0 |
| 19 | 《山西繁峙南关村金代壁画墓发掘简报》 | 0 | 0 | 1 | 0 |
| 20 | 《山西昔阳松溪路宋金墓发掘简报》 | 0 | 0 | 0 | 0 |
| 21 | 《山西忻州市九原岗北朝壁画墓》 | 1 | 1 | 3 | 0 |
| 22 | 《山西盂县皇后村宋金壁画墓》 | 0 | 0 | 0 | 0 |
| 23 | 《山西大同西环路辽金墓发掘简报》 | 0 | 0 | 0 | 0 |
| 24 | 《山西中阳西坡汉墓彩绘画像石》 | 0 | 0 | 0 | 0 |
| 25 | 《娄烦下龙泉村宋代家族墓发掘简报》 | 0 | 0 | 0 | 0 |
| 26 | 《太原刚玉五一生活区元代墓葬发掘简报》 | 0 | 0 | 0 | 0 |
| 27 | 《万柏林区移村金元墓发掘简报》 | 0 | 0 | 0 | 0 |
| 28 | 《古交市河下村元代墓葬》 | 0 | 0 | 0 | 0 |
| 29 | 《太原市王家庄金元壁画墓发掘简报》 | 0 | 0 | 0 | 0 |
| 30 | 《山西阳泉东村元墓发掘简报》 | 0 | 0 | 1 | 0 |
| 31 | 《山西长子南沟金代壁画墓发掘简报》 | 0 | 0 | 0 | 0 |
| 32 | 《山西沁县上庄金墓发掘简报》 | 0 | 0 | 0 | 0 |
| 33 | 《山西汾西郝家沟金代纪年壁画墓发掘简报》 | 0 | 0 | 0 | 0 |
| 34 | 《山西陵川玉泉金代壁画墓发掘简报》 | 0 | 0 | 0 | 0 |

| | 项目 | 考古内容 | 宗教内容 | 美术内容 | 其他内容 |
|---|---|---|---|---|---|
| 35 | 《山西汾西郝家沟金代墓葬发掘简报》 | 0 | 0 | 0 | 0 |
| 36 | 《左权粟城发现的宋代墓葬》 | 0 | 0 | 0 | 0 |
| 37 | 《大同和平社辽金墓群发掘简报》 | 0 | 0 | 0 | 0 |
| 38 | 《山西太原青阳河北汉太惠妃墓发掘简报》 | 0 | 0 | 0 | 0 |
| 39 | 《山西兴县麻子塔元代壁画墓发掘简报》 | 0 | 0 | 0 | 0 |
| 40 | 《山西大同二电厂北魏墓群发掘简报》 | 0 | 0 | 0 | 0 |
| 41 | 《山西晋中龙白金墓发掘简报》 | 0 | 0 | 0 | 0 |
| 42 | 《山西太原唐代赫连山、赫连简墓发掘简报》 | 1 | 0 | 1 | 0 |
| 43 | 《山西大学东山校区发现两座元代壁画墓》 | 0 | 0 | 0 | 0 |
| 44 | 《古交市上白泉村元代石室墓发掘简报》 | 0 | 0 | 0 | 0 |
| 40 | 《山西壶关县上好牢村宋金时期墓葬》 | 0 | 0 | 0 | 0 |
| 41 | 《山西阳泉古城金墓发掘简报》 | 0 | 0 | 0 | 0 |
| | 合计 | 3 | 2 | 12 | 4 |

陕西省

1949—1966 年

| | 项目 | 考古内容 | 宗教内容 | 美术内容 | 其他内容 |
|---|---|---|---|---|---|
| 1 | 《陕西丹凤县商雒镇宋墓清理简报》 | 1 | 0 | 0 | 0 |
| 2 | 《西安韩森寨唐墓清理记》 | 0 | 0 | 0 | 1 |
| 3 | 《西安南郊庞留村的唐墓》 | 0 | 0 | 0 | 0 |
| 4 | 《西安羊头镇唐李爽墓的发掘》 | 2 | 0 | 1 | 1 |
| 5 | 《唐墓壁画》 | 0 | 0 | 0 | 0 |
| 6 | 《长安县南里王村唐韦洞墓发掘记》 | 0 | 0 | 0 | 0 |
| 7 | 《西安东郊唐苏思勖墓清理简报》 | 0 | 0 | 2 | 0 |
| 8 | 《陕西咸阳唐苏君墓发掘》 | 2 | 0 | 0 | 2 |
| 9 | 《唐永泰公主墓发掘简报》 | 5 | 0 | 14 | 2 |
| | 合计 | 10 | 0 | 17 | 6 |

1967—1977 年

| | 项目 | 考古内容 | 宗教内容 | 美术内容 | 其他内容 |
|---|---|---|---|---|---|
| 1 | 《唐郑仁泰墓发掘简报》 | 0 | 0 | 0 | 2 |

续表

| 项目 | | 考古内容 | 宗教内容 | 美术内容 | 其他内容 |
|---|---|---|---|---|---|
| 2 | 《唐懿德太子墓发掘简报》 | 2 | 0 | 9 | 3 |
| 3 | 《唐墓壁画珍品 章怀太子墓壁画》 | 108 | 1 | 15 | 11 |
| 4 | 《唐李寿墓发掘简报》 | 1 | 0 | 8 | 1 |
| 5 | 《陕西省千阳县汉墓发掘简报》 | 0 | 0 | 0 | 0 |
| 6 | 《唐阿史那忠墓发掘简报》 | 0 | 0 | 0 | 2 |
| 7 | 《唐李凤墓发掘简报》 | 0 | 0 | 0 | 0 |
| 合计 | | 111 | 1 | 32 | 19 |
| 1977—1999 年 | | | | | |
| 1 | 《陕西礼泉唐张士贵墓》 | 2 | 0 | 0 | 1 |
| 2 | 《唐尉迟敬德墓发掘简报》 | 0 | 0 | 0 | 0 |
| 3 | 《西安东郊唐墓清理记》 | 1 | 0 | 1 | 1 |
| 4 | 《陕西绥德县延家岔东汉画像石墓》 | 0 | 0 | 0 | 0 |
| 5 | 《陕西绥德汉画像石墓》 | 0 | 0 | 3 | 2 |
| 6 | 《陕西神木柳巷村汉画像石墓》 | 0 | 0 | 0 | 0 |
| 7 | 《昭陵发现陪葬宫人墓》 | 0 | 0 | 0 | 0 |
| 8 | 《陕西米脂县官庄东汉画像石墓》 | 0 | 0 | 0 | 0 |
| 9 | 《唐昭陵长乐公主墓》 | 1 | 0 | 6 | 0 |
| 10 | 《唐安元寿夫妇墓发掘简报》 | 0 | 0 | 0 | 0 |
| 11 | 《长安县南里王村唐壁画墓》 | 0 | 0 | 0 | 0 |
| 12 | 《西安南郊唐韦君夫人等墓葬清理简报》 | 0 | 0 | 0 | 0 |
| 13 | 《唐昭陵段蕳璧墓清理简报》 | 0 | 0 | 0 | 0 |
| 14 | 《唐房陵大长公主墓清理简报》 | 0 | 0 | 1 | 0 |
| 15 | 《陕西绥德延家岔二号画像石墓》 | 0 | 0 | 0 | 0 |
| 16 | 《西安王家坟唐代唐安公主墓》 | 1 | 0 | 0 | 0 |
| 17 | 《唐张仲晖墓发掘简报》 | 0 | 0 | 0 | 0 |
| 18 | 《绥德鸣咽泉村画像石墓》 | 0 | 0 | 0 | 0 |
| 19 | 《岐山郑家村唐元师奖墓清理简报》 | 0 | 0 | 0 | 0 |

续表

| 项目 | | 考古内容 | 宗教内容 | 美术内容 | 其他内容 |
|---|---|---|---|---|---|
| 20 | 《陕西千阳发现金明昌四年雕砖画墓》 | 0 | 0 | 0 | 0 |
| 21 | 《西安唐金乡县主墓清理简报》 | 1 | 0 | 0 | 1 |
| 22 | 《富平县新发现的唐墓壁画》 | 1 | 0 | 1 | 0 |
| 23 | 《陕西神木大保当第 11 号、第 23 号汉画像石墓发掘简报》 | 0 | 0 | 3 | 0 |
| 24 | 《陕西唐墓壁画之研究》（下） | 0 | 0 | 0 | 0 |
| 25 | 《中国文物地图集·陕西分册》 | 0 | 0 | 0 | 0 |
| | 合计 | 7 | 0 | 15 | 6 |
| 2000—2009 年 | | | | | |
| 1 | 《陕西蒲城洞耳村元代壁画墓》 | 1 | 0 | 1 | 1 |
| 2 | 《西安北郊北周安伽墓发掘简报》 | 0 | 0 | 1 | 2 |
| 3 | 《西安西郊陕棉十厂唐壁画墓清理简报》 | 1 | 0 | 0 | 0 |
| 4 | 《陕西旬邑发现东汉壁画墓》 | 2 | 0 | 1 | 1 |
| 5 | 《陕西绥德县四十里铺画像石墓调查简报》 | 0 | 0 | 0 | 0 |
| 6 | 《唐高力士墓发掘简报》 | 1 | 0 | 0 | 1 |
| 7 | 《五代冯晖墓》 | 2 | 0 | 10 | 5 |
| 8 | 《唐严州刺史华文弘夫妇合葬墓》 | 0 | 0 | 0 | 0 |
| 9 | 《唐长安南郊韦慎名墓清理简报》 | 0 | 0 | 0 | 0 |
| 10 | 《西安东郊元代壁画墓》 | 1 | 0 | 2 | 1 |
| 11 | 《陕西绥德县黄家塔汉代画像石墓群》 | 0 | 0 | 0 | 0 |
| 12 | 《唐节愍太子墓发掘简报》 | 0 | 0 | 1 | 1 |
| 13 | 《陕西定边县郝滩发现东汉壁画墓》 | 0 | 0 | 3 | 1 |
| 14 | 《唐新城长公主墓发掘报告》 | 3 | 0 | 2 | 1 |
| 15 | 《唐惠庄太子李㧑墓发掘报告》 | 0 | 0 | 0 | 0 |
| 16 | 《唐李宪墓发掘报告》 | 2 | 0 | 0 | 1 |
| 17 | 《西安北周凉州萨保史君墓发掘简报》 | 0 | 0 | 4 | 0 |
| 18 | 《西安理工大学西汉壁画墓发掘简报》 | 1 | 0 | 2 | 2 |
| 19 | 《陕西安康市张家坎南朝墓葬发掘纪要》 | 0 | 0 | 0 | 0 |

续表

| | 项目 | 考古内容 | 宗教内容 | 美术内容 | 其他内容 |
|---|---|---|---|---|---|
| 20 | 《陕西潼关税村隋代壁画墓》 | 1 | 0 | 4 | 0 |
| 21 | 《西安北周康业墓发掘简报》 | 1 | 0 | 3 | 0 |
| 22 | 《五代李茂贞夫妇墓》 | 2 | 0 | 1 | 0 |
| 23 | 《陕西靖边东汉壁画墓》 | 1 | 0 | 1 | 0 |
| 24 | 《陕西铜川市唐窦及墓发掘简报》 | 0 | 0 | 0 | 0 |
| 25 | 《陕西甘泉金代壁画墓》 | 0 | 0 | 0 | 0 |
| 26 | 《唐代墓室壁画研究》礼泉阿史那思摩（李思摩）墓 | 0 | 0 | 0 | 0 |
| | 合计 | 19 | 0 | 36 | 17 |
| | 2010—2019 年 | | | | |
| 1 | 《陕西彬县东关村明代石室壁画墓的发掘》 | 0 | 0 | 0 | 0 |
| 2 | 《陕西米脂官庄二号画像石墓发掘简报》 | 0 | 0 | 0 | 0 |
| 3 | 《陕西神木大保当东汉画像石墓》 | 1 | 0 | 1 | 0 |
| 4 | 《唐嗣虢王李邕墓发掘简报》 | 0 | 0 | 1 | 0 |
| 5 | 《陕西靖边县统万城周边北朝仿木结构壁画墓发掘简报》 | 2 | 1 | 2 | 0 |
| 6 | 《陕西渭南靳尚村金末元初壁画墓发掘简报》 | 1 | 0 | 1 | 0 |
| 7 | 《长安地区新发现的唐墓壁画》 | 4 | 4 | 24 | 10 |
| 8 | 《陕西西安航天城唐代壁画墓》 | 0 | 0 | 0 | 0 |
| 9 | 《陕西甘泉柳河渠湾金代壁画墓发掘简报》 | 0 | 0 | 0 | 0 |
| 10 | 《陕西横山罗圪台村元代壁画墓发掘简报》 | 1 | 0 | 0 | 1 |
| 11 | 《陕西靖边县杨桥畔渠树壕东汉壁画墓发掘简报》 | 1 | 0 | 1 | 1 |
| 12 | 《陕西西安唐梁行仪夫妇墓发掘简报》 | 0 | 0 | 0 | 0 |
| 13 | 《西安韦曲韩家湾村两座唐代壁画墓发掘简报》 | 0 | 0 | 0 | 0 |
| 14 | 《陕西武功县唐代苏瑜墓发掘简报》 | 1 | 0 | 0 | 0 |
| 15 | 《西安南郊金沱村唐代壁画墓的发现与研究》 | 0 | 0 | 0 | 0 |
| 16 | 《陕西西安西魏吐谷浑公主与茹茹大将军合葬墓发掘简报》 | 0 | 0 | 0 | 0 |

续表

| 项目 | 考古内容 | 宗教内容 | 美术内容 | 其他内容 |
|---|---|---|---|---|
| 合计 | 11 | 5 | 30 | 12 |

湖北省

1949—1966 年

| 1 | 《宋画象石棺》 | 0 | 0 | 0 | 0 |
|---|---|---|---|---|---|
| | 合计 | 0 | 0 | 0 | 0 |

1967—1977 年

| 合计 | 0 | 0 | 0 | 0 |
|---|---|---|---|---|

1977—1999 年

| 1 | 《唐嗣濮王李欣墓发掘简报》 | 3 | 0 | 1 | 1 |
|---|---|---|---|---|---|
| 2 | 《安陆王子山唐吴王妃杨氏墓》 | 2 | 0 | 0 | 0 |
| 3 | 《武昌县郑店乡关山村发现隋墓》 | 0 | 0 | 0 | 0 |
| 4 | 《襄阳贾家冲画像砖墓》 | 3 | 0 | 2 | 1 |
| 5 | 《湖北郧县唐李徽、阎婉墓发掘简报》 | 7 | 0 | 3 | 1 |
| 6 | 《襄樊市区发现一座宋墓》 | 0 | 0 | 0 | 0 |
| 7 | 《武昌东湖三官殿梁墓清理简报》 | 0 | 0 | 0 | 0 |
| 8 | 《房县郭家庄南齐纪年墓发掘简报》 | 0 | 0 | 0 | 0 |
| 9 | 《秭归杨家沱遗址发现壁画砖室墓》 | 0 | 0 | 0 | 0 |
| 10 | 《湖北当阳市郑家大坡东汉画像石墓》 | 0 | 0 | 0 | 0 |
| | 合计 | 15 | 0 | 6 | 3 |

2000—2009 年

| 1 | 《巴东县西瀼口古墓葬 2000 年发掘简报》 | 0 | 0 | 0 | 0 |
|---|---|---|---|---|---|
| 2 | 《三峡库区宝塔河遗址六朝墓葬发掘简报》 | 0 | 0 | 0 | 0 |
| 3 | 《荆门市麻城镇斗笠岗南朝墓发掘简报》 | 0 | 0 | 0 | 0 |
| 4 | 《襄樊长虹南路墓地第二次发掘简报》 | 0 | 0 | 0 | 0 |
| 5 | 《罗田蔡家湾元代砖室墓发掘简报》 | 0 | 0 | 0 | 0 |
| 6 | 《湖北浠水胡油铺唐墓发掘简报》 | 0 | 0 | 0 | 0 |

续表

| 项目 | | 考古内容 | 宗教内容 | 美术内容 | 其他内容 |
|---|---|---|---|---|---|
| 合计 | | 0 | 0 | 0 | 0 |
| 2010—2019 年 | | | | | |
| 1 | 《湖北谷城发掘北宋砖雕壁画墓》 | 0 | 0 | 0 | 0 |
| 2 | 《湖北谷城六朝画像砖墓发掘简报》 | 2 | 0 | 1 | 0 |
| 3 | 《湖北襄阳檀溪宋代壁画墓》 | 1 | 0 | 2 | 0 |
| 4 | 《城区首现汉代画像石墓》 | 0 | 0 | 0 | 0 |
| 5 | 《湖北襄阳麒麟清水沟南朝画像砖墓发掘简报》 | 2 | 0 | 1 | 0 |
| 6 | 《湖北襄阳柿庄南朝画像砖墓发掘简报》 | 2 | 0 | 1 | 1 |
| 合计 | | 7 | 0 | 5 | 1 |
| 安徽省 | | | | | |
| 1949—1966 年 | | | | | |
| 1 | 《合肥西郊乌龟墩古墓清理简报》 | 0 | 0 | 0 | 0 |
| 合计 | | 0 | 0 | 0 | 0 |
| 1967—1977 年 | | | | | |
| 1 | 《安徽六安东三十铺隋画象砖墓》 | 0 | 0 | 0 | 0 |
| 合计 | | 0 | 0 | 0 | 0 |
| 1977—1999 年 | | | | | |
| 1 | 《亳县曹操宗族墓葬》 | 1 | 0 | 1 | 0 |
| 2 | 《安徽宿县褚兰汉画像石墓》 | 8 | 1 | 8 | 2 |
| 合计 | | 9 | 1 | 9 | 2 |
| 2000—2009 年 | | | | | |
| 1 | 《安徽萧县西虎山汉墓清理简报》 | 0 | 0 | 0 | 0 |
| 合计 | | 0 | 0 | 0 | 0 |
| 2010—2019 年 | | | | | |
| 1 | 《安徽萧县新出土的汉代画像石》 | 1 | 0 | 2 | 1 |
| 合计 | | 1 | 0 | 2 | 1 |

续表

| 项目 | | 考古内容 | 宗教内容 | 美术内容 | 其他内容 |
|---|---|---|---|---|---|
| 江西省 | | | | | |
| 1949—1966 年 | | | | | |
| 合计 | | 0 | 0 | 0 | 0 |
| 1967—1977 年 | | | | | |
| 合计 | | 0 | 0 | 0 | 0 |
| 1977—1999 年 | | | | | |
| 1 | 《江西赣州汉代画像砖墓》 | 0 | 0 | 0 | 0 |
| 2 | 《江西于都发现汉画像砖墓》 | 0 | 0 | 0 | 0 |
| 3 | 《江西乐平宋代壁画墓》 | 1 | 0 | 3 | 0 |
| 4 | 《江西樟树北宋道教画像石墓》 | 0 | 0 | 0 | 0 |
| 合计 | | 1 | 0 | 3 | 0 |
| 2000—2009 年 | | | | | |
| 合计 | | 0 | 0 | 0 | 0 |
| 2010—2019 年 | | | | | |
| 1 | 《江西省星子县塔园明代壁画墓发掘简报》 | 1 | 0 | 0 | 1 |
| 合计 | | 1 | 0 | 0 | 1 |
| 湖南省 | | | | | |
| 1949—1966 年 | | | | | |
| 合计 | | 0 | 0 | 0 | 0 |
| 1967—1977 年 | | | | | |
| 合计 | | 0 | 0 | 0 | 0 |
| 2000—2009 年 | | | | | |
| 合计 | | 0 | 0 | 0 | 0 |
| 2010—2019 年 | | | | | |
| 1 | 《湖南桂阳刘家岭宋代壁画墓发掘简报》 | 2 | 2 | 1 | 0 |
| 2 | 《湖南娄底明代壁画墓发掘简报》 | 0 | 0 | 0 | 1 |
| 合计 | | 2 | 2 | 1 | 1 |

续表

| 项目 | | 考古内容 | 宗教内容 | 美术内容 | 其他内容 |
|---|---|---|---|---|---|
| 西部地区墓室壁画考古评论 | | | | | |
| 甘肃省 | | | | | |
| 1949—1966 年 | | | | | |
| 1 | 《敦煌考古漫记（一）》 | 2 | 0 | 1 | 0 |
| 2 | 《甘肃陇西县的宋墓》 | 0 | 0 | 1 | 1 |
| 3 | 《兰州中山林金代雕砖墓清理简报》 | 0 | 0 | 1 | 0 |
| 4 | 《酒泉下河清第 1 号墓和第 18 号墓发掘简报》 | 0 | 0 | 1 | 0 |
| | 合计 | 2 | 0 | 4 | 1 |
| 1967—1977 年 | | | | | |
| 1 | 《嘉峪关汉画像砖墓》 | 9 | 1 | 35 | 8 |
| 2 | 《武威雷台汉墓》 | 1 | 0 | 1 | 1 |
| | 合计 | 10 | 1 | 36 | 9 |
| 1977—1999 年 | | | | | |
| 1 | 《河西出土的汉晋绘画简述》 | 0 | 0 | 0 | 0 |
| 2 | 《酒泉、嘉峪关晋墓的发掘》 | 4 | 3 | 12 | 6 |
| 3 | 《甘肃武威西郊林场西夏墓清理简报》 | 0 | 4 | 3 | 2 |
| 4 | 《甘肃漳县元代汪世显家族墓葬简报之一》 | 1 | 0 | 0 | 3 |
| 5 | 《甘肃漳县元代汪世显家族墓葬简报之二》 | 0 | 0 | 0 | 0 |
| 6 | 《嘉峪关新城十二、十三号画像砖墓发掘简报》 | 1 | 0 | 6 | 1 |
| 7 | 《灵台舍利石棺》 | 0 | 0 | 0 | 0 |
| 8 | 《武威西郊发现西夏墓》 | 0 | 0 | 0 | 0 |
| 9 | 《嘉峪关壁画墓发掘报告》（M2 号墓） | 0 | 0 | 0 | 0 |
| 10 | 《嘉峪关壁画墓发掘报告》（M6 号墓） | 0 | 0 | 12 | 6 |
| 11 | 《嘉峪关壁画墓发掘报告》（M7 号墓） | 0 | 0 | 7 | 2 |
| 12 | 《甘肃静宁发现金代墓葬》 | 0 | 0 | 1 | 0 |
| 13 | 《甘肃合水县三座宋墓测绘简报》 | 0 | 0 | 0 | 0 |
| 14 | 《甘肃武威南滩魏晋墓》 | 0 | 1 | 0 | 0 |

续表

| | 项目 | 考古内容 | 宗教内容 | 美术内容 | 其他内容 |
|---|---|---|---|---|---|
| 15 | 《天水市发现隋唐屏风石棺床墓》 | 1 | 1 | 3 | 1 |
| 16 | 《甘肃甘谷汉模印画像陶棺》 | 0 | 0 | 0 | 0 |
| 17 | 《甘肃临夏金代砖雕墓》 | 0 | 0 | 0 | 0 |
| 18 | 《敦煌祁家湾——西晋十六国墓葬发掘报告》(M310 号墓) | 0 | 0 | 0 | 0 |
| 19 | 《敦煌祁家湾——西晋十六国墓葬发掘报告》(M369 号墓) | 0 | 0 | 0 | 0 |
| 20 | 《甘肃武威磨嘴子发现一座东汉壁画墓》 | 0 | 0 | 0 | 0 |
| 21 | 《武威青咀喇嘛湾唐代吐谷浑王族墓葬》 | 1 | 0 | 0 | 0 |
| 22 | 《甘肃酒泉西沟村魏晋墓发掘报告》 | 0 | 0 | 2 | 1 |
| 23 | 《西夏的葬俗》 | 0 | 0 | 0 | 0 |
| 24 | 《甘肃高台骆驼城画像砖墓调查》 | 0 | 0 | 0 | 1 |
| 25 | 《武威大唐上柱国翟公墓清理简报》 | | | | |
| 26 | 《敦煌佛爷庙湾：西晋画像砖墓》(M37 号墓) | 0 | 0 | 5 | 0 |
| 27 | 《敦煌佛爷庙湾：西晋画像砖墓》(M39 号墓) | 0 | 1 | 1 | 0 |
| 28 | 《敦煌佛爷庙湾：西晋画像砖墓》(M91 号墓) | 0 | 0 | 1 | 0 |
| 29 | 《敦煌佛爷庙湾：西晋画像砖墓》(M118 号墓) | 0 | 0 | 1 | 0 |
| 30 | 《敦煌佛爷庙湾：西晋画像砖墓》(M133 号墓) | 0 | 1 | 2 | 0 |
| 31 | 《敦煌佛爷庙湾：西晋画像砖墓》(M167 号墓) | 0 | 0 | 1 | 0 |
| 32 | 《清水宋代砖雕彩绘墓》 | 0 | 1 | 0 | 0 |
| 33 | 《中国考古学年鉴·1985》武威韩佐五坝山汉墓群 | 0 | 0 | 0 | 0 |
| 合计 | | 8 | 12 | 57 | 23 |
| 2000—2009 年 | | | | | |
| 1 | 《山丹县一中唐墓清理简报》 | 0 | 0 | 0 | 0 |
| 2 | 《武威藏家庄魏晋墓清理简报》 | 0 | 0 | 0 | 0 |
| 3 | 《武威西关西夏墓清理简报》 | 0 | 0 | 0 | 0 |
| 4 | 《高台许三湾东汉墓发掘简报》 | 0 | 0 | 0 | 1 |

续表

| | 项目 | 考古内容 | 宗教内容 | 美术内容 | 其他内容 |
|---|---|---|---|---|---|
| 5 | 《甘肃天水市王家新窑宋代雕砖墓》 | 1 | 0 | 0 | 0 |
| 6 | 《敦煌佛爷庙湾唐代模印砖墓》 | 0 | 0 | 0 | 0 |
| 7 | 《甘肃临夏县宋墓清理简报》 | 0 | 0 | 0 | 0 |
| 8 | 《定西元墓清理简报》 | 0 | 0 | 0 | 0 |
| 9 | 《甘肃环县宋代彩绘砖雕墓》 | 0 | 0 | 0 | 0 |
| 10 | 《武威元墓清理简报》 | 0 | 0 | 0 | 0 |
| 11 | 《甘肃高台县骆驼城墓葬的发掘》 | 0 | 1 | 1 | 1 |
| 12 | 《嘉峪关新城魏晋砖墓发掘报告》 | 0 | 0 | 0 | 0 |
| 13 | 《肃南西水大长岭唐墓清理简报》 | 0 | 0 | 0 | 0 |
| 14 | 《甘肃会宁宋墓发掘简报》 | 0 | 0 | 0 | 0 |
| 15 | 《酒泉小土山墓葬清理简报》 | 0 | 0 | 1 | 0 |
| 16 | 《绚丽的地下艺术宝库：清水宋(金)砖雕彩绘墓》(清水县白沙乡箭峡墓) | 0 | 0 | 0 | 0 |
| 17 | 《浅析武威魏晋时期墓葬的特点》 | 0 | 0 | 0 | 0 |
| 18 | 《记新发现的嘉峪关毛庄子魏晋墓木板画》 | 0 | 0 | 1 | 0 |
| 19 | 《民乐八卦营魏晋壁画墓》(M1、M2、M3) | 0 | 1 | 0 | 0 |
| 20 | 《兰州榆中金代墓葬清理简报》 | 0 | 0 | 0 | 0 |
| 21 | 《定西金代仿木彩绘砖墓》 | 0 | 0 | 0 | 0 |
| 22 | 《甘肃省高台县汉晋墓葬发掘简报》 | 0 | 0 | 0 | 0 |
| 23 | 《甘肃酒泉孙家石滩魏晋墓发掘简报》 | 0 | 0 | 0 | 0 |
| 24 | 《甘肃酒泉三坝湾魏晋墓葬发掘简报》 | 0 | 0 | 0 | 0 |
| 25 | 《清水县后裕新村砖雕彩绘墓清理简报》 | 0 | 0 | 0 | 0 |
| 26 | 《宁县政平唐代墓葬发掘简报》 | 0 | 0 | 0 | 0 |
| 27 | 《甘肃出土魏晋唐墓壁画(下)》酒泉西沟魏晋墓四号墓 | 0 | 0 | 0 | 0 |
| 28 | 《甘肃出土魏晋唐墓壁画(下)》酒泉西沟唐墓一、二号墓 | 0 | 0 | 1 | 0 |
| 29 | 《甘肃省清水县贾川乡董湾村金墓》 | 1 | 1 | 2 | 1 |

续表

| | 项目 | 考古内容 | 宗教内容 | 美术内容 | 其他内容 |
|---|---|---|---|---|---|
| 30 | 《甘肃高台地埂坡晋墓发掘简报》 | 1 | 0 | 0 | 0 |
| 31 | 《临夏市红园广场宋墓清理简报》 | 0 | 0 | 0 | 0 |
| 32 | 《甘肃张家川南川宋墓发掘简报》 | 0 | 0 | 0 | 0 |
| | 合计 | 3 | 3 | 6 | 3 |
| | 2010—2019 年 | | | | |
| 1 | 《甘肃玉门金鸡梁十六国墓葬发掘简报》 | 0 | 0 | 0 | 0 |
| 2 | 《2003 年甘肃武威磨咀子墓地发掘简报》 | 0 | 0 | 0 | 0 |
| 3 | 《甘肃合水唐魏哲墓发掘简报》 | 0 | 0 | 0 | 0 |
| 4 | 《会宁县甜水宋墓清理简报》 | 0 | 0 | 0 | 0 |
| 5 | 《安定区西巩镇苦河金墓清理简报》 | 0 | 0 | 0 | 0 |
| 6 | 《临夏祁家庄宋代砖雕墓清理简报》 | 1 | 0 | 0 | 0 |
| 7 | 《临夏市红园路金代砖雕墓清理简报》 | 0 | 0 | 1 | 0 |
| 8 | 《和政县张家庄金代砖雕墓清理简报》 | 0 | 0 | 0 | 0 |
| 9 | 《临夏市四家嘴金代砖雕墓调查简报》 | 0 | 0 | 0 | 0 |
| 10 | 《和政县达浪乡发现一座宋代砖雕墓》 | 0 | 0 | 0 | 0 |
| 11 | 《康乐县杨家庄宋墓调查报告》 | 0 | 0 | 0 | 0 |
| 12 | 《和政县杨家庄宋墓清理简报》 | 0 | 0 | 0 | 0 |
| 13 | 《积石山县方家宋墓清理简报》 | 0 | 0 | 0 | 0 |
| 14 | 《临夏市红园路宋代砖室墓清理简报》 | 0 | 0 | 0 | 0 |
| 15 | 《积石山县中嘴岭乡庙岑村发现一座宋墓》 | 0 | 0 | 0 | 0 |
| 16 | 《康乐县流川乡发现彩绘砖室墓》 | 0 | 0 | 0 | 0 |
| 17 | 《临川市枹罕金代砖室墓清理简报》 | 0 | 0 | 0 | 0 |
| 18 | 《会宁康湾金末元初壁画墓清理简报》 | 0 | 0 | 0 | 0 |
| 19 | 《甘肃酒泉侯家沟十六国墓地发掘简报》 | 0 | 0 | 0 | 0 |
| 20 | 《孝文化下的礼仪空间——以榆中朱家湾金墓为中心》 | 0 | 0 | 0 | 0 |
| 21 | 《天水市麦积区上崖宋墓清理简报》 | 0 | 0 | 0 | 0 |
| 22 | 《会宁甜水金末元初墓葬清理简报》 | 0 | 0 | 0 | 0 |

| 项目 | | 考古内容 | 宗教内容 | 美术内容 | 其他内容 |
|---|---|---|---|---|---|
| 23 | 《甘肃酒泉市肃州区孙家石滩家族墓地发掘简报》 | 0 | 0 | 0 | 0 |
| 24 | 《甘肃临夏康乐县发现一座金代砖雕墓》 | 0 | 0 | 0 | 0 |
| 25 | 《静宁吴家山汉代墓葬清理简报》 | 0 | 0 | 0 | 0 |
| 26 | 《张家川回族自治县大阳乡东沟村金墓发掘简报》 | 0 | 0 | 0 | 0 |
| 27 | 《2015年敦煌佛爷庙湾——新店台墓群Ⅲ区西晋十六国墓葬发掘简报》 | 0 | 0 | 0 | 0 |
| 28 | 《甘肃永昌乱墩子滩1号壁画墓调查简报》 | 0 | 0 | 0 | 0 |
| 29 | 《合水县板桥镇马洼宋墓发掘简报》 | 0 | 0 | 0 | 0 |
| 30 | 《甘肃境内宋金元墓葬的调查、整理与研究》（和政县金代"刘俊"墓） | 0 | 0 | 0 | 0 |
| 31 | 《甘肃境内宋金元墓葬的调查、整理与研究》（静宁县新店乡下街村金代壁画墓） | 0 | 0 | 0 | 0 |
| 32 | 《甘肃境内宋金元墓葬的调查、整理与研究》（静宁县威戎元代墓群） | 0 | 0 | 0 | 0 |
| 33 | 《甘肃境内宋金元墓葬的调查、整理与研究》（天水市秦州区师家湾金代壁画墓） | 0 | 0 | 0 | 0 |
| 34 | 《甘肃敦煌佛爷庙湾—新店台墓群曹魏、隋唐墓2015年发掘简报》佛爷庙湾新店台墓群（ⅠM30） | 0 | 0 | 0 | 0 |
| 合计 | | 1 | 0 | 1 | 0 |
| 内蒙古自治区 | | | | | |
| 1949—1966年 | | | | | |
| 1 | 《内蒙古自治区托克托县新发现的汉墓壁画》 | 0 | 0 | 0 | 0 |
| 2 | 《和林格尔县土城子古墓发掘简介》 | 0 | 0 | 0 | 0 |
| 3 | 《辽中京西城外的古墓葬》 | 0 | 0 | 0 | 0 |
| 合计 | | 0 | 0 | 0 | 0 |
| 1967—1977年 | | | | | |
| 1 | 《吉林哲里木盟库伦旗一号辽墓发掘简报》 | 0 | 0 | 17 | 1 |
| 2 | 《和林格尔发现一座重要的东汉壁画墓》 | 1 | 0 | 21 | 1 |
| 合计 | | 1 | 0 | 38 | 2 |

续表

| 项目 | | 考古内容 | 宗教内容 | 美术内容 | 其他内容 |
|---|---|---|---|---|---|
| | 1977—1999 年 | | | | |
| 1 | 《库伦旗二号辽墓发掘散记》 | 0 | 0 | 2 | 0 |
| 2 | 《敖汉旗白塔子辽墓》 | 0 | 0 | 0 | 0 |
| 3 | 《内蒙古解放营子辽墓发掘简报》 | 0 | 1 | 5 | 0 |
| 4 | 《辽宁昭乌达地区发现的辽墓绘画资料》 | 0 | 0 | 1 | 0 |
| 5 | 《克什克腾旗二八地一、二号辽墓》 | 0 | 0 | 4 | 0 |
| 6 | 《内蒙古翁牛特旗辽代广德公墓》 | 0 | 0 | 1 | 0 |
| 7 | 《库伦旗第五、六号辽墓》 | 0 | 0 | 8 | 2 |
| 8 | 《内蒙昭盟赤峰三眼井元代壁画墓》 | 0 | 0 | 4 | 0 |
| 9 | 《内蒙古赤峰市元宝山元代壁画墓》 | 0 | 0 | 4 | 0 |
| 10 | 《内蒙古昭乌达盟敖汉旗北三家辽墓》 | 0 | 0 | 4 | 0 |
| 11 | 《辽陈国公主驸马合葬墓发掘简报》 | 0 | 0 | 3 | 0 |
| 12 | 《内蒙古库伦旗七、八号辽墓》 | 0 | 1 | 6 | 0 |
| 13 | 《库伦辽代壁画墓》(内蒙古库伦辽代壁画墓 3 号墓) | 0 | 0 | 0 | 0 |
| 14 | 《扎鲁特旗封山屯契丹墓清理简报》 | 0 | 0 | 0 | 0 |
| 15 | 《内蒙古翁牛特旗梧桐花元代壁画墓》 | 0 | 2 | 2 | 0 |
| 16 | 《内蒙古赤峰沙子山元代壁画墓》 | 0 | 0 | 3 | 0 |
| 17 | 《内蒙古凉城县后德胜元墓清理简报》 | 0 | 1 | 0 | 0 |
| 18 | 《敖汉旗娘娘庙辽代壁画墓》 | 0 | 0 | 1 | 0 |
| 19 | 《辽耶律羽之墓发掘简报》 | 0 | 1 | 2 | 0 |
| 20 | 《内蒙古赤峰宝山辽壁画墓发掘简报》 | 0 | 1 | 16 | 0 |
| 21 | 《内蒙古中南部汉代墓葬》(鄂托克凤凰山 1 号壁画墓) | 2 | 0 | 2 | 0 |
| 22 | 《内蒙古中南部汉代墓葬》(包头张龙圪旦汉壁画墓) | 1 | 0 | 1 | 0 |
| 23 | 《内蒙古敖汉旗皮匠沟 1、2 号辽墓》 | 0 | 0 | 1 | 0 |
| 24 | 《敖汉旗下湾子辽墓清理简报》 | 0 | 0 | 0 | 0 |

续表

| | 项目 | 考古内容 | 宗教内容 | 美术内容 | 其他内容 |
|---|---|---|---|---|---|
| 25 | 《敖汉旗羊山 1—3 号辽墓清理简报》 | 0 | 0 | 2 | 0 |
| 26 | 《敖汉旗喇嘛沟辽代壁画墓》 | 0 | 0 | 2 | 0 |
| 27 | 《敖汉旗七家辽墓》 | 0 | 0 | 2 | 0 |
| 28 | 《内蒙古巴林左旗滴水壶辽代壁画墓》 | 0 | 0 | 3 | 0 |
| | 合计 | 3 | 7 | 79 | 2 |
| 2000—2009 年 | | | | | |
| 1 | 《辽庆陵又有重要发现》 | 0 | 0 | 1 | 0 |
| 2 | 《罕大坝辽"回纥国国信使"壁画墓的抢救性清理报告》 | 0 | 0 | 1 | 0 |
| 3 | 《白音罕山辽代韩氏家族墓地发掘报告》 | 0 | 0 | 2 | 0 |
| 4 | 《巴林右旗床金沟 5 号辽墓发掘简报》 | 0 | 0 | 4 | 0 |
| 5 | 《内蒙古扎鲁特旗浩特花辽代壁画墓》 | 0 | 0 | 3 | 0 |
| 6 | 《赤峰市元宝山区大营子辽墓》 | 0 | 0 | 0 | 0 |
| 7 | 《辽弘法寺僧志柔壁画墓》 | 0 | 1 | 0 | 0 |
| 8 | 《内蒙古巴林左旗出土彩绘木棺》 | 0 | 0 | 0 | 0 |
| 9 | 《中国通史·中古时代·五代辽宋夏金时期》上兴宗耶律宗真永兴陵(中陵) | 0 | 0 | 0 | 0 |
| | 合计 | 0 | 1 | 11 | 0 |
| 2010—2019 年 | | | | | |
| 1 | 《内蒙古清水河塔尔梁五代壁画墓发掘简报》 | 0 | 0 | 0 | 0 |
| 2 | 《内蒙古巴林左旗哈拉海场辽代壁画墓清理简报》 | 0 | 0 | 0 | 0 |
| 3 | 《内蒙古巴林左旗盘羊沟辽代墓葬》 | 0 | 0 | 0 | 0 |
| 4 | 《内蒙古巴林左旗辽祖陵一号陪葬墓》 | 0 | 0 | 0 | 0 |
| 5 | 《内蒙古巴林右旗床金沟 4 号辽墓发掘简报》 | 0 | 0 | 0 | 0 |
| 6 | 《内蒙古鄂尔多斯市准格尔旗二长渠村宋代壁画墓》 | 0 | 0 | 0 | 0 |
| 7 | 《内蒙古鄂尔多斯巴日松古敖包汉代壁画墓清理简报》 | 0 | 0 | 1 | 0 |

| 项目 | 考古内容 | 宗教内容 | 美术内容 | 其他内容 |
|---|---|---|---|---|
| 总体 | 0 | 0 | 1 | 0 |
| 新疆维吾尔自治区 | | | | |
| 1949—1966 年 | | | | |
| 1　《新疆吐鲁番阿斯塔那北区墓葬发掘简报》 | 0 | 1 | 0 | 0 |
| 合计 | 0 | 1 | 0 | 0 |
| 1967—1977 年 | | | | |
| 1　《吐鲁番县阿斯塔那—哈拉和卓古墓群发掘简报(1963—1965)》 | 0 | 0 | 0 | 0 |
| 2　《唐代西州墓中的绢画》 | 0 | 0 | 0 | 0 |
| 合计 | 0 | 0 | 0 | 0 |
| 1977—1999 年 | | | | |
| 1　《吐鲁番哈喇和卓古墓群发掘简报》 | 0 | 0 | 1 | 0 |
| 2　《1986 年新疆吐鲁番阿斯塔那古墓群发掘简报》 | 0 | 0 | 0 | 0 |
| 3　《新疆尉犁县营盘墓地 15 号墓发掘简报》 | 1 | 0 | 0 | 1 |
| 4　《中国绘画全集(战国—唐)》阿斯塔那 50 号张德淮墓 | 0 | 0 | 0 | 0 |
| 合计 | 1 | 0 | 1 | 1 |
| 2000—2009 年 | | | | |
| 1　《楼兰古墓粟特壁画艺术之新发现》 | 1 | 0 | 3 | 0 |
| 2　《新疆尉犁营盘墓地考古新发现及初步研究》 | 2 | 0 | 1 | 0 |
| 3　《新疆吐鲁番地区阿斯塔那古墓群西区 408、409 号墓》 | 1 | 0 | 0 | 0 |
| 4　《从和田布扎克彩棺看唐—五代长安文化对西域的影响》 | 1 | 0 | 2 | 0 |
| 合计 | 5 | 0 | 6 | 0 |
| 2010—2019 年 | | | | |
| 1　《新疆库车友谊路魏晋十六国时期墓葬 2007 年发掘简报》 | 1 | 0 | 0 | 0 |

| | 项目 | 考古内容 | 宗教内容 | 美术内容 | 其他内容 |
|---|---|---|---|---|---|
| 2 | 《新疆维吾尔自治区第三次全国文物普查成果集成·新疆古墓葬》尉犁咸水泉汉晋墓群 | 0 | 0 | 0 | 0 |
| 3 | 《西域的世俗与宗教绘画(上)》阿斯塔那 217 号墓 | 0 | 0 | 0 | 0 |
| 4 | 《中国出土壁画全集 9》阿斯塔那 13 号墓、216 号墓 | 0 | 0 | 0 | 0 |
| 5 | 《库车苏巴什西区塔庙的彩棺墓》 | 0 | 0 | 0 | 0 |
| | 合计 | 1 | 0 | 0 | 0 |
| 宁夏回族自治区 | | | | | |
| 1949—1966 年 | | | | | |
| | 合计 | 0 | 0 | 0 | 0 |
| 1967—1977 年 | | | | | |
| | 合计 | 0 | 0 | 0 | 0 |
| 1977—1999 年 | | | | | |
| 1 | 《西夏八号陵发掘简报》 | 0 | 0 | 0 | 0 |
| 2 | 《宁夏回族自治区文物考古工作的主要收获》 | 0 | 0 | 0 | 0 |
| 3 | 《宁夏泾源宋墓出土一批精美雕砖》 | 0 | 0 | 0 | 0 |
| 4 | 《宁夏固原北魏墓清理简报》 | 2 | 2 | 13 | 1 |
| 5 | 《宁夏固原北周李贤夫妇墓发掘简报》 | 2 | 0 | 6 | 2 |
| 6 | 《宁夏固原唐史道德墓清理简报》 | 1 | 0 | 0 | 0 |
| 7 | 《宁夏盐池唐墓发掘简报》 | 0 | 0 | 2 | 0 |
| 8 | 《宁夏固原隋史射勿墓发掘简报》 | 3 | 0 | 7 | 1 |
| 9 | 《宁夏固原唐梁元珍墓》 | 0 | 0 | 3 | 0 |
| 10 | 《固原北周宇文猛发掘简报》 | 0 | 0 | 1 | 0 |
| 11 | 《固原南郊隋唐墓地》(固原史索岩夫妇墓) | 1 | 0 | 0 | 0 |
| 12 | 《固原南郊隋唐墓地》(固原史诃耽夫妇墓) | 1 | 0 | 0 | 0 |
| | 合计 | 10 | 2 | 32 | 4 |
| 2000—2009 年 | | | | | |
| 1 | 《宁夏固原北苑小区墓葬发掘简报》 | 0 | 0 | 0 | 0 |

续表

| | 项目 | 考古内容 | 宗教内容 | 美术内容 | 其他内容 |
|---|---|---|---|---|---|
| 2 | 《北周田弘墓》 | 2 | 0 | 3 | 0 |
| | 合计 | 2 | 0 | 3 | 0 |
| 2010—2019 年 | | | | | |
| 1 | 《固原九龙山汉唐墓葬》 | 0 | 0 | 0 | 0 |
| | 总体 | 0 | 0 | 0 | 0 |
| 青海省 | | | | | |
| 1949—1966 年 | | | | | |
| | 合计 | 0 | 0 | 0 | 0 |
| 1967—1977 年 | | | | | |
| | 合计 | 0 | 0 | 0 | 0 |
| 1977—1999 年 | | | | | |
| 1 | 《青海平安县出土东汉画像砖图象考》 | 0 | 0 | 1 | 0 |
| | 合计 | 0 | 0 | 1 | 0 |
| 2000—2009 年 | | | | | |
| 1 | 《青海吐蕃墓葬发现木板彩绘》 | 2 | 1 | 11 | 1 |
| | 合计 | 2 | 1 | 11 | 1 |
| 2010—2019 年 | | | | | |
| 1 | 《茶卡出土的彩绘木棺盖板》 | 0 | 0 | 1 | 0 |
| | 合计 | 0 | 0 | 1 | 0 |
| 西南地区墓室壁画考古评论 | | | | | |
| 四川省 | | | | | |
| 1949—1966 年 | | | | | |
| 1 | 《成都北郊站东乡高晖墓清理简报》 | 0 | 0 | 0 | 0 |
| 2 | 《成都扬子山的晋代砖墓》 | 0 | 0 | 0 | 0 |
| 3 | 《记成都扬子山一号墓》 | 0 | 0 | 0 | 0 |
| 4 | 《成都站东乡汉墓清理记》 | 0 | 0 | 0 | 0 |
| 5 | 《四川新繁清白乡东汉画像砖墓清理简报》 | 0 | 0 | 0 | 0 |

续表

| 项目 | | 考古内容 | 宗教内容 | 美术内容 | 其他内容 |
|---|---|---|---|---|---|
| 6 | 《成都白马寺第六号明墓清理简报》 | 0 | 0 | 0 | 0 |
| 7 | 《四川宜宾市翠屏村汉墓清理简报》 | 0 | 0 | 0 | 0 |
| 8 | 《四川昭化县虷迴乡的宋墓石刻》 | 0 | 0 | 0 | 0 |
| 9 | 《成都天回山崖墓清理记》 | 0 | 0 | 0 | 0 |
| 10 | 《四川岳池县明墓的清理》 | 0 | 0 | 0 | 0 |
| 11 | 《四川彭山后蜀宋琳墓清理简报》 | 0 | 0 | 0 | 0 |
| 12 | 《四川东山灌溉渠宋代遗址及古墓清理简报》 | 0 | 0 | 0 | 0 |
| 13 | 《成都梁家巷发现明墓》 | 0 | 0 | 0 | 0 |
| 合计 | | 0 | 0 | 0 | 0 |
| 1967—1977 年 | | | | | |
| 1 | 《郫县出土东汉画象石棺图象略说》 | 0 | 0 | 0 | 0 |
| 合计 | | 0 | 0 | 0 | 0 |
| 1977—1999 年 | | | | | |
| 1 | 《成都凤凰山明墓》 | 0 | 0 | 0 | 0 |
| 2 | 《四川郫县东汉砖墓的石棺画象》 | 0 | 0 | 0 | 0 |
| 3 | 《四川成都曾家包东汉画像砖石墓》 | 2 | 0 | 3 | 2 |
| 4 | 《明兵部尚书赵炳然夫妇合葬墓》 | 0 | 0 | 0 | 0 |
| 5 | 《后蜀孟知祥墓与福庆长公主墓志铭》 | 2 | 1 | 0 | 0 |
| 6 | 《成都市东郊后蜀张虔钊墓》 | 1 | 0 | 0 | 1 |
| 7 | 《四川广元石刻宋墓清理简报》 | 0 | 1 | 4 | 3 |
| 8 | 《四川宜宾县崖墓画像石棺》 | 0 | 0 | 0 | 0 |
| 9 | 《四川郫县东汉墓门石刻》 | 0 | 0 | 1 | 1 |
| 10 | 《成都昭觉寺汉画像砖墓》 | 2 | 0 | 3 | 0 |
| 11 | 《绚丽多彩的画像石——四川解放后出土的五个汉代石棺椁》 | 0 | 0 | 0 | 0 |
| 12 | 《南宋虞公著夫妇合葬墓》 | 1 | 0 | 2 | 1 |
| 13 | 《合江县出土东汉石棺》 | 0 | 0 | 0 | 0 |
| 14 | 《成都化工厂隋墓清理简报》 | 0 | 0 | 0 | 0 |

续表

| | 项目 | 考古内容 | 宗教内容 | 美术内容 | 其他内容 |
|---|---|---|---|---|---|
| 15 | 《四川荥经东汉石棺画像》 | 0 | 0 | 0 | 0 |
| 16 | 《乐山麻浩崖墓研究》 | 3 | 0 | 8 | 2 |
| 17 | 《内江市出土明代兵部尚书阴武卿墓志》 | 0 | 0 | 0 | 0 |
| 18 | 《内江市发现东汉岩墓画像》 | 0 | 0 | 2 | 0 |
| 19 | 《四川出土的十一具汉代画像石棺图释》 | 2 | 1 | 10 | 11 |
| 20 | 《新都县发现汉代纪年砖画像砖墓》 | 3 | 0 | 1 | 0 |
| 21 | 《简阳县鬼头山发现榜题画像石棺》 | 0 | 0 | 0 | 0 |
| 24 | 《江安县黄新乡魏晋石室墓》 | 0 | 0 | 0 | 0 |
| 25 | 《富顺县发现大型宋墓》 | 0 | 0 | 0 | 0 |
| 26 | 《中江县玉桂乡东汉崖墓调查简报》 | 0 | 0 | 3 | 0 |
| 27 | 《四川平武明王玺家族墓》 | 0 | 0 | 0 | 2 |
| 28 | 《四川乐山麻浩一号崖墓》 | 2 | 2 | 3 | 2 |
| 29 | 《四川凉山西昌发现东汉、蜀汉墓》 | 0 | 0 | 0 | 0 |
| 30 | 《四川乐山市中区大湾嘴崖墓清理简报》 | 0 | 0 | 0 | 0 |
| 31 | 《成都无缝钢管厂发现五代后蜀墓》 | 0 | 0 | 0 | 0 |
| 32 | 《四川简阳县鬼头山东汉崖墓》 | 0 | 0 | 0 | 0 |
| 33 | 《泸州博物馆收藏汉代画像石棺考释》 | 0 | 0 | 0 | 0 |
| 34 | 《五代后蜀孙汉韶墓》 | 2 | 0 | 2 | 0 |
| 35 | 《北川县香泉宋墓》 | 0 | 0 | 0 | 0 |
| 36 | 《资中发现宋代石室墓》 | 0 | 0 | 1 | 0 |
| 37 | 《内江市关升店东汉崖墓画像石棺》 | 0 | 0 | 2 | 0 |
| 38 | 《四川合江县东汉砖室墓清理简报》 | 0 | 2 | 3 | 2 |
| 39 | 《仁寿县古佛乡宋墓清理简报》 | 0 | 0 | 0 | 0 |
| 40 | 《四川三台发现一座东汉墓》 | 0 | 0 | 0 | 0 |
| 41 | 《内江顺河大菩萨山宋代画像石墓》 | 0 | 0 | 0 | 0 |
| 42 | 《四川乐山市沱沟嘴东汉崖墓清理简报》 | 0 | 0 | 0 | 0 |
| 43 | 《威远永利皇坟坝宋墓》 | 0 | 0 | 1 | 0 |

续表

| 项目 | | 考古内容 | 宗教内容 | 美术内容 | 其他内容 |
|---|---|---|---|---|---|
| 44 | 《汉中市金华村清理一座北宋墓》 | 0 | 0 | 0 | 0 |
| 45 | 《四川省昭觉县出土的汉代画像砖石》 | 0 | 0 | 0 | 0 |
| 46 | 《泸州市发现南宋后室墓》 | 0 | 0 | 0 | 0 |
| 47 | 《内江明代布政使司右参议刘龙谷墓》 | 0 | 0 | 0 | 0 |
| 48 | 《合江张家沟二号崖墓画像石棺发掘简报》 | 0 | 0 | 0 | 0 |
| 49 | 《资中宋右丞相赵雄墓记实》 | 0 | 0 | 0 | 0 |
| 50 | 《南溪县长顺坡画像石棺清理简报》 | 4 | 2 | 7 | 1 |
| 51 | 《新津县出土两具汉代画像石棺》 | 0 | 0 | 2 | 0 |
| 52 | 《达县三里坪 4 号汉墓清理简报》 | 0 | 0 | 0 | 0 |
| 53 | 《三台永明乡崖墓调查简报》 | 0 | 0 | 0 | 0 |
| 54 | 《明蜀定王次妃王氏墓》 | 1 | 0 | 0 | 0 |
| 55 | 《达川市发现宋代墓葬》 | 0 | 0 | 0 | 0 |
| 56 | 《成都北郊甘油村发现北宋宣和六年墓》 | 0 | 0 | 0 | 0 |
| 57 | 《成都市青白江区跃进村汉墓发掘简报》 | 0 | 0 | 0 | 0 |
| 合计 | | 25 | 9 | 58 | 28 |
| 2000—2009 年 | | | | | |
| 1 | 《达县九岭乡发现宋代墓葬》 | 0 | 0 | 0 | 0 |
| 2 | 《青川县竹园金子山乡宋墓清理简报》 | 0 | 0 | 0 | 0 |
| 3 | 《四川三台郪江崖墓群 2000 年度清理简报》 | 3 | 1 | 1 | 1 |
| 4 | 《井研县北宋黄念四郎墓清理简讯》 | 0 | 0 | 0 | 0 |
| 5 | 《成都市新都区互助村、凉水村崖墓发掘简报》 | 0 | 0 | 3 | 0 |
| 6 | 《成都明代蜀僖王陵发掘简报》 | 0 | 0 | 0 | 0 |
| 7 | 《宜宾县革坪村明代郭成石室墓清理简报》 | 0 | 0 | 0 | 0 |
| 8 | 《前蜀王建墓发掘报告》 | 4 | 4 | 21 | 12 |
| 9 | 《岳池代家坟古墓群发掘简报》 | 0 | 0 | 0 | 0 |
| 10 | 《四川达成铁路南充东站考古发掘报告》 | 0 | 0 | 0 | 0 |
| 11 | 《邻水县合流镇后坝南宋墓清理简报》 | 0 | 0 | 0 | 0 |

续表

| | 项目 | 考古内容 | 宗教内容 | 美术内容 | 其他内容 |
|---|---|---|---|---|---|
| 12 | 《四川三台郪江崖墓群 2002 年度发掘报告》 | 1 | 0 | 3 | 1 |
| 13 | 《成都双流籍田竹林村五代后蜀双室合葬墓》 | 0 | 0 | 0 | 0 |
| 14 | 《四川中江塔梁子崖墓发掘简报》 | 0 | 0 | 10 | 7 |
| 15 | 《泸县宋墓》(青龙镇 M1、M2、M3；喻寺镇 M1；奇峰镇 M1、M2) | 4 | 6 | 22 | 13 |
| 16 | 《成都市三圣乡明蜀"怀王"墓》 | 0 | 0 | 0 | 0 |
| 17 | 《四川三台郪江崖墓群柏林坡 1 号墓发掘简报》 | 1 | 1 | 3 | 1 |
| 18 | 《四川武胜县宋明墓葬清理简报》 | 0 | 0 | 0 | 0 |
| 19 | 《宝兴硗碛旦地美地汉代砖室墓及硗丰崖墓发掘简报》 | 0 | 0 | 0 | 0 |
| 20 | 《泸州市石洞镇发现东汉"延熹八年"纪年画像石棺》 | 0 | 0 | 0 | 0 |
| 21 | 《成都市新都区东汉崖墓的发掘》 | 0 | 0 | 0 | 0 |
| 22 | 《三台郪江崖墓》(金钟山Ⅰ区一号墓) | 2 | 0 | 2 | 0 |
| 23 | 《三台郪江崖墓》(金钟山Ⅰ区二号墓) | 2 | 0 | 1 | 0 |
| 24 | 《三台郪江崖墓》(金钟山Ⅰ区三号墓) | 1 | 0 | 0 | 0 |
| 25 | 《三台郪江崖墓》(金钟山Ⅰ区四号墓) | 3 | 0 | 0 | 0 |
| 26 | 《三台郪江崖墓》(紫荆湾一号墓) | 1 | 0 | 2 | 0 |
| 27 | 《三台郪江崖墓》(紫荆湾三号墓) | 2 | 1 | 0 | 0 |
| 28 | 《三台郪江崖墓》(紫荆湾五号墓) | 0 | 0 | 0 | 0 |
| 29 | 《三台郪江崖墓》(紫荆湾七号墓) | 0 | 0 | 0 | 0 |
| 30 | 《三台郪江崖墓》(紫荆湾八号墓) | 0 | 1 | 0 | 0 |
| 31 | 《三台郪江崖墓》(紫荆湾十四号墓) | 0 | 0 | 0 | 0 |
| 32 | 《三台郪江崖墓》(松林嘴一号墓) | 3 | 1 | 0 | 0 |
| 33 | 《三台郪江崖墓》(黄明月一号墓) | 1 | 0 | 0 | 0 |
| 34 | 《成都凤凰山明蜀王妃墓》 | 0 | 0 | 0 | 0 |
| 35 | 《成都市青白江区大同磷肥厂工地汉墓发掘报告》 | 0 | 0 | 0 | 0 |

续表

| | 项目 | 考古内容 | 宗教内容 | 美术内容 | 其他内容 |
|---|---|---|---|---|---|
| 36 | 《华蓥安丙墓》（一号墓） | 0 | 2 | 2 | 0 |
| 37 | 《华蓥安丙墓》（二号墓） | 0 | 2 | 3 | 1 |
| 38 | 《华蓥安丙墓》（三号墓） | 0 | 1 | 1 | 0 |
| 39 | 《华蓥安丙墓》（四号墓） | 0 | 1 | 1 | 0 |
| 40 | 《华蓥安丙墓》（五号墓） | 0 | 2 | 1 | 0 |
| 41 | 《四川泸县牛石函崖墓清理简报》 | 0 | 0 | 0 | 0 |
| 42 | 《四川安岳县老鸹山南宋墓清理简报》 | 0 | 0 | 0 | 0 |
| 43 | 《华蓥市永兴镇驾挡丘宋墓群发掘简报》 | 0 | 1 | 1 | 0 |
| 44 | 《四川三台县永明镇杨凳寺宋墓清理简报》 | 0 | 0 | 0 | 0 |
| | 合计 | 28 | 24 | 77 | 36 |
| | 2010—2019 年 | | | | |
| 1 | 《四川昭觉县古文化遗存的调查和清理》 | 0 | 0 | 0 | 0 |
| 2 | 《四川叙永天池宋墓清理简报》 | 0 | 0 | 0 | 0 |
| 3 | 《四川华蓥许家宋墓清理简报》 | 0 | 0 | 0 | 0 |
| 4 | 《泸县出土画像石棺》 | 0 | 0 | 0 | 0 |
| 5 | 《资阳市雁江区狮子山崖墓 M2 清理简报》 | 0 | 0 | 0 | 0 |
| 6 | 《成都市龙泉驿五代前蜀王宗侃夫妇墓》 | 0 | 0 | 0 | 0 |
| 7 | 《四川井研县金井坪宋代墓地发掘简报》 | 0 | 0 | 1 | 0 |
| 8 | 《四川屏山县斑竹林遗址 M1 汉代画像石棺墓发掘简报》 | 0 | 0 | 0 | 0 |
| 9 | 《四川资中县大包山宋墓发掘简报》 | 0 | 0 | 0 | 0 |
| 10 | 《四川仪陇县新政镇宋代石室墓清理简报》 | 0 | 0 | 0 | 0 |
| 11 | 《广元市元坝区樟树村明墓发掘简报》 | 0 | 0 | 0 | 0 |
| 12 | 《四川乐山市柿子湾崖墓 A 区 M6 调查简报》 | 1 | 0 | 0 | 0 |
| 13 | 《四川宜宾市明代周洪谟墓发掘简报》 | 0 | 0 | 0 | 0 |
| 14 | 《四川资中县烂泥湾宋墓发掘简报》 | 0 | 0 | 0 | 0 |
| 15 | 《四川泸州市大冲头村出土东汉画像石棺考》 | 1 | 1 | 1 | 1 |

续表

| | 项目 | 考古内容 | 宗教内容 | 美术内容 | 其他内容 |
|---|---|---|---|---|---|
| 16 | 《四川绵阳市涪城区桐子梁东汉崖墓发掘简报》 | 0 | 0 | 0 | 0 |
| 17 | 《四川广汉市罗家包东汉墓发掘简报》 | 0 | 0 | 0 | 0 |
| 18 | 《四川合江县 13、14 号画像石棺考》 | 3 | 0 | 2 | 1 |
| 19 | 《四川乐山市柿子湾崖墓 B 区 M1 调查简报》 | 0 | 0 | 0 | 0 |
| 20 | 《四川宜宾县猫猫沱汉代崖墓群 M10、M11 发掘简报》 | 0 | 0 | 0 | 0 |
| 21 | 《四川乐山市麻浩崖墓 A 区 M8 调查简报》 | 0 | 0 | 0 | 0 |
| 22 | 《四川泸州市江阳区桥头山宋墓发掘简报》 | 0 | 0 | 0 | 0 |
| 23 | 《四川广元市利州区浩口村宋墓清理简报》 | 0 | 0 | 0 | 0 |
| 24 | 《四川省简阳市金山村方古井山 M10、M13、M23 号崖墓发掘简报》 | 0 | 0 | 0 | 0 |
| | 合计 | 5 | 1 | 4 | 2 |

重庆市

1949—1966 年

| | 项目 | 考古内容 | 宗教内容 | 美术内容 | 其他内容 |
|---|---|---|---|---|---|
| 1 | 《四川江北发现汉墓石刻》 | 0 | 0 | 0 | 0 |
| 2 | 《重庆井口宋墓清理简报》 | 0 | 0 | 3 | 0 |
| | 合计 | 0 | 0 | 3 | 0 |

1967—1977 年

| | 项目 | 考古内容 | 宗教内容 | 美术内容 | 其他内容 |
|---|---|---|---|---|---|
| 1 | 《合川东汉画象石墓》 | 3 | 0 | 3 | 1 |
| | 合计 | 3 | 0 | 3 | 1 |

1977—1999 年

| | 项目 | 考古内容 | 宗教内容 | 美术内容 | 其他内容 |
|---|---|---|---|---|---|
| 1 | 《四川万县唐墓》 | 3 | 0 | 0 | 2 |
| 2 | 《四川荣昌县沙坝子宋墓》 | 0 | 0 | 0 | 0 |
| 3 | 《永川发现宋代崖墓》 | 0 | 0 | 0 | 0 |
| 4 | 《璧山出土汉代石棺》 | 1 | 2 | 3 | 1 |
| 5 | 《江津沙河发现东汉纪年崖墓》 | 0 | 0 | 0 | 0 |
| | 合计 | 4 | 2 | 3 | 3 |

续表

| 项目 | | 考古内容 | 宗教内容 | 美术内容 | 其他内容 |
|---|---|---|---|---|---|
| 2000—2009 年 | | | | | |
| 1 | 《重庆大足龙水镇明光村磨儿坡宋墓清理简报》 | 0 | 0 | 0 | 0 |
| 2 | 《重庆市两路口劳动村元墓清理简报》 | 0 | 0 | 0 | 0 |
| 3 | 《重庆云阳佘家嘴遗址 2003 年度发掘简报》 | 0 | 0 | 0 | 0 |
| 4 | 《重庆九龙坡陶家大竹林画像砖墓发掘简报》 | 0 | 0 | 1 | 1 |
| 合计 | | 0 | 0 | 1 | 1 |
| 2010—2019 年 | | | | | |
| 1 | 《合川李家坝遗址发掘简报》 | 2 | 2 | 3 | 2 |
| 2 | 《重庆市合川区观山墓群宋代石室墓发掘简报》 | 0 | 0 | 1 | 0 |
| 3 | 《重庆市江津区烟墩岗汉代砖室墓发掘简报》 | 0 | 0 | 0 | 0 |
| 4 | 《重庆璧山县棺山坡东汉崖墓群》 | 1 | 0 | 2 | 0 |
| 5 | 《重庆彭水县山谷公园墓群发掘报告》 | 0 | 2 | 0 | 0 |
| 6 | 《重庆市大足区龙神湾南宋王若夫妇墓发掘简报》 | 0 | 0 | 0 | 0 |
| 7 | 《重庆市北碚区苦塘沟南宋杨元甲夫妇墓的发现与研究》 | 3 | 2 | 3 | 2 |
| 8 | 《重庆市涪陵区古坟堡两座墓葬的发掘》 | 0 | 0 | 0 | 0 |
| 9 | 《重庆市永川区石坝屋基、伏岩寺崖墓群发掘简报》 | 0 | 0 | 0 | 0 |
| 10 | 《重庆市璧山区蛮洞坡崖墓群 M1 发掘简报》 | 2 | 0 | 1 | 0 |
| 11 | 《重庆沙坪坝区江家嘴墓群考古发掘简报》 | 0 | 0 | 0 | 0 |
| 12 | 《重庆市江津区大路山东汉至蜀汉砖室墓发掘简报》 | 0 | 0 | 0 | 0 |
| 合计 | | 8 | 6 | 10 | 4 |
| 贵州省 | | | | | |
| 1949—1966 年 | | | | | |
| 1 | 《贵州遵义专区的两座宋墓简介》 | 0 | 0 | 0 | 0 |

续表

| | 项目 | 考古内容 | 宗教内容 | 美术内容 | 其他内容 |
|---|---|---|---|---|---|
| 2 | 《贵州桐梓宋墓的清理》 | 0 | 0 | 0 | 1 |
| 3 | 《贵州赫章县汉墓发掘简报》 | 0 | 0 | 0 | 0 |
| | 合计 | 0 | 0 | 0 | 1 |
| | 1967—1977年 | | | | |
| 1 | 《遵义高坪"播州土司"杨文等四座墓葬发掘记》 | 0 | 0 | 0 | 0 |
| | 合计 | 0 | 0 | 0 | 0 |
| | 1977—1999年 | | | | |
| 1 | 《杨粲墓及其出土碑志考》 | 3 | 2 | 8 | 0 |
| 2 | 《贵州桐梓宋明墓发掘简报》 | 0 | 0 | 0 | 0 |
| 3 | 《贵州金沙县汉画像石墓清理》 | 2 | 1 | 5 | 1 |
| | 合计 | 5 | 3 | 13 | 1 |
| | 2000—2009年 | | | | |
| 1 | 《贵州赤水市复兴马鞍山崖墓》 | 0 | 0 | 0 | 0 |
| | 合计 | 0 | 0 | 0 | 0 |
| | 2010—2019年 | | | | |
| 1 | 《贵州桐梓县马鞍山观音寺宋墓清理简报》 | 0 | 0 | 0 | 0 |
| 2 | 贵州田野考古报告集(1993—2013)(正安新州官田宋墓清理简报) | 0 | 0 | 0 | 0 |
| 3 | 贵州田野考古报告集(1993—2013)(沿河县沙沱水电站库区元、明墓葬发掘简报) | 0 | 0 | 0 | 0 |
| 4 | 《贵州遵义市新蒲播州杨氏土司墓地》 | 0 | 0 | 0 | 1 |
| 5 | 《贵州遵义市团溪明代播州土司杨辉墓》 | 0 | 0 | 0 | 0 |
| 6 | 《贵州遵义市播州区播州罗氏土司家族墓调查简报》 | 0 | 0 | 0 | 0 |
| | 合计 | 0 | 0 | 0 | 1 |
| | 云南省 | | | | |
| | 1949—1966年 | | | | |
| 1 | 《两年来云南古遗址及墓葬的发现与清理》 | 0 | 0 | 0 | 0 |

| 项目 | | 考古内容 | 宗教内容 | 美术内容 | 其他内容 |
|---|---|---|---|---|---|
| 2 | 《云南昭通文物调查简报》 | 0 | 0 | 0 | 0 |
| 3 | 《云南昭通桂家院子东汉墓发掘》 | 0 | 0 | 0 | 0 |
| 4 | 《云南省昭通后海子东晋壁画墓清理简报》 | 1 | 0 | 1 | 1 |
| 5 | 《云南昭通县白泥井发现东汉墓》 | 0 | 0 | 0 | 0 |
| 合计 | | 1 | 0 | 1 | 1 |
| 1967—1977 年 | | | | | |
| 合计 | | 0 | 0 | 0 | 0 |
| 1977—1999 年 | | | | | |
| 合计 | | 0 | 0 | 0 | 0 |
| 2000—2009 年 | | | | | |
| 合计 | | 0 | 0 | 0 | 0 |
| 2010—2019 年 | | | | | |
| 1 | 《昭通市盐津县豆沙关悬棺葬调查简报》 | 0 | 0 | 0 | 0 |
| 合计 | | 0 | 0 | 0 | 0 |
| 广西壮族自治区 | | | | | |
| 1949—1966 年 | | | | | |
| 合计 | | 0 | 0 | 0 | 0 |
| 1967—1977 年 | | | | | |
| 合计 | | 0 | 0 | 0 | 0 |
| 1977—1999 年 | | | | | |
| 1 | 《广西壮族自治区融安县南朝墓》 | 0 | 0 | 0 | 0 |
| 合计 | | 0 | 0 | 0 | 0 |
| 2000—2009 年 | | | | | |
| 合计 | | 0 | 0 | 0 | 0 |
| 2010—2019 年 | | | | | |
| 合计 | | 0 | 0 | 0 | 0 |

附表2-2 佛教美术考古评论年表

| 项目 | 考古内容 | 宗教内容 | 美术内容 | 其他内容 |
|---|---|---|---|---|
| 东部地区佛教美术考古评论年表 | | | | |
| 山东省 | | | | |
| 1949—1966年 | | | | |
| 1 《济南近郊北魏隋唐造像》 | 5 | 2 | 5 | 0 |
| 2 《神通寺史迹初步调查记略》 | 5 | 1 | 3 | 0 |
| 3 《云门山与驼山》 | 3 | 2 | 6 | 3 |
| 4 《长清灵岩寺古代塑像考》 | 6 | 3 | 8 | 1 |
| 5 《北魏正光六年张宝珠等造像》 | 0 | 0 | 0 | 0 |
| 合计 | 19 | '8 | 22 | 4 |
| 1967—1977年 | | | | |
| 合计 | 0 | 0 | 0 | 0 |
| 1977—1999年 | | | | |
| 1 《山东省博兴县出土一批北朝造像》 | 0 | 0 | 0 | 0 |
| 2 《山东无棣出土北齐造像》 | 0 | 0 | 0 | 0 |
| 3 《山东荏平县广平出土唐代石造像》 | 0 | 0 | 0 | 0 |
| 4 《山东博兴的一处铜佛像窖藏》 | 0 | 0 | 0 | 0 |
| 5 《山东博兴出土百余件北魏至隋代铜造像》 | 4 | 3 | 2 | 4 |
| 6 《青岛市新征集一件北魏石造像》 | 1 | 0 | 0 | 0 |
| 7 《山东阳信县征集一件东魏佛像》 | 0 | 0 | 0 | 0 |
| 8 《山东临沂发现北魏太和元年石造像》 | 0 | 0 | 0 | 0 |
| 9 《枣庄市出土梵文铜镜和北朝铜佛像》 | 0 | 0 | 0 | 0 |
| 10 《山东博兴龙华寺遗址调查简报》 | 0 | 1 | 0 | 0 |
| 11 《山东诸城出土北朝铜造像》 | 0 | 0 | 0 | 0 |
| 12 《山东阳谷县关庄出土北朝造像碑》 | 0 | 0 | 0 | 0 |
| 13 《山东省高青县出土佛教造像》 | 0 | 0 | 0 | 0 |
| 14 《山东嘉祥山营村发现一座宋代经幢》 | 0 | 0 | 0 | 0 |
| 15 《山东东平白佛山石窟造像调查》 | 0 | 1 | 1 | 0 |

| | 项目 | 考古内容 | 宗教内容 | 美术内容 | 其他内容 |
|---|---|---|---|---|---|
| 16 | 《泰安大汶口出土北朝铜鎏金莲花座等文物》 | 0 | 0 | 0 | 0 |
| 17 | 《山东茌平县发现一处元代窖藏》 | 0 | 0 | 0 | 0 |
| 18 | 《山东诸城发现北朝造像》 | 0 | 0 | 0 | 0 |
| 19 | 《山东寿光县西文家出土唐代石刻造像》 | 0 | 0 | 0 | 0 |
| 20 | 《山东诸城佛教石造像》 | 0 | 1 | 1 | 1 |
| 21 | 《济南市出土北朝石造像》 | 0 | 0 | 0 | 0 |
| 22 | 《山东邹县发现的北朝铜佛造像》 | 0 | 0 | 0 | 0 |
| 23 | 《山东莱州市出土北魏铜造像》 | 0 | 0 | 0 | 0 |
| 24 | 《山东章丘市发现东魏石造像》 | 0 | 0 | 0 | 0 |
| 25 | 《山东历城黄石崖摩崖龛窟调查》 | 3 | 2 | 4 | 2 |
| 26 | 《山东青州发现北魏彩绘造像》 | 0 | 0 | 0 | 0 |
| 27 | 《山东青州兴国寺故址出土石造像》 | 0 | 0 | 0 | 0 |
| 28 | 《山东广饶佛教石造像》 | 2 | 1 | 9 | 1 |
| 29 | 《山东博兴县出土北朝造像等佛教遗物》 | 0 | 0 | 0 | 0 |
| 30 | 《山东东平理明窝摩崖造像》 | 1 | 0 | 2 | 1 |
| 31 | 《青州龙兴寺佛教造像窖藏清理简报》 | 15 | 5 | 31 | 8 |
| 32 | 《山东惠民出土一批北朝佛教造像》 | 0 | 0 | 0 | 0 |
| 33 | 《山东昌邑保垓寺故址出土石造像》 | 0 | 0 | 0 | 0 |
| | 合计 | 26 | 14 | 50 | 17 |
| | 2000—2009 年 | | | | |
| 1 | 《山东微山县出土隋代造像碑》 | 0 | 0 | 0 | 0 |
| 2 | 《山东东平华严洞造像》 | 0 | 0 | 0 | 0 |
| 3 | 《青岛市博物馆藏双丈八佛及相关问题探析》 | 3 | 0 | 0 | 1 |
| 4 | 《山东广饶出土宋代佛教石造像》 | 0 | 0 | 0 | 0 |
| 5 | 《临朐县博物馆收藏的一批北朝造像》 | 2 | 0 | 2 | 1 |
| 6 | 《山东临朐明道寺舍利塔地宫佛教造像清理简报》 | 2 | 1 | 7 | 0 |
| 7 | 《济南玉函山隋代摩崖龛窟造像》 | 1 | 2 | 3 | 1 |

续表

| 项目 | | 考古内容 | 宗教内容 | 美术内容 | 其他内容 |
|---|---|---|---|---|---|
| 8 | 《铁槎山千真洞调查侧记》 | 0 | 0 | 0 | 0 |
| 9 | 《灵岩寺石刻造像考》 | 0 | 1 | 1 | 0 |
| 10 | 《山东青州出土北朝石刻造像》 | 0 | 0 | 0 | 0 |
| 11 | 《长清灵岩寺塔北宋阿育王浮雕图像考释》 | 1 | 1 | 3 | 1 |
| 12 | 《山东寿光龙兴寺遗址出土北朝至隋佛教石造像》 | 0 | 0 | 0 | 0 |
| 13 | 《山东青州广福寺遗物调查》 | 0 | 0 | 0 | 0 |
| 14 | 《山东平原出土北齐天保七年石造像》 | 0 | 0 | 1 | 0 |
| 合计 | | 9 | 5 | 17 | 4 |
| 2010—2019 年 | | | | | |
| 1 | 《山东临朐白龙寺遗址发掘简报》 | 2 | 1 | 3 | 0 |
| 2 | 《山东临朐石门坊摩崖造像群调查简报》 | 0 | 0 | 0 | 0 |
| 3 | 《山东临朐县古代佛教造像的调查》 | 0 | 0 | 0 | 0 |
| 4 | 《山东临朐豹子崮石佛堂歪头崮佛教造像》 | 0 | 0 | 0 | 0 |
| 合计 | | 2 | 1 | 3 | 0 |
| 河北省 | | | | | |
| 1949—1966 年 | | | | | |
| 1 | 《河北曲阳县修德寺遗址发掘记》 | 4 | 2 | 11 | 0 |
| 2 | 《河北省新城县开善寺大殿》 | 0 | 0 | 0 | 2 |
| 3 | 《丰润车轴山寿峰寺》 | 1 | 0 | 0 | 2 |
| 合计 | | 5 | 2 | 11 | 4 |
| 1967—1977 年 | | | | | |
| 合计 | | 0 | 0 | 0 | 0 |
| 1977—1999 年 | | | | | |
| 1 | 《河北邺南城附近出土北朝石造像》 | 0 | 0 | 0 | 0 |
| 2 | 《河北藁城县发现一批北齐石造像》 | 0 | 0 | 0 | 1 |
| 3 | 《河北邯郸鼓山常乐寺遗址清理简报》 | 0 | 0 | 0 | 0 |
| 4 | 《邯郸鼓山水浴寺石窟调查报告》 | 2 | 0 | 2 | 1 |

续表

| 项目 | | 考古内容 | 宗教内容 | 美术内容 | 其他内容 |
|---|---|---|---|---|---|
| 5 | 《河北肥乡发现唐代石佛造像》 | 0 | 0 | 0 | 0 |
| 6 | 《河北蔚县北魏太平真君五年朱业微石造像》 | 0 | 0 | 0 | 0 |
| 7 | 《试谈封龙山石窟及其造像年代》 | 1 | 0 | 1 | 0 |
| 8 | 《河北宽城出土北魏铜造像》 | 0 | 0 | 0 | 0 |
| 9 | 《唐县寺城涧村出土石刻造像》 | 0 | 0 | 0 | 0 |
| 10 | 《河北河间出土隋唐鎏金铜造像》 | 0 | 0 | 0 | 0 |
| 11 | 《响堂山北齐"塔形窟龛"》 | 15 | 7 | 20 | 9 |
| 12 | 《河北临漳邺城遗址出土的北朝铜造像》 | 0 | 0 | 0 | 0 |
| 13 | 《南响堂石窟新发现窟檐遗迹及龛像》 | 2 | 4 | 3 | 8 |
| 14 | 《清化寺大石佛的造型艺术及其价值》 | 0 | 0 | 0 | 0 |
| 15 | 《河北正定收藏的一批早期铜造像》 | 0 | 0 | 0 | 0 |
| 16 | 《河北曲阳八会寺隋代刻经龛》 | 1 | 1 | 0 | 1 |
| 17 | 《河北武邑出土一件北齐造像》 | 0 | 0 | 0 | 0 |
| 18 | 《河北易县发现一批石造像》 | 0 | 0 | 0 | 0 |
| 19 | 《正定收藏的部分北朝佛教石造像》 | 0 | 0 | 0 | 0 |
| 20 | 《河北张家口下花园石窟》 | 0 | 0 | 0 | 0 |
| 21 | 《唐永徽三年冯莫问造像》 | 0 | 0 | 0 | 0 |
| 22 | 《承德普宁寺大雄宝殿壁画》 | 0 | 0 | 2 | 0 |
| 23 | 《河北正定舍利寺塔基地宫清理简报》 | 2 | 0 | 1 | 0 |
| 合计 | | 23 | 12 | 29 | 20 |
| 2000—2009 年 | | | | | |
| 1 | 《河北赤城发现鎏金铜造像窖藏》 | 0 | 0 | 0 | 0 |
| 2 | 《赵县出土两件隋鎏金铜造像》 | 0 | 0 | 0 | 0 |
| 3 | 《定州市博物馆收藏的一批汉白玉佛造像》 | 0 | 0 | 0 | 0 |
| 4 | 《正定广惠寺华塔内的二尊唐开元年白石佛造像》 | 0 | 0 | 0 | 0 |
| 5 | 《南响堂石窟新发现"大齐河清二年"造像铭文及龛像》 | 0 | 0 | 0 | 0 |

续表

| | 项目 | 考古内容 | 宗教内容 | 美术内容 | 其他内容 |
|---|---|---|---|---|---|
| 6 | 《河北磁县赵王庙隋代摩崖造像》 | 0 | 0 | 0 | 0 |
| 7 | 《河北井陉千佛岩石窟的调查与研究》 | 0 | 0 | 0 | 0 |
| 8 | 《河北北魏太和十一年铭石造像》 | 0 | 0 | 0 | 0 |
| | 合计 | 0 | 0 | 0 | 0 |
| | 2010—2019 年 | | | | |
| 1 | 《河北临漳县邺城遗址北吴庄佛教造像埋藏坑的发现与发掘》 | 1 | 0 | 2 | 2 |
| 2 | 《河北南宫后底阁遗址发掘简报》 | 0 | 0 | 1 | 2 |
| 3 | 《涉县北齐石窟调查》 | 0 | 0 | 0 | 1 |
| 4 | 《曲阳修德寺塔塔心室发现明代佛教造像》 | 0 | 0 | 0 | 1 |
| 5 | 《河北平山发现摩崖造像》 | 0 | 0 | 0 | 0 |
| 6 | 《河北威县发现北朝佛造像》 | 0 | 0 | 0 | 0 |
| 7 | 《河北定州 2015 年出土北朝、隋唐白石造像》 | 0 | 0 | 0 | 0 |
| | 合计 | 1 | 0 | 3 | 6 |
| | 浙江省 | | | | |
| | 1949—1966 年 | | | | |
| 1 | 《西湖飞来峰的石窟艺术》 | 7 | 6 | 13 | 2 |
| 2 | 《金华市万佛塔塔基清理简报》 | 1 | 0 | 1 | 0 |
| 3 | 《浙江碧湖宋塔出土文物》 | 0 | 0 | 0 | 0 |
| | 合计 | 8 | 6 | 14 | 2 |
| | 1967—1977 年 | | | | |
| 1 | 《浙江瑞安北宋慧光塔出土文物》 | 0 | 0 | 0 | 0 |
| | 合计 | 0 | 0 | 0 | 0 |
| | 1977—1999 年 | | | | |
| 1 | 《浙江金华湖镇舍利塔》 | 0 | 0 | 0 | 0 |
| 2 | 《浙江衢州市南宋墓出土器物》 | 0 | 0 | 0 | 0 |
| 3 | 《温州市北宋白象塔清理报告》 | 1 | 1 | 5 | 0 |
| 4 | 《天台山佛像艺术简史》 | 0 | 0 | 0 | 0 |

| | 项目 | 考古内容 | 宗教内容 | 美术内容 | 其他内容 |
|---|---|---|---|---|---|
| 5 | 《浙江宁波天封塔地宫发掘报告》 | 1 | 1 | 1 | 0 |
| 6 | 《浙江黄岩灵石寺塔文物清理报告》 | 0 | 1 | 1 | 1 |
| 7 | 《天台国清寺塔发现之隋代线刻菩萨像研究》 | 0 | 0 | 0 | 0 |
| 8 | 《齐永明六年纪年石佛造像》 | 0 | 0 | 0 | 0 |
| 9 | 《余杭南山造像》 | 0 | 1 | 1 | 0 |
| 10 | 《国安寺千佛石塔考古调查综述》 | 0 | 0 | 0 | 0 |
| 11 | 《湖州飞英塔发现一批壁藏五代文物》 | 0 | 0 | 0 | 0 |
| 12 | 《杭州慈云岭资贤寺摩崖龛像》 | 0 | 0 | 1 | 0 |
| | 合计 | 2 | 4 | 9 | 1 |
| 2000—2009 年 | | | | | |
| 1 | 《杭州雷峰塔五代地宫发掘简报》 | 6 | 2 | 4 | 3 |
| 2 | 《杭州周浦西山摩崖造像调查》 | 0 | 0 | 0 | 0 |
| 3 | 《杭州西湖宝石山造像考述》 | 1 | 0 | 1 | 0 |
| 4 | 《海宁智标塔》 | 0 | 0 | 0 | 0 |
| 5 | 《浙江平阳宝胜寺双塔及出土文物》 | 0 | 1 | 2 | 1 |
| 6 | 《绍兴石窟造像研究》 | 6 | 1 | 3 | 2 |
| 7 | 《瓶窑南山摩崖三龛造像》 | 0 | 0 | 0 | 0 |
| 8 | 《海盐镇海塔及出土文物》 | 0 | 0 | 0 | 0 |
| | 合计 | 13 | 4 | 10 | 6 |
| 2010—2019 年 | | | | | |
| 1 | 《石佛山摩崖造像考略》 | 0 | 0 | 0 | 0 |
| 2 | 《嘉兴真如塔藏》 | 0 | 0 | 0 | 0 |
| 3 | 《安吉五代灵芝塔》 | 0 | 0 | 0 | 0 |
| 4 | 《永嘉霄梵寺出土的北宋大中祥符二年(1009)石阿育王塔》 | 0 | 0 | 0 | 0 |
| 5 | 《杭州玉皇山天龙寺佛教摩崖造像》 | 0 | 0 | 0 | 0 |
| 6 | 《嘉兴东塔及地宫出土文物》 | 0 | 0 | 0 | 0 |
| 7 | 《杭州石屋洞造像调查与资料辑录》 | 0 | 0 | 0 | 0 |

续表

| | 项目 | 考古内容 | 宗教内容 | 美术内容 | 其他内容 |
|---|---|---|---|---|---|
| 8 | 《杭州将台山南观音洞造像调查记略》 | 0 | 0 | 0 | 0 |
| 9 | 《杭州净慈寺后慧日峰佛教摩崖窟龛造像》 | 0 | 0 | 0 | 0 |
| 10 | 《杭州九曜山窟龛造像调查》 | 0 | 0 | 0 | 0 |
| | 合计 | 0 | 0 | 0 | 0 |
| | 辽宁省 | | | | |
| | 1949—1966年 | | | | |
| 1 | 《辽西义县万佛堂石窟调查及其研究》 | 2 | 0 | 3 | 3 |
| 2 | 《义县奉国寺大雄殿调查报告》 | 1 | 2 | 2 | 5 |
| | 合计 | 3 | 2 | 5 | 8 |
| | 1967—1977年 | | | | |
| | 合计 | 0 | 0 | 0 | 0 |
| | 1977—1999年 | | | | |
| 1 | 《辽阳白塔》 | 2 | 2 | 2 | 0 |
| 2 | 《沈阳塔湾舍利塔》 | 1 | 2 | 1 | 1 |
| 3 | 《兴城县白塔峪塔》 | 1 | 4 | 5 | 6 |
| 4 | 《海城金塔》 | 1 | 0 | 1 | 0 |
| 5 | 《大连市新金县发现金代摩崖造像》 | 1 | 0 | 0 | 0 |
| 6 | 《辽宁朝阳北塔天宫地宫清理简报》 | 3 | 6 | 1 | 2 |
| | 合计 | 9 | 14 | 10 | 9 |
| | 2000—2009年 | | | | |
| 1 | 《辽宁康平姜家沟出土的一组石雕佛像及年代》 | 0 | 0 | 0 | 0 |
| 2 | 《沈阳新民辽滨塔塔宫清理简报》 | 0 | 0 | 0 | 1 |
| | 合计 | 0 | 0 | 0 | 1 |
| | 2010—2019年 | | | | |
| 1 | 《辽宁朝阳新华路辽代石宫发掘简报》 | 0 | 0 | 0 | 0 |
| 2 | 《辽宁喀左卢家沟出土北魏佛教造像整理简报》 | 2 | 1 | 0 | 0 |
| | 合计 | 2 | 1 | 0 | 0 |

续表

| 项目 | | 考古内容 | 宗教内容 | 美术内容 | 其他内容 |
|---|---|---|---|---|---|
| 江苏省 | | | | | |
| 1949—1966 年 | | | | | |
| 1 | 《苏州虎丘云岩寺塔发现文物内容简报》 | 2 | 0 | 2 | 1 |
| | 合计 | 2 | 0 | 2 | 1 |
| 1967—1977 年 | | | | | |
| | 合计 | 0 | 0 | 0 | 0 |
| 1977—1999 年 | | | | | |
| 1 | 《保圣寺罗汉塑像》 | 4 | 1 | 2 | 0 |
| 2 | 《苏州市瑞光寺塔发现一批五代、北宋文物》 | 0 | 0 | 1 | 0 |
| 3 | 《孔望山出土北朝造像》 | 0 | 0 | 0 | 0 |
| 4 | 《连云港市孔望山摩崖造像调查报告》 | 10 | 11 | 22 | 4 |
| 5 | 《江苏淮安出土东魏石刻铭文造像碑》 | 3 | 1 | 3 | 0 |
| 6 | 《扬州城东路出土五代金佛像》 | 0 | 0 | 0 | 0 |
| 7 | 《南京栖霞山千佛岩石窟的测绘与编号》 | 8 | 2 | 5 | 0 |
| | 合计 | 25 | 15 | 33 | 4 |
| 2000—2009 年 | | | | | |
| | 合计 | 0 | 0 | 0 | 0 |
| 2010—2019 年 | | | | | |
| 1 | 《南京桦墅村石佛庵石窟的调查与初步研究》 | 0 | 0 | 0 | 0 |
| 2 | 《南京牛首山明代佛龛的调查与初步探讨》 | 0 | 0 | 0 | 0 |
| 3 | 《南京大报恩寺遗址塔基与地宫发掘简报》 | 2 | 1 | 0 | 0 |
| | 合计 | 2 | 1 | 0 | 0 |
| 北京市 | | | | | |
| 1949—1966 年 | | | | | |
| 1 | 《房山云居寺塔和石经》 | 0 | 0 | 2 | 0 |
| 2 | 《顺义县辽净光舍利塔基清理简报》 | 0 | 0 | 0 | 0 |
| | 合计 | 0 | 0 | 2 | 0 |

续表

| 项目 | | 考古内容 | 宗教内容 | 美术内容 | 其他内容 |
|---|---|---|---|---|---|
| 1967—1977 年 | | | | | |
| 1 | 《记元大都出土文物》 | 1 | 0 | 1 | 0 |
| | 合计 | 1 | 0 | 1 | 0 |
| 1977—1999 年 | | | | | |
| 1 | 《北京市房山县北郑村辽塔清理记》 | 0 | 0 | 0 | 0 |
| 2 | 《北京密云冶仙塔塔基清理简报》 | 0 | 0 | 0 | 0 |
| | 合计 | 0 | 0 | 0 | 0 |
| 2000—2009 年 | | | | | |
| | 合计 | 0 | 0 | 0 | 0 |
| 2010—2019 年 | | | | | |
| 1 | 《通州区次渠村定光佛舍利塔及其出土文物》 | 0 | 0 | 0 | 0 |
| | 合计 | 0 | 0 | 0 | 0 |
| 上海市 | | | | | |
| 1949—1966 年 | | | | | |
| | 合计 | 0 | 0 | 0 | 0 |
| 1967—1977 年 | | | | | |
| | 合计 | 0 | 0 | 0 | 0 |
| 1977—1999 年 | | | | | |
| 1 | 《上海市松江县兴圣教寺塔地宫发掘简报》 | 0 | 0 | 0 | 0 |
| 2 | 《上海松江唐陀罗尼经幢》 | 2 | 0 | 0 | 1 |
| 3 | 《上海嘉定法华塔元明地宫清理简报》 | 0 | 0 | 0 | 0 |
| 4 | 《上海松江李塔明代地宫清理简报》 | 0 | 0 | 0 | 0 |
| | 合计 | 2 | 0 | 0 | 1 |
| 2000—2009 年 | | | | | |
| 1 | 《上海松江圆应塔珍藏文物及碑文考释》 | 1 | 0 | 0 | 0 |
| | 合计 | 1 | 0 | 0 | 0 |

续表

| 项目 | 考古内容 | 宗教内容 | 美术内容 | 其他内容 |
|---|---|---|---|---|
| 2010—2019 年 | | | | |
| 合计 | 0 | 0 | 0 | 0 |
| 福建省 | | | | |
| 1949—1966 年 | | | | |
| 1　《福建晋江华表山摩尼教遗址》 | 0 | 1 | 0 | 2 |
| 2　《泉州开元寺大殿》 | 3 | 2 | 1 | 2 |
| 3　《泉州九日山摩崖石刻》 | 0 | 0 | 0 | 2 |
| 合计 | 3 | 3 | 1 | 6 |
| 1967—1977 年 | | | | |
| 合计 | 0 | 0 | 0 | 0 |
| 1977—1999 年 | | | | |
| 1　《泉州开元寺的"寒山拾得"像》 | 0 | 0 | 0 | 0 |
| 2　《三明市发现一批明代石造像》 | 1 | 1 | 2 | 1 |
| 合计 | 1 | 1 | 2 | 1 |
| 2000—2009 年 | | | | |
| 合计 | 0 | 0 | 0 | 0 |
| 2010—2019 年 | | | | |
| 合计 | 0 | 0 | 0 | 0 |
| 广东省 | | | | |
| 1949—1966 年 | | | | |
| 1　《广州光孝寺》 | 6 | 3 | 3 | 2 |
| 合计 | 6 | 3 | 3 | 2 |
| 1967—1977 年 | | | | |
| 合计 | 0 | 0 | 0 | 0 |
| 1977—1999 年 | | | | |
| 1　《东莞北宋"象塔"发掘记》 | 4 | 2 | 0 | 2 |
| 2　《梅州古城的千佛宝塔》 | 0 | 0 | 0 | 0 |

续表

| 项目 | 考古内容 | 宗教内容 | 美术内容 | 其他内容 |
|---|---|---|---|---|
| 合计 | 4 | 2 | 0 | 2 |
| 2000—2009 年 | | | | |
| 合计 | 0 | 0 | 0 | 0 |
| 2010—2019 年 | | | | |
| 1　《潮州笔架山窑出土的宋代瓷佛造像》 | 0 | 0 | 0 | 0 |
| 合计 | 0 | 0 | 0 | 0 |
| 天津市 | | | | |
| 1949—1966 年 | | | | |
| 合计 | 0 | 0 | 0 | 0 |
| 1967—1977 年 | | | | |
| 合计 | 0 | 0 | 0 | 0 |
| 1977—1999 年 | | | | |
| 1　《记新剥出的蓟县观音阁壁画》 | 1 | 1 | 3 | 1 |
| 2　《天津蓟县独乐寺塔》 | 1 | 0 | 1 | 2 |
| 3　《天津市艺术博物馆藏隋开皇年造像》 | 0 | 0 | 0 | 0 |
| 合计 | 2 | 1 | 4 | 3 |
| 2000—2009 年 | | | | |
| 合计 | 0 | 0 | 0 | 0 |
| 2010—2019 年 | | | | |
| 合计 | 0 | 0 | 0 | 0 |
| 吉林省 | | | | |
| 1949—1966 年 | | | | |
| 合计 | 0 | 0 | 0 | 0 |
| 1967—1977 年 | | | | |
| 合计 | 0 | 0 | 0 | 0 |
| 1977—1999 年 | | | | |
| 1　《吉林和龙高产渤海寺庙址》 | 0 | 0 | 0 | 0 |

续表

| 项目 | 考古内容 | 宗教内容 | 美术内容 | 其他内容 |
|---|---|---|---|---|
| 合计 | 0 | 0 | 0 | 0 |
| 2000—2009 年 | | | | |
| 1 《吉林珲春古城村 1 号寺庙址遗物整理简报》 | 0 | 0 | 0 | 0 |
| 合计 | 0 | 0 | 0 | 0 |
| 2010—2019 年 | | | | |
| 合计 | 0 | 0 | 0 | 0 |
| 中部地区佛教美术考古评论年表 | | | | |
| 陕西省 | | | | |
| 1949—1966 年 | | | | |
| 1 《陕西邠县大佛寺石窟》 | 13 | 1 | 5 | 16 |
| 2 《陕西麟游的摩崖造象和石窟》 | 0 | 0 | 0 | 0 |
| 3 《郿县石泓寺、阁子头寺石窟调查简报》 | 16 | 2 | 4 | 3 |
| 4 《黄陵万佛寺、延安万佛洞石窟寺调查记》 | 18 | 1 | 3 | 5 |
| 合计 | 47 | 4 | 12 | 24 |
| 1967—1977 年 | | | | |
| 1 《唐青龙寺遗址发掘简报》 | 12 | 1 | 1 | 11 |
| 合计 | 12 | 1 | 1 | 11 |
| 1977—1999 年 | | | | |
| 1 《延安地区的石窟寺》 | 16 | 1 | 7 | 4 |
| 2 《耀县药王山摩崖石刻造像》 | 7 | 2 | 6 | 8 |
| 3 《西安慈恩寺发现唐代线刻菩萨像残石》 | 0 | 0 | 0 | 0 |
| 4 《隋石雕弥勒造像》 | 0 | 0 | 0 | 0 |
| 5 《扶风法门寺塔唐代地宫发掘简报》 | 30 | 15 | 8 | 28 |
| 6 《邰阳梁山千佛洞石窟》 | 3 | 1 | 1 | 1 |
| 7 《岐山县博物馆藏隋代石造像》 | 0 | 0 | 0 | 0 |
| 8 《延安地区石窟寺密宗造像》 | 5 | 1 | 0 | 1 |
| 9 《安塞县发现一批元代佛教石造像》 | 0 | 0 | 0 | 0 |

续表

| | 项目 | 考古内容 | 宗教内容 | 美术内容 | 其他内容 |
|---|---|---|---|---|---|
| 10 | 《米脂万佛洞石窟》 | 1 | 1 | 1 | 0 |
| 11 | 《洛川县寺家河唐代佛教密宗造像石窟》 | 2 | 1 | 1 | 0 |
| 12 | 《陕西青龙寺佛教造像碑》 | 1 | 0 | 0 | 0 |
| 13 | 《陕西麟游慈善寺石窟的初步调查》 | 6 | 2 | 5 | 0 |
| 14 | 《甘泉县古佛寺石窟造像介绍》 | 0 | 0 | 0 | 0 |
| 15 | 《陕西麟游县麟溪桥佛教摩崖造像》 | 1 | 0 | 1 | 0 |
| 16 | 《陕西麟游县东川寺、白家河、石鼓峡的佛教遗迹》 | 2 | 0 | 1 | 0 |
| 17 | 《陕西麟游县慈善寺南崖佛龛与〈敬福经〉的调查》 | 2 | 1 | 0 | 0 |
| 18 | 《仙游寺法王塔地宫开启》 | 0 | 0 | 0 | 0 |
| | 合计 | 76 | 25 | 31 | 42 |
| 2000—2009 年 | | | | | |
| 1 | 《陕西省安塞县毛庄科石窟调查简报》 | 1 | 0 | 0 | 0 |
| 2 | 《蓝田悟真寺石窟及宋代题刻》 | 2 | 1 | 0 | 0 |
| 3 | 《铜川金锁关摩崖造像》 | 1 | 0 | 0 | 0 |
| 4 | 《陕西长安清华山卧佛调查》 | 0 | 0 | 0 | 0 |
| 5 | 《陕西安塞新茂台石窟调查简报》 | 0 | 0 | 0 | 0 |
| 6 | 《陕西安塞云山品寺石窟调查报告》 | 2 | 0 | 1 | 0 |
| 7 | 《陕西白水北宋妙觉寺塔基及地宫的发掘》 | 1 | 0 | 1 | 0 |
| 8 | 《陕西神木杨城村石窟调查》 | 0 | 0 | 0 | 0 |
| 9 | 《陕西洛川县董子河摩崖造像》 | 0 | 0 | 0 | 0 |
| 10 | 《陕西安塞界华寺石窟调查简报》 | 2 | 0 | 0 | 0 |
| 11 | 《陕西岐山蔡家坡石窟考古调查报告》 | 0 | 0 | 0 | 0 |
| | 合计 | 9 | 1 | 2 | 0 |
| 2010—2019 年 | | | | | |
| 1 | 《铜川耀州西部的石窟与摩崖造像》 | 2 | 0 | 0 | 0 |
| 2 | 《陕西周至县八云塔地宫的发掘》 | 0 | 0 | 0 | 0 |

| | 项目 | 考古内容 | 宗教内容 | 美术内容 | 其他内容 |
|---|---|---|---|---|---|
| 3 | 《陕西榆林沙家店镇木头则沟石窟调查简报》 | 0 | 0 | 0 | 0 |
| 4 | 《陕西宜君县东部石窟、摩崖造像调查简报》 | 0 | 0 | 0 | 0 |
| 5 | 《陕西安塞县大佛寺石窟调查简报》 | 1 | 0 | 1 | 0 |
| 6 | 《陕西麟游青莲山寺摩崖造像调查》 | 2 | 0 | 0 | 0 |
| 7 | 《旬邑县三水河两岸的石窟调查》 | 6 | 1 | 1 | 2 |
| 8 | 《陕西麟游县喇嘛帽山千佛院佛教造像调查》 | 2 | 0 | 0 | 0 |
| 9 | 《陕西宜君秦家河摩崖造像调查简报》 | 1 | 0 | 0 | 0 |
| 10 | 《陕西靖边鱼头寺石窟调查与初步研究》 | 0 | 0 | 0 | 0 |
| 11 | 《陕西富县柳园石窟调查及相关内容分析》 | 0 | 0 | 0 | 0 |
| 12 | 《陕西旬邑马家河唐代石窟初步调查与研究》 | 1 | 0 | 1 | 0 |
| 13 | 《陕西延安富县拱桥沟石窟调查简报》 | 0 | 0 | 0 | 0 |
| 14 | 《陕西延安富县五家庄石窟调查简报》 | 0 | 0 | 0 | 0 |
| | 合计 | 15 | 1 | 3 | 2 |
| | 山西省 | | | | |
| | 1949—1966 年 | | | | |
| 1 | 《云冈拾遗》 | 0 | 0 | 0 | 0 |
| 2 | 《佛凹山圆兴寺石佛和山崖石龛造象》 | 0 | 0 | 0 | 0 |
| 3 | 《山西慈林山法兴禅寺》 | 2 | 4 | 2 | 2 |
| 4 | 《山西沁县发现了一批石刻造像》 | 4 | 4 | 9 | 1 |
| 5 | 《宝岩寺明代石窟》 | 1 | 0 | 1 | 0 |
| 6 | 《山西省平顺县大云寺的壁画与彩画》 | 2 | 1 | 4 | 0 |
| 7 | 《山西晋城青莲寺塑像》 | 7 | 1 | 3 | 6 |
| | 合计 | 16 | 10 | 19 | 9 |
| | 1967—1977 年 | | | | |
| | 合计 | 0 | 0 | 0 | 0 |
| | 1977—1999 年 | | | | |
| 1 | 《山西繁峙岩上寺的金代壁画》 | 8 | 10 | 15 | 6 |

续表

| 项目 | | 考古内容 | 宗教内容 | 美术内容 | 其他内容 |
|---|---|---|---|---|---|
| 2 | 《天龙山石窟调查报告》 | 8 | 3 | 16 | 6 |
| 3 | 《山西寿阳出土一批东魏至唐代铜造像》 | 1 | 0 | 1 | 1 |
| 4 | 《山西昔阳出土一批北朝石造像》 | 0 | 0 | 0 | 0 |
| 5 | 《山西运城柏口窑出土佛道造像碑》 | 0 | 0 | 0 | 0 |
| 6 | 《山西左权石佛寺石窟与"高欢云洞"石窟》 | 0 | 0 | 0 | 1 |
| 7 | 《和顺县云龙山石窟调查简报》 | 0 | 0 | 0 | 0 |
| 8 | 《山西平定开河寺石窟》 | 1 | 0 | 2 | 3 |
| 9 | 《山西榆社石窟寺调查》 | 0 | 0 | 1 | 2 |
| 10 | 《晋阳西山大佛和童子寺大佛的初步考察》 | 5 | 0 | 1 | 5 |
| 11 | 《山西隰县七里脚千佛洞石窟调查》 | 0 | 2 | 0 | 0 |
| 12 | 《山西高平高庙山石窟的调查与研究》 | 1 | 2 | 0 | 2 |
| 13 | 《岩香寺石窟调查报告》 | 0 | 0 | 0 | 0 |
| 合计 | | 24 | 17 | 36 | 26 |
| 2000—2009 年 | | | | | |
| 1 | 《山西静乐县净居寺石窟调查报告》 | 0 | 0 | 0 | 0 |
| 2 | 《陆师嶂摩崖造像》 | 0 | 0 | 0 | 0 |
| 3 | 《山西省原平市木图村佛教摩崖造像调查简报》 | 0 | 0 | 0 | 0 |
| 4 | 《山西晋城碧落寺石窟调查记》 | 2 | 1 | 1 | 1 |
| 5 | 《武乡勋环沟良侯店石窟调查简报》 | 0 | 0 | 1 | 0 |
| 6 | 《长治县交顶山石窟》 | 0 | 0 | 0 | 0 |
| 7 | 《黎城县佛爷凹摩崖造像》 | 0 | 0 | 0 | 0 |
| 8 | 《乡宁县营里千佛洞石窟调查简报》 | 0 | 0 | 0 | 0 |
| 9 | 《山西高平石堂会石窟》 | 0 | 0 | 0 | 1 |
| 合计 | | 2 | 1 | 2 | 2 |
| 2010—2019 年 | | | | | |
| 1 | 《山西吉县挂甲山摩崖造像调查简报》 | 1 | 0 | 1 | 1 |
| 2 | 《山西襄垣县化岩角山隋唐时期佛教岩画》 | 0 | 0 | 0 | 0 |

| | 项目 | 考古内容 | 宗教内容 | 美术内容 | 其他内容 |
|---|---|---|---|---|---|
| 3 | 《山西寿阳石佛寺石窟》 | 0 | 0 | 0 | 0 |
| 4 | 《山西汾阳天宁寺塔塔基清理简报》 | 0 | 0 | 0 | 0 |
| 5 | 《山西沁县南泉北魏佛教摩崖石刻考》 | 0 | 0 | 0 | 0 |
| 6 | 《云冈石窟全集》 | 200 | 281 | 19 | 18 |
| 7 | 《山西高平大佛山摩崖造像考——"云冈模式"南传的重要例证》 | 0 | 0 | 0 | 1 |
| 8 | 《论山西沁源石窑湾石窟艺术》 | 0 | 0 | 0 | 0 |
| 9 | 《云冈石窟窟顶西区北魏佛教寺院遗址》 | 0 | 0 | 0 | 0 |
| 10 | 《山西寿阳阳摩山石窟东区调查与研究》 | 0 | 0 | 0 | 0 |
| 11 | 《云冈石窟窟顶二区北魏辽金佛教寺院遗址》 | 0 | 0 | 0 | 0 |
| | 合计 | 201 | 281 | 20 | 20 |
| | 河南省 | | | | |
| | 1949—1966 年 | | | | |
| 1 | 《渑池鸿庆寺石窟》 | 3 | 0 | 2 | 3 |
| 2 | 《龙门杂记》 | 1 | 0 | 0 | 1 |
| 3 | 《临汝白云寺》 | 0 | 0 | 0 | 0 |
| 4 | 《河南浚县造象碑调查记》 | 1 | 0 | 1 | 1 |
| | 合计 | 5 | 0 | 3 | 5 |
| | 1967—1977 年 | | | | |
| | 合计 | 0 | 0 | 0 | 0 |
| | 1977—1999 年 | | | | |
| 1 | 《密县发现东魏造像石龛》 | 0 | 0 | 0 | 0 |
| 2 | 《淇县石佛寺田迈造像》 | 0 | 0 | 0 | 0 |
| 3 | 《河南荥阳大海寺出土的石刻造像》 | 1 | 1 | 1 | 2 |
| 4 | 《洛阳新发现的石刻造像》 | 1 | 0 | 0 | 0 |
| 5 | 《郑州开元寺宋代塔基清理简报》 | 2 | 0 | 0 | 0 |
| 6 | 《河南灵宝洞沟梁石窟彩塑调查》 | 0 | 0 | 0 | 1 |
| 7 | 《洛阳龙门双窑》 | 0 | 1 | 0 | 0 |

续表

| | 项目 | 考古内容 | 宗教内容 | 美术内容 | 其他内容 |
|---|---|---|---|---|---|
| 8 | 《邓县福胜寺塔地宫出土一批稀世珍宝》 | 2 | 0 | 0 | 0 |
| 9 | 《河南安阳灵泉寺石窟及小南海石窟》 | 3 | 3 | 3 | 4 |
| 10 | 《龙门石窟群中的商业窟》 | 0 | 0 | 0 | 1 |
| 11 | 《鹤壁五岩寺石窟》 | 1 | 0 | 0 | 0 |
| 12 | 《鹤壁发现宋代石窟造像》 | 0 | 0 | 0 | 0 |
| 13 | 《洛阳市偃师县水泉石窟调查》 | 3 | 2 | 1 | 1 |
| 14 | 《龙门唐代密宗造像》 | 0 | 2 | 0 | 0 |
| 15 | 《龙门石窟唐代瘗窟的新发现及其文化意义的探讨》 | 3 | 1 | 0 | 3 |
| 16 | 《龙门石窟"北市彩帛行净土堂"》 | 0 | 0 | 0 | 0 |
| 17 | 《浚县千佛洞石窟调查》 | 1 | 0 | 0 | 0 |
| 18 | 《博爱县石佛滩隋代摩崖造像调查简报》 | 0 | 0 | 0 | 1 |
| 19 | 《河南省清丰县发现一批大周证圣元年石刻造像》 | 0 | 0 | 0 | 0 |
| 20 | 《新乡市博物馆馆藏古代佛教造像》 | 0 | 0 | 0 | 0 |
| 21 | 《龙门党屈蜀洞及其相关问题》 | 0 | 0 | 0 | 0 |
| 22 | 《龙门石窟近期清理出的唐代窟龛造像及遗物》 | 1 | 0 | 0 | 0 |
| 23 | 《龙门石窟的"卫星窟"——万佛山石窟》 | 2 | 2 | 2 | 3 |
| | 合计 | 20 | 12 | 7 | 16 |
| 2000—2009 年 | | | | | |
| 1 | 《龙门 565 号窟(惠简洞)调查简报》 | 1 | 0 | 0 | 0 |
| 2 | 《龙门石窟新发现 4 个洞窟》 | 0 | 0 | 0 | 1 |
| 3 | 《龙门石窟造像全集》 | 97 | 9 | 40 | 226 |
| 4 | 《河南洛阳市龙门北市香行像窟的考察》 | 0 | 0 | 0 | 2 |
| 5 | 《河南登封市法王寺二号塔地宫发掘简报》 | 0 | 0 | 0 | 0 |
| 6 | 《龙门石窟第 1954 号窟及相关问题》 | 0 | 0 | 0 | 0 |
| 7 | 《方城佛沟摩崖造像调查与研究》 | 2 | 1 | 0 | 0 |

续表

| 项目 | | 考古内容 | 宗教内容 | 美术内容 | 其他内容 |
|---|---|---|---|---|---|
| 合计 | | 100 | 10 | 40 | 229 |
| 2010—2019 年 | | | | | |
| 1 | 《河南渑池石佛寺石窟调查》 | 0 | 0 | 0 | 0 |
| 2 | 《中国石窟·巩县石窟寺》 | 12 | 0 | 12 | 4 |
| 合计 | | 12 | 0 | 12 | 4 |
| 湖南省 | | | | | |
| 1949—1966 年 | | | | | |
| 合计 | | 0 | 0 | 0 | 0 |
| 1967—1977 年 | | | | | |
| 合计 | | 0 | 0 | 0 | 0 |
| 1977—1999 年 | | | | | |
| 1 | 《慈利佛爷湾石窟造像》 | 0 | 0 | 0 | 0 |
| 合计 | | 0 | 0 | 0 | 0 |
| 2000—2009 年 | | | | | |
| 1 | 《湘南永兴县的南朝及历代重要摩崖石刻》 | 0 | 0 | 0 | 0 |
| 2 | 《湖南文化遗产图典》郴州石佛寺石窟造像 | 0 | 0 | 0 | 0 |
| 3 | 《中国文物地图集·湖南分册》慈利佛爷湾石窟 | 0 | 0 | 0 | 0 |
| 合计 | | 0 | 0 | 0 | 0 |
| 2010—2019 年 | | | | | |
| 1 | 《湖南地区石窟摩崖造像调查与研究》 | 1 | 0 | 0 | 1 |
| 合计 | | 1 | 0 | 0 | 1 |
| 湖北省 | | | | | |
| 1949—1966 年 | | | | | |
| 合计 | | 0 | 0 | 0 | 0 |
| 1967—1977 年 | | | | | |
| 合计 | | 0 | 0 | 0 | 0 |
| 1977—1999 年 | | | | | |

| | 项目 | 考古内容 | 宗教内容 | 美术内容 | 其他内容 |
|---|---|---|---|---|---|
| 1 | 《湖北当阳玉泉铁塔塔基及地宫清理发掘简报》 | 0 | 0 | 0 | 0 |
| | 合计 | 0 | 0 | 0 | 0 |
| 2000—2009 年 | | | | | |
| 1 | 《来凤仙佛寺的五代石窟造像："咸康佛"》 | 2 | 2 | 0 | 2 |
| | 合计 | 2 | 2 | 0 | 2 |
| 2010—2019 年 | | | | | |
| 1 | 《郧西罗汉寨：藏在秦巴大山中的"莫高窟"》 | 0 | 0 | 0 | 0 |
| | 合计 | 0 | 0 | 0 | 0 |
| 安徽省 | | | | | |
| 1949—1966 年 | | | | | |
| | 合计 | 0 | 0 | 0 | 0 |
| 1967—1977 年 | | | | | |
| | 合计 | 0 | 0 | 0 | 0 |
| 1977—1999 年 | | | | | |
| 1 | 《安徽亳县咸平寺发现北齐石刻造像碑》 | 0 | 0 | 0 | 0 |
| | 合计 | 0 | 0 | 0 | 0 |
| 2000—2009 年 | | | | | |
| 1 | 《安徽潜山县宋代太平塔地宫的清理》 | 0 | 0 | 0 | 0 |
| 2 | 《安徽巢湖市王乔洞佛教摩崖的调查与研究》 | 1 | 0 | 0 | 0 |
| | 合计 | 1 | 0 | 0 | 0 |
| 2010—2019 年 | | | | | |
| | 合计 | 0 | 0 | 0 | 0 |
| 江西省 | | | | | |
| 1949—1966 年 | | | | | |
| | 合计 | 0 | 0 | 0 | 0 |
| 1967—1977 年 | | | | | |
| | 合计 | 0 | 0 | 0 | 0 |

续表

| 项目 | | 考古内容 | 宗教内容 | 美术内容 | 其他内容 |
|---|---|---|---|---|---|
| 1977—1999 年 | | | | | |
| 1 | 《江西永修县云山真如寺僧塔地宫出土的文物》 | 0 | 0 | 0 | 0 |
| | 合计 | 0 | 0 | 0 | 0 |
| 2000—2009 年 | | | | | |
| 1 | 《南岩禅寺与南岩石窟》 | 0 | 0 | 1 | 0 |
| | 合计 | 0 | 0 | 1 | 0 |
| 2010—2019 年 | | | | | |
| 1 | 《江西大余县宋代嘉祐寺塔被盗地宫出土文物》 | 0 | 0 | 0 | 0 |
| | 合计 | 0 | 0 | 0 | 0 |
| 西部地区佛教美术考古评论年表 | | | | | |
| 甘肃省 | | | | | |
| 1949—1966 年 | | | | | |
| 1 | 《天水麦积石窟介绍》 | 55 | 13 | 50 | 99 |
| 2 | 《炳灵寺石窟编号及其内容》 | 17 | 2 | 5 | 34 |
| 3 | 《敦煌千佛洞新发现的洞窟内容调查》 | 0 | 0 | 0 | 0 |
| 4 | 《西千佛洞的初步勘查》 | 2 | 2 | 2 | 4 |
| 5 | 《凉州天梯山石窟的现存状况和保存问题》 | 3 | 0 | 6 | 14 |
| 6 | 《参观敦煌第 285 号窟札记》 | 1 | 1 | 1 | 0 |
| 7 | 《酒泉文殊山的石窟寺院遗迹》 | 7 | 3 | 3 | 1 |
| 8 | 《安西榆林窟勘查简报》 | 38 | 18 | 25 | 33 |
| 9 | 《庆阳寺沟石窟"佛洞"介绍》 | 9 | 7 | 6 | 17 |
| 10 | 《马蹄寺、文殊山、昌马诸石窟调查简报》 | 0 | 0 | 0 | 0 |
| | 合计 | 132 | 46 | 98 | 202 |
| 1967—1977 年 | | | | | |
| 1 | 《麦积山石窟的新通洞窟》 | 0 | 0 | 0 | 0 |
| | 合计 | 0 | 0 | 0 | 0 |
| 1977—1999 年 | | | | | |

续表

| | 项目 | 考古内容 | 宗教内容 | 美术内容 | 其他内容 |
|---|---|---|---|---|---|
| 1 | 《莫高窟第 220 窟新发现的复壁壁画》 | 0 | 0 | 0 | 0 |
| 2 | 《敦煌莫高窟内容总录》 | 449 | 20 | 243 | 594 |
| 3 | 《丝绸之路东段的几处佛教石窟——泾川王母宫与南、北石窟寺考察》 | 1 | 1 | 2 | 2 |
| 4 | 《甘肃泾川王母宫石窟调查报告》 | 1 | 1 | 0 | 0 |
| 5 | 《甘肃武山水帘洞石窟群》 | 4 | 1 | 5 | 5 |
| 6 | 《甘肃甘谷大像山石窟》 | 0 | 0 | 1 | 1 |
| 7 | 《安西东千佛洞内容总录》 | 8 | 4 | 11 | 13 |
| 8 | 《肃北五个庙石窟内容总录》 | 1 | 0 | 1 | 0 |
| 9 | 《张掖马蹄寺石窟群内容总录》 | 8 | 3 | 3 | 5 |
| 10 | 《安西旱峡石窟》 | 0 | 0 | 0 | 0 |
| 11 | 《庄浪云崖寺石窟内容总录》 | 2 | 0 | 0 | 0 |
| 13 | 《敦煌莫高窟北区洞窟清理发掘简报》 | 13 | 0 | 0 | 46 |
| | 合计 | 487 | 30 | 276 | 666 |

2000—2009 年

| | 项目 | 考古内容 | 宗教内容 | 美术内容 | 其他内容 |
|---|---|---|---|---|---|
| 1 | 《炳灵上寺调查记》 | 0 | 0 | 0 | 0 |
| 2 | 《麦积山石窟内容总录西崖东中下三区部分》 | 0 | 0 | 0 | 0 |
| 3 | 《麦积山第 93 窟考察》 | 1 | 0 | 0 | 0 |
| 4 | 《炳灵寺第 1、90、133 窟的清理与研究》 | 0 | 1 | 0 | 0 |
| 5 | 《麦积山王子洞窟区调查简报》 | 0 | 0 | 0 | 0 |
| 6 | 《陇南八峰崖石窟内容总录》 | 1 | 0 | 1 | 1 |
| 7 | 《甘肃庄浪释迦院塔地宫清理简报》 | 0 | 0 | 0 | 0 |
| 8 | 《甘肃华亭石拱寺石窟调查简报》 | 1 | 0 | 1 | 1 |
| 9 | 《甘肃陇南几处中小石窟调查简报》 | 2 | 0 | 0 | 2 |
| 10 | 《甘肃武山木梯寺石窟调查简报》 | 0 | 0 | 3 | 1 |
| 11 | 《庄浪云崖寺等石窟的调查简报》 | 0 | 0 | 0 | 0 |
| 12 | 《甘肃省合水县几处晚期石窟调查简报》 | 0 | 0 | 0 | 0 |
| | 合计 | 5 | 1 | 5 | 5 |

续表

| | 项目 | 考古内容 | 宗教内容 | 美术内容 | 其他内容 |
|---|---|---|---|---|---|
| 2010—2019 年 | | | | | |
| 1 | 《甘肃合水安定寺石窟调查简报》 | 1 | 0 | 0 | 0 |
| 2 | 《甘肃合水保全寺石窟调查简报》 | 0 | 0 | 0 | 0 |
| 3 | 《甘肃合水县莲花寺石窟调查简报》 | 0 | 0 | 0 | 1 |
| 4 | 《甘肃西和佛孔石窟调查与研究》 | 0 | 0 | 0 | 0 |
| 5 | 《试探东乡县红塔寺石窟的艺术特点》 | 0 | 0 | 2 | 0 |
| 6 | 《成县大云寺石窟调查与研究》 | 0 | 0 | 0 | 0 |
| 7 | 《甘肃秦安迦叶寺遗址调查报告》 | 0 | 0 | 0 | 1 |
| 8 | 《徽县竹林寺石窟调查与研究》 | 0 | 0 | 0 | 0 |
| 9 | 《武威西夏亥母洞石窟寺与金刚亥母鎏金铜造像》 | 0 | 0 | 0 | 0 |
| 10 | 《张掖大佛寺金塔殿传世及地宫出土文物赏析》 | 0 | 0 | 0 | 0 |
| 11 | 《甘肃省民乐县童子寺石窟内容总录》 | 2 | 0 | 0 | 0 |
| 12 | 《甘肃泾川佛教遗址 2013 年发掘简报》 | 2 | 0 | 0 | 1 |
| 13 | 《甘肃镇原北魏田园子石窟发掘纪实》 | 0 | 0 | 0 | 0 |
| 14 | 《甘肃省成县甸山石窟调查与研究》 | 0 | 0 | 0 | 0 |
| 15 | 《肃南皇城大湖滩石佛崖石窟调查简报》 | 0 | 0 | 0 | 0 |
| 16 | 《甘肃省成县五仙洞石窟与南宋禅宗》 | 0 | 0 | 0 | 0 |
| | 合 计 | 5 | 0 | 2 | 3 |
| 新疆维吾尔自治区 | | | | | |
| 1949—1966 年 | | | | | |
| 1 | 《新疆拜城赫色尔石窟》 | 38 | 39 | 83 | 53 |
| 2 | 《克孜尔千佛洞》 | | | | |
| 3 | 《新疆天山以南的石窟》 | 13 | 7 | 5 | 23 |
| | 合 计 | 51 | 46 | 88 | 76 |
| 1967—1977 年 | | | | | |
| | 合 计 | 0 | 0 | 0 | 0 |

续表

| 项目 | | 考古内容 | 宗教内容 | 美术内容 | 其他内容 |
|---|---|---|---|---|---|
| 1977—1999 年 | | | | | |
| 1 | 《新疆吉木萨尔高昌回鹘佛寺遗址》 | 4 | 1 | 1 | 1 |
| 2 | 《新疆拜城克孜尔千佛洞新 1 号窟》 | 1 | 0 | 0 | 1 |
| 3 | 《新疆库木吐喇石窟新发现的几处洞窟》 | 1 | 0 | 0 | 0 |
| | 合计 | 6 | 1 | 1 | 2 |
| 2000—2009 年 | | | | | |
| 1 | 《吐鲁番奇康湖石窟探析》 | 0 | 0 | 0 | 0 |
| | 合计 | 0 | 0 | 0 | 0 |
| 2010—2019 年 | | | | | |
| 1 | 《新疆哈密庙尔沟佛寺遗址考古调查报告》 | 0 | 0 | 0 | 0 |
| 2 | 《新疆鄯善县吐峪沟东区北侧石窟发掘简报》 | 5 | 4 | 4 | 2 |
| 3 | 《新疆拜城亦狭克沟石窟调查简报》 | 0 | 0 | 0 | 0 |
| | 合计 | 5 | 4 | 4 | 2 |
| 宁夏回族自治区 | | | | | |
| 1949—1966 年 | | | | | |
| 1 | 《宁夏须弥山圆光寺石窟》 | 14 | 2 | 11 | 19 |
| | 合计 | 14 | 2 | 11 | 19 |
| 1967—1977 年 | | | | | |
| | 合计 | 0 | 0 | 0 | 0 |
| 1977—1999 年 | | | | | |
| 1 | 《宁夏彭阳红河乡出土一批石造像》 | 1 | 0 | 0 | 0 |
| | 合计 | 1 | 0 | 0 | 0 |
| 2000—2009 年 | | | | | |
| | 合计 | 0 | 0 | 0 | 0 |
| 2010—2019 年 | | | | | |
| 1 | 《原州石窟略叙》 | 0 | 0 | 0 | 0 |
| 2 | 《彭阳县境内佛雕造像与佛教石窟寺述略》 | 0 | 0 | 0 | 0 |

续表

| | 项目 | 考古内容 | 宗教内容 | 美术内容 | 其他内容 |
|---|---|---|---|---|---|
| 3 | 《宁夏原州区禅塔山石窟调查报告》 | 0 | 0 | 0 | 0 |
| 4 | 《宁夏、内蒙古、甘肃陇东石窟考察记》 | 0 | 1 | 2 | 1 |
| | 合计 | 0 | 1 | 2 | 1 |
| 青海省 | | | | | |
| 1949—1966 年 | | | | | |
| 1 | 《青海乐都瞿昙寺调查报告》 | 6 | 12 | 16 | 18 |
| | 合计 | 6 | 12 | 16 | 18 |
| 1967—1977 年 | | | | | |
| | 合计 | 0 | 0 | 0 | 0 |
| 1977—1999 年 | | | | | |
| 1 | 《青海玉树地区唐代佛教摩崖考述》 | 6 | 1 | 2 | 0 |
| | 合计 | 6 | 1 | 2 | 0 |
| 2000—2009 年 | | | | | |
| | 合计 | 0 | 0 | 0 | 0 |
| 2010—2019 年 | | | | | |
| 1 | 《青海门源岗龙石窟的年代与族属》 | 0 | 0 | 0 | 0 |
| 2 | 《青海化隆旦斗岩窟壁画初步调查》 | 0 | 0 | 0 | 0 |
| 3 | 《守望千年：青海都兰县鲁丝沟摩崖造像调查记》 | 1 | 1 | 0 | 1 |
| | 合计 | 1 | 1 | 0 | 1 |
| 内蒙古自治区 | | | | | |
| 1949—1966 年 | | | | | |
| 1 | 《内蒙古巴林左旗前后昭庙的辽代石窟》 | 0 | 0 | 0 | 0 |
| | 合计 | 0 | 0 | 0 | 0 |
| 1967—1977 年 | | | | | |
| | 合计 | 0 | 0 | 0 | 0 |
| 1977—1999 年 | | | | | |
| 1 | 《赤峰市郊石佛山发现辽大康七年石刻》 | 0 | 0 | 0 | 0 |

续表

| | 项目 | 考古内容 | 宗教内容 | 美术内容 | 其他内容 |
|---|---|---|---|---|---|
| 2 | 《阿尔寨石窟佛教文化遗址概述》 | 10 | 1 | 12 | 15 |
| | 合计 | 10 | 1 | 12 | 15 |
| | 2000—2009 年 | | | | |
| | 合计 | 0 | 0 | 0 | 0 |
| | 2010—2019 年 | | | | |
| | 合计 | 0 | 0 | 0 | 0 |
| | 西南地区佛教美术考古评论年表 | | | | |
| | 四川省 | | | | |
| | 1949—1966 年 | | | | |
| 1 | 《四川阆中永安寺元代大殿及其壁画塑像》 | 0 | 0 | 0 | 0 |
| 2 | 《四川仁寿望峨台的摩崖造像》 | 0 | 0 | 0 | 0 |
| 3 | 《通江县的摩岩造像》 | 0 | 0 | 0 | 0 |
| 4 | 《四川邛崃县出土的唐灯台及其他》 | 0 | 0 | 0 | 0 |
| 5 | 《成都西郊发现唐代石刻》 | 0 | 0 | 0 | 0 |
| | 合计 | 0 | 0 | 0 | 0 |
| | 1967—1977 年 | | | | |
| | 合计 | 0 | 0 | 0 | 0 |
| | 1977—1999 年 | | | | |
| 1 | 《峨眉山圣寿万年寺铜铁佛像》 | 0 | 0 | 0 | 0 |
| 2 | 《新津九莲山观音寺壁画和塑像》 | 0 | 0 | 0 | 0 |
| 3 | 《灌县灵岩山唐代石经》 | 0 | 0 | 0 | 0 |
| 4 | 《石塔寺释迦如末真身宝塔》 | 0 | 0 | 0 | 0 |
| 5 | 《泸县玉龙寺石刻》 | 0 | 0 | 0 | 0 |
| 6 | 《荣县大佛》 | 1 | 0 | 1 | 0 |
| 7 | 《南充白塔》 | 0 | 0 | 0 | 0 |
| 8 | 《德阳孝泉延祚寺元代砖塔》 | 0 | 0 | 0 | 0 |
| 9 | 《觉苑寺壁画及塑像》 | 0 | 0 | 0 | 0 |

| 项目 | | 考古内容 | 宗教内容 | 美术内容 | 其他内容 |
|---|---|---|---|---|---|
| 10 | 《泸县玉蟾山摩岩造像》 | 0 | 1 | 0 | 0 |
| 11 | 《泸州报恩塔》 | 0 | 0 | 0 | 0 |
| 12 | 《蒲江县飞仙阁摩崖造像》 | 0 | 0 | 0 | 0 |
| 13 | 《广安白塔》 | 0 | 0 | 0 | 0 |
| 14 | 《天彭文物考察散记》 | 0 | 0 | 0 | 0 |
| 15 | 《禹迹山摩崖造像》 | 0 | 0 | 0 | 0 |
| 16 | 《造型奇特的古浮图——三学寺的释尊无量宝塔》 | 0 | 0 | 0 | 0 |
| 17 | 《丹棱郑山——刘嘴大石包造像》 | 0 | 0 | 0 | 0 |
| 18 | 《西昌发现元代梵文石碑》 | 0 | 0 | 0 | 0 |
| 19 | 《西昌发现一方大理时期刻石》 | 0 | 0 | 0 | 0 |
| 20 | 《四川巴中水宁寺唐代摩崖造像》 | 0 | 0 | 0 | 0 |
| 21 | 《夹江新发现的唐代摩崖造像》 | 0 | 0 | 0 | 0 |
| 22 | 《峨眉山伏虎寺及其铜塔》 | 0 | 0 | 0 | 0 |
| 23 | 《邛崃县发现鎏金铜造像窖藏》 | 0 | 0 | 0 | 0 |
| 24 | 《内江清溪摩崖造像与古清溪县治》 | 0 | 0 | 0 | 0 |
| 25 | 《大像山摩崖造像及石刻题记》 | 2 | 1 | 0 | 0 |
| 26 | 《千佛寨摩崖造像》 | 0 | 0 | 0 | 0 |
| 27 | 《资中重龙山摩崖造像内容总录》 | 1 | 0 | 0 | 0 |
| 28 | 《新开寺唐代摩崖造像初探》 | 0 | 0 | 0 | 0 |
| 29 | 《简阳县宋代白塔》 | 0 | 0 | 0 | 0 |
| 30 | 《广元千佛崖石窟调查记》 | 6 | 8 | 7 | 4 |
| 31 | 《宜宾旧州塔》 | 0 | 0 | 0 | 0 |
| 32 | 《仁寿县牛角寨摩崖造像》 | 1 | 0 | 0 | 0 |
| 33 | 《宜宾市丹山碧水摩崖造像》 | 0 | 0 | 0 | 0 |
| 34 | 《绵阳唐代佛教造像初探》 | 0 | 0 | 0 | 0 |
| 35 | 《三台琴泉寺》 | 0 | 0 | 0 | 0 |
| 36 | 《四川夹江千佛岩摩崖造像》 | 2 | 4 | 1 | 0 |

续表

| | 项目 | 考古内容 | 宗教内容 | 美术内容 | 其他内容 |
|---|---|---|---|---|---|
| 37 | 《蒲江关子门发现的唐代"观经变"造像》 | 0 | 0 | 0 | 0 |
| 38 | 《西昌新发现元代经幢》 | 0 | 0 | 0 | 0 |
| 39 | 《遂宁毗卢寺》 | 0 | 0 | 0 | 0 |
| 40 | 《屏山八仙山大佛》 | 0 | 0 | 0 | 0 |
| 41 | 《遂宁摩崖造像艺术简述》 | 0 | 0 | 0 | 0 |
| 42 | 《资阳县半月山大佛》 | 0 | 0 | 0 | 0 |
| 43 | 《安岳华严洞石窟》 | 0 | 0 | 4 | 2 |
| 44 | 《安岳毗卢洞石窟调查研究》 | 0 | 1 | 1 | 0 |
| 45 | 《仁寿龙桥乡唐代石窟造像》 | 0 | 0 | 0 | 0 |
| 46 | 《内江圣水寺》 | 1 | 0 | 0 | 0 |
| 47 | 《内江般若寺与丈雪禅师》 | 0 | 0 | 0 | 0 |
| 48 | 《蒲江县长秋山摩崖造像调查》 | 1 | 2 | 1 | 1 |
| 49 | 《遂宁梵慧寺摩崖造像》 | 0 | 0 | 0 | 0 |
| 50 | 《千佛崖造像》 | 0 | 0 | 0 | 0 |
| 51 | 《上寺梵天院及其明代壁画》 | 0 | 0 | 0 | 0 |
| 52 | 《宜宾市大佛沱唐宋摩崖造像》 | 0 | 0 | 0 | 0 |
| 53 | 《广安冲相寺摩崖造像及石刻调查纪要》 | 1 | 0 | 1 | 1 |
| 54 | 《安岳卧佛院窟群总目》 | 2 | 5 | 1 | 0 |
| 55 | 《梓潼西岩寺摩岩造像》 | 0 | 0 | 0 | 0 |
| 56 | 《成都市西安路南朝石刻造像清理简报》 | 0 | 0 | 0 | 0 |
| 57 | 《乐山发现明代大肚弥勒佛摩崖造像》 | 0 | 0 | 0 | 0 |
| 58 | 《仁寿能仁寺摩崖造像》 | 0 | 2 | 0 | 0 |
| 59 | 《四川茂汶南齐永明造像碑及有关问题》 | 0 | 0 | 0 | 0 |
| 60 | 《巴中西龛石窟调查记》 | 0 | 0 | 0 | 0 |
| | 合计 | 18 | 24 | 17 | 8 |
| 2000—2009 年 | | | | | |
| 1 | 《绵阳北山院摩崖造像述略》 | 0 | 1 | 0 | 0 |

| 项目 | | 考古内容 | 宗教内容 | 美术内容 | 其他内容 |
|---|---|---|---|---|---|
| 2 | 《三台东山摩崖造像与唐东移涪江查考》 | 0 | 1 | 0 | 0 |
| 3 | 《雅安发现明代大型石雕群像》 | 0 | 0 | 0 | 0 |
| 4 | 《成都东门大桥出土佛顶尊胜陀罗尼石经幢》 | 0 | 0 | 0 | 0 |
| 5 | 《仁寿县发现"世尊讲法图"造像》 | 0 | 0 | 0 | 0 |
| 6 | 《成都市商业街南朝石刻造像》 | 0 | 0 | 0 | 0 |
| 7 | 《四川大学博物馆收藏的两尊南朝石刻造像》 | 0 | 0 | 0 | 0 |
| 8 | 《巴中石窟调查简报》 | 6 | 9 | 10 | 5 |
| 9 | 《广元观音岩石窟调查记》 | 0 | 0 | 0 | 0 |
| 10 | 《广元苍溪阳岳寺摩崖石刻造像调查简报》 | 0 | 0 | 0 | 0 |
| 11 | 《广元剑阁横梁子摩崖石刻造像调查简报》 | 0 | 0 | 0 | 0 |
| 12 | 《广元普济镇佛爷洞摩崖石刻造像调查简报》 | 0 | 0 | 0 | 0 |
| 13 | 《广元旺苍县木门寺摩崖石刻调查简报》 | 0 | 0 | 0 | 0 |
| 14 | 《乐山小道士观摩崖造像》 | 0 | 0 | 0 | 0 |
| 15 | 《四川彭州龙兴寺出土石造像》 | 0 | 0 | 0 | 0 |
| 16 | 《安岳县灵游院摩崖石刻造像调查简报》 | 0 | 0 | 0 | 0 |
| 17 | 《蒲江佛尔湾摩崖石刻造像调查简报》 | 0 | 0 | 0 | 0 |
| 18 | 《蒲江龙拖湾摩崖石刻造像调查简报》 | 0 | 0 | 0 | 0 |
| 19 | 《广元皇泽寺石窟调查报告》 | 4 | 0 | 0 | 0 |
| 20 | 《旺苍县佛子崖摩崖石刻造像调查简报》 | 0 | 0 | 0 | 0 |
| 21 | 《广元出土佛教石刻造像》 | 0 | 0 | 0 | 0 |
| 22 | 《鹤林寺摩崖石刻造像》 | 0 | 0 | 0 | 0 |
| 23 | 《邛崃磐陀寺和花置寺摩崖造像调查简报》 | 0 | 0 | 0 | 0 |
| 24 | 《邛崃石笋山摩崖石刻造像调查简报》 | 0 | 0 | 1 | 0 |
| 25 | 《蒲江鸡公树山摩崖石刻造像调查简报》 | 0 | 0 | 0 | 0 |
| 26 | 《蒲江看灯山摩崖石刻造像调查简报》 | 0 | 0 | 0 | 0 |
| 27 | 《邛崃天宫寺摩崖石刻调查简报》 | 0 | 0 | 0 | 0 |
| 28 | 《四川茂县点将台唐代佛教摩崖造像调查简报》 | 0 | 0 | 0 | 2 |

| | 项目 | 考古内容 | 宗教内容 | 美术内容 | 其他内容 |
|---|---|---|---|---|---|
| 29 | 《简阳圣德寺塔》 | 0 | 0 | 0 | 0 |
| 30 | 《四川中江仓山镇大旺寺摩崖石刻造像》 | 0 | 0 | 0 | 0 |
| 31 | 《岷江上游的唐代经幢和造像碑》 | 0 | 0 | 0 | 0 |
| 32 | 《四川汶川出土的南朝佛教石造像》 | 0 | 0 | 0 | 0 |
| 33 | 《德阳马鞍山出土前蜀佛教文物》 | 0 | 0 | 0 | 0 |
| 34 | 《四川乐至县石匣寺摩崖造像》 | 0 | 1 | 0 | 0 |
| 35 | 《四川简阳市奎星阁摩崖造像》 | 0 | 0 | 0 | 0 |
| 36 | 《四川丹棱鸡公山石窟造像》 | 0 | 0 | 0 | 0 |
| 37 | 《四川省安岳县庵堂寺摩崖造像调查简报》 | 0 | 0 | 0 | 0 |
| 38 | 《四川绵阳碧水寺唐代摩崖造像调查》 | 1 | 0 | 1 | 1 |
| 39 | 《四川通江出土宋代彩釉陶佛头像》 | 0 | 0 | 0 | 0 |
| 40 | 《四川省博物馆藏万佛寺石刻造像整理简报》 | 0 | 0 | 0 | 0 |
| 41 | 《蒲江白岩寺摩崖石刻造像调查简报》 | 0 | 0 | 0 | 0 |
| 42 | 《四川绵阳碧水寺藏"开元寺石佛"调查》 | 0 | 0 | 0 | 0 |
| | 合计 | 11 | 12 | 12 | 8 |
| | 2010—2019 年 | | | | |
| 1 | 《巴中朝阳洞摩崖造像》 | 0 | 0 | 0 | 0 |
| 2 | 《营山县太蓬山石窟内容总录》 | 1 | 1 | 0 | 4 |
| 3 | 《四川乐至县报国寺摩崖造像踏查记》 | 0 | 0 | 0 | 0 |
| 4 | 《四川大邑县药师岩石窟寺和摩崖造像考古报告》 | 0 | 1 | 0 | 0 |
| 5 | 《四川叙永县龙龟山寺遗址出土明清石刻造像》 | 0 | 0 | 0 | 0 |
| 6 | 《南充市双桂镇邓娅寺摩崖造像》 | 0 | 0 | 0 | 0 |
| 7 | 《四川高县半边寺摩崖造像调查简报》 | 0 | 0 | 0 | 0 |
| 8 | 《四川安岳县茗山寺石窟调查简报》 | 0 | 0 | 0 | 0 |
| 9 | 《四川安岳岳阳镇菩萨湾摩崖造像调查简报》 | 0 | 0 | 0 | 0 |
| 10 | 《四川安岳上大佛摩崖造像调查简报》 | 0 | 0 | 0 | 0 |

| | 项目 | 考古内容 | 宗教内容 | 美术内容 | 其他内容 |
|---|---|---|---|---|---|
| 11 | 《四川安岳舍身岩摩崖造像调查报告》 | 0 | 0 | 0 | 0 |
| 12 | 《四川安岳林凤侯家湾摩崖造像调查简报》 | 0 | 0 | 0 | 0 |
| 13 | 《四川安岳高升大佛寺、社皇庙、雷神洞摩崖造像调查简报》 | 0 | 0 | 0 | 0 |
| 14 | 《四川仁寿鳌陵黑龙寺摩崖造像调查简报》 | 0 | 0 | 0 | 0 |
| 15 | 《四川安岳来凤乡圣泉寺摩崖造像调查简报》 | 0 | 0 | 0 | 0 |
| 16 | 《四川安岳人和云峰寺摩崖造像调查简报》 | 0 | 0 | 0 | 0 |
| 17 | 《四川通江朱元观音岩元代摩崖造像调查简报》 | 0 | 0 | 0 | 0 |
| 18 | 《四川乐山夹江县金像寺石刻艺术初探》 | 0 | 0 | 0 | 0 |
| 19 | 《四川省蓬安县运山城遗址调查简报》 | 0 | 0 | 0 | 0 |
| 20 | 《南充青居山佛教文化遗存初探》 | 0 | 0 | 0 | 0 |
| | 合计 | 1 | 2 | 0 | 4 |

重庆市

1949—1966 年

| | | 考古内容 | 宗教内容 | 美术内容 | 其他内容 |
|---|---|---|---|---|---|
| | 合计 | 0 | 0 | 0 | 0 |

1967—1977 年

| | | 考古内容 | 宗教内容 | 美术内容 | 其他内容 |
|---|---|---|---|---|---|
| | 合计 | 0 | 0 | 0 | 0 |

1977—1999 年

| | | 考古内容 | 宗教内容 | 美术内容 | 其他内容 |
|---|---|---|---|---|---|
| 1 | 《大足石刻内容总录》 | 10 | 74 | 52 | 41 |
| 2 | 《潼南马龙山摩崖造像》 | 0 | 0 | 0 | 0 |
| 3 | 《浅谈綦江石门寺石刻造像》 | 0 | 0 | 0 | 0 |
| 4 | 《观音滩石刻及摩崖造像》 | 0 | 0 | 0 | 0 |
| 5 | 《合川涞滩摩崖石刻造像》 | 0 | 0 | 3 | 1 |
| 6 | 《大足县大钟寺宋代圆雕石刻遗址调查》 | 0 | 0 | 0 | 0 |
| 7 | 《永川明代铜塔》 | 0 | 0 | 0 | 0 |
| 8 | 《大足尖山子、圣水寺摩岩造像调查简报》 | 0 | 0 | 0 | 0 |
| 9 | 《大足宝顶菩萨堡摩崖造像考述》 | 0 | 0 | 0 | 0 |
| | 合计 | 10 | 74 | 55 | 42 |

续表

| 项目 | | 考古内容 | 宗教内容 | 美术内容 | 其他内容 |
|---|---|---|---|---|---|
| 2000—2009 年 | | | | | |
| 1 | 《重庆市云阳县硐村佛教摩崖造像》 | 0 | 0 | 0 | 0 |
| 2 | 《重庆三峡库区唐代佛教石刻造像调查报告》 | 0 | 0 | 0 | 0 |
| 合计 | | 0 | 0 | 0 | 0 |
| 2010—2019 年 | | | | | |
| 1 | 《重庆地区元明清佛教摩崖龛像》 | 0 | 0 | 0 | 0 |
| 2 | 《重庆潼南县千佛寺摩崖造像清理简报》 | 0 | 0 | 0 | 0 |
| 3 | 《重庆奉节白帝城藏南朝石刻佛像》 | 0 | 0 | 0 | 0 |
| 4 | 《合川净果寺南宋转轮经藏》 | 0 | 0 | 0 | 0 |
| 合计 | | 0 | 0 | 0 | 0 |
| 广西壮族自治区 | | | | | |
| 1949—1966 年 | | | | | |
| 合计 | | 0 | 0 | 0 | 0 |
| 1967—1977 年 | | | | | |
| 合计 | | 0 | 0 | 0 | 0 |
| 1977—1999 年 | | | | | |
| 1 | 《广西博白宴石山摩崖造像》 | 1 | 0 | 0 | 0 |
| 2 | 《桂林唐代摩崖造像》 | 2 | 1 | 1 | 1 |
| 合计 | | 3 | 1 | 1 | 1 |
| 2000—2009 年 | | | | | |
| 合计 | | 0 | 0 | 0 | 0 |
| 2010—2019 年 | | | | | |
| 1 | 《桂林龙泉寺区域唐五代造像遗址调查》 | 0 | 0 | 0 | 0 |
| 合计 | | 0 | 0 | 0 | 0 |
| 云南省 | | | | | |
| 1949—1966 年 | | | | | |
| 合计 | | 0 | 0 | 0 | 0 |

续表

| 项目 | | 考古内容 | 宗教内容 | 美术内容 | 其他内容 |
|---|---|---|---|---|---|
| 1967—1977 年 | | | | | |
| | 合计 | 0 | 0 | 0 | 0 |
| 1977—1999 年 | | | | | |
| 1 | 《云南剑川石钟山石窟内容总录》 | 1 | 15 | 3 | 5 |
| | 合计 | 1 | 15 | 3 | 5 |
| 2000—2009 年 | | | | | |
| 1 | 《云南安宁法华寺石窟》 | 0 | 1 | 0 | 0 |
| | 合计 | 0 | 1 | 0 | 0 |
| 2010—2019 年 | | | | | |
| | 合计 | 0 | 0 | 0 | 0 |
| 贵州省 | | | | | |
| 1949—1966 年 | | | | | |
| | 合计 | 0 | 0 | 0 | 0 |
| 1967—1977 年 | | | | | |
| | 合计 | 0 | 0 | 0 | 0 |
| 1977—1999 年 | | | | | |
| | 合计 | 0 | 0 | 0 | 0 |
| 2000—2009 年 | | | | | |
| | 合计 | 0 | 0 | 0 | 0 |
| 2010—2019 年 | | | | | |
| 1 | 《黔北地区两会水石窟寺摩崖造像初步研究》 | 0 | 0 | 0 | 0 |
| | 合计 | 0 | 0 | 0 | 0 |
| 藏传佛教美术考古评论年表 | | | | | |
| 西藏自治区 | | | | | |
| 1949—1966 年 | | | | | |
| | 合计 | 0 | 0 | 0 | 0 |

| 项目 | | 考古内容 | 宗教内容 | 美术内容 | 其他内容 |
|---|---|---|---|---|---|
| 1967—1977 年 | | | | | |
| 合计 | | 0 | 0 | 0 | 0 |
| 1977—1999 年 | | | | | |
| 1 | 《拉萨查拉路甫石窟调查简报》 | 1 | 0 | 1 | 0 |
| 2 | 《西藏阿里托林寺调查报告》 | 2 | 0 | 2 | 1 |
| 3 | 《西藏穷结青娃达孜山摩崖造像调查简报》 | 0 | 0 | 0 | 0 |
| 4 | 《西藏阿里东嘎、皮央石窟考古调查简报》 | 1 | 0 | 3 | 0 |
| 5 | 《西藏西部早期石窟壁画的考察报告》 | 0 | 0 | 0 | 0 |
| 6 | 《贡嘎曲德寺及其寺庙壁画》 | 0 | 0 | 1 | 0 |
| 合计 | | 4 | 0 | 7 | 1 |
| 2000—2009 年 | | | | | |
| 1 | 《关于卫藏地区几处佛教石窟遗址的调查与研究》 | 0 | 0 | 0 | 0 |
| 2 | 《皮央·东嘎遗址考古报告》 | 0 | 0 | 0 | 1 |
| 3 | 《阿里札达县喀泽聂拉康石窟壁画》 | 0 | 0 | 0 | 0 |
| 4 | 《西藏阿里札达县帕尔嘎尔布石窟遗址》 | 0 | 0 | 0 | 1 |
| 5 | 《西藏西部仁钦桑布时期佛教遗迹考察》 | 0 | 0 | 0 | 0 |
| 6 | 《西藏札达县皮央—东嘎遗址 1997 年调查与发掘》 | 2 | 0 | 5 | 0 |
| 7 | 《西藏山南加查县达拉岗布寺的考古调查及清理》 | 0 | 0 | 0 | 0 |
| 8 | 《西藏阿里东嘎佛寺殿堂遗址的考古发掘》 | 0 | 0 | 0 | 0 |
| 9 | 《西藏自治区昌都地区芒康县扎果西沟石刻造像和朗巴朗则造像》 | 0 | 0 | 0 | 0 |
| 10 | 《萨迦寺考古》 | 0 | 0 | 0 | 3 |
| 11 | 《西藏阿里札达县象泉河流域卡俄普与西林衮石窟地点的初步调查》 | 0 | 0 | 0 | 0 |
| 12 | 《西藏阿里札达县象泉河流域白东波村早期佛教遗存的考古调查》 | 0 | 0 | 0 | 0 |

| | 项目 | 考古内容 | 宗教内容 | 美术内容 | 其他内容 |
|---|---|---|---|---|---|
| 13 | 《日喀则地区康马县乃宁曲德寺调查简报》 | 0 | 0 | 4 | 0 |
| 14 | 《西藏阿里象泉河流域卡孜河谷佛教遗存的考古调查与研究》 | 0 | 0 | 0 | 0 |
| 15 | 《阿里札达县喀泽扎宗石窟壁画》 | 0 | 0 | 0 | 0 |
| | 合计 | 2 | 0 | 9 | 5 |
| | 2010—2019 年 | | | | |
| 1 | 《西藏定结县恰姆石窟》 | 1 | 0 | 1 | 2 |
| 2 | 《西藏江孜县白居寺调查报告》 | 0 | 0 | 7 | 5 |
| 3 | 《中印边境古寺热尼拉康与普日寺考古调查简报》 | 0 | 0 | 1 | 0 |
| 4 | 《查果西沟摩崖造像 2009 年考古调查简报》 | 0 | 0 | 0 | 0 |
| 5 | 《西藏山南地区达隆寺壁画题记的初步考察》 | 0 | 0 | 1 | 1 |
| 6 | 《西藏昌都芒康县新发现吐蕃时期大日如来石刻像》 | 0 | 0 | 0 | 0 |
| 7 | 《喜马拉雅考古调查记——日喀则篇》 | 0 | 0 | 0 | 0 |
| 8 | 《西藏日土县丁穹拉康石窟群考古调查简报》 | 0 | 0 | 0 | 0 |
| 9 | 《西藏加查县达拉岗布寺曲康萨玛大殿遗址发掘简报》 | 0 | 0 | 0 | 0 |
| 10 | 《西藏工布江达县洛哇傍卡摩崖造像考古调查简报》 | 0 | 0 | 0 | 0 |
| 11 | 《江达县洛哇傍卡摩崖造像》 | 0 | 0 | 0 | 0 |
| 12 | 《西藏察雅县丹玛札摩崖造像考古调查简报》 | 0 | 0 | 0 | 0 |
| 13 | 《西藏林周县坚利寺的调查与研究》 | 0 | 0 | 0 | 0 |
| 14 | 《西藏芒康县扎金玛尼石刻造像与达琼摩崖造像调查报告》 | 0 | 0 | 0 | 0 |
| 15 | 《西藏吉隆县恰芒波拉康调查简报》 | 0 | 0 | 0 | 0 |
| 16 | 《西藏芒康嘎托镇新发现吐蕃摩崖石刻调查简报》 | 0 | 0 | 0 | 0 |

续表

| 项目 | | 考古内容 | 宗教内容 | 美术内容 | 其他内容 |
|---|---|---|---|---|---|
| 17 | 《西藏定日县朗果荡芭寺调查简报》 | 0 | 0 | 0 | 0 |
| 18 | 《西藏琼结县青瓦达孜遗址的调查与试掘》 | 0 | 0 | 0 | 0 |
| 19 | 《西藏阿里地区皮央石窟护法殿壁画考察报告》 | 0 | 0 | 0 | 0 |
| 20 | 《吉隆县青噶石窟调查报告》 | 0 | 0 | 1 | 0 |
| 21 | 《艾旺寺造像艺术风格再探》 | 0 | 0 | 1 | 0 |
| 22 | 《西藏洛扎吐蕃摩崖石刻与吐蕃墓地的调查与研究》 | 1 | 0 | 0 | 1 |
| 23 | 《西藏东部吐蕃佛教造像：芒康、察雅考古调查与研究报告》 | 0 | 0 | 0 | 0 |
| 合计 | | 4 | 0 | 39 | 15 |
| 青海省 | | | | | |
| 1949—1966 年 | | | | | |
| 1 | 《青海乐都瞿昙寺调查报告》 | 0 | 0 | 0 | 0 |
| 合计 | | 0 | 0 | 0 | 0 |
| 1967—1977 年 | | | | | |
| 合计 | | 0 | 0 | 0 | 0 |
| 1977—1999 年 | | | | | |
| 合计 | | 0 | 0 | 0 | 0 |
| 2000—2009 年 | | | | | |
| 1 | 《合然寺考略》 | 0 | 0 | 0 | 0 |
| 2 | 《青海天门寺历史调查记》 | 1 | 0 | 0 | 0 |
| 合计 | | 1 | 0 | 0 | 0 |
| 2010—2019 年 | | | | | |
| 1 | 《青海化隆旦斗岩窟壁画初步调查》 | 0 | 0 | 0 | 0 |
| 2 | 《青海玉树大日如来佛堂的考古调查与新发现》 | 0 | 0 | 0 | 1 |
| 3 | 《青海玉树勒巴沟——吾娜桑嘎佛教摩崖石刻》 | 0 | 0 | 0 | 0 |

| | 项目 | 考古内容 | 宗教内容 | 美术内容 | 其他内容 |
|---|---|---|---|---|---|
| 4 | 《青海称多县歇武镇格日村宋代佛教摩崖石刻考古调查简报》 | 0 | 0 | 0 | 0 |
| 5 | 《青海玉树勒巴沟古秀泽玛佛教摩崖造像调查简报》 | 0 | 0 | 0 | 0 |
| 6 | 《青海称多县歇武镇格日村宋代佛教摩崖石刻》 | 0 | 0 | 0 | 0 |
| 7 | 《青海玉树勒巴沟吾娜桑嘎佛教摩崖石刻调查简报》 | 0 | 0 | 0 | 0 |
| 8 | 《青海玉树勒巴沟恰冈佛教摩崖造像调查简报》 | 0 | 0 | 0 | 0 |
| 9 | 《青海玉树贝沟大日如来佛堂佛教石刻调查简报》 | 0 | 0 | 0 | 0 |
| 10 | 《青海玉树大日如来佛堂西侧崖壁摩崖石刻及线刻佛塔调查简报》 | 0 | 0 | 0 | 0 |
| | 合计 | 0 | 0 | 0 | 1 |
| 四川省 | | | | | |
| 1949—1966 年 | | | | | |
| | 合计 | 0 | 0 | 0 | 0 |
| 1967—1977 年 | | | | | |
| | 合计 | 0 | 0 | 0 | 0 |
| 1977—1999 年 | | | | | |
| | 合计 | 0 | 0 | 0 | 0 |
| 2000—2009 年 | | | | | |
| 1 | 《四川石渠县松格嘛呢石经城调查简报》 | 0 | 0 | 0 | 1 |
| 2 | 《四川石渠县洛须"照阿拉姆"摩崖石刻》 | 0 | 0 | 0 | 0 |
| | 合计 | 0 | 0 | 0 | 1 |
| 2010—2019 年 | | | | | |
| 1 | 《雄龙西南古民居经堂壁画调查与初步研究》 | 0 | 0 | 0 | 0 |
| 2 | 《四川石渠县新发现吐蕃石刻群调查简报》 | 0 | 0 | 3 | 0 |
| 3 | 《四川通江朱元观音岩元代摩崖造像调查简报》 | 0 | 0 | 0 | 0 |

续表

| 项目 | | 考古内容 | 宗教内容 | 美术内容 | 其他内容 |
|---|---|---|---|---|---|
| | 合计 | 0 | 0 | 3 | 0 |
| 甘肃省 | | | | | |
| 1949—1966 年 | | | | | |
| | 合计 | 0 | 0 | 0 | 0 |
| 1967—1977 年 | | | | | |
| | 合计 | 0 | 0 | 0 | 0 |
| 1977—1999 年 | | | | | |
| 1 | 《武威白塔寺调查与研究》 | 0 | 0 | 0 | 0 |
| | 合计 | 0 | 0 | 0 | 0 |
| 2000—2009 年 | | | | | |
| | 合计 | 0 | 0 | 0 | 0 |
| 2010—2019 年 | | | | | |
| | 合计 | 0 | 0 | 0 | 0 |
| 内蒙古自治区 | | | | | |
| 1949—1966 年 | | | | | |
| | 合计 | 0 | 0 | 0 | 0 |
| 1967—1977 年 | | | | | |
| | 合计 | 0 | 0 | 0 | 0 |
| 1977—1999 年 | | | | | |
| 1 | 《美岱召召庙建筑、壁画艺术考察报告》 | 2 | 0 | 1 | 1 |
| | 合计 | 2 | 0 | 1 | 1 |
| 2000—2009 年 | | | | | |
| 1 | 《藏传佛教寺院美岱召五当召调查与研究》 | 4 | 0 | 27 | 10 |
| 2 | 《鄂托克旗阿尔寨石窟》(阿尔寨石窟) | 1 | 0 | 7 | 8 |
| | 合计 | 5 | 0 | 34 | 18 |
| 2010—2019 年 | | | | | |
| 1 | 《阿尔寨石窟》 | 4 | 4 | 23 | 8 |

续表

| 项目 | | 考古内容 | 宗教内容 | 美术内容 | 其他内容 |
|---|---|---|---|---|---|
| 合计 | | 4 | 4 | 23 | 8 |
| 浙江省 | | | | | |
| 1949—1966 年 | | | | | |
| 合计 | | 0 | 0 | 0 | 0 |
| 1967—1977 年 | | | | | |
| 合计 | | 0 | 0 | 0 | 0 |
| 1977—1999 年 | | | | | |
| 合计 | | 0 | 0 | 0 | 0 |
| 2000—2009 年 | | | | | |
| 1 | 《杭州西湖宝石山造像考述》 | 0 | 0 | 0 | 0 |
| 合计 | | 0 | 0 | 0 | 0 |
| 2010—2019 年 | | | | | |
| 1 | 《元代杭州的藏传佛教：宝成寺摩崖像调查研究》 | 1 | 2 | 1 | 0 |
| 合计 | | 1 | 2 | 1 | 0 |
| 辽宁省 | | | | | |
| 1949—1966 年 | | | | | |
| 合计 | | 0 | 0 | 0 | 0 |
| 1967—1977 年 | | | | | |
| 合计 | | 0 | 0 | 0 | 0 |
| 1977—1999 年 | | | | | |
| 1 | 《阜新海棠山摩崖造像考察报告》 | 0 | 0 | 4 | 4 |
| 合计 | | 0 | 0 | 4 | 4 |
| 2000—2009 年 | | | | | |
| 合计 | | 0 | 0 | 0 | 0 |
| 2010—2019 年 | | | | | |
| 合计 | | 0 | 0 | 0 | 0 |
| 新疆维吾尔自治区 | | | | | |

| 项目 | | 考古内容 | 宗教内容 | 美术内容 | 其他内容 |
|---|---|---|---|---|---|
| 1949—1966 年 | | | | | |
| 合计 | | 0 | 0 | 0 | 0 |
| 1967—1977 年 | | | | | |
| 合计 | | 0 | 0 | 0 | 0 |
| 1977—1999 年 | | | | | |
| 合计 | | 0 | 0 | 0 | 0 |
| 2000—2009 年 | | | | | |
| 合计 | | 0 | 0 | 0 | 0 |
| 2010—2019 年 | | | | | |
| 1 | 《大桃儿沟第 9 窟八十四大成就者图像考释》 | 0 | 0 | 0 | 0 |
| 合计 | | 0 | 0 | 0 | 0 |
| 宁夏回族自治区 | | | | | |
| 1949—1966 年 | | | | | |
| 合计 | | 0 | 0 | 0 | 0 |
| 1967—1977 年 | | | | | |
| 合计 | | 0 | 0 | 0 | 0 |
| 1977—1999 年 | | | | | |
| 合计 | | 0 | 0 | 0 | 0 |
| 2000—2009 年 | | | | | |
| 合计 | | 0 | 0 | 0 | 0 |
| 2010—2019 年 | | | | | |
| 1 | 《宁夏贺兰山苏峪口沟摩崖石刻调查及其相关问题》 | 0 | 0 | 0 | 0 |
| 合计 | | 0 | 0 | 0 | 0 |
| 陕西省 | | | | | |
| 1949—1966 年 | | | | | |
| 合计 | | 0 | 0 | 0 | 0 |
| 1967—1977 年 | | | | | |

| 项目 | | 考古内容 | 宗教内容 | 美术内容 | 其他内容 |
|---|---|---|---|---|---|
| 合计 | | 0 | 0 | 0 | 0 |
| 1977—1999 年 | | | | | |
| 合计 | | 0 | 0 | 0 | 0 |
| 2000—2009 年 | | | | | |
| 合计 | | 0 | 0 | 0 | 0 |
| 2010—2019 年 | | | | | |
| 1 | 《陕西榆林市藏传佛教石窟及摩崖石刻调查》 | 0 | 0 | 14 | 0 |
| 合计 | | 0 | 0 | 14 | 0 |

附表 2-3　道教美术考古评论年表

| 项目 | | 考古内容 | 宗教内容 | 美术内容 | 其他内容 |
|---|---|---|---|---|---|
| 东部地区道教美术考古评论年表 | | | | | |
| 浙江省 | | | | | |
| 1949—1966 年 | | | | | |
| 合计 | | 0 | 0 | 0 | 0 |
| 1967—1977 年 | | | | | |
| 合计 | | 0 | 0 | 0 | 0 |
| 1977—1999 年 | | | | | |
| 1 | 《南宋临安的道观和通玄观造像》 | 3 | 0 | 0 | 0 |
| 2 | 《温州市北宋白象塔清理报告》 | 1 | 1 | 2 | 0 |
| 3 | 《道教南宗祖庭天台桐柏宫兴衰记》 | 0 | 0 | 0 | 4 |
| 合计 | | 4 | 1 | 2 | 4 |
| 2000—2009 年 | | | | | |
| 1 | 《江山市廿八都镇古建筑调查》 | 14 | 0 | 6 | 15 |
| 2 | 《闻名江南的福星观》 | 0 | 0 | 0 | 5 |
| 3 | 《瓶窑南山摩崖三龛造像》 | 1 | 0 | 2 | 1 |
| 合计 | | 15 | 0 | 8 | 21 |

续表

| 项目 | 考古内容 | 宗教内容 | 美术内容 | 其他内容 |
|---|---|---|---|---|
| 2010—2019 年 | | | | |
| 1 《缙云仙都金龙洞出土铜龙与木简》 | 0 | 0 | 0 | 0 |
| 2 《括苍洞文物遗迹考论》 | 0 | 0 | 0 | 0 |
| 3 《浙江省博物馆藏北宋帝王金龙玉简考释——兼谈北宋时期帝王投龙简》 | 3 | 0 | 0 | 0 |
| 合计 | 3 | 0 | 0 | 0 |
| 江苏省 | | | | |
| 1949—1966 年 | | | | |
| 合计 | 0 | 0 | 0 | 0 |
| 1967—1977 年 | | | | |
| 合计 | 0 | 0 | 0 | 0 |
| 1977—1999 年 | | | | |
| 1 《江苏溧阳竹簀北宋李彬夫妇墓》 | 2 | 0 | 0 | 0 |
| 2 《茅山道教现状》 | 6 | 4 | 0 | 2 |
| 3 《苏州玄妙观参访记》 | 2 | 2 | 2 | 14 |
| 4 《高淳县收集到一批清代道教神像画》 | 2 | 2 | 4 | 0 |
| 5 《沭阳县出土的明嘉靖武神铜像》 | 0 | 0 | 0 | 0 |
| 6 《介绍江苏武进县博物馆藏的一件宋代铜镜》 | 2 | 3 | 0 | 0 |
| 合计 | 14 | 11 | 6 | 16 |
| 2000—2009 年 | | | | |
| 合计 | 0 | 0 | 0 | 0 |
| 2010—2019 年 | | | | |
| 1 《苏州林屋洞出土道教遗物》 | 2 | 0 | 0 | 2 |
| 2 《南京西善桥明代长春真人刘渊然墓》 | 2 | 1 | 0 | 0 |
| 3 《南京市雨花台区宁丹路东晋墓发掘简报》 | 0 | 0 | 0 | 0 |
| 4 《江苏泰州明代刘鉴家族墓发掘简报》 | 2 | 1 | 0 | 0 |
| 合计 | 6 | 2 | 0 | 2 |

续表

| 项目 | | 考古内容 | 宗教内容 | 美术内容 | 其他内容 |
|---|---|---|---|---|---|
| 河北省 | | | | | |
| 1949—1966 年 | | | | | |
| 合计 | | 0 | 0 | 0 | 0 |
| 1967—1977 年 | | | | | |
| 1 | 《河北易县龙兴观遗址调查记》 | 5 | 2 | 0 | 1 |
| 合计 | | 5 | 2 | 0 | 1 |
| 1977—1999 年 | | | | | |
| 1 | 《毗卢寺和毗卢寺壁画》 | 5 | 1 | 7 | 0 |
| 2 | 《景忠山古代建筑文化的分类和发展》 | 0 | 1 | 0 | 3 |
| 3 | 《蔚县重泰寺》 | 0 | 2 | 1 | 1 |
| 4 | 《女娲补天的地方》 | 6 | 4 | 3 | 13 |
| 合计 | | 11 | 8 | 11 | 17 |
| 2000—2009 年 | | | | | |
| 1 | 《河北赤城发现鎏金铜造像窖藏》 | 0 | 0 | 0 | 0 |
| 2 | 《邢台出土佛道合一塔形罐》 | 1 | 0 | 0 | 0 |
| 3 | 《古北岳恒山调查纪略》 | 19 | 3 | 11 | 6 |
| 合计 | | 20 | 3 | 11 | 6 |
| 2010—2019 年 | | | | | |
| 合计 | | 0 | 0 | 0 | 0 |
| 北京市 | | | | | |
| 1949—1966 年 | | | | | |
| 1 | 《故宫御花园》 | 10 | 4 | 1 | 6 |
| 2 | 《介绍两件北朝道教石造象》 | 1 | 0 | 2 | 0 |
| 合计 | | 11 | 4 | 3 | 6 |
| 1967—1977 年 | | | | | |
| 合计 | | 0 | 0 | 0 | 0 |

续表

| 项目 | | 考古内容 | 宗教内容 | 美术内容 | 其他内容 |
|---|---|---|---|---|---|
| 1977—1999 年 | | | | | |
| 1 | 《北京白云观及其殿堂》 | 2 | 10 | 4 | 21 |
| 2 | 《北京大高殿门前的一组古建》 | 10 | 3 | 2 | 14 |
| 3 | 《京华胜迹东岳庙》 | 8 | 2 | 1 | 17 |
| 合计 | | 20 | 15 | 7 | 52 |
| 2000—2009 年 | | | | | |
| 1 | 《故宫博物院购藏南宋陶俑浅议》 | 0 | 0 | 0 | 0 |
| 2 | 《北京地区道教考古发现与初步研究》 | 0 | 0 | 0 | 0 |
| 3 | 《北京延庆年鉴(2013)》北京烧窑峪道教摩崖造像 | 0 | 0 | 0 | 0 |
| 合计 | | 0 | 0 | 0 | 0 |
| 2010—2019 年 | | | | | |
| 1 | 《煌煌巨制 皇家气象——元代宫廷风格铜镀金道教水将像研究》 | 0 | 0 | 0 | 0 |
| 合计 | | 0 | 0 | 0 | 0 |
| 广东省 | | | | | |
| 1949—1966 年 | | | | | |
| 合计 | | 0 | 0 | 0 | 0 |
| 1967—1977 年 | | | | | |
| 合计 | | 0 | 0 | 0 | 0 |
| 1977—1999 年 | | | | | |
| 1 | 《惠州西湖元妙古观史话》 | 2 | 0 | 0 | 0 |
| 2 | 《鲍靓，鲍姑与广州三元宫》 | 5 | 2 | 0 | 3 |
| 3 | 《重修冲虚古观纪略》 | 5 | 5 | 0 | 3 |
| 4 | 《客家道教胜地——吕帝庙》 | 0 | 0 | 0 | 0 |
| 合计 | | 12 | 7 | 0 | 6 |
| 2000—2009 年 | | | | | |
| 1 | 《负洲傍海 商贸名港——广州黄埔村考察》 | 0 | 0 | 0 | 0 |
| 2 | 《广东省博物馆藏明清德化白瓷》 | 1 | 0 | 0 | 0 |

| | 项目 | 考古内容 | 宗教内容 | 美术内容 | 其他内容 |
|---|---|---|---|---|---|
| 3 | 《南朝买地券综论》 | 0 | 0 | 0 | 0 |
| | 合计 | 1 | 0 | 0 | 0 |
| 2010—2019 年 | | | | | |
| | 合计 | 0 | 0 | 0 | 0 |
| 福建省 | | | | | |
| 1949—1966 年 | | | | | |
| 1 | 《莆田元妙观三清殿调查记》 | 5 | 0 | 1 | 5 |
| | 合计 | 5 | 0 | 1 | 5 |
| 1967—1977 年 | | | | | |
| | 合计 | 0 | 0 | 0 | 0 |
| 1977—1999 年 | | | | | |
| 1 | 《福州道教古迹照天君庙简述》 | 1 | 0 | 2 | 0 |
| 2 | 《泉州元妙观》 | 1 | 0 | 0 | 0 |
| 3 | 《福清石竹山九仙宫》 | 0 | 3 | 0 | 3 |
| | 合计 | 2 | 3 | 2 | 3 |
| 2000—2009 年 | | | | | |
| 1 | 《泉州老君造像述评》 | 3 | 1 | 1 | 3 |
| 续 2 | 《漳州地区道教宫观的调查及分析》 | 0 | 0 | 0 | 0 |
| | 合计 | 3 | 1 | 1 | 3 |
| 2010—2019 年 | | | | | |
| 上海市 | | | | | |
| 1949—1966 年 | | | | | |
| | 合计 | 0 | 0 | 0 | 0 |
| 1967—1977 年 | | | | | |
| | 合计 | 0 | 0 | 0 | 0 |
| 1977—1999 年 | | | | | |
| 1 | 《上海城隍庙修缮工程》 | 6 | 2 | 0 | 5 |

续表

| 项目 | | 考古内容 | 宗教内容 | 美术内容 | 其他内容 |
|---|---|---|---|---|---|
| 2 | 《海上白云观》 | 0 | 2 | 0 | 2 |
| 3 | 《上海三元宫坤道院》 | 0 | 0 | 0 | 4 |
| 合计 | | 6 | 4 | 0 | 11 |
| 2000—2009 年 | | | | | |
| 1 | 《关于浦东钦赐仰殿的传说和考证》 | 1 | 0 | 0 | 4 |
| 合计 | | 1 | 0 | 0 | 4 |
| 2010—2019 年 | | | | | |
| 合计 | | 0 | 0 | 0 | 0 |
| 山东省 | | | | | |
| 1949—1966 年 | | | | | |
| 合计 | | 0 | 0 | 0 | 0 |
| 1967—1977 年 | | | | | |
| 合计 | | 0 | 0 | 0 | 0 |
| 1977—1999 年 | | | | | |
| 1 | 《崂山道教与太清宫今昔》 | 3 | 6 | 0 | 6 |
| 2 | 《泰安、泰山的规划、建筑、景物析》 | 21 | 2 | 19 | 46 |
| 3 | 《山东博兴出土百余件北魏至隋代铜造像》 | 1 | 0 | 0 | 0 |
| 合计 | | 25 | 8 | 19 | 52 |
| 2010—2019 年 | | | | | |
| 1 | 《山东淄博周村汇龙湖明代墓地发掘简报》 | 0 | 0 | 0 | 0 |
| 合计 | | 0 | 0 | 0 | 0 |
| 辽宁省 | | | | | |
| 1949—1966 年 | | | | | |
| 合计 | | 0 | 0 | 0 | 0 |
| 1967—1977 年 | | | | | |
| 合计 | | 0 | 0 | 0 | 0 |
| 1977—1999 年 | | | | | |
| 1 | 《北镇庙》 | 13 | 0 | 2 | 7 |

| 项目 | | 考古内容 | 宗教内容 | 美术内容 | 其他内容 |
|---|---|---|---|---|---|
| 2 | 《太清宫》 | 7 | 1 | 1 | 4 |
| 3 | 《铁刹山》 | 5 | 4 | 0 | 2 |
| 4 | 《道教在千山》 | 3 | 0 | 0 | 4 |
| | 合计 | 28 | 5 | 3 | 17 |
| 2000—2009 年 | | | | | |
| | 合计 | 0 | 0 | 0 | 0 |
| 2010—2019 年 | | | | | |
| | 合计 | 0 | 0 | 0 | 0 |
| 天津市 | | | | | |
| 1949—1966 年 | | | | | |
| | 合计 | 0 | 0 | 0 | 0 |
| 1967—1977 年 | | | | | |
| | 合计 | 0 | 0 | 0 | 0 |
| 1977—1999 年 | | | | | |
| 1 | 《天津天后宫》 | 4 | 3 | 1 | 15 |
| | 合计 | 4 | 3 | 1 | 15 |
| 2000—2009 年 | | | | | |
| | 合计 | 0 | 0 | 0 | 0 |
| 2010—2019 年 | | | | | |
| | 合计 | 0 | 0 | 0 | 0 |
| 海南省 | | | | | |
| 1949—1966 年 | | | | | |
| | 合计 | 0 | 0 | 0 | 0 |
| 1967—1977 年 | | | | | |
| | 合计 | 0 | 0 | 0 | 0 |
| 1977—1999 年 | | | | | |
| | 合计 | 0 | 0 | 0 | 0 |
| 2000—2009 年 | | | | | |

续表

| | 项目 | 考古内容 | 宗教内容 | 美术内容 | 其他内容 |
|---|---|---|---|---|---|
| 1 | 《清风送仙乐 文笔托玉蟾——海南定安文笔峰玉蟾宫》 | 1 | 0 | 0 | 1 |
| | 合计 | 1 | 0 | 0 | 1 |

2010—2019 年

| | | | | | |
|---|---|---|---|---|---|
| | 合计 | 0 | 0 | 0 | 0 |

中部地区道教美术考古评论年表

陕西省

1949—1966 年

| | 项目 | 考古内容 | 宗教内容 | 美术内容 | 其他内容 |
|---|---|---|---|---|---|
| 1 | 《华阴西岳庙的古代建筑》 | 17 | 5 | 2 | 15 |
| 2 | 《介绍陕西省博物馆新建的石刻艺术陈列室》 | 0 | 0 | 0 | 0 |
| 3 | 《耀县石刻文字略志》 | 14 | 4 | 21 | 4 |
| | 合计 | 31 | 9 | 23 | 19 |

1967—1977 年

| | | | | | |
|---|---|---|---|---|---|
| | 合计 | 0 | 0 | 0 | 0 |

1977—1999 年

| | 项目 | 考古内容 | 宗教内容 | 美术内容 | 其他内容 |
|---|---|---|---|---|---|
| 1 | 《楼观台》 | 13 | 6 | 2 | 6 |
| 2 | 《陕西临潼邢家村发现唐代鎏金铜造像窖藏》 | 3 | 0 | 0 | 0 |
| 3 | 《奇异的龙门洞》 | 2 | 4 | 1 | 2 |
| 4 | 《西安市八仙宫》 | 4 | 2 | 1 | 8 |
| 5 | 《陕北发现一批北朝石窟和摩崖造像》 | 0 | 0 | 0 | 0 |
| 6 | 《关西名胜——白云山白云观》 | 9 | 4 | 5 | 10 |
| 7 | 《延长县七里村道教摩崖石窟》 | 0 | 0 | 1 | 0 |
| 8 | 《陇县药王洞》 | 0 | 0 | 0 | 0 |
| 9 | 《一块北魏羌族的道教造像碑》 | 1 | 0 | 0 | 0 |
| 10 | 《西秦道教名胜——金台观》 | 6 | 2 | 1 | 1 |
| 11 | 《碑林藏佛道合刻造像及道教造像》 | 4 | 0 | 1 | 0 |
| 12 | 《三原开皇三年老君造像》 | 0 | 0 | 0 | 0 |

| | 项目 | 考古内容 | 宗教内容 | 美术内容 | 其他内容 |
|---|---|---|---|---|---|
| 13 | 《华山道教石窟调查》 | 5 | 0 | 0 | 0 |
| | 合计 | 47 | 18 | 12 | 27 |
| 2000—2009 年 | | | | | |
| 1 | 《唐长安醴泉寺遗址出土的鎏金铜造像》 | 2 | 0 | 0 | 0 |
| 2 | 《女娲山·女娲庙·女娲墓碑的发现》 | 2 | 0 | 1 | 7 |
| 3 | 《曹魏景元元年朱书镇墓文读解》 | 0 | 0 | 0 | 0 |
| 4 | 《陕北新发现几幅古代壁画的考察与研究》 | 0 | 0 | 0 | 0 |
| 5 | 《全真祖庭——陕西户县重阳宫的石刻造像》 | 1 | 2 | 2 | 1 |
| 6 | 《西安市高陵县发现的北朝佛道造像和唐代佛教造像》 | 0 | 0 | 0 | 0 |
| 7 | 《陕西富县新发现明代道士墓塔》 | 0 | 0 | 0 | 0 |
| | 合计 | 5 | 2 | 3 | 8 |
| 2010—2019 年 | | | | | |
| 1 | 《陕西三原县发现唐五代鎏金佛道铜造像》 | 0 | 0 | 0 | 0 |
| 2 | 《咸阳师院附中西晋墓清理简报》 | 3 | 0 | 0 | 0 |
| 3 | 《咸阳市东郊出土东汉镇墓瓶》 | 1 | 1 | 0 | 0 |
| 4 | 《陕西宜君秦家河摩崖造像调查简报》 | 0 | 0 | 0 | 0 |
| 5 | 《崇文塔瘗藏明代佛道教金铜造像探讨》 | 0 | 0 | 0 | 0 |
| 6 | 《唐代墓葬中的道教遗物——镇墓石概述》 | 0 | 0 | 0 | 0 |
| 7 | 《东汉镇墓瓶的考古学研究》 | 0 | 0 | 0 | 0 |
| | 合计 | 4 | 1 | 0 | 0 |
| 山西省 | | | | | |
| 1949—1966 年 | | | | | |
| 1 | 《两年来山西省新发现的古建筑》 | 10 | 3 | 3 | 3 |
| 2 | 《"永乐宫"的元代建筑和壁画》 | 10 | 8 | 120 | 24 |
| 3 | 《侯马金代董氏墓介绍》 | 2 | 1 | 1 | 0 |
| 4 | 《山西中条山南五龙庙》 | 3 | 1 | 0 | 11 |
| | 合计 | 25 | 13 | 124 | 38 |

续表

| 项目 | | 考古内容 | 宗教内容 | 美术内容 | 其他内容 |
|---|---|---|---|---|---|
| 1967—1977 年 | | | | | |
| 1 | 《晋祠》 | 28 | 3 | 24 | 21 |
| | 合计 | 28 | 3 | 24 | 21 |
| 1977—1999 年 | | | | | |
| 1 | 《大同金代阎德源墓发掘简报》 | 2 | 2 | 1 | 0 |
| 2 | 《龙山石窟考察报告》 | 13 | 10 | 6 | 6 |
| 3 | 《山西平陆县出土一批隋唐佛道铜造像》 | 0 | 0 | 0 | 0 |
| 4 | 《霍泉水神庙》 | 25 | 0 | 10 | 3 |
| 5 | 《武庙之冠解州关帝庙》 | 10 | 5 | 5 | 11 |
| 6 | 《芮城县博物馆收藏的部分石刻造像》 | 4 | 0 | 0 | 0 |
| 7 | 《山西平陆圣人涧发现唐代鎏金铜造像窖藏》 | 0 | 0 | 0 | 0 |
| 8 | 《山西运城柏口窑出土佛道造像碑》 | 0 | 0 | 0 | 0 |
| 9 | 《唐代道教石造像常阳天尊》 | 3 | 1 | 0 | 1 |
| 10 | 《介休琉璃艺术》 | 4 | 1 | 8 | 7 |
| 11 | 《晋西南地区发现一批小型佛道石造像》 | 0 | 0 | 0 | 0 |
| 12 | 《侯马 65H4M102 金墓》 | 2 | 1 | 1 | 0 |
| | 合计 | 63 | 20 | 31 | 28 |
| 2000—2009 年 | | | | | |
| 1 | 《万寿宫历史渊源考——金元真大道教宫观在山西的孤例》 | 0 | 2 | 0 | 0 |
| 2 | 《道教仙境太符观》 | 1 | 1 | 1 | 0 |
| 3 | 《盂县出土一批石造像》 | 0 | 0 | 0 | 0 |
| 4 | 《吕梁市离石区宝峰山及其古建筑群勘察记》 | 1 | 0 | 0 | 0 |
| 5 | 《山西道教名胜古迹拾零》 | 15 | 6 | 18 | 12 |
| 6 | 《太原大关帝庙》 | 2 | 1 | 1 | 1 |
| 7 | 《浅析会仙观古建群》 | 3 | 1 | 0 | 5 |
| 8 | 《临汾年鉴(2001)》浮山老君洞 | 0 | 0 | 0 | 0 |
| | 合计 | 22 | 11 | 20 | 18 |

续表

| 项目 | | 考古内容 | 宗教内容 | 美术内容 | 其他内容 |
|---|---|---|---|---|---|
| 2010—2019 年 | | | | | |
| 1 | 《清梦观》 | 1 | 1 | 0 | 2 |
| 2 | 《真武像》 | 0 | 0 | 0 | 0 |
| 3 | 《山西高平伯方村发现的唐玄宗泰山封禅刻石》 | 0 | 0 | 0 | 0 |
| 4 | 《大同关帝庙》 | 2 | 1 | 0 | 5 |
| 合计 | | 3 | 2 | 0 | 7 |
| 河南省 | | | | | |
| 1949—1966 年 | | | | | |
| 合计 | | 0 | 0 | 0 | 0 |
| 1967—1977 年 | | | | | |
| 合计 | | 0 | 0 | 0 | 0 |
| 1977—1999 年 | | | | | |
| 1 | 《济渎庙》 | 10 | 1 | 2 | 6 |
| 2 | 《河南省重点文物保护单位：中岳庙》 | 23 | 10 | 3 | 11 |
| 3 | 《南阳武侯祠》 | 10 | 2 | 4 | 14 |
| 4 | 《武则天金简》 | 9 | 1 | 1 | 2 |
| 5 | 《洛阳东马沟出土隋代石雕老君像》 | 0 | 0 | 0 | 0 |
| 6 | 《鹿邑县太清宫和老君台》 | 20 | 1 | 1 | 2 |
| 7 | 《偃师县南蔡庄乡汉肥致墓发掘简报》 | 6 | 2 | 1 | 0 |
| 8 | 《王屋山与道教》 | 8 | 16 | 6 | 9 |
| 9 | 《弥足珍贵的道教胜迹——石堂山碑林》 | 2 | 0 | 0 | 0 |
| 10 | 《全真祖师羽化地——延庆观》 | 1 | 1 | 0 | 2 |
| 合计 | | 89 | 34 | 18 | 46 |
| 2000—2009 年 | | | | | |
| 1 | 《道教宫观天宝宫》 | 7 | 2 | 0 | 1 |
| 2 | 《林州慈源寺建筑基础清理简报》 | 0 | 0 | 0 | 0 |
| 3 | 《方城佛沟摩崖造像调查与研究》 | 0 | 0 | 0 | 0 |

续表

| 项目 | 考古内容 | 宗教内容 | 美术内容 | 其他内容 |
|---|---|---|---|---|
| 合计 | 7 | 2 | 0 | 1 |
| 2010—2019 年 | | | | |
| 1 《河南卫辉县大司马明清墓葬出土朱书板瓦初探》 | 0 | 0 | 0 | 0 |
| 2 《洛阳民俗博物馆馆藏木雕概述》 | 0 | 0 | 0 | 0 |
| 合计 | 0 | 0 | 0 | 0 |
| 江西省 | | | | |
| 1949—1966 年 | | | | |
| 合计 | 0 | 0 | 0 | 0 |
| 1967—1977 年 | | | | |
| 合计 | 0 | 0 | 0 | 0 |
| 1977—1999 年 | | | | |
| 1 《南昌市东吴高荣墓的发掘》 | 0 | 1 | 0 | 0 |
| 2 《贵溪县发现道教铜镜》 | 0 | 0 | 0 | 0 |
| 3 《少华山访古》 | 6 | 4 | 1 | 8 |
| 4 《天师府简介》 | 11 | 3 | 2 | 7 |
| 5 《南昌西山万寿宫》 | 4 | 8 | 0 | 30 |
| 6 《江西高安南宋墓出土一批道教文物》 | 0 | 0 | 0 | 0 |
| 7 《萍乡纯阳观》 | 1 | 0 | 0 | 0 |
| 8 《江西樟树北宋道教画像石墓》 | 0 | 0 | 0 | 0 |
| 9 《千年道教圣地——铅山葛仙祠》 | 0 | 0 | 0 | 0 |
| 合计 | 22 | 16 | 3 | 45 |
| 2000—2009 年 | | | | |
| 1 《南昌火车站东晋墓葬群发掘简报》 | 0 | 1 | 0 | 0 |
| 2 《药都胜迹——三皇宫》 | 0 | 1 | 0 | 1 |
| 3 《江西樟树市太平街何家村南宋墓发掘简报》 | 0 | 0 | 0 | 0 |
| 合计 | 0 | 2 | 0 | 1 |

续表

| 项目 | | 考古内容 | 宗教内容 | 美术内容 | 其他内容 |
|---|---|---|---|---|---|
| 2010—2019 年 | | | | | |
| 1 | 《萍乡天符宫：传承道医的千年古观》 | 0 | 0 | 0 | 0 |
| 2 | 《江西抚州玉隆万寿宫文兴庵旧址考古调查与发掘简报》 | 0 | 0 | 0 | 0 |
| 3 | 《"道教祖庭"大上清宫遗址：规模相当于故宫的一半》 | 0 | 0 | 0 | 0 |
| 合计 | | 0 | 0 | 0 | 0 |
| 湖北省 | | | | | |
| 1949—1966 年 | | | | | |
| 1 | 《金殿》 | 11 | 4 | 13 | 7 |
| 2 | 《湖北均县武当山古建筑调查》 | 15 | 7 | 8 | 20 |
| 合计 | | 26 | 11 | 21 | 27 |
| 1967—1977 年 | | | | | |
| 合计 | | 0 | 0 | 0 | 0 |
| 1977—1999 年 | | | | | |
| 1 | 《武当山出土文物简介》 | 4 | 0 | 0 | 1 |
| 合计 | | 4 | 0 | 0 | 1 |
| 2000—2009 年 | | | | | |
| 1 | 《湖北剧场扩建工程中的墓葬和遗迹清理简报》 | 1 | 0 | 0 | 0 |
| 2 | 《湖北宜昌沮水道教石窟群初探》 | 1 | 0 | 0 | 0 |
| 3 | 《江楚名迹长春观》 | 6 | 0 | 1 | 9 |
| 合计 | | 8 | 0 | 1 | 9 |
| 2010—2019 年 | | | | | |
| 1 | 《西陵峡区明代墓葬所见八卦砖与八卦图》 | 0 | 0 | 0 | 0 |
| 合计 | | 0 | 0 | 0 | 0 |
| 湖南省 | | | | | |
| 1949—1966 年 | | | | | |

续表

| | 项目 | 考古内容 | 宗教内容 | 美术内容 | 其他内容 |
|---|---|---|---|---|---|
| 1 | 《长沙两晋南朝隋墓发掘报告》 | 1 | 0 | 0 | 0 |
| | 合计 | 1 | 0 | 0 | 0 |
| | 1967—1977 年 | | | | |
| | 合计 | 0 | 0 | 0 | 0 |
| | 1977—1999 年 | | | | |
| 1 | 《道教神府——衡山南岳庙》 | 1 | 1 | 2 | 5 |
| | 合计 | 1 | 1 | 2 | 5 |
| | 2000—2009 年 | | | | |
| 1 | 《湘西南的木雕》 | 2 | 0 | 0 | 0 |
| 2 | 《楚文化影响下的明清湖湘地区民间道教水陆画》 | 0 | 0 | 0 | 0 |
| | 合计 | 2 | 0 | 0 | 0 |
| | 2010—2019 年 | | | | |
| 1 | 《湖南地区石窟摩崖造像调查与研究》 | 0 | 0 | 0 | 1 |
| 2 | 《湘中道教名山文仙观文物遗存及其价值分析》 | 0 | 0 | 0 | 0 |
| | 合计 | 0 | 0 | 0 | 1 |
| | 安徽省 | | | | |
| | 1949—1966 年 | | | | |
| | 合计 | 0 | 0 | 0 | 0 |
| | 1967—1977 年 | | | | |
| | 合计 | 0 | 0 | 0 | 0 |
| | 1977—1999 年 | | | | |
| 1 | 《关于齐云山道教情况的调查》 | 5 | 15 | 1 | 13 |
| | 合计 | 5 | 15 | 1 | 13 |
| | 2000—2009 年 | | | | |
| | 合计 | 0 | 0 | 0 | 0 |
| | 2010—2019 年 | | | | |
| 1 | 《安徽六安花石嘴出土宋代铜镜浅识》 | 0 | 0 | 0 | 0 |

续表

| 项目 | 考古内容 | 宗教内容 | 美术内容 | 其他内容 |
|---|---|---|---|---|
| 合计 | 0 | 0 | 0 | 0 |

西部地区道教美术考古评论年表

甘肃省

1949—1966 年

| | | | | |
|---|---|---|---|---|
| 合计 | 0 | 0 | 0 | 0 |

1967—1977 年

| | | | | |
|---|---|---|---|---|
| 合计 | 0 | 0 | 0 | 0 |

1977—1999 年

| | | | | | |
|---|---|---|---|---|---|
| 1 | 《炳灵寺石窟老君洞北魏壁画清理简报》 | 0 | 1 | 0 | 1 |
| 2 | 《甘肃道教第一名山——平凉崆峒山》 | 6 | 6 | 0 | 3 |
| 3 | 《兰州白云观》 | 1 | 3 | 1 | 1 |
| 4 | 《敦煌西云观》 | 0 | 3 | 1 | 1 |
| 5 | 《庄浪云崖寺石窟内容总录》 | 3 | 0 | 0 | 0 |
| 合计 | | 10 | 13 | 2 | 6 |

2000—2009 年

| | | | | | |
|---|---|---|---|---|---|
| 1 | 《甘肃庄浪紫荆山老君庙壁画》 | 4 | 0 | 4 | 0 |
| 2 | 《仙人崖石窟(上)》 | 3 | 1 | 1 | 0 |
| 3 | 《甘肃河西水陆画简介——兼谈水陆法会的起源和发展》 | 0 | 1 | 5 | 1 |
| 4 | 《甘肃武山木梯寺石窟调查简报》 | 7 | 0 | 1 | 0 |
| 合计 | | 14 | 2 | 11 | 1 |

2010—2019 年

| | | | | | |
|---|---|---|---|---|---|
| 1 | 《兰州金天观古建筑群分析》 | 1 | 1 | 0 | 3 |
| 2 | 《甘肃省成县金莲洞石窟与全真道》 | 0 | 1 | 0 | 0 |
| 合计 | | 1 | 2 | 0 | 3 |

| 项目 | | 考古内容 | 宗教内容 | 美术内容 | 其他内容 |
|---|---|---|---|---|---|
| 内蒙古 | | | | | |
| 1949—1966 年 | | | | | |
| 合计 | | 0 | 0 | 0 | 0 |
| 1967—1977 年 | | | | | |
| 合计 | | 0 | 0 | 0 | 0 |
| 1977—1999 年 | | | | | |
| 1 | 《内蒙古昭乌达盟发现的一批古印资料》 | 0 | 1 | 0 | 0 |
| 2 | 《辽陈国公主驸马合葬墓发掘简报》 | 1 | 2 | 0 | 0 |
| 3 | 《内蒙古巴林右旗出土辽代道教符箓铜牌和石印》 | 1 | 1 | 0 | 0 |
| 4 | 《从考古材料看道教在辽地的流传》 | 0 | 0 | 0 | 0 |
| 合计 | | 2 | 4 | 0 | 0 |
| 2000—2009 年 | | | | | |
| 合计 | | 0 | 0 | 0 | 0 |
| 2010—2019 年 | | | | | |
| 合计 | | 0 | 0 | 0 | 0 |
| 新疆维吾尔自治区 | | | | | |
| 1949—1966 年 | | | | | |
| 合计 | | 0 | 0 | 0 | 0 |
| 1967—1977 年 | | | | | |
| 合计 | | 0 | 0 | 0 | 0 |
| 1977—1999 年 | | | | | |
| 合计 | | 0 | 0 | 0 | 0 |
| 2000—2009 年 | | | | | |
| 1 | 《祖国最西端的"关帝庙"》 | 0 | 0 | 0 | 0 |
| 合计 | | 0 | 0 | 0 | 0 |
| 2010—2019 年 | | | | | |
| 1 | 《新疆乌鲁木齐红庙子道观》 | 0 | 0 | 0 | 0 |

| 项目 | | 考古内容 | 宗教内容 | 美术内容 | 其他内容 |
|---|---|---|---|---|---|
| 2 | 《新疆乌鲁木齐西山老君庙》 | 0 | 0 | 0 | 2 |
| | 合计 | 0 | 0 | 0 | 2 |
| 宁夏回族自治区 | | | | | |
| 1949—1966 年 | | | | | |
| | 合计 | 0 | 0 | 0 | 0 |
| 1967—1977 年 | | | | | |
| | 合计 | 0 | 0 | 0 | 0 |
| 1977—1999 年 | | | | | |
| 1 | 《宁夏中卫老君台道观》 | 0 | 0 | 0 | 0 |
| | 合计 | 0 | 0 | 0 | 0 |
| 2000—2009 年 | | | | | |
| | 合计 | 0 | 0 | 0 | 0 |
| 2010—2019 年 | | | | | |
| | 合计 | 0 | 0 | 0 | 0 |
| 青海省 | | | | | |
| 1949—1966 年 | | | | | |
| | 合计 | 0 | 0 | 0 | 0 |
| 1967—1977 年 | | | | | |
| | 合计 | 0 | 0 | 0 | 0 |
| 1977—1999 年 | | | | | |
| 1 | 《西宁土楼观》 | 2 | 0 | 0 | 0 |
| | 合计 | 2 | 0 | 0 | 0 |
| 2000—2009 年 | | | | | |
| | 合计 | 0 | 0 | 0 | 0 |
| 2010—2019 年 | | | | | |
| | 合计 | 0 | 0 | 0 | 0 |

续表

| 项目 | 考古内容 | 宗教内容 | 美术内容 | 其他内容 |
|---|---|---|---|---|
| 西南地区道教美术考古评论年表 | | | | |
| 四川省 | | | | |
| 1949—1966 年 | | | | |
| 合计 | 0 | 0 | 0 | 0 |
| 1967—1977 年 | | | | |
| 合计 | 0 | 0 | 0 | 0 |
| 1977—1999 年 | | | | |
| 1　《窦圌山道教转轮藏雕像初探》 | 2 | 2 | 2 | 2 |
| 2　《我所了解的成都二仙庵》 | 4 | 0 | 0 | 2 |
| 3　《泸县玉蟾山摩岩造像》 | 0 | 0 | 0 | 0 |
| 4　《青羊宫建置源流》 | 8 | 5 | 4 | 4 |
| 5　《从强独乐建周文王佛道造像碑看北朝道教造像》 | 7 | 0 | 3 | 3 |
| 6　《宜宾真武山玄祖殿及古建群》 | 4 | 2 | 1 | 0 |
| 7　《第五洞天青城山》 | 2 | 13 | 5 | 26 |
| 8　《峨眉山仅存的两通道教碑》 | 0 | 4 | 0 | 0 |
| 9　《安岳石窟造像》 | 16 | 6 | 7 | 5 |
| 10　《川北胜境高峰山道观》 | 1 | 1 | 2 | 2 |
| 11　《蜀中著名的道观——云台观》 | 2 | 2 | 1 | 1 |
| 12　《丹棱县龙鹄山唐代道教摩崖造像》 | 4 | 1 | 1 | 0 |
| 13　《仁寿县牛角寨摩崖造像》 | 2 | 1 | 0 | 0 |
| 14　《四川剑阁鹤鸣山道教石刻》 | 9 | 4 | 3 | 1 |
| 15　《平杨府君阙考》 | 1 | 0 | 1 | 0 |
| 16　《七曲山大庙》 | 4 | 4 | 3 | 17 |
| 17　《四川剑阁武连横梁子摩崖造像》 | 1 | 0 | 2 | 0 |
| 18　《剑阁宋代窖藏综述》 | 0 | 0 | 0 | 0 |
| 19　《剑阁出土的道教神像及其价值》 | 0 | 0 | 0 | 0 |
| 20　《西昌泸山道观》 | 0 | 0 | 0 | 0 |

| | 项目 | 考古内容 | 宗教内容 | 美术内容 | 其他内容 |
|---|---|---|---|---|---|
| 21 | 《四川都江堰市二王庙》 | 4 | 1 | 1 | 9 |
| 22 | 《仁寿龙桥乡唐代石窟造像》 | 1 | 0 | 0 | 0 |
| 23 | 《蒲江县长秋山摩崖造像调查》 | 0 | 0 | 0 | 1 |
| 24 | 《剑阁县的道教摩崖造像》 | 2 | 1 | 2 | 0 |
| 25 | 《成都市西安路南朝石刻造像清理简报》 | 0 | 0 | 1 | 0 |
| 26 | 《谈四川宋墓中的几种道教刻石》 | 0 | 0 | 0 | 0 |
| | 合计 | 74 | 47 | 39 | 73 |
| 2000—2009 年 | | | | | |
| 1 | 《巴中石窟调查简报》 | 9 | 5 | 8 | 2 |
| 2 | 《安岳县灵游院摩崖石刻造像调查简报》 | 0 | 0 | 0 | 0 |
| 3 | 《蒲江飞仙阁道教摩崖造像》 | 3 | 0 | 2 | 0 |
| 4 | 《四川中江仓山镇大旺寺摩崖石刻造像》 | 0 | 0 | 0 | 0 |
| 5 | 《道教"三祖"圣地——四川新津老君庙》 | 0 | 0 | 0 | 1 |
| 6 | 《安岳卧佛院调查简报》 | 2 | 0 | 0 | 0 |
| 7 | 《四川乐至县石匣寺摩崖造像》 | 1 | 0 | 0 | 0 |
| 8 | 《四川简阳市奎星阁摩崖造像》 | 0 | 0 | 0 | 0 |
| | 合计 | 15 | 5 | 10 | 3 |
| 2010—2019 年 | | | | | |
| 1 | 《营山县太蓬山石窟内容总录》 | 7 | 0 | 2 | 0 |
| 2 | 《绵阳市西山玉女泉摩崖造像调查报告》 | 6 | 2 | 3 | 0 |
| 3 | 《四川西昌马道出土的一株东汉摇钱树》 | 8 | 7 | 3 | 1 |
| 4 | 《四川威远县静宁寺》 | 0 | 0 | 0 | 0 |
| 5 | 《四川后蜀宋王赵廷隐墓发掘记》 | 0 | 1 | 4 | 1 |
| 6 | 《四川阆中石室观隋唐摩崖造像》 | 2 | 0 | 1 | 0 |
| 7 | 《四川安岳县圆觉洞摩崖石刻造像调查报告》 | 8 | 1 | 1 | 2 |
| 8 | 《四川叙永县龙龟山寺遗址出土明清石刻造像》 | 0 | 0 | 0 | 0 |
| 9 | 《四川高县半边寺摩崖造像调查简报》 | 0 | 0 | 0 | 0 |

续表

| | 项目 | 考古内容 | 宗教内容 | 美术内容 | 其他内容 |
|---|---|---|---|---|---|
| 10 | 《四川剑阁县隋唐道教摩崖造像调查简报》 | 0 | 0 | 0 | 0 |
| 11 | 《四川洪雅县苟王寨摩崖造像内容总录》 | 0 | 0 | 0 | 0 |
| | 合计 | 31 | 11 | 14 | 4 |
| | 重庆市 | | | | |
| | 1949—1966 年 | | | | |
| | 合计 | 0 | 0 | 0 | 0 |
| | 1967—1977 年 | | | | |
| | 合计 | 0 | 0 | 0 | 0 |
| | 1977—1999 年 | | | | |
| 1 | 《四川道教摩崖石刻造像》 | 18 | 10 | 29 | 7 |
| 2 | 《丰都名山古建筑群》 | 0 | 1 | 0 | 1 |
| 3 | 《重庆市老君洞》 | 2 | 0 | 4 | 2 |
| | 合计 | 20 | 11 | 33 | 10 |
| | 2000—2009 年 | | | | |
| 1 | 《张飞庙遗址发掘简报》 | 6 | 0 | 2 | 5 |
| | 合计 | 6 | 0 | 2 | 5 |
| | 2010—2019 年 | | | | |
| 1 | 《重庆潼南县千佛寺摩崖造像清理简报》 | 0 | 0 | 0 | 0 |
| 2 | 《重庆地区唐代佛教摩崖龛像调查》 | 0 | 0 | 0 | 0 |
| 3 | 《合川李家坝遗址发掘简报》 | 0 | 0 | 0 | 0 |
| 4 | 《重庆丰都东汉纪年陶盘试解》 | 0 | 0 | 0 | 0 |
| | 合计 | 0 | 0 | 0 | 0 |
| | 贵州省 | | | | |
| | 1949—1966 年 | | | | |
| | 合计 | 0 | 0 | 0 | 0 |
| | 1967—1977 年 | | | | |
| | 合计 | 0 | 0 | 0 | 0 |

| | 项目 | 考古内容 | 宗教内容 | 美术内容 | 其他内容 |
|---|---|---|---|---|---|
| | 1977—1999 年 | | | | |
| 1 | 《贵阳文昌阁》 | 0 | 0 | 0 | 0 |
| 2 | 《道教在福泉》 | 3 | 4 | 0 | 0 |
| 3 | 《略论黔北宋墓的道教雕刻》 | 0 | 0 | 0 | 0 |
| | 合计 | 3 | 4 | 0 | 0 |
| | 2000—2009 年 | | | | |
| 1 | 《贵阳名胜——仙人洞道观》 | 1 | 2 | 0 | 1 |
| | 合计 | 1 | 2 | 0 | 1 |
| | 2010—2019 年 | | | | |
| | 合计 | 0 | 0 | 0 | 0 |
| | 云南省 | | | | |
| | 1949—1966 年 | | | | |
| | 合计 | 0 | 0 | 0 | 0 |
| | 1967—1977 年 | | | | |
| | 合计 | 0 | 0 | 0 | 0 |
| | 1977—1999 年 | | | | |
| 1 | 《昆明金殿》 | 6 | 1 | 5 | 10 |
| 2 | 《南诏发祥地道教初探》 | 6 | 10 | 8 | 7 |
| 3 | 《昆明龙泉观》 | 0 | 1 | 0 | 1 |
| | 合计 | 12 | 12 | 13 | 18 |
| | 2000—2009 年 | | | | |
| 1 | 《道教圣地昆明真庆观》 | 1 | 2 | 1 | 2 |
| | 合计 | 1 | 2 | 1 | 2 |
| | 2010—2019 年 | | | | |
| | 合计 | 0 | 0 | 0 | 0 |

# 索　引

# 后　记

　　宗教美术理论在国内外学术界是显学，几乎所有学科内研究者都会关注这个领域。中国传统文化中的宗教美术现象是如此丰富，我们能不能在体系建构上做一些对应的努力？这是我当初落笔写作的出发点，从最早的构思到书稿完成已经有 20 多年的时间。

　　中国宗教美术理论有着先天优势——研究样本极为丰富，中华五千年文明不仅提供了巨大体量，而且还提供了脉络沿革的连贯性。样本体量巨大，促使建立理论高地要求的产生，随之出现了整体面貌上描述困难的问题。因此，从完整性层面上认识样本，应当是中国宗教美术理论在体系建构上的一个逻辑起点。从这一认识出发，我们选择墓室壁画、佛教美术和道教美术三个主要宗教美术类型，尽力收集 70 年间的所有考古报告，以编年史的体例建构一个完整性的理论体系。

　　第一遍梳理考古报告后，我发现一个问题：有一半左右的考古报告缺少考古评论文章，甚至许多一篇也没有。这一现象令人意外，也让人惊讶。中国每年有数以千计的考古活动，能够被发表的一定是保存较好的遗存。然而，这些遗存主要是中小型遗存，许多信息被忽视，这个现象说明完整性出了问题。对于完整性，我认为应当有这样的要求：我们对考古信息不可能做到穷尽，但穷尽性的态度应当明确，并且建立一个可以覆盖中小型遗存的研究体系。为此，我选择编年史体例，同时专门设计了关注度体系和考古评论年表，以求尽可能多地保留并呈现考古信息。

　　在穷尽性的要求下，材料与理论的平衡始终是一个挑战。一方面，这个要求带来了海量材料，理论认识的难度增加，各类指标的设计又是一个反复的工作。在具体的收集与整理中，每一个环节都可能遇到问题，如遗存名称的变化、区域划分的标准、学术术语的统一等；另一方面，材料呈现方式也会带来问题，突出的问题是材料占比比较高。我认为，有效的材料收集和呈现本身就具有理论属性，更何况大量的统计工作是第一次进行；同时，丰富的材料也倒逼我们完善理论标准。重要的是，在对材料梳理的过程中，许多观点不断涌现，许多重要现象可以从穷尽性梳理中获得。我期待尽可能多地保留信息，留下线索和空间，以便其他学者从中挖掘更多有价值的信息，共同推进学术发展。

我的基础研究工作在上海大学任教期间就已启动，出版了《中国墓室绘画研究》，制作了"中国墓室绘画年表"；出版了《中国宗教美术史料辑要》，编撰了《中国宗教美术文献汇编》。来到东南大学后，先后编写了"汉墓壁画年表"和"中国墓室壁画遗存年表"，以及本书的"中国宗教美术考古报告年表"和"中国宗教美术考古评论年表"。这些年表和汇编，在材料的完整性上都是首创。多年的材料梳理工作，亦离不开学生们的支持。教学相长，一个又一个寒暑，我的感谢从上海大学校园的泮池伊始，绵延至东南大学校园的梅庵。

能够从事中国宗教美术研究是一件人生幸事，但也面临着重要挑战，常常找不到相关性高的参照系，有时候甚至找不到能够精准表达想法的概念、词语。在此，我衷心感谢在论文发表、专著出版方面给予认可和帮助的学者和编辑。

当然，更要感谢领我进入宗教美术研究领域的老师，感谢博士后合作导师张道一先生，感谢博士生导师阮荣春先生，感谢一直关心我科研的梁白泉先生。同时，我还要感谢使我建立古代文学基础的徐复先生和吴志达先生。岁月流水，师恩难忘！

是以记。

汪小洋

2022 年 6 月 10 日